A ALEMANHA NAZISTA E OS JUDEUS

volume I

COLEÇÃO PERSPECTIVAS
dirigida por J. Guinsburg

Supervisão editorial: J. Guinsburg
Tradução: Fany Kon, Lyslei Nascimento, Josane Barbosa, Maria Clara Cescato
Revisão técnica da tradução: Maria Clara Cescato
Preparação de texto: Luiz Henrique Soares
Revisão: Daniel G. Mendes
Capa e projeto gráfico: Sergio Kon
Produção: Ricardo W. Neves, Luiz Henrique Soares, Sergio Kon
e Raquel Fernandes Abranches

Saul
Friedländer

A Alemanha Nazista
e os Judeus

VOLUME I

Os Anos
da Perseguição,
1933-1939

 PERSPECTIVA

Título do original em inglês
Nazy Germany and the Jews;
Volume I: The Years of Persecution, 1933-1939

© 1997 by Saul Friedländer

cip-Brasil. Catalogação-na-Fonte
Sindicato Nacional dos Editores de Livros, rj

F946a
v.1

Friedländer, Saul, 1932-
    A Alemanha Nazista e os Judeus, volume I: os anos da perseguição, 1933-1939 / Saul Friedländer; [tradução de Fany Kon et al.]. – São Paulo: Perspectiva, 2012.
    2.v   (Perspectivas)

    1. reimpr. da 1. ed. de 2012
    Tradução de: Nazi Germany and the Jews
    Inclui bibliografia
    isbn 978-85-273-0904-2

    1. Judeus – Alemanha – História – 1933-1939. 2. Judeus – Perseguição nazista – Alemanha. 3. Holocausto judeu (1933-1939) – Alemanha. 4. Alemanha – Política e governo – 1933-1939. 5. Alemanha – História – 1933-1939. 6. Alemanha – Relações etnicas. I. Título. II. Série.

12-1249.   cdd: 940.5318
                  cdu: 94(100)"1933-1939"

02.03.12   08.03.12   033586

1ª edição – 1ª reimpressão

Direitos reservados em língua portuguesa à

EDITORA PERSPECTIVA S.A.

Av. Brigadeiro Luís Antônio, 3025
01401-000 São Paulo SP Brasil
Telefax: (11) 3885-8388
www.editoraperspectiva.com.br
2012

Este livro contou com o apoio de
ISAAC CZERESNIA

e da família de
LEA BLEIMANN MAMBER E NATAN MAMBER

como tributo à memória de todos aqueles que viveram
a brutalidade e a amargura dessa guerra insana

Para Omer, Elam e Tom

Eu não gostaria de ser um judeu na Alemanha.
Hermann Göring, 12 de novembro de 1938

Sumário

Agradecimentos   13
Apresentação [Roberto Romano]   15
Introdução   27

Parte I
UM COMEÇO E UM FIM

    um   Dentro do Terceiro Reich   37
    dois   Elites que Consentem, Elites Ameaçadas   77
    três   O Antissemitismo Redentor   117
    quatro   O Novo Gueto   165
    cinco   O Espírito das Leis   203

Parte II
A ARMADILHA

    seis   Cruzada e Arquivo   239
    sete   Paris, Varsóvia, Berlim – e Viena   279
    oito   Um Modelo Austríaco?   313
    nove   O Massacre   347
    dez   Um Remanescente Alquebrado   391

Bibliografia   423
Índice Remissivo   447

Agradecimentos

AO TRABALHAR NESTA OBRA OBTIVE COLABORAÇÕES AS MAIS DIVERSAS. Tanto a Maxwell Cummings Family, de Montreal, quanto o Club 1939, de Los Angeles, destinaram-me verbas. A Universidade de Tel Aviv e a Universidade da Califórnia – Los Angeles facilitaram a implementação deste projeto. Curtas temporadas no Instituto Getty de Pesquisa em Humanidades na Universidade da Califórnia – Irvine (1992) e no Centro Getty para História da Arte e Humanidades, em Los Angeles (1996), proporcionaram-me o mais inestimável de todos os privilégios: tempo a meu dispor. Ao longo dos anos, beneficiei-me muito dos vastos recursos e da generosa ajuda oferecida pela Biblioteca Wiener, na Universidade de Tel Aviv; da Biblioteca de Pesquisa Universitária, na Universidade da Califórnia – Los Angeles; dos Arquivos do Instituto Leo Baeck, em Nova York; e da biblioteca e arquivos do Institut für Zeitgeschichte, em Munique.

Amigos e colegas foram bastante gentis em ler partes ou a totalidade do manuscrito e alguns o acompanharam em seus vários estágios. De todos eles, recebi ótimos conselhos. Na Universidade da Califórnia – Los Angeles , gostaria de agradecer a Joyce Appleby, Carlo Ginzburg e Hans Rogger; na Universidade de Tel Aviv, a meus amigos, colegas e coeditores da *History & Memory*, particularmente Gulie Ne'eman Arad, por seu notável bom senso e constante assistência neste projeto, assim como a Dan Diner e Philippa Shimrat. Também gostaria de expressar minha gratidão a Omer Bartov (Rutgers), Philippe Burrin (Genebra), Sidra e Yaron Ezrahi (Jerusalém) e Norbert Frei (Munique). Além disso, devo muito aos meus assistentes de pesquisa: Orna Kenan, Christopher Kenway e Gavriel Rosenfeld. Obviamente não é preciso mencionar que é válida a fórmula usual: todo e qualquer erro neste livro é de minha autoria.

Amos Funkenstein* infelizmente não pôde ler o manuscrito completo, mas compartilhamos juntos muitos dos meus pensamentos e dúvidas até

---

* Falecido em 1995 (N. da E.).

quase o fim. Ele me deu grande incentivo, e é infinitamente mais do que uma dívida usual de gratidão que tenho para com o mais próximo dos meus amigos, de quem sinto mais falta do que posso expressar.

Tanto Aaron Asher quanto Susan H. Llewellyn contribuíram para a publicação deste livro, o primeiro que escrevo inteiramente em inglês. Aaron, meu amigo e antigo editor, trouxe sua perspicácia intelectual e talento linguístico, corrigindo o manuscrito entremeado de galicismos; Sue aplicou sua própria sensibilidade estilística para uma compreensão aprofundada do texto. Meu editor da Harper Collins, Hugh Van Dusen, foi um guia extremamente experiente e atento, cujo olhar sagaz seguiu cada fase do processo. A editora assistente, Katherine Ekrem, demonstrou extrema eficiência, sempre com muita gentileza. E, desde o primeiro livro que publiquei nos Estados Unidos, *Pius XII and the Third Reich* (1964), tenho sido representado por Georges e Anne Borchardt, que se tornaram amigos.

Nestes trinta e sete anos, Hagith me tem dado o afeto e a ajuda vitais em tudo que faço. Esse apoio nunca foi tão decisivo quanto durante o longo período que dediquei ao preparo desta obra. Anos atrás dediquei um livro aos nossos filhos, Eli, David e Michael; este trabalho eu dedico aos nossos netos.

Apresentação

Pater, dimitte illis: non enim sciunt quid faciunt
Evangelho de Lucas, 23, 34.

"PAI, PERDOA-LHES, PORQUE NÃO SABEM O QUE FAZEM..." SEMELHANTES palavras não se aplicam aos que suscitaram, aplicaram e aplaudiram a chacina monstruosa do Holocausto. Todos sabiam e sabiam tudo. O livro de Friedländer, que em hora certa a Editora Perspectiva traz ao público nacional, não é apenas uma outra tese sobre a repetição, em escala monstruosa, do crime praticado por Caim. O autor é avesso às formas dramáticas que afastam a prudência[1].

Com frieza analítica extrema, aliada a um estilo refinado, Friedländer não edifica nem assombra as consciências "puras" de nosso tempo ao recordar, nos eventos e personagens europeus e alemães, o terror imposto pela suástica. Em sua narrativa, seguimos indivíduos, grupos, coletividades maiores que se dividem entre morte e vida, o bom e o péssimo, o elevado e o abjeto. Um termo surge muito no livro: "ambiguidade". Ele serve para marcar atitudes de escritores, políticos, governos, lideranças judaicas e cristãs. A expressão desaparece quando o autor mostra a máquina de guerra totalitária, a qual vence os obstáculos éticos na busca de afirmar a "pureza da raça alemã". Somem os equívocos, afirma-se a univocidade de uma estratégia planejada bem antes da conquista da supremacia hitleriana.

Estamos, a partir de então, no império da violência blasfema partilhada pelas elites e lideranças, civis ou militares, eclesiásticas ou laicas. Mas também assistimos a gradativa acolhida das massas à mensagem criminosa. Todos os planos da cultura europeia foram conquistados pelo fascismo, sempre com anuência cúmplice dos supostos entes superiores em termos de raça e de pensamento.

Friedländer põe a nu a *intelligentzia* alemã, mostra o quanto ela aceitou a censura, o exílio de grandes mestres judeus, em troca de recursos, "proteção", oportunidades de escala social. Ao exibir o comportamento dos escritores, intelectuais, artistas germânicos no período, o autor rasga as ilusões sobre o *Geist* que estaria presente nas suas obras de arte e filosofia. Em vez de ser um

---

1 Como o trabalho de Daniel J. Goldhagen: *Hitler's Willing Executioners: Ordinary Germans and the Holocaust*, New York: Vintage Books, 1996.

Himalaia da humanidade, aquela forma de existência se aproximou, em especial sob Hitler, à lama imunda que escorrega na calçada em dias de matança.

Na música, em primeiro lugar. Quando ocorreu o festejo em honra de Brahms, os cem anos do compositor, Hitler ofereceu patrocínio, desde que nenhum judeu estivesse na orquestra. "A oferta", diz Friedländer, "foi aceita com satisfação". Logo depois das eleições para o Reichstag, os integrantes da Academia Prussiana de Artes recebem carta confidencial lhes perguntando se queriam ainda permanecer na Academia matriz, a de Artes e Ciências. Caso a resposta fosse positiva, deveriam calar toda crítica ao novo regime. Nove dos vinte e sete representantes disseram "não". Entre eles, Ricarda Huch[2].

Pressionada a não renunciar, Huch não obedece as diretivas dizendo que Heinrich Mann e Alfred Döblin (judeus, dos quais a escritora discordava em teoria e prática) eram "honestos e decentes". Huch denuncia a insuportável "perseguição aos judeus". Poucos escritores tiveram a sua decência e honestidade intelectual. Quando Max Liebermann, ex-presidente da Academia Prussiana de Arte (e presidente honorário da mesma Academia em 1933), a quem fora outorgada a maior condecoração alemã, a de Honra ao Merito (*Pour le Merite*) demitiu-se da instituição, "nenhum dos colegas julgou necessário expressar uma palavra de reconhecimento e simpatia" (frase de Oskar Kokoschka).

Mesmo o autor de *A Montanha Mágica*, "para assegurar continuidade na publicação e venda de seus livros na Alemanha evitou cuidadosamente, por vários anos, falar contra os nazistas". Teve o prêmio: os escritos de sua autoria não foram incluídos no auto de fé oficiado em 10 de maio, no ano de 1933. Ambivalência de Mann ou algo pior? A segunda resposta é mais correta. A posição antinazista do autor só veio a lume em 1936. Sobre a forma pela qual os intelectuais europeus passaram a agir na época, o capítulo mais lancinante de Friedländer se intitula "Paris, Varsóvia, Berlim – e Viena". Difícil ler o trecho sem náusea diante das atrocidades silenciadas ou sacramentadas pelos artesãos da palavra escrita.

Mas não apenas os cerebrinos germânicos assumiram posturas ambíguas face ao nazismo. Três dias antes das eleições de março para o Reichstag (marco importante na ascensão de Hitler ao poder), o jornal *Israelitisches Familienblatt* (Hamburgo) esclarecia: "Como devemos votar em 5 de Março?". E lemos para nosso espanto: "muitos judeus [...] hoje aprovam o programa econômico da direita". Mas, continua o articulista do jornal judaico, para eles "são negadas as possibilidades de se aliar a seus partidos, pois esses partidos

---

2 Escritora eminente, com substanciais estudos sobre a cultura moderna. Entre muitos livros seus, seja lembrado o monumento intitulado *Die Romantik: Blütezeit, Ausbreitung und Verfall* (Tubingen: Wunderlich, 1985, primeira edição em 1899). Até hoje, quem deseja conhecer o romantismo em suas vertentes, deve consultar esse trabalho.

têm, de forma completamente ilógica, associado suas metas políticas e econômicas com uma luta contra a comunidade judaica".

"Nunca pode haver surpresas na lógica". O enunciado de Wittgenstein no *Tractatus Logico-Philosophicus*[3] obriga o pensamento a refletir sobre os limites do rigor analítico. A lógica pura não comanda o mundo social nem a política. Ela serve como instrumento para justificar paixões, fanatismos, preconceitos, desejos. A lógica fornece o manto protetor das consciências frágeis, em termos intelectuais ou éticos. Trata-se de um véu para os corações cinéreos, quando os olhos amortecidos testemunham o vilipêndio da humanidade em indivíduos, grupos, povos condenados à tortura e ao extermínio. O velho Shakespeare nos legou a desconfiança na lógica quando escondida em sombrias maquinações políticas : "Though this be madness, yet there is method in't"[4].

Se intelectuais são indesculpáveis diante dos alvos (conhecidos por todos) idealizados por Hitler e seus asseclas, mais sem desculpa fica um pensador judeu como Felix Jacob, caso apresentado por Friedländer como excepcional, mas que sinaliza uma tendência anterior ao Holocausto. É preciso citar o discurso de Jacob em 1933, na abertura de sua palestra sobre o poeta Horácio: "Como judeu, encontro-me em uma difícil situação. Mas, como historiador, aprendi a não considerar os acontecimentos históricos através de uma perspectiva pessoal. Desde 1927, tenho votado em Adolf Hitler, e considero-me feliz em poder apresentar conferências sobre o poeta amigo de Augusto no ano da revitalização nacional. O imperador Augusto é a única figura da história mundial que se pode comparar a Adolf Hitler".

Não apenas as pessoas de consciência tortuosa, judaicas ou "arianas", eram usadas na percepção do perigo letal que se anunciava. Juízos lógicos, mas errôneos, também foram emitidos por eminentes e retos pensadores como Martin Buber. Este, em carta a Ernst Simon, escreve que "a legislação antissemita seria possível apenas se o equilíbrio de poder se inclinasse em favor dos nacional-socialistas mas [...] isso não é de se esperar".

Se os intelectuais, no mundo e na Europa, assumiam a equivocidade como via de escape, boa parte da imprensa e das massas adulava o fascismo, mesmo nas chamadas democracias. Assim, o *Christian Science Monitor* não deu crédito aos informes sobre as atrocidades nazistas, atacando os que "difundiam mentiras contra a Alemanha". No Brasil, a "boa imprensa católica", por exemplo a revista *A Ordem*, assumiu atitude idêntica. No editorial intitulado "Os Horizontes Clareiam" (1934) esse periódico afirma que a perseguição aos judeus era "mistificação" ou "conjura" judaica contra Hitler, visando a

---

[3] Frankfurt-am-Main: Suhrkamp, 2009. Na tradução brasileira de Luiz Henrique Lopes dos Santos (São Paulo: Edusp, 1993) trata-se do item 6.1251.

[4] *Hamlet*, Ato 2, cena 2: "POLÔNIO (à parte): Apesar de ser loucura, ainda há método".

"impedir que o nacional-socialismo" se mantivesse no poder[5]. Consola pouco o leitor a informação de Friedländer, quando ele afirma: "a maioria dos jornais americanos não poupou críticas à perseguição antijudaica".

Os governos assumiram atitude no mínimo covarde, ou cúmplice. Exemplos? Inglaterra e França. Os britânicos, recorda Friedländer, assinaram em 1935 um acordo naval em separado com a Alemanha, o que fortaleceu a expansão bélica de Hitler. O episódio passa sob silêncio até hoje, quando se indica o tratado entre nazistas e Stálin, ocorrido mais tarde. Se a URSS colaborou com Hitler, ela não foi a única[6]. O livro de Serge Tchakhotine, *Le Viol des foules par la propagande politique* (O Estupro das Massas pela Propaganda Política) foi editado na França, pela primeira vez, em 1939[7]. Membro do Partido Social Democrata alemão, o autor deixou sua terra após a vitória do nazismo. A França era dirigida, seja bem notado, por socialistas, supostos inimigos de Hitler. Quando recebeu a cópia de seu trabalho impresso, o autor teve a surpresa de notar cortes e pesadas censuras às suas ideias. Maior espanto teve ele ao ser informado o nome do autor da violência: o ministro das Relações Exteriores da França, o socialista Georges Bonnet. Foram riscadas as passagens que, segundo o ministro, poderiam "desagradar tanto a Hitler quanto a Mussolini". Desde a primeira página (a dedicatória à França livre foi cortada pelo ministério por ser "fora de moda") o livro mostra quem deve ser criticado quando ditaduras sanguinárias se instalam no poder. Imensa culpa cabe ao Estado dirigido pela esquerda francesa, aos políticos ingleses e a todos os que alegam "razões de Estado" quando é preciso lutar contra a tirania sem peias.

Na Alemanha, tiveram papel estratégico na ordenação do nazismo os "juízes atrozes"[8] que aceitaram e aplicaram as leis de limpeza racial, os decretos de

---

5 "Já se havia dito que o êxodo dos judeus em massa, da Alemanha, obedecia a um plano político organizado contra o partido de Hitler [...] Malgrados porém, esses propósitos, graças ao patriotismo do povo alemão, os judeus vão desistindo da sua conjura, e retornam às antigas atividades que exerciam... submissos às leis do país". Cf. *A Ordem*, n. 47, p. 77, jan. 1934, citado em Cândido Moreira Rodrigues: *A Ordem, uma revista de intelectuais católicos, 1934-1945*, São Paulo: Autêntica/Fapesp, 2005, p. 148.

6 É bom recordar, no entanto, que mesmo antes do nazismo a URSS e a Alemanha colaboraram ativamente na tecnologia e fabricação de armamentos, aviões e demais itens bélicos, o que possibilitou a retomada guerreira pelos nazistas. O tratado Ribbentrop-Molotov não foi algo inédito entre as duas potências. Cf. Edward Hallet Carr: *A History of Soviet Union, Socialism in One Country, 1924-1926*, v. 3, Middlesex: Penguin, 1972, p. 1050 e s..

7 *Le Viol des foules par la propagande politique*, Paris: Gallimard, 1953.

8 John Lord Campbell, *Atrocious Judges: Lives of Judges Infamous as Tools of Tyrants and Instruments of Opression*, New York: Miller, Orton & Mulligan, 1856. Fosse o livro publicado no século XX, ele exigiria a extensão de imensa biblioteca. Não apenas na Alemanha os juízes negaram, com sua prática monstruosa, a lenda do dono de moinho que venceu um processo contra o rei e dizia existirem "juízes em Berlim". A época nazista colecionou carrascos sob a toga, nada mais. É preciso recordar também as seções especiais de "justiça" na França e uma pletora de países onde os tribunais nada mais fizeram do que cobrir com o manto da lei tirânica as mais atrozes violências

eugenia e os cânones fascistas da "normalidade". As togas alemãs, assevera Friedländer, foram "além das instruções imediatas das lideranças nazistas". O dito é corroborado por testemunhas, entre elas a citada pelo filósofo Eric Voegelin, o antigo chefe do Departamento da campanha de eutanásia (intitulada "Aktion T-4") Hans Hefelman. Este, em tribunal, afirmou que "todos os procuradores de justiça chefes e os presidentes das Cortes de Apelação tinham declarado apoio ao programa da eutanásia. O réu, acusado de cumplicidade na morte de 73 mil supostos doentes mentais, disse que o secretário de Estado do Ministério da Justiça, dr. Franz Schlegelberger [...] fez uma preleção na conferência em que declarou que a ação 'T 4' era legal. Nenhum dos cem membros mais antigos, entre eles o presidente da Suprema Corte, Erwin Bumke, apresentou objeções"[9]. Cerca de 250 mil pessoas foram assassinadas pela referida "Ação". Aquela monstruosidade, bem sabia Erwin Bumke, foi definida como "segredo do Reich" e planejada apenas com fundamento em decreto secreto de Hitler. E "todos os mais altos juízes alemães sabiam que todo esse empreendimento não tinha nenhuma base legal e não disseram nada"[10]. Os juízes germânicos, franceses, italianos, espanhóis, portugueses, e tantos outros mais, sabiam perfeitamente o que faziam. Eles não têm sequer a desculpa do constrangimento físico ou jurídico, aderiram à barbárie, à qual enfeitaram com parágrafos do direito, com certeza em latim como de praxe.

Face à chantagem nazista para evitar um boicote mundial às mercadorias alemãs, mesmo líderes judaicos assumiram a via dúbia da "prudência". Kurt Blumenfeld, presidente da Federação Sionista da Alemanha, e Julio Brodnitz, presidente da Associação Central, diz Friedländer, chegaram a remeter para o Comitê Judaico Americano, em Nova York, o seguinte telegrama: "exigimos inequivocamente enérgicos esforços para dar fim às demonstrações hostis contra a Alemanha". Forma idêntica de ação foi assumida pela comunidade judaica na Palestina. A "solidariedade" para com o regime nazista manifesta ambivalência insuportável, prenunciando a fragilidade, naquela conjuntura, do povo que seria destruído industrialmente pelo terror estatal[11].

A retórica nazista contra a "corrupção" (os fascismos são atraídos pela pureza e moralidade absolutas) serviu (serve até agora) como instrumento

---

dos governos. Para uma análise atual do problema, cf. Philippe Raynaud, *Le Juge et le philosophe: Essais sur le nouveau âge du droit*, Paris: Armand Colin, 2010.

9 E. Voegelin, *Hitler and the Germans*, Columbia: University of Missouri Press, 1999, p. 65-66. Trad. brasileira: *Hitler e os Alemães*, São Paulo: É Realizações, 2008, p. 92.

10 E. Voegelin, op. cit.

11 Ainda seguindo o juízo ético de Eric Voegelin, op. cit. (trad. bras.: p. 110): "Quem quer que tenha o poder de sacudir o mundo, e Hitler tinha, não é desprezível. O poder é uma verdadeira fonte de autoridade. [...] Quem quer que sacuda o mundo, mesmo que seja, ou porque é, irracional, é desprezível. [...] Um mundo que permite ser sacudido por um homem irracional é desprezível".

de exclusão violenta. Sendo o discurso baseado em doutrinas biológicas e organicistas, "o agente" da corrupção deveria ser expulso do "corpo ariano sadio"[12]. A República de Weimar, caracterizada pelos nazistas como "judaica", ao ser destruída (a partir das urnas eleitorais…) prenunciou o massacre de judeus aos milhões. Os liberais também eram vistos como integrantes do judaísmo político, doença a ser combatida. Em parte, assegura Friedländer, o vínculo entre a República de Weimar e os judeus era efetivo: "a grande maioria dos judeus na Alemanha, na República de Weimar abriu caminho para o avanço social e, na verdade, para um papel mais amplo na vida alemã".

Não existem doutrinas inocentes, sobretudo no campo ético. Semeaduras de ódio e preconceito, por mais desculpáveis que pareçam aos seus adeptos, sobretudo *post-festum*, um dia ou outro trazem à luz o fruto verdadeiro. O antissemitismo alemão, segundo Friedländer, não era tão extremado. Ele seria mais preso ao antissemitismo culto tradicional, aprendido na Igreja Católica e nos escritos de Lutero. Aqui, o leitor pode se permitir alguma dúvida sobre o epíteto de "tradicional"[13]. Dos pressupostos aos resultados, se voltarmos à questão lógica, a consequência é mais do que extrema. E rigorosa. Os fornos de Auschwitz também tiveram como combustível os panfletos luteranos e católicos[14].

Friedländer também aponta para um antissemitismo de ordem romântica e organicista, indicando o culto à música de Wagner. No ensaio deste último, "O Judaísmo na Música" surgem ataques colhidos no pensamento neo-hegeliano de Feuerbach[15]. *Erlösung dem Erlöser*: a pantomima do salvador que merece

---

12 Segui os avatares de semelhante pensamento, no mundo e no Brasil, com o resultado da intolerância política, racial, religiosa que nos marca. Cf. Roberto Romano: "A Fantasmagoria Orgânica", em *Corpo e Cristal, Marx Romântico*, Rio de Janeiro: Guanabara Koogan, 1985.

13 O leitor avisado terá lido, e relido, as diatribes terríveis de Lutero em escritos cheios de vitríolo como "Von den Juden und ihren Lügen" (1543). O texto pode ser lido em fac-simile no site *Internet Publikation für Allgemeine und Integrative Psychoterapie*, disponível em: < http://www.sgipt.org/sonstig/metaph/luther/lvdjuil.htm>. O escrito do Reformador suscitou o alerta contra os judeus feito pelo bispo de Saxe em 1938, cujo título é claro: "Martin Luther und die Juden: Weg mit ihnen!". O mote da pastoral blasfema é claro: "Die Juden: der ´Abschaum der Menschheit´". Análises perfeitas das atitudes "tradicionais" cristãs, católicas ou luteranas, sob o domínio nazista, são fornecidas por Eric Voegelin, no já citado *Hitler e os Alemães*.

14 O amalgama dos preconceitos religiosos, que vem desde o início do cristianismo contra o povo judeu (Cf. Jules Isaac, *Jesus e Israel*, São Paulo: Editora Perspectiva, 1986), e da visão cientificista, gerou os monstros do racismo atual. É preciso concordar com Hanna Arendt quando aquela teórica diz que "bem mais do que o pensamento de classe, é o pensamento racial que não cessou de planar, como uma sombra acima do desenvolvimento do concerto das nações europeias, para se tornar finalmente a arma temível da destruição daquelas mesmas nações". Arendt ainda mostra, com extrema justeza, que o racismo foi de início uma opinião, mas que se tornou ideologia do massacre no século XIX. Cf. H. Arendt, *L'Imperialisme*, Paris: Seuil, 2002; ver ainda Thierry Camous, *La Violence de masse dans l'histoire*, Paris: PUF, 2010, p. 163-164.

15 Note-se a inspiração "musical" do antissemitismo wagneriano, posto com todas as letras na obra mestra de Feuerbach: "Os gregos contemplavam a natureza com sentidos teóricos; eles percebiam a música celeste no caminho harmonioso das estrelas; e viam subir a espuma do Oceano

absoluta salvação, faça o que faça, diga o que diga, seja ele Wagner ou Hitler, encontra-se no palco da vida alemã, com as cortinas escancaradas. A salvação pelo sangue puro, eis o que foi produzido pelas doutrinas wagnerianas, sobretudo em *Parsifal*, peça de escolha nazista. Misticismo e violência contra o "impuro" judeu, tais as marcas da cultura antissemita alemã reiterada em Bayreuth[16].

Friedländer recorda a propósito o prisma ao mesmo tempo sinistro e ridículo no processo mais amplo da desjudaização. Foram expulsos todos os instrumentistas e maestros judeus. Mas era pouco para a fome de "pureza" totalitária. O passo posterior foi mudar os nomes das próprias obras de arte, germanizando-as. Assim, os oratórios de Händel sobre o *Antigo Testamento* perderam os títulos originais, batizados a partir de então de maneira "ariana". Depressa "Judas Macabeu" foi denominado "O marechal de Campo, um drama de guerra". E veio o "Oratório da liberdade, Guilherme de Nassau". De Mozart, "Don Giovanni", "Le Nozze di Figaro" e "Così fan tutti" tinham libretos de Lorenzo da Ponte e de Hermann Levi, judeus. Foi preciso "desjudaizar" seus versos, como no direito Carl Schmitt exigia a plena desjudaização[17]. Aliás, um dos capítulos mais apavorantes do livro escrito por Friedländer se intitula justamente "O Espírito das Luzes", onde é possível constatar que o plano legal do nazismo tinha perfil satânico[18]. Entre as mentiras que circulam no mundo, até hoje, e na Alemanha do período, Friedländer

---

oníparo, a natureza sob a forma de Venus. Os israelitas, pelo contrário, se abriam para a natureza só pelos sentidos gástricos; é apenas em seu palato que eles apreciavam a natureza; eles só tinham consciência de sua divindade no gozo do maná. O grego praticava as humanidades, as artes liberais, a filosofia; o israelita não se elevava acima do estudo alimentar da teologia...". Cf. O Significado da Creação no Judaísmo, em *A Essencia do Cristianismo*; cito da edição francesa, traduzida por J. P. Osier: *L'Essence du Christianisme*, Paris: Maspero, 1968, p. 245.

16 Analisei o tema no texto inserido em meu livro já mencionado, *Corpo e Cristal, Marx Romântico* (cf. especialmente "Wagner, o Conceito no Palco").

17 Cf. Jan-Werner Müller: *A Dangerous Mind, Carl Schmitt in Post-War European Thought*, New Haven: Yale University Press, 2003. Um exemplo de atitude equivocada, para além de ambígua, no caso de Carl Schmitt, podemos encontrar no pensador judeu Jacob Taubes. Este pretende "dialogar" com Schmitt, mesmo após o Holocausto. Cf. Jacob Taubes: *Gegenstrebige Fügung*. Uso a tradução francesa: *En divergent accord, a propos de Carl Schmitt*, Paris: Rivages, 2003.

18 Uma película virulenta de Hans Jürgen Syberberg (*Hitler, um Filme da Alemanha*) concentra falas efetivas dos líderes nazistas sobre todos os aspectos da vida sob o Terceiro Reich. O cineasta é admirador de Brecht e de Dürrenmatt e seu trabalho segue a via da "obra de arte total" wagneriana, como paródia imagética espetacular. Vale a pena assistir essa documentação dramatizada, quando o fantasma do nazismo retorna, ameaçador, sobre a Europa, os EUA, o Brasil. Há uma edição do *script* desse filme publicada na França: *Hitler, un film d´Allemagne* (trad. Bernard Sobel e Françoys Rey, Paris: Seghers/Laffont, 1978), com prefácio de Jean-Pierre Faye. Corretas informações sobre o elo de Syberberg e Faye podem ser encontradas no *site* Dérives, autour du cinéma, no artigo de G. Baczynski, "Une Approche de Syberberg" (2009), disponível em: <http://www.derives.tv/spip.php?article407>. *Hitler, um filme da Alemanha* tem como último episódio, justamente, extensa reflexão sobre os nazistas. O seu título? "Nós, os Filhos do Inferno".

aponta *Os Protocolos dos Sábios de Sião*. É incalculável o mal que aquele panfleto trouxe, traz e trará no processo criminoso de intoxicar consciências.

O núcleo de toda a exposição de Friedländer encontra-se, é meu sentimento, nas páginas em que ele mostra, de maneira clara e distinta que "a visão de mundo de Hitler sugeria metas para sua ação, embora em termos muitos gerais, e oferecia algumas diretrizes para iniciativas políticas concretas de curto prazo. Seus temas antijudaicos apresentados em conjuntos de ideias e imagens obsessivas, tinham a coerência interna das obsessões, em particular as de tipo paranoico. Por definição não existem lacunas nesses sistemas".

Chegamos ao ponto nodal: ninguém pode alegar ignorância diante dos intentos hitleristas. Hannah Arendt afirma que a vida totalitária deve ser entendida como reunião de "sociedades secretas estabelecidas publicamente"[19]. O paradoxo é só aparente. Hitler examinou os princípios das sociedades secretas como corretos modelos para a sua própria. Ele promulgou em maio de 1939 algumas regras do seu partido: primeira regra: ninguém que não tenha necessidade de ser informado deve receber informação. Segunda: ninguém deve saber mais do que o necessário. Terceira: ninguém deve saber algo antes do necessário[20]. Como enuncia Arendt, com tais regras, o "segredo" logo seria conhecido por todos. Ele seria um segredo público. Ninguém ignorava o que se travestia de sigilo, todos fingiam desconhecer os fins escondidos. Tal regra ocorre em todo poder autoritário e, no limite, totalitário. Assim foi com o plano de extermínio contra os filhos de Israel.

Nenhuma pessoa razoavelmente letrada na Alemanha e no mundo poderia ignorar que o massacre do povo judeu estava previsto nas páginas imundas de *Minha Luta*. Nem os intelectuais, nem mesmo os jornalistas, os juízes, os socialistas e liberais, os luteranos e católicos, os comunistas e os defensores do *american way of life*, menos ainda os líderes judeus poderiam alegar ignorância sobre os planos de Hitler e de sua quadrilha. Tudo, portanto, no livro de Friedländer, conduz ao capítulo estarrecedor cujo título é "O Massacre".

Como excelente mestre da história, o autor não reduz todo o problema totalitário à subjetividade do Füher. Ele mostra que a ideologia racista de Hitler é um aspecto, talvez o mais relevante, dentre as causas da Schoá. Na busca pelo domínio do espaço, o *Lebensraum*, os nazistas assumem a eliminação

---

19 H. Arendt, *Le Système totalitaire*, trad. Bourget, Paris: Davreu et Lévy, p. 103, 1972. Essa passagem é sublinhada por Jean-Pierre Chrétien-Goni, a partir de um artigo publicado por Alexandre Koyré na revista *Contemporary Jewish Record*, em junho de 1945, com o título de "The Political Function of the Modern Lie". Cf. Jean-Pierre Chrétien Goni, Institutio arcanae, em Christian Lazzeri, e Dominique Reynié, *Le Pouvoir de la raison d´état*, Paris: PUF, 1992, p. 179.

20 Citado por H. Arendt, op. cit. p. 268, nota 90. Cf. J.-P. Chrétien-Goni, op. cit. p. 179. Para uma análise do pensamento de Arendt, cf. Celso Lafer, *Pensamento, Persuasão e Poder*, Rio de Janeiro: Paz e Terra, 1979.

como único meio de "resolver" a questão judaica. Afirma Thierry Camous, em livro bastante irregular mas com intuições corretas, que

> não podemos esquecer os *Einzatzgruppen*. Estes últimos começaram a operar na Polônia desde 3 de setembro de 1939 e os judeus foram, desde aquele instante, as vítimas principais do terror. Na Polônia, os nazistas, que liquidaram entre setembro e dezembro de 1939 algo em torno de 50 mil pessoas, mostraram pela primeira vez serem "capazes de massacrar indivíduos às dezenas de milhares" e poderiam extrair desse terror na Polônia um ensino de imensa importância: em muitos casos, é mais fácil matar do que deslocar[21].

Em "O Massacre" Friedländer mostra que houve intento, plano e método na racionalidade nazista. Estratégica, no processo histórico inteiro, a descoberta em 1992 (!) do extraviado diário de Goebbels, "contendo relatos do ocorrido"[22]. Naquele diário foram encontradas "informações importantes sobre as interações entre Hitler, seus comandantes mais próximos, as organizações partidárias e as camadas mais amplas da sociedade em termos de iniciação e administração da violência antijudaica". Fica evidente que ocorreu um núcleo de comando, uma linha planejada friamente para chegar ao Holocausto.

Esse capítulo torna impossível a retórica revisionista que busca absolver este ou aquele elemento —Hitler, partido, massas, igrejas— da culpa pelo ocorrido. Também perdem fundamento os recursos erísticos de quem, na perspectiva de Ernst Nolte, tenta fornecer como causa da política hitlerista os atos repressivos da URSS. Não foi como *reação* à virulência bolchevique e aos seus campos de trabalho que o nazismo surgiu e se desenvolveu. Trata-se de uma ação determinada no desejo e na ideia, de uma verdadeira política (como sempre pregou Carl Schmitt) contra o judeu, símbolo de todas as ameaças ao povo alemão. O perigo que serviu como desculpa aos nazistas e para todos os que os apoiaram (elites e massas) foi declarado *a priori* em *Minha Luta*, não após batalhas contra uma das possíveis manifestações do "espírito judaico", o comunismo soviético[23].

---

21 Cf. Op. cit., p. 59. Camous remete para o livro do Yad Vashem: *Les Origines de la Solution finale: L'Evolution de la politique antijuive des nazis, septembre 1939-mars 1942*, Paris: Les Belles Lettres, 2007.

22 A brutalidade racial que explodiu na *Kristallnacht*.

23 Cf. E. Nolte, *Fascisme & Totalitarisme*, Paris: Robert Laffont, 2008. Trata-se de coletânea volumosa de escritos apologéticos, nos quais o autor procura apresentar a tese de que as atrocidades nazistas seriam devidas ao pavor diante dos procedimentos totalitários soviéticos. O regime de Hitler, e suas formas criminosas, determinariam mais uma reação do que uma ação. O trabalho de Friedländer impede aceitar a manobra revisionista neste sentido.

"O Massacre" é obra prima historiográfica, com provas irrefutáveis apresentadas em estilo que evita a persuasão emotiva, optando pela narrativa serena do horror. A sua leitura exige nervos de aço e coração domado. Mais não quero dizer sobre o presente livro. O leitor o tem nas mãos e pode examinar cada assunto, aquilatando a qualidade humana e maestria do autor, que merece o título antigo de *auctoritas*. Ele apresenta os materiais de um processo e, ao mesmo tempo, ajuda a pesar os atos que o produziram.

Se tiver a coragem ética e intelectual de ir até o fim do escrito, o leitor compreenderá a inocência fingida dos intelectuais, juízes, governos, sacerdotes[24]. Todos eles aderiram à mentira e tentaram mentir para si mesmos. Mais do que nunca é oportuna a constatação lúcida do sobrinho de Rameau: *On avale à pleine gorgée le mensonge qui nous flatte, et l'on boit goutte à goutte une vérité qui nous est amère*("A gente engole a grandes goles a mentira que nos lisonjeia; e bebemos gota a gota uma verdade que nos é amarga"[25]). Ao final deste livro, as pessoas de boa fé saberão o quanto somos culpados, ao menos pela aceitação da "normalidade" imposta depois do Holocausto, na mídia e na teoria sociológica, sobre a criminogênese nazista. O intento de Friedländer, no entanto, não é exigir contrição piedosa ou hipócrita. Ele exige a nossa luta contra as várias formas de fascismo que ainda resistem ou renascem no mundo inteiro. Ele merece nosso respeito e gratidão por retomar – ao discutir a mente apodrecida pelo racismo – a tese fenomenológica sobre a intencionalidade da consciência, produzida pelo judeu Edmund Husserl[26]. Os nazistas e seus apoiadores não têm desculpa porque tinham o intento, sabiam o que desejavam: exterminar os judeus e demais inimigos. O Holocausto foi a sua obra prima.

---

24 Algo próximo ao descrito por Jean Paul Sartre como a "má fé". Basta citar o trecho de *O Ser e o Nada*: "Pela mentira, a consciência afirma que ela existe por natureza escondida de outrém, ela usa em seu proveito a dualidade ontológica do ego e do outro. [...] Não poderia ser assim na má fé se esta [...] é uma mentira para si mesmo. Com certeza, para quem pratica a má fé, trata-se bem de mascarar uma ideia desagradável ou apresentar como se fosse verdade um erro agradável. A má fé possui, portanto, na aparência a estrutura da mentira. Mas o que muda tudo é que na má fé, é a nós mesmos que mascaramos a verdade. Assim, a dualidade do enganador e do enganado não existe aqui. A má fé implica pelo contrário a unidade de uma consciência". Cf. *L'Être et le Néant*, Paris: Gallimard, 1948, p. 86 e s.. A má fé opera no cidadão "honesto" que se aproveita de atrocidades e ainda quer exibir boa consciência. É o caso do colaborador francês que aderiu às botas nazistas. Ele foi capaz de calcular as forças e as vantagens a seu favor. Mas seu cálculo, como o de todos os oportunistas, foi insuficiente. Ele não levou em conta a capacidade de resistência francesa ao nazismo, a capacidade bélica da URSS, a tecnologia e a ciência dos EUA, o denodo da população inglesa. Cf. de Sartre, escrito em 1945, o artigo "Qu'est-ce qu'un collaborateur?", em *Situations III*, Paris: Gallimard, 1949.

25 *O Sobrinho de Rameau*, São Paulo: Perspectiva, 2006, p. 93.

26 Para o tema, cf. Bruce Bégout,*La Généalogie de la logique: Husserl, l'antéprédicatif et le catégorial*, Paris: Vrin, 2000, p. 23 e s.

Cabe um voto de louvor ao professor Jacó Guinsburg pela coragem mantida em décadas na luta em favor das Luzes. No instante em que o antissemitismo renasce na Venezuela, na Argentina, na Europa e no Brasil (sem esquecer os EUA) é preciso lucidez e valentia para erguer a voz em favor da paz armada pela razão. É o que leitor encontra no livro de Friedländer, e o que lhe traz, sempre com extremo denodo, a Editora Perspectiva.

Roberto Romano

Introdução

A MAIORIA DOS HISTORIADORES DE MINHA GERAÇÃO, NASCIDA ÀS vésperas da era nazista, reconhece, explícita ou implicitamente, que a tentativa de lavrar através dos acontecimentos desse período envolve não apenas escavar e interpretar um passado coletivo como qualquer outro, mas também resgatar e confrontar elementos decisivos de nossas próprias vidas. Esse reconhecimento não gera nenhuma concordância entre nós sobre como definir o regime nazista, como interpretar sua dinâmica interna, como apresentar adequadamente tanto seu caráter absolutamente criminoso quanto sua banalidade absoluta ou mesmo quando e como situá-lo em um contexto histórico mais amplo[1]. Ainda assim, apesar de nossas controvérsias, muitos de nós compartilham, penso eu, de um senso de envolvimento pessoal na descrição desse passado, o que dá uma urgência especial às nossas investigações.

Para a próxima geração de historiadores – e por ora também para a que virá depois dela – assim como para a maioria da humanidade, o Reich de Hitler, a Segunda Guerra Mundial e o destino dos judeus da Europa não representam nenhuma memória compartilhada. E, contudo, paradoxalmente, a centralidade desses acontecimentos na consciência histórica atual parece bem maior que há algumas décadas. Os debates em curso tendem a se desdobrar com persistente corrosividade, à medida que fatos são questionados e evidências, negadas, e que interpretações e empreendimentos comemorativos confrontam-se entre si e à medida que declarações sobre responsabilidade histórica periodicamente vêm à baila na arena pública. É possível que, em

---

[1] Claramente sem compartilhar de um solo comum conosco, está o pequeno grupo de historiadores da mesma geração, cujas interpretações que ofereciam justificativas ao nazismo e ao Holocausto foram confrontadas de forma direta durante "a controvérsia dos historiadores" na metade da década de 1980. Para esse debate específico, cf. C. S. Maier, *The Unmasterable Past*; e R. J. Evans, *In Hitler's Shadow*. Para uma discussão particularmente perspicaz dos temas; cf. S. E. Aschheim, *Culture and Catastrophe*. Para esse e outros debates sobre a interpretação histórica do Holocausto, cf. os ensaios incluídos em P. Baldwin (org.), *Reworking the Past*; e em S. Friedländer (org.), *Probing the Limits of Representation*.

nosso século de genocídio e criminalidade em massa, fora de seu contexto histórico específico, o extermínio dos judeus da Europa seja percebido por muitos como o supremo modelo do mal, contra o qual todos os graus da maldade podem ser medidos. Nesses debates, o papel do historiador é central. Para minha geração, participar de um deles e, ao mesmo tempo, da memória e das percepções presentes desse passado pode criar uma dissonância perturbadora; mas pode também nutrir vislumbres do passado que seriam, de outro modo, inacessíveis.

Estabelecer um relato histórico do Holocausto em que as políticas dos que o perpetraram, as atitudes da sociedade ao redor e o mundo das vítimas possam ser tratados no âmbito de uma estrutura integrada continua sendo um desafio de maior envergadura. Algumas das mais conhecidas tentativas de dar conta desses acontecimentos focalizaram sobretudo a máquina nazista de perseguição e morte, dedicando apenas escassa atenção à sociedade mais ampla, à ampla cena europeia e mundial ou ao destino em transformação das próprias vítimas; outras, com menos frequência, concentraram-se mais precisamente na história das vítimas e ofereceram uma análise apenas limitada das políticas nazistas e da cena circundante[2]. O presente estudo tentará apresentar um relato em que as políticas nazistas sejam de fato o elemento central, mas no qual o mundo ao redor e as atitudes das vítimas, suas reações e seu destino sejam igualmente parte integrante dessa história em desdobramento.

Em muitos trabalhos, as suposições implícitas relativas à passividade e ao desamparo generalizados das vítimas, ou a sua incapacidade de mudar o curso dos acontecimentos que conduziram ao seu extermínio converteram-nas em um elemento abstrato e estático do pano de fundo histórico. Com demasiada frequência, esquece-se que as atitudes e políticas nazistas não podem ser plenamente avaliadas sem o conhecimento das vidas e, certamente, dos sentimentos dos próprios judeus: homens, mulheres e crianças. Aqui, portanto, a cada estágio da descrição dos desenvolvimentos das políticas nazistas e das atitudes das sociedades alemã e europeia, na medida em que elas incidem sobre a evolução dessas políticas, é dada a máxima importância ao destino, às atitudes e algumas vezes às iniciativas das vítimas. Na verdade, suas vozes são essenciais, se queremos alcançar uma compreensão desse passado[3]. Pois

---

2 Um dos mais antigos exemplos da primeira abordagem é o de R. Hilberg, *The Destruction of the European Jews*; a melhor ilustração da segunda é a de L. S. Dawidowicz, *The War Against the Jews, 1933-1945*.

3 Para os relatos sobre a vida das vítimas e algumas atitudes da sociedade circundante, extraí a maioria de minhas ilustrações da vida cotidiana. A esse respeito, e com relação a alguns outros temas apresentados neste livro, aceitei algumas das perspicazes observações de Martin Broszat, que critiquei em debate em fins da década de 1980. Contudo, tentei evitar algumas das armadilhas da historicização do nacional-socialismo, precisamente ao enfatizar a vida cotidiana das vítimas, em vez da vida da *Volksgemeinschaft*. Para o debate, cf. o artigo de M. Broszat, "A Plea for the Historicization

são suas as vozes que revelam o que era conhecido e o que *podia* ser conhecido; eram suas as únicas vozes que transmitiam tanto a clareza perceptiva quanto a total cegueira de seres humanos confrontados com uma realidade inteiramente nova e absolutamente horripilante. A presença constante das vítimas neste livro, embora em si mesma historicamente essencial, também se destina a pôr as ações nazistas em plena perspectiva.

É bastante fácil reconhecer os fatores que moldaram em seu todo o contexto histórico no qual se deu o genocídio nazista. Eles determinaram os métodos e a extensão da "Solução Final"; também contribuíram para o clima geral do período, o que abriu caminho para os extermínios. É suficiente mencionar aqui a radicalização ideológica – com seu nacionalismo feroz e antimarxismo (depois, antibolchevismo) violento como principal força propulsora – que veio à tona durante as últimas décadas do século xix e alcançou seu clímax depois da Primeira Guerra Mundial (e da Revolução Russa); a nova dimensão do assassinato industrializado em massa introduzido por essa guerra; o controle tecnológico e burocrático crescente exercido pelas sociedades modernas, e outros traços importantes da própria modernidade, que eram um aspecto dominante do nazismo[4]. Ainda assim, por mais essenciais que tenham sido no preparo do terreno para o Holocausto – e como tais são parte integrante dessa história – essas condições, entretanto, não constituem, sozinhas, o necessário conjunto de elementos que moldaram o curso dos acontecimentos que conduziram da perseguição ao extermínio.

Com respeito a esse processo, enfatizei o papel pessoal de Hitler e a função de sua ideologia na gênese e implementação das medidas antijudaicas do regime nazista. De forma alguma, entretanto, deverá isso ser visto como um retorno às antigas interpretações redutivistas, com sua ênfase apenas no papel (e responsabilidade) do supremo líder. Mas, com o passar do tempo, as interpretações contrárias foram, parece-me, longe demais. O nazismo não foi essencialmente impulsionado pelo confronto caótico entre a burocracia e os feudos partidários em competição, nem foi o planejamento de suas políticas antijudaicas essencialmente deixado ao cálculo de custo-benefício dos

---

of National Socialism", em P. Baldwin (org.), *Reworking the Past*, bem como os de S. Friedländer, "Some Thoughts on the Historicization of National Socialism", idem, e M. Broszat e S. Friedländer, "A Controversy about the Historicization of National Socialism", idem.

4 Sobre a importância desse contexto mais amplo, cf. O. Bartov, *Murder in Our Midst*. Para o impacto da modernidade como tal sobre a gênese da "Solução Final", cf., entre muitos outros estudos, D. J. K. Peukert, "The Genesis of the 'Final Solution' from the Spirit of Science", em T. Childers e J. Kaplan (orgs.), *Reevaluating the Third Reich*; Z. Bauman, *Modernity and the Holocaust*; G. Aly e S. Heim, *Vordenker der Vernichtung*. Para uma excelente apresentação dos temas vinculados à história do nazismo, cf. M. R. Burleigh (org.), *Confronting the Nazi Past*.

tecnocratas[5]. Em todas as suas principais decisões o regime dependia de Hitler. Especialmente em relação aos judeus, Hitler era impelido por obsessões ideológicas que eram tudo menos os expedientes calculados de um demagogo; ou seja, ele levou um tipo bem específico de antissemitismo racial aos seus mais extremos e radicais limites. Denomino "antissemitismo redentor" esse aspecto distintivo de sua visão de mundo; é diferente, embora derivado, de outras correntes de ódio antijudaico comuns por toda a Europa cristã, e diferente também dos tipos comuns de antissemitismo racial alemão e europeu. Foi essa dimensão redentora, essa síntese entre uma raiva assassina e uma meta "idealista", compartilhada pelo líder nazista e o núcleo duro do partido, que conduziu à suprema decisão de Hitler de exterminar os judeus[6].

Mas as políticas de Hitler não eram moldadas apenas pela ideologia e a interpretação apresentada aqui acompanha a interação entre o Führer e o sistema dentro do qual ele atuava. O líder nazista não tomava suas decisões independentemente do partido e das organizações governamentais. Suas iniciativas, especialmente durante a fase inicial do regime, eram moldadas não apenas por sua visão de mundo, mas também pelo impacto de pressões internas, o peso das limitações burocráticas, por vezes a influência da opinião pública alemã como um todo e até as reações de governos estrangeiros e opiniões do exterior[7].

Até onde o partido e a população compartilhavam da obsessão ideológica de Hitler? O "antissemitismo redentor" era moeda comum entre a elite do partido. Estudos recentes também têm demonstrado que esse antissemitismo extremo não era incomum nas agências que se tornariam fundamentais para a implementação das políticas antijudaicas, tais como o serviço de segurança

---

5 Sobre a competição interna como base da radicalização nazista, cf., em especial, os trabalhos de H. Mommsen, particularmente "The Realization of the Unthinkable", em *From Weimar to Auschwitz*. Para os cálculos de custo-benefício de tecnocratas como incentivos para a "Solução Final", cf. G. Aly e S. Heim, *Verdenker der Vernichtung*.

6 O antissemitismo redentor é diferente, como vou comentar, do "antissemitismo eliminacionista", mencionado em D. J. Goldhagen, *Hitler's Willing Executioners*. Além disso, ele representava uma tendência ideológica compartilhada, no início, por apenas uma pequena minoria e, no Terceiro Reich, por um segmento do partido e seus líderes, não pela maioria da população.

7 Por causa de minha ênfase na interação entre Hitler, suas motivações ideológicas e as limitações do sistema dentro do qual ele atuava, hesito em identificar minha abordagem como "intencionalista". Além disso, ao passo que Hitler decidia sobre as mais importantes medidas antijudaicas e intervinha nos detalhes de sua implementação durante a década de 1930, mais tarde suas diretrizes deixariam a seus subordinados margem de ação muito mais ampla quanto aos aspectos concretos do extermínio. Em relação ao impacto de Hitler sobre os alemães, ele tem sido tópico de incontáveis estudos e o tema básico de importantes biografias. Para uma abordagem complexa tanto sobre o efeito carismático de Hitler quanto sobre sua interação com a população, cf., especialmente, J. P. Stern, *Hitler: the Führer and the People*.

introdução

da ss, sob o comando de Reinhard Heydrich (o *Sicherheitsdienst*, ou sd)[8]. Quanto aos assim chamados radicais do partido, eles eram amiúde motivados pelo tipo de ressentimento social e econômico que encontrava expressão em iniciativas antijudaicas extremas. Em outras palavras, dentro do partido e também, como veremos, algumas vezes fora dele, havia centros de antissemitismo irredutíveis, suficientemente poderosos para transmitir e propagar o impacto das obsessões do próprio Hitler. Ainda assim, entre as elites tradicionais e no interior das camadas mais amplas da população, as atitudes antijudaicas estavam mais no domínio da aquiescência tácita ou variavam em graus de complacência.

Apesar da plena consciência da maioria da população alemã, bem antes da guerra, das medidas crescentemente brutais que estavam sendo tomadas contra os judeus, havia apenas pequenas áreas de dissidência (quase que inteiramente por razões econômicas e especificamente religiosas e ideológicas). Ao que parece, entretanto, a maioria dos alemães, embora sem dúvida influenciada por várias formas do antissemitismo tradicional e aceitando facilmente a segregação dos judeus, se esquivava da violência generalizada contra eles, não fomentando nem sua expulsão do Reich nem seu aniquilamento físico. Depois do ataque à União Soviética, quando ficou decidido o extermínio total dos judeus, as centenas de milhares de "alemães comuns" (em distinção às altamente motivadas unidades da ss, entre outras) que participaram ativamente nas matanças atuaram de maneira não diferente de como atuaram os igualmente numerosos e "comuns" austríacos, romenos, ucranianos, bálticos e outros europeus que se tornaram os mais cooperativos operadores da maquinaria assassina que funcionava em seu meio. Todavia, conscientes disso ou não, os assassinos alemães e austríacos foram doutrinados pela implacável propaganda antijudaica do regime, que penetrava em cada interstício da sociedade e cujos lemas eles, pelo menos parcialmente, internalizaram, em especial no contexto da guerra no Leste[9].

Ao enfatizar que Hitler e sua ideologia tiveram impacto decisivo sobre o rumo que tomou o regime, não pretendo de forma alguma sugerir que Auschwitz teria sido o resultado predeterminado da ascensão de Hitler ao poder. As políticas antijudaicas da década de 1930 devem ser entendidas em seu contexto e até mesmo o furor assassino de Hitler e sua sondagem do

---

8 Esse ponto é assinalado tanto em M. Wildt, *Die Judenpolitik des SD 1935 bis 1938*, quanto em U. Herbert, *Best: Biographische Studien über Radikalismus, Weltanschauung und Vernunft 1903-1989*. Para uma discussão desse tema, cf. capítulo 6.

9 Cf. as teses contrárias de C. R. Browning, *Ordinary Men*; e de D. J. Goldhagen, *Hitler's Willing Executioners*. O assunto será discutido detalhadamente no volume 2. O impacto da ideologia nazista sobre as várias unidades da Wehrmacht e sua relação com a extrema barbárie da guerra no fronte oriental também devem ser considerados nesse contexto. Sobre esse assunto, cf., principalmente, O. Bartov, *Hitler's Army Soldiers*.

horizonte político para as opções mais extremadas não sugerem a existência de nenhum plano para o total extermínio nos anos anteriores à invasão alemã da União Soviética. Porém, ao mesmo tempo, nenhum historiador pode esquecer o final da estrada. Desse modo, também será dada ênfase aos elementos que sabemos, em retrospectiva, ter desempenhado um papel na evolução rumo ao desfecho fatídico. A história da Alemanha nazista não pode ser escrita somente da perspectiva dos anos de guerra e de suas atrocidades, mas a sombra pesada lançada pelo que aconteceu durante esse período turva de tal forma os anos anteriores à guerra que o historiador não pode fingir que os acontecimentos posteriores não influenciaram o exame da documentação e a avaliação do curso global dessa história[10]. Os crimes cometidos pelo regime nazista não foram nem a mera consequência de uma torrente caótica, imperceptível, involuntária e acidental de acontecimentos não relacionados, nem a execução de um enredo demoníaco predeterminado; eles foram o resultado de fatores convergentes, da interação entre intenções e contingências, entre acasos e causas discerníveis. Objetivos ideológicos gerais e decisões políticas táticas se intensificaram reciprocamente e sempre permaneceram abertos a movimentos mais radicais conforme as circunstâncias se alteravam.

No nível mais elementar, neste relato em dois volumes, a narração segue a sequência cronológica dos acontecimentos: neste volume, sua evolução anterior ao conflito; no seguinte, sua culminância monstruosa durante a guerra. Essa estrutura temporal global ilumina continuidades e indica o contexto das principais mudanças; ela também torna possível deslocar a narrativa no âmbito de um limite cronológico estável. Tais deslocamentos resultam das mudanças de perspectiva que minha abordagem exige, mas também se originam de outra escolha: justapor níveis inteiramente diferentes da realidade – por exemplo, debates nos níveis mais altos sobre a política antijudaica e decisões próximas às cenas rotineiras de perseguição – com o objetivo de criar um sentimento de estranhamento, contrabalançando nossa tendência a "domesticar" esse passado particular e moderar seu impacto por meio de explicações impecavelmente coerentes e interpretações padronizadas. Esse sentimento de estranhamento parece-me refletir a percepção das infelizes vítimas do regime, pelo menos durante a década de 1930, de uma realidade tanto absurda quanto ameaçadora, de um mundo completamente grotesco e assustador sob a aparência de uma normalidade ainda mais assustadora.

A partir do momento em que as vítimas foram tragadas pelo processo que conduzia à "Solução Final", sua vida coletiva – depois de um curto período de

---

10 Cf. M. Broszat, A Plea for the Historicization of National Socialism, em P. Baldwin, *Reworking the Past*.

intensa coesão – começou a se desintegrar. Logo essa história coletiva fundiu-se com a história das medidas administrativas e assassinas de seu extermínio e com sua expressão abstrata nas estatísticas. A única história concreta que pode ser resgatada permanece aquela contida nas histórias pessoais. Do estágio da desintegração coletiva ao da deportação e morte, essa história, a fim de poder ser em última análise escrita, deve ser apresentada como a narração integrada desses destinos individuais.

Embora mencione minha geração de historiadores e os vislumbres desse passado potencialmente disponíveis a nós devido a nossa posição particular no tempo, não posso ignorar o argumento de que o envolvimento pessoal e emocional nesses acontecimentos obstrui uma abordagem racional do relato historiográfico. A "memória mítica" das vítimas tem sido colocada contra a compreensão "racional" de outros. Certamente não desejo reabrir velhos debates, mas apenas sugerir que os historiadores alemães e judeus, assim como os de qualquer outra procedência, não podem evitar certa "transferência" frente a esse passado[11]. Tal envolvimento necessariamente incide sobre o relato historiográfico. Mas o necessário afastamento do historiador não se vê, por causa disso, excluído, se ele tiver suficiente consciência do problema. Na verdade, pode ser mais difícil manter o equilíbrio de alguém no sentido contrário; embora uma autocrítica constantemente atenta possa diminuir os efeitos da subjetividade, ela pode também levar a outros efeitos, não menos perigosos: os da contenção indevida e da prudência paralisante.

As perseguições e os extermínios nazistas foram perpetrados por gente comum que vivia e atuava numa sociedade moderna não muito diferente da nossa, uma sociedade que os produziu, assim como os métodos e os instrumentos para a implementação de suas ações; as metas dessas ações, entretanto, foram formuladas por um regime, uma ideologia e uma cultura política que eram tudo menos comuns. A relação entre o incomum e o habitual, a fusão das potencialidades assassinas largamente compartilhadas de um mundo que é também o nosso e o furor peculiar da compulsão apocalíptica nazista direcionado contra o inimigo mortal, o judeu, deram tanto o significado universal quanto a singularidade histórica da "Solução Final da Questão Judaica".

Trad. Fany Kon

---

11 O assunto é discutido detalhadamente em D. LaCapra, *Representing the Holocaust*.

Parte I

Um Começo
e um Fim

UM

Dentro
do Terceiro Reich

I

O ÊXODO DE JUDEUS, DE ARTISTAS E INTELECTUAIS DE ESQUERDA DA Alemanha teve início durante os primeiros meses de 1933, quase imediatamente após a ascensão de Adolf Hitler ao poder, em 30 de janeiro. O filósofo e crítico literário Walter Benjamin deixou Berlim e seguiu para Paris em 18 de março. Dois dias depois, ele escrevia a seu colega e amigo, Gershom Scholem, que vivia na Palestina: "Pelo menos posso ter certeza de que não agi por impulso [...]. Nenhuma das pessoas que me são próximas julga essa questão de maneira diferente"[1]. O romancista Leon Feuchtwanger, que alcançou segurança na Suíça, confidenciava a seu amigo, o escritor Arnold Zweig: "Era tarde demais para que eu pudesse salvar qualquer coisa [...]. Tudo que lá estava perdeu-se"[2].

Os maestros Otto Klemperer e Bruno Walter foram obrigados a fugir. Walter foi proibido de aproximar-se de sua orquestra em Leipzig, e, quando se preparava para conduzir um concerto especial da Filarmônica de Berlim, foi informado de que, conforme rumores que circulavam pelo Ministério da Propaganda, o saguão da Filarmônica seria incendiado se ele não saísse de cena. Walter abandonou o país[3]. Hans Hinkel, o novo presidente da Comissão de Teatro da Prússia e também responsável pela "des-judaização" da vida cultural do país, explicava no *Frankfurter Zeitung*, em 6 de abril, que Klemperer e Walter desapareceram da cena musical porque não havia como protegê-los contra o "ânimo" do público alemão, havia muito provocado pelos "judeus liquidantes das artes"[4].

---

1 W. Benjamin, *The Correspondence of Walter Benjamin*, p. 406.

2 L. Feuchtwanger e A. Zweig, *Briefwechsel 1933-1958*, p. 22.

3 E. Levi, *Music in the Third Reich*, p. 42; S. H. Shirakawa, *The Devil's Music Master*, p. 150-151.

4 Alan E. Steinweis, "Hans Hinkel and German Jewry, 1933-1941", *Leo Baeck Institute Yearbook* (doravante citado como LBIY), v. 38, p. 212.

O concerto de Bruno Walter não foi cancelado: foi conduzido por Richard Strauss[5]. Isso, por sua vez, levou Arturo Toscanini a anunciar no início de junho que, como protesto, não regeria no Festival de Bayreuth. O Ministro da Propaganda Joseph Goebbels anotou laconicamente em seu diário: "Toscanini cancelou Bayreuth"[6].

O mesmo "ânimo" público deve ter convencido o Teatro da Ópera de Dresden a exonerar seu diretor musical, Fritz Busch que não sendo judeu ele mesmo, era, porém, acusado de ter contatos em demasia com judeus e de ter convidado muitos artistas judeus para recitais[7]. Outros métodos também eram utilizados: quando a Sociedade Filarmônica de Hamburgo publicou sua programação para as celebrações do centenário de nascimento de Brahms, ela foi informada de que o chanceler Hitler estaria disposto a dar seu patrocínio às celebrações com a condição de que todos os artistas judeus (entre eles o pianista Rudolf Serkin) desaparecessem da programação. A oferta foi aceita com satisfação[8].

A pressa em desjudaizar as artes produziria sua quota de confusão. Assim, no dia 1º de abril, um jornal de Lübeck noticiava que na pequena cidade de Eutin, nas proximidades de Schleswig-Holstein, o último concerto da temporada de inverno apresentara uma surpresa: "No lugar do excelente violoncelista da Orquestra da Cidade de Kiel, John de J., o professor Hofmeier apresentou um recital de piano. Fomos informados de que se verificou que John de J. é judeu". Logo depois, entretanto, chegava um telegrama de J. para Hofmeier: "Alegação falsa. Documentação perfeita". No dia 5 de maio, o líder distrital do partido S. anunciava que o cidadão alemão J., holandês de nascimento, era um luterano, assim como várias gerações de seus antepassados haviam sido[9].

O alívio sentido por não ser judeu deve ter sido imenso. Em sua versão (muito pouco) romanceada da carreira do ator e mais tarde administrador do Teatro Nacional de Berlim, Gustav Gründgens, protegido de Göring, Klaus Mann descrevia essa peculiar euforia: "Mas, mesmo se os nazistas permanecessem no poder, o que teria Höfgen [Gründgens] a temer da parte deles? Ele não pertencia a partido algum. E não era judeu. Esse fato acima de quaisquer outros – de que não era judeu – atingiu Hendrik de súbito e de forma

---

5 S. H. Shirakawa, *The Devil's Music Master*, p. 151.

6 J. Goebbels, *Die Tagebücher von Joseph Goebbels*, parte 1, v. 2, p. 430.

7 F. K. Prieberg, *Musik im NS-Staat*, p. 41-42. Para uma discussão mais detalhada da demissão dos músicos judeus, cf. E. Levi, *Music in the Third Reich*, p. 41 e s.

8 Idem, p. 41.

9 L. D. Stokes, *Kleinstadt und Nationalsozialismus*, p. 730 (iniciais são usadas em vez de nomes por extenso, como indicado na fonte).

imensamente importante e reconfortante. Jamais no passado ele apreciara o verdadeiro valor dessa considerável e insuspeitada vantagem. Ele não era judeu, portanto seria desculpado de qualquer coisa"[10].

Alguns dias depois das eleições para o Reichstag em 5 de março, todos os membros da Academia Prussiana de Artes receberam uma carta confidencial do poeta Gottfried Benn perguntando se estavam dispostos, "em vista da 'mudança na situação política'", a permanecer como membros da associação matriz, a Academia de Artes e Ciências, caso em quê eles deveriam abster-se de toda crítica ao novo regime nazista. Mais ainda, os membros teriam de manifestar a correta atitude "nacional cultural" assinando uma declaração de lealdade. Nove dos vinte e sete membros da seção literária responderam negativamente, entre eles os romancistas Alfred Döblin, Thomas Mann, Jakob Wassermann e Ricarda Huch. O irmão de Mann, o romancista Heinrich Mann, já havia sido expulso em razão de suas posições políticas de esquerda[11].

Max von Schillings, o novo presidente da Academia Prussiana, pressionou a romancista "ariana" Ricarda Huch a não renunciar. Houve uma troca de cartas, tendo Huch, em sua réplica final, aludido à demissão de Heinrich Mann e à renúncia de Alfred Döblin, que era judeu:

> O senhor menciona o cavalheiro Heinrich Mann e o dr. Döblin. É verdade que não concordo com Heinrich Mann e nem sempre concordei com o dr. Döblin, embora em algumas questões o fizesse. De todo modo, posso apenas desejar que todos os alemães não judeus procurem de forma tão conscienciosa reconhecer e agir corretamente, sejam tão abertos, honestos e decentes quanto sempre achei que ele fosse. Em meu julgamento, ele não poderia ter agido diferentemente do que o fez frente à perseguição aos judeus. Que minha renúncia da Academia não é motivada por simpatia por esses cavalheiros, a despeito do particular respeito e simpatia que nutro pelo dr. Döblin, é algo que todos que me conhecem, tanto pessoalmente quanto pelos meus livros, reconhecerão. Com isto, declaro minha demissão da academia"[12].

Vivendo em Viena, o romancista Franz Werfel, que era judeu, via as coisas de maneira diferente. Estava disposto a assinar a declaração e, em 19 de março, telegrafou a Berlim, solicitando os necessários formulários. Em 8 de maio, Schillings informava a Werfel que ele não poderia permanecer como membro da academia; dois dias depois, vários de seus livros estavam entre os

---

10 K. Mann, *Mephisto*. Klaus Mann era um dos filhos de Thomas Mann. A edição alemã original foi publicada em Amsterdã, em 1936; Mann descreve a felicidade de Höfgens por não ser judeu na expressão encontrada em 1933, logo depois da *Machtergreifung*.

11 Sobre os detalhes desse assunto, cf. P. S. Jungk, *Franz Werfel*, p. 140.

12 Citado em (e extraído de) G. Mann, *Reminiscences and Reflections*, p. 144.

que foram queimados em praça pública. No verão de 1933, depois da criação da Câmara de Cultura do Reich (Reichskulturkammer, ou RKK) e, como parte dela, da Associação de Escritores Alemães do Reich, Werfel tentava novamente: "Por favor, observem que sou um cidadão tchecoslovaco", escrevia ele, "e um habitante de Viena. Ao mesmo tempo, quero declarar que sempre mantive distância de toda atividade ou organização política. Como membro da minoria alemã na Tchecoslováquia, residente na Áustria, estou sujeito às leis desses Estados". Desnecessário dizer, Werfel nunca recebeu uma resposta[13]. O romancista possivelmente queria assegurar a venda na Alemanha de seu romance que estava para ser publicado, *Os Quarenta Dias de Musa Dagh*, uma história baseada no extermínio dos armênios pelos turcos durante a Primeira Guerra Mundial. O livro de fato foi publicado no Reich no final de 1933, mas foi finalmente banido em fevereiro de 1934[14].

Albert Einstein estava em visita aos Estados Unidos em 30 de janeiro de 1933. Não demorou muito para ele reagir. Descrevendo o que estava acontecendo na Alemanha como uma "doença psíquica das massas", ele encerrou sua viagem de retorno em Oostende (Bélgica) e nunca mais colocou os pés em solo alemão. A Sociedade Kaiser Wilhelm demitiu-o de seu cargo; a Academia Prussiana de Ciências expulsou-o; sua cidadania foi caçada. Einstein não era mais alemão. Fama e proeminência não blindavam ninguém. Max Reinhardt foi expulso da direção do Teatro Alemão, a qual foi "transferida ao povo alemão", e abandonou o Reich. Max Liebermann, aos 86 anos de idade possivelmente o mais famoso pintor alemão de seu tempo, estava velho demais para emigrar quando Hitler chegou ao poder. Outrora presidente da Academia Prussiana de Arte e em 1933 seu presidente honorário, ele detinha a maior condecoração alemã, a Honra ao Mérito (*Pour le Mérite*). Em 7 de maio, Liebermann demitiu-se da academia. Como escrevia, de Paris, o pintor Oskar Kokoschka, em carta aberta ao editor do *Frankfurter Zeitung*, nenhum dos colegas de Liebermann julgou necessário expressar uma palavra de reconhecimento ou simpatia[15]. Isolado e condenado ao ostracismo, Liebermann morreu em 1935; apenas três artistas "arianos" compareceram ao seu funeral. Sua viúva lhe sobreviveu. Quando, em março de 1943, a polícia chegou, com uma maca para a acamada senhora de oitenta e cinco anos, a fim de iniciar a sua deportação ao Leste, ela cometeu suicídio ingerindo uma overdose do barbitúrico Veronal[16].

Por mais periférico que possa parecer ao olhar retrospectivo, o domínio cultural foi o primeiro do qual os judeus (e os "esquerdistas") foram banidos em

---

13 P. S. Jungk, *Franz Werfel*, p. 141-144.

14 Idem, p. 145.

15 J. Wulf (org), *Die bildenden Künste im Dritten Reich*, p. 36, 81 e s.

16 Idem, p. 36.

massa. A carta de Schilling foi enviada imediatamente após as eleições para o Reichstag, em março de 1933, e a publicação da entrevista de Hinkel precedeu a promulgação da Lei do Serviço Público de 7 de abril, que será discutida mais adiante. Assim, mesmo antes de lançar suas primeiras medidas antijudaicas de exclusão sistemática, os novos governantes da Alemanha voltaram-se contra os mais visíveis representantes do "espírito judaico" que, daí por diante, deveria ser erradicado. Em geral as principais medidas antijudaicas que, daí por diante, os nazistas tomariam, nos vários domínios, seriam não apenas atos de terror, mas também declarações simbólicas. Essa dupla função expressava a onipresença da ideologia dentro do sistema: seus princípios deviam ser ritualmente reafirmados, com a perseguição de vítimas escolhidas como parte de um contínuo ritual. Havia mais. O duplo significado das iniciativas do regime engendrava uma espécie de cisão na consciência de grande parte da população: por exemplo, as pessoas podiam não concordar com a brutalidade da demissão de intelectuais judeus de seus cargos, mas acolhiam a limpeza da "excessiva influência" dos judeus na vida cultural alemã. Até os mais célebres exilados alemães, tais como Thomas Mann, não estavam imunes, pelo menos por um tempo, a esse tipo de dupla visão dos acontecimentos.

Não judeu, embora casado com uma judia, Mann encontrava-se longe da Alemanha quando os nazistas subiram ao poder e não retornaria ao país. Escrevendo a Einstein em 15 de maio, ele mencionava a angústia que lhe trazia a simples ideia de exílio: "Para que eu tenha sido forçado a essa atitude, algo extremamente errado e mau deve ter, com certeza, acontecido. E é minha mais profunda convicção que toda essa 'Revolução Alemã' é, na verdade, errada e nociva"[17]. O autor de *A Montanha Mágica* não era menos explícito meses depois, em uma carta ao outrora seu amigo, o ultranacionalista historiador da literatura Ernst Bertram, que se tornara um firme partidário do novo regime:

> "Veremos", escrevi a você, um bom tempo atrás, e você respondeu-me desafiadoramente: "Claro que veremos". Você começou a ver? Não, porque eles mantêm seus olhos fechados com mãos sangrentas e você está mais que satisfeito em aceitar a "proteção". Os intelectuais alemães – perdoe a palavra, ela tem a intenção de ser um termo puramente objetivo – serão de fato os últimos a começar a ver, por ter, de modo demasiado profundo e vergonhoso, colaborado e se exposto[18].

Mas, na verdade, uma grande ambiguidade persistiria nas atitudes de Mann: para assegurar a continuidade da publicação e venda de seus livros na Alemanha,

---

17 T. Mann, *The Letters of Thomas Mann 1889-1955*, p. 170.
18 Idem, p. 191.

ele evitou cuidadosamente, por vários anos, falar contra os nazistas. E, de início, algumas organizações nazistas, tais como a Associação de Estudantes Nacional--Socialistas, também eram cautelosas em relação a ele: os livros de Thomas Mann não foram incluídos no famigerado auto-de-fé de 10 de maio de 1933[19].

A ambivalência (ou pior) de Mann, particularmente em relação aos judeus, vem à tona nas anotações de seu diário durante essa primeira fase: "Não é, afinal, algo significativo e revolucionário em grande estilo o que está acontecendo na Alemanha?", escrevia ele em 4 de abril de 1933. "Quanto aos judeus [...]. Que a arrogante e venenosa distorção judaica de Nietzsche formulada por Alfred Kerr esteja agora excluída não é de todo uma catástrofe; e também não o é a desjudaização da justiça"[20]. Mann se entregava a tais comentários repetidas vezes, mas foi talvez na anotação de seu diário de 15 de julho de 1934 que ele expressou seus ressentimentos mais fortes:

> Estive pensando em como é absurdo o fato de que os judeus, cujos direitos na Alemanha estão sendo abolidos e que também estão sendo banidos, tenham contribuído com uma parcela importante das questões espirituais que se expressam, obviamente com uma careta, no sistema político [nazismo] e que eles podem em grande parte ser considerados como os precursores da guinada antiliberal[21].

Como exemplos, Mann mencionava o poeta Karl Wolfskehl, um membro do círculo esotérico literário e intelectual em torno de Stefan George, e particularmente o excêntrico Oskar Goldberg, de Munique. Há algumas discrepâncias entre expressões como "uma parcela importante", "em grande parte" e "os precursores da guinada antiliberal" e esses dois exemplos marginais[22]. Ele prosseguia: "Em geral, penso que muitos judeus [na Alemanha] concordam, no mais profundo de seu ser, com seu novo papel de visitantes tolerados que não fazem parte de nada, exceto, nem é preciso dizer, no que concerne aos impostos"[23]. A posição antinazista de Mann não se tornaria clara, sem ambiguidades, e pública até o início de 1936[24].

---

19 R. Hayman, *Thomas Mann: A Biography*, p. 407-408.

20 T. Mann, *Tagebücher 1933-1934*, p. 46.

21 Idem, p. 473.

22 Sobre a postura antijudaica de Thomas Mann cf. Alfred Hoelzel, Thomas Mann's Attitudes Toward Jews and Judaism, *Studies in Contemporary Jewry*, n. 6, p. 229-254.

23 T. Mann, *Tagebücher 1933-1934*, p. 473.

24 Depois da morte do editor Samuel Fischer, seu genro, Gottfried Bermann, tomou medidas para transferir pelo menos parte da firma para fora do Reich. A S. Fischer Verlag permaneceria na Alemanha, em mãos arianas. A nova casa editorial Bermann Fischer – e com ela alguns dos mais prestigiados nomes da literatura contemporânea alemã (Mann, Döblin, Hofmannsthal, Wassermann, Schnitzler) – estava pronta a iniciar suas atividades em Zurique. Isso, entretanto, foi uma

A atitude de Mann ilustra a onipresença da cisão de consciência e, dessa maneira, explica a facilidade com que os judeus foram banidos da vida cultural. Afora alguns poucos corajosos indivíduos como Ricarda Huch, não havia uma força oposta nesse domínio – ou, na verdade, em nenhum outro.

Hitler certamente não apresentava cisão de consciência em relação a nada judaico. No entanto, em 1933 pelo menos, ele fez uma concessão para Winifred Wagner (a viúva inglesa do filho de Richard Wagner, Siegfried, que era a força diretriz em Bayreuth): "Surpreendentemente", como o coloca Frederic Spotts, naquele ano Hitler até permitiu aos judeus Alexander Kipnis e Emanuel List cantar em sua presença[25].

II

Três dias antes das eleições de março para o Reichstag, a edição do jornal judaico *Israelitisches Familienblatt*, de Hamburgo, publicava uma matéria esclarecedora sob a manchete como devemos votar em 5 de março?: "Existem muitos judeus", declarava o artigo, "que, hoje em dia, aprovam o programa econômico da direita, mas para os quais são negadas as possibilidades de se aliar a seus partidos, pois esses partidos têm, de forma completamente ilógica, associado suas metas políticas e econômicas com uma luta contra a comunidade judaica"[26].

---

grave avaliação equivocada, por parte de Bermann, com respeito à hospitalidade suíça. Os mais importantes editores suíços opuseram-se à mudança e o editor literário do *Neue Zürcher Zeitung*, Eduard Korrodi, não mediu suas palavras: a única literatura que emigrou, escrevia ele em janeiro de 1936, foi a judaica ("os incompetentes escritores da indústria do romance"). A Bermann Fischer se mudou para Viena. Desta vez, Thomas Mann reagia. Sua carta aberta ao jornal foi sua primeira postura pública de importância desde 1933: Mann chamou a atenção de Korrodi para o óbvio: tanto judeus quanto não judeus se encontravam entre os escritores alemães exilados. Quanto àqueles que permaneciam na Alemanha, "ser *völkisch* não é ser alemão. Mas o ódio do alemão ou dos governantes alemães aos judeus não é, em seu significado maior, direcionado contra a Europa e todo o germanismo mais altivo; ele é direcionado, como se percebe com crescente evidência, contra os fundamentos clássicos e cristãos da moralidade ocidental. É a tentativa [...] de livrar-se dos laços da civilização. Essa tentativa ameaça produzir uma terrível alienação, carregada de más potencialidades, entre a terra de Goethe e o resto do mundo". T. Mann, *The Letters of Thomas Mann 1889-1955*, p. 209. Passados alguns meses, todos os membros da família Mann que ainda não haviam sido despojados da cidadania germânica perdiam-na e, em 19 de dezembro de 1936, o reitor da Faculdade de Filosofia da Universidade de Bonn anunciava a Thomas Mann que seu nome havia sido "excluído do rol dos doutores honorários". N. Hamilton, *The Brothers Man*, p. 298.

25 F. Spotts, *Bayreuth: A History of the Wagner Festival*, p. 168.

26 Apud M. Zimmermann, *Die aussichtslose Republik, Menora*, p. 164. Isso não quer dizer, entretanto, que os votos judaicos migraram para partidos extremistas. Depois do desaparecimento do Partido Democrata Alemão (DDP), os votos dos judeus nas cruciais eleições de 1932 provavelmente resultaram na eleição de dois deputados da social-democracia e de um deputado do Centro católico. E. Hamburger e P. Pulzer, Jews as Voters in the Weimar Republic, *LBIY*, v. 30, p. 66.

Um evento em prol dos trabalhadores manuais judeus teve lugar no Café Leon, em Berlim, em 30 de janeiro de 1933. As notícias sobre a ascensão de Hitler ao posto de chanceler tornaram-se conhecidas tão logo começou o evento. Entre os representantes presentes das organizações judaicas e dos movimentos políticos, apenas o rabino sionista Hans Tramer referiu-se às notícias e falou sobre elas como uma importante mudança; todos os outros oradores se limitaram aos seus temas já definidos. O discurso de Tramer "não teve repercussão. Toda a audiência considerou-o como apenas interessado em provocar o pânico. Não houve resposta"[27]. O conselho da Associação Central de Cidadãos Alemães de Fé Judaica (Zentralverein deutscher Staatsbürger jüdischen Glaubens), nesse mesmo dia, concluiu uma declaração pública no mesmo espírito: "Em geral, hoje mais que nunca devemos seguir a diretriz: esperar calmamente"[28]. Um editorial no jornal da associação para o dia 30 de janeiro, escrito pelo presidente da organização, Ludwig Holländer, apresentava um tom ligeiramente mais preocupado, mas mostrava na prática a mesma postura: "Os judeus alemães não perderão a calma que deriva da sua ligação a tudo que é verdadeiramente alemão. Muito menos permitirão ataques externos, que considerem injustificados, com o objetivo de influenciar sua atitude interior com relação à Alemanha"[29].

Em geral não havia sentimento manifesto de pânico ou mesmo de urgência entre a grande maioria dos aproximadamente 525 mil judeus vivendo na Alemanha em janeiro de 1933[30]. No decorrer das semanas, a Associação Nacional dos Judeus Alemães, fundada por Max Naumann, e a Associação do Reich de Veteranos de Guerra Judeus aguardaram por nada menos do que a integração à nova situação. Em 4 de abril, o presidente da associação dos veteranos, Leo Löwenstein, endereçava uma petição a Hitler, em que era incluída uma lista de sugestões, de orientação nacionalista, relativa aos judeus da Alemanha, assim como uma cópia do livro comemorativo contendo os nomes dos doze mil soldados alemães de origem judaica que morreram pela Alemanha durante a Primeira Guerra Mundial. O conselheiro ministerial Wienstein respondia, em 14 de abril, que o chanceler tomara conhecimento do envio da carta e do livro com "os mais sinceros sentimentos". O chefe da chancelaria,

---

27 K. J. Ball-Kaduri, *Das Leben der Juden in Deutschland im Jahre 1933*, p. 34.
28 Apud W. Benz (org.), *Das Exil der kleinen Leute*, p. 16.
29 Idem, p. 17.
30 De acordo com o censo de 16 de junho de 1933, 499.682 pessoas de "fé mosaica" viviam na Alemanha (o território do Sarre não incluído), então, o que equivale a 0,77 por cento do total da população alemã. Cf. I. Arndt e H. Boberach, Deutsches Reich, em W. Benz (org.), *Dimension des Völkermords*, p. 23. É plausível que aproximadamente 25 mil judeus tenham abandonado a Alemanha entre janeiro e junho de 1933.

Hans Heinrich Lammers, recebeu uma delegação de veteranos no dia 28[31], mas depois disso os contatos cessaram. Logo o gabinete de Hitler deixava de tomar conhecimento das petições da organização judaica. Da mesma maneira que a Associação Central, os sionistas continuavam a crer que os tumultos iniciais poderiam ser superados por uma reafirmação da identidade judaica ou simplesmente pela paciência; os judeus imaginavam que as responsabilidades do poder, a influência dos membros conservadores do governo e um vigilante mundo exterior exerceriam uma influência moderadora sobre toda tendência nazista a cometer excessos.

Mesmo depois do boicote nazista de 1º de abril contra os estabelecimentos comerciais judaicos, algumas personalidades judeu-alemãs de renome, tais como o rabino Joachim Prinz, declararam que não era sensato assumir uma posição antinazista. Para Prinz, contestar a "reorganização" da Alemanha, cuja meta era "dar ao povo pão e trabalho [...] não era nem desejado nem possível"[32]. A declaração pode ter sido meramente tática e é preciso ter em mente que muitos judeus estavam perdidos quanto à maneira de reagir. Alguns excêntricos iam ainda mais longe. Assim, no verão de 1933, no discurso de abertura de suas conferências sobre o poeta romano Horácio, o historiador Felix Jacoby, da Universidade Kiel, declarava: "Como judeu, encontro-me em uma difícil situação. Mas, como historiador, aprendi a não considerar os acontecimentos históricos através de uma perspectiva pessoal. Desde 1927, tenho votado em Adolf Hitler, e considero-me feliz em poder apresentar conferências sobre o poeta amigo de Augusto no ano da revitalização nacional. O imperador Augusto é a única figura da história mundial que se pode comparar a Adolf Hitler"[33]. Esse, entretanto, era um caso deveras excepcional.

Para alguns judeus, a permanência do velho e respeitado presidente Paul von Hindenburg na direção do Estado representava uma fonte de confiança: eles ocasionalmente escreviam a Hindenburg relatando sobre sua aflição. "Eu estava com meu casamento marcado em 1914", escrevia Frieda Friedmann, uma berlinense, a Hindenburg em 23 de fevereiro:

> Meu noivo morreu em ação em 1914. Meus irmãos Max e Julius Cohn foram mortos em 1916 e 1918. Meu irmão que sobreviveu à guerra, Willy, voltou cego [...]. Todos os três receberam a Cruz de Ferro por seus serviços ao país. Mas, agora as coisas em nosso país chegaram a tal ponto que panfletos declarando "Judeus, fora daqui!" são distribuídos nas ruas e

---

31 Sobre a petição e outros detalhes, cf. K.-H. Minuth (org.), *Akten der Reichskanzlei*, v. 1, p. 296-298 e 298, nota.

32 M. Zimmermann, op. cit., p. 160.

33 R. Safranski, *Ein Meister aus Deutschlandt*, p. 271.

há gente claramente convocando as pessoas para manifestações e atos de violência contra judeus [...]. Será essa instigação contra judeus um sinal de coragem ou de covardia, quando os judeus constituem apenas um por cento do povo alemão?

O gabinete de Hindenburg acusou o recebimento da carta imediatamente e o presidente notificou Frieda Friedmann de que se opunha decididamente aos excessos perpetrados contra os judeus. A carta foi passada para Hitler, que escreveu na margem: "As reclamações dessa senhora são uma fraude! Obviamente não tem havido instigação para um pogrom!"[34].

Os judeus, por fim, da mesma forma que uma considerável parte da sociedade alemã como um todo, não tinham certeza – particularmente antes das eleições para o Reichstag de 5 de março de 1933 – se os nazistas estavam no poder para ficar ou se um golpe militar conservador contra eles ainda seria possível. Alguns intelectuais judeus apresentaram prognósticos um tanto singulares. "O prognóstico," escrevia Martin Buber ao filósofo e educador Ernst Simon em 14 de fevereiro,

> depende do resultado da luta iminente entre os grupos no governo. Devemos presumir que nenhuma mudança no equilíbrio de poder em favor dos nacional-socialistas será permitida, mesmo se sua base parlamentar frente aos nacionalistas alemães for proporcionalmente reforçada. Nesse caso, uma de duas coisas acontecerá: ou os hitleristas permanecerão de qualquer forma no poder e então serão enviados para combater o proletariado, o que dividiria o partido e o tornaria inofensivo por enquanto [...]. Ou eles deixarão o governo [...]. Enquanto a presente situação permanecer, eles não pensarão nem em perseguir os judeus nem em leis antijudaicas, mas apenas em opressão administrativa. A legislação antissemita seria possível apenas se o equilíbrio de poder se inclinasse em favor dos nacional-socialistas, mas como disse acima, isso não é de se esperar. A perseguição contra os judeus somente será possível durante o intervalo entre o abandono do governo pelos nacional-socialistas e a proclamação de um estado de emergência[35].

---

34 W. Benz (org.), *Die Juden in Deutschland 1933-1945*, p. 18.
35 N. N. Glatzer e P. Mendes-Flohr (orgs.), *The Letters of Martin Buber*, p. 395.

III

Os principais alvos políticos do novo regime e de seu sistema de terror, pelo menos durante os primeiros meses depois da ascensão nazista ao poder, não foram os judeus, mas os comunistas. Depois do incêndio do Reichstag em 27 de fevereiro, a caçada anticomunista conduziu à detenção de quase dez mil membros e simpatizantes do partido e seu aprisionamento nos campos de concentração criados pouco tempo antes. Dachau foi criado em 20 de março e foi oficialmente inaugurado pelo comandante da SS Heinrich Himmler em 1º de abril[36]. Em junho, o Líder de Grupo da SS Theodor Eicke tornou-se o comandante do campo e, um ano depois, era designado "inspetor de campos de concentração": sob a égide de Himmler, ele se tornou o arquiteto da rotina de vida-e-morte dos campos de prisioneiros na nova Alemanha de Hitler.

Depois das prisões em massa que se seguiram ao incêndio do Reichstag, ficava claro que não mais existia o "perigo comunista". Mas o furor de repressão – e inovação – do novo regime não arrefeceu; bem ao contrário. Um decreto presidencial de 28 de fevereiro já dera a Hitler poderes emergenciais. Embora os nazistas não conseguissem obter uma maioria absoluta nas eleições de 5 de março, sua coalizão com o ultraconservador Partido Nacional do Povo Alemão (Deutschnationale Volkspartei, ou DNVP) conseguiu. Alguns dias depois, em 23 de março, o Reichstag renunciava às suas funções ao aprovar a Lei de Plenos Poderes (*Ermächtigungsgesetz*), que dava plenos poderes, legislativo e executivo, ao chanceler (no começo, a nova legislação foi discutida com o gabinete ministerial, mas a decisão final foi de Hitler). A rapidez das mudanças que se seguiram foi assombrosa: os estados foram postos na linha; em maio, os sindicatos trabalhistas foram abolidos e substituídos pela Frente Alemã de Trabalho; em julho, todos os partidos políticos formalmente deixavam de existir, com a única exceção do Partido Nacional-Socialista dos Trabalhadores Alemães (*Nationalsozialistische Deutsche Arbeiterpartei*, ou NSDAP). O apoio popular para essa torrencial atividade e constante demonstração de poder aumentou como bola de neve. Aos olhos de um número rapidamente crescente de alemães, um "renascimento nacional" estava a caminho[37].

Com frequência tem-se perguntado se os nazistas tinham metas concretas e planos precisos. Apesar das tensões internas e circunstâncias variáveis, metas de curto prazo na maioria das áreas eram sistematicamente perseguidas

---

[36] Os judeus também foram enviados para os novos campos de concentração: Quatro foram mortos em Dachau em 12 de abril. Tanto em Dachau quanto em Oranienburg "unidades judaicas" foram instaladas desde o início. Cf. K. Drobisch, Die Judenreferate des Geheimen Staatspolizeiamtes und des Sicherheitsdienstes der SS 1933 bis 1939, *Jahrbuch für Antisemitismusforschung*, n. 2, p. 231.

[37] Até hoje o estudo mais abrangente sobre a tomada de poder nazista durante os anos de 1933 e 1934 é o de K. D. Bracher et al., *Die nationalsozialistische Machtergreifung*.

e rapidamente cumpridas. Mas os objetivos finais do regime, as diretrizes para as políticas de longo prazo, eram definidos apenas em termos gerais e as medidas concretas para sua implementação não eram expressas com clareza. Contudo, essas metas de longo prazo vagamente formuladas eram essenciais não apenas como diretrizes precárias, mas também como indicadores de ambições e expectativas ilimitadas: elas eram objeto de verdadeira crença para Hitler e seu círculo; elas mobilizavam as energias do partido e de vários setores da população; e eram expressões da fé na justeza do caminho.

A violência antijudaica propagou-se depois das eleições de março. No dia 9, as Tropas de Assalto (Sturmabteilung, ou SA) capturavam um grande número de judeus do Leste europeu em Scheunenviertel, um dos quarteirões judaicos de Berlim. Tradicionalmente os primeiros alvos do ódio alemão aos judeus, esses *Ostjuden*, foram também os primeiros judeus propriamente ditos a ser enviados aos campos de concentração. No dia 13 de março, o fechamento forçado de lojas judaicas era imposto pela SA local em Mannheim; em Breslau, advogados e juízes judeus eram agredidos no palácio da justiça; e, em Gedern, no Hesse, a SA invadia os lares judaicos e espancava seus habitantes "com a aclamação de uma multidão que rapidamente se avolumou". A lista de incidentes similares é bem longa[38]. Também ocorreram assassinatos. De acordo com o relatório (bimensal) do final de março do presidente administrativo da Baviera:

> No dia 15 deste mês, por volta das seis da manhã, vários homens em uniformes escuros chegaram num caminhão à casa do comerciante israelita Otto Selz em Straubing. Selz foi arrancado de sua casa em trajes de dormir e levado embora. Por volta da 9h30, Selz foi morto a tiros na floresta perto de Wang, no distrito de Landshut. Dizem que o caminhão chegou pela rodovia Munique-Landshut e partiu da mesma forma. Ele transportava seis homens uniformizados que traziam a insígnia II.A. Várias pessoas afirmam ter visto os ocupantes do caminhão usando braçadeiras vermelhas com uma suástica[39].

Em 31 de março, o ministro do interior Wilhelm Frick telegrafava a todos os postos de polícia locais, para alertá-los de que agitadores comunistas disfarçados em uniformes da SA e usando placas de licenciamento da SA iriam depredar as vitrinas das lojas judaicas e aproveitar a ocasião para criar distúrbios[40]. Isso podia ser desinformação nazista padrão ou alguma crença rema-

---

38 K. Drobisch, *Die Judenreferate...*, op. cit., p. 231.

39 M. Broszat, E. Fröhlich e F. Wiesemann (eds.), *Bayern in der NS-Zeit*, p. 432.

40 Do Presidente Distrital, Hildesheim, para as Autoridades da Polícia Local do Distrito, 31.3.1933, Aktenstücke zur Judenverfolgung, Ortspolizeibehörde Göttingen, microfilme MA-172, Institut für Zeitgeschichte, Munique (doravante citado como Ifz).

nescente numa possível subversão comunista. Em 1º de abril, o posto policial de Göttingen, investigando os danos às lojas judaicas e à sinagoga local em 28 de março, relatava ter capturado dois membros do Partido Comunista e um social-democrata de posse de peças de uniformes nazistas; o quartel general em Hildesheim foi informado de que os homens capturados eram os perpetradores da ação antijudaica[41].

Grande parte da imprensa estrangeira deu ampla cobertura à violência nazista. O *Christian Science Monitor*, entretanto, expressou dúvidas quanto à exatidão dos relatos das atrocidades nazistas e depois justificou a retaliação contra "aqueles que difundiam mentiras contra a Alemanha". E Walter Lippmann, o comentarista político americano de maior destaque na época, ele mesmo um judeu, encontrou palavras de elogio a Hitler e não pôde resistir a emitir uma crítica aos judeus. Apesar dessas notáveis exceções, a maioria dos jornais americanos não poupou críticas à perseguição antijudaica[42]. Cresceram os protestos de judeus e não judeus. Esses mesmos protestos se tornaram o pretexto dos nazistas para o notório boicote aos estabelecimentos judaicos de 1º de abril de 1933. Embora a campanha antinazista nos Estados Unidos fosse discutida com alguma extensão durante a reunião do gabinete alemão em 24 de março[43], a decisão final em favor do boicote foi provavelmente tomada em 26 de março num encontro de Hitler e Goebbels em Berchtesgaden. Mas, em meados de março, Hitler já havia autorizado uma comissão chefiada por Julius Streicher, chefe do partido na Francônia e editor do mais virulento jornal antijudaico do partido, *Der Stürmer*, a prosseguir no trabalho preparatório para o boicote.

De fato, o boicote era previsível desde o momento em que os nazistas alcançaram o poder. A possibilidade fora muitas vezes mencionada durante os dois anos precedentes[44], quando os pequenos negócios judaicos eram crescentemente perseguidos e os empregados judeus cada vez mais discriminados no mercado de trabalho[45]. Entre os nazistas, muito da agitação pelas medidas econômicas antijudaicas foi iniciado por uma coalizão heterogênea de "radicais" pertencentes tanto à Organização Nacional-Socialista de Células Empresariais (Nationalsozialistische Betriebszellenorganisation, ou NSBO), liderada por Reinhold Muchow, quanto à Liga dos Empregados e Artesãos da Classe Média (Kampfbund für den gewerblichen Mittelstand), sob a liderança de Theodor Adrian von Renteln, assim como a várias seções da SA

---

41 Autoridade Policial Local, Göttingen, para o Presidente Distrital, Hildesheim, 1.4.33, idem.

42 D. E. Lipstadt, *Beyond Belief*, p. 44-45. Sobre as posições de Walter Lippmann, cf., em especial, R. Steel, *Walter Lippmann and the American Century*, em particular, p. 330-333.

43 K.-H. Minuth (org.), *Akten der Reichskanzlei*, parte 1, v. 1, p. 251.

44 M. Zimmermann, op. cit, p. 155, 157-158.

45 A. Barkai, *From Boycott to Annihilation*, p. 15.

criadas para esse propósito por Otto Wagener, um economista e ex-chefe de estado maior executivo da SA. O denominador comum entre eles era o que o ex-vice-líder do partido, George Strasser, uma vez chamara de uma "nostalgia anticapitalista"[46], sua maneira mais fácil de expressar essa nostalgia: o antissemitismo virulento.

Esses radicais do partido serão encontrados a cada etapa importante da política antijudaica até, e inclusive, as manifestações de violência racial da Kristallnacht, em novembro de 1938. Em abril de 1933, eles podiam ser identificados como membros dos vários grupos de interesse econômico do partido, mas também entre eles estavam juristas como Hans Frank (o futuro governador-geral da Polônia ocupada) e Roland Freisler (o futuro presidente do Tribunal Popular) e fanáticos racistas como Gerhard Wagner e Walter Gross, sem falar em Streicher, Goebbels, os líderes da SA e no principal dentre eles, o próprio Hitler. Mas, especificamente como grupo de pressão, os radicais eram compostos principalmente pelos "velhos combatentes" – membros da SA e cidadãos comuns, ativistas do partido insatisfeitos com o ritmo da revolução nacional-socialista, com a escassez dos espólios que cabiam a eles e com o frequente *status* privilegiado dos colegas ocupando posições-chave na administração da burocracia estatal. Os radicais representavam uma força inconstante, porém considerável, de membros descontentes do NSDAP, ansiosos por crescente ação e por obter a prioridade do partido sobre o Estado[47].

Entretanto, a influência dos radicais não deve ser superestimada. Nunca forçaram Hitler a tomar medidas que ele não quisesse tomar. Quando suas reivindicações eram consideradas excessivas, suas iniciativas eram rejeitadas. As decisões antijudaicas na primavera de 1933 ajudaram o regime a canalizar a violência da SA para medidas controladas pelo Estado[48], para os nazistas, é claro, essas medidas eram também bem-vindas por si mesmas.

Hitler informou o ministério sobre o boicote aos estabelecimentos comerciais judaicos planejado para 29 de março, dizendo aos ministros que ele próprio o havia exigido. Ele descrevia a alternativa como violência popular espontânea. Um boicote aprovado, acrescentava ele, iria evitar distúrbios perigosos[49]. Os ministros do Reich objetaram e o presidente Hindenburg tentou intervir. Hitler rejeitou toda possibilidade de cancelamento, mas, dois dias depois (no dia anterior ao boicote marcado), sugeria a possibilidade de adiá-lo até 4 de abril – se os governos britânico e americano declarassem

---

46 H. Höhne, *Die Zeit der Illusionen*, p. 76.

47 Para uma descrição dos vários componentes dessa tendência radical, cf. D. Orlow, *The History of the Nazi Party 1933-1945*, v.2, p. 40 e s.

48 R. Bessel, *Political Violence and the Rise of Nazism*, p. 107.

49 D. Bankier, Hitler and the Policy-Making Process on the Jewish Question, *Holocaust and Genocide Studies*, v. 3, n. 1, p. 4.

imediatamente sua oposição às manifestações antigermânicas em seus países, se não, a ação teria lugar em 1º de abril, a ser seguida por um período de espera até 4 de abril[50].

Na véspera do dia 31, os governos britânico e americano manifestavam sua disposição em fazer a necessária declaração. O ministro do exterior Konstantin Freiherr von Neurath comunicou, entretanto, que já era muito tarde para alterar o rumo; ele mencionou então a decisão de Hitler de um dia de ação seguido de um período de espera[51]. De fato, a possibilidade de recomeçar o boicote em 4 de abril já não era mais considerada.

Entrementes, os líderes judaicos, principalmente nos Estados Unidos e na Palestina, encontravam-se num dilema: deveriam apoiar os protestos em massa e um contraboicote às mercadorias alemãs, ou deveriam evitar o confronto por temor a novas "retaliações" contra os judeus na Alemanha? Göring convocou vários líderes da comunidade judaica alemã e enviou-os a Londres, para intervir contra planejadas demonstrações e iniciativas antigermânicas. Simultaneamente, em 26 de março, Kurt Blumenfeld, presidente da Federação Sionista da Alemanha, e Julius Brodnitz, presidente da Associação Central, enviaram nota via telegrama ao Comitê Judaico Americano em Nova York: PROTESTAMOS CATEGORICAMENTE CONTRA A MANUTENÇÃO DO ENCONTRO DE SEGUNDA–FEIRA, DEMONSTRAÇÕES DE RÁDIO E OUTRAS. EXIGIMOS INEQUIVOCAMENTE ENÉRGICOS ESFORÇOS PARA DAR FIM ÀS DEMONSTRAÇÕES HOSTIS CONTRA A ALEMANHA[52]. Ao tentar acalmar os nazistas, os temerosos líderes judeu-alemães esperavam evitar o boicote.

Os líderes da comunidade judaica na Palestina também optaram pela prudência, não obstante a pressão da opinião pública. Enviaram um telegrama à Chancelaria do Reich, "oferecendo garantias de que nenhuma entidade autorizada na Palestina declarara ou pretendia declarar um boicote comercial à Alemanha"[53]. Os líderes judeus americanos estavam divididos; a maioria

---

50 K.-H. Minuth (org.), *Akten der Reichskanzlei*, parte 1, v. 1, p. 277.

51 Memorando das conversas telefônicas entre o Departamento de Estado e a Embaixada dos Estados Unidos em Berlim, 31 de Março de 1933, *Foreign Relations of the United States, 1933*, v. 2, Washington, D. C., 1948, p. 342 e s.

52 Em H. Friedlander; S. Milton, (orgs.), *Archives of the Holocaust*, v. 17, F. D. Bogin (org.), *American Jewish Committee New York*, Nova York, 1993, p. 4. Em maio de 1933, uma coleção trilíngue alemã, inglesa e francesa de várias declarações de judeus foi publicada (provavelmente em Berlim) por um editor aparentemente judeu, "Jacov Trachtenberg", sob o título *Die Greuel-Propaganda ist eine Lügenpropaganda, sagen die deutschen Juden selbst* (A Propaganda Atroz é Baseada em Mentiras, Dizem os Próprios Judeus Alemães). O livro provavelmente se destinava a ter distribuição mundial. Devo a Hans Rogger ter atraído a minha atenção para essa publicação.

53 Y. Gelber, The Reactions of the Zionist Movement and the Yishuv to the Nazi's Rise to Power, *Yad Vashem Studies*, n. 18, p. 46. O texto de Gelber não deixa claro se o telegrama foi enviado antes ou depois de 1º de abril.

das organizações nos Estados Unidos se opunha às manifestações em massa e à ação econômica, principalmente por medo de constranger o presidente e o Departamento de Estado[54]. Com relutância e sob pressão de grupos como os Veteranos de Guerra Judeus e o Congresso Judaico Americano, eles finalmente decidiram pelo contrário. Em 27 de março, encontros de protesto ocorreram em várias cidades americanas, com a participação de líderes trabalhistas e religiosos cristãos. Quanto ao boicote de mercadorias alemãs, ele se espalhou como um movimento popular entusiasmado que, com o passar dos meses, receberia um crescente aumento de apoio institucional, pelo menos fora da Palestina[55].

O entusiasmo de Goebbels era enorme. Na anotação de seu diário do dia 27, ele escrevia: "Ditei um cáustico artigo contra a propaganda de atrocidades dos judeus. Ao seu mero anúncio, toda a *mischpohke* [sic, em ídiche "família"] se desesperou. É preciso usar tais métodos. Magnanimidade não impressiona os judeus". Dia 28 de março: "Conversa telefônica com o Führer: a convocação ao boicote será publicada hoje". Pânico entre os judeus!" Dia 29 de março: "Convoquei meus assistentes e expliquei-lhes a organização do boicote". Dia 30 de março: "A organização do boicote está concluída. Agora só é preciso pressionar um botão e ele terá início"[56]. Dia 31 de março:

> Muitas pessoas andam em círculos com suas cabeças baixas e vendo fantasmas. Eles pensam que o boicote conduzirá à guerra. Ao nos defender, só podemos ganhar respeito. Um pequeno grupo nosso teve uma última discussão e decidiu que o boicote deverá começar amanhã com total intensidade. Durará um dia e então será seguido por uma interrupção até quarta-feira. Se as manifestações das nações estrangeiras cessarem, então o boicote cessará, caso contrário, uma luta até o fim terá início[57].

Dia 1º de abril: "O boicote contra as atrocidades da propaganda internacional irrompeu com toda intensidade em Berlim e em todo o Reich". "O público", Goebbels acrescentava, "tem em todo lugar demonstrado sua solidariedade"[58].

Em princípio, o boicote poderia ter causado sérios danos econômicos à população judaica pois, de acordo com Avraham Barkai, "mais de sessenta por cento de todos os proventos dos judeus achavam-se concentrados no setor

---

54 Sobre o dilema da liderança judaica americana, cf. Gulie Ne'eman Arad, *America, Its Jews, and the Rise of Nazism*.

55 Y. Gelber, The Reactions of the Zionist Movement..., op. cit., p. 47-48. Sobre o boicote judaico--americano cf., em especial, M. R. Gottlieb, *American Anti-Nazi Resistance, 1933-1941*.

56 J. Goebbels, *Die Tagebücher*, v. 2, p. 398-399.

57 Idem, p. 400.

58 Idem.

comercial, sendo que a esmagadora maioria deles se encontrava no comércio varejista [...]. Similarmente, os judeus dos setores industrial e manufatureiro atuavam basicamente como proprietários de pequenas empresas e oficinas ou como artesãos"[59]. Na realidade, entretanto, a ação nazista encontrou problemas imediatos[60].

A população demonstrou sobretudo indiferença ao boicote, algumas vezes, até preferindo comprar nas lojas "judaicas". De acordo com o *Völkischer Beobachter* de 3 de abril, alguns fregueses em Hannover tentaram entrar em uma loja de um judeu à força[61]. Em Munique, repetidos anúncios relativos à aproximação do boicote resultaram em tal estímulo de vendas nas lojas dos judeus durante os últimos dias de março (o público ainda não sabia quanto tempo duraria o boicote) que o *Völkischer Beobachter* deplorou "a falta de juízo entre parte da população, que punha seu dinheiro arduamente ganho nas mãos de inimigos do povo e caluniadores astuciosos"[62]. No dia do boicote, muitas lojas judaicas permaneceram cerradas ou fecharam mais cedo. Vasta multidão de espectadores bloqueava as ruas nos distritos comerciais do centro da cidade, para assistir o desdobrar dos acontecimentos: estavam passivos, mas de forma alguma demonstravam hostilidade para com os "inimigos do povo" como esperavam os agitadores do partido[63]. A esposa do rabino de Dortmund, Martha Appel, confirma em suas memórias uma passividade semelhante, e certamente uma atitude nada hostil, entre as multidões nas ruas desse setor comercial da cidade. Ela até mesmo relata ter ouvido muitas expressões de descontentamento com a iniciativa nazista[64]. Essa atmosfera parece ter sido comum em grande parte do Reich. O relatório bimensal da polícia na cidade de Bad Tölz na Baviera, ao sul de Munique, é sucinto e sem ambiguidade: "A única loja judaica, 'Cohn' na Fritzplatz, não foi boicotada"[65].

A falta de entusiasmo popular era composta de muitas questões inesperadas: como deveria ser definida uma empresa "judaica"? Por seu nome, pelo judaísmo de seus diretores, ou pelo controle judaico de todo ou de parte do seu capital? Se a empresa fosse prejudicada, o que, em tempo de crise econômica, aconteceria aos seus empregados arianos? Quais seriam as conse-

---

59 A. Barkai, *From Boycott to Annihilation*, p. 2.

60 Para um relato detalhado dos problemas concretos encontrados pelos nazistas, cf. K. A. Schleunes, *The Twisted Road to Auschwitz*, p. 84-90.

61 Idem, p. 94.

62 P. Hanke, *Zur Geschichte der Juden in München zwischen 1933 und 1945*, p. 85.

63 Idem, p. 85-86.

64 Sobre as memórias de Martha Appel cf. M. Richarz (org.), *Jüdisches Leben in Deutschland*, p. 231-232.

65 M. Broszat et al., *Bayern in der NS-Zeit*, v. 1, p. 435.

quências gerais, em termos de possíveis retaliações estrangeiras, da ação sobre a economia alemã?

Embora iminente por algum tempo, o boicote de abril foi claramente uma ação improvisada. Ele pode ter visado a canalizar as iniciativas antijudaicas da SA e de outros radicais; a indicar que, no longo prazo, a base para a existência judaica na Alemanha seria destruída; ou mais imediatamente, a responder de maneira apropriadamente nazista aos protestos estrangeiros contra o tratamento dado aos judeus alemães. Quaisquer que fossem as várias motivações, Hitler ostentava uma forma de liderança que viria a se tornar característica de suas ações antijudaicas nos vários anos seguintes: ele usualmente estabelecia um *aparente* meio-termo entre as exigências dos radicais do partido e as restrições pragmáticas dos conservadores, dando ao público a impressão de que ele próprio estava acima dos detalhes operacionais[66]. Tal contenção era obviamente tática; no caso do boicote, foi ditada pela situação da economia e pela cautela com as reações internacionais[67].

Para alguns judeus vivendo na Alemanha, o boicote, apesar do seu fracasso no geral, teve inesperadas e desagradáveis consequências. Tal foi o caso de Arthur B., um judeu polonês que fora empregado em 1º de fevereiro com seu conjunto de "quatro músicos alemães (um deles uma mulher)" para tocar no Café Corso, em Frankfurt. Um mês depois, o contrato de B. era prorrogado para 30 de abril. Em 30 de março, B. era demitido pela proprietária do café por ser judeu. B. apelou para o Tribunal do Trabalho em Frankfurt, a fim de obter o pagamento do dinheiro devido a ele pelo mês de abril. A dona, ele argumentava, sabia quando o empregara que ele era um judeu polonês. Estava satisfeita com o trabalho do conjunto e por isso não tinha o direito de demiti-lo sem aviso prévio e pagamento. O tribunal rejeitou seu apelo e obrigou-o a pagar os custos, determinando que as circunstâncias criadas pelo incitamento judaico contra a Alemanha – o qual levara alguns clientes a exigir a demissão do líder do conjunto e atraíra ameaças das lideranças locais do Gau (principal distrito partidário), que afirmavam que o Café Corso seria boicotado como uma empresa judaica se Arthur B. continuasse trabalhando lá – poderiam ter causado severos danos à ré, sendo portanto, razão suficiente para sua demissão. "Se a ré já sabia quando o demitiu que o queixoso era

---

66 H. Genschel, *Die Verdrängung der Juden aus der Wirtschaft im Dritten Reich*, p. 58.

67 Em 5 de abril o embaixador alemão na França informou a Berlim: "Até que ponto foram desfavoráveis os efeitos da ação contra os judeus na França era o que se observava sobretudo nas expressões de simpatia emitidas pelo alto-clero católico e protestante nas manifestações contra o movimento antijudaico na Alemanha [...]. Não havia dúvida [...] de que a operação fora totalmente explorada pelos círculos franceses antagônicos à Alemanha por razões materiais ou políticas, e que eles alcançaram plenamente seu propósito de pintar de novo em negras cores, até para a população rural, o perigo de uma Alemanha inclinada a ações de violência". De Koester para o Ministro do Exterior, 5 de abril de 1933. *Documents on German Foreign Policy, Series C (1933-1937)*, v. 1, p. 251.

judeu é irrelevante", concluía o tribunal, "uma vez que a revolução nacional com suas drásticas consequências para os judeus teve lugar após o queixoso ser admitido; a ré não poderia saber na época que o fato de o queixoso pertencer à raça judaica iria ter mais tarde um papel tão significativo"[68].

A possibilidade de boicotes posteriores permanecia aberta. "Nós informamos, por meio desta", dizia uma carta de 31 de agosto da Comissão Central do Movimento de Boicote (Zentralkomitee der Boykottbewegung), em Munique, à liderança distrital do partido de Hannover Sul,

> que a Comissão Central de Defesa contra as Atrocidades Judaicas e Incitamento ao Boicote [...] continua seu trabalho como antes. A atividades da organização terão continuidade, entretanto, reservadamente. Solicitamos que observem e nos informem de todo e qualquer caso de corrupção ou outras atividades econômicas nas quais os judeus tenham um papel prejudicial. Vossas Senhorias poderão então informar sua liderança distrital ou local de forma apropriada sobre casos como esses que acabamos de mencionar. Como indicado na última instrução partidária interna da Autoridade Adjunta do Führer [para questões partidárias], o membro do partido [Rudolf] Hess, quaisquer relatórios públicos da Comissão Central devem primeiramente ser submetidos a ele[69].

Ao mesmo tempo, contudo, tornava-se cada vez mais claro ao próprio Hitler que não se podia intervir abertamente na vida econômica judaica, pelo menos enquanto a economia alemã estivesse ainda em situação precária. O temor de retaliação econômica estrangeira, quer orquestrada pelos judeus quer como uma expressão de genuíno ultraje diante das perseguições nazistas, era igualmente compartilhado pelos nazistas e seus aliados conservadores e impunha temporária moderação. Assim que Hjalmar Schacht saiu da presidência do Reichsbank para tornar-se ministro da economia, no verão de 1934, a não interferência no comércio judaico se tornava objeto de concordância quase oficial. Uma potencial fonte de tensão, desse modo, surgia entre os ativistas do partido e os escalões superiores do partido e do Estado.

De acordo com o periódico comunista alemão *Rundschau*, publicado nessa época na Suíça, somente as pequenas casas comerciais judaicas – isto é, dos judeus mais pobres – foram prejudicadas pelo boicote nazista. Grandes empresas como o império editorial estabelecido em Berlim, a Ullstein, ou os bancos de propriedade de judeus – os grandes empresários judeus – nada sofreram[70]. O que

---

68 E. Noam e W.-A. Kropat, *Juden vor Gericht, 1933-1945*, p. 84-86.
69 Arquivos do Gabinete Central do NSDAP, microficha 581 00181, Ifz (Parteikanzlei der NSDAP).
70 D. Bankier, The German Communist Party and Nazi Anti-Semitism, 1933-1938, *LBIY*, v. 32, p. 327.

parece ser meramente uma expressão da ortodoxia marxista era em parte verdade, pois prejudicar uma cadeia de lojas de departamentos que pertencia a judeus, como a Tietz, poderia ter deixado seus catorze mil funcionários desempregados[71]. Por essa mesma razão, Hitler pessoalmente aprovou a concessão de um empréstimo à Tietz, para resolver suas dificuldades financeiras imediatas[72].

Na Ullstein, uma das maiores editoras na Alemanha (que era proprietária de suas próprias gráficas e publicava jornais, revistas e livros), a célula nazista da empresa dentro da própria companhia endereçou uma carta a Hitler em 21 de junho, descrevendo as consequências desastrosas de um sub-reptício boicote contínuo aos empregados da firma judaica: "A Ullstein, que no dia do boicote oficial foi excluída da ação por ser uma empresa de vital importância", o líder da célula escrevia a Hitler,

> está agora sofrendo severamente em razão do movimento de boicote. A grande maioria da força de trabalho é constituída de membros do partido e um número até maior de membros está na célula. A cada dia que passa, essa força de trabalho está cada vez mais preocupada pelas demissões semanais e mensais e pede-me, com urgência, que solicite às autoridades competentes para que o sustento de milhares de bons cidadãos da nação [membros da comunidade nacional-racial, ou Volksgenossen] não seja posto em perigo. As publicações da Ullstein caíram em mais da metade. Sou informado diariamente dos vários casos de boicote de arrepiar os cabelos. Por exemplo, já há um bom tempo que a inscrição no partido do chefe do escritório da Ullstein em Freiewalde vem sendo rejeitada pela razão de que, sendo um empregado de uma casa editorial judaica, ele poderia na verdade causar dano ao partido[73].

Isso já era suficientemente complicado da forma como estava, mas o periódico comunista *Rundschau* teria muito mais sobre o que pensar se estivesse ciente das muitas contradições presentes nas atitudes dos mais importantes bancos e corporações alemães em relação às medidas antijudaicas. Primeiro, havia vestígios do passado. Assim, em março de 1933, quando Hans Luther foi substituído por Schacht como presidente do Reichsbank, três banqueiros judeus ainda permaneciam no conselho diretor do banco, constituído por oito

---

71 A. Barkai, *From Boycott to Annihilation*, p. 17.

72 Idem, p. 72. Como resultado, parte das ações da Tietz foi adquirida por importantes bancos alemães. Em 1934, os irmãos Tietz venderam as restantes e a firma foi arianizada, passando a se chamar Hertie AG.

73 Da célula empresarial nacional-socialista da Ullstein Verlag para o Chanceler do Reich, 21.6.1933, Documentos de Pesquisa Max Kreuzberger, AR 7183, Caixa 10, Folha 1, Leo Baeck Institute (doravante designado como LBI), Nova York.

membros, e assinaram a autorização para sua nomeação[74]. Essa situação não durou muito tempo. Como resultado da insistência de Schacht e da constante pressão do partido, os bancos do país expulsaram os diretores judeus de seus conselhos, como foi o caso, por exemplo, da demissão de Oskar Wassermann e Theodor Frank do conselho do Deutsche Bank[75]. É sintomático de um certo mal-estar com a adoção dessa medida o cuidado em vincular tais demissões a promessas (obviamente nunca cumpridas) de eventual readmissão[76].

Há, no entanto, indicações de que, durante os primeiros anos do regime, havia alguma moderação um tanto inesperada, e até mesmo apoio, da parte dos grandes empresários em suas transações com firmas não arianas. Certa pressão pela aquisição dos negócios e outras formas inescrupulosas de exploração da situação vulnerável dos judeus vinham principalmente das pequenas e médias empresas e eram muito menores, pelo menos até o outono de 1937, nas mais altas camadas da economia[77]. Algumas importantes corporações até conservaram os serviços dos executivos judeus por anos. Porém algumas precauções eram tomadas. Assim, embora a maioria dos membros judeus do conselho diretor da gigantesca indústria química I. G. Farben permanecesse por um tempo, os associados judeus mais próximos de seu presidente, Carl Bosch, tais como Ernst Schwarz e Edmund Pietrowski, foram renomeados para posições fora do Reich, o primeiro em Nova York, o último na Suíça[78].

Judeus de grande visibilidade tinham que sair, é claro. Dentro de alguns meses, o banqueiro Max Warburg era excluído de um conselho corporativo após outro. Quando foi banido do conselho da companhia de navegação Hamburg-Amerika, os dignitários que se reuniram para uma despedida foram brindados com uma estranha cena. Como, diante das circunstâncias, ninguém mais parecia preparado para um discurso de despedida, o próprio banqueiro judeu proferiu algumas palavras de adeus: "Com pesar", ele começou, "soubemos que o senhor decidiu deixar o conselho da companhia e considera essa decisão irrevogável". Ele terminou o discurso de forma não menos apropriada: "E agora gostaria de desejar-lhe, caro Sr. Warburg, uma *calma velhice*, boa sorte e muitas bênçãos para sua família"[79].

---

74 R. Chernow, *The Warburgs*, p. 377

75 H. James, Die Deutsche Bank und die Diktatur 1933-1945, em L. Gall et al., (orgs.), *Die Deutsche Bank 1870-1995*, p. 336.

76 Idem.

77 Todo o argumento e uma profusão em materiais de apoio em arquivos são apresentados em P. Hayes, Big Business and "Aryanisation" in Germany, 1933-1939, *Jahrbuch für Antisemitismusforschung*, n. 3, p. 254 e s.

78 P. Hayes, *Industry and Ideology*, p. 93.

79 R. Chernow, op. cit., p. 379-380.

IV

Quando subiram ao poder, os nazistas podiam, em princípio, referir-se às metas de sua política antijudaica como estabelecidas nos 25 pontos do programa do partido, proclamado em 24 de fevereiro de 1920. O pontos 4, 5, 6 e 8 tratavam de aspectos concretos da "questão judaica". Ponto 4: "Apenas membros da nação podem ser cidadãos do Estado. Somente aqueles de sangue alemão, qualquer que seja seu credo, podem ser membros da nação. Consequentemente, nenhum judeu pode ser membro da nação". Ponto 5: "Não cidadãos podem viver na Alemanha apenas como hóspedes e estão sujeitos a leis para estrangeiros". Ponto 6: "O direito de voto para o governo e o legislativo só pode ser exercido por cidadãos do Estado". Ponto 8: "Toda imigração de não alemães deve ser impedida. Exigimos que todos os não alemães que entraram na Alemanha depois de 2 de agosto de 1914 recebam ordem de abandonar o Reich sem demora". O Ponto 23 exigia que o controle da imprensa alemã ficasse exclusivamente nas mãos de alemães[80].

Nada no programa indicava maneiras de alcançar essas metas e o fracasso do boicote de abril de 1933 é um bom exemplo da total falta de preparo para suas tarefas dos novos senhores da Alemanha. Mas, pelo menos em sua política antijudaica, os nazistas logo se tornavam mestres da improvisação: adotando os principais pontos de seu programa de 1920 como metas de curto prazo, eles aprenderam como cumpri-los cada vez mais sistematicamente.

Em 9 de março, o secretário de Estado Hans-Heinrich Lammers transmitia um pedido do chanceler do Reich ao ministro do interior Frick. Hitler solicitava que ele levasse em consideração a sugestão do secretário de Estado Paul Bang, do Ministério da Economia, sobre a aplicação de "uma política racial [*völkisch*]" para os judeus do Leste europeu: proibição de novas imigrações, cancelamento de mudanças de nome feitas depois de 1918 e expulsão de certo número daqueles que ainda não haviam sido naturalizados[81]. Dentro de uma semana, Frick respondia enviando instruções para todos os Estados (*Länder*):

> Para introduzir uma política racial (*völkische Politik*), é necessário:
> 1. Opor-se à imigração de judeus do Leste.
> 2. Expulsar os judeus do Leste vivendo na Alemanha sem permissão de residência.
> 3. Interromper a naturalização de judeus do Leste[82].

---

80 J. Noakes e G. Pridham (orgs.), *Nazism, 1919-1945*, v.1, p. 14-16.
81 H. Michaelis e E. Schraepler, (orgs.), *Ursachen und Folgen*, v. 9, p. 383.
82 J. Walk (org.), *Das Sonderrecht für die Juden im NS-Staat*, p. 4.

As sugestões de Bang alinhavam-se com os pontos 5 (sobre naturalização) e 8 (sobre imigração) do programa do partido de 1920. Além disso, já em 1932 tanto o ministro do interior do Reich, Wilhelm Freiherr von Gayl, quanto o nazista Helmut von Nicolai formulavam propostas concretas relativas aos judeus do Leste europeu[83] e, um mês antes que Frick emitisse suas diretrizes, o ministro do interior da Prússia já havia tomado a iniciativa de cancelar uma ordem previamente dada à polícia de evitar a expulsão de judeus do Leste europeu que haviam sido acusados pela polícia de "atividades hostis", mas que viviam na Alemanha havia muito tempo[84]. Em 14 de julho de 1933, essas medidas eram intensificadas pela Lei de Revogação da Naturalização e do Reconhecimento da Cidadania Alemã, que estabelecia o cancelamento de naturalizações obtidas entre 9 de novembro de 1918 e 30 de janeiro de 1933[85].

As medidas tomadas contra os assim chamados judeus do Leste foram eclipsadas pelas leis de abril de 1933[86]. A primeira delas – a mais importante por causa de sua definição de judeu – foi a Lei de Restauração do Serviço Público Profissional, aprovada em de 7 de abril. Em seu objetivo mais amplo, a lei visava reformar toda a burocracia governamental, a fim de garantir sua lealdade ao novo regime. Aplicada a mais de dois milhões de funcionários estaduais e municipais, suas medidas de exclusão eram dirigidas contra os politicamente não confiáveis, sobretudo os comunistas e outros adversários dos nazistas, assim como contra os judeus[87]. O parágrafo 3, que viria a ser chamado de "parágrafo ariano", era assim redigido: "1. Funcionários públicos de origem não ariana devem ser afastados" (a seção 2 arrolava as exceções, que serão examinadas a seguir). Em 11 de abril, o primeiro decreto suplementar da lei definia "não ariano" como "todo descendente de pais ou avós não arianos, em particular os judeus. Basta que um dos pais ou dos avós seja não ariano"[88].

Pela primeira vez desde que a emancipação dos judeus alemães fora concluída em 1871, um governo, por lei, reintroduzia a discriminação contra os

---

83 H. Graml, *Anti-Semitism in the Third Reich*, p. 97.

84 J. Walk (org.), op. cit., p. 3.

85 Idem, p. 36.

86 Para uma descrição detalhada dessas leis, cf., em especial, Schleunes, *The Twisted Road*, p. 102-104.

87 Até o momento, a melhor análise global da Lei do Serviço Público ainda se encontra em H. Mommsen, *Beamtentum im Dritten Reich*, p. 39 e s.

88 J.Walk (org.), op. cit., p. 12-13. O programa de 1920 do partido excluía os judeus da qualidade de membros do partido. Após 1933, a maioria das organizações diretamente filiadas ao partido, tais como a Frente Alemã de Trabalho, por exemplo, excluía membros que tivessem alguma ascendência judaica depois de 1800. Cf. J. Noakes, Wohin gehören die "Judenmischlinge"? Die Entstehung..., em U. Büttner, W. Johe e A. Voss (orgs.), *Das Unrechtsregime; v. 2: Verfolgung Exil, belasteter Neubeginn*, p. 71.

judeus. Até esse ponto, os nazistas já tinham lançado a propaganda antijudaica mais extrema e brutalizado, boicotado ou matado judeus, na hipótese de que eles podiam de algum modo ser identificados como judeus, mas nenhuma privação de direitos formais baseada em uma definição que operasse no sentido de excluí-los havia ainda sido levada a cabo. Tal definição – quaisquer que viessem a ser seus termos precisos no futuro – era a base inicial necessária para todas as perseguições que se seguiriam[89].

Wilhelm Frick estava na imediata origem da Lei do Serviço Público; ele havia proposto a mesma legislação ao Reichstag já em maio de 1925. Em 24 de março de 1933, ele submetia a lei ao gabinete. Em 31 de março ou em 1º de abril, Hitler provavelmente interveio em apoio à proposta. A atmosfera envolvendo o boicote sem dúvida contribuiu para a rápida redação do texto. Embora o alcance da lei fosse geral, a cláusula antijudaica representava sua exata essência[90].

A definição de origem judaica na Lei do Serviço Público era a mais ampla e abrangente possível e as cláusulas relativas à avaliação de cada caso problemático as mais severas possíveis. Na elaboração da lei encontramos traços do zelo racial e antissemita de Achim Gercke, o especialista em pesquisa racial do Ministério do Interior[91], um homem que durante seu período de estudante em Göttingen havia começado, com alguma ajuda da faculdade e dos funcionários, a organizar um arquivo de todos os judeus – tal como definidos pela teoria racial, isto é, em termos de ancestralidade judaica – morando na Alemanha[92]. Para Gercke, as leis antijudaicas não estavam limitadas a seu objeto imediato e concreto; elas tinham também uma função "educativa": através delas, "toda a comunidade nacional torna-se esclarecida sobre a questão judaica; elas ensinam que a comunidade nacional é uma comunidade de sangue; pela primeira vez compreende-se o pensamento racial e, em vez de uma abordagem por demais teórica da questão judaica, se é confrontado com uma solução concreta"[93].

Em 1933 o número de judeus no serviço público era pequeno. Como resultado da intervenção de Hindenburg (após uma petição da Associação de

---

89 R. Hilberg, *The Destruction of the European Jews*, p. 54. Para Hilberg, havia uma conexão direta entre a primeira definição e o extermínio final.

90 Para detalhes sobre as origens do parágrafo antijudaico da Lei do Serviço Público, cf. G. Neliba, *Wilhelm Frick*, p. 168 e s.

91 Idem, p. 171; cf. também H. Mommsen, *Beamtentum im Dritten Reich* p. 48, 53.

92 H.-J. Dahms, Einleitung (Introdução), em H. Becker, H.-J. Dahms, C. Wegeler (orgs.), *Die Universität Göttingen unter dem Nationalsozialismus*, p. 17-18.

93 A. Gercke, Die Lösung der Judenfrage, *Nationalsozialistische Monatshefte*, n. 38, p. 196. Gercke não dizia apenas que as leis eram "educativas", mas que eram "educativas na medida em que indicavam uma direção".

Veteranos de Guerra Judeus que era também apoiada pelo velho marechal de campo August von Mackensen), combatentes veteranos e funcionários públicos cujos pais ou filhos haviam sido mortos em ação na Primeira Guerra Mundial eram considerados excluídos dessa lei. Funcionários públicos, além disso, que estavam a serviço do Estado em 1º de agosto de 1914, também estavam excluídos[94]. Todos os outros eram forçados a deixar o serviço público.

A legislação relativa aos advogados judeus ilustra, ainda com mais clareza do que o boicote econômico, como Hitler manobrava entre as contraditórias reivindicações dos nazistas radicais, de um lado, e as de seus aliados do DNVP, de outro. Perto do fim de março, agressões físicas a juristas judeus haviam se espalhado pelo Reich. Em Dresden, juízes e advogados judeus eram arrastados para fora de seus escritórios e até para fora das salas de tribunais durante os julgamentos e, mais amiúde do que não, espancados. De acordo com o periódico *Vossische Zeitung* (citado pelo jornal *Jüdische Rundschau*, de 28 de março), em Gleiwitz, na Silésia,

> um grande número de jovens entrou no edifício do tribunal e agrediu vários advogados judeus. O consultor legal Kochmann, de setenta anos, foi ferido no rosto e outros advogados foram esmurrados com toda fúria. Uma assessora judia foi levada presa. Os trabalhos no tribunal foram interrompidos. Finalmente, a polícia teve de ocupar o edifício, com o objetivo de pôr um fim aos distúrbios[95].

Dezenas de episódios similares ocorriam por toda a Alemanha. Ao mesmo tempo, os líderes nazistas locais, tais como ministro da justiça da Bavária, Hans Frank e o ministro da justiça da Prússia, Hanns Kerrl, por iniciativa própria, anunciavam medidas de imediata demissão de todos os advogados e funcionários públicos judeus.

Franz Schlegelberger, secretário de Estado do Ministério da Justiça, informou a Hitler que essas iniciativas locais criavam uma situação inteiramente nova e exigiam rapidamente uma legislação para impor uma nova estrutura legal unificada. Schlegelberger era apoiado por seu ministro Franz Gürtner, membro do DNVP. O Ministério da Justiça havia preparado um decreto excluindo os advogados judeus dos tribunais nas mesmas bases – mas também com as mesmas exceções para os veteranos combatentes e seus familiares e em caso de longevidade no serviço, da mesma forma que na Lei do Serviço Público. Na reunião de gabinete de 7 de abril, Hitler de forma inequívoca optou pela proposta de Gürtner. Nas próprias palavras de Hitler: "Por ora [...]

---

94 J. Walk (org.), op. cit., p. 12.
95 Comité des Délégations Juives (org.), *Das Schwarzbuch*, p. 105.

temos que lidar apenas com o que é necessário"[96]. O decreto foi confirmado no mesmo dia e tornado público em 11 de abril.

Devido às exceções, a aplicação inicial da lei foi relativamente branda. Dos 4.585 advogados judeus praticando na Alemanha, 3.167 (ou quase setenta por cento) tiveram permissão para continuar seu trabalho; 336 juízes judeus e promotores públicos, de um total de 717, foram também mantidos em seus cargos[97]. Em junho de 1933, os judeus perfaziam ainda mais de dezesseis por cento de todos os advogados praticantes na Alemanha[98]. Essas estatísticas, entretanto, não devem ser mal interpretadas. Embora ainda com permissão para praticar, os advogados judeus foram excluídos da associação nacional de advogados e não foram incluídos na lista anual, mas em um guia separado; não obstante o apoio de alguns indivíduos e instituições arianas, eles trabalhavam sob um "boicote por medo"[99].

A agitação das bases nazistas contra os médicos judeus não ficava muito atrás dos ataques aos juristas judeus. Assim, por exemplo, de acordo com o *Israelitisches Familienblatt* de 2 de março, um médico da SS, Arno Hermann, tentara dissuadir uma paciente de consultar-se com um médico judeu de nome Ostrowski. O Tribunal de Honra dos Médicos que ouviu a queixa de Ostrowski condenou a iniciativa de Hermann. Logo após isso, Leonardo Conti, pouco tempo antes nomeado como encarregado nazista dos negócios especiais[nazi comissioner for special affairs] do Ministério do Interior da Prússia, atacava violentamente a decisão do Tribunal de Honra em um artigo publicado no *Völkischer Beobachter*. Em nome da primazia da "convicção interior" e "visão de mundo", Conti argumentava que "toda mulher não degenerada deve se encolher e encolherá internamente diante da possibilidade de ser tratada por um ginecologista judeu; isso nada tem a ver com ódio racial, mas pertence ao imperativo médico, de acordo com o qual, uma relação de mútua compreensão deve crescer entre médicos e pacientes espiritualmente relacionados"[100].

Hitler era até mais cuidadoso com os médicos do que com os advogados. Na reunião de gabinete de 7 de abril, ele sugeriu que as medidas contra eles fossem adiadas até que uma campanha de informação adequada pudesse ser

---

96 U. D. Adam, *Judenpolitik im Dritten Reich*, p. 50 e s., 65 e s. Para o relatório de Schlegelberger a Hitler em 4 de abril, cf. K.-H. Minuth (org.), *Akten der Reichskanzlei*, parte 1, v. 1, p. 293, nota. Sobre a declaração de Hitler, cf. o protocolo da reunião do gabinete de 7 de abril de 1933, idem, p. 324.

97 D. Blasius, Zwischen Rechtsvertrauen und Rechtszerstörung,, em D. Blasius e D. Diner (orgs.), *Zerbrochene Geschichte*, p. 130.

98 A. Barkai, *From Boycott to Annihilation*, p. 4.

99 K. H. Jarausch, Jewish Lawyers in Germany, 1848-1938, LBIY, v. 36, p. 181-182.

100 Comité des Délégations Juives (org.), op. cit., p. 195-196.

organizada[101]. Nessa fase, depois de 22 de abril, os médicos judeus eram apenas barrados *de facto* das clínicas e hospitais dirigidos pela organização nacional de seguro da saúde, com alguns até recebendo permissão para neles continuar a praticar. Portanto, em meados de 1933, quase onze por cento de todos os médicos alemães atuantes eram judeus. Eis outro exemplo da ação pragmática de Hitler: milhares de médicos judeus representavam dezenas de milhares de pacientes alemães. Romper o elo entre esses médicos e um vasto número de pacientes poderia causar descontentamento desnecessário. Hitler preferia esperar.

Em 25 de abril, a Lei Contra a Superlotação das Escolas e Universidades Alemãs era aprovada. Ela era destinada exclusivamente contra alunos e estudantes não arianos[102]. A lei limitava as matrículas de novos estudantes judeus em todas as escolas ou universidades alemãs a 1,5 por cento do total dos novos candidatos, sendo que o número total de alunos ou estudantes judeus em qualquer instituição não poderia exceder a 5 por cento. Filhos de veteranos da Primeira Guerra Mundial e os nascidos de casamentos mistos contraídos antes da aprovação da lei estavam excluídos da quota. A intenção do regime seria cuidadosamente explicada através da imprensa. De acordo com o *Deutsche Allgemeine Zeitung* de 27 de abril:

> Uma nação que se autorrespeita não pode, na escala aceita até agora, deixar as atividades mais importantes nas mãos de pessoas de origem racialmente estrangeira [...]. Permitir a presença de uma percentagem tão alta de pessoas de origem estrangeira em relação a sua percentagem no total da população pode ser interpretado como uma aceitação da superioridade das outras raças, algo decididamente a ser rejeitado[103].

As leis de abril e os decretos suplementares que se seguiram compeliram pelo menos dois milhões de funcionários públicos e dezenas de milhares de advogados, médicos, estudantes e muitos outros a procurar por provas adequadas de ancestralidade ariana; o mesmo processo transformaria dezenas de milhares de padres, pastores, clérigos e arquivistas em investigadores e fornecedores de atestados vitais de impecável pureza de sangue; voluntariamente ou não eles foram se tornando parte de uma máquina racial burocrática que começou a pesquisar, sondar e excluir[104].

---

101 K.-H. Minuth (org.), *Akten der Reichskanzlei*, parte 1, v. 1, p. 324 ("Hier müsse eine umfassende Aufklärung einsetzen").

102 J. Walk (org.), op. cit., p. 17; A. Götz von Olenhusen, Die "Nichtarischen" Studenten an den deutschen Hochschulen, *VfZ*, ano 14, n. 2, p. 177 e s.

103 Idem, p. 180.

104 Sobre esse ponto, cf. K. Pätzold, *Faschismus, Rassenwahn, Judenvergolgung*, p. 105.

Com muita frequência, os casos mais improváveis vinham à tona para ser apanhados em um bizarro, mas implacável, processo burocrático desencadeado pela nova legislação. Por esse motivo, pelos seis anos seguintes, a lei de 7 de abril criaria devastação na vida de um certo Karl Berthold, um funcionário do departamento de assistência social (Versorgungsamt) em Chemnitz, na Saxônia[105]. Conforme uma carta de 17 de junho de 1933, enviada da repartição de Chemnitz ao departamento central de assistência social em Dresden, "existe a suspeita de que ele [Karl Berthold] é *possivelmente* de origem não ariana pelo lado paterno"[106]. A carta indicava que Berthold era com muita probabilidade o filho ilegítimo de um "artista" circense judeu, Carl Blumenfeld e de uma mãe ariana que morrera dezesseis anos antes. Em 23 de junho, a repartição de Dresden apresentava o caso ao Ministério do Trabalho, com o comentário de que uma prova documentária inequívoca estava indisponível, que a aparência exterior de Berthold não afastava a suspeita de uma origem não ariana, mas que, por outro lado, o fato de que fora criado na casa de seu avô materno "dentro de um enérgico espírito cristão nacional-militarista, operava a seu favor, de forma que as características da raça não ariana, caso ele carregasse um ônus do lado paterno, seriam compensadas pela sua criação"[107].

Em 21 de julho o Ministério do Trabalho encaminhava o arquivo (o qual, a essa altura, incluía dezessete documentos anexados) de Berthold ao Ministério do Interior com um pedido de avaliação rápida. Em 8 de setembro, o especialista em pesquisa racial do ministério, Achim Gercke, dava sua opinião: a paternidade de Carl Blumenfeld fora confirmada, mas Gercke não podia deixar de mencionar que, de acordo com todos os dados disponíveis, Blumenfeld deveria ter apenas treze anos quando Karl Berthold foi concebido: "A impossibilidade de tal fato não pode ser levada em consideração", Gercke escrevia, "já que entre os judeus a maturidade sexual acontece mais cedo e casos similares são conhecidos"[108].

Não levou muito tempo até que a repartição central em Dresden fosse informada dos resultados de Gercke e fizesse por conta própria alguns cálculos aritméticos simples. Em 26 de setembro, a repartição de Dresden escrevia ao Ministério do Trabalho assinalando que, como Berthold nascera em 23 de março de 1890 – quando Blumenfeld tinha menos de treze anos – o bebê devia

---

105 Sobre o caso de Karl Berthold (nome modificado) e a documentação anexada, cf. H. Mommsen, Die Geschichte des Chemnitzer Kanzleigehilfen K. B., em D. Peukert e J. Reulecke (orgs.), *Die Reihen fast geschlossen*, p. 337 e s. Na terminologia atual, *Versorgungsamt* se refere a "uma repartição de assistência social para funcionários do Estado". Aqui farei referência apenas à "repartição de assistência social".

106 Idem, p. 348.

107 Idem, p. 350.

108 Idem, ibidem.

ter sido concebido "quando o artista, Carl Blumenfeld, tinha apenas onze anos e meio. É difícil supor", continuava a carta de Dresden, "que um menino de onze anos e meio pudesse ter gerado uma criança com uma mulher de vinte e cinco anos". A repartição de Dresden pedia que fosse reconhecido o óbvio: Karl Berthold não era filho de Carl Blumenfeld[109]. Não é necessário dizer que essa opinião foi rejeitada.

A história de Berthold, que com seus altos e baixos continuaria a se desdobrar até 1939, é de várias maneiras uma parábola; ela reaparecerá esporadicamente até a decisão paradoxal que determinou o destino de Berthold.

À medida que as denúncias afluíam, investigações passavam a ser realizadas em todos os níveis do serviço público. Foi necessária a intervenção pessoal de Hitler para pôr um fim em uma sindicância sobre a ancestralidade de Leo Killy, membro da Chancelaria do Reich acusado de ser um judeu pleno. Os documentos da família de Killy livravam-no de toda suspeita, pelo menos na opinião de Hitler[110]. Os procedimentos variavam: *Fräulein* M., que apenas desejava se casar com um funcionário público, queria estar tranquila sobre sua linhagem ariana, pois o nome de sua avó, Goldmann, poderia levantar algumas dúvidas. O exame foi realizado no departamento de genética do professor Otmar von Verschuer no Instituto Kaiser Wilhelm de Antropologia, Genética Humana e Eugenia de Berlim. Uma das questões que os especialistas de Verschuer tinham de resolver era: "Pode *Fräulein* M. ser descrita como uma não ariana, no sentido de poder ser reconhecida como tal por um leigo baseado na sua atitude mental, seu ambiente ou sua aparência externa?". O "exame genético" baseado em fotografias dos parentes de *Fräulein* M. e em aspectos de sua própria aparência física, conduzia a resultados extremamente positivos. O relatório excluía todo indício de pertinência ao judaísmo. Embora *Fräulein* M. tivesse "um nariz estreito, protuberante e se projetando convexamente", ele concluía que ela havia herdado o nariz de seu pai (e não de sua avó que carregava o nome Goldmann) e, assim, era uma pura ariana[111].

Em setembro de 1933 os judeus eram proibidos de ter suas próprias propriedades rurais ou de ocupar-se com a agricultura. Nesse mês, o governo, sob o controle do Ministério da Propaganda, da Câmara de Cultura do Reich, autorizava Goebbels a limitar a participação de judeus na nova vida cultural alemã (sua expulsão sistemática, que incluiria não apenas escritores e artistas, mas também, proprietários de empresas importantes no domínio cultural,

---

109 Idem, p. 351.

110 De Lammers para Hess, 6.6.1933, Parteikanzlei der NSDAP, microficha 10129934, IFZ.

111 Para detalhes sobre esse caso, cf. J. Noakes, The Development of Nazi Policy Towards the German-Jewish "Mischlinge" 1933-1945, *LBIY*, v. 34, p. 316-317.

seria, desse modo, adiada até 1935)[112]. Também sob a égide do Ministério da Propaganda comandado por Goebbels, os judeus ficavam impedidos de ser membros da Associação de Jornalistas e, em 4 de outubro, de ser editores de jornais. A imprensa alemã fora limpa (exatamente um ano depois, Goebbels reconheceria o direito de trabalho para editores e jornalistas judeus, porém apenas no âmbito da imprensa judaica)[113].

No pensamento racial nazista, a comunidade nacional alemã extraía sua força da pureza de seu sangue e de seu enraizamento no sagrado solo germânico. Tal pureza racial era condição de uma criação cultural superior e da construção de um Estado poderoso, o fiador da vitória na luta pela sobrevivência e domínio raciais. Desde o início, portanto, as leis de 1933 apontavam para a exclusão dos judeus de todas as áreas importantes dessa visão utópica: a própria estrutura estatal (a Lei do Serviço Público), a saúde biológica da comunidade nacional (a lei dos médicos), o tecido social da comunidade (a exclusão de advogados judeus do exercício do direito), a cultura (as leis relativas às escolas, às universidades, à imprensa, às profissões culturais) e, finalmente, o solo sagrado (a lei da propriedade rural). A Lei do Serviço Público foi a única a ser plenamente implantada nesse primeiro estágio, mas a declaração simbólica que essas leis expressavam e a mensagem ideológica que carregavam eram inequívocas.

Uma parcela muito pequena de judeus alemães percebia as implicações das leis nazistas em termos de puro terror de longo alcance. Um dos que o fizeram foi Georg Solmssen, porta-voz do conselho diretor do Deutsche Bank e filho de um judeu ortodoxo. Em 9 de abril de 1933, numa carta endereçada ao presidente do conselho diretor do banco, depois de assinalar que até a parte não nazista da população parecia considerar as novas medidas como "dispensando explicações", Solmssen acrescentava:

> Temo que estejamos apenas no início de um processo visando, intencionalmente e de acordo com um bem preparado plano, ao aniquilamento econômico e moral de todos os membros, sem qualquer distinção, da raça judaica vivendo na Alemanha. A total passividade, não apenas daqueles grupos da população que pertencem ao Partido Nacional-Socialista, a ausência de todo sentimento de solidariedade se manifestando entre os que, até agora, trabalhavam ombro a ombro com colegas judeus, o desejo cada vez mais óbvio de obter vantagens pessoais das posições que ficam vagas, o fato de se encobrir a desgraça e a vergonha desastrosamente infligida em

---

112 V. Dahm, Anfänge und Ideologie der Reichskulturkammer, *VfZ*, ano. 34, n. 1, p. 78. Cf. também A. E. Steinweis, *Art, Ideology and Economics in Nazi Germany*, p. 322 e s.

113 Para detalhes sobre esse assunto, cf., em especial, H. Freeden, Das Ende der jüdischen Presse in Nazideutschland, *Bulletin des Leo Baeck Instituts*, n. 65, p. 4-5.

pessoas que, embora inocentes, testemunham a destruição de sua honra e de sua existência de um dia para outro – tudo isso indica uma situação tão desesperadora que seria errado não enfrentá-la diretamente, sem nenhuma tentativa de abrandá-la[114].

Havia alguma convergência entre as expressões da agenda antissemita mais extremista dos conservadores alemães no começo do século e as medidas nazistas durante os primeiros anos do novo regime. Em seu estudo do serviço público alemão, Hans Mommsen salientou a similaridade entre o "parágrafo ariano" da Lei do Serviço Público de abril de 1933 e o assim chamado programa Tívoli, de 1892, do Partido Conservador[115], cujo primeiro parágrafo declarava: "Nós combatemos a ampla influência judaica, importuna e subversiva, na vida de nosso povo. Exigimos uma autoridade cristã para o povo cristão e professores cristãos para alunos cristãos"[116].

Os conservadores, em outras palavras, exigiam a exclusão dos judeus de toda posição governamental e de toda influência na educação e cultura alemãs. Quanto ao principal objetivo das futuras leis de Nurembergue de 1935 – segregação de judeus de acordo com critérios raciais e colocação da comunidade judaica enquanto tal sob a "condição de estrangeira" – isso já havia sido exigido pelos conservadores antissemitas radicais, particularmente por Heinrich Class, presidente da Liga Pã-Germânica, em um famigerado panfleto, intitulado: *Wenn ich der Kaiser wär* (Se eu fosse o Kaiser), publicado em 1912. Assim, embora aquilo que viria a ser seu programa de ação fosse uma criação nazista, a evolução geral dos partidos alemães de direita durante os anos de Weimar dera origem a um conjunto de reivindicações e palavras de ordem antijudaicas que os partidos nacionalistas extremistas (o DNVP, em particular) compartilhavam com os nazistas.

A burocracia estatal conservadora algumas vezes antecipara as posições nazistas sobre questões judaicas. O Ministério do Exterior, por exemplo, tentara, bem antes da chegada dos nazistas ao poder, justificar o antissemitismo nazista. Após janeiro de 1933, com as bênçãos do secretário de Estado Bernhard Wilhelm von Bülow e do ministro do exterior Neurath, altos funcionários do Ministério intensificavam esses esforços[117]. Na primavera de 1933, o trabalho de propaganda antijudaica no Ministério do Exterior era reforçado pelo

---

114 H. James, op. cit., p. 337.

115 H. Mommsen, *Beamtentum…*, p. 49.

116 Citado em P. Pulzer, *The Rise of Political Anti-Semitism in Germany and Austria*, p. 112.

117 D. M. McKale, From Weimar to Nazism, LBIY, v. 32, p. 297 e s. Sobre a atitude de Wilhelmstrasse, relativa à "Questão Judaica", durante a primeira fase do regime, cf. também C. R. Browning, *The Final Solution and the German Foreign Office*.

estabelecimento de um novo Departamento Alemão (Referat Deutschland), ao qual essa tarefa era especificamente atribuída.

No Ministério do Interior da Prússia, o secretário de Estado Herbert von Bismarck, do DNVP, participava da cruzada antijudaica com não menos veemência do que Frick, o ministro nazista. Aparentemente incomodado pela biografia pouco tempo antes publicada de seu tio-avô Otto, o Chanceler de Ferro, por Emil Ludwig (seu nome real era Emil Ludwig Kohn), Bismarck exigia a proibição do uso de pseudônimos por autores judeus. Mais ainda, como formulava Bismarck, "o orgulho nacional está profundamente ferido por aqueles casos nos quais judeus, de nome judaico do Leste, adotaram sobrenomes alemães particularmente decentes, tais como, por exemplo, Harden, Olden, Hinrichsen etc. Considero uma revisão das mudanças de nome urgentemente necessária, a fim de revogar alterações desse tipo"[118].

Em 6 de abril de 1933, uma comissão de caráter *ad hoc* – seguindo uma iniciativa provavelmente originada no Ministério do Interior da Prússia – começava a trabalhar no anteprojeto de uma Lei Regulamentando a Posição dos Judeus. Mais uma vez, os nacionalistas alemães estavam fortemente representados na comissão de oito membros para formulação do anteprojeto. Uma cópia desse anteprojeto, enviada em julho de 1933 ao chefe do Departamento Alemão do Ministério do Exterior, permaneceu nos arquivos de Wilhelmstrasse. O anteprojeto sugere a nomeação de uma "guarda nacional" (*Volkswart*) para tratar de questões judaicas e emprega o termo "conselho judaico" (*Judenrat*) ao definir a organização central que seria a representante dos judeus da Alemanha em suas negociações com as autoridades, particularmente com a *Volkswart*. Já no anteprojeto se encontram muitas das medidas discriminatórias que viriam a ser tomadas mais tarde[119], embora na época, nada resultasse dessa iniciativa. Desse modo, pelo menos em parte, as políticas nazistas contra os judeus eram idênticas à agenda antissemita fixada pelos conservadores alemães várias décadas antes da ascensão de Hitler ao poder[120].

E, no entanto, a limitação das medidas econômicas contra os judeus era também uma exigência conservadora e todas as exceções que foram introduzidas nas leis de abril eram sugeridas pela figura conservadora mais proeminente de todas, o presidente Hindenburg. Hitler compreendia perfeitamente como sua própria obsessão antijudaica era essencialmente diferente do antissemitismo tradicional do velho marechal de campo e, em sua resposta

---

118 J. Noakes e G. Pridham, *Nazism 1919-1945*, v. 2, p. 526-527.

119 Um primeiro sumário desse documento foi publicado em hebraico no *Haaretz* pelo historiador israelense Shaul Esh em 1º de abril de 1963; ele foi interpretado como um plano-mestre para todo o programa antijudaico nazista. Para a tradução inglesa, com comentários, cf. U. D. Adam, An Overall Plan for Anti-Jewish Legislation in the Third Reich?, *Yad Vashem Studies*, v. 11, p. 33-55.

120 Idem, p. 40.

à solicitação de Hindenburg de 4 de abril, relativa às exceções à exclusão de judeus do serviço público, ele se limitava aos argumentos antijudaicos comuns e moderados dos conservadores aos quais Hindenburg pertencia. Essa foi de fato a primeira declaração mais extensa de Hitler sobre os judeus desde que se tornara chanceler.

Hitler começava sua carta de 5 de abril usando o argumento de uma "inundação" judaica. Em relação ao serviço público, o líder nazista argumentava que os judeus, como elementos estrangeiros e como povo com habilidades, haviam se introduzido em posições governamentais e "estavam disseminando a semente da corrupção, de cuja extensão ninguém tem, atualmente, nenhuma estimativa adequada." A "campanha de boicote e atrocidades" da comunidade judaica internacional precipitou medidas que são intrinsecamente defensivas. Hitler, no entanto, prometia que a solicitação de Hindenburg relativa aos veteranos judeus seria atendida. Depois ele passava para uma estranha conclusão premonitória:

> Em geral, a primeira meta desse processo de limpeza pretende ser a restauração de certa relação saudável e natural; e, a segunda, remover de posições específicas importantes ao Estado aqueles elementos aos quais não se pode confiar a vida ou a morte do Reich. Porque nos anos vindouros teremos inevitavelmente que tomar precauções para assegurar que certos acontecimentos que não podem ser revelados para o resto do mundo, por razões superiores de Estado, realmente permaneçam secretos[121].

Novamente, Hitler utilizava ao máximo alguns dos principais preceitos do antissemitismo conservador: a super-representação de judeus em algumas áreas-chave da vida profissional e social, a ideia de que eles constituiriam um elemento não assimilado na sociedade e, portanto, estrangeiro a ela, a nefanda influência de suas atividades (liberais ou revolucionárias), particularmente depois de novembro de 1918. Weimar, os conservadores costumavam bradar, era uma "república judaica". Hitler não esquecia de mencionar, para o benefício especial de um marechal de campo e proprietário de terras prussiano, que no velho Estado prussiano os judeus tinham pouco acesso ao serviço público e que as corporações de oficiais haviam se mantido livres deles. Havia alguma ironia no fato de que alguns dias depois da carta de Hitler a Hindenburg, o velho marechal de campo tivesse de responder a uma pergunta do Príncipe Carl da Suécia, presidente da Cruz Vermelha Sueca, sobre a situação dos

---

121 Publicado primeiramente em H. Michaelis e E. Schraepler, *Ursachen und Folgen*, p. 393-395. Traduzido por Dieter Kuntz em B. C. Sax e D. Kuntz (orgs.), *Inside Hitler's Germany*, p. 401-403. A tradução foi levemente revista. Para outra tradução, cf. *Documents on German Foreign Policy*, Series C, p. 253-255.

judeus na Alemanha. O texto da carta de Hindenburg à Suécia foi de fato ditado por Hitler, com o rascunho inicial preparado pelo gabinete de Hindenburg significativamente modificado (todo reconhecimento de atos de violência contra judeus foi omitido e o tema-padrão da invasão do Reich pelos judeus do Leste foi fortemente destacado)[122]. Assim, com sua própria assinatura, o presidente do Reich enviava uma carta não muito diferente daquela que Hitler a ele enviara em 4 de abril. Mas, em breve Hindenburg estaria fora de cena e essa fonte de aborrecimentos desapareceria do caminho de Hitler.

V

A cidade de Colônia proibia aos judeus o uso das instalações esportivas em março de 1933[123]. A partir de 3 de abril, as solicitações feitas por judeus na Prússia para mudança de nomes deviam ser submetidas ao Ministério da Justiça, "para impedir a ocultação de origens"[124]. Em 4 de abril, a Associação Alemã de Pugilismo excluía todos os boxeadores judeus[125]. Em 8 de abril, todos os assistentes de ensino judeus nas universidades do Estado de Baden eram imediatamente afastados[126]. Em 18 de abril, o líder distrital do partido (Gauleiter*) da Vestfália decidia que a um judeu se permitiria deixar a prisão somente se duas pessoas que tivessem apresentado o pedido de fiança ou o médico que assinasse o atestado médico, estivessem dispostos a tomar seu lugar na prisão[127]. Em 19 de abril, o uso do ídiche era proibido nas feiras de gado em Baden[128]. Em 24 de abril, o uso de palavras judaicas para finalidades de comunicação telefônica era proibido[129]. Em 8 de maio, o prefeito de Zweibrücken proibia os judeus de alugar locais na feira anual que se realizaria na cidade[130]. Em 13 de maio, a mudança de nomes judaicos para não judaicos era proibida[131]. Em 24 de maio, era emitida uma ordem para a arianização total

---

122 K.-H. Minuth (org.),*Akten der Reichskanzlei*, parte 1, v. 1, p. 391-392.

123 J. Walk, op. cit., p. 8.

124 Idem, p. 9.

125 Idem, p. 10.

126 Idem, p. 13.

* Dirigente de região administratitva (Gau) indicado pelo Partido Nazista e nomeado diretamente por Hitler (N. da E.).

127 Idem, p. 14.

128 Idem, p. 15.

129 Idem, p. 16 (por exemplo, a ninguém era permitido dizer "A de Abraham").

130 Idem, p. 19.

131 Idem, p. 21.

da organização de ginástica alemã, com a estipulação de obrigatoriedade de origem ariana para todos os quatro avós[132]. Se, de um lado, os médicos judeus, em abril, tinham sido excluídos das instituições de assistência social do Estado, de outro, em maio, as instituições de convênio médico privado recebiam ordens de reembolsar despesas médicas para tratamento por médicos judeus somente quando os próprios pacientes eram não arianos. Listas separadas de médicos judeus e não judeus estariam prontas por volta de junho[133].

Em 10 de abril, o presidente e ministro para assuntos religiosos e de educação do Estado de Hesse exigia do prefeito de Frankfurt que o monumento a Heinrich Heine fosse removido do local em que estava. Em 18 de maio, o prefeito respondia que "a estátua de bronze foi derrubada de seu pedestal na noite de 26 para 27 de abril. A estátua ligeiramente danificada foi removida e guardada no porão do museu etnológico"[134].

De fato, de acordo com a crônica da cidade de Stuttgart, na primavera de 1933 dificilmente transcorria um dia sem que algum aspecto da "questão judaica" viesse à baila de uma forma ou outra. Na véspera do boicote, vários renomados judeus do local, médicos, advogados e empresários, deixavam o país[135]. Em 5 de abril, o atleta e negociante Fritz Rosenfelder cometia o suicídio. Seu amigo, o ás da aviação da Primeira Guerra Mundial Ernst Udet, sobrevoou o cemitério e lançou uma coroa de flores[136]. Em 15 de abril, o Partido Nazista exigia a exclusão de Berthold Heymann, um socialista (e judeu), ex-ministro do gabinete em Württemberg, da lista eleitoral[137]. Em 20 de abril, o Tribunal de Magistrados de Stuttgart processava o diretor do Marienspital (Hospital Santa Maria), Caeser Hirsch, *in absentia*. Membros de seu corpo de assistentes testemunharam que ele havia declarado que não voltaria à Alemanha nazista, "já que se recusava a viver em tal pátria"[138]. Em 27 de abril, trezentas pessoas realizavam uma manifestação na Königsstrasse contra a abertura de uma filial local da companhia Etam de calçados, de propriedade de um judeu[139]. Em 29 de abril, um veterinário judeu que queria

---

132 Idem, p. 23.

133 Idem, p. 25

134 Kommission zur Erforschung der Geschichte der Frankfurter Juden (org.), *Dokumente zur Geschichte der Frankfurter Juden 1933-1945*, p. 95.

135 K. Leipner (org.), *Chronik der Stadt Stuttgart 1933-1945*, p. 21.

136 Idem, p. 22.

137 Idem, ibidem.

138 Idem, p. 25.

139 Idem, p. 26.

retomar seu trabalho no matadouro era ameaçado por vários açougueiros e "encarcerado"[140]. E assim continuaria, dia sim, dia não.

Em seu estudo sobre a tomada de poder nazista na pequena cidade de Northeim (renomeada Thalburg), perto de Hannover, William Sheridan Allen descreve vivamente a mudança no destino dos 120 judeus da cidade. Eram em sua maioria homens de negócios com suas famílias, muito bem assimilados e eram, já por várias gerações, parte integrante da comunidade. Em 1932, um judeu dono de uma loja de armarinhos havia comemorado o aniversário dos duzentos e trinta anos do estabelecimento de sua loja[141]. Allen nos relata a respeito de um banqueiro chamado Braun, que se empenhava em manter sua postura de nacionalista alemão e ignorar as medidas crescentemente insultantes introduzidas pelos nazistas: "Ao solícito conselho que lhe foi dado de abandonar Thalburg, ele respondeu, 'Para onde eu iria? Aqui sou o banqueiro Braun; em qualquer outro lugar serei o judeu Braun'"[142].

Outros judeus em Thalburg estavam menos confiantes. Em poucos meses, o resultado era o mesmo para todos. Alguns se afastaram dos vários clubes e organizações sociais aos quais haviam pertencido; outros receberam cartas de demissão sob vários pretextos. "Assim", como formula Allen, "a posição dos judeus em Thalburg foi rapidamente esclarecida, com certeza até o final do primeiro semestre do regime de Hitler [...]. A nova situação tornou-se um fato da vida; ela foi aceita. Os judeus de Thalburg foram simplesmente excluídos da vida da comunidade como um todo"[143].

Para a jovem Hilma Geffen-Ludomer, a única criança judia no subúrbio berlinense de Rangsdorf, a Lei Contra a Superlotação das Escolas Alemãs representaria uma mudança total. A "agradável e hospitaleira atmosfera" terminou "abruptamente [...]. De repente, eu não tinha mais companheiras. Não tinha mais amigas e muitos vizinhos estavam temerosos de dirigir-se a nós. Alguns vizinhos que visitamos disseram-me: 'Não nos visite mais, pois estou assustada. Não devemos ter nenhum contato com judeus'". Lore Gang-Salheimer, com onze anos de idade em 1933 e morando em Nurembergue, pôde permanecer em sua escola, já que seu pai lutara na batalha de Verdun. No entanto "o que aconteceu foi que as crianças não judias começaram a dizer: 'Não, não posso mais ir da escola para casa com você. Não posso mais ser vista com você'"[144]. "A cada dia transcorrido sob o regime nazista", escrevia Martha Appel, "o abismo entre nós e nossos vizinhos aumentava. Amigos com quem tínhamos

---

140 Idem, p. 27.
141 W. S. Allen, *The Nazi Seizure of Power*, p. 209-210.
142 Idem, p. 212.
143 Idem, p. 213.
144 D. Dwork, *Children with a Star*, p. 22.

relações calorosas por anos não mais nos conheciam. De repente, descobrimos que éramos diferentes"[145].

Por ocasião do censo geral de junho de 1933, os judeus alemães, assim como todos os demais, foram definidos e contados em termos de sua filiação religiosa e nacionalidade, mas seus cartões de registro incluíam mais detalhes do que aqueles de outros cidadãos. De acordo com a estatística oficial, a *Statistik des deutschen Reiches*, esses cartões especiais "permitiam uma visão geral da situação biológica e social da comunidade judaica no Reich alemão, na medida em que ela podia ser registrada com base na filiação religiosa". Um censo "da comunidade judaica vivendo no Reich com base na raça" ainda não era possível[146].

VI

A Lei de Prevenção contra Descendência com Doenças Hereditárias (Gesetz zur Verhütung erbkranken Nachwuchses) foi adotada em 14 de julho de 1933, mesmo dia em que as leis contra os judeus do Leste (cancelamento da cidadania, fim da imigração e assim por diante) entraram em vigor. A nova lei permitia a esterilização de todos que fossem considerados como sofrendo de moléstias supostamente hereditárias, tais como oligofrenia, esquizofrenia, insanidade maníaco-depressiva, epilepsia genética, coreia de Huntington, cegueira genética, surdez genética e alcoolismo severo[147].

A evolução que conduziria à lei de julho de 1933 já era perceptível durante o período da Weimar. Entre os eugenistas, os que promoviam a "eugenia positiva" estavam perdendo terreno e a "eugenia negativa" – com sua ênfase na exclusão, isto é, principalmente a esterilização de portadores de doenças hereditárias incapacitantes – estava passando à frente, até mesmo dentro das instituições oficiais: uma tendência que surgira em larga escala no Ocidente antes da Primeira Guerra Mundial estava dominando de modo crescente a cena alemã[148]. Assim como em tantos outros domínios, a guerra era de decisiva importância: deveriam os jovens e os fisicamente aptos ser massacrados no campo de batalha enquanto os incapacitados e inaptos estavam sendo protegidos? Não era o restabelecimento do equilíbrio genético um importante imperativo racial da nação? O pensamento econômico acrescentava sua própria

---

145 M. Richarz, *Jüdisches Leben in Deutschland*, p. 232.
146 G. Aly e K.-H. Roth, *Die restlöse Erfassung: Volkszählen, Identifizieren, Aussondern im Nationalsozialismus*, p. 55.
147 R. N. Proctor, *Racial Hygiene*, p. 95.
148 J. Noakes, Nazism and Eugenics, em R. J. Bullen et al. (orgs.), *Ideas into Politics*, p. 83-84.

lógica: o custo social da manutenção de indivíduos mental e fisicamente deficientes, cuja reprodução somente aumentaria o ônus, era considerado proibitivo[149]. Esse modo de pensar era disseminado e de forma alguma era exclusivo à direita radical. Embora o anteprojeto de uma lei de esterilização apresentado ao governo prussiano em julho de 1932 ainda enfatizasse a esterilização *voluntária* no caso de deficiências hereditárias[150], a ideia de esterilização *compulsória*, ao que parece, estava se propagando[151]. No entanto, foi com a ascensão do nazismo ao poder que a mudança decisiva teve lugar.

A nova legislação era promovida por ativistas incansáveis, como Arthur Gütt, que, após janeiro de 1933, assediariam o departamento de saúde do Partido Nazista com memorandos detalhados. Não muito depois, Leonardo Conti nomeava Gütt para uma alta posição no Ministério do Interior do Reich[152]. A diferença primordial entre as medidas propostas por Gütt e incluídas na lei e a legislação anterior sobre a esterilização era na verdade o caráter compulsório. O parágrafo 12, seção 1, da nova lei declarava que, uma vez que se decidisse pela esterilização, ela poderia ser implementada "contra a vontade da pessoa a ser esterilizada"[153]. Essa distinção é verdadeira para a maioria dos casos e está em nível oficial. Ao que parece, no entanto, mesmo antes de 1933, pacientes em algumas instituições psiquiátricas estavam sendo esterilizados sem seu consentimento ou o de suas famílias[154]. Cerca de duzentas mil pessoas foram esterilizadas entre meados de 1933 e o final de 1937[155]. No final da guerra, o número alcançara quatrocentas mil[156].

Desde o início da adoção das políticas de esterilização ao aparente final da eutanásia em agosto de 1941 – e o início da "Solução Final", próximo a essa mesma data – as políticas relativas aos deficientes e doentes mentais, de um lado, e as relativas aos judeus, de outro, seguiam um desenvolvimento simultâneo e paralelo. Essas duas políticas, entretanto, tinham origens diversas e objetivos diferentes. Enquanto a esterilização e a eutanásia tinham como objetivo exclusivamente o aumento da pureza da *Volksgemeinschaft* e eram reforçadas pelos cálculos de custo-benefício, a segregação e o extermínio

---

149 Sobre o impacto econômico da Grande Depressão sobre atendimento psiquiátrico, cf. M. R. Burleigh, *Death and Deliverance*, p. 33 e s.

150 Idem, p. 84-85.

151 G. Bock, *Zwangssterilisation im Nationalsozialismus*, p. 49-51, 55-56.

152 J. Noakes, Nazism and Eugenics, p. 85.

153 Idem, p. 86.

154 H.-W. Schmuhl, Reformpsychiatrie und Massenmord, em M. Prinz e R. Zitelmann (orgs.), *Nationalsozialismus und Modernisierung*, p. 249.

155 J. Noakes, Nazism and Eugenics, p. 87.

156 H.-W. Schmuhl, Reformpsychiatrie und Massenmord, op. cit., p. 250.

dos judeus – embora também um processo de purificação racial – eram principalmente uma luta contra um formidável e ativo inimigo que era visto como colocando em perigo a própria sobrevivência da Alemanha e do mundo ariano. Assim, além da meta da limpeza racial, idêntica àquela perseguida na campanha de esterilização e de eutanásia, ao mesmo tempo e em contraste com ela, a luta contra os judeus era vista como um confronto de dimensões apocalípticas.

Trad. Fany Kon

DOIS

Elites que Consentem, Elites Ameaçadas

I

EM 25 DE MARÇO DE 1933, UM SÁBADO, CERCA DE TRINTA HOMENS da SA de Heilbronn chegavam a Niederstetten, uma pequena cidade no sudoeste da Alemanha. Invadindo as poucas casas de judeus na área, eles conduziram os homens até o edifício da prefeitura e os espancaram brutalmente, enquanto policiais locais vigiavam a entrada do edifício. A cena se repetia nessa mesma manhã na vizinha cidade de Creglingen, onde os dezoito judeus encontrados na sinagoga também foram levados ao edifício da prefeitura da cidade. Nesse local, os espancamentos resultaram na morte de Hermann Stern, de sessenta e sete anos de idade, e alguns dias mais tarde, de Arnold Rosenfeld, de cinquenta e três anos.

No serviço dominical do dia seguinte, Hermann Umfried, pastor da Igreja luterana de Niederstetten, se pronunciava a respeito. Seu sermão era formulado com muito cuidado: começava com as expressões habituais de fé no novo regime e algumas observações negativas sobre os judeus. Mas, a seguir, Umfried passava aos acontecimentos do dia anterior:

> somente as autoridades têm permissão para punir e todas as autoridades estão sob a autoridade divina. A punição somente pode ser infligida contra os que são maus e unicamente após ser emitida uma sentença justa. O que aconteceu ontem nesta cidade foi injusto. Convoco todos vocês a ajudar a garantir que a honra do povo alemão permaneça sem manchas!

Quando os ataques contra o pastor Umfried tiveram início, nenhuma instituição da Igreja, quer local, quer regional, quer nacional, ousou ir em seu auxílio ou exprimir até mesmo a mais branda oposição à violência contra os judeus. Em janeiro de 1934, o líder distrital local do partido (*Kreisleiter*) dava ordens para que Umfried se afastasse do cargo. Cada vez mais angustiado com a possibilidade de que todos, não somente ele mas também sua esposa e suas quatro filhas, fossem enviados para um campo de concentração, o pastor cometeu suicídio.

Sete anos e oito meses mais tarde, às 14h04 do dia 28 de novembro de 1941, o primeiro veículo transportando judeus deixava a estação ferroviária de Niederstetten. Um segundo grupo seguiria de trem, em abril de 1942, e o terceiro e último, em agosto desse ano. Dos quarenta e dois judeus exilados de Niederstetten, somente três sobreviveriam[1].

O boicote às empresas e estabelecimentos comerciais de propriedade de judeus foi o primeiro grande teste, em escala nacional, para a atitude das Igrejas cristãs com relação à situação dos judeus sob o novo governo. Nas palavras do historiador Klaus Scholder, "durante os dias decisivos próximos a 1º de abril, nenhum bispo, nenhum dignitário da Igreja, nenhum sínodo fez uma declaração pública sequer contra a perseguição aos judeus na Alemanha"[2]. Num pronunciamento radiofônico transmitido para os Estados Unidos em 4 de abril de 1933, o mais proeminente clérigo protestante alemão, o bispo Otto Dibelius, justificava os atos do novo regime, negando que houvesse alguma brutalidade até mesmo nos campos de concentração e afirmando que o boicote – que ele chamava de medida defensiva razoável – seguia seu curso em meio à "calma e a ordem"[3]. A transmissão não era nenhuma anomalia passageira. Alguns dias mais tarde, Dibelius enviava uma mensagem confidencial de Páscoa a todos os pastores de sua província:

> Meus caros irmãos! Nós todos não apenas entendemos, mas somos plenamente solidários com as motivações recentes que deram origem ao movimento *völkisch*. Apesar da conotação negativa que o termo tem frequentemente recebido, sempre me considerei um antissemita. Não podemos ignorar que o povo judeu tem desempenhado um importante papel em todas as manifestações destrutivas da civilização moderna[4].

A reação da Igreja Católica ao boicote não foi muito diferente. Em 31 de março, por sugestão do clérigo berlinense Bernhard Lichtenberg, o diretor do Deutsche Bank em Berlim e presidente da Comissão Interconfessional pela Paz, Oskar Wassermann, pedia ao cardeal Adolf Johannes Bertram, presidente da

---

[1] E. Röhm; J. Thierfelder, *Juden-Christen-Deutsche*, v. 1: *1933-1935*, p. 120 e s.
[2] K. Scholder, *Die Kirchen und das Dritte Reich*, v. 1: *Vorgeschichte und Zeit der Illusionen, 1918-1934*, p. 338 e s.
[3] Idem.
[4] W. Gerlach, *Als die Zeugen schwiegen*, p. 42.

Conferência Episcopal Alemã, que fizesse uma intervenção contra o boicote. Bertram, que tinha suas reservas quanto à intervenção, solicitou a opinião de outros prelados alemães em posições mais altas, salientando que o boicote fazia parte de uma batalha econômica que nada tinha a ver com os interesses imediatos da Igreja. De Munique, o cardeal Michael von Faulhaber telegrafou a Bertram: SEM POSSIBILIDADE. TORNARIA TUDO PIOR. DE QUALQUER FORMA JÁ ENFRAQUECENDO. Para o arcebispo Conrad Gröber, de Freiburg, o único problema estava em que, entre os comerciantes boicotados que estavam sendo prejudicados, havia também judeus convertidos[5]. Nenhuma providência foi tomada.

Numa carta enviada, aproximadamente na mesma época, ao secretário de Estado do Vaticano, o cardeal Eugenio Pacelli, que mais tarde se tornaria o papa Pio XII, Faulhaber escrevia:

> nós, bispos, estamos sendo inquiridos sobre por que a Igreja Católica não intervém, como muitas vezes em sua história, em favor dos judeus. Isso não é possível neste momento, porque então a luta contra os judeus se tornaria, ao mesmo tempo, uma luta contra os católicos e porque os judeus podem se defender sozinhos, como mostra o repentino fim do boicote. É especialmente injusto e doloroso que, por meio dessa ação, os judeus, mesmo os que estão batizados há dez ou vinte anos e são bons católicos, na verdade, até mesmo os judeus cujos pais já eram católicos, ainda sejam legalmente considerados como judeus e devam perder seus cargos como médicos ou advogados[6].

Ao padre Alois Wurm, fundador e editor do periódico *Seele* (Alma), que perguntava por que a Igreja não declarava abertamente que as pessoas não podiam ser perseguidas em razão de sua raça, o cardeal de Munique respondia em termos menos cautelosos: "para as autoridades eclesiásticas superiores, há questões imediatas de importância muito maior: as escolas, a manutenção das associações católicas, a esterilização são mais importantes para os cristãos de nosso país. Temos de presumir que os judeus são capazes de se defender sozinhos". Não há razão "para dar ao governo um pretexto para transformar a sanha contra os judeus em sanha contra os jesuítas"[7].

O arcebispo Gröber deixava de ser reticente quando afirmava a Robert Leiber, um jesuíta que se tornaria o confessor de Pio XII: "Imediatamente intervim em favor dos judeus convertidos, mas até agora não obtive nenhuma

---

5 B. Stasiewski (org.), *Akten deutscher Bischöfe über die Lage der Kirche 1933-1945*, v. 1: 1933-1934, p. 42n, 43n.
6 E. C. Helmreich, *The German Churches Under Hitler*, p. 276-277. Para o original alemão, cf. B. Stasiewski (org.), *Akten deutscher Bishöfe*, v. 2, p. 54n.
7 E. Klee, "*Die SA Jesu Christi*", p. 30.

resposta a minha ação [...]. Temo que a campanha contra Judá acabe custando caro para nós"[8].

Para as Igrejas, a principal questão era a do dogma, em particular com referência à situação dos judeus convertidos e aos vínculos entre o judaísmo e o cristianismo. O debate tinha se tornado especialmente intenso no âmbito da Igreja protestante, quando, em 1932, o Movimento de Fé Cristão Alemão, de tendência pró-nazista, publicou suas "Diretrizes". "O tema central era uma espécie de fé em Cristo centrada na raça; a raça, o povo e a nação como parte de uma ordenação da vida estabelecida por Deus"[9]. O artigo 9 das "Diretrizes", por exemplo, dizia:

> Na missão para os judeus, vemos uma séria ameaça ao nosso povo [*Volkstum*]. Essa missão é a via de entrada do sangue estrangeiro para o corpo de nosso *Volk* [...]. Rejeitamos as missões para os judeus na Alemanha, enquanto os judeus tiverem o direito de cidadania, com isso havendo o perigo de fraude racial e bastardização [...]. O casamento entre alemães e judeus, em particular, deve ser proibido[10].

O Movimento Cristão Alemão tinha se desenvolvido em solo fértil e não foi por acaso que, nas eleições da Igreja em 1932, ele recebeu um terço dos votos. A tradicional aliança entre o protestantismo e o autoritarismo nacionalista na Alemanha era demasiado profunda para permitir que surgisse uma força decisiva e diretamente contraposta ao objetivo dos fanáticos de purificar o cristianismo de sua herança judaica. Mesmo os teólogos protestantes que, na década de 1920, estavam dispostos a entrar em diálogo com os judeus – participando, por exemplo, dos encontros organizados sob a égide do periódico de Martin Buber, *Der Jude* – expressavam agora, mais virulentamente que nunca, as velhas acusações de manifestações "farisaicas" e "legalistas" do espírito judaico. Como escrevia Buber, em resposta a um artigo especialmente ofensivo de Oskar A. H. Schmitz publicado em *Der Jude*, em

---

8 Para as citações, cf. E. C. Helmreich, op. cit., p. 276-277.

9 K. Scholder, Judaism and Christianity in the Ideology and Politics of National Socialism, em O. D. Kulka; P. Mendes-Flohr (orgs.), *Judaism and Christianity Under the Impact of National Socialism 1919-1945*, p. 191 e s.

10 Citado em D. L. Bergen, *Twisted Cross*, p. 23. Em 13 de novembro de 1933, o líder dos cristãos alemães do distrito de Berlim, um certo dr. Krause, declarava, num encontro do movimento no Sportpalast: "Faz parte dela [da nova cristandade] a libertação com relação a tudo que é não alemão, tanto no ritual quanto na fé, a libertação com relação ao Antigo Testamento, com sua moral da retribuição e suas histórias de comerciantes de gado e cafetões [...]. Na Igreja do *Volk* alemão não há lugar para gente de sangue estrangeiro, quer no púlpito, quer abaixo do púlpito. Todas as expressões de um espírito estrangeiro que nela penetraram [...] devem ser expulsas da Igreja do *Volk* alemão"; em U. Thürauf (org.), *Schulthess Europäischer Geschichtskalender*, v. 74, p. 244.

1925, sob o título "Judeus Desejáveis e Indesejáveis": "observei mais uma vez [...] que há um limite além do qual cessa toda possibilidade de encontro e resta somente o relato fatual das informações. Não posso lutar contra um adversário que se opõe a mim de forma absoluta, assim como não posso lutar contra um adversário que está num avião diferente do meu"[11]. Com o passar dos anos, encontros desse tipo se tornariam menos frequentes, e o protestantismo alemão cada vez mais receptivo às promessas de renovação nacional e cristianismo concreto anunciadas pelo nacional-socialismo.

A campanha ideológica do Movimento Cristão Alemão parecia receber forte reforço com a eleição, em 27 de setembro de 1933, de Ludwig Müller, um nazista ferrenho, para bispo do Reich – isto é, como uma espécie de coordenador do *Führer* para todas as questões importantes relativas às Igrejas protestantes. Mas justamente essa eleição e uma controvérsia cada vez mais séria com relação aos membros da Igreja e pastores de origem judaica provocariam uma profunda cisão no interior da Igreja Evangélica.

Numa implementação da Lei do Serviço Público, o sínodo que regia a Igreja Evangélica da Prússia exigiu a remoção de pastores de origem judaica ou casados com judias. Essa iniciativa foi, pouco tempo depois, seguida pelos sínodos da Saxônia, de Schleswig-Holstein, de Braunschweig, de Lübeck, de Hesse-Nassau, de Tübingen e de Württemberg[12]. No início do outono de 1933, a adoção generalizada do assim chamado parágrafo ariano por todo o Reich parecia ser um desdobramento inevitável. Uma tendência contrária, no entanto, surgiu na mesma época, com um grupo de importantes teólogos emitindo uma declaração sobre "O Novo Testamento e a Questão da Raça", que enfaticamente rejeitava toda justificação teológica para a adoção do parágrafo[13] e, no Natal 1933, os pastores Dietrich Bonhoeffer e Martin Niemöller (um herói da Primeira Guerra Mundial imensamente admirado) fundavam uma organização de oposição, a Liga Pastoral de Emergência (Pfarrernotbund), cujos mil e trezentos membros iniciais cresceriam para seis mil nos poucos meses seguintes. Uma das primeiras iniciativas da liga foi emitir um protesto contra o parágrafo ariano: "por uma questão de dever, sou testemunha de que, com o uso das 'leis arianas' no âmbito da Igreja de Cristo, é feita uma injúria contra nossa confissão de fé em comum"[14]. Nascia a Igreja Confessional.

Mas a firmeza da Igreja Confessional quanto à questão judaica ficava restrita ao apoio aos direitos dos cristãos não arianos. E mesmo nesse ponto

---

11 Citado em P. R. Mendes-Flohr, Ambivalent Dialogue: Jewish-Christian Theological Encounter in the Weimar Republic, em O. D. Kulka e P. Mendes-Flohr (orgs.), op. cit., p. 121.

12 U. Tal, Lei e Teologia, em *Teologia Política e o Terceiro Reich*, p. 16 (em hebraico). A versão desse texto em inglês foi publicada em brochura pela Universidade de Tel Aviv em 1982.

13 Para os acalorados debates teológicos provocados pela introdução do "parágrafo ariano", cf. idem.

14 K. Scholder, Die Kirchen und das Dritte Reich, p. 612 e s.

Martin Niemoller deixava muito claro, por exemplo, em suas *Proposições sobre a Questão Ariana* ("Sätze zur Arierfrage"), publicadas em novembro de 1933, que unicamente considerações teológicas o levavam a assumir essa posição. Como ele próprio afirmaria, ao ser julgado por suas críticas ao regime em 1937, defender judeus convertidos "era algo pouco convidativo para ele"[15]. "Essa percepção [de que a comunidade de todos os cristãos é uma questão que deve ser levada com a mais extrema seriedade]", escrevia Niemöller nas *Proposições*,

> exige de nós um alto grau de abnegação, uma vez que, como povo, tivemos de carregar uma pesada carga em consequência da influência do povo judeu, de modo que é compreensível o desejo de ser libertado dessa exigência [de manter uma comunidade única com os judeus convertidos] [...]. Somente será possível lidar com a questão [...] se pudermos esperar das autoridades [da Igreja] que são de origem judaica [...] que elas mesmas se imponham a restrição necessária para evitar todo escândalo. Não ajudaria em nada se, hoje, um pastor de origem não ariana viesse a ocupar uma posição na direção da Igreja ou tivesse uma função conspícua na sua missão junto ao povo[16].

A atitude de Dietrich Bonhoeffer mudaria com o passar dos anos, mas mesmo ele manteria uma profunda ambivalência com relação aos judeus enquanto tais. "As medidas do Estado contra o povo judeu estão vinculadas [...] de um modo muito especial à Igreja", declarava ele com relação ao boicote de abril. "Na Igreja de Cristo, nunca perdemos de vista a ideia de que o 'Povo Eleito', que pregou na cruz o Salvador do mundo, deve carregar a maldição por essa ação numa longa história de sofrimento"[17]. Assim, ao que parece, era precisamente uma visão teológica dos judeus que moldava algumas das declarações de Bonhoeffer. Mesmo seu amigo e biógrafo Eberhard Bethge não podia fugir à conclusão de que, nos escritos de Bonhoeffer, "está presente um antijudaísmo teológico"[18]. O "antijudaísmo teológico" não era incomum no âmbito da Igreja Confessional e algumas de suas personalidades mais respeitáveis, como Walter Künneth, não hesitavam em igualar as interpretações nazista e judaica da "eleição do povo judeu" como baseadas

---

15 R. Michael, Theological Myth, German Anti-Semitism and the Holocaust, *Holocaust and Genocide Studies*, v. 2, n. 1, p. 112. O título "Propositions on the Aryan Question" (Proposições sobre a Questão Ariana) deve ser considerado como um eufemismo, da mesma forma que "parágrafo ariano" na verdade significava "parágrafo judaico".

16 W. Gerlach, *Als die Zeugen schwiegen*, p. 87.

17 R. Michael, op. cit., p. 113.

18 Idem.

na raça, no sangue e no *Volk*, em oposição à visão cristã da eleição pela graça de Deus[19]. Comparações desse mesmo tipo deveriam reaparecer na polêmica cristã antinazista da metade da década de 1930 em diante.

O "parágrafo ariano" foi aplicado a apenas 29 pastores, de um universo de dezoito mil, dos quais onze foram excluídos da lista porque tinham combatido na Primeira Guerra Mundial. Até o final da década de 1930, o parágrafo não seria aplicado de forma prioritária; sua aplicação dependia das autoridades das Igrejas locais e de oficiais locais da Gestapo[20]. Do ponto de vista das Igrejas, o verdadeiro debate era sobre princípios e dogmas, o que excluía os judeus não convertidos. Quando, em maio de 1934, realizou-se em Barmen o primeiro encontro nacional da Igreja Confessional, não foi emitida uma palavra sequer sobre as perseguições: dessa vez, nem mesmo os judeus convertidos foram mencionados[21].

À primeira vista, a atitude da Igreja Católica com relação ao novo regime teria sido mais firme que a dos protestantes. A hierarquia católica havia manifestado uma certa hostilidade ao movimento hitlerista durante os últimos anos da república, mas essa postura era determinada exclusivamente pelos interesses da Igreja e pelos diferentes êxitos políticos do partido católico, o Partido do Centro. Antes de 1933, a posição de muitos dos católicos alemães com relação ao nazismo era basicamente ambígua:

> Muitos jornalistas católicos [...] destacavam os elementos anticristãos do programa nazista e os declaravam incompatíveis com os ensinamentos católicos. Mas prosseguiam, falando do núcleo sadio do nazismo, que deveria ser valorizado – sua reafirmação dos valores da religião e do amor pela pátria, sua postura de forte baluarte contra o ateísmo bolchevique[22].

A atitude geral da Igreja Católica com relação à questão judaica na Alemanha, assim como em outras partes do mundo, pode ser definida como de um "antissemitismo moderado", que apoiava a luta contra a "excessiva influência judaica" na economia e na vida cultural. Como expressava o vigário-geral Mayer, de Mainz, "Hitler, em *Mein Kampf*, tinha 'descrito apropriadamente' a má influência dos judeus na imprensa, no teatro e na literatura. Mesmo assim, era anticristão odiar outras raças e submeter os judeus e estrangeiros

---

19 Citado em U. Tal, On Structures of Political Theology and Myth in Germany prior to the Holocaust, em Y. Bauer e N. Rotenstreich (orgs.), *The Holocaust as Historical Experience*, p. 55.

20 R. Gutteridge, *Open Thy Mouth for the Dumb!*, p. 122.

21 G. van Norden, Die Barmen Theologische Erklärung und die "Judenfrage", em U. Büttner et al. (orgs.), *Das Unrechtsregime, v. 1, Ideologie – Herrschaftssystem – Wirkung in Europa*, p. 315 e s.

22 G. Lewy, *The Catholic Church and Nazi Germany*, p. 17.

a restrições por meio de uma legislação discriminatória que somente provocaria represálias por parte de outros países"[23].

Pouco depois de assumir o poder, e empenhado em assinar a Concordata com o Vaticano, Hitler tentou neutralizar as possíveis críticas dos católicos a suas políticas antijudaicas e dirigir o foco dos argumentos contra a própria Igreja. No dia 26 de abril, ele recebeu o bispo Wilhelm Berning, de Osnabrück, como delegado da Conferência Episcopal, que então se encontrava reunida. A questão judaica não estava na agenda de Berning, mas Hitler providenciou para que ela surgisse de alguma forma. De acordo com um protocolo elaborado pelo assistente do bispo, Hitler falou

> calorosa e calmamente, de vez em quando com emoção, sem emitir uma palavra contra a Igreja e com a aprovação dos bispos: "Fui atacado pela forma como venho tratando da questão judaica. Durante mil e quinhentos anos, a Igreja Católica considerou os judeus como perniciosos, colocou-os em guetos etc., porque reconheceu os judeus pelo que eram. Na época do liberalismo, o perigo deixou de ser reconhecido. Estou retrocedendo rumo à época em que uma tradição de mil e quinhentos anos foi implementada. Não coloco a raça acima da religião, mas reconheço os representantes dessa raça como perniciosos para o Estado e para a Igreja e talvez esteja prestando ao cristianismo um grande serviço, expulsando-os das escolas e das funções públicas"[24].

O protocolo não registra nenhuma resposta dada pelo bispo Berning.

Por ocasião da ratificação da Concordata, em setembro de 1933, o cardeal Pacelli, então secretário de Estado, enviou uma nota ao representante diplomático alemão, definindo a posição de princípio da Igreja: "a Santa Sé aproveita esta ocasião para acrescentar uma palavra em defesa dos católicos alemães que se converteram do judaísmo para a religião cristã ou que descendem em primeira geração, ou mais remotamente, de judeus que adotaram a fé católica e que, por razões conhecidas ao governo do Reich, também estão sofrendo dificuldades sociais e econômicas"[25]. Em princípio, essa devia ser a posição sistemática das Igrejas católica e protestante, embora, na prática, ambas se submetessem às medidas nazistas contra os judeus convertidos, quando estes eram definidos em termos raciais como judeus.

A postura de confronto dogmático adotada pela hierarquia católica estava relacionada sobretudo com o vínculo religioso entre o judaísmo e o cristia-

---

23 Idem, p. 271.
24 B. Stasiewski (org.), op. cit., p. 100-102.
25 De Klee ao Ministro do Exterior, 12 de setembro de 1933, *Documents on German Foreign Policy*, Series C, p. 793-794.

nismo. Essa posição encontrou sua primeira expressão nos cinco sermões proferidos pelo cardeal Faulhaber durante o Advento de 1933. Faulhaber se colocou acima da divisão entre católicos e protestantes, ao declarar: "estendemos a mão a nossos irmãos separados, para defender junto com eles os livros sagrados do Antigo Testamento". Nas palavras de Scholder: "os sermões de Faulhaber não eram dirigidos contra o antissemitismo político e pragmático da época, mas contra seu princípio, o antissemitismo racial que tentava penetrar na Igreja"[26]. Sem dúvida, essa era a intenção dos sermões e a principal inspiração por trás da argumentação de Faulhaber, mas as distinções cuidadosas estabelecidas pelo cardeal podiam iludir sua audiência quanto à atitude da Igreja com relação aos judeus que viviam entre eles."Para poder ser perfeitamente claro e conseguir evitar todo equívoco possível", declarava Faulhaber, "quero começar fazendo três distinções. Primeiramente é preciso distinguir entre o povo de Israel antes e depois da morte de Cristo. Antes da morte de Cristo, durante o período entre o chamado de Abraão e a plenitude dos tempos, foi o povo de Israel o veículo da Redenção Divina [...]. Será somente dessa Israel e do antigo período bíblico que vou me ocupar em meus sermões do Advento". O cardeal descrevia então como Deus rejeitava Israel, após Israel não reconhecer Cristo, acrescentando palavras que deviam soar hostis aos judeus que não reconheciam a revelação de Cristo: "as filhas de Sião receberam o anúncio de seu divórcio e, desse momento em diante, vaga Ahasverus [Assuero] pela terra, para sempre sem repouso".

Em seguida, vinha o segundo tema de Faulhaber:

> É preciso distinguir entre as Escrituras do Antigo Testamento, de um lado, e os escritos talmúdicos do judaísmo pós-cristão, de outro [...]. Os escritos talmúdicos são obra do homem; não foram inspirados pelo espírito de Deus. Foram somente os escritos sagrados do judaísmo pré-cristão, e não o *Talmud*, que a Igreja do Novo Testamento aceitou como sua herança.
>
> Em terceiro lugar, é preciso distinguir, na própria *Bíblia* do Antigo Testamento, entre o que tinha valor apenas transitório e o que tinha valor permanente. Para os propósitos de nosso tema, estamos preocupados unicamente com os valores religiosos, éticos e sociais do Antigo Testamento que permanecem como valores também do cristianismo[27].

---

26 K. Scholder, *Die Kirchen und das Dritte Reich*, p. 660.

27 M. Faulhaber, *Judaism, Christianity and Germany*, p. 5-6. O argumento de Faulhaber reflete uma antiga tradição polêmica cristã, relativa ao *Talmud*. Cf., em particular, A. Funkenstein, Changes in Christian Anti-Jewish Polemics in the Twelfth Century, em *Perceptions of Jewish History*, p. 172-201, principalmente p. 189-196.

Mais tarde, o próprio cardeal Faulhaber salientaria que, em seus sermões do Advento, ele apenas pretendera defender o Antigo Testamento, e não comentar sobre os aspectos contemporâneos da questão judaica[28]. De fato, nos sermões, ele apenas empregava alguns dos clichês mais comuns do antissemitismo religioso tradicional. Ironicamente, um relatório do serviço de segurança da SS interpretou os sermões como uma intervenção em favor dos judeus, citando tanto comentários de jornais estrangeiros quanto o jornal da Associação Central dos Judeus, no qual o rabino Leo Baerwald, de Munique, havia escrito: "somos modestamente orgulhosos de que foi por nós que a revelação foi dada ao mundo"[29].

A discussão da Concordata com o Vaticano era o item 17 na agenda da reunião do gabinete em 14 de julho. De acordo com a ata da reunião, o chanceler do Reich dispensou todo debate sobre os detalhes do acordo. "Ele expressou a opinião de que bastava considerar o acordo como uma grande realização. A Concordata criou um espaço para a Alemanha e estabeleceu uma área de confiança que era especialmente importante na luta que se desenvolvia contra o povo judeu internacionalmente"[30].

Essa observação dificilmente poderia ser interpretada como uma simples estratégia política com o objetivo de convencer os outros membros do governo da necessidade de aceitar a Concordata sem discussão, uma vez que a luta contra o povo judeu internacionalmente não era em absoluto uma prioridade da agenda dos ministros conservadores. Assim, uma observação casual fornece um vislumbre incomum dos pensamentos de Hitler, mais uma vez apontando para a trilha de sua obsessão: "a luta que se desenvolvia" contra um perigo global – o povo judeu do mundo inteiro. Além disso, Hitler de fato considerava a aliança com o Vaticano como de importância especial nessa batalha. Não seria possível que o líder nazista acreditasse que a tradicional postura antijudaica das Igrejas cristãs também tornava possível uma aliança tácita contra o inimigo em comum, ou pelo menos oferecia ao nazismo a vantagem de uma "área de confiança" na "luta que se desenvolvia"? Hitler não havia de fato dito algo desse tipo ao bispo Berning? Por um rápido instante, parece haver uma ligação nefasta entre os procedimentos-padrão da política e as compulsões do mito.

28 E. C. Helmreich, op. cit., p. 262.

29 H. Boberach (org.), *Berichte des SD und der Gestapo über Kirchen und Kirchenvolk in Deutschland 1934-1944*, p. 7. Embora em geral os dignitários da Igreja evitassem comentários relativos a aspectos da questão judaica na época, alguns jornais católicos locais chamaram a atenção de seus leitores para o tratamento brutal dado aos judeus. Por exemplo, em 23 de maio de 1933, o jornal católico *Banberger Volksblatt* mencionava explicitamente a morte em Dachau do jovem funcionário do tribunal local, Willy Aron, que era judeu. Para entender a repercussão que teve o caso, cf. N. Frei, *Nationalsozialistische Eroberung der Provinzpresse*, p. 273-275.

30 Citado em W. Hofer (org.), *Der Nationalsozialismus*, p. 130.

II

O questionário dirigido aos professores universitários (na Alemanha eles eram funcionários públicos) chegou a Hermann Kantorowicz, professor de filosofia e história do direito na Universidade de Kiel, em 23 de abril de 1933. À pergunta sobre as origens raciais de seus avós, ele respondia:

> Uma vez que não há tempo para verificar em que sentido o termo 'raça' está sendo utilizado, vou me limitar à seguinte declaração: como todos os meus quatro avós já morreram há muito tempo e as medições necessárias etc. nunca foram feitas, não posso afirmar cientificamente (antropologicamente) a que grupo racial eles pertenciam. Interpretada em sua significação comum, sua raça era a alemã, uma vez que todos tinham o alemão como sua língua-mãe, o que significa que era indo-europeia ou ariana. Sua raça no sentido do primeiro decreto complementar à Lei de 7 de abril de 1933, seção 2, parágrafo 1, cláusula 3, era a religião judaica[31].

Ficamos imaginando o que teria causado maior impressão no funcionário que recebeu o formulário preenchido: seu sarcasmo ou seu detalhamento?

Era um tanto supérfluo enviar o questionário a Kantorowicz, uma vez que o ministro da Educação Bernhard Rust, citando o parágrafo 3 da Lei de Restauração do Serviço Público Profissional, já o havia demitido em 14 de abril, juntamente com vários outros professores, sobretudo judeus. Dentre eles, dezesseis nomes proeminentes foram publicados no jornal *Deutsche Allgemeine Zeitung* nesse mesmo dia[32]. Durante o ano de 1933, seriam demitidos cerca de mil e duzentos judeus que ocupavam posições acadêmicas[33].

Em Göttingen, onde alguns dos membros mais ilustres das faculdades de matemática e de física teórica eram judeus (ou, num dos casos, casado com uma judia), cada uma das três principais figuras escolheu uma resposta diferente: James Franck, um laureado com o Nobel, enviou uma carta de demissão

---

31 Citado em K. Kwiet e H. Eschwege, *Selbstbehauptung und Widerstand*, p. 221.

32 G. Sauder (org.), *Die Bücherverbrennung*, p. 50-52. Os dezesseis nomeados eram: Bonn (Berlim), Cohn (Breslau), Dehn (Halle), Feiler (Königsberg), Heller (Frankfurt am Main), Horkheimer (Frankfurt am Main), Kantorowicz (Frankfurt am Main), Kantorowicz (Kiel), Kelsen (Colônia), Lederer (Berlim), Löwe (Frankfurt am Main), Löwenstein (Bonn), Mannheim (Frankfurt am Main), Mark (Breslau), Tillich (Frankfurt am Main) e Sinzheimer (Frankfurt am Main).

33 D. Niederland, The Emigration of Jewish Academics and Professionals from Germany in the First Years of Nazi Rule, *LBIY*, v. 33, p. 291. Os números variam consideravelmente de uma área para outra e de universidade para universidade. Na biologia, por exemplo, os cientistas definidos como judeus ou casados com esposas judias, que foram demitidos entre 1933 e 1939 (inclusive nas universidades de Viena e de Praga), chegavam a cerca de nove por cento de toda a faculdade nessa área (30 em 337). Cf. U. Deichmann, *Biologen unter Hitler*, p. 34.

aberta (publicada no jornal *Göttinger Zeitung*), mas planejava permanecer na Alemanha, Max Born (que, após a guerra, também receberia um Prêmio Nobel de física) abandonou a universidade sem dizer uma palavra e Richard Courant decidiu utilizar as cláusulas de exceção da lei, a fim de manter seu cargo. Em poucos meses, contudo, todos os três emigravam[34]. Em sua carta, Franck rejeitava a isenção concedida a ele como veterano de guerra porque, em suas palavras, "nós, os alemães de origem judaica, estamos sendo tratados como estrangeiros e como inimigos de nosso país". A carta de Franck levou a uma declaração pública de quarenta e dois de seus colegas de Göttingen, descrevendo as afirmações do físico judeu como "um ato de sabotagem" e expressando a esperança de que "o governo acelerasse as medidas de limpeza necessárias"[35].

Em Tübingen, antigas tradições e novas tendências convergiam harmoniosamente. O número de membros judeus demitidos da faculdade era especialmente baixo – por uma razão simples: nenhum judeu jamais tinha sido nomeado para uma cadeira plena nessa instituição e havia muito poucos judeus entre os nomeados para cargos mais baixos. Mesmo assim, todos os que podiam ser expulsos foram expulsos. Hans Bethe, que também viria a ser laureado com o Prêmio de Nobel de física, foi demitido por causa de sua mãe judia; o professor de filosofia Traugott Konstantin Oesterreich foi demitido sob o pretexto de que não era politicamente confiável, mas na verdade foi porque sua esposa era de origem judaica. O mesmo destino quase recaiu sobre o historiador da arte não judeu Georg Weise. A suspeita de que a esposa de Weise era judia levou a sua demissão, até que foram apresentadas provas documentais inquestionáveis das origens arianas de *frau* Weise-Andrea que levaram à readmissão de Weise[36].

O que acontecia em Freiburg era, ao que parece, paradigmático. Em 1º de abril, o jornal nazista local, *Der Allemanne*, publicava listas de médicos, dentistas e outros especialistas judeus, que deviam ser boicotados; alguns dias mais tarde, o mesmo jornal publicava uma lista de membros judeus da faculdade de medicina da universidade (a lista tinha sido fornecida pelo chefe da psiquiatria). Em Baden, em 6 de abril, o governador Robert Wagner, adiantando-se às decisões que viriam a ser tomadas em Berlim, dava ordens para a demissão de funcionários públicos judeus. Em 10 de abril, uma delegação de professores e diretores de faculdades da Universidade de Freiburg viajava até Karlsruhe, para interceder em favor do prefeito de Freiburg, que

---

34 A. D. Beyerchen, *Scientists Under Hitler*, p. 22, 15-22. Para as partes do texto que abordam as universidades, cf. S. Friedländer, The Demise of the German Mandarins, em C. Jansen et al. (orgs.), *Von der Aufgabe der Freiheit*, p. 63 e s.

35 H. Heiber, *Universität unterm Hakenkreuz, Teil 2: Die Kapitulation der Hohen Schulen*, v. 1, p. 26.

36 U. D. Adam, *Hochschule und Nationalsozialismus*, p. 36.

estava sendo ameaçado com o afastamento por razões políticas. Durante a reunião no ministério, foi lembrado aos membros da delegação de que as demissões dos membros judeus das faculdades tinham de ser realizadas prontamente. De acordo com as notas tomadas pelo funcionário encarregado de questões universitárias, "os professores prometeram que o decreto seria fielmente implementado". E foi. No mesmo dia, o reitor dava aos deões de todas as faculdades instruções de demitir todos os membros de origem ou religião judaica e, para confirmação, suas assinaturas deviam ser incluídas nas notificações de demissão. No dia 12 de abril, o ministério em Karlsruhe era informado de que, "até as 10h00 da manhã, a ordem havia sido integralmente cumprida". A notificação enviada aos membros judeus da faculdade de medicina dizia na íntegra: "De acordo com as ordens do reitorado acadêmico, informo que, com referência à Ordem do Ministério n. A 7642, o senhor está colocado em licença por período indefinido. Assinado: o Deão da Faculdade, Rehn"[37].

Em Heidelberg, onde o número de professores de origem judaica era especialmente alto, houve tentativas de adiamento da parte do senado acadêmico e do reitor, mas elas foram em vão. No início do semestre de verão de 1933, quarenta e cinco "não arianos" ainda exerciam suas atividades de ensino; em agosto do mesmo ano, somente vinte e quatro ainda permaneciam (os que se beneficiavam das várias cláusulas de exceção)[38]. Não foi registrado nenhum protesto, quer organizado quer individual.

A atitude de alguns intelectuais não arianos privilegiados muitas vezes era ambígua – ou pior. Em 25 de abril, a administração da Sociedade Kaiser Wilhelm, em Berlim, era notificada pelo Ministério do Interior de que todos os membros e chefes de departamento judeus e meio-judeus deveriam ser demitidos; os diretores dos institutos estavam excluídos dessa medida. Fritz Haber, judeu e laureado com o Nobel, que teria de demitir três de seus chefes de departamento e cinco dos treze membros de sua equipe, demitiu-se no dia 30 de abril. "Os demais diretores (inclusive os que eram eles próprios judeus) notificaram seus funcionários judeus de acordo com as instruções"[39]. Entre os que assim se conformaram, os judeus Jakob Goldschmidt e Otto Meyerhof e o meio-judeu Otto Warburg eram os mais proeminentes. Para o geneticista Goldschmidt, "o nazismo era preferível ao bolchevismo" e Otto Warburg,

---

37 Todos os detalhes do caso de Freiburg foram obtidos a partir de E. Seidler, Die Medizinische Fakultät zwischen 1926 und 1948, em E. John et al. (orgs.), *Die Freiburger Universität in der Zeit des Nationalsozialismus*, p. 76-77.

38 A. Weckbecker, *Die Judenverfolgung in Heidelberg, 1933-1945*, p. 150. Durante o mesmo período, cinco professores "arianos" foram demitidos por razões políticas.

39 B. Müller-Hill, *Murderous Science*, p. 24.

ao que parece, acreditava que o regime não duraria além de 1934[40], uma convicção que não o impediu de reter seu cargo durante todo o período nazista. O caso de Warburg era sem dúvida estranho. Sua pesquisa sobre o câncer era tão altamente valorizada pelos nazistas – ao que parece, até mesmo pelo próprio Hitler – que, em 1941, quando foi levantada a possibilidade de sua demissão em razão de suas origens meio-judaicas, ele foi convertido em um quarto judeu por instrução de Göring[41]. Quanto a Meyerhof, ao que parece, ele tentou proteger alguns de seus funcionários judeus, apenas para ser denunciado por seu codiretor, o professor Richard Kuhn[42]. Ele emigrou em 1938.

Assim, ao parece, faz sentido sugerir que quando, em janeiro de 1934, no aniversário da fundação do Império Alemão, Ulrich Karstedt, professor de história antiga em Göttingen, declarou que não havia "razão para se queixar [...] porque, numa loja judaica, a vidraça da janela foi quebrada ou porque a filha do comerciante de gado Levi teve sua admissão recusada numa associação estudantil"[43], ele estava emitindo uma espécie de eufemismo, não apenas quanto à situação geral dos judeus na Alemanha mas também até mesmo nas universidades[44].

Houve algumas brandas manifestações em favor dos colegas judeus, como o elogio concedido em maio de 1933 pela faculdade de medicina de Heidelberg a seus membros judeus:

> Não podemos ignorar o fato de que os judeus alemães estão contribuindo com grandes realizações científicas e que importantes personalidades na medicina provêm de seu meio. É justamente na qualidade de médicos que nos sentimos no dever, tendo em mente as exigências do povo e do Estado, de representar o ponto de vista da humanidade verdadeira e expressar nossa preocupação, uma vez que há o perigo de que todo senso de responsabilidade esteja sendo suprimido pela violência impulsiva ou emocional [45].

---

40 P. Weindling, *Health, Race and German Politics between National Unification and Nazism, 1870-1945*, p. 495.

41 R. Chernow, *The Warburgs*, p. 540-541.

42 B. Müller-Hill, op. cit., p. 27.

43 K. Schönwälder, *Historiker und Politik*, p. 29 e s., 33.

44 Para uma apresentação e análise mais detalhada da indiferença dos professores das universidades alemãs com relação ao destino de seus colegas judeus, bem como das manifestações de aberta hostilidade de alguns desses professores contra eles, cf. S. Friedländer, The Demise of the German Mandarins, sobretudo as p. 70 e s. Sobre a atitude do famoso especialista em história da economia Werner Sombart, cf. idem, p. 73, bem como F. Lenger, *Werner Sombart 1863-1941*, p. 359; para uma excelente análise da posição intelectual antijudaica de Sombart, cf. sobretudo J. Herf, *Reactionary Modernism*, p. 130 e s.

45 K. Pätzold, *Verfolgung, Vertreibung, Vernichtung*, p. 53.

Essa declaração cautelosa era na verdade atípica, uma vez que as escolas de medicina das universidades alemãs tinham uma porcentagem muito mais alta de membros do partido que as outras disciplinas[46]. Além disso, em sua atitude com relação aos judeus, Heidelberg não era basicamente muito diferente das outras universidades alemãs[47].

Em abril de 1933, doze professores de vários campos de pesquisa expressavam seu apoio ao colega judeu, o filósofo Richard Hönigswald, da Universidade de Munique; endereçada ao Ministério da Educação da Baviera, sua carta tinha o apoio do diretor da faculdade de filosofia de Munique. O ministério solicitou orientação adicional e recebeu várias respostas negativas, inclusive uma de Martin Heidegger, e Hönigswald foi demitido[48].

Algumas intervenções individuais se tornaram bastante conhecidas. Houve, por exemplo, a intervenção (sem êxito) de Max Planck junto a Hitler, em favor da readmissão[49] de Fritz Haber e, paradoxalmente, a intervenção de Heidegger contra a demissão de Siegfried Thannhauser e Georg von Hevesy. A demissão desses cientistas eminentes, explicava Heidegger às autoridades de Baden, teria consequências negativas no exterior e prejudicaria a política externa da Alemanha[50].

Heidegger se tornou reitor da Universidade de Freiburg em abril de 1933. Ele já havia feito anteriormente comentários sobre a presença dos judeus na vida acadêmica alemã. Numa carta de 20 de outubro de 1929 a Victor Schwörer, presidente interino do Fundo de Emergência, criado para apoiar estudiosos em situação difícil, o filósofo havia declarado que a única opção existente era ou o fortalecimento sistemático de "nossa" vida intelectual alemã ou seu abandono definitivo à "crescente judaicização no sentido mais amplo e no mais restrito"[51]. Quando o professor de matemática de Heidegger, Alfred Löwy, foi obrigado, como judeu, a se aposentar precocemente em abril de

---

46 G. J. Giles, *Professor und Partei*, em E. Krause, L. Huber, H. Fischer (orgs.), *Hochschulalltag im Dritten Reich*, p. 115.

47 C. Jansen, *Professoren und Politik*, p. 289 e s.

48 C. Schorcht, *Philosophie an den Bayerischen Universitäten 1933-1945*, p. 159 e s. É possível que, nesse estágio inicial, fossem planejadas algumas outras declarações coletivas em favor dos colegas judeus que nunca foram concretizadas. De acordo com Otto Hahn, Max Planck o dissuadiu de organizar uma petição desse tipo, com o argumento de que isso iria apenas desencadear uma declaração muito mais forte no sentido contrário. Cf. J. L. Heilbron, *The Dilemmas of an Upright Man*, p. 150.

49 Sabemos sobre essa intervenção pelo relato do próprio Max Planck após a guerra. De acordo com Planck, Hitler declarou que não tinha nada contra os judeus e era apenas anticomunista; depois disso, ele teria sido tomado de fúria. Cf. J. L. Heilbron, *The Dilemmas of an Upright Man*, p. 153. Relatos de pós-guerra como esses são difíceis de se comprovar.

50 H. Ott, *M. Heidegger: Unterwegs zu seiner Biographie*, p. 198-200.

51 R. Safranski, *Ein Meister aus Deutschland*, p. 299.

1933, o novo reitor nomeado, desejou-lhe "coragem para superar as agruras e dificuldades trazidas por esses tempos de mudança"[52]. Elfride Heidegger empregava quase exatamente as mesmas palavras em sua carta de 29 de abril de 1933 a Malvine Husserl, esposa do mentor judeu de seu marido, o filósofo Edmund Husserl; ela acrescentava, contudo, que embora fosse dura, a Lei do Serviço Público era razoável do ponto de vista alemão[53].

Pouco antes de sua partida da Alemanha, no verão de 1933, Hannah Arendt escrevia, na que talvez fosse sua carta mais dura a Heidegger, seu professor, com quem ela também mantinha uma relação amorosa, informando que haviam chegado até ela rumores sobre sua atitude cada vez mais distante, e até mesmo hostil, com relação a colegas e estudantes judeus. O tom da resposta de Heiddeger, tal como parafraseada por Elzbieta Ettinger, na que seria a última carta dele a Arendt até o final da guerra, é bastante revelador:

> Aos estudantes judeus [...] ele generosamente cedia seu tempo, por mais que isso o desviasse de seu próprio trabalho, conseguindo para eles bolsas de estudo e discutindo com eles suas dissertações. Quem vinha até ele numa emergência? Um judeu. Quem insistia em discutir com urgência seu doutorado? Um judeu. Quem lhe enviava um enorme volume de trabalho para crítica urgente? Um judeu. Quem lhe pedia ajuda para obtenção de bolsas de estudo? Judeus!![54].

Em 3 de novembro de 1933, Heidegger anunciava que seria negado suporte financeiro para estudantes "judeus ou marxistas", ou a todos que fossem definidos como "não arianos" de acordo com as novas leis[55]. Em 13 de dezembro, ele buscava apoio financeiro para a publicação de um volume de discursos favoráveis a Hitler emitidos por professores alemães, que seria distribuído no mundo inteiro; ele concluía seu pedido com uma garantia: "Desnecessário dizer que os nomes dos não arianos não aparecerão na página de rosto"[56]. No dia 16 desse mesmo mês, ele escrevia para a direção da Associação dos Professores Nazistas em Göttingen sobre Eduard Baumgarten, um ex-estudante e colega seu: Baumgarten "frequentava, muito assiduamente, o judeu Fränkel, que costumava ensinar em Göttingen e foi recentemente demitido daqui". Ao mesmo tempo, Heidegger se recusava a continuar dando supervisão

---

52 H. Ott, *Laubhüttenfest 1940*, p. 113.

53 Idem.

54 E. Ettinger, *Hannah Arendt/Martin Heidegger*, p. 35-36. As cartas de Heidegger estão parafraseadas, uma vez que Ettinger não obteve permissão para citá-las diretamente.

55 T. Sheehan, Heidegger and the Nazis, *New York Review of Books*, 16 de junho de 1988, p. 40.

56 Idem.

a dissertações de doutorado para estudantes judeus e os enviava a Martin Honecker, um professor de filosofia cristã[57].

A atitude de Heidegger com relação a Husserl permanece obscura. Embora, de acordo com seu biógrafo Rüdiger Safranski, seja falso que Heidegger teria proibido o acesso de Husserl ao departamento de filosofia, ele de fato interrompeu todo contato com ele (como fez com todos os outros colegas e discípulos judeus) e nada fez para aliviar o isolamento cada vez maior de Husserl. Quando Husserl morreu, Heidegger estava doente. Não fosse isso, teria ele comparecido ao funeral, junto com o único membro ariano da faculdade que achou apropriado fazê-lo, o historiador Gerhard Ritter?[58] A dedicatória a Husserl de sua grande obra, *Ser e Tempo*, foi omitida da edição de 1941 por exigência da editora, mas foi mantida a nota de rodapé de Heidegger expressando sua gratidão a seu mentor judeu. As contradições abundam, possivelmente a mais estranha de todas sendo o elogio de Heidegger a Spinoza, na metade da década de 1930, e sua declaração de que "se a filosofia de Spinoza era judaica, então toda a filosofia, de Leibniz a Hegel, também era judaica"[59].

Em 22 de abril de 1933, Heidegger enviava um pedido a Carl Schmitt, de longe o especialista alemão em teoria política e jurídica de maior prestígio na época, rogando-lhe que não desse as costas para o novo movimento. O pedido era supérfluo, uma vez que Schmitt já havia feito sua escolha. Assim como Heidegger – e essa parece ter sido a primeira regra a ser seguida – ele deixou de responder as cartas de estudantes, colegas e outros intelectuais judeus com os quais anteriormente mantivera estreito contato (no caso de Schmitt, um dos exemplos que chamam a atenção está na interrupção abrupta de sua correspondência com o filósofo político judeu Leo Strauss)[60]. E, para se assegurar de que não havia nenhum equívoco quanto a sua posição, Schmitt introduziu algumas observações ostensivamente antissemitas na nova edição (1933) de sua obra *O Conceito do Político*[61]. Em todo caso, as posições antijudaicas de Schmitt seriam manifestamente mais diretas, extremas e virulentas que as do filósofo de Freiburg.

Durante o semestre de verão de 1933, tanto Schmitt quanto Heidegger participaram de uma série de conferências organizadas por estudantes de Heidelberg. Heidegger falou sobre "A Universidade no Novo Reich"; o tema de Schmitt foi "A Nova Lei Constitucional". Eles foram precedidos,

---

57 Idem. Cf. também H. Ott, *Laubhüttenfest, 1940*, p. 183.
58 R. Safranski, *Ein Meister aus Deutschland*, p. 302.
59 Idem, p. 300.
60 H. Meier, *Carl Schmitt, Leo Strauss und "Der Begriff des Politischen"*, p. 137.
61 Idem, p. 14-15.

na mesma série de conferências, pelo Dr. Walter Gross, chefe do gabinete de política racial do Partido Nazista, que falou sobre "O Médico e a Comunidade Racial". Em 1º de maio, em Freiburg, Heidegger se tornava o membro do partido 3-125-894; no mesmo dia, em Colônia, Schmitt entrava para o partido como membro 2-098-860[62].

Hannah Arendt deixou o país e chegou a Paris, via Praga e Genebra; ela logo começou a trabalhar com a Organização de Emigração da Juventude Sionista. Sua principal razão para emigrar tão cedo, diria ela mais tarde, fora, sobretudo, o comportamento de seus amigos arianos, como Benno von Wiese, que – sem ser sujeito a nenhuma pressão externa – aderiu com entusiasmo aos ideais e normas do novo sistema[63]. No entanto, em geral, sua crítica a Heidegger permaneceria silenciosa.

As respostas dos intelectuais judeus às medidas do novo regime e às novas atitudes dos colegas e amigos variavam de indivíduo para indivíduo. No âmbito desse amplo espectro, uma situação peculiar era a dos judeus nacionalistas alemães que eram militantes de longa data, mas que, ao contrário de Felix Jacoby, não optaram pela cegueira total às ações do regime. Em 20 de abril, Ernst Kantorowicz, professor de história medieval na Universidade de Frankfurt, enviava uma carta ao ministro da ciência e educação de Hessen, que expressava, com eloquência, a grande lentidão, hesitação e o caráter lamentável – apesar das novas e duras políticas nazistas – do afastamento desses judeus de suas antigas posições. "Embora", escrevia Kantorowicz,

> como voluntário na guerra, a partir de agosto de 1914, como soldado na frente de batalha durante toda a guerra, como combatente de pós-guerra contra a Polônia, contra os espartaquistas e contra a República dos Conselhos [de funcionários e soldados] na Posnânia, em Berlim e Munique, eu não deva esperar demissão devido a minhas origens judaicas; embora, em vista de minhas publicações sobre o imperador Hohenstaufen, Frederico II, eu não precise de nenhum atestado de anteontem, ontem ou hoje quanto a minha atitude com relação a uma Alemanha orientada para o nacionalismo; embora além de todas as tendências e acontecimentos imediatos, minha atitude fundamentalmente positiva com relação a um Reich governado nacionalmente não tenha sido minada nem mesmo pelos acontecimentos mais recentes; e embora eu certamente não deva esperar que distúrbios estudantis interrompam meu ensino – de modo que a questão do ensino

---

62 Para todos os detalhes referentes a esta seção, cf. B. Rüthers, *Carl Schmitt im Dritten Reich*, p. 31-34.

63 W. Heuer, *Hannah Arendt*, p. 29.

livre em toda a universidade não precisa ser considerada em meu caso – como judeu, vejo-me compelido, todavia, a extrair as consequências do que aconteceu e abandonar o ensino durante o próximo semestre de verão[64].

Kantorowicz não estava apresentando sua demissão; estava apenas se afastando durante o semestre seguinte. A implicação era de que ele iria esperar até que a política da nova Alemanha nacionalista mudasse.

Enquanto a atitude da maioria dos professores universitários "arianos" podia ser definida como de "judeufobia culta"[65], entre os estudantes se desenvolvia uma forma radical de judeufobia. No final do século XIX, algumas associações estudantis na Áustria, seguidas de algumas na Alemanha, já haviam excluído judeus em bases raciais – isto é, nem mesmo judeus batizados eram aceitos[66]. Michael Kater atribui parte do antissemitismo estudantil extremista à competição – sobretudo nos campos bem remunerados do direito e da medicina, em que a porcentagem de estudantes judeus era de fato alta, assim como a porcentagem de judeus nessas profissões. Em todo caso, nos primeiros anos da República de Weimar, a maioria das fraternidades estudantis alemãs se associou à Liga Universitária Alemã (Deutscher Hochschulring), uma organização de caráter abertamente *völkisch* e antissemita, que logo viria a controlar a política estudantil[67]. A possibilidade de associação à liga estava condicionada à origem ariana pura, com pessoas de origem alemã da Áustria ou dos Sudetos sendo aceitas, mesmo sem a cidadania alemã. A liga dominou as universidades até a metade dos anos de 1920, quando foi substituída pela União Estudantil Nacional-Socialista (*Nationalsozialistischer Deutscher*

---

64 Kommission zur Erforschung der Geschichte der Frankfurter Juden, *Dokumente zur Geschichte der Frankfurter Juden*, p. 99-100.

65 D. L. Niewyk, *The Jews in Weimar Germany*, 1980, p. 67. A avaliação de Michael Kater é um pouco mais detalhada: "o número de convertidos ao nazismo em meio aos professores, muitas vezes motivados pelo antissemitismo, aumentou, em especial em 1932, e mesmo a maioria deles optando por permanecer fora do partido, documentos sugerem que, no fundo, eles haviam passado sua lealdade para Hitler", cf. M. Kater, *The Nazi Party*, p. 69. A judeufobia acadêmica, durante o Império e ainda mais durante a República de Weimar, está muito bem documentada e não requer comprovação adicional. No entanto, alguns incidentes notáveis podem ser interpretados no sentido contrário. Em 1924, o professor judeu da Universidade de Munique, laureado com o Nobel em química, Richard Willstätter, pediu demissão em protesto contra a decisão do reitor e de uma maioria na faculdade de não nomear Viktor Goldschmidt por razões manifestamente antissemitas. Por outro lado, em contrapartida, diversos membros e estudantes da faculdade tentaram durante semanas persuadir Willstätter a voltar atrás em sua demissão, mas não obtiveram êxito. Sobre essa questão e a demissão de Willstätter, cf. F. Stern, *Dreams and Delusions*, p. 46-47, e J. V. H. Dippel, *Bound upon a Wheel of Fire*, p. 25-27.

66 M. H. Kater, *Studentenschaft und Rechtsradikalismus in Deutschland 1918-1933*, p. 145-146.

67 G. J. Giles, *Students and National Socialism in Germany*, p. 17.

Studentenbund)⁶⁸. Do final da década de 1920 em diante, manifestações e atos de agressão física de estudantes de direita contra seus inimigos tornaram-se comuns nos *campi* universitários alemães⁶⁹.

Logo professores que eram pacifistas ou antinacionalistas de forma demasiado explícita, como Theodor Lessing, Günther Dehn, Emil Julius Gumbel, Hans Nawiasky e Ernst Cohn, ficavam sob ataque⁷⁰. Gumbel foi expulso de Heidelberg mesmo antes da chegada dos nazistas ao poder. Em 1931, os nazistas obtiveram maioria na Associação Estudantil Alemã (Deutsche Studentenschaft); essa foi a primeira associação de âmbito nacional a ficar sob seu controle. Em pouco tempo, todo um grupo de jovens intelectuais colocaria toda sua energia e capacidade à disposição do partido e de suas políticas⁷¹.

A partir de janeiro de 1933, grupos de estudantes decidiam agir por conta própria, de forma muito parecida com o que fazia a SA. O líder nacional da organização estudantil nazista, Oskar Stabel, anunciou, pouco antes do boicote de 1º de abril, que os piquetes de estudantes seriam nesse dia posicionados na entrada das salas de aula e de seminários dos professores judeus, "a fim de dissuadir" qualquer um que quisesse entrar⁷². Foi o que se deu, por exemplo, na Universidade Técnica de Berlim. Mais tarde, estudantes nazistas se posicionariam com câmeras sobre os pódios das salas de aula, para tirar fotos dos estudantes que frequentassem as aulas de professores judeus⁷³. Essa forma de agitação estudantil foi fortemente estimulada por um discurso violentamente antijudaico do ministro de Educação Rust, proferido em 5 de maio no auditório da Universidade de Berlim, e por comentários sobre esse discurso, como os do jornal oficial, o *Preussische Zeitung*:

> Para um judeu, ciência não significa um compromisso, uma obrigação, um domínio da organização criativa, mas um negócio e uma forma de destruir a cultura do povo que o recebe. Assim, as cadeiras mais importantes das

---

68 U. Herbert, "Generation der Sachlichkeit", em F. Bajohr et al. (orgs.), *Zivilisation und Barbarei*, p. 115 e s. Para o estabelecimento e crescimento da NSDSB até 1933, cf. também M. Grüttner, *Studenten im Dritten Reich*, p. 19-61.

69 Em 12 de novembro de 1930, o jornal *Berliner Tageblatt* relatava que cerca de quinhentos estudantes nazistas tinham desfechado ataques contra colegas judeus e defensores da república no campus da Universidade de Berlim: "durante o ataque, um estudante social-democrata foi ferido e precisou receber assistência médica [...] uma estudante judia foi atacada pelos nazistas, jogada ao chão e pisoteada [...]. O grupo gritava alternadamente: 'Alemanha desperta!' e 'Fora judeus!'". M. H. Kater, *Studentenschaft und Rechtsradikalismus*, p. 155.

70 Idem, p. 157.

71 M. H. Kater, *The Nazi Party*, p. 184.

72 R. Schottlaender, Antisemitische Hochschulpolitik, em R. Rürup (org.), *Wissenschaft und Gesellschaft*, v. 1, p. 447.

73 Idem.

assim chamadas universidades alemãs estavam ocupadas por judeus. As posições eram desocupadas para permitir que eles dessem prosseguimento a suas atividades parasíticas, que eram então recompensadas com prêmios Nobel[74].

No início de abril de 1933, a União Estudantil Nacional-Socialista criava a seção de propaganda e imprensa. Sua primeira medida, tomada em 8 de abril, deveria ser "a queima pública de textos judeus destrutivos" por estudantes universitários, como uma reação ao "incitamento desavergonhado" do povo judeu de todo o mundo contra a Alemanha. Uma campanha "informativa" deveria ser realizada entre 12 de abril e 10 de maio; as queimas públicas nos *campi* universitários deveriam se iniciar às 6h00 da tarde do último dia da campanha.

As doze mal-afamadas teses que os estudantes prepararam para declamação ritual durante as queimas não eram dirigidas exclusivamente contra os judeus e o "espírito judeu": entre outros alvos estavam o marxismo, o pacifismo e a "ênfase excessiva na vida instintiva" (isto é, "a Escola Freudiana e seu jornal *Imago*"). Era a rebelião do espírito alemão contra o "espírito antialemão". Mas a principal força propulsora da ação permanecia basicamente antijudaica: aos olhos dos organizadores, se devia expandir essa ação do domínio econômico (o boicote de 1º de abril) para todas as esferas da cultura alemã.

No dia 13 de abril, as teses foram afixadas nos edifícios das universidades e em cartazes por toda a Alemanha. A tese 7 dizia: "quando um judeu escreve em alemão, ele está mentindo. Ele deve ser doravante obrigado a indicar nos livros que quiser publicar em alemão: 'traduzido do hebraico'"[75].

Na tarde de 10 de maio, rituais de exorcismo se realizavam na maioria das cidades universitárias e em outras cidades alemãs. Mais de vinte mil livros foram queimados em Berlim e de dois a três mil, em diversas cidades alemãs de maior porte[76]. Em Berlim, uma enorme fogueira foi acesa em frente ao edifício da Ópera Kroll e Goebbels foi um dos que discursaram. Após os discursos, na capital assim como em outras cidades, palavras de ordem contra os autores banidos eram entoadas pela multidão, enquanto os livros venenosos (de Karl Marx, Ferdinand Lassalle, Sigmund Freud, Maximilian

---

74 Idem, p. 448.

75 G. Sauder, op. cit., p. 89. Em Berlim, a publicação dessas teses levou ao confronto imediato entre os estudantes e o reitor da universidade, Eduard Kohlrausch, que ordenara a remoção dos avisos e cartazes dos terrenos da universidade; os estudantes responderam anunciando sua demissão. G. J. Giles, *Students and National Socialism*, p. 131.

76 G. L. Mosse, Die Bildungsbürger verbrennen ihre eigenen Bücher, em H. Denkler e E. Lämmert (orgs.), *"Das war ein Vorspiel nur..."*, p. 35.

Harden e Kurt Tucholsk entre muitos outros) eram lançados, lote após lote, às chamas. "Os grandes holofotes da praça da Ópera", escrevia o jornal *Jüdische Rundschau*, "também voltavam sua luz para as chamas que devoravam nossa existência e nosso destino. Não apenas os judeus eram acusados, mas também homens de sangue alemão puro. Estes últimos estão sendo julgados somente por suas ações. Para os judeus, contudo, não há necessidade de uma razão específica: o velho provérbio afirma: 'o judeu será queimado'"[77].

Os estudantes nazistas não limitavam suas atividades à interrupção das aulas dos professores judeus e à queima de livros considerados perigosos. Eles tentavam impor sua vontade em todos os níveis, sempre que se tratava de contratar professores ou de readmiti-los como veteranos de guerra. Em 6 de maio, o líder da associação estudantil nazista da Escola Profissional Superior em Hildburghausen, na Turíngia, enviava ao ministro da educação da Turíngia, em Weimar, uma carta, que era tudo menos subserviente. Os estudantes haviam sido informados de que um professor judeu chamado Bermann seria readmitido. Após lançar dúvidas quanto à veracidade da alegação de Bermann de ter servido no fronte durante a Primeira Guerra Mundial, o líder dos estudantes prosseguia:

> A agitação entre os estudantes é muito grande, pois cerca de quarenta por cento deles são membros da União Estudantil Nacional-Socialista e receber aulas de um professor racialmente estrangeiro é incompatível com suas convicções. A União Estudantil Nacional-Socialista exige urgentemente do governo nacional-socialista da Turíngia que não se reintegre o professor judeu[78].

Não se sabe se Bermann foi ou não readmitido, mas até mesmo os nazistas mais experientes consideravam o ativismo estudantil uma espécie de embaraço. "Fui informado pelo Ministro Estadual do Interior, o membro do partido Fritsch", escrevia um dos líderes distritais da região central da Alemanha a Manfred von Killinger, primeiro-ministro da Saxônia, em 12 de agosto, "que o Ministério Estadual não está satisfeito com a situação na Universidade de Leipzig [...]. Durante os últimos três meses, lutei firme e continuamente contra toda radicalização da universidade. Assim, seguindo suas instruções, proibi os estudantes nacional-socialistas de boicotar todo e qualquer professor"[79].

77 Idem, p. 42.

78 Do líder do grupo das escolas profissionais de Hildburghausen ao Ministro Wächtler, Ministério da educação da Turíngia, Weimar, 6.5.1933, Nationalsozialistischer Deutscher Studentenbund (NSDStB); microfilme MA-228, Ifz.

79 Do líder distrital da Alemanha central ao primeiro-ministro Manfred von Killinger, Dresden, 12.8.1933, NSDStB, microfilme MA 228, Ifz.

Às vezes os próprios estudantes percebiam que tinham ido longe demais: eles chegaram a colocar na lista negra até mesmo H. G. Wells e Upton Sinclair. O Ministério do Exterior estava furioso porque, entre os autores cujas obras tinham sido queimadas em frente à Ópera Kroll no dia 10 de maio, estava o então famoso promotor da união europeia, o conde Richard Coudenhove-Kalergi. O líder estudantil Gerhard Gräfe afiançou a um correspondente que não era verdade que os textos de Coudenhove haviam sido queimados, mas que, para o futuro, precauções deviam ser tomadas[80]. Essas reservas também assumiam outras formas: nas anotações em seu diário, do ano de 1933, Victor Klemperer, um professor judeu de literatura românica da Universidade Técnica de Dresden que fora isentado das demissões por ter lutado pelo país durante a guerra, mencionava várias vezes que a participante mais assídua em seus seminários era a líder do grupo estudantil nazista da universidade[81].

Uma comparação entre a atitude das Igrejas e a das universidades com relação às medidas antijudaicas tomadas pelo regime em 1933 revela semelhanças básicas, juntamente com algumas diferenças (muito) menores. Embora os que apoiavam cabalmente o nacional-socialismo fossem, no todo, uma pequena minoria tanto nas Igrejas quanto nas universidades, os que eram a favor da revitalização nacionalista anunciada pelo novo regime eram definitivamente uma maioria. Essa maioria compartilhava de um credo nacionalista-conservador que desembocava facilmente nos principais ideais proclamados pelo regime em seu início. Mas o que distinguia a atitude das Igrejas era a existência de certos interesses específicos que envolviam a preservação de alguns dos princípios básicos do dogma cristão. Os judeus enquanto judeus eram abandonados a sua sorte, mas tanto as Igrejas protestantes quanto a católica tentavam manter a prioridade de crenças fundamentais como a primazia do batismo sobre a raça e a santidade do Antigo Testamento (mais tarde, em certas ocasiões, as atitudes pessoais de católicos e membros da Igreja Confessional com relação à perseguição dos judeus seriam até mesmo de crítica, sobretudo em razão da crescente tensão entre eles e o regime). Nada desse tipo limitava a aceitação pelos professores universitários das medidas antijudaicas tomadas pelo regime. Em princípio, a elite universitária alemã estava comprometida com a busca do conhecimento livre de toda intervenção do Estado, mas, como vimos, outros valores e crenças pesavam muito mais durante a década de 1920 e início da de 1930. A "autocoordenação" (*Selbstgleichschaltung*)

---

80 Idem.De Gerhard Gräfe a Georg Plötner, departamento central de educação política, Berlim, 16.5.1933. Ao que parece, por outro lado, o famoso romance "judaico" de Arthur Schnitzler, *Der Weg ins Freie* (O Caminho para a Liberdade), foi poupado, provavelmente porque foi interpretado como transmitindo uma mensagem sionista.

81 V. Klemperer, *Ich will Zeugnis ablegen bis zum letzten*, v. 1, p. 31-43.

entusiasmada das universidades demonstrava que basicamente não havia oposição, mas sim uma grande convergência entre o núcleo interno da fé dos mandarins e a postura pública do nacional-socialismo da forma como ela se manifestara de início. Nesse contexto, os motivos para se adotar uma posição a favor dos colegas e estudantes judeus eram mínimos. As consequências desse colapso moral generalizado são óbvias. De muitas formas, os grupos de elite constituíam uma ponte entre o extremismo nacional-socialista e as esferas mais amplas da sociedade alemã; assim, seu pronto abandono dos judeus coloca suas atitudes e respostas sob uma fatídica luz histórica.

Quando o pastor Umfried criticou o ataque aos judeus de sua cidade, nenhuma autoridade da Igreja o apoiou; quando os empreendimentos comerciais de judeus foram boicotados, nenhuma voz religiosa foi ouvida; quando Hitler lançou suas invectivas contra os judeus, o bispo Berning não respondeu. Quando os colegas judeus foram demitidos, nenhum professor alemão protestou publicamente; quando o número de estudantes judeus foi reduzido drasticamente, nenhuma comissão universitária ou membro de faculdade manifestou qualquer oposição; quando livros foram queimados em todo o Reich, nenhum intelectual na Alemanha e, na verdade, ninguém mais em todo o país, manifestou publicamente qualquer vergonha. Uma falência assim total é mais que excepcional. À medida que os primeiros meses de 1933 avançavam, devia ficar claro para Hitler que ele podia contar com um genuíno apoio da Igreja e da universidade; fosse qual fosse a oposição existente, ela não seria expressa enquanto interesses institucionais imediatos e princípios dogmáticos básicos não se vissem ameaçados. A situação concreta dos judeus era um teste inequívoco de até onde todo princípio moral genuíno podia ser silenciado; embora a situação viesse a se tornar mais complexa posteriormente, durante esse primeiro período, o resultado do teste era claro.

III

Enquanto as elites intelectuais e religiosas da Alemanha davam seu apoio explícito ou tácito ao novo regime, as principais figuras da comunidade judaica tentavam ocultar sua preocupação por trás de uma fachada de confiança: apesar de todas as dificuldades, o futuro da vida judaica na Alemanha não estava irremediavelmente ameaçado. Ismar Elbogen, um dos historiadores judeus mais proeminentes na época, expressava o que provavelmente era a atitude mais comum, ao escrever: "eles podem nos condenar à fome, mas não podem nos condenar a morrer de fome"[82]. Era esse o espírito que presidia o

---

82 J. Boas, German-Jewish Internal Politics under Hitler 1933-1938, *LBIY*, v. 29, p. 3.

estabelecimento da Representação Nacional dos Judeus Alemães (Reichsvertretung der deutschen Juden), formalmente criada em 1933, por iniciativa do presidente e rabino da comunidade de Essen[83]. Ela permaneceria como a organização aglutinadora das associações judaicas locais e nacionais até 1938, encabeçada pelo rabino Leo Baeck, de Berlim, o respeitado presidente da Associação de Rabinos Alemães e um intelectual de grande reputação[84], e pelo líder leigo Otto Hirsch. Apesar da oposição dos "judeus alemães nacionalistas", dos grupos religiosos ultra-ortodoxos e, esporadicamente, do movimento sionista, a Representação Nacional desempenharia um papel importante nas questões dos judeus alemães até sua transformação, após um período de transição em 1938-1939, na Associação Nacional de Judeus na Alemanha (Reichsvereinigung der Juden in Deutschland), uma organização estreitamente controlada pela Gestapo.

Não havia, na Representação Nacional, um senso de urgência maior do que o existente em meio à maioria dos indivíduos judeus na Alemanha. No início de 1934, Otto Hirsch continuava se manifestando contra a emigração "apressada": ele ainda acreditava na possibilidade de se manter uma vida judaica digna na nova Alemanha[85]. Que Alfred Hirschberg, a personagem mais proeminente da Associação Central, negasse "toda necessidade de ampliar a utopia do reassentamento [na Palestina]" era de se esperar, condizia com a postura, mas que uma publicação da organização Pioneiro Sionista definisse a imigração sem preparo para Eretz Israel como "um crime contra o sionismo" era um tanto estranho, talvez devido à veemência de seu tom[86].

Nem todos os líderes judeus alemães exibiam a mesma indiferença. Um dos líderes que veementemente insistiam numa emigração imediata era Georg Kareski, o líder da Organização Sionista de direita (Revisionista). Uma personalidade que se exprimia em altos brados, embora marginal até mesmo no âmbito do sionismo alemão, Kareski estava disposto a organizar o êxodo dos judeus da Alemanha até mesmo cooperando, caso necessário, com a Gestapo

---

83 Uma outra Associação Federativa das Organizações de Comunidades Judaicas (*Reichsarbeitsgemeinschaft der deutschen Landesverbände jüdischer Gemeinden*) havia sido criada já em janeiro de 1932 e representaria os judeus da Alemanha durante os primeiros meses do regime nazista, antes de ser substituída pela *Reichsvertretung*.

84 Leo Baeck permanece até o presente como alvo de críticas severas pelo que a alguns parecia subserviência e até mesmo colaboração com os nazistas. Hannah Arendt se referia a ele como o "Führer" dos judeus alemães. Cf. H. Arendt, *Eichmann in Jerusalem*, p. 105. Raul Hilberg mantém sua avaliação, desde o início severa; para ele, Baeck foi sempre pomposo e patético. R. Hilberg, *Perpetrators, Victims, Bystanders*, p. 108.

85 P. Sauer, "Otto Hirsch (1885-1941), Director of the Reichsvertretung", *LBIY*, v. 32, p. 357.

86 Para essas citações, cf. A. Margalioth, The Problem of the Rescue of German Jewry During the Years 1933-1939, em Y. Guttman e E. Zuroff (orgs.), *Rescue Attempts During the Holocaust*, p. 249 e s.

e o Ministério da Propaganda. Na verdade, ele pode ter-se valido de manipulações para estabelecer sua própria autoridade em meio aos judeus alemães, explorando sua colaboração com os nazistas[87], mas seu senso de urgência era verdadeiro e se revelaria premonitório.

Mesmo com o passar dos meses, os líderes judeus na Alemanha não chegaram, em geral, a uma percepção muito melhor quanto à postura inflexivelmente antijudaica dos nazistas. Assim, em agosto de 1933, Werner Senator, que voltara da Palestina para a Alemanha, para se tornar diretor do então recentemente criado Comitê Central de Ajuda e Reconstrução (Zentralausschuss für Hilfe und Aufbau), sugeria, num memorando enviado ao Comitê Americano de Distribuição Conjunta, que se estabelecesse um diálogo entre judeus e nazistas. Em sua opinião, esse diálogo "deveria levar a uma espécie de Concordata, como os arranjos entre a Cúria Romana e os Estados europeus"[88].

Nem a Cúria Romana nem qualquer Concordata eram mencionadas como exemplos no "Memorando sobre a Questão Judaica" que os representantes dos judeus ortodoxos enviaram a Hitler no dia 4 de outubro. Os signatários chamavam a atenção do chanceler do Reich para a injustiça em se identificar o povo judeu com o materialismo marxista, o equívoco em se atribuir a uma comunidade inteira os erros de alguns de seus membros e o caráter tênue do vínculo entre a antiga raça judaica e os modernos escritores e jornalistas judeus, desenraizados e ultranacionalistas. Os judeus ortodoxos rejeitavam a propaganda acusando a Alemanha de atrocidades e seus enviados lembravam a Hitler os sacrifícios dos judeus durante a Primeira Guerra Mundial. Os autores da carta estavam convencidos de que o novo governo não tinha em mente a aniquilação do povo judeu alemão, mas, caso estivessem errados a esse respeito, exigiam ser informados. Mais uma vez supondo que esse não era o objetivo do regime, os representantes dos judeus ortodoxos exigiam que os judeus da Alemanha tivessem garantido um espaço vital no interior do espaço vital do povo alemão, onde poderiam praticar sua religião e seguir suas profissões "sem ser insultados e colocados em perigo". O memorando foi arquivado antes mesmo de chegar ao gabinete de Hitler[89].

Trinta e sete mil dos aproximadamente 525 mil judeus da Alemanha deixaram o país em 1933; durante os quatro anos seguintes, o número anual de emigrantes permaneceria muito abaixo disso (23 mil, em 1934, 21 mil, em

---

87 A. Margalioth, *Entre a Salvação e o Aniquilamento*, p. 5 (em hebraico). Cf. também F. R. Nicosia, Revisionist Zionism in Germany (II), *LBIY*, v. 32, p. 231 e s.

88 Y. Bauer, *My Brother Keeper*, p. 111.

89 Da Associação Livre pelos Interesses da Comunidade Judaica Ortodoxa ao Chanceler do Reich, Frankfurt, 4 de outubro de 1933, K.-H. Minuth (org.),*Akten der Reichskanzlei*, v. 2, 12/9/33-27/8/34, p. 884 e s.

1935, 25 mil, em 1936, 23 mil, em 1937)[90]. Em 1933, cerca de 73 por cento dos emigrantes partiram para países da Europa ocidental, 19 por cento, para a Palestina e 8 por cento optaram por seguir para o continente americano[91]. Essa aparente falta de entusiasmo em deixar um país em que a segregação, a humilhação e toda uma gama de medidas persecutórias se tornavam cada vez mais acentuadas se devia, em primeiro lugar, à incapacidade da maior parte das lideranças judaicas, e dos judeus alemães em geral, de perceber um rumo, na verdade essencialmente imprevisível, dos acontecimentos. "Não acredito", escrevia Klaus Mann em sua autobiografia, "que a percepção do lojista Moritz Cohn difira essencialmente da de seu vizinho, o lojista Friedrich Müller"[92]. A maioria dos judeus esperava poder fazer frente à tormenta na Alemanha. Além disso, as dificuldades materiais relativas à emigração eram consideráveis, sobretudo numa época de incertezas econômicas; ela envolvia uma pesada perda material imediata: as propriedades de judeus eram vendidas a preços cada vez mais baixos e a taxa para emigração (a "taxa sobre a fuga de capitais", que fora criada pelo governo Brüning em 1931 e era imposta sobre ativos acima de duzentos mil Reichsmark, foi elevada pelos nazistas para uma arrecadação sobre ativos acima de cinquenta mil Reichsmark) era proibitiva. A puramente arbitrária taxa de câmbio do Reichsbank para compra de moeda estrangeira por emigrantes reduzia ainda mais ativos que se tornavam cada vez menores: assim, até 1935, os emigrantes judeus trocavam seus marcos a 50 por cento de seu valor, então, a 30 por cento e, por fim, às vésperas da guerra, a 4 por cento[93]. Embora quisessem se livrar dos judeus da Alemanha, os nazistas estavam decididos a expropriá-los primeiro, empregando métodos cada vez mais brutais.

Somente num caso as condições econômicas para emigração eram um pouco facilitadas. Não apenas o regime estimulava as atividades sionistas no território do Reich[94], mas medidas econômicas concretas eram tomadas com vista a facilitar a partida dos judeus para a Palestina. O chamado Acordo de Haavará (em hebraico: a transferência), concluído em 27 de agosto de 1933, entre o Ministério da Economia alemão e os representantes dos sionistas da Alemanha e da Palestina, tornava possível aos emigrantes judeus a transferência indireta de parte de seus ativos e facilitava a exportação de mercadorias

---

90 Cf. W. Rosenstock, Exodus 1933-1939, *LBIY*, v.1, p. 377; e, em particular, H. A. Strauss, Jewish Emigration from Germany (I)", *LBIY*, v. 25, p. 326.

91 Idem, p. 379.

92 K. Mann, *The Turning Point*, p. 270.

93 A. Barkai, *From Boycott to Annihilation*, p. 99 e s.

94 H. Mommsen, Der nationalsozialistische Staat und die Judenverfolgung vor 1938, *VfZ*, 1, p. 71-72.

da Alemanha nazista para a Palestina[95]. Dessa forma, cerca de cem milhões de Reichsmark foram transferidos para a Palestina e a maioria dos sessenta mil judeus alemães que chegaram ao país durante 1933-1939 pôde, com isso, ter garantida uma base mínima para sua existência material[96].

O acordo econômico e alguma cooperação em vista de facilitar a emigração judaica da Alemanha (e, em 1938 e 1939, da Áustria de pós-Anschluss e dos territórios da Boêmia-Morávia ocupados pelos alemães) para a Palestina sem dúvida contribuíram nesse processo. Os sionistas não tinham dúvidas quanto aos desígnios nefastos dos nazistas com relação aos judeus e os nazistas consideravam os sionistas, antes de mais nada, como judeus. Além disso, quanto ao sionismo em si mesmo, a ideologia nazista e as políticas nazistas estavam divididas desde o início: se, de um lado, os nazistas favoreciam, como todos os outros antissemitas extremistas da Europa, o sionismo como meio de estimular os judeus a deixar a Europa, eles também consideravam a Organização Sionista, criada na Basileia em 1897, como um elemento-chave da conspiração judaica mundial – um Estado judaico na Palestina seria uma espécie de Vaticano coordenando a conspiração judaica em todo o mundo. Esses contatos necessários, embora grotescos, entre sionistas e nazistas continuariam, no entanto, até o início da guerra (e mesmo durante ela).

Um dos principais benefícios que o novo regime esperava colher com o Acordo de Haavará era o abandono pelos judeus no exterior do boicote econômico à Alemanha. Os temores nazistas de um boicote judaico de porte significativo eram, na verdade, basicamente infundados, mas a política sionista respondia às expectativas dos alemães. As organizações sionistas e as lideranças do *ischuv* (a comunidade judaica na Palestina) procuraram se afastar de toda forma de boicote ou protesto em massa, para evitar criar obstáculos a novos acordos. Mesmo antes da conclusão do Acordo de Haavará, essa "cooperação" às vezes assumia formas bizarras. Assim, no início de 1933, o barão Leopold Itz Edler von Mildenstein, um personagem que poucos anos mais tarde se tornaria chefe da seção judaica do SD (o Sicherheitsdienst, ou serviço de segurança, o ramo do serviço secreto da SS dirigido por Reinhard Heydrich), foi convidado, juntamente com sua esposa, a viajar para a Palestina e escrever uma série de artigos para *Der Angriff*, o jornal criado por Goebbels. E foi assim que os Mildenstein, acompanhados por Kurt Tuchler, um importante membro da Organização Sionista em Berlim, e sua esposa, visitaram os assentamentos judeus em Eretz Israel. Os artigos extremamente positivos, intitulados "Um Nazista Visita a Palestina", foram devidamente

---

95 Para os detalhes relativos às negociações e o acordo de Haavará, cf. F. R. Nicosia, *The Third Reich and the Palestine Question*, p. 29 e s., em particular, a p. 46. Cf. também o artigo atualizado de Nicosia sobre os principais temas de seu livro: Ein nützlicher Feind, *VfZ*, v. 37, n. 3, p. 367 e s.

96 F. R. Nicosia, Ein nützlicher Feind, op. cit., p. 383.

publicados e, para celebrar a ocasião, foi cunhada uma medalha especial, com a suástica de um lado e a Estrela de David, do outro[97].

Observada da perspectiva de 1933 e à luz dos interesses nazistas da época, a série publicada no jornal *Der Angriff* talvez parecesse menos estranha do que parece hoje. O mesmo pode ser dito do memorando enviado a Hitler pelos líderes da Organização Sionista na Alemanha, em 22 de junho de 1933. Nas palavras de Francis Nicosia, o documento "parecia professar um certo grau de simpatia pelos princípios *völkisch* do regime de Hitler e argumentava que o sionismo era compatível com esses princípios"[98]. Essa compatibilidade era definida em termos claros:

> o sionismo acredita que o renascimento da vida nacional de um povo, que ocorre agora na Alemanha pela ênfase em seu caráter cristão e de nação, também deve ocorrer em meio ao povo judeu. Também para o povo judeu, a origem, a religião, o destino em comum de uma nação e um senso de seu caráter único devem ter importância decisiva para sua existência. Isso exige a eliminação do individualismo egoísta da era liberal e sua substituição por um senso de comunidade e de responsabilidade coletiva[99].

O documento, além disso, exigia para os judeus um lugar na estrutura geral, com base no princípio da raça estabelecido pelo nacional-socialismo, para que também eles, na esfera a eles reservada, pudessem fazer uma contribuição frutífera para a vida da Vaterland (Pátria)[100].

No verão de 1933, um dos principais líderes sionistas na Palestina, Arthur Ruppin, nascido na Alemanha, fazia uma visita ao especialista nazista em teoria racial Hans F. K. Günther, na Universidade de Iena. "Os judeus", Günther assegurava, "não eram inferiores aos arianos, eles eram simplesmente diferentes. Isso significava que devia ser encontrada 'uma solução justa' para a questão judaica. O professor foi extremamente amistoso, anotava Ruppin

---

97 T. Segev, *The Seventh Million*, p. 30.
98 F. R. Nicosia, *The Third Reich*, p. 42.
99 Idem.
100 F. R. Nicosia, Ein nützlicher Feind, op. cit., p. 378. Foi no mesmo espírito que Robert Weltsch, editor do jornal sionista *Jüdische Rundschau* e talvez o mais famoso jornalista judeu alemão após 1933, escreveu uma de suas colunas mais célebres, em 4 de abril de 1933: "Trägt ihm mit Stolz, den gelben Fleck" (Use com Orgulho o Distintivo Amarelo). Nesse artigo de título memorável, Weltsch argumentava que o nazismo oferecia uma oportunidade histórica para a reafirmação da identidade judaica como nação. Os judeus reconquistariam o respeito que haviam perdido, ao se deixar assimilar, e lançariam sua própria revitalização como nação, da mesma forma que haviam feito os alemães. Os judeus tinham uma dívida de gratidão para com os nazistas: Hitler havia mostrado a eles o caminho para o resgate de sua própria identidade. A coluna despertou imenso entusiasmo tanto em meio aos alemães, quanto entre sionistas e não sionistas.

com satisfação"[101]. Assim, apesar da rápida percepção do ódio implacável dos nazistas pelos judeus, as primeiras respostas de alguns dos líderes sionistas à nova situação na Alemanha não foram negativas. Havia uma esperança generalizada de que a política nazista de promover a emigração judaica na Alemanha ofereceria grandes oportunidades para o *ischuv*. Um fluxo de importantes visitantes chegava da Palestina, para observar as condições na Alemanha. O líder sionista e trabalhista Moshe Belinson informava a Berl Katznelson, editor do principal jornal trabalhista, o *Davar*: "as ruas estão pavimentadas com mais dinheiro do que jamais sonhamos na história de nosso empreendimento sionista. Temos aqui uma oportunidade de construir e florescer como jamais tivemos ou jamais teremos"[102].

As esperanças sionistas eram abafadas por preocupações práticas quanto ao número excessivo de imigrantes. "Para que a imigração não engula como lava o assentamento existente na Palestina", declarava Ruppin no Congresso Sionista realizado em Praga no Verão de 1933, "ela deve ser proporcional a certa porcentagem desse assentamento"[103]. Essa continuaria sendo a política adotada durante os vários anos seguintes e, até bem depois da promulgação das leis raciais de Nuremberg, em 1935, tanto os sionistas alemães quanto os líderes do *ischuv* ainda previam uma taxa anual de quinze a vinte mil emigrantes judeus alemães, no decorrer de um período de vinte a trinta anos[104].

Quaisquer que fossem as medidas práticas vislumbradas, a retórica sionista era clara: a Palestina era o único refúgio e a única solução possível. Isso não era óbvio para alguns dos judeus alemães que, ao chegar à terra de Israel, se viam subitamente confrontados com uma realidade nova e inesperada. O romancista Arnold Zweig, um sionista de esquerda de longa data que havia chegado no verão de 1933, resumiu seus sentimentos sobre sua nova pátria numa anotação de seu diário, em 31 de dezembro: "na Palestina. No estrangeiro"[105].

Alguns líderes judeus na Alemanha ainda acreditavam, em 1933, que os nazistas ficariam devidamente impressionados com uma apresentação objetiva da contribuição judaica para a cultura alemã. Alguns meses após a mudança do regime e com o incentivo de Max Warburg e Leo Baeck, Leopold Ullstein, um membro mais jovem da família proprietária da casa editorial, iniciava o

---

101 T. Segev, *The Seventh Million*, p. 19.

102 Idem, p. 18.

103 A. Margalioth, The Problem of the Rescue..., em Y. Guttman; E. Zuroff (orgs.), *Rescue Attempts During the Holocaust*, p. 94.

104 Idem, p. 95.

105 Citado por J. Hermand, "Bürger zweier Welten?", em J. Schoeps (org.), *Juden als Träger bürgerlicher Kultur in Deutschland*, p. 81.

preparo de um amplo estudo nesse sentido. No prazo de um ano, um grosso volume estava pronto, mas em dezembro de 1934 sua publicação era proibida. "O leitor incauto desse estudo", declarava o relatório da Gestapo,

> teria a impressão de que toda a cultura alemã até a revolução nacional-socialista fora transmitida pelos judeus. O leitor obteria um quadro totalmente falso da atividade verdadeira, em particular da ação deteriorante dos judeus sobre a cultura alemã. Além disso, os muito conhecidos trapaceiros e especuladores judeus são apresentados ao leitor como vítimas de seu tempo e suas transações sujas, justificadas [...]. Além do mais, os judeus, em geral conhecidos como inimigos do Estado, [...] são apresentados como notáveis portadores da cultura alemã[106].

Cultura judaica para judeus, no entanto, era uma outra questão e, enquanto Ullstein vislumbrava um empreendimento atemporal, um outro judeu de Berlim, Kurt Singer, o ex-intendente da Ópera da Cidade de Berlim, trazia um tipo diferente de ideia: a criação de uma associação cultural judaica (a Kulturbund deutscher Juden).

A Kulturbund de Singer se adequava às necessidades dos nazistas. Quando foi apresentado às novas autoridades na Prússia, o projeto de Singer de atividades culturais autônomas de judeus e (exclusivamente) para judeus recebeu a aprovação de Göring. Para fins práticos, ela era controlada, do lado nazista, pelo mesmo Hans Hinkel que já estava a cargo da desjudaização da vida cultural na Prússia. À primeira vista, a Kulturbund parecia ser uma iniciativa perfeitamente funcional, para solução dos problemas criados – tanto para o regime quanto para os judeus – pela expulsão da vida cultural alemã de cerca de oito mil escritores, músicos e artistas judeus de todo tipo, bem como de seus colaboradores e agentes[107]. Além da possibilidade de trabalho que ela oferecia e da função psicológica tranquilizadora que cumpria para parte da comunidade judaica, a Kulturbund também dava à sociedade em geral um modo fácil de se livrar de todo sentimento potencialmente de embaraço: "os arianos que achassem repugnantes as medidas antissemitas do regime podiam retranquilizar-se de que os artistas judeus pelo menos tinham permissão para permanecer atuantes nas profissões que escolhessem"[108].

A Kulturbund também desempenhava um outro papel, invisível, porém não menos real, que apontava para o futuro: como a primeira organização

---

106 Citado em R. Weltsch, Vorbemerkung zur zweiten Ausgabe (1959), em S. Kaznelson (org.), *Juden im Deutschen Kulturbereich*, p. xv e s.

107 Esse número foi obtido com base no ensaio sobre a história da Kulturbund de E. Geisel, Premiere und Pogrom, em E. Geisel e H. M. Broder (orgs.), *Premiere und Pogrom*, p. 9.

108 A. E. Steinweis, *Hans Hinkel and German Jewry, 1933-1941*, p. 215.

judaica sob supervisão direta de um chefe nazista, ela prenunciava o gueto nazista, no qual um simulacro de autonomia interna camuflava a submissão total de uma liderança judaica nomeada ao que ditavam seus senhores. A Kulturbund foi recebida por uma gama de intelectuais judeus como oferecendo a oportunidade de nova vida cultural e espiritual judaica para uma comunidade que vivia sob sítio[109]. Esse persistente equívoco quanto ao verdadeiro significado da situação era reforçado pela ambição de alguns de seus fundadores: a de criar uma vida cultural de tanta qualidade que isso daria uma lição nos alemães. O crítico literário Julius Bab resumia essa atitude com extraordinária ingenuidade, ao escrever, numa carta de junho de 1933: "permanece sendo um fato cruel – trata-se do projeto de um gueto, mas um que sem dúvida queremos realizar tão bem que os alemães terão de se envergonhar"[110]. A afirmação de Bab também podia significar que os alemães teriam vergonha de estar tratando os portadores de tão alta cultura de forma tão desprezível.

Esporadicamente Hinkel informaria seus tutelados sobre as obras que os judeus não teriam mais permissão de executar. No teatro, as lendas germânicas e a execução de obras da Idade Média alemã e do romantismo alemão estavam proibidas. Durante certo tempo, as obras do período clássico foram permitidas, mas Schiller foi proibido em 1934 e Goethe, em 1936. Entre os autores estrangeiros, Shakespeare era permitido, mas o monólogo "ser ou não ser" do Hamlet estava proibido: num teatro judeu no Terceiro Reich, versos como "a injustiça do opressor, a arrogância do orgulhoso" podiam soar subversivos, assim esse verso levava à exclusão do discurso inteiro[111]. Desnecessário dizer que, apesar da afeição dos judeus alemães pelas obras de Richard Wagner e Richard Strauss, esses compositores não podiam ser executados por eles. Beethoven foi proibido em 1937, mas Mozart teria de esperar até o ano seguinte, após o Anschluss[112].

Apesar dessas crescentes restrições, a atividade da Kulturbund, tanto em Berlim quanto, pouco tempo depois, em todas as grandes cidades alemãs, foi notável. Mais de 180 mil judeus de todas as partes da Alemanha se tornaram membros ativos da associação. Em seu primeiro ano, a Kulturbund organizou

---

109 E. Geisel, Premiere und Pogrom, op. cit., p. 10 e s.

110 Idem, p. 12.

111 V. Dahm, Anfänge und Ideologie ..., op. cit., p. 114.

112 Idem, p. 115. Para os detalhes relativos à proibição de Schiller e Goethe, cf. J. Boas, Germany or Diaspora? ..., LBIY, v. 27, p. 115, nota 32. Em suas memórias pessoais sobre a época, Jakob Ball-Kaduri sugere que, desde o início, Hinkel esteve extremamente interessado em desenvolver a Kulturbund, em razão de sua relação ambivalente com as questões relativas aos judeus e porque o crescimento da Kulturbund significava o crescimento do domínio do qual ele estava encarregado. K. J. Ball-Kaduri, *Das Leben der Juden in Deutschland im Jahre 1933*, p. 151. Essa "ambivalência", ao que parece, na verdade não passava de simples ambição da parte de um dedicado ativista antissemita.

69 apresentações de óperas e 117 concertos e, da metade de 1934 à metade de 1935, 57 apresentações de óperas e 358 concertos"[113]. O repertório de óperas incluía obras de Mozart, Offenbach, Verdi, Johann Strauss, Donizetti, Rossini, Tchaikóvski e Saint-Saëns, entre outros. Embora, excluindo-se as restrições ideológicas e financeiras, a escolha das obras executadas fosse sobretudo tradicional, em 1934, a Kulturbund de Frankfurt organizou um concerto em homenagem ao sexagésimo aniversário de Arnold Schoenberg e a Kulturbund de Colônia organizou uma apresentação da ópera infantil de Paul Hindemith *Wir bauen eine Stadt* (estamos construindo uma cidade) – situando-a na Palestina"[114].

Em princípio, os judeus deveriam ser cada vez mais abastecidos com "obras judaicas". Mas até mesmo esse princípio nem sempre satisfazia a mente nazista. Em 26 de outubro de 1933, Rainer Schlösser, encarregado do setor de teatros do Ministério da Propaganda do Reich, recomendava a Hinkel que a apresentação de *Die Jagd Gottes* (A Caça de Deus), de Emil Bernhard (pseudônimo de Emil Cohn), fosse proibida, pois a peça era "uma espécie de 'consolo para os judeus', uma espécie de 'encorajamento' para os judeus". Além disso, a ação ocorria no contexto de maus tratos dos judeus pelos cossacos: "é fácil imaginar com quem esses cossacos seriam identificados"[115].

Os públicos judaicos deviam estar em parte conscientes de que as atividades da Kulturbund eram destinadas a ter um efeito tranquilizador sobre eles. No entanto, teatros da Kulturbund, como o de Charlottenstrasse (que mais tarde se mudaria para Kommandantenstrasse), em Berlim, se tornaram uma tábua de salvação espiritual. Os cobradores dos bondes conheciam seu público: "Charlottenstrasse", gritavam eles. "Cultura judaica – todo mundo descendo!"[116].

"A meta de nosso palco", declarava o diretor de atividades teatrais da Kulturbund de Reno-Ruhr na edição de novembro-dezembro de 1933 de seu periódico, "é trazer a todos alegria e coragem para enfrentar a vida, deixando-os participar dos valores eternos da poesia ou discutindo os problemas de nosso tempo, mas também apresentando peças alegres, e não as rejeitando. Pretendemos manter o vínculo com a *Heimat* [pátria] alemã e, ao mesmo tempo, criar uma ligação com nosso grande passado judaico e com um futuro para o qual valha a pena viver"[117].

---

113 E. Levi, *Music in the Third Reich*, p. 51-52.

114 Idem, p. 33, 247.

115 J. Wulf, *Theater und Film im Dritten Reich*, p. 102.

116 V. Dahm, Anfänge und Ideologie ..., op. cit., p. 104.

117 K. Duwell, Jewish Cultural Centers in Nazi Germany, em J. Reinharz e W. Schatzberg (orgs.), *The Jewish Response to German Culture*, p. 298.

IV

No final de 1933, dezenas de milhões de pessoas dentro e fora da Alemanha estavam conscientes da política sistemática de segregação e perseguição desfechada pelo novo regime alemão contra seus cidadãos judeus. Ainda assim, como já observado inicialmente, podia ser impossível para a maioria da população, tanto judaica quanto não judaica, ter uma ideia clara dos objetivos e limites dessa política. Havia inquietação em meio aos judeus da Alemanha, mas nenhum pânico ou sensação de urgência maior. É difícil avaliar que importância a sociedade alemã, em seus vários níveis, dava a uma questão que não estava em nenhuma lista de prioridades. A estabilidade política, o desmantelamento da esquerda, o desenvolvimento econômico, a revitalização da nação e as incertezas no plano internacional estavam, sem dúvida, mais presentes na mente de muitos deles que os contornos nebulosos da questão judaica; para a maioria dos alemães, as questões e desafios da vida cotidiana numa época de mudanças políticas e turbulências econômicas eram o principal foco de interesse, fosse qual fosse sua percepção dos demais problemas. É contra esse pano de fundo que a obsessão do próprio Hitler com a questão judaica deve ser considerada.

Num notável despacho enviado em 11 de maio de 1933 ao ministro das Relações Exteriores, *sir* John Simon, embaixador britânico em Berlim, *sir* Horace Rumbold, descrevia o curso que tomara uma entrevista com Hitler, após uma alusão à perseguição dos judeus:

> A alusão ao tratamento dado aos judeus levou o chanceler a se colocar num estado de grande excitação. "Nunca concordarei", berrou ele, como se estivesse falando numa assembleia ao ar livre, "com a existência de duas espécies de lei para os cidadãos alemães. Há um imenso desemprego na Alemanha e tenho de rejeitar, por exemplo, jovens de puro sangue alemão, da mais alta educação. Não há empregos suficientes para os alemães de puro-sangue e os judeus devem sofrer junto com o resto. Se os judeus arquitetam boicotes às mercadorias alemãs no exterior, cuidarei para que isso atinja os judeus na Alemanha". Essas observações eram proferidas com grande ferocidade. Somente seu excitamento, que eu não quis aumentar, me impediu de mencionar que havia, de fato, dois padrões de tratamento para os cidadãos alemães, uma vez que os de raça judaica eram vítimas de discriminação.

No final do despacho, Rumbold retornava à questão:

> Meu comentário sobre isso tudo é o de que Herr Hitler em pessoa é responsável pela política antijudaica do governo alemão e que seria um erro

acreditar que se trata da política de seus homens mais truculentos, que ele teria dificuldade em controlar. Qualquer um que tenha a oportunidade de ouvir suas observações sobre o tema dos judeus não pode deixar de compreender, como eu mesmo fiz, que ele é um fanático com relação a esse assunto[118].

O cônsul-geral dos Estados Unidos em Berlim chegava à mesma conclusão. "Um dos aspectos mais infelizes nessa situação", escrevia George S. Messersmith ao secretário de Estado Cordel Hull, em 1º de novembro de 1933, "é que, como já assinalei em despachos anteriores e novamente neste, o próprio sr. Hitler é implacável e *obstinado*; é a verdadeira cabeça do movimento antijudaico. Ele pode ser razoável numa série de questões, mas nessa, ele só pode ser exaltado e preconceituoso"[119].

No ano de 1933, Hitler não exprimia sua obsessão com a ameaça judaica em declarações públicas importantes, mas sua presença sub-reptícia podia ser percebida em observações sobre a Concordata, na última parte da carta a Hindenburg, na discussão com o bispo Berning, bem como em explosões de raiva como as relatadas por diplomatas estrangeiros. Contudo não é menos evidente que o novo chanceler ainda não estava seguro quanto à margem de tolerância que as mudanças na situação política e econômica lhe garantiam. As reações internacionais de fato o preocupavam. Como ele exprimia em sua reunião com os governantes distritais do Reich em 6 de julho de 1933, para a Alemanha, a frente mais perigosa na época era a externa: "Não se deve irritá-la, quando não é necessário lidar com ela. Reabrir a questão judaica significaria iniciar novamente um tumulto mundial"[120]. Sem dúvida, a instável situação econômica do Reich também era um fator importante em suas decisões, como já observado. Uma vez afastados o hesitante ministro da economia, Alfred Hugenberg, e seu ineficiente sucessor, Kurt Schmitt, Hitler nomeou, em 30 de julho de 1934, Hjalmar Schacht, "o mago" conservador, como ministro e chefe supremo da economia do Reich. Por razões econômicas e práticas, Schacht insistiu em que não seria permitida nenhuma interferência importante nas atividades econômicas dos judeus[121]. Em termos gerais, Hitler

---

118 De *sir* Horace Rumbold a *sir* John Simon, 11 de maio de 1933, em E. L. Woodward; R. Butler (orgs.), *Documents on British Foreign Policy 1919-1939*, v. 5: 1933, p. 233-235.

119 Do cônsul-geral em Berlim ao secretário de Estado, 1º de novembro de 1933, *Foreign Relations of the United States 1933*, v. 2, p. 362 (itálicos meus).

120 K.-H. Minuth, *Akten der Reichskanzlei*, parte 1, v. 1, p. 631.

121 A posição de Schacht era motivada exclusivamente por razões econômicas imediatas. De resto, ele apoiava a "limitação da influência judaica" na vida econômica da Alemanha e, em várias ocasiões, não hesitou em emitir discursos estrondosamente antissemitas. Em outras palavras, Schacht exprimia plenamente o estilo do antissemitismo conservador e, quando confrontado com as medidas antijudaicas cada vez mais extremas do regime, ele se alinhava com elas como todos os conservadores aliados

daria apoio à posição de Schacht até o novo período de transição de 1936-1937. Por fim, em algumas questões como a dos médicos judeus, Hitler sem dúvida levava em conta a opinião pública alemã: em outras palavras, ele percebia a necessidade de um pragmatismo tático com relação a medidas antijudaicas imediatas e, assim, sua política teria de permanecer, durante algum tempo pelo menos, próxima da agenda antijudaica dos conservadores, já existente.

Até que ponto Hitler estava dividido entre seu ódio e desejo de ação extrema contra os judeus, de um lado, e a necessidade de restrição tática, de outro, ficava claro na reunião de gabinete de 14 de julho, na qual ele declarava que a Concordata com o Vaticano ajudaria o Reich em sua luta contra o povo judeu em todo o mundo. Quando, durante a discussão sobre os critérios para se permitir a permanência de judeus no exercício da advocacia, vários ministros sugeriram que a identificação dos veteranos do fronte devia se basear em sua participação como membros nas unidades de combate, Hitler protestou:

> A nação judaica era rejeitada em sua totalidade. Por isso, todos os judeus deviam ser afastados [do exercício das profissões]. Só era possível fazer exceções para os que haviam participado diretamente nos combates. Somente a participação em combate, e não a mera presença na zona de combate, era decisiva. Era necessária uma comissão para verificar o papel das várias unidades[122].

Mas como essa necessidade de luta contínua contra os judeus podia encontrar sua expressão na esfera econômica, por exemplo, sem levar aos perigosos resultados que Hitler conhecia muito bem? Quando a questão foi colocada na mesma reunião de gabinete, o chanceler do Reich deu uma explicação que revelava claramente o dilema com o qual ele se defrontava. "Os judeus continuavam seu boicote silencioso à Alemanha", explicava Hitler, e seu objetivo era provocar a queda do atual regime. Assim, era apenas justo que os judeus na Alemanha "fossem os primeiros a sentir os efeitos desse boicote. Havia um excesso de empresas na Alemanha e claramente algumas teriam de desaparecer. Nessa situação, o adversário, as empresas judaicas, tinha de ser o primeiro a desaparecer – um tratamento igual nesse domínio seria

---

dos nazistas. Cf., em particular, A. Fischer, *Hjalmar Schacht und Deutschlands "Judenfrage"*, sobretudo as p. 126 e s. Um dos discursos antissemitas mais diretos de Schacht foi seu "Luther-Gespräch" (Discurso de Lutero), em 8 de novembro de 1933. Bella Fromm, jornalista judia e *socialite*, estava na plateia e comentou em seu diário: "o amigo íntimo da sociedade judaica de Berlim [Schacht] não omitiu um único dos muitos comentários antissemitas de Martinho Lutero [...]. Sem dúvida, a hostilização dos judeus é uma questão jurídica desde 1º de janeiro de 1933. Mas não há desculpas para a infâmia de Schacht. Schacht nem sempre foi bem de vida. Tudo que possui, ele deve a amigos que não são nacional-socialistas". B. Fromm, *Blood and Banquets*, p. 136.

122 K.-H. Minuth, *Akten der Reichskanzlei*, parte 1, v. 1, p. 675.

incorreto"[123]. Em outras palavras, as empresas judaicas tinham de sofrer discriminação – em certa medida: entre as empresas que teriam de desaparecer, as de propriedade de judeus deviam ser as primeiras da lista. Essa afirmação podia ser lida de muitas formas.

Que Hitler também estivesse manipulando a questão judaica a fim de atingir algumas das metas políticas mais gerais não é impossível. Embora o boicote econômico às empresas de propriedade judaica tivesse de ser interrompido, pelo menos oficialmente, a retórica ameaçadora do partido indicava claramente que daí por diante os judeus seriam considerados reféns em potencial, cujo destino dependeria da atitude do mundo exterior com relação à nova Alemanha. Esse uso dos judeus, na verdade, permaneceria como meio de intimidação durante toda a década de 1930 e encontraria sua expressão mais violenta após o massacre da Kristallnacht, em novembro de 1938, e durante os últimos meses de paz, em particular no discurso de Hitler dirigido ao Reichstag em janeiro de 1939. Além disso, o boicote de abril de 1933 e algumas outras medidas antijudaicas permitiriam uma certa liberação da violência reprimida que fervilhava em meio aos "radicais do partido". Durante os meses e anos seguintes, mas particularmente em 1935, Hitler utilizaria sua política antijudaica como válvula de escape contra o acúmulo de ressentimento ideológico ou material entre os membros do partido e seus subordinados mais extremistas.

Por fim, com relação ao primeiro ano do regime, teria havido alguma indicação de que – além da obsessão ideológica geral e das táticas imediatas – Hitler já considerava outras medidas sistemáticas contra os judeus na Alemanha? Ao que parece, de fato, a ideia de estabelecer uma distinção jurídica fundamental entre cidadãos alemães (arianos) e judeus vivendo na Alemanha, uma importante reivindicação de muitos dos conservadores no passado e um item do programa do Partido Nazista, estava tanto na agenda do serviço público conservador quanto na mente de Hitler já desde o início de seu governo.

O primeiro esboço de uma nova lei relativa à cidadania parece ter surgido no Ministério do Interior, no final de maio de 1933, e foi submetido à Comissão Consultiva de Política Racial e Populacional do ministério, no mês seguinte[124]. Esses esforços não produziram nenhum resultado imediato, mas Hitler, ao que parece, vislumbrava planos desse tipo para o futuro. Assim, numa reunião com o ministro do Interior e os governantes distritais do Reich, em 28 de setembro, "Hitler explicou que teria preferido uma abor-

---

123 Idem, p. 677.
124 J. Noakes, The Development of Nazi Policy towards the German-Jewish "Mischlinge" 1933-1945, op. cit., p. 303.

dagem passo a passo, endurecendo gradualmente as medidas antijudaicas; isso poderia ser realizado, se fosse criada uma lei de cidadania que, então, permitiria que ele tomasse medidas ulteriores mais drásticas. No entanto, o boicote iniciado pelos judeus exigira uma reação imediata e muito severa"[125].

Como veremos, mesmo na atmosfera de incertezas após sua subida ao poder, Hitler não perdia de vista seus objetivos ideológicos com relação aos judeus, nem com relação a outras questões que formavam o núcleo de sua visão de mundo. Embora evitasse se pronunciar publicamente sobre a questão judaica, ele não podia se conter totalmente. Em seu discurso final no encontro do partido em Nurembergue, em setembro de 1933, denominado (para a ocasião) Congresso da Vitória, ele proferiu comentários depreciativos contra os judeus, em suas expostulações sobre os fundamentos raciais da arte: "É um sinal da horrível decadência espiritual do período passado que se fale de estilos, sem reconhecer suas determinantes raciais [...]. Todas as raças claramente formadas têm sua escrita própria no livro da arte, desde que não sejam, como o povo judeu, destituídas de toda capacidade de criação artística"[126]. Quanto à função de uma visão de mundo, Hitler a definia em seu discurso: "Visões de mundo", declarava ele,

> consideram as conquistas do poder político somente como precondição para o início do cumprimento de sua missão verdadeira. No próprio termo "'visão de mundo" está o compromisso solene de fazer todo empreendimento depender de uma concepção inicial específica e de uma orientação visível. Essa concepção pode estar certa ou errada; ela é o ponto de partida da atitude a ser tomada com relação a todas as manifestações e acontecimentos da vida e, dessa forma, uma regra obrigatória e irresistível para toda ação[127].

Em outras palavras, uma visão de mundo tal como definida por Hitler era uma espécie de arcabouço semirreligioso que envolvia objetivos políticos imediatos. O nazismo não era um mero discurso ideológico: ele era uma religião política que demandava o mesmo compromisso total exigido por uma fé religiosa[128].

---

125 Reichsstatthalterkonferenz, 28.9.1933, em K.-H. Minuth, *Akten der Reichskanzlei*, Parte 1, v. 2, p. 865.

126 A. Hitler, Die deutsche Kunst als stolzeste Verteidigung des deutschen Volkes, *Nationalsozialistische Monatshefte*, 4, n. 34 (out. de 1933), p. 437.

127 Citado em W. Michalka (org.), *Das Dritte Reich*, v. 1, p. 137.

128 A dimensão "religiosa" do nazismo, em termos tanto de suas crenças quanto de seus rituais, já havia sido notada por inúmeros outros observadores na época; alguns usos patentes da liturgia cristã atraíram protestos, sobretudo da parte da Igreja católica. O conceito de "religião política" aplicado ao nazismo (e, muitas vezes, ao comunismo também), no sentido de sacralização da política

A "orientação visível" de uma visão de mundo envolvia a existência de "objetivos finais" que, apesar de sua formulação genérica e nebulosa, presumia-se, iriam guiar a elaboração e implementação dos planos de curto prazo. Antes do outono de 1935, Hitler não dava indicações, quer em público quer, em particular, de qual poderia ser o objetivo final de sua política antijudaica. Mas muito tempo antes, quando ainda era um agitador político iniciante, ele havia definido o objetivo de uma política sistematicamente antijudaica em seu conhecido primeiro texto político, a carta sobre a "questão judaica", de 16 de setembro de 1919, dirigida a um certo Adolf Gemlich. A curto prazo, os judeus tinham de ser privados de seus direitos civis: "o objetivo final, contudo, deve ser a eliminação irredutível e completa de todos os judeus"[129].

Trad. Maria Clara Cescato

e politização de estruturas e temas religiosos, foi apresentado pela primeira vez de forma sistemática em E. Voegelin, *Die politischen Religionen*. Após a guerra, o tema foi retomado em N. Cohn, *The Pursuit of the Millennium*. A dimensão político-religiosa de temas ideológicos e rituais nazistas também foi analisada em K. Vondung, *Magie und Manipulation*. Na década de 1970, Uriel Tal também desenvolveu sua análise do nazismo como uma religião política, sobretudo em seu artigo "On Structures of Political Ideology and Myth in Germany Prior to the Holocaust", em Y. Bauer e N. Rotenstreich (orgs.), *The Holocaust as Historical Experience*. A interpretação de Uriel Tal aparece como fio condutor da obra de L. Yahil, *The Holocaust*. Cf. também a conclusão a S. Friedländer, "From Anti-Semitism to Extermination: A Historical Study of Nazi Policies Toward the Jews", *Yad Vashen Studies*, v. 16.

129 J. Noakes e G. Pridham, *Nazism*, v. 1, p. 13.

TRÊS

O Antissemitismo Redentor

I

NA TARDE DE 9 DE NOVEMBRO DE 1918, ALBERT BALLIN, O JUDEU fundador e presidente da companhia de transporte marítimo Hamburg-Amerika, tirava a própria vida. A Alemanha havia perdido a guerra e o Kaiser, que era seu amigo e valorizava seus conselhos, fora obrigado a abdicar e fugir para a Holanda, enquanto em Berlim era proclamada a república. No dia 13, dois dias após o Armistício, Ballin era enterrado em Ohlsdorf, um subúrbio na cidade de Hamburgo. "Em meio à revolução", escrevia o biógrafo de Ballin, "a cidade parou para prestar suas homenagens a seu cidadão mais eminente e, de Amerongen, o ex-Kaiser telegrafou, enviando suas condolências a *frau* Ballin"[1].

A vida e a morte de Ballin eram apenas uma última ilustração da existência paradoxal dos judeus na Alemanha durante o Segundo Reich. Alguns haviam alcançado êxito notável, mas eram mantidos a certa distância; muitos se sentiam "em casa na Alemanha", mas eram percebidos como estrangeiros; quase todos eram cidadãos leais, mas despertavam suspeitas. Assim, dois anos antes da derrota, em 11 de outubro de 1916, quando a situação militar havia chegado a um impasse total, o ministro da guerra prussiano assinou um decreto que ordenava um censo de todos os judeus presentes nas forças armadas, "para determinar [...] quantos judeus em idade de prestar o serviço militar estavam servindo em cada unidade do exército alemão"[2]. O Ministério da Guerra explicou que recebia "constantes reclamações da população,

---

[1] L. Cecil, *Albert Ballin*, p. 347. Cecil não se decide se a dose excessiva de comprimidos para dormir foi intencional ou não. No final do romance *A Princess in Berlin*, A. R. G. Solmssen anexa o seguinte epílogo (sem título): "Em 31 de agosto de 1935, a diretoria da companhia marítima Hamburg-Amerika anunciava que dessa data em diante o ss *Albert Ballin* receberia o nome ss *Hansa*". Agradeço a Sue Llewellyn por essa informação.

[2] W. T. Angress, The German Army's "Judenzahlung" of 1916, LBIY, v. 23, p. 117 e s. Cf. também E. Zechlin, *Die deutsche Politik und die Juden im Ersten Weltkrieg*, p. 528 e s.

queixando-se de que um grande número de homens da fé israelita, aptos para o serviço militar, está ou sendo isentado do serviço militar ou fugindo de sua obrigação, sob todos os pretextos imagináveis"[3]. O censo foi realizado em 1º de novembro de 1916.

Desde o início da guerra, os judeus da Alemanha, como todos os outros alemães, tinham se alistado no exército; em pouco tempo, diversos deles se tornavam oficiais graduados. Para o corpo de oficiais do exército prussiano de mentalidade classista, em especial, essa era uma pílula dura de engolir e as organizações de oficiais se voltaram para grupos antissemitas, buscando encontrar formas de pôr fim a essas promoções[4]. Uma onda de rumores, que se originava tanto dentro quanto fora do exército, descrevia os soldados judeus como incompetentes e desprovidos de coragem e acusava os judeus em massa de fugir do dever na linha de frente, colocando-se em trabalhos administrativos na retaguarda ou se agrupando nas "corporações de economia de guerra" criadas para aquisição de matérias-primas e provisões alimentares[5].

O industrial Walther Rathenau, que era judeu, tinha de fato se tornado diretor do novo Departamento de Recursos Bélicos do Ministério da Guerra e, por iniciativa de Ballin e dos banqueiros Max Warburg e Carl Melchior (também judeus), foi criada a Companhia Central de Compras, para aquisição de produtos alimentícios estrangeiros através de uma rede de empresas bélicas. De acordo com alemães nacionalistas de tendência extremista, essas empresas estavam se tornando instrumentos de especulação e exploração da nação pelos judeus numa época de perigo: "os especuladores da guerra eram, sobretudo, basicamente judeus", escrevia o general Erich Ludendorff em suas memórias. "Eles conseguiram obter influência dominante nas 'empresas bélicas' [...] o que lhes deu a oportunidade de enriquecer às custas do povo alemão e de se apoderar da economia alemã, a fim de alcançar uma das metas de poder do povo judeu"[6]. Hitler, em *Mein Kampf*, embalava tudo isso em seu próprio estilo típico:

O humor geral [no exército] era miserável [...]. Os escritórios estavam cheios de judeus. Quase todo escrevente era judeu e quase todo judeu era escrevente [...]. Com relação à vida econômica, as coisas eram ainda piores. Nessa esfera, o povo judeu havia se tornado realmente "indispensável". A aranha começava lentamente a sugar o sangue pelos poros das pessoas. Com

---

[3] W. T. Angress, The German Army's "Judenzahlung" of 1916, op. cit., p. 117.

[4] W. Jochmann, Die Ausbreitung des Antisemitismus, em W. E. Mosse (org.), *Deutsches Judentum in Krieg und Revolution 1916-1923*, p. 421.

[5] Idem, p. 423.

[6] S. Friedländer, Political Transformations during the War and their Effect on the Jewish Question, em H. A. Strauss (org.), *Hostages of Modernization*, p. 152.

as empresas bélicas, eles haviam encontrado um instrumento com o qual, pouco a pouco, acabar com a economia livre da nação[7].

Devido à estrutura profissional da população judaica, aproximadamente dez por cento dos diretores de empresas bélicas eram judeus[8]. Os repetidos ataques contra os judeus induziram um deputado católico de centro, Matthias Erzberger, a requerer uma investigação pelo Reichstag[9]. Ele tinha o apoio de uma coalizão de liberais e conservadores. Até mesmo alguns social-democratas se juntaram à coalizão[10]. Foi em meio a essa atmosfera que o Ministério da Guerra prussiano anunciou sua decisão de realizar o censo de judeus (*Judenzählung*).

Os judeus reagiram, mas apenas brandamente. Warburg, na época já um dos judeus mais influentes na Alemanha imperial, se reuniu com o Ministro da Guerra Stein, em março de 1917, a fim de solicitar que fosse emitida uma declaração de que os judeus estavam lutando tão corajosamente quanto os outros alemães. Stein se negou a atendê-lo e, para pôr em destaque os traços judeus que ele mais detestava, fez para Warburg um sermão sobre Heinrich Heine[11].

Os resultados do censo não foram publicados durante a guerra, segundo alegavam, por consideração para com os judeus, uma vez que eram qualificados como "devastadores" por oficiais do Ministério da Guerra"[12]. Imediatamente após o armistício, o general Wrisberg, um homem ferozmente hostil aos judeus, deixou vazar resultados falsificados para o grupo antissemita extremista Völkischer Schutz- und Trutzbund, que foram utilizados como propaganda antijudaica em larga escala[13]. Somente no início da década de 1920 é que um estudo sistemático do material demonstraria ser ele "a maior monstruosidade estatística pela qual uma administração já fora responsável"[14]. A análise detalhada indicou que a participação dos judeus que serviram nas linhas de frente era equivalente à da população em geral, com um desvio mínimo devido à estrutura em termos de idade e profissão. Mas os danos já estavam feitos.

Ernst Simon, que havia se apresentado como voluntário do exército, em busca de um senso de comunidade com a nação alemã, percebeu que a *Juden-*

---

7 A. Hitler, *Mein Kampf*, p. 193.

8 S. Friedländer, Political Transformations ..., op. cit., p. 152.

9 E. Zechlin, op. cit., p. 525.

10 Idem, ibidem, em particular a nota 42.

11 R. Chernow, *The Warburgs*, p. 172.

12 W. Jochmann, Die Ausbreitung des Antisemitismus, op. cit., p. 427.

13 Idem, ibidem.

14 Idem, p. 426. Jochmann cita o clássico estudo do especialista judeu em estatística e demografia Franz Oppenheimer, *Die Judenstatistik des Preussische Kriegsministeriums*.

zählung era algo mais que a mera iniciativa de alguns funcionários maldosos. Ela era "expressão real de uma atmosfera real: a de que éramos estrangeiros, de que não fazíamos parte, de que tínhamos de ser especialmente etiquetados, contados, registrados e controlados"[15]. Walther Rathenau escrevia a um amigo, no verão de 1916: "quanto mais judeus forem mortos [em ação] nesta guerra, tanto mais obstinadamente seus inimigos provarão que todos eles se refugiavam atrás das linhas de frente, a fim de se dedicar à especulação com a guerra. O ódio irá duplicar e triplicar"[16].

Após quase duas décadas de relativa latência, a questão judaica ressurgiu com plena força na vida política alemã durante as eleições de 1912 para o Reichstag, que logo foram apelidadas de "eleições judaicas" (*Judenwahlen*)[17]. A verdadeira questão política era o crescimento da esquerda. Contudo, como os judeus – que faziam (e recebiam) oposição aos conservadores e estavam desapontados com a posição que os liberal-nacionalistas haviam tomado com relação a eles – se aproximaram dos progressistas e, em especial, dos social-democratas, eles acabaram sendo identificados com o perigo da esquerda[18].

As eleições marcaram o desaparecimento dos pequenos partidos antissemitas e representaram um importante revés para a direita conservadora. Os social-democratas emergiram como o único partido forte no cenário alemão, mais que duplicando seu número de cadeiras no Reichstag, de 53 para 110. Dos trezentos candidatos que recebiam apoio das organizações nas quais os judeus eram proeminentes, 88 foram eleitos[19]. Esses resultados demonstram que a maioria dos eleitores não alimentava manifestamente sentimentos antijudaicos intensos, mas a reação da direita foi imediata e muito diferente. Para a imprensa de direita, ficava óbvio que o dinheiro judeu e o espírito judeu estavam no controle das internacionais do "ouro" e "vermelha", as duas inimigas mais perigosas da nação alemã. Mesmo uma publicação próxima da Igreja luterana como o *Christlichsoziale Reichsbote* considerava os trabalhadores que haviam votado nos social-democratas como "impelidos

---

15 E. Simon, *Unser Kriegserlebnis (1919)*, citado em E. Zechlin, op. cit., p. 533.

16 Carta de Rathenau a Schwaner, 4 de agosto de 1916, citada em W. Jochmann, Die Ausbreitung des Antisemitismus, op. cit., p. 427.

17 Cf. em especial W. T. Angress, The Impact of the Judenwahlen of 1912 on the Jewish Question, *LBIY*, v. 8, p. 367 e s.

18 Sobre a mudança no voto judaico, sua dinâmica e significado político, cf. idem, p. 373 e s., bem como Marjorie Lamberti, *Jewish Activism in Imperial Germany: The Struggle for Civil Equality*, New Haven, Conn., 1978, e o clássico estudo de Jacob Toury, *Die politischen Orientierungen der Juden in Deutschland. Von Jena bis Weimar*, Tübingen, 1966.

19 W. T. Angress, Impact of the Judenwahlen of 1912, op. cit., p. 381.

pelo açoite judaico", que era ostentado pelos "manipuladores do capitalismo judaico internacional"[20].

Uma atividade frenética agora se espalhava por toda a extrema direita, com aproximadamente vinte novas organizações ultranacionalistas e racistas surgindo no cenário político. Algumas delas, como a Reichshammerbund e a Germanenorden, eram coalizões de grupos já existentes[21]. Em meio aos grupos maiores, a evolução da Liga Pan-Germânica era especialmente reveladora. No já mencionado panfleto de 1912, *Se eu Fosse o Kaiser*, o presidente da liga Heinrich Class detalhava na íntegra um programa para a total expulsão dos judeus da vida pública alemã – isto é, dos cargos públicos, das profissões liberais e dos bancos e jornais. Os judeus perderiam o direito à propriedade de terras. A imigração judaica seria proibida e todos os judeus que não tivessem a cidadania alemã, deportados. Os que eram cidadãos seriam submetidos à "condição de estrangeiros" (*Fremdenrecht*). Seriam definidos como judeus todos os que pertenciam à comunidade religiosa judaica no dia 18 de janeiro de 1871, o dia em que foi proclamado o Império Alemão, assim como todos os descendentes deles, mesmo que apenas um dos avós fosse judeu[22].

Alguns meses depois, um memorando era enviado ao príncipe herdeiro, o filho mais velho de Guilherme II, por outro membro da liga, Konstantin von Gebsattel; o documento propunha as mesmas medidas contra os judeus, bem como um "coup d'état" para acabar com o parlamentarismo na Alemanha. O príncipe herdeiro – que mais tarde se tornaria membro da SS – foi "cativado" pelo memorando de Gebsattel, que o transmitiu a seu pai e ao chanceler Theobald von Bethmann-Hollweg. O kaiser, ele próprio uma estranha mistura de conservadorismo tradicional e opiniões radicais de direita[23], ficou indiferente. Ele considerava Gebsattel um "bicho raro", os pan-germanistas que apoiavam planos como esse, "gente perigosa" e a ideia de exclusão dos judeus da vida pública, "absolutamente infantil": a Alemanha estaria se apartando das nações civilizadas. O chanceler foi mais respeitoso com o príncipe herdeiro, mas não menos negativo[24].

A Associação Contra a Arrogância Judaica (Verband gegen die Überhebung des Judentums) foi fundada em 11 de fevereiro de 1912 pelo que restava dos antigos partidos antisemitas e várias outras organizações antisemitas

---

20 Idem, p. 390.

21 U. Lohalm, *Völkischer Radikalismus*, p. 30.

22 D. Frymann, *Das Kaiserbuch*, p. 69 e s.

23 Sobre a distinção entre as tendências tradicionais e as novas tendências do nacionalismo alemão após 1912, cf. T. Nipperdey, *Deutsche Geschichte 1866-1918*, v. 2, *Machtstaat vor der Demokratie*, p. 606 e s. Sobre as, às vezes furiosas, explosões antijudaicas do Kaiser, cf. J. C. G. Röhl, "Das beste wäre Gas!", *Die Zeit*, 25 de novembro de 1994.

24 R. Chickering, *We Men Who Feel Most German*, p. 287.

do mesmo tipo. Seu objetivo era a criação, sob o patrocínio dos nacionalistas, de um movimento de massas, para implantação de mudanças políticas. "Uma de suas principais prioridades era a exclusão da 'raça' judaica da vida pública da nação. A fundação da associação, claramente vinculada às eleições de 1912, era apenas mais uma manifestação da nova e resoluta 'defesa' da direita contra Juda"[25].

II

Os judeus nunca representaram mais que aproximadamente 1% da população total da Alemanha entre o final do século xix e o início do século xx. Entre o início do século e o ano de 1933, essa porcentagem caiu levemente. A comunidade judaica, no entanto, ganhou em visibilidade, cada vez mais se concentrando nas grandes cidades, restringindo-se a certas profissões e absorvendo um número cada vez maior de judeus do Leste europeu, facilmente identificáveis[26].

25 W. T. Angress, Impact of the Judenwhalen of 1912, op. cit., p. 396.

26 Em 1925, 66,8% de todos os judeus alemães viviam nas grandes cidades, estando Frankfurt e Berlim em primeiro e segundo lugar em população judaica. Em 1871, 36.326 judeus viviam na área da Grande Berlim, constituindo 3,9% de uma população de 931.984 habitantes. Em 1925, o censo oficial para a mesma área indicava 172.672 judeus, ou 4,3% de uma população geral de 4.024.165 (em Frankfurt, nesse ano, a população judaica representava 6,3 por cento). O número de judeus em Berlim era, na verdade, provavelmente mais alto que o indicado pelo censo oficial, uma vez que muitos judeus não se registravam com as organizações de comunidades judaicas (a base do censo) e muitos judeus provenientes do Leste europeu não eram registrados de forma alguma. Segundo algumas estimativas, não menos que duzentos mil judeus, ou aproximadamente cinco por cento da população geral, viviam na Grande Berlim no período do pós-guerra imediato; G. Alexander, Die Entwicklung der jüdischen Bevölkerung in Berlin zwischen 1871 und 1945, Tel Aviver Jahrbuch für Deutsche Geschichte, v. 20 p. 287 e s. e, em particular, as p. 292 e s. Essa concentração urbana era acentuada pela alta visibilidade dos judeus do Leste europeu nas grandes cidades alemãs. Os judeus do Leste estavam presentes havia muito na Alemanha e na Áustria, chegando nesses países sobretudo após as partilhas da Polônia, no final do século XVIII [1772, 1793 e 1795], e a anexação de territórios poloneses tanto pela Prússia quanto pela Áustria. Cerca de cem anos mais tarde, a partir de 1881, tinha lugar uma mudança decisiva, com o início de uma série de grandes *pogroms* contra comunidades judaicas nas províncias ocidentais da Rússia czarista. Teve início um êxodo em massa de judeus dos territórios poloneses sob domínio da Rússia – a maioria deles seguindo para os Estados Unidos. Dos 2.750.000 judeus que deixaram o Leste europeu para além-mar entre 1881 e 1914, uma grande parcela passou pela Alemanha, em sua maioria rumo aos portos do norte, de Bremen e Hamburgo, com um pequeno número permanecendo no país. Para um relato detalhado, cf. S. Adler-Rudel, *Ostjuden in Deutschland 1880-1940*. Ao mesmo tempo, um número mais substancial de judeus romenos e provenientes da Galícia se instalou na Áustria, sobretudo em Viena.

Em 1900, 7% dos judeus na Alemanha eram *Ostjuden*, a porcentagem de judeus do Leste europeu crescendo para 19,1 até 1925, e para 19,8 até 1933; idem, p. 165. Além Disso, sua concentração nas grandes cidades avançou numa taxa mais acelerada que a da urbanização dos judeus na Alemanha

A visibilidade geral dos judeus na Alemanha era posta em destaque por sua relativa importância nas áreas "sensíveis" dos negócios e das finanças, do jornalismo e das atividades culturais, da medicina e do direito e, por fim, por seu envolvimento na política liberal e de esquerda. A discriminação social à qual os judeus estavam sujeitos e sua própria aspiração ao avanço e à aceitação, explicam facilmente os padrões de suas atividades. Interpretados como subversão e dominação judaicas, esses padrões, por sua vez, levavam, pelo menos em certas parcelas da sociedade alemã, a mais hostilidade e rejeição.

Dos 52 bancos privados em Berlim no início do século XIX, trinta eram de propriedade de judeus. Mais tarde, Bismarck solicitaria aos Rothschild que recomendassem um banqueiro da esfera privada (que seria Gerson Bleichröder) e o imperador Guilherme I escolheria para si o banqueiro Moritz Cohn. Quando, na virada do século, muitos dos bancos privados se tornaram empresas de participação acionária, os judeus com frequência mantinham uma porcentagem de controle das ações ou atuavam como diretores das novas empresas. Juntando-se a aristocracia bancária – dos Warburg, dos Arnhold, dos Friedländer-Fuld, dos Simon, dos Weinberg e assim por diante – a potentados das finanças – como os proprietários de cadeias comerciais Abraham Wertheim e Leonhard e Oskar Tietz, o fundador e empresário da indústria elétrica Emil Rathenau, o editor Rudolf Mosse e o magnata do transporte marítimo Albert Ballin –, fica evidente que os judeus ocupavam um lugar visível e de destaque no mundo financeiro da Alemanha imperial[27].

A função específica da elite econômica judaica durante o século XIX havia sido seu papel decisivo na mobilização e concentração do capital, pelo desenvolvimento do mercado de ações de Berlim[28] e pela vinculação da economia alemã, ainda relativamente doméstica, aos mercados mundiais[29]. A centralidade da atividade bancária "judaica" durante o período de Weimar não diminuiu[30], ao contrário do que às vezes tem-se afirmado. Mas nunca houve correlação entre a atividade econômica judaica e qualquer espécie de influência política de maior duração na sociedade alemã.

O domínio da cultura era talvez o mais sensível. Em março de 1912 uma notável polêmica era desencadeada por um artigo escrito por um jovem intelectual judeu, Moritz Goldstein, e publicado no periódico dedicado às

---

em geral. Em 1925, os judeus do Leste representavam 25,4 por cento da população judaica de Berlim, 27% da de Munique, 60% da de Dresden e 80,7% da de Leipzig; idem, ibidem.

27 Cf. sobretudo W. E. Mosse, Die Juden in Wirtschaft und Gesellschaft, em W. E. Mosse (org.), *Juden im Wilhelminischen Deutschland 1890-1914*, p. 69 e s., 75 e s.

28 W. E. Mosse, *Jews in the German Economy*, p. 396.

29 Idem, p. 398, 400.

30 Idem, p. 323 e s., em particular, p. 329.

artes, o *Kunstwart*, sob o título "Deutsch-jüdischer Parnass" (Parnaso judaico-alemão). Como se exprimia Goldstein, "nós judeus administramos as posses espirituais de um povo que nos nega o direito e a capacidade de fazê-lo"[31]. Após reconhecer a influência judaica sobre a imprensa e o mundo literário, Goldstein voltava a pôr em destaque a brecha insuperável entre os "administradores" judeus da cultura alemã, que acreditavam estar falando pelos alemães e para os alemães, e os próprios alemães, que consideravam essa pretensão intolerável. Qual era, então, a saída? O sionismo, pensava Goldstein, não era uma opção para as pessoas de sua geração e formação. Num tom emocionado e extremamente enfático, ele convocava, em vez disso, a um ato de coragem da parte dos judeus da Alemanha: que, apesar de seus sentimentos profundos pela Alemanha e por tudo que era alemão, apesar de sua presença no país, que remontava a séculos, eles deviam voltar as costas para a sociedade que os recebia e deixar de jurar amor sempre renovado e nunca correspondido[32]. No nível cultural, os judeus deviam agora se voltar para as questões judaicas, não apenas em benefício deles próprios, mas a fim de criar "um novo tipo de judeu, novo não na vida, mas na literatura"[33]. Goldstein concluía de forma emocionada, em sintonia com o restante do artigo: "exigimos o reconhecimento de uma tragédia que, com o coração pesado, expusemos a todos"[34].

O diagnóstico perspicaz / lamento choroso de Goldstein levou o editor do *Kunstwart*, Ferdinand Avenarius, a publicar na edição de agosto um longo comentário intitulado "Aussprachen mit Juden" (Debates com os Judeus). "Não somos antissemitas", escrevia ele. "Sabemos que existem domínios em que os judeus são mais capacitados que nós e que somos mais capacitados em outros; esperamos que, com boa vontade de ambos os lados, será possível cooperação pacífica, mas estamos convencidos de que as relações não poderão continuar em sua forma atual por muito mais tempo". Avenarius conclamava a algum tipo de "negociação" entre os "líderes" de "ambos os lados, a fim de evitar virulentas batalhas culturais [*Kulturkämpfe*] [...]. Dada a agitação crescente [Avenarius não especificava da parte de quem]", ele não acreditava que fosse possível alcançar facilmente o êxito[35]. O argumento era claro, o "nós" e o "eles" ainda mais. Mas, em termos dos fatos básicos (embora obviamente não em sua interpretação), nem Goldstein nem (implicitamente) Avenarius estavam inteiramente errados.

31 M. Goldstein, Deutsch-jüdischer Parnass, *Kunstwart*, v. 25, n. 11, p. 283.
32 Idem, p. 291-292.
33 Idem, p. 293.
34 Idem, p. 294.
35 F. Avenarius, Aussprachen mit Juden, *Kunstwart*, v. 25, n. 22, p. 225.

Quanto à imprensa – excluindo-se o grande número de jornais e periódicos conservadores e especificamente cristãos, bem como a maioria dos jornais regionais – havia, no âmbito nacional, uma forte presença judaica em termos de propriedade, de responsabilidade editorial e de importantes análises políticas ou culturais. O império editorial de Rudolf Mosse incluía os jornais *Berliner Tageblatt, Morgenzeitung, Volkszeitung* e *Börsenblatt*. A família Ullstein possuía os jornais *Neues Berliner Tageblatt, Abendpost, Illustrierte Zeitung* e *B.Z. am Mittag*, "o primeiro jornal alemão baseado completamente em vendas nas bancas"[36]. O jornal de maior circulação, o *Morgenpost*, também pertencia aos Ullstein, bem como, no devido tempo, também o *Vossische Zeitung*, "o jornal mais antigo de Berlim"[37]. Das três editoras mais importantes, que detinham a maior parcela da circulação diária de jornais antes de 1914 – a Mosse, a Ullstein e a Scherl – as duas primeiras pertenciam a judeus[38]. A importância relativa dessas três editoras seria um pouco alterada na década de 1920 pela aquisição da Scherl pelo ultradireitista Alfred Hugenberg e pela consequentemente rápida expansão de seu catálogo (*press holdings*).

Os chefes de redação e os principais editorialistas de muitos dos jornais mais influentes (como Theodor Wolff, editor do *Berliner Tageblatt*, Georg Bernhard, editor do *Vossische Zeitung*, e Bernhard Guttmann, o influente correspondente em Berlim para o *Frankfurter Zeitung*), eram judeus, assim como dezenas de outros comentaristas políticos, críticos culturais e satiristas numa ampla gama de jornais diários e periódicos[39].

Na publicação de livros, Mosse e Ullstein eram figuras importantes, assim como Samuel Fischer, que fundou sua casa editorial em Berlim, em 1886. A Fischer, tão importante na história da moderna literatura alemã quanto, por exemplo, a Random House ou a Scribner's nos Estados Unidos, publicou Thomas Mann, Gerhart Hauptmann e Hermann Hesse, entre outros[40].

36 Esses detalhes e as citações foram extraídos da dissertação de Ph. D. de R. M. Engelman, *Dietrich Eckart and the Genesis of Nazism*, p. 31-32.

37 Idem, ibidem.

38 Idem, p. 32

39 O jornal *Die Zukunft*, publicado por Maximilian Harden, era "judaico", assim como o periódico publicado por Siegfried Jacobsohn, *Schaubühne* (mais tarde, *Weltbühne*). O periódico de Otto Brahm, *Freie Bühne für modernes Leben*, que foi sucedido pelo *Neue Rundschau*, era "judaico", assim como os principais críticos da cultura dos grandes jornais diários: Fritz Engel, Alfred Kehr, Max Osborn e Oskar Bies. Cf. R. M. Engelman, idem, ibidem. Logo Kurt Tucholsky se tornaria o mais visível – e o mais odiado – autor-jornalista de origem judaica do período de Weimar. Siegfried Breslauer seria editor associado do *Berliner Lokalanzeiger*; Emil Faktor, chefe editorial do *Berliner Börsen Courier*; Norbert Falk, editor de cultura do *B. Z. am Mittag*; Joseph Wiener-Braunsberg, editor do *Ulk*, o suplemento de humor e sátira do *Berliner Tageblatt*; e muitos outros. Cf. Bernd Soesemann, Liberaler Journalismus in der Kultur der Weimarer Republik, em J. H. Schoeps (org.), *Juden als Träger bürgerlicher Kultur in Deutschland*, p. 245.

40 R. M. Engelman, op. cit., p. 33.

Ao lado das editoras e chefes de redação judeus, estava um grupo sólido de leitores judeus, que também frequentava teatros e concertos. Um dedicado esforço em busca de *Bildung* (cultura/educação) havia transformado a burguesia judaica na portadora autoproclamada (e entusiasmada) da cultura alemã. Escrevendo em dezembro de 1896 sobre a primeira apresentação da peça de Gerhart Hauptmann, *Die versunkene Glocke* (O Sino Submerso), a Baronesa Hildegard von Spitzemberg anotava em seu diário:

> a casa estava cheia com judeus e acompanhantes de judeus e com representantes da imprensa e da literatura: Maximilian Harden, Hermann Sudermann, Erich Schmidt, Theodor Fontane, Ludwig Pietsch, dos quais os [dois] últimos, contudo, balançaram a cabeça em desaprovação e não tomaram parte nos aplausos frenéticos dos admiradores do poeta [dramaturgo][41].

Fontane e Pietsch eram não judeus.

A situação talvez estivesse até mesmo mais exacerbada na Áustria-Hungria. No final do século xix os judeus possuíam mais de 50% por cento dos principais bancos na parte austríaca do império e ocupavam quase 80% das posições-chave no mundo bancário[42]. Na parte húngara, a presença econômica dos judeus, que se beneficiava do pleno apoio da aristocracia húngara, estava ainda mais disseminada.

> Em primeiro lugar, os judeus ocupavam posição de destaque em meio aos grandes magnatas da imprensa. Eles possuíam, eram editores e contribuíam amplamente com a maior parte dos principais jornais de Viena. Embora com palavras um tanto exageradas, mesmo assim era significativo que Harry Wickham Steed, o correspondente do *Times* londrino na capital austríaca, pudesse escrever que "econômica, politicamente e em termos de influências em geral, eles [os judeus] são o elemento mais importante da Monarquia"[43].

Nas primeiras décadas do século xix, a assimilação harmoniosa dos judeus à sociedade alemã, assim como em outros países da Europa ocidental e central – que em última análise se tornara formalmente possível com a plena emancipação de 1869 e 1871 – podia parecer a muitos uma perspectiva razoável[44]. Mais

---

41 Idem.

42 B. Michel, *Banques et banquiers en Autriche au début du XXe Siècle*, p. 312.

43 R. S. Wistrich, *The Jews of Vienna in the Age of Franz Josef*, p. 170. O extraordinário papel dos judeus na cultura vienense na virada do século foi sistematicamente documentado em S. Beller, *Vienna and the Jews, 1867-1938*.

44 Sobre o pano de fundo histórico da emancipação, cf. J. Katz, *Out of the Ghetto*.

que tudo, os próprios judeus queriam fazer parte da burguesia alemã; esse "projeto" coletivo era sem dúvida sua meta primordial[45]. Os líderes e rabinos esclarecidos nunca se cansaram de enfatizar a importância da *Bildung* e da *Sittlichkeit* (educação e costumes)[46]. Embora a grande maioria dos judeus não abandonasse inteiramente o judaísmo, o esforço coletivo de adaptação levou a reformulações profundas da identidade judaica no domínio religioso, assim como a várias buscas e atitudes seculares[47]. Os modernos judeus alemães, no entanto, de fato criaram – conscientemente ou não – uma cultura subterrânea específica que, embora voltada para a integração, resultava numa nova forma de separação[48]. A singularidade cultural e religiosa era reforçada pelas reações cada vez mais negativas da sociedade em geral à própria rapidez da ascensão social e econômica dos judeus. O êxito econômico e a crescente visibilidade, não acompanhados do poder político, deram origem, em parte pelo menos, a sua própria Nêmesis. Em sua biografia de Gerson Bleichröder, o banqueiro de Bismarck, Fritz Stern aludia às mudanças de atitude ocorridas a partir da década de 1870: "os anos de maturidade [de Bleichröder] marcavam o momento menos turbulento da fusão entre as sociedades alemã e judaica; seus últimos anos [ele morreu em 1893] assinalariam o primeiro repúdio organizado a essa fusão e o próprio êxito dela seria tomado como garantia de repúdio"[49].

Pode-se concordar prontamente com o historiador alemão Thomas Nipperdey em que, em comparação com o antissemitismo da França, da Áustria ou da Rússia, o antissemitismo alemão às vésperas da Primeira Guerra Mundial não era certamente o mais extremista. Também é possível concordar com sua afirmação de que o antissemitismo anterior a 1914 deve ser avaliado tanto no âmbito de seu próprio contexto histórico quanto na perspectiva dos acontecimentos posteriores ("sob o signo de Auschwitz")[50]. No entanto, sua afirmação, vinculada a essas teses, de que os próprios judeus na Alemanha consideravam o antissemitismo dessa época uma questão marginal, um resíduo da antiga discriminação que desapareceria no devido tempo, é menos convincente[51]. Um simples exame mais atento dos depoimentos da época sugere que os judeus assumiam diferentes pontos de vista quanto às atitudes

---

45 S. Volkov, "Die Verbürgerlichung der Juden in Deutschland als Paradigma", em *Jüdisches Leben und Antisemitismus im 19. und 20. Jahrhundert*, p. 112 e s.

46 Cf., em especial, G. L. Mosse, Jewish Emancipation, em J. Reinharz e W. Schatzberg (orgs.), *The Jewish Response to German Culture*, p. 1 e s.

47 M. A. Meyer, *The Origins of the Modern Jew*, Detroit, 1967.

48 D. Sorkin, *The Transformation of German Jewry 1780-1840*.

49 F. Stern, *Gold and Iron*, p. 461.

50 T. Nipperdey, op. cit., p. 289.

51 Idem, p. 290.

da sociedade em geral com relação a eles. Basta apenas o lamento de Moritz Goldstein para indicar que alguns judeus alemães estavam bastante conscientes do fato de que o abismo entre eles e a sociedade ao redor aumentava.

Isso valia não apenas para a Alemanha. Igualmente notáveis, duas descrições literárias da Áustria de antes da Primeira Guerra Mundial, *O Mundo de Ontem*, de Stefan Zweig, e *O Caminho para a Liberdade*, de Arthur Schnitzler, oferecem avaliações opostas de como os judeus percebiam sua própria situação. Para Zweig, o antissemitismo praticamente não existia; para Schnitzler, ele estava no centro da consciência e da existência de suas personagens. Em todo caso, fosse qual fosse a força relativa do antissemitismo do período anterior à guerra, sua presença foi uma condição necessária para a hostilidade antijudaica maciça que se disseminaria por toda a Alemanha durante os anos de guerra e, cada vez mais, após a derrota de 1918. Além disso, o cenário anterior à guerra também forneceu alguns dos princípios ideológicos, condições políticas e quadros institucionais que deram ao antissemitismo de pós-guerra suas primeiras estruturas e metas imediatas.

Quando se leva em conta o cenário europeu mais amplo, as realizações, atitudes políticas e opções culturais dos judeus no final do século xix se revelam como atitudes e opções de membros de uma minoria identificável, originadas, em parte, do desenvolvimento histórico específico dessa minoria. Mas essas realizações e opções eram, antes de mais nada, as de indivíduos cujos objetivos eram o tipo de sucesso que devia conduzir a sua integração à sociedade em geral. Para os antissemitas, no entanto, a situação aparecia de forma inteiramente diferente: o esforço e o êxito judaicos, verdadeiros ou imaginários, eram percebidos como comportamento de um grupo minoritário, estrangeiro e hostil, que atuava coletivamente com vista a explorar e dominar a maioria.

Enquanto eram apenas uns poucos judeus que, sob o patrocínio de reis e príncipes, conseguiam ascender socialmente, seu número limitado, as funções que exercem e a proteção que lhes era garantida refreavam a disseminação das hostilidades. Quando, como assinalou Hannah Arendt em termos um pouco diferentes[52], a emancipação tornou possível o avanço social de um grande número de judeus num contexto em que sua função social perdia sua especificidade e em que o poder político não mais os protegia, eles foram se tornando cada vez mais os alvos de várias formas de ressentimento social. O antissemitismo moderno era alimentado por essa conjunção entre visibilidade e fragilidade crescentes.

Um fator desencadeador comum a várias formas de ressentimento antijudaico, não vinculado à raça, era sem dúvida a própria existência de uma

---

52 H. Arendt, *The Origins of Totalitarianism*, p. 11 e s.

diferença judaica. Os liberais exigiam que, em nome dos ideais universalistas, os judeus aceitassem o completo desaparecimento de sua identidade específica como grupo; os nacionalistas, por outro lado, exigiam esse desaparecimento em benefício de uma identidade particularista mais alta, a do Estado-nação moderno. Embora a maioria dos judeus estivesse mais que disposta a percorrer um longo caminho na direção da assimilação cultural e social, rejeitava o total desaparecimento coletivo. Assim, por mais moderado que fosse o particularismo judaico, ele antagonizava os liberais que os apoiavam e enfurecia seus adversários nacionalistas. A visibilidade judaica em domínios altamente sensíveis intensificava o elemento exasperador inerente à diferença.

O antissemitismo vinculado à raça também alegava que sua campanha antissemita se baseava na diferença dos judeus. No entanto, enquanto para o antissemita não racial essa diferença podia e devia ser totalmente apagada pela completa assimilação e pelo desaparecimento dos judeus enquanto tais, o antissemita racial argumentava que a diferença era indelével, que ela estava inscrita no sangue. Para o antissemita não racial, a solução para a "questão judaica" era possível no âmbito da sociedade em geral; para o antissemita racial, devido ao perigo do impacto racial da presença e da igualdade judaicas, a única solução era a exclusão (legal e se possível física) da sociedade em geral. Esse quadro básico bastante conhecido deve ser complementado por dois aspectos do cenário antijudaico moderno que ou quase não são mencionados por muitos historiadores, ou são considerados por outros como abrangendo tudo mais , por outros: a sobrevivência do antissemitismo religioso tradicional e a proliferação, a ela vinculada, de teorias da conspiração nas quais os judeus sempre desempenhavam um papel central.

Quer a hostilidade cristã com relação aos judeus fosse intermitente, quer não, quer os próprios judeus estivessem contribuindo para a exacerbação dessa hostilidade, quer não[53], isso não altera o fato de que, tanto em seus dogmas quanto em seus rituais e práticas, a cristandade marcava os judeus com o que parecia ser um estigma indelével. Esse estigma não fora apagado nem pelo tempo nem pelos acontecimentos e, durante todo o século XIX e as primeiras décadas do século XX, o antissemitismo religioso cristão continuou tendo importância central na Europa e no mundo ocidental em geral.

Na Alemanha, além dos motivos gerais do antissemitismo cristão, as atitudes antijudaicas dos cristãos também tinham origem na situação específica das Igrejas durante toda a era imperial. Os católicos alemães se sentiam antagonizados pelo apoio dos judeus aos liberal-nacionalistas, que haviam sido

---

53 Para os debates sobre essas questões, cf. em particular, I. Y. Yuval, Vingança e Danação, Sangue e Difamação, *Tzion*, v. 58, n. 1, p. 33 e s.; e *Tzion*, v. 59, n. 2-3 (em hebraico).

aliados de Bismarck durante sua campanha contra os católicos na década de 1870, a *Kulturkampf*[54]; os protestantes conservadores estavam firmemente comprometidos com a natureza cristã do Segundo Reich e até mesmo os protestantes liberais, em seu empenho em racionalizar o cristianismo, entraram em confronto com os judeus liberais, empenhados em demonstrar o núcleo pagão da religião cristã[55]. Por fim, na Alemanha, na França e na Áustria, a utilização política de temas antijudaicos cristãos se revelara bem sucedida, pelo menos durante algum tempo, em atrair os eleitores da classe média baixa.

Para alguns historiadores, o enraizamento e a própria permanência do antijudaísmo cristão seriam a única base para todas as formas do antissemitismo moderno. Jacob Katz, por exemplo, vê o antissemitismo moderno como nada mais que "uma continuação da rejeição pré-moderna do judaísmo pela cristandade, mesmo que ele [o antissemitismo moderno] tenha renunciado a toda pretensão a se legitimar por meio dessa rejeição ou mesmo quando se declarou antagônico ao cristianismo". Do ponto de vista de Katz, toda declaração de antissemitismo que estivesse além da "divisão cristão-judeu" não passava de "mera declaração de intenções. Nenhum antissemita, mesmo sendo ele próprio um anticristão, jamais renunciou ao uso de argumentos antijudaicos enraizados na difamação dos judeus e do judaísmo provenientes de épocas mais antigas do cristianismo"[56]. Essa interpretação é exagerada, mas o impacto do antijudaísmo religioso em outras formas modernas de antissemitismo é visível de diversos modos. Em primeiro lugar, um amplo suprimento de reações antijudaicas quase automáticas continuava se acumulando em consequência da exposição na infância à educação e à liturgia religiosas cristãs, assim como a expressões cristãs do cotidiano, provenientes da presença generalizada e contínua dos vários credos. Em segundo lugar, a própria noção de "estranho" aplicada pelo antissemitismo moderno aos judeus devia sua tenacidade não apenas à diferença judaica enquanto tal mas também à profundidade de suas raízes religiosas. Independentemente de tudo mais que pudesse ser dito sobre o judeu, ele era antes de mais nada o "outro", que havia rejeitado Cristo e a revelação. Por fim, talvez o efeito mais drástico do antijudaísmo religioso fosse a estrutura dual da imagem antijudaica herdada do cristianismo. De um lado, o judeu era um pária, a testemunha desprezada do avanço triunfal da fé verdadeira; de outro, do final da Idade Média em diante, uma imagem oposta foi surgindo no cristianismo popular e nos movimentos milenaristas, a do judeu demoníaco, autor de assassinatos rituais, arquiteto de tramas contra a cristandade, arauto do Anticristo, emissário poderoso e

---

54 U. Tal, *Christians and Jews in Germany*, p. 96-98.

55 Idem, p. 209-210.

56 J. Katz, *From Prejudice to Destruction*, p. 319.

obscuro das forças do mal. É essa dupla imagem que reaparece em alguns dos mais importantes aspectos do antissemitismo moderno. E sua dimensão obscura e ameaçadora se tornou o tema recorrente das principais teorias da conspiração do mundo ocidental.

O fantasma cristão de uma trama judaica contra a comunidade cristã podia, por sua vez, ser uma revitalização da noção pagã de que os judeus eram inimigos da humanidade atuando em segredo contra o resto do mundo. De acordo com uma popular lenda cristã medieval, "um sínodo secreto de rabinos se reunia periodicamente, provindo de toda a Europa, a fim de determinar que comunidade deveria, por sua vez, cometer o assassinato ritual"[57]. Do século XVIII em diante, novas teorias da conspiração também identificavam ameaças da parte de diversos grupos secretos não judaicos: os maçons, os *illuminati*, os jesuítas. No panorama da modernidade, o pensamento político paranóico começava a adquirir uma espécie de permanência. "A característica que distingue o estilo paranóico", escrevia Richard Hofstadter,

> não é que seus representantes veem tramas ou conspirações aqui e ali na história, mas que veem uma "vasta" ou "gigantesca" conspiração como *a força motriz* dos acontecimentos históricos. A história é uma conspiração, colocada em movimento por forças demoníacas dotadas de poder quase transcendente e o que se acredita ser necessário para derrotá-la não são os métodos habituais de negociação política, mas uma cruzada total[58].

Nesse quadro de forças obscuras, os judeus eram os arquitetos por excelência das tramas, os manipuladores ocultos por trás de todos os outros grupos secretos que nada mais eram que seus meros instrumentos. Na famigerada ameaça secreta em duas frentes dos "judeus e maçons", estes últimos eram vistos como instrumentos dos primeiros[59]. As conspirações judaicas, em outras palavras, estavam no topo da hierarquia conspiratória e seu objetivo era nada menos que o total domínio do mundo. A centralidade dos judeus nesse universo fantasmagórico somente pode ser explicada por suas raízes na tradição cristã.

Assim como qualquer outro antissemitismo nacionalista no final do século XIX e durante os anos que precederam a Primeira Guerra Mundial, o antissemitismo na Alemanha imperial era determinado, como já sugeri, tanto por tendências cristãs dominantes quanto por tendências europeias modernas,

---

57 A. Funkenstein, Anti-Jewish Propaganda, *Jerusalem Quarterly*, n. 19, p. 67.
58 R. Hofstadter, *The Paranoid Style in American Politics and Other Essays*, p. 29.
59 J. Katz, *Jews and Freemasons in Europe 1723-1939*, em particular as p. 148 e s.

assim como pelo impacto das circunstâncias históricas específicas, das quais devem ser enfatizados diversos outros aspectos.

Em termos gerais, é preciso enfatizar a dimensão estrutural, distinguindo-se, por exemplo, entre as formas francesa e alemã de integração nacional, dando-se relevância, nessa distinção, às atitudes antijudaicas que se tornavam claramente manifestas. Desde a Revolução Francesa, o modelo francês de integração nacional havia sido o de um processo fomentado e implementado pelo Estado, com base em princípios universalistas, os do Iluminismo e da Revolução. Desde a revolução romântica, o modelo alemão de integração nacional derivava da ideia de nação e se baseava nessa ideia entendida como uma comunidade etnocultural fechada, independente do Estado e, às vezes, oposta a ele. Enquanto o modelo francês envolvia a construção da identidade nacional por meio de um sistema educacional centralizado e de todos os outros meios de socialização à disposição do Estado, o modelo alemão muitas vezes pressupunha a existência de características herdadas pertencentes a uma comunidade orgânica preexistente[60].

Por meio da socialização administrada pelo Estado e em nome dos valores universalistas da república secular, um judeu podia se tornar francês, e isso não simplesmente num nível puramente formal (apesar das reações intensamente hostis de uma parte substancial da sociedade francesa, que rejeitava a Revolução, o Estado republicano e, assim, os judeus, identificados como estrangeiros aliados do Estado e portadores dos valores seculares e subversivos de modernidade e rebelião social). Apesar da emancipação formal e da igualdade em termos de direitos civis, os judeus muitas vezes eram mantidos à distância por uma comunidade nacional alemã fundamentalmente fechada e restritos a um grupo cuja diferença reconhecível se apresentava à sociedade em geral como enraizada em um solo alienígena do ponto de vista etnocultural e, crescentemente, racial. Uma interpretação um pouco diferente (mas não incompatível com essa) assinalava o fato de que, na França, a emancipação legal carregava consigo uma importante expectativa de assimilação gradual dos judeus (inclusive por meio do sistema educacional francês e de seus valores universalistas), enquanto, na Alemanha, uma posição amplamente compartilhada era a de que o processo de assimilação devia ser imposto e monitorado por meios burocráticos e que a plena emancipação devia ser concedida somente no final do processo. Com o passar do tempo, na Alemanha, o êxito da assimilação judaica foi sendo cada vez mais posto em questão. Assim,

---

60 Distinções desse tipo estavam implícitas em alguns dos trabalhos de história publicados na década de 1960 sobre o rumo específico da história alemã durante o século XIX; essas teses foram recentemente reformuladas e sistematizadas por especialistas da sociologia política. Cf., em especial, P. Birnbaum, Nationalismes: La Comparaison France-Allemagne, *La France aux Français*, p. 300 e s.

mesmo após a plena emancipação dos judeus na Alemanha, antissemitas de todo tipo – até mesmo os liberais – podiam argumentar que a assimilação completa na verdade não fora alcançada e que os resultados da emancipação eram problemáticos[61].

A situação na Alemanha era exacerbada ainda mais pelos desenvolvimentos específicos à segunda metade do século XIX, sobretudo os vários aspectos de um processo de modernização extremamente rápido. Ao transformar completamente as estruturas sociais do país e ameaçar suas hierarquias existentes, o violento avanço da modernização na Alemanha parecia pôr em perigo valores culturais consagrados, assim como os vínculos orgânicos da comunidade[62]; ao mesmo tempo, ele parecia permitir a, de resto incompreensível, ascensão social dos judeus, que eram assim percebidos como os promotores, portadores e exploradores dessa modernização. A ameaça judaica aparece agora tanto como penetração de um elemento estrangeiro na trama mais profunda da comunidade nacional, quanto como promoção, por meio dessa penetração, não da modernidade enquanto tal (abraçada com entusiasmo pela maior parte da sociedade alemã), mas dos males da modernidade.

É nesse contexto que outros desenvolvimentos peculiares à Alemanha ganham plena significação. Em primeiro lugar, após a ascensão e queda dos partidos antissemitas alemães no período entre a metade da década de 1870 e o final da década de 1890, a hostilidade antijudaica continuou a se disseminar na sociedade alemã em geral através de vários outros canais – as associações econômicas e profissionais, as organizações políticas nacionalistas, os grupos culturais de ampla influência. O rápido aumento dessa instilação institucionalizada de atitudes antijudaicas no próprio âmago da sociedade não ocorreu – ou pelo menos não em tão ampla escala – em outros países importantes da Europa ocidental ou central. Em segundo lugar, na Alemanha, foi sistematicamente elaborada toda uma ideologia antissemita; ela tornava possível a um ressentimento antijudaico relativamente difuso adotar fórmulas e estruturas intelectuais prontas que, por sua vez, iriam fomentar elaborações ideológicas mais extremistas durante os anos de crise que se seguiriam. Essa ideologização específica ao antissemitismo alemão podia ser observada em especial no antissemitismo racial, de duas formas diferentes. Em sua forma especificamente biológica, o antissemitismo racial utilizava a eugenia e a antropologia racial para estabelecer uma pesquisa "científica" das características raciais dos judeus. Outra linha de antissemitismo racial, em

---

61 Para a parte comparativa do argumento, cf., sobretudo, R. Rürup, *Emanzipation und Antisemitismus*, p. 17-18.

62 Para um claro panorama da modernização alemã e seu impacto, cf. V. R. Berghahn, *Modern Germany*. Sobre as reações *völkisch* a essa evolução, cf. G. L. Mosse, *The Crisis of German Ideology*; e F. Stern, *The Politics of Cultural Despair*.

sua forma especificamente mística e alemã, enfatizava as dimensões míticas da raça e a sacralidade do sangue ariano. Essa segunda linha se fundia com uma visão manifestamente religiosa, a de uma cristandade alemã (ou ariana), e conduzia ao que poderia ser designado como "antissemitismo redentor".

III

Enquanto o antissemitismo racial comum constitui um elemento no âmbito de uma visão de mundo racista mais ampla, no antissemitismo redentor, a luta contra os judeus é o aspecto dominante de uma visão de mundo na qual outros temas racistas não passam de acréscimos secundários.

O antissemitismo redentor era nascido do medo da degeneração racial e da crença religiosa na redenção. A principal causa da degeneração era a penetração dos judeus no corpo político alemão, na sociedade alemã e no sangue alemão. A germanidade e o mundo ariano estariam a caminho de se perder, caso não se aderisse à luta contra os judeus; essa devia ser uma luta até a morte. A redenção viria na forma de libertação com relação aos judeus – como sua expulsão, talvez sua aniquilação.

Esse novo antissemitismo tem sido descrito como parte integrante do fervor revolucionário do início do século XIX, em particular do espírito revolucionário de 1848. Mas é preciso assinalar que os principais representantes da nova mística antijudaica tinham todos se voltado contra seu passado revolucionário; quando o judaísmo era mencionado em seus escritos revolucionários, era num sentido puramente metafórico (sobretudo como representando Mamom ou "a Lei") e fosse qual fosse a terminologia revolucionária que permanecia em seu novo antissemitismo, ela era destinada a assinalar a "mudança radical", a "redenção" num sentido fortemente religioso, ou, mais precisamente, num sentido religioso-racial[63].

Vários temas do antissemitismo redentor podem ser encontrados na ideologia *völkisch* em geral, mas as metas envolvidas nas obsessões comuns de tipo *völkisch* eram em geral demasiado pragmáticas para poder pertencer à esfera da redenção. Entre os ideólogos de mentalidade *völkisch*, somente o filósofo Eugen Dühring e o estudioso, especializado em Bíblia, Paul de Lagarde se aproximavam desse tipo de visão de mundo antissemita e escatológica. A fonte da nova tendência deve ser buscada em outra parte, no ponto de encontro entre o cristianismo alemão, o neorromantismo, o culto místico

---

[63] O argumento defendendo a definição dessa nova corrente antissemita como "antissemitismo revolucionário" foi formulado em P. L. Rose, *Revolutionary Anti-Semitism in Germany from Kant to Wagner*. Cf., em particular, o argumento de Rose sobre Wagner, p. 358 e s., bem como, do mesmo autor, *Wagner: Race and Revolution*.

do sagrado sangue ariano e o nacionalismo ultraconservador: o círculo de Bayreuth.

Destaco deliberadamente o círculo de Bayreuth, e não o próprio Richard Wagner. Embora o antissemitismo redentor derivasse seu impacto do espírito de Bayreuth e o espírito de Bayreuth não pudesse existir sem Richard Wagner, a profundidade do envolvimento pessoal de Wagner com essa espécie de antissemitismo apocalíptico permanece um tanto contraditória. Que o antissemitismo de Wagner se tornara uma obsessão constante e crescente após a publicação, em 1851, de seu ensaio *Das Judentum in der Musik* (O Judaísmo na Música) é inquestionável. Que o maestro via maquinações judaicas ocultas em todo canto e fenda do novo Reich alemão é algo bastante conhecido. Que o tema da redenção se tornou o tema dominante da ideologia e do trabalho de Wagner durante os últimos anos de sua vida também é em geral aceito. Por fim, que o desaparecimento dos judeus era um dos elementos centrais de sua visão da redenção também parece estar bem estabelecido. Mas qual, na mensagem de Wagner, era o significado concreto desse desaparecimento? Ele significava a abolição do espírito judaico, o desaparecimento dos judeus como um grupo étnico e cultural separado e identificável, ou a redenção envolvia a eliminação física efetiva dos judeus? Esta última interpretação foi defendida por, entre outros, historiadores como Robert W. Gutman, Hartmut Zelinsky e Paul Lawrence Rose[64]. O último, em especial, identifica o "antissemitismo revolucionário" de Wagner e seus traços supostamente exterminadores ao ardor revolucionário do Wagner de 1848.

Em *O Judaísmo na Música*, a aniquilação do judeu (e as conhecidas palavras finais do panfleto: "a redenção de Assuero – a ruína!") mais provavelmente significava a aniquilação do espírito judaico. Nessa mesma conclusão, o *maestro* cobre de louvores ditirâmbicos o autor de textos políticos Ludwig Börne, um judeu que, a seus olhos, exemplificava a redenção da judaicidade em "humanidade genuína", ao "deixar de ser judeu"[65]. O exemplo de Börne é manifestamente o caminho a ser seguido coletivamente. Mas os escritos de Wagner do final da década de 1870 e da década de 1880 bem como o simbolismo redentor do *Anel dos Nibelungos* e, em especial, de *Parsifal*, são na verdade extraordinariamente ambíguos sempre que o tema judaico aparece direta ou indiretamente. Quer se tratasse de alcançar a redenção com relação ao desejo erótico, aos anseios mundanos, ou às lutas pelo poder por meio da autoaniquilação, como em *O Anel*, quer essa redenção devesse ser alcançada por meio da purificação mística e do renascimento de uma cristandade

---

64 Cf. R. W. Gutman, *Richard Wagner: The Man, His Mind and His Music*, sobretudo as p. 389-441; H. Zelinsky, *Richard Wagner: Ein deutsches Thema 1876-1976*; Rose, *Wagner*, sobretudo as p. 135-170.

65 R. Wagner, *Richard Wagner's Prose Works*, v. 3, p. 100.

germânica santificada, como em *Parsifal*, o judeu permanecia o símbolo das seduções do mundo que mantinham a humanidade presa a grilhões. Assim, a luta redentora tinha de ser uma luta total e o judeu, assim como o maligno e irredimível Klingsor, de *Parsifal*, tinha de desaparecer. Em *Siegfried*, a alusão é ainda mais direta: o herói germânico Siegfried mata o repulsivo anão nibelungo Mímer, que o próprio Wagner identificava, de acordo com os diários de Cosima Wagner, como um *Jüdling*[66]. No todo, a relação entre Siegfried e Mímer, carregada do mais eloquente simbolismo, era provavelmente uma feroz alegoria antissemita da relação entre alemães e judeus – e do destino último dos judeus[67]. Até mesmo as brincadeiras do mestre, como seu "desejo" de que todos os judeus fossem queimados numa apresentação de *Nathan, o Sábio*[68], de Lessing, expressavam a intensidade subjacente de suas fantasias de extermínio. E, no entanto, as ideias de Wagner sobre os judeus permaneciam pouco coerentes e o número de judeus que estavam próximos a ele, dos pianistas Carl Tausig e Josef Rubinstein ao regente Hermann Levi e o empresário Angelo Neumann, é bastante conhecido. Na verdade, o comportamento de Wagner com relação a Levi era muitas vezes manifestamente sádico e Rubinstein era um judeu que notoriamente se autoodiava. Ainda assim, esses judeus faziam parte do grupo mais próximo ao maestro e, o que é mais significativo, Wagner dava a Neumann uma considerável margem de liberdade na administração de contratos e apresentações de suas obra: nenhum antissemita coerentemente fanático teria admitido concessões tão amplas.

Embora o próprio Wagner adotasse o racismo teórico do ensaísta francês Arthur de Gobineau, as bases intelectuais do antissemitismo redentor eram fomentadas e elaboradas principalmente pelos outros membros do círculo de Bayreuth, em especial após a morte do compositor, durante o reinado de sua viúva, Cosima: Hans von Wolzogen, Ludwig Scheemann e, sobretudo, o inglês Houston Stewart Chamberlain. Num estudo clássico sobre o círculo de Bayreuth, Winfried Schüler definiu o significado especial de Bayreuth no âmbito do movimento antissemita e a contribuição decisiva do próprio Chamberlain:

> é da natureza das ideologias antissemitas utilizar um modelo, de relativa proeminência, do tipo amigo-inimigo. O que, no entanto, dá ao antissemitismo de Bayreuth sua configuração específica inconfundível é a forma

---

66 C. Wagner, *Die Tagebücher*, v. 4 (1881-1883), p. 734.

67 Gustav Mahler observou que a música de Mímer parodiava características físicas que supostamente seriam judaicas. Para um estudo da imagética antijudaica na obra musical de Wagner, cf. M. A. Weiner, *Richard Wagner and the Anti-Semitic Imagination*. Sobre a observação de Mahler, cf. idem, p. 28.

68 C. Wagner, *Die Tagebücher*, p. 852.

resoluta com que a oposição entre povo alemão e povo judeu é elevada à categoria de tema central da história mundial. Nos *Fundamentos*, de Chamberlain [sua grande obra de 1899, *Os Fundamentos do Século xix*], essa imagem dualista da história encontra sua formulação mais cerrada[69].

Seguindo o com frequência repetido tema do círculo de Bayreuth, Chamberlain clamava pelo nascimento de uma religião cristã alemã, um cristianismo limpo de seu espírito judaico, como único ponto de partida para a regeneração. Em outras palavras, a redenção da cristandade ariana somente seria alcançada pela eliminação dos judeus. Mas, mesmo aqui, não fica inteiramente claro se a luta redentora contra os judeus devia ou não ser travada apenas contra o espírito judaico. Nas linhas finais do volume 1, após afirmar que no século xix, em meio a um caos de raças mistas, as duas raças "puras" que se defrontavam eram os judeus e os alemães, Chamberlain escrevia: "Nenhuma discussão sobre 'a humanidade' pode alterar o fato de que isso significa luta. Quando a luta não é travada com balas de canhão, ela prossegue em silêncio no coração da sociedade [...]. Mas essa luta, por mais silenciosa que seja, é, mais que todas as outras, uma luta de vida e morte"[70]. Chamberlain provavelmente não tinha muito claro o que ele próprio queria dizer com essas palavras em termos de ação concreta, mas estava sem dúvida fornecendo uma formulação extremamente sistemática do que ele considerava ser a luta fundamental que moldava o curso da história mundial.

Três anos após a publicação dos *Fundamentos*, de Chamberlain, o *Frankfurter Zeitung* tinha de admitir que a obra "provocou mais agitação que qualquer outro lançamento no mercado de livros nos últimos anos"[71]. Até 1915 o livro havia vendido mais de cem mil cópias e era amplamente citado. Com o passar dos anos, Chamberlain, que em 1908 se casara com a filha de Richard e Cosima Wagner, Eva, foi se tornando cada vez mais obcecado "com a questão judaica". Em pesadelos, relatava Chamberlain, ele se via raptado por judeus e condenado à morte[72]. "Meu amigo e advogado em Munique", informava ele a um velho conhecido, "me diz que não há nenhum ser vivo a quem os judeus odeiem mais que a mim"[73]. A guerra e, mais ainda, os primeiros anos da República de Weimar levaram essa obsessão a seus limites mais extremos. Hitler o visitou em Bayreuth, em 1923: ao, a essa altura paralítico, profeta do

---

69 W. Schüler, *Der Bayreuther Kreis von seiner Entstehung bis zum Ausgang der Wilhelminischen Ära*, p. 256.
70 H. S. Chamberlain, *Foundations of the Nineteenth Century*, v. 1, p. 578.
71 G. Field, *Evangelist of Race*, p. 225.
72 Idem, p. 326.
73 Idem, ibidem.

antissemitismo redentor foi concedida a suprema felicidade de encontrar – e reconhecer como tal – o salvador que resgataria a Alemanha dos Judeus[74].

IV

O impacto da Grande Guerra e da Revolução Bolchevique sobre a imaginação europeia foi mais forte que o de qualquer outro acontecimento desde a Revolução Francesa. Mortes em massa, agitações políticas turbulentas e visões de catástrofes futuras alimentavam a atmosfera apocalíptica generalizada que se instalara em toda a Europa[75]. Além da intensificação do nacionalismo em vários países, as esperanças, temores e ódios de milhões se cristalizavam ao longo do grande divisor político que atravessaria a história nas décadas seguintes: o medo da revolução, de um lado, a exigência dela, de outro. Os que temiam a revolução frequentemente identificavam nos judeus os líderes dela. Agora a prova de uma conspiração judaica mundial era incontroversa: os judeus estavam prestes a destruir toda a ordem estabelecida, aniquilar a cristandade e impor seu domínio. Em sua obra de 1921, *World Revolution*, a historiadora inglesa Nesta Webster perguntava:

> quem são [...] os autores da Conspiração? [...] Qual o objeto último de seu desejo de destruir a civilização? O que esperam ganhar com isso? É essa manifesta ausência de motivos, essa cruzada de destruição, aparentemente sem objetivos, levada avante pelos bolcheviques da Rússia, que leva muita gente a acreditar na teoria de uma conspiração judaica para destruir a cristandade[76].

Webster estava entre os que acreditavam nessa tese e também, a seu próprio modo, na época, Thomas Mann. "Também falamos do tipo de judeu russo, o líder do movimento revolucionário mundial", escrevia Mann em seu diário, em 2 de maio de 1918, registrando uma conversa com Ernst Bertram, "essa mistura explosiva de radicalismo intelectual judaico e entusiasmo cristão eslavo". E acrescentava: "um mundo que ainda conserva o instinto de

---

74 Sobre a visita de Hitler a Chamberlain, cf. idem, p. 436.

75 Alguns historiadores deram ênfase às semelhanças nas reações à guerra em toda a Europa. Cf. sobretudo J. Winter, *Sites of Memory, Sites of Mourning*. Outros deram destaque às diferenças: o surgimento de um sentimento hostil à guerra na França; o de uma disposição genocida na Alemanha. Cf. O. Bartov, *Murder in Our Midst*, sobretudo o cap. 2. Mas uma imensa bibliografia reconhece como apocalíptica a atmosfera do pós-guerra.

76 N. H. Webster, *World Revolution*, p. 293.

autopreservação deve agir contra essa gente com toda a energia que puder ser mobilizada e com a rapidez de uma lei marcial"[77].

A mistura ideológica mais explosiva presente na Alemanha de pós-guerra era uma mescla do medo constante da ameaça vermelha com o ressentimento nacionalista nascido da derrota. Os dois elementos pareciam estar relacionados e os acontecimentos caóticos que marcaram os primeiros meses do regime pós-imperial pareciam confirmar as piores suspeitas e alimentar as chamas do ódio.

Dois meses após a derrota da Alemanha, o movimento revolucionário de extrema esquerda dos espartaquistas tentava tomar o poder em Berlim. A revolta fracassou e, na tarde do dia 15 de janeiro de 1919, seus principais líderes, Karl Liebknecht e Rosa Luxemburgo, tendo provavelmente sido traídos, foram presos no local onde se refugiavam, no bairro de Wilmersdorf, em Berlim[78]. Ambos foram levados ao hotel Eden, sede da Garde-Kavallerie-Schützen-Division, onde foram interrogados por um certo Capitão Pabst. Liebknecht foi levado primeiro, transportado de carro ao Tiergarten e "baleado, ao tentar escapar". Luxemburgo, já brutalmente espancada no Eden, foi arrastada para fora semimorta, passada de um carro para outro e então executada com um tiro. Seu corpo foi lançado ao Landwehrkanal, onde permaneceu até março. Um tribunal militar absolveu a maioria dos oficiais diretamente envolvidos nos assassinatos (condenando apenas dois deles a uma pena mínima de prisão) e o ministro da Defesa Gustav Noske, um social-democrata, assinou sem mais esses veredito questionáveis. Rosa Luxemburgo e seus companheiros mais próximos entre os espartaquistas de Berlim, Leo Jogiches e Paul Levi, eram judeus.

A posição de destaque ocupada por judeus entre os líderes da revolução na Baviera alimentou mais ainda o já feroz ódio antissemita da direita, assim como fizera seu papel entre os espartaquistas de Berlim. Foi Kurt Eisner, o líder judeu do Partido Socialista Independente (USPD) na Baviera, quem derrubou a dinastia Wittelsbach, que durante séculos dera à Baviera seus reis. Durante seu curto período como primeiro ministro, Eisner aumentou o número de seus inimigos, ao publicar arquivos incriminadores relativos à responsabilidade da Alemanha na deflagração da guerra e convocar o povo alemão a ajudar na reconstrução das áreas devastadas em territórios inimigos, o que foi simplesmente interpretado como um convite à escravização dos alemães, "de crianças a idosos, [que seriam] obrigados a carregar pedras para as áreas devastadas pela guerra"[79].

---

77 T. Mann, *Tagebücher, 1918-1921*, p. 223.

78 Os detalhes que se seguem foram obtidos em P. Nettl, *Rosa Luxemburgo*, v. 2, p. 772 e s.

79 S. Friedlander, Political Transformations..., em H. A. Strauss (org.), *Hostages of Modernization*, v.1, p. 159.

Em 21 de fevereiro de 1919, Eisner foi assassinado pelo conde Anton Arco-Valley, um estudante de direito de formação direitista. Após um curto governo provisório de maioria socialista, foi estabelecida a primeira das duas Repúblicas dos Conselhos. Na verdade, apenas uma minoria entre os líderes das repúblicas da Baviera era de origem judaica, mas algumas de suas personalidades mais visíveis podiam ser identificadas como tais[80].

As opiniões exacerbadas da direita a levaram a acusar esses líderes judaicos de ser responsáveis pela principal atrocidade cometida pelos vermelhos: o fuzilamento de reféns no porão do Luitpold-Gymnasium, em Munique. Até hoje, a sequência exata dos acontecimentos permanece obscura. Ao que parece, no dia 26 de abril de 1919, sete ativistas da Sociedade Thule, um grupo antissemita extremista, entre eles sua secretária, a condessa Heila von Westarp, foram detidos no escritório da organização. Dois oficiais do Exército da Baviera e um artista judeu chamado Ernst Berger foram acrescentados aos sete membros da Sociedade Thule. Em 30 de abril, após a chegada a Munique de notícias informando que unidades voluntárias de contrarrevolucionários, a corporação de voluntários de Franz Freiherr Ritter von Epp, haviam executado prisioneiros vermelhos na cidade de Starnberg, o comandante das forças vermelhas, um ex-fuzileiro naval chamado Rudolf Egelhofer, ordenou o fuzilamento dos reféns. Essas execuções, uma atrocidade que constituía um caso isolado, se tornaram a ilustração fundamental do terror judaico-bolchevique na Alemanha; nas palavras do historiador britânico Reginald Phelps, esse "assassinato de reféns tem grande êxito em explicar [...] a onda furiosa de antissemitismo que se espalhou, porque a ação foi declarada como representando a vingança dos 'líderes soviéticos judeus' [...] contra os inimigos antissemitas". Desnecessário dizer que o fato de que Egelhofer e "todos os diretamente vinculados ao fuzilamento" não eram judeus e de que uma das vítimas era um judeu não mudava em nada essa percepção[81].

O impacto da situação em Berlim e na Baviera era intensificado pela agitação revolucionária em outras partes da Alemanha. De acordo com o historiador francês pró-nazista Jacques Benoist-Méchin, revolucionários de origem judaica também estavam atuando em várias outras revoltas regionais: "em Magdeburgo, era Brandes; em Dresden, Lipinsky, Geyer e Fleissner; na região do Ruhr, Markus e Levinsohn; nas cidades de Bremerhaven e Kiel, Grünewald e

---

80 Entre os 27 membros do governo da República dos Conselhos da Baviera, oito dos mais influentes eram de origem judaica: Eugen Levine-Nissen, Towia Axelrod, Frida Rubiner (pseudônimo Friedjung), Ernst Toller, Erich Mühsam, Gustav Landauer, Ernst Niekisch, Arnold Wadler. Cf. H.-H. Knütter, *Die Juden und die Deutsche Linke in der Weimarer Republik, 1918-1933*, p. 118.

81 R. H. Phelps, "Before Hitler Came", *Journal of Modern History*, v. 35, p. 253-254.

Kohn; no Palatinado, Lilienthal e Heine"[82]. O importante aqui não é a exatidão de cada detalhe, mas a atitude generalizada que esse relato exprimia.

Esses acontecimentos na Alemanha eram percebidos em relação a revoltas que simultaneamente ocorriam na Hungria: o estabelecimento da República Soviética de Béla Kun e o fato de que, na Hungria, a presença "judaica" era ainda mais numerosa que em Berlim e em Munique. O historiador britânico da Europa central R. W. Seton-Watson observava, em maio de 1919: "o sentimento antissemita está crescendo progressivamente em Budapeste (o que não é de surpreender, considerando-se que não somente o governo na íntegra, salvo dois, e 28 dos 36 membros do ministério são judeus, mas também uma grande parcela dos oficiais vermelhos)"[83]. Alguns desses revolucionários, como o notório Tibor Szamuely, eram de fato personagens absolutamente sinistras[84]. Por fim, a ampla desproporção de líderes de origem judaica entre os próprios bolcheviques parecia comprovar o que tinha se tornado um mito onipresente e ressoava por todo o mundo ocidental[85].

Não havia nenhum mistério no fato de que os judeus se unissem em grandes números à esquerda revolucionária. Esses homens e mulheres pertenciam à geração de judeus pouco tempo antes emancipados, que haviam abandonado o quadro da tradição religiosa pelas ideias e ideais do racionalismo e, muito frequentemente, pelo socialismo (ou o sionismo). Suas escolhas políticas derivavam tanto da discriminação à qual estavam sujeitos, sobretudo na Rússia, mas também na Europa central, quanto do apelo da mensagem socialista de igualdade. No novo mundo socialista, toda a humanidade sofredora seria redimida e, com isso, o estigma judaico desapareceria:

82 J. Benoist-Méchin, *Histoire de l'armée allemande*, v. 2, p. 216. Outros políticos judeus de esquerda provocavam reações não menos negativas. No dia 8 de novembro de 1918, por exemplo, pouco depois da ruptura nas relações entre a Alemanha e a Rússia, o embaixador judeu soviético em Berlim, Adolf Yoffe, que estava para deixar a Alemanha, transferiu grandes somas em dinheiro para o deputado socialista judeu independente Oskar Cohn, que se tornara subsecretário no Ministério da Justiça. O dinheiro era destinado ao patrocínio de propaganda revolucionária e à compra de armas. Os fatos logo se tornaram conhecidos e foram amplamente discutidos na imprensa. Sobre os detalhes dessa transação, assim como dos debates na imprensa, cf. H.-H. Knütter, op. cit., p. 70. Talvez até mais violenta tenha sido a reação na esfera nacionalista ao fato de que um membro judeu da Assembleia Nacional, Georg Gothein, se tornasse presidente da Comissão de Investigação das causas da guerra e, juntamente com Oskar Cohn e Hugo Sinzheimer, ficasse a cargo da investigação de Hindenburg e Ludendorff. Cf. S. Friedlander, Political Transformations..., op. cit., p. 158-161; e, sobretudo, B. Suchy, The Verein zur Abwehr des Antisemitismus (II), *LBIY*, v. 30, p. 78-79.

83 Citado em N. Katzburg, *Hungary and the Jews*, p. 35.

84 Sobre os acontecimentos revolucionários e os líderes da revolução húngara, cf. em particular R. L. Tökés, *Béla Kun and the Hungarian Soviet Republic*.

85 Dois romancistas franceses, os irmãos Jérôme e Jean Tharaud, escreveram sobre o regime de Béla Kun na Hungria. Sua fantasia histórica foi publicada em 1921 e foi traduzida para o inglês em 1924, com base na 64ª edição francesa, com o título *When Israel Is King*. Quase todos os companheiros revolucionários de Béla Kun eram judeus.

essa era, para pelo menos alguns desses "judeus não judaicos"[86], a visão de um messianismo secularizado, que talvez soasse como um eco distante da mensagem dos profetas que eles não mais reconheciam. De fato, quase todos eram na verdade hostis, em nome do universalismo revolucionário, a tudo que pudesse se denominar judaico. De forma alguma eles representavam as tendências políticas da grande maioria das populações judaicas da Europa central e ocidental, que eram politicamente liberais ou estavam próximas dos social-democratas, enquanto apenas uma fração era decididamente conservadora. Por exemplo, o Partido Democrata Alemão, preferido pela maioria dos judeus alemães, era a própria epítome do centro liberal no cenário político[87]. Boa parte disso era ignorada pelo público não judeu. Em particular na Alemanha, o ódio acumulado nos redutos nacionalistas precisava de um pretexto e um alvo para ser descarregado. Assim, ele se lançou contra os judeus revolucionários.

Rosa Luxemburgo e os líderes judeus na Baviera representavam a ameaça da revolução judaica. Para os nacionalistas, a nomeação de diversos judeus para ministros de gabinete e outros altos cargos era comprovação de que a odiada república estava de fato nas mãos dos judeus; a direita podia apontar para Hugo Haase, Otto Landsberg, Hugo Preuss, Eugen Schiffer, Emanuel Wurm, Oskar Cohn e para o mais visível de todos os ministros judeus, Walther Rathenau[88]. Rosa Luxemburgo foi assassinada no dia 15 de janeiro de 1919; Walther Rathenau, ministro das relações exteriores, foi assassinado em 25 de junho de 1922, apenas seis meses depois de nomeado.

Os assassinos de Rathenau – Erwin Kern (de 24 anos de idade) e Hermann Fischer (26 anos), ambos membros de uma unidade de voluntários denominada Brigada Naval Ehrhardt, e seus cúmplices Ernst Werner Techow (21), seu irmão Gerd (16) e Ernst von Salomon, também um ex-membro da unidade de voluntários – eram, nas palavras de Salomon, "jovens de boa

---

86 I. Deutscher, *The Non-Jewish Jew and Other Essays*.

87 E. Hamburger e P. Pulzer, Jews as Voters in the Weimar Republic, LBIY, v. 30, p. 48, citam dois conjuntos estatísticos sobre o voto judaico na Alemanha de Weimar: segundo um observador da época, em 1924, 42% dos judeus votavam no SPD, 40% no DDP, 8% no KPD, 5% no DVP e 2% no Wirtschaftspartei; de acordo com a pesquisa de 1972 realizada por Arnold Paucker, a distribuição era a seguinte: 64% para o DDP, 28% para o SPD, 4% para o DVP, 4% para o KPD. O ponto importante é que, em ambas as contagens, mais de 80% dos eleitores judeus optavam por liberais progressistas ou pela esquerda moderada.

88 Sobre a participação dos judeus na vida política da República alemã em sua fase inicial, cf., em particular, W. T. Angress, Juden im politischen Leben der Revolutionszeit, em W. E. Mosse, *Deutsches Judentum in Krieg und Revolution*; idem, Revolution und Demokratie, em R. Rürup (org.), *Jüdische Geschichte in Berlin*. Sobre Rathenau, cf. E. Schulin, *Walter Rathenau: Repräsentant, Kritiker und Opfer seiner Zeit*.

família"[89]. Em seu julgamento, Techow declarou que Rathenau era um dos Sábios de Sião[90].

O texto canônico dos defensores da teoria da conspiração judaica, os *Protocolos dos Sábios de Sião*, foi secretamente elaborado na metade da década de 1890 por ordem de Piotr Rachkovsky, chefe da agência de Paris da Okhrana, a polícia secreta tsarista[91]. Os *Protocolos* abrangiam elementos de duas obras da década de 1860, um panfleto francês contra Napoleão III e um romance antissemita alemão, *Biarritz*, de autoria de um certo Hermann Gödsche[92]. Toda essa mistura era destinada a combater a disseminação do liberalismo no âmbito do Império Russo. Rachkovsky estava apenas seguindo a fértil tradição de atribuir conspirações mundiais aos judeus.

Os *Protocolos* permaneceram na obscuridade até a irrupção da Revolução Russa. Mas o desmoronamento do regime tsarista e o desaparecimento dos Romanov e, mais tarde, das dinastias Hohenzollern e Habsburgo de repente dotaram esse texto misterioso, que foi levado para o Ocidente pelos russos brancos em fuga, de um significado inteiramente novo. Na Alemanha, onde os *Protocolos* foram inseridos, em 1919, na publicação de tendência *völkisch* denominada *Auf Vorposten*, o texto viria a ser considerado como prova concreta da existência de forças obscuras responsáveis pela derrota na guerra e por seu caos revolucionário, humilhação e escravidão nas mãos dos vencedores durante o pós-guerra. Trinta e três edições alemãs do texto foram publicadas nos anos anteriores à ascensão de Hitler ao poder e inúmeras outras, após 1933[93].

As várias versões dos *Protocolos*, publicadas no decorrer de décadas em diversas línguas, compartilhavam de um núcleo basicamente idêntico, que

---

89 Idem, p. 137.

90 Os assassinos de Rathenau alegavam também que, ao patrocinar a política de cumprimento das obrigações de guerra exigida pelos Aliados, o ministro judeu estava determinado a acabar com a Alemanha, que ele pretendia a bolchevização do país, que era casado com a irmã do líder bolchevique judeu Karl Radek e assim por diante. A motivação antijudaica dos assassinos de Rathenau é inquestionável. O que permanece pouco claro, no entanto, é se – além de seu ódio ao judeu Rathenau – seus assassinos também serviram de instrumento nas mãos de grupos de ultradireita que buscavam explorar seu assassinato para desestabilizar todo o sistema republicano. Sobre essa questão, cf. M. Sabrow, *Der Rathenaumord*, sobretudo as p. 114 e s.

91 Para uma reconstrução detalhada da origem e difusão dos *Protocolos*, cf. N. Cohn, *Warrant for Genocide*.

92 O panfleto contra Napoleão III era intitulado "Dialogue aux enfers entre Montesquieu et Machiavel" e fora composto em Bruxelas, em 1864, por um liberal francês, Maurice Joly; o romance *Biarritz*, escrito em 1868 pelo alemão Hermann Gödsche, sob o pseudônimo de John Ratcliff, descrevia a reunião secreta dos líderes das Tribos de Israel, num cemitério em Praga, para tramar o domínio judeu sobre o mundo.

93 Cf. N. Cohn, *Warrant for Genocide*, p. 138. Para maiores detalhes e nuances relativos ao contexto histórico dos *Protocolos*, cf. a introdução de Richard S. Levy a B. W. Segel, *A Lie and a Libel*. O estudo de Segel foi originalmente publicado em Berlim em 1926.

consistia em discussões que, segundo se supunha, teriam se realizado entre os "Sábios de Sião" em 24 reuniões secretas. No futuro imediato, os sábios não deviam hesitar em empregar nenhum meio violento para chegar ao controle do mundo. De forma bastante estranha, o poder absoluto não era destinado a levar a alguma forma de despotismo brutal com o objetivo de beneficiar apenas os judeus. A meta última era descrita como o estabelecimento de um regime global socialmente orientado. O povo iria exultar com um governo assim benevolente e sua satisfação asseguraria a sobrevivência do Reino de Sião durante séculos e séculos.

A última parte dos *Protocolos* soa como uma prescrição para alguma forma de utopia totalitarista, exatamente o que muita gente desejava nesse período de incerteza econômica e crise política. Por que, então, esse opúsculo inspirava tanto medo e aversão? O efeito de ódio provocado pelos *Protocolos* se devia simplesmente à própria ideia de um domínio judaico sobre o mundo cristão. Os sábios estavam tramando a desintegração da cristandade. No mesmo espírito, a destruição das elites tradicionais e a própria ideia de revolução eram aterradoras para grande parte da classe média e alta, à qual pertencia a maioria dos leitores dos *Protocolos*. Uma edição norte-americana de 1920, por exemplo, claramente vinculava as maquinações dos Sábios de Sião à ameaça bolchevique[94].

Num artigo intitulado "The Jewish Peril, a Disturbing Pamphlet: Call for Inquiry", o *Times* de Londres, do dia 8 de maio de 1920, perguntava: "O que são esses 'Protocolos'? Eles são autênticos? Nesse caso, que reunião maligna tramou esses planos e se deleitou com sua exposição? São eles uma falsificação? Nesse caso, de onde vem o tom sinistro de profecia, uma profecia em parte cumprida, em parte bem adiantada em termos de seu cumprimento?"[95]. Um ano mais tarde, o *Times* voltava atrás, declarando que os *Protocolos* eram na verdade uma falsificação. No entanto, o artigo de maio de 1920 havia apontado para um medo profundamente arraigado em muitas das mentes: de cair vítima de forças secretas que estariam à espreita na escuridão. Os *Protocolos*, dessa forma, exacerbavam ao extremo a paranoia de crise e desastre que prevalecia na época. Se a ameaça judaica era supranacional, a luta contra ela também tinha de se tornar global e sem concessões. Assim, numa atmosfera imersa em ameaças concretas e prognósticos imaginários, o antissemitismo redentor parecia, mais que nunca, oferecer respostas aos enigmas da época. E para os verdadeiros adeptos das doutrinas antijudaicas, a luta fundamental pela salvação exigia o fanatismo incondicional de alguém que pudesse mostrar a saída e liderá-los na ação.

---

94 *The Protocols and the World Revolution including a Translation and Analysis of the "Protocols of the Meetings of the Zionist Men of Wisdom"*, p. 144.

95 Idem, p. 144-148, a passagem citada encontra-se nas p. 147-148.

V

"Os antissemitas da classe média e os jovens estudantes vieram [...]. Adolf Hitler falou". O *Münchner Post* estava descrevendo uma assembleia, na primavera de 1920, do antigo dap (o Deutsche Arbeiterpartei, ou Partido dos Trabalhadores Alemães), que acabava de ser renomeado como NSDAP.

> Ele se comportou como um comediante. A cada terceira sentença do discurso, como num refrão musical, vinha o "estribilho": os hebreus são os culpados. Uma coisa deve ser reconhecida: o próprio Herr Hitler admitia que seu discurso era ditado pelo ódio racial. Quando fez a pergunta sobre como seria possível se defender dos judeus, gritos da assembleia deram a resposta "Enforquem! Matem!"[96].

Embora Hitler, na carta (anteriormente citada) a Adolf Gemlich, condenasse o antissemitismo emocional e insistisse num processo racional e sistemático para obter a eliminação total dos judeus, seu próprio estilo durante os primeiros anos de suas atividades antijudaicas estava muito próximo das técnicas turbulentas e demagógicas de outros oradores do movimento *völkisch* e seus argumentos não iam muito além das interpretações habituais da história no estilo *völkisch*[97]. "O que aconteceu à cidade dos tranquilos vienenses?", perguntava ele em 27 de abril, num discurso intitulado "A Política e o Povo Judeu" e, na resposta, exclamava: "Que vergonha! É uma segunda Jerusalém!". Nesse ponto, o relatório da polícia menciona: "aplausos tempestuosos"[98]. Nada disso, contudo, resultava numa apresentação detalhada do credo antijudaico de Hitler. Uma importante tentativa nesse sentido seria feita pela primeira vez no dia 13 de

---

96 Citado em G. Franz-Willing, *Die Hitler-Bewegung, v. 1, Der Ursprung 1919-1922*, p. 150.

97 Toda afirmação relativa ao desenvolvimento psicológico, intelectual e ideológico de "Hitler antes de Hitler" e, dessa forma, às origens de sua obsessão antissemita é inteiramente conjectural. Estariam as aplicações – e em particular suas injeções de morfina durante a doença terminal da mãe de Hitler – feitas pelo médico judeu Eduard Bloch na base da identificação que, no futuro, o ditador faria entre o judeu e a penetração mortal do corpo materno da nação e da raça? As teorias do professor de história pan-germanista, Leopold Pötsch, na Realschule em Linz teriam um alcance intelectual? Sem dúvida, os elementos mais antigos da visão de mundo de Hitler se originam em sua estada em Viena, de 1908 a 1913; lá ele provavelmente foi influenciado pelas campanhas políticas de Georg von Schönerer e Karl Lüger. Mas até onde podemos confiar em suas próprias declarações sobre esse período ou nas chamadas lembranças de seus companheiros dessa época, August Kubizek e Reinhold Hanisch?

Para um excelente relato sobre a vida de Hitler antes de 1918, cf. em particular, A. Bullock, *Hitler: A Study in Tyranny*; J. C. Fest, *Hitler*; bem como as úteis correções relativas a esse período em A. Joachimsthaler, *Korrektur einer Biographie*. Para uma correlação sistemática entre algumas indicações do antissemitismo inicial de Hitler e suas visão de mundo e políticas antijudaicas de períodos posteriores, cf. G. Fleming, *Hitler and the "Final Solution"*.

98 A. Hitler, *Sämtliche Aufzeichnungen*, p. 128.

agosto de 1920, num discurso de três horas na Hofbräuhaus, uma cervejaria de Munique. O título anunciado era "Por Que Somos Antissemitas?"[99].

Logo de início, Hitler lembrava seu público de que o partido liderava uma luta contra os judeus que tinha relevância direta para os trabalhadores e seus problemas básicos. Então se seguia uma longa digressão sobre a essência do trabalho criativo. De forma tortuosa, Hitler argumentava que o trabalho, considerado não como necessidade imposta, mas como atividade criativa, tinha se tornado o próprio símbolo e essência da raça nórdica, sua forma última sendo a construção do Estado. Isso o levava de volta a "o judeu".

Tomando a Bíblia, "que ninguém pode dizer que foi escrita por um antissemita", como base de sua argumentação, Hitler afirmava que, para os judeus, o trabalho era punição: eles eram incapazes de trabalhar criativamente e, assim, incapazes de construir um Estado. O trabalho para eles não passava de exploração das realizações de outros. Partindo desse postulado, Hitler então afirmava a natureza parasítica da existência dos judeus na história: através dos milênios, a sobrevivência dos judeus e seu empenho racial em controlar outros povos da terra implicavam minar de forma parasítica a própria sobrevivência dos povos que os recebiam, a exploração do trabalho dos outros em benefício dos interesses raciais dos próprios judeus. O caráter absoluto do imperativo racial era inquestionável e Hitler o constatava em termos igualmente absolutos:

> com tudo isso, temos de reconhecer que não existe nem bom nem mau judeu; todos aqui operam de acordo com os imperativos da raça, porque a raça – ou, preferimos dizer, a nação? – e tudo que está vinculado a ela, o caráter e tudo mais, estão, como explicam os próprios judeus, no sangue e esse sangue compele cada indivíduo a agir segundo esses princípios [...]. Ele é judeu: ele é impelido por um único pensamento: como vou elevar minha nação para que se torne a nação dominante?[100].

O Partido Nacional-Socialista entrava na arena nesse momento crucial da luta. Surgia a nova esperança de que "finalmente virá o dia em que nossas palavras silenciarão e terá início a ação"[101].

Como salientou o historiador alemão Eberhard Jäckel, o amplo alcance do antissemitismo de Hitler somente apareceria em sua obra *Mein Kampf*[102], na qual a plena força da dimensão apocalíptica da luta antijudaica encontraria

---

99 Para a primeira publicação completa do texto do discurso, com um detalhado comentário crítico, cf. R. H. Phelps, Hitlers "Grundlegende" Rede über den Antisemitismus, *VfZ*, ano 16, n. 30, p. 390 e s.

100 A. Hitler, *Sämtliche Aufzeichnungen...*, p. 199.

101 Idem, p. 202.

102 E. Jäckel, *Hitler's Worldview*, p. 52 e s.

sua expressão. Isso podia ser consequência de uma evolução independente de Hitler; mais provavelmente, era resultado da contribuição ideológica de um homem que Hitler conheceu no final de 1919 ou início de 1920: o escritor, editor jornalístico, panfletista, viciado em drogas e alcoólatra Dietrich Eckart.

A influência ideológica de Eckart sobre Hitler e a ajuda prática que ele lhe ofereceu em diversas ocasiões decisivas entre 1920 e 1923 têm sido mencionadas com frequência. O próprio Hitler jamais negou a influência de Eckart: "ele brilhava aos nossos olhos como uma estrela polar", diria Hitler sobre ele, acrescentando: "na época, eu era intelectualmente uma criança de mamadeira"[103]. *Mein Kampf* foi dedicada aos companheiros de Hitler mortos durante o golpe de 1923 e a Dietrich Eckart (que tinha morrido próximo a Berchtesgaden na véspera do Natal de 1923).

O notório "diálogo" entre Eckart e Hitler, *Der Bolschewismus von Moses bis Lenin: Zwiegespräch zwischen Adolf Hitler und Mir* (O Bolchevismo de Moisés a Lênin: Diálogo entre Adolf Hitler e Eu), publicado alguns meses após a morte de Eckart, foi escrito por Dietrich Eckart sozinho, provavelmente até mesmo sem o conhecimento de Hitler[104]. Para alguns historiadores, o *Diálogo* é expressão da posição ideológica básica de Hitler quanto à questão judaica[105]; para outros, o texto corresponde muito mais ao modo de pensar de Eckart que ao de Hitler[106]. Fosse quem fosse o autor do panfleto: "tudo que sabemos sobre Eckart e Hitler dá credibilidade ao documento como representação da relação entre eles, assim como das ideias de que compartilhavam"[107].

Os temas do *Diálogo* aparecem claramente em *Mein Kampf*, sempre que a retórica de Hitler passa para o nível meta-histórico. O que imediatamente chama a atenção no *Diálogo*, já em seu próprio título, é o fato de que o bolchevismo não é identificado com a ideologia e a força política que subiu ao poder na Rússia em 1917; o bolchevismo é, ao contrário, a ação destrutiva do judeu através das épocas. Na verdade, durante os primeiros anos da carreira de Hitler como agitador – e isso inclui o período em que o texto de *Mein Kampf* foi escrito – o bolchevismo político, embora sempre reconhecido como um dos instrumentos empregados pelos judeus para obter o domínio do mundo, não é uma de suas obsessões centrais: ele somente é um tema importante na medida em que o tema dos judeus, do qual deriva, é o

---

103 A. Hitler, *Hitler Secret Conversations 1941-1944*, p. 178.

104 S. Esh, Eine neue literarische Quelle Hitlers? Eine methodologische Überlegung, *Geschichte und Unterricht*, v. 15, p. 487 e s.; M. Plewnia, *Auf dem Weg zu Hitler*, p. 108-109.

105 E. Nolte, Eine frühe Quelle zu Hitlers Antisemitismus, *Historische Zeitschrift*, 192 , em particular as p. 604 e s.

106 S. Esh, Eine neue literarische Quelle Hitlers?, op. cit.

107 R. M. Engelman, "Dietrich Eckart", p. 236.

tema principal. Em outras palavras, o período revolucionário de 1919 não se encontra no palco central da propaganda de Hitler. Assim, considerar o nazismo sobretudo como uma reação de pânico à ameaça do bolchevismo, como argumenta o historiador alemão Ernst Nolte, por exemplo, não corresponde ao que conhecemos da carreira inicial de Hitler.

O *Diálogo* é dominado pela dimensão apocalíptica atribuída à ameaça judaica. O panfleto de Eckart é sem dúvida uma das apresentações mais extremas do judeu como a força do mal na história. Bem no final do texto, "ele" (isto é, Hitler) faz um resumo dos objetivos últimos do judeu:

> "é sem dúvida assim", disse ele, "como você [Eckart] uma vez escreveu: 'só se pode compreender o judeu quando se conhece quais os objetivos últimos a que ele aspira. Para além do domínio do mundo, rumo à *destruição* do mundo'"[108].

Essa visão do mundo sendo destruído em consequência da ação dos judeus reaparece quase que palavra por palavra em *Mein Kampf*: "se, com a ajuda de seu credo marxista, o judeu obtém vitória sobre os outros povos do mundo", escrevia Hitler, "sua coroa será a coroa fúnebre da humanidade e este planeta, como acontecia milhares de anos atrás, vai se mover através do éter vazio de seres humanos"[109].

No final do segundo capítulo de *Mein Kampf* vem a notória profissão de fé: "hoje acredito que estou agindo de acordo com a vontade do Criador Todo-poderoso: ao me defender do judeu, estou lutando pela obra do Senhor"[110]. Em Eckart, assim como em Hitler e seu credo tal como ele o formulava a partir de 1924, o antissemitismo redentor encontrava sua expressão última.

Alguns historiadores converteram os protestos ideológicos de Hitler num sistema coeso e altamente coerente, uma visão de mundo convincente (em seus próprios termos); outros, descartaram inteiramente a importância de suas declarações ideológicas tanto como sistema quanto como diretrizes políticas[111].

---

108 D. Eckart, *Der Bolschewismus von Moses bis Lenin*, p. 49.

109 A. Hitler, *Mein Kampf*, p. 65.

110 Idem, p. 679.

111 A apresentação mais completa da ideologia de Hitler como um sistema intelectual coerente encontra-se em E. Jäckel, *Hitler's Worldview*; sobre a relação direta entre a visão de mundo e as políticas nazistas, cf. em particular, do mesmo autor, *Hitler in History*. Essa posição ("intencionalista") opõe-se à abordagem "funcionalista", que suprime o aspecto sistemático da ideologia de Hitler e marginaliza ou nega completamente toda relação causal direta entre a ideologia de Hitler e as políticas do regime nazista. O representante mais coerente da posição funcionalista extrema foi Hans Mommsen: de sua autoria, com relação às políticas antijudaicas de Hitler, cf., em particular, The Realization of the Unthinkable, *From Weimar to Auschwitz*. Para uma excelente avaliação dessas diferentes abordagens, cf.]. Kershaw, *The Nazi Dictatorship*, sobretudo, os capítulos

Argumentamos aqui que a visão de mundo de Hitler sugeria metas para sua ação, embora em termos muito gerais, e oferecia algumas diretrizes para iniciativas políticas concretas de curto prazo. Seus temas antijudaicos, apresentados em conjuntos de ideias e imagens obsessivas, tinham a coerência interna das obsessões, em particular as de tipo paranóico. Por definição, não existem lacunas nesses sistemas. Além disso, embora a visão de mundo de Hitler fosse inteiramente voltada para a propaganda e a ação políticas, nem por isso ela deixava de ser expressão de uma crença fanática. A combinação entre crença total e ânsia por mobilização de massas e ação extremista levou naturalmente à apresentação dessa visão de mundo em proposições simples e constantemente repetidas, que eram comprovadas não por meio de elaborações intelectuais, mas por declarações apodíticas adicionais reforçadas por um fluxo constante de imagens violentas e metáforas emocionalmente carregadas. Quer essas declarações antijudaicas fossem originais, quer fossem a mera reapresentação de temas antissemitas antigos ou correntes (como de fato eram), isso no fundo é irrelevante, uma vez que seu impacto provinha do tom pessoal de Hitler e de seu próprio estilo individual de apresentar suas crenças políticas e metapolíticas.

Isso significa que as obsessões antijudaicas de Hitler devem ser analisadas em termos de patologia individual? Essa é uma linha de análise que foi muitas vezes adotada[112]; não é a que seguimos aqui. Basta dizer que toda interpretação desse tipo em geral parece ser altamente especulativa e, muitas vezes, reducionista. Além disso, imagens antijudaicas semelhantes, ameaças semelhantes e uma disposição semelhante para a violência eram compartilhadas desde o início por centenas de milhares de alemães que pertenciam à extrema direita e, mais tarde, à ala extremista do Partido Nazista. Se havia "patologia", então ela era compartilhada. Em vez de uma estrutura individual, devemos nos confrontar com a patologia social das seitas. No entanto, é incomum uma seita se tornar um partido político moderno e é ainda mais incomum que seu líder e seus seguidores preservem seu fanatismo original, após chegar ao poder. Esse, todavia, foi o rumo improvável que os acontecimentos tomaram. E esse caminho, que conduziria a domínios do comportamento humano absolutamente incompreensíveis, tem um início bem documentado sob a plena luz da história: as fileiras de um pequeno partido extremista na Baviera

---

4 e 5; especificamente sobre as políticas antijudaicas, cf. uma avaliação de ambas as posições em S. Friedlander, From Anti-Semitism to Extermination, *Yad Vashem Studies*, v. 16.

112 Entre as muitas tentativas de explicar a personalidade de Hitler e, em particular, sua obsessão antijudaica em termos de psicopatologia, sobretudo pelo uso de conceitos da psicanálise, cf. em especial, R. Binion, *Hitler Among the Germans*; R. G. L. Waite, *The Psychopathic God*. Cf. também a análise elaborada durante a guerra e publicada cerca de trinta anos mais tarde: W. C. Langer, *The Mind of Adolf Hitler*. Os problemas introduzidos pelas investigações psicobiográficas têm sido discutidos em detalhe; para uma avaliação de algumas das questões, cf. S. Friedländer, *History and Psychoanalysis*.

de pós-guerra que, após o fracasso de sua tentativa de golpe em 1923, parecia condenado ao esquecimento na nova atmosfera de maior estabilidade política da República alemã.

Hitler repetia incessantemente uma história de danação, ocasionada pelos judeus, e uma história de redenção, pela vitória total sobre eles. Para o futuro Führer, os sinistros esforços dos judeus constituíam uma vasta atividade conspiratória que se estendia por toda a extensão da história ocidental. A estrutura da história contada por Hitler não era apenas coerente com seu conteúdo explícito; ela constituía também a essência da mensagem implícita que a história transmitia. Apesar da aparência de análise histórica, o judeu, na descrição de Hitler, era desistoricizado e aparecia como um princípio abstrato do mal em confronto com uma contrapartida não menos meta-histórica, dotada de natureza e papel igualmente imutáveis através dos tempos – a raça ariana. Enquanto o marxismo punha em destaque o conflito entre forças históricas em mudança, o nazismo e, em particular, a visão de mundo de Hitler consideravam a história como o confronto entre um bem imutável e um mal imutável. O resultado somente podia ser concebido em termos religiosos: danação ou redenção.

Havia um outro nível na visão de Hitler do inimigo judeu: ele era tanto uma força sobre-humana conduzindo os povos do mundo à danação quanto uma causa subumana de contaminação, desintegração e morte. A primeira imagem, a de uma força sobre-humana, levanta uma pergunta não respondida nem em *Mein Kampf* nem nos discursos de Hitler: por que os povos do mundo não ofereciam qualquer resistência, por que durante séculos eles tinham sido levados à ruína pelas maquinações dos judeus, sem oferecer resistência eficaz? Essa pergunta surgiria com força muitos anos mais tarde, no contexto do discurso de Hitler diante do Reichstag no dia 30 de janeiro de 1939, quando ele "profetizou" o extermínio dos judeus, caso eles voltassem a conduzir os povos europeus a uma guerra. Como era possível que as nações do mundo fossem incapazes de enfrentar essas maquinações?

Implícita nessa visão está a ideia de povos entorpecidos e hipnotizados em massa e completamente à mercê da conspiração judaica. Eles são o gado desafortunado, morto pelos desdenhosos carniceiros dos rituais judaicos nas cenas finais de *O Eterno Judeu*, o filme cuja produção foi iniciada e supervisionada por Goebbels em 1939-1940. Mas, como Hitler mostrava à exaustão em *Mein Kampf*, a imagem de controle sobre-humano normalmente dava lugar a uma segunda, a das ameaças subumanas de contaminação, infecção microbiana, disseminação da pestilência. São os bandos de ratos portadores de germes, que mais tarde apareceriam numa das cenas mais repelentes de *O Eterno Judeu*. Imagens de poder sobre-humano e pestilência subumana são representações contrárias, mas Hitler atribuía ambas a um único e mesmo ser, como se uma força capaz de mudanças e de mimese infinitas tivesse desfechado contra a humanidade uma ofensiva em constante mutação.

Muitas das imagens, não apenas na visão de Hitler do judeu, mas também no antissemitismo nazista em geral, parecem convergir para transformações constantes como essas. Essas imagens são o eco não distorcido das representações do judeu no passado como infinitamente mutante e infinitamente o mesmo, um morto-vivo, ora um viajante fantasmagórico ora um habitante fantasmagórico do gueto. Assim, a ameaça judaica onipresente se torna de fato informe e irrepresentável; como tal, ela conduz ao fantasma mais apavorante de todos: uma ameaça que está à espreita em toda parte e que, embora tudo penetre, é um portador invisível da morte, como gás tóxico se espalhando pelos campos de batalha da Grande Guerra.

A última grande expressão *por escrito* da obsessão antijudaica de Hitler foi o segundo volume de *Mein Kampf*, publicado em 1927. Um outro livro de Hitler, concluído em 1928, permaneceu na forma de manuscrito[113]: era politicamente mais seguro não revelar a violência das concepções do *Führer*, sobretudo nas questões internacionais, uma vez que ele agora trajava as vestes de estadista. Em seus discursos, no entanto, Hitler era menos contido.

Num artigo de 5 de novembro de 1925, intitulado "Hitler em Braunschweig", o jornal *Braunschweigische Landeszeitung* noticiava um discurso proferido pelo líder nazista numa reunião do partido na sala de concertos da cidade. Após mencionar alguns dos temas do discurso, o jornal comentava que "Hitler tratava dos judeus de forma bastante conhecida e do modo habitual. Todos sabem o que os nacional-socialistas têm a dizer contra esses cidadãos e, dessa forma, podemos nos poupar de relatar como Hitler discursou demoradamente sobre esse tema"[114].

O autor do artigo não poderia formular isso de forma mais concisa ou verdadeira. Uma observação análoga aparecia no relato do jornal *Mecklenburger Nachrichten*, em 5 de maio de 1926, noticiando um discurso de Hitler em Schwerin, dois dias antes[115]. A saraivada de insultos e ameaças contra os judeus foi, se é que possível, ainda mais colossal que no passado. A essa altura, quase nenhum dos discursos de Hitler deixava de incluir a retórica antissemita estabelecida nos primeiros discursos e em *Mein Kampf*. Era como se o fracasso do golpe de 1923 e a prisão e a dissolução temporária do Partido Nazista tivessem levado a uma fúria exacerbada, ou como se as exigências

---

113 A. Hitler, *Hitler's Secret Book*.
114 A. Hitler, *Reden, Schriften, Anordnungen, v. 1: Die Wiedergründung der* NSDAP, p. 208.
115 Idem, p. 421.

da agitação política requeressem as frases mais agressivas e repetitivas que pudessem ser formuladas. Os judeus da bolsa de valores e o capital judaico internacional eram colocados lado a lado com sanguinários revolucionários; os temas da poluição da raça judaica e de uma conspiração judaica para controlar o mundo eram despejados sobre os fiéis do partido em delírio, com o mesmo efeito imediato. Para desfechar seus ataques insistentes, Hitler se valia de todos os recursos retóricos, até mesmo do método pouco comum de contar anedotas judaicas bem conhecidas, a fim de ilustrar a perversidade da alma judaica[116].

Ainda assim, mesmo pouco tempo após sua prisão em Landsberg, sempre que as conveniências políticas recomendavam cautela em recorrer a rompantes de fúria antijudaica, Hitler sabia como evitar o tópico. Quando, no dia 28 de fevereiro de 1926, Hitler discursou para o Clube Nacional de Hamburgo de 1919, uma agremiação nacionalista conservadora cujos sócios, em sua maioria da classe alta, incluíam diversos ex-oficiais de alta patente do exército, o líder nazista simplesmente evitou toda referência aos judeus[117]. Isso nos lembra o "distanciamento" de seu discurso posterior para a Associação dos Industrialistas Alemães, em Düsseldorf. Mas o que impelia Hitler era seu ódio antijudaico – e a contenção calculada exigia esforço. Para Hitler, a luta contra os judeus era a base imutável e o núcleo obsessivo de sua compreensão da história, da política e da ação política.

Às vezes a postura antijudaica era reformulada em termos inesperados. Assim, de acordo com um relatório da polícia, Hitler havia declarado num discurso em Munique, no dia 18 de dezembro de 1926, que o

> Natal era importante em especial para os nacional-socialistas, porque Cristo fora seu maior precursor na luta contra o inimigo mundial judeu. Cristo não fora o apóstolo da paz que a Igreja posteriormente dele fizera, mas, ao contrário, fora a maior personalidade combativa que já vivera. Durante milênios, os ensinamentos de Cristo haviam sido fundamentais na luta contra o judeu como o grande inimigo da humanidade. A tarefa que Cristo

---

116 Idem, p. 195. "Mesmo quando ele [o judeu] escreve a verdade, a verdade é visada apenas como um modo de mentir [...]. É famosa uma anedota judaica a esse respeito: dois judeus estão sentados juntos num trem [...]. Um pergunta ao outro: então, Stern, para onde está indo? Por que quer saber? Bem, eu gostaria de saber – estou indo para Posemuckel! Não é verdade, você não está indo para Posemuckel. Sim, estou indo para Posemuckel. Então você realmente está indo para Posemuckel e também está dizendo que está indo para Posemuckel – que grande mentiroso você é!". Hitler parece ter gostado tanto dessa anedota que, dois anos mais tarde, a usou num outro discurso. Cf. A. Hitler, *Reden, Schriften, Anordnungen*, v. 2: *Vom Weimarer Parteitag bis zur Reichstagswahl Juli 1926-Mai 1927*, p. 584.

117 A. Hitler, *Reden, Schriften, Anordnungen*, v. 1: *Die Wiedergründung der* NSDAP, p. 297.

tinha iniciado, ele [Hitler] completaria. O Nacional-Socialismo nada mais era que a realização na prática dos ensinamentos de Cristo[118].

Os discursos de Hitler do decisivo ano de 1932 ainda não haviam sido publicados até a ocasião da impressão deste livro, mas a maior parte dos ferozes ataques dos anos de 1927-1931 está agora disponível[119]: neles, o ódio antissemita era proeminente. Às vezes, como na feroz polêmica de Hitler contra o Partido do Povo da Baviera (Bayerische Volkspartei, ou BVP) no discurso de Munique de 29 de fevereiro de 1928, não muito antes das eleições nacionais de maio, o veneno do agitador dos primeiros anos da década de 1920 retornava com plena força, com os judeus como a questão central, porque o BVP havia rejeitado o antissemitismo. Os temas eram os mesmos; os recursos retóricos eram os mesmos; as reações delirantes da multidão eram as mesmas: o discursante e seu público estavam sedentos de violência – contra o mesmo povo, os judeus[120].

Nas eleições de 1928 para o Reichstag, os nazistas receberam apenas 2,6 por cento do total de votos (6,1 por cento na Baviera, 10,7 por cento em Munique): o avanço decisivo ainda estava por vir. A agitação antijudaica continuava. "Vemos", exclamava Hitler em seu discurso de 31 de agosto de 1928,

> que, na Alemanha, a judaicização avança na literatura, no teatro, na música e no cinema; que nosso mundo da medicina está judaicizado e o mundo de nossos advogados também; que em nossas universidades cada vez mais os judeus se destacam. Não fico espantado quando um proletário diz: "que me importa?". Mas é espantoso que, na esfera da burguesia nacional, haja pessoas que dizem: "isso não tem nenhum interesse para nós, não entendemos esse antissemitismo". *Eles vão entender, quando seus filhos trabalharem sem descanso sob o chicote dos inspetores judeus* [grifado no original][121].

Após o êxito estrondoso do NSDAP nas eleições de setembro de 1930 e durante os quase dois anos e meio que se seguiram até que Hitler chegasse à chancelaria, o tema dos judeus sem dúvida se tornou menos frequente em sua retórica, mas não desapareceu. E quando Hitler se referia aos judeus, como por exemplo num discurso em 25 de junho de 1931, a referência trazia todas as previsões sinistras dos anos anteriores. Na primeira parte desse discurso, Hitler descrevia como os judeus tinham destruído a liderança germânica na

---

118 Idem, *v. 2: Vom Weimarer...*, p. 105-106.
119 Os volumes que ainda faltam abrangem o período de junho de 1931 a janeiro de 1933.
120 A. Hitler, *Reden, Schriften, Anordnungen*, v. 2: *Vom Weimarer...*, p. 699 e s.
121 Idem, *v. 3: Zwischen den Reichstagswahlen...*, p. 43.

Rússia e tinham assumido o controle do país. Em outras nações, o mesmo processo se desenvolvia sob o abrigo da democracia. Mas a conclusão era mais direta e mais ameaçadora:

> os partidos do centro dizem: tudo está desmoronando; nós declaramos: o que vocês veem como colapso é o início de uma nova era. Há somente uma pergunta a respeito dessa nova era: ela virá do povo alemão [...] ou vai declinar e avançar na direção de um outro povo? Os judeus se tornarão realmente os mestres do mundo, organizarão sua vida, irão dominar as nações no futuro? Essa é a grande questão que será decidida, de uma forma ou de outra[122].

Para consumo externo, Hitler soava muito menos apocalíptico, muito mais moderado. Numa entrevista dada ao *Times* londrino na metade de outubro de 1930, ele assegurava ao correspondente do jornal que não devia ser vinculado a nenhuma forma de perseguição racial. Ele apenas queria "a Alemanha para os alemães"; seu partido não tinha objeções contra "judeus decentes", mas se os judeus se identificassem com o bolchevismo – e muitos infelizmente se inclinavam a fazê-lo – ele os consideraria como inimigos[123]. Incidentalmente, em artigos publicados na mesma época, Hitler manifestava sua convicção de que eram infundados e ridículos os repetidos relatos sobre o crescimento do antissemitismo na União Soviética e as interpretações do conflito entre Stálin e Trótsky como uma luta entre um antissemita e um judeu: "Stálin não precisa ser circuncidado, mas nove décimos de seus associados são hebreus autênticos. Suas ações somente dão continuidade ao completo desterramento do povo russo, com o objetivo de sua submissão total à ditadura judaica"[124].

O que quer que Hitler pudesse estar escrevendo sobre a ditadura judaica na União Soviética, na Alemanha algumas pessoas se deixavam enganar pela aparente mudança ideológica expressa na entrevista do *Times*. No dia 18 de outubro de 1930, o líder da conservadora Jungdeutscher Orden, o movimento da juventude do então recém-formado Deutsche Staatspartei (Partido do Estado Alemão), Artur Mahraun – que não era nenhum filossemita – escrevia no periódico de sua organização: "Adolf Hitler abandonou o antissemitismo; isso se pode afirmar agora com certeza. Mas oficialmente [ele o fez] apenas por ora, em benefício dos representantes estrangeiros e sobretudo para consumo dos corretores da bolsa na City e em Wall Street. Em casa, no entanto, os

---

122 Idem, *v. 4, Von der Reichstagswahl bis zur Reichspräsidentenwahl...*, p. 421-430.

123 Idem, p. 22-23.

124 Artigo de 11 de janeiro de 1930 (*Illustrierter Beobachter*). Esse artigo e textos anteriores no mesmo espírito são citados em R. Zitelmann, *Hitler: Selbstverständnis eines Revolutionärs*, p. 476 e s.

nacional-socialistas que o apoiam continuam sendo enganados com palavras de ordem antissemitas"[125]. Mahraun estava realmente sendo enganado pelas declarações táticas de Hitler?

A contenção parcial de Hitler nessa época era mais que compensada por seus subordinados[126]. O principal exemplo era o do novo Gauleiter de Berlim, Joseph Goebbels, e seu jornal semanal (mais tarde, diário), *Der Angriff* (O Ataque), uma publicação que sem dúvida fazia jus ao nome: era cruel e implacável contra seu grande alvo, os judeus. Como símbolo das tramas malignas e do abuso de poder dos judeus, Goebbels escolhia o Dr. Bernhard Weiss, vice-presidente da polícia de Berlim, a quem o Gauleiter designava como "Isidor". Dezenas de artigos contrários a Isidor apareceram de maio de 1927 (quando a polícia baniu temporariamente o Partido Nazista em Berlim) até a véspera da chegada ao poder; os artigos recebiam reforço adicional das caricaturas de Hans Schweitzer (pseudônimo: "Mjölnir"). Um livro com os primeiros desses artigos de Goebbels, acompanhados das caricaturas, foi publicado em 1928 como *Das Buch Isidor* (O Livro Isidor)[127].

Em 15 de abril de 1929, *Der Angriff* voltava sua atenção para a morte inexplicável de um jovem nas vizinhanças de Bamberg. O jornal de Goebbels comentava que era possível chegar a uma conclusão, se "se perguntasse que 'comunidade religiosa' existente na Alemanha já estava, havia centenas de anos, sob suspeita de conter fanáticos que usavam sangue de crianças cristãs

---

125 M. Broszat, *Hitler and the Collapse of Weimar Germany*, p. 25. Em conversas reservadas, Hitler não colocava nenhum limite em sua fúria antijudaica. Uma ilustração sugestiva pode ser encontrada nas anotações abrangendo os anos de 1929 a 1932 e escritas em 1946 por Otto Wagener, comandante em chefe da SA e depois diretor do setor de política econômica do partido. Wagener permaneceu fiel às convicções nazistas mesmo após a guerra e, assim, seria de seu interesse atenuar as observações de Hitler sobre a "questão judaica". Da forma como estão – atenuadas ou não – as lembranças de Wagener refletem os mesmos temas e o mesmo ódio sem limites de que temos conhecimento a partir dos primeiros discursos e textos de Hitler. Para esse texto, cf. a edição crítica das anotações publicada por Henry A. Turner: O. Wagener, *Hitler aus nächster Nähe*; para as referências antijudaicas, cf. em particular as páginas 144 e s. e 172 e s.

126 Para o núcleo mais interno da liderança nazista, desde muito cedo o antissemitismo constituiu parte essencial de sua visão de mundo. Esse antissemitismo inicial era especialmente exacerbado no caso de Rosenberg, Streicher, Ley, Hess e Darré. Himmler e Goebbels também se tornaram antissemitas antes de se juntar ao Partido Nazista (as exceções notáveis eram Göring e os irmãos Strasser). Nessa questão, não compartilho da avaliação de Michael Marrus quanto à ausência de antissemitismo entre líderes do partido antes de 1925, cf. M. Marrus, *The Holocaust in History*, p. 11-12. Para uma discussão da dimensão apocalíptica do credo antijudaico em meio à elite nazista, cf. E. Goldhagen, Weltanschauung und Endlösung, *VfZ*, v. 24, n. 4, p. 379 e s. A importância marginal do antissemitismo entre os membros da SA foi bem documentada por Theodor Abel. Cf. a reelaboração e reinterpretação dos questionários de Abel em P. Merkl, *Political Violence Under the Swastika*. No entanto, o mesmo não pode ser dito dos futuros membros de classe média do SD, que muitas vezes pertenciam a organizações antissemitas de extrema direita desde os primeiros anos do pós-guerra. Cf. U. Herbert, *Best: Biographische Studien...*

127 R. Lemmons, *Goebbels and "Der Angriff"*, em especial as p. 111 e s.

com objetivos rituais"[128]. Um tribunal de Berlim rejeitou a acusação de calúnia apresentada contra *Der Angriff*, argumentando que o jornal de Goebbels não havia afirmado que a comunidade judaica enquanto tal incentivava o assassinato e que colocar entre aspas "comunidade religiosa" significava simplesmente que o autor do artigo não estava seguro de que os judeus eram uma comunidade religiosa[129]. A propaganda antijudaica nazista continuaria sem trégua durante os meses decisivos que precederam a subida de Hitler ao poder[130].

VI

Em 19 de novembro de 1930, a companhia teatral Habima, que apresentava seus espetáculos em língua hebraica, exibiu a peça *O Dibuk*, de Sch. An-Ski, no teatro municipal de Würzburg. Um grupo de nazistas na multidão tentou, sem êxito, interromper a apresentação. Quando saía do teatro, o público predominantemente judeu foi atacado pelos nazistas e vários judeus ficaram seriamente feridos. Quando os agressores foram levados ao tribunal, o juiz rejeitou as acusações, argumentando que "os manifestantes não agiram por motivos indignos"[131]. O prefeito de Würzburg explicou que a polícia não interviera porque estava certa de que a manifestação tivera "meramente" a intenção de impedir a apresentação de um espetáculo[132]. Embora ataques físicos como esse fossem pouco frequentes durante o período de Weimar, violentos tumultos com características de perseguição racial antijudaica tiveram início no bairro de Scheunenviertel, em Berlim, em 5 de novembro de 1923, e continuaram durante vários dias[133].

Ainda que não seja possível traçar uma linha direta entre esses desenvolvimentos e os acontecimentos que se seguiram a 1933, as tendências aqui descritas fazem parte de um contexto historicamente relevante. No entanto, essa insistência no antissemitismo não deve levar a uma percepção distorcida do cenário alemão – e, em particular, da situação dos judeus na Alemanha – no período anterior a 1933. A influência judaica, tal como percebida pelos antissemitas, era

128 R. G. Reuth, *Goebbels*, p. 200.

129 Idem, ibidem.

130 Em 1932, os nazistas lançaram um violento ataque antissemita contra o candidato do DNVP à presidência, Theodor Duesterberg (um dos dois líderes do Stahlhelm, uma organização de veteranos de direita), enfatizando as origens judaicas de seu avô, um médico que se convertera ao protestantismo em 1818. Sobre esse episódio na íntegra, cf. V. R. Berghahn, *Der Stahlhelm*, p. 239 e s.

131 R. Flade, *Die Würzburger Juden*, p. 149.

132 T. Maurer, *Ostjuden in Deutschland...*, p. 346.

133 Idem, p. 329 e s.

um míto, mas, para a grande maioria dos judeus na Alemanha, a República de Weimar abriu caminho para o avanço social e, na verdade, para um papel mais amplo na vida alemã. O crescimento do antissemitismo era real, mas também era real – durante certo tempo pelo menos – o vigoroso renascimento da cultura judaica na Alemanha[134], bem como, até o início da crise de 1929-1930, a ampla aceitação dos judeus em meio aos setores liberais e de esquerda da sociedade alemã. Nos setores de direita, contudo, o antissemitismo se alastrava com plena força e, durante a fase final da república, ele se tornou popular para além das esferas da direita extremista e até mesmo da direita tradicional.

Nenhum grupo político compartilhava das atitudes antijudaicas e fanáticas dos nazistas, mas mesmo durante os anos de estabilidade, entre 1924 e 1929, os temas antissemitas extremistas não eram incomuns na propaganda política nacionalista, em particular na do Partido Nacional do Povo Alemão (DNVP), cuja ala de mentalidade *völkisch* era particularmente turbulenta. No final de 1922, os mais extremistas dos membros antissemitas do DNVP no Reichstag, Wilhelm Henning, Reinhold Wulle e Albrecht von Gräfe, deixaram o partido para fundar sua própria organização política. Mas, durante os debates em torno dessa separação, Oskar Hergt, um dos líderes do DNVP e ex-ministro das finanças da Prússia, ainda assim, reafirmou que o antissemitismo permanecia um compromisso político fundamental do partido[135]. Para o jornalista francês Henri Béraud, que se tornaria ele próprio um antissemita extremista na década de 1930, o ódio aos judeus da direita alemã parecia completamente fora de controle. "Não fazemos nenhuma ideia na França", escrevia Béraud, num relatório de Berlim em 1926, "do que pode ser o antissemitismo dos reacionários alemães. Não é nem uma opinião nem um sentimento, nem mesmo uma reação física. É uma paixão, uma verdadeira obsessão de viciados que pode chegar até mesmo ao crime"[136].

Em 1924, a falência dos irmãos Heinrich e Julius Barmat, dois judeus poloneses que tinham se fixado na Alemanha em 1918, levou a um violento ataque antissemita e antirrepublicano, encabeçado pela direita. Os irmãos Barmat foram acusados de receber do banco de poupança do correio empréstimos financiados pelo governo, em troca de diversos favores financeiros para políticos do Partido Social-Democrata. Dadas as ramificações políticas do caso, os partidos de direita conseguiram instalar uma comissão de inquérito que levou ao indiciamento e renúncia de diversos ministros e membros do Reichstag. Mas o alvo principal da

---

134 M. Brenner, *The Renaissance of Jewish Culture in Weimar Germany*.

135 H.-A. Winkler, *Weimar 1918-1933*, p. 180.

136 H. Béraud, "Ce que j'ai vu à Berlin", *Le Journal*, outubro de 1926, apud F. Monier, Les Obsessions d'Henri Béraud, *Vingtième Siècle*, n. 40, p. 67.

campanha da direita era o presidente, Friedrich Ebert, que foi acusado de ajudar os irmãos Barmat a obter residência permanente e até mesmo de se aproveitar de seus negócios de importação de alimentos nos anos de pós-guerra[137]. Uma situação análoga, mas em menor escala, ocorreu em 1929, com a falência dos irmãos Sklarek[138]. Dessa vez, a principal vítima foi o prefeito de Berlim e a consequência política foi contribuir para a intensa exposição do Partido Nazista nas eleições locais desse ano[139].

Os partidos políticos logo limitavam o número de seus membros judeus no Reichstag – com exceção dos social-democratas, que mantiveram até o fim aproximadamente dez por cento de membros judeus em sua lista de participantes no Reichstag. Uma ilustração significava da mudança de atmosfera pode ser encontrada no Partido Comunista Alemão: em 1924, ainda havia seis judeus entre os sessenta e quatro membros do partido no Reichstag; em 1932, não havia nenhum[140]. Os comunistas não hesitavam em utilizar fórmulas antissemitas, quando essas fórmulas eram consideradas eficientes junto aos eleitores em potencial[141].

A mais importante expressão política do clima geral da opinião pública foi a transformação sofrida pelo Partido Democrata Alemão (DDP), que muitas vezes era chamado de "Partido Judaico" devido à proeminência dos judeus entre seus fundadores, ao grande número de judeus entre seus eleitores e, durante algum tempo pelo menos, a sua defesa de temas identificados com as posições da "imprensa judaica"[142]. Nas eleições de janeiro de 1919, o DDP obteve 18,5 por cento dos votos, o que fez dele o mais bem sucedido dos partidos liberais da classe média[143]. Mas esse triunfo não durou muito. O DVP, liderado por Gustav Stresemann, persistentemente atacava o DDP, seu adversário, acusando-o de "judeu", e em consequência, o DDP foi aos poucos decaindo. Dentro do próprio partido, personalidades associadas à direita "liberal" faziam abertas críticas à identificação do partido com os eleitores judeus e à influência judaica[144]. Em 1930, o DDP enquanto tal desapareceu,

---

137 Sobre essa questão na íntegra, cf. E. Eyck, *Geschichte der Weimarer Republik*, v. 1, p. 433 e s. (por alguma razão, Eyck refere-se apenas a Julius Barmat).

138 Idem, v. 2, p. 316 e s. Cf. também H.-A. Winkler, op. cit., p. 356.

139 Idem, ibidem. Para os escândalos envolvendo Barmat e Sklarek, cf. também T. Maurer, *Ostjuden in Deutschland, 1918-1933*, p. 141 e s.

140 Cf. T. Maurer, Die Juden in der Weimarer Republik, em D. Blasius e D. Diner (orgs.), *Zerbrochene Geschichte*, p. 110.

141 H.-H. Knütter, *Die Juden und die Deutsche Linke in der Weimarer Republik*, p. 174 e s.

142 Para uma análise do "problema judaico" no DDP, cf. B. B. Frye, The German Democratic Party and the "Jewish Problem" in the Weimar Republic, *LBIY*, v. 21, p. 143 e s.

143 H.-H. Winkler, op. cit., p. 69.

144 B. Frye, The German Democratic Party, *LBIY*, v. 21, p. 145-147.

sendo substituído pelo Deutsche Staatspartei (Partido do Estado Alemão). A liderança desse grupo ficou sendo, em grande parte, protestante e alguns de seus componentes, como o movimento de jovens denominado Jungdeutscher Orden, não admitiam judeus. Os eleitores do DDP eram as classes médias liberais, favoráveis a Weimar; a mudança política e no nome do partido reflete o que era percebido, em meio aos grupos liberais de classe média, como atitudes úteis, em termos eleitorais, com relação à "questão judaica".

No entanto, nem a "desjudaicização" representada pelo Staatspartei nem a hostilidade do DVP foram de muita utilidade para esses partidos. Enquanto, nas eleições de 1928, o DDP obteve 25 cadeiras e o DVP, 45 e, nas eleições de 1930, o DDP ainda obtinha vinte cadeiras e o DVP, trinta, nas eleições de julho de 1932, o DDP ficava reduzido a quatro cadeiras e o DVP, a sete[145]. O declínio dos partidos liberais durante a República de Weimar foi exaustivamente analisado e a transformação social que estava por trás dele, claramente demarcada[146]. Em termos da mudança na situação dos judeus da Alemanha, isso significava que sua principal base política (exceto pelos social-democratas) tinha simplesmente desaparecido.

A influência "perniciosa" dos judeus na cultura alemã era o tema mais comum no antissemitismo de Weimar. Nesse terreno, a burguesia alemã conservadora, o mundo acadêmico tradicional, grande parte da opinião pública nas províncias – em resumo, todos os que "se sentiam alemães" – se alinhavam com os antissemitas mais radicais.

O papel dos judeus na cultura de Weimar – na cultura alemã moderna em geral – tem sido amplamente discutido e, como vimos, esse tema não estava apenas na mente dos antissemitas: muitas vezes ele era fonte de preocupação para os próprios judeus, pelo menos para alguns deles. Em seu primeiro livro sobre o tema, o historiador Peter Gay mostrou o papel que o antigo "estranho" (sobretudo o judeu) desempenhava na cultura alemã da década de 1920[147]; mais tarde, ele modificaria sua posição, argumentando que, objetivamente, não havia nada que distinguisse as contribuições judaicas das não judaicas na cultura alemã e que, com relação ao modernismo na cultura em particular, os judeus não eram nem mais nem menos "modernos" que seu ambiente alemão[148].

Essa minimização da dimensão judaica pode muito bem estar ignorando parte do contexto que fornecia aos turbulentos manifestantes antissemitas da

---

145 V. Berghahn, *Modern Germany*, p. 284.
146 L. E. Jones, *German Liberalism and the Dissolution of the Weimar Party System*, 1918-1933.
147 P. Gay, *Weimar Culture*.
148 P. Gay, *Freud, Jews and Other Germans*.

década de 1920 sua munição[149]. A situação descrita, por exemplo, no estudo de Istvan Deak sobre os "intelectuais de esquerda de Weimar" parece mais próxima tanto da realidade quanto da percepção geral da época. Após examinar a influência dominante dos judeus na imprensa, na publicação de livros, no teatro e no cinema, Deak se volta para a arte e a literatura:

> Muitos dos melhores compositores, músicos, artistas, escultores e arquitetos na Alemanha eram judeus. Sua participação na crítica literária e na literatura era enorme: praticamente todos os grandes críticos e muitos dos romancistas, poetas, dramaturgos e ensaístas da Alemanha de Weimar eram judeus. Um recente estudo americano revelou que 31 dos 65 mais importantes "'expressionistas" e "neo-objetivistas" alemães eram judeus[150].

A análise de Deak, por sua vez, requer algumas nuances, uma vez que, afinal, o cenário cultural na década de 1920 era dominado por figuras como Thomas Mann, Gerhart Hauptmann, Bertolt Brecht, Richard Strauss e Walter Gropius, mas, sem dúvida, na mentalidade do público de classe média, fosse de extrema direita fosse de direita moderada, tudo que fosse "ousado", "moderno" ou "chocante" era identificado com os judeus. Assim, quando, pouco após a morte de Frank Wedekind (de forma alguma um judeu), sua peça "sexualmente explícita" *Schloss Wetterstein* foi encenada em Munique (em dezembro de 1919), a direita política não hesitou em qualificá-la como lixo judeu. A polícia avisou que a encenação da peça levaria a manifestações de violência racial[151] e, de fato, durante a última apresentação, judeus e pessoas que se "pareciam com judeus" em meio à plateia foram espancados[152]. Um relatório da polícia observava: "pode-se compreender facilmente que um alemão que ainda se sinta alemão em certo grau e que não seja moral e eticamente pervertido veja com enorme repugnância o público apreciar as peças de Wedekind"[153]. Os autores e artistas judeus podiam não ser modernistas mais radicais que seus colegas não judeus, mas esse modernismo florescia numa cultura na qual os judeus desempenhavam um papel central. Para os que consideravam o modernismo como a rejeição de todas as normas e valores consagrados, os judeus eram os portadores de uma ameaça colossal.

---

149 A mesma minimização do fator judaico aparece no estudo, de resto excelente, de Carl Schorske, sobre a Viena do final do século. C. E. Schorske, *Fin-de-Siècle Vienna*. Para uma crítica dessa perspectiva, cf. S. Beller, *Vienna and the Jews*, p. 5 e s.

150 I. Deak, *Weimar Germany's Left-Wing Intellectuals*, p. 28.

151 P. Jelavich, *Munich and Theatrical Modernism*, p. 301 e s.

152 Idem, p. 302.

153 Idem, p. 304.

Mais tenebrosa que a modernidade cultural, no entanto, era a cultura de esquerda em todos os seus aspectos. A meses do final da guerra, os revolucionários judeus eram alvos fáceis da contrarrevolução. Após o assassinato de Rathenau, nenhum judeu (com exceção do ministro das finanças socialista Rudolf Hilferding) desempenhou algum papel de importância na política de Weimar. Por outro lado, a crítica e as inovações políticas, sociais e culturais de esquerda eram muitas vezes "judaicas". "Se as contribuições culturais dos judeus estavam bastante fora de proporção com relação a sua força numérica", escrevia Deak,

> sua participação em atividades intelectuais de esquerda era ainda mais desproporcional. Exceto pela bibliografia comunista ortodoxa, na qual havia uma maioria de não judeus, os judeus eram responsáveis por uma grande parcela da bibliografia de esquerda na Alemanha. Nesse aspecto, [o periódico] *Die Weltbühne* não era único: os judeus também publicavam, dirigiam e, em grande parte, escreviam as demais revistas da intelectualidade de esquerda. Os judeus desempenhavam um importante papel nos movimentos pacifistas e feministas, assim como nas campanhas de esclarecimento sexual[154].

As polêmicas em torno do papel dos judeus no cenário cultural se alastravam e se tornavam mais virulentas, à medida que o movimento nazista ganhava força e a república se aproximava de seu fim. Um dos fóruns mais extremistas da direita era a Kampfbund für Deutsche Kultur (Liga Militante pela Cultura Alemã), do ideólogo nazista Alfred Rosenberg, fundada em 1928; a liga alcançou ampla influência, abrindo suas fileiras a uma variedade de elementos antijudaicos, adversários da república e da esquerda – que iam de membros do Círculo de Bayreuth a católicos conservadores, como Othmar Spann, de especialistas da literatura que eram antissemitas fanáticos, como Adolf Bartels, a Alfred Heuss, editor da revista *Zeitschrift für Musik*. Mas às vezes os debates ocorriam em contextos mais neutros ou até mesmo eram iniciados pelas organizações judaicas. Assim, em 1930, a Associação de Judeus Alemães Nacionalistas, fundada por Max Naumann, convidou o crítico literário de direita Paul Fechter para uma palestra sobre "O Cenário Artístico e a Questão Judaica". Fechter não moderou suas palavras. Ele advertiu seus ouvintes de que o "antigermanismo" dos intelectuais judeus de esquerda era uma fonte importante do antissemitismo crescente e que os alemães não tolerariam essa situação por muito tempo. Os judeus nacionalistas e os alemães nacionalistas, sugeria Fechter, deviam trabalhar em conjunto para fazer frente a esses ataques de intelectuais judeus antinacionalistas. De forma menos

---

154 I. Deak, op. cit., p. 28.

direta, ele mencionava a presença excessiva dos judeus na arte, literatura e teatro alemães. Isso, também, embora sem ser dito explicitamente, podia ser visto como fonte do crescente sentimento antijudaico: "sinto-me obrigado a dizer", declarava Fechter, "que um grande número de escritores, pintores, dramaturgos alemães anda por aí hoje em dia com a sensação de que é muito mais difícil encontrar um lugar nos teatros alemães, no mercado de livros alemão, no mercado de artes alemão, para as coisas alemãs que para as outras"[155].

A palestra de Fechter foi publicada na edição de janeiro de 1931 da revista *Deutsche Rundschau*, então sob a direção de Rudolf Pechel, com o seguinte comentário editorial: "reproduzimos [a palestra], uma vez que ela aponta para uma das fontes do perigoso crescimento do antissemitismo, claramente confirmado durante a segunda metade do ano de 1930, e uma vez que ela sugere alguns meios que ainda podem permitir fazer oposição a esse perigo"[156]. Um debate acirrado se seguiu. Foi nesse contexto que o romancista Jakob Wassermann, cujo ensaio autobiográfico, *Meu Percurso como Alemão e Judeu* talvez fosse a expressão de maior impacto da angústia que os judeus alemães sentiam diante da onda crescente de antissemitismo, fez a Rudolf Pechel a pergunta: "será que as regras de bom comportamento ajudam contra 'Morra, judeu!'?"[157].

Uma das mais notáveis contribuições judaicas para o debate foi a de Arthur Prinz, publicada na edição de abril de 1931 do periódico, sob o título "Para a Eliminação do Veneno da Questão Judaica". Após perguntar como a intelectualidade literária e os jornalistas judeus radicais podiam provocar uma ira antissemita tão feroz na Alemanha, Prinz arriscava uma resposta que sondava as profundezas das relações entre alemães e judeus:

> esse tipo de jornalismo e literatura seria impossível sem a antiga e profunda falta de um saudável Estado nacional e de um saudável sentimento nacional na Alemanha, que ameaça se tornar fatal desde o triste resultado da guerra e que certamente não pode ser 'compensada' pelo nacionalismo excessivo da extrema direita. A agitação dos judeus desenraizados é veneno num corpo especialmente sensível a ela e é precisamente essa a principal razão do ódio antijudaico sem limites[158].

Quando nos voltamos para o âmbito mais amplo da sociedade alemã, à medida que ela se aproximava do momento político decisivo de 1933, não há como

---

155 Citado em A. Kaes (org.), *Weimarer Republik Manifeste und Dokumente zur deutschen Literatur*, p. 537-539.
156 Idem, p. 539.
157 J. Wassermann, *Deutscher und Jude*, p. 156.
158 A. Kaes, op. cit., p. 539.

avaliar claramente a força de suas atitudes antijudaicas. A Liga das Mulheres Judias (Jüdischer Frauenbund), por exemplo, encontrava suas aliadas na muito mais ampla Federação das Associações de Mulheres Alemãs (Bund Deutscher Frauenvereine, ou BDF), em suas lutas em comum no âmbito das questões feministas, mas todo sinal de identidade judaica era tão pouco aceitável para a organização de mulheres alemãs quanto para a sociedade em geral. Nas palavras de uma historiadora da liga, as atitudes na BDF "iam da impaciência liberal com relação à singularidade judaica ao antissemitismo aberto ou encoberto"[159]. Quanto à natureza desse antissemitismo, uma de suas avaliações mais nuançadas permanece a mais plausível: "mais comum e disseminado que o puro e simples ódio ou solidariedade pelos judeus era [...] o antissemitismo moderado, o vago sentimento de apreensão com relação aos judeus, que estava bem longe do desejo de agredi-los, mas que pode ter ajudado a neutralizar toda aversão que os alemães pudessem de resto sentir pelos nazistas"[160].

No início de agosto de 1932, Hitler negociava com o rematado conspirador e, não ainda, último chanceler da República de Weimar, por curtíssimo tempo (de novembro de 1932 a 30 de janeiro de 1933), o general Kurt von Schleicher, na época ainda um confidente muito próximo do presidente Hindenburg, as condições de sua nomeação para a chancelaria. No dia dez desse mesmo mês, cinco homens da SA forçaram a entrada na casa de Konrad Pieczuch, um trabalhador pró-comunista da pequena cidade de Potempa, na Alta Silésia, e o pisotearam até a morte. "Uma brutalidade como essa mais uma vez coloca um sério obstáculo no caminho do avanço nazista rumo ao poder"[161]. Hitler, ao que parece, acreditava que a posição mais alta seria agora oferecida a ele; mas o que Hindenburg propôs quando eles finalmente se encontraram foi o mero cargo de vice-chanceler. A atmosfera da reunião foi fria e o comunicado oficial mencionava o líder nazista num tom desdenhoso. Hitler ficou furioso e completamente humilhado. Foi justamente então, no dia 22 de agosto, que o tribunal em Bytom condenou à morte os cinco homens da SA. O anúncio da sentença provocou cenas de tumulto na sala do tribunal; do lado de fora, as lojas pertencentes a judeus e "socialistas" foram atacadas. Hitler reagiu com um acesso de fúria. Ele telegrafou para os assassinos condenados: "Meus camaradas! Em vista dessa inacreditável sentença de condenação, sinto-me ligado a vocês por uma fidelidade sem limites. Deste momento em diante,

---

159 M. Kaplan, Sisterhood Under Siege, em R. Bridenthal et al. (orgs.), *When Biology Became Destiny*.

160 D. Niewyk, *The Jews in Weimar Germany*, p. 80.

161 J. Fest, *Hitler*, p. 355. Sobre os desdobramentos desses acontecimentos, cf. também H.-A. Winkler, op. cit., p. 508 e s.

a liberdade de vocês é uma questão de honra para nós, a luta contra um governo sob o qual uma coisa como essa foi possível, nosso dever"[162].

> Os judeus são culpados! – esbravejava Goebbels em *Der Angriff*:
> os judeus são culpados, a punição está a caminho [...]. Chegará a hora em que o promotor do Estado terá outras coisas a fazer, além de proteger os traidores do povo da ira do povo. Nunca esqueçam, camaradas! Repitam a vocês mesmos cem vezes ao dia, para que isso os acompanhe em seus sonhos mais profundos: os judeus são culpados! E eles não escaparão ao castigo que merecem[163].

Num momento de completa frustração, Hitler havia abandonado sua fachada de respeitabilidade, cuidadosamente construída, e dado vazão a uma raiva assassina e implacável. No entanto, durante essas mesmas semanas do verão e inverno de 1932, Hitler continuou se opondo ao uso da força para derrubar o regime e continuou negociando e formulando manobras para atingir seus objetivos[164]. O que aqui se delineia com sinistra clareza é uma personalidade na qual o cálculo frio e a fúria cega coexistiam e podiam encontrar expressão quase simultânea. Se um terceiro ingrediente – o fanatismo ideológico de Hitler – for acrescentado, talvez seja possível vislumbrar a constituição psicológica que conduziu às decisões mais cruciais do líder nazista, também com relação aos judeus.

O fanatismo ideológico e o cálculo pragmático constantemente interagiam nas decisões de Hitler. A obsessão ideológica era inabalável, mas as considerações táticas não eram menos irresistíveis. Às vezes, contudo, um terceiro elemento, a fúria incontrolada, podia irromper com violência – provocada por algum obstáculo, uma ameaça, alguma derrota – varrendo para longe todas as considerações práticas. Então, alimentada pela torrente de fanatismo ideológico, a fúria assassina explodiria numa sede ilimitada de destruição e morte.

Trad. Maria Clara Cescato

---

162 Idem, p. 513.
163 Idem, p. 513-514.
164 M. Broszat, *Hitler and the Collapse of Weimar Germany*, p. 126.

QUATRO

O Novo Gueto

I

CELA 6: CERCA DE 5 METROS DE ALTURA, JANELA COM CERCA DE 40 CM. X 70 CM., a uma altura de 4 metros, o que dá a sensação de um celeiro [...]. Uma tábua de madeira forrada com uma esteira de palha e dois cobertores, um balde de madeira, um jarro, uma bacia, sabão, uma toalha, nenhum espelho, nenhuma escova de dentes, nenhum pente, nenhuma escova, nenhuma mesa, nenhum livro desde o dia 12 de janeiro [1935] até a minha saída em 18 de setembro; nenhum jornal desde o dia 12 de janeiro até 17 de agosto; nenhum banho e nenhuma ducha desde o dia 12 de janeiro até 10 de agosto; nenhuma saída da cela, exceto para interrogatórios, desde o dia 12 de janeiro até 1º de julho. Preso numa cela sem iluminação desde o dia 16 de abril até 1º de maio, depois, do dia 15 de maio até 27 de agosto, num total de 119 dias[1].

Era isso que escrevia o comerciante de vinhos de Würzburg, Leopold Obermayer, sobre a primeira de suas prisões em Dachau, num relato de dezessete páginas, datado de 10 de outubro de 1935, que ele conseguiu contrabandear e enviar a seu advogado. O documento foi confiscado pela Gestapo e encontrado em seus arquivos em Würzburg, após o final da guerra. Obermayer tinha doutorado em direito (pela Universidade de Frankfurt), era um judeu praticante e cidadão suíço. Em 29 de outubro de 1934, ele se queixou com a polícia de Würzburg de que sua correspondência estava sendo aberta. Dois dias mais tarde, tendo recebido ordens de se dirigir ao quartel, ele era preso. A partir de então, ele se tornou um caso especial para o chefe da Gestapo local, Josef Gerum, um "velho combatente" nazista, de má reputação até mesmo em meio a seus colegas. Gerum acusou Obermayer de espalhar acusações sobre o novo regime. Pouco depois, fotos em nu dos amantes de Obermayer

[1] M. Broszat e E. Fröhlich, *Alltag und Widerstand: Bayern im Nationalsozialismus*, p. 434. Todos os detalhes sobre Obermayer foram extraídos da apresentação do caso pelos autores.

foram encontradas em seu cofre bancário. Além de judeu, homossexual: para Gerum essa era sem dúvida uma captura compensadora.

Em seu relato, Obermayer menciona diversas vezes o ilimitado ódio aos judeus de seus torturadores; eles o asseguravam de que nunca seria posto em liberdade e tentavam levá-lo ao suicídio. Por que não o mataram? Escrevendo sobre a história de Obermayer, Martin Broszat e Elke Fröhlich não conseguem oferecer uma explicação clara. Ao que parece, no entanto, assassinar um cidadão suíço, mesmo que um judeu, ainda era algo que não se fazia levianamente em 1935, ainda mais que o consulado suíço em Munique e, mais tarde, a missão diplomática em Berlim tinham conhecimento da prisão de Obermayer; o Ministério da Justiça, em especial, estava preocupado com a possibilidade de intervenção por parte da Suíça[2].

Sob interrogatório, Obermayer foi pressionado a dar detalhes sobre os seus amantes; ele se recusou e foi espancado. No dia 15 de maio, ao ser mais uma vez conduzido para interrogatório ao gabinete do comandante do campo, ele perguntou a um homem da ss chamado Lang, que acabava de ameaçar atirar nele, se ele tinha alguma compaixão. Lang respondeu: "não, por judeus, não tenho nenhuma". Obermayer se queixou ao comandante, o ss-Oberführer Deubel, sobre o modo como estava sendo tratado. "A isso, o ss-Truppenführer que estava à janela comentou: 'você não é um ser humano, você é um animal!' Comecei a responder: 'Frederico, o Grande, também era um...'. Antes que eu pudesse dizer mais uma palavra, o Truppenführer me esbofeteou no rosto: um de meus incisivos superiores foi arrancado e minha boca e nariz começaram a sangrar: 'seu porco judeu, querendo se comparar a Frederico, o Grande!'". Outras retribuições foram imediatas: cela sem iluminação, remoção da esteira de palha sobre a tábua de madeira, os braços presos atrás das costas, algemas não removidas por até trinta e seis horas, de modo que, escrevia Obermayer, ele teve de defecar e urinar em suas calças[3].

Na metade de setembro de 1935, Obermayer foi transferido de Dachau para uma prisão comum em Ochsenfurt, para aguardar o interrogatório do tribunal. Nesse meio tempo, o advogado de Obermayer, Rosenthal, também judeu, era igualmente detido, e foi em sua casa que Gerum encontrou o relato incriminador sobre as condições da prisão de Obermayer em Dachau. Rosenthal foi libertado e, algum tempo depois, deixava a Alemanha: sua esposa tinha se suicidado. O tribunal em Ochsenfurt não deteve Obermayer por muito tempo. Por insistência de Gerum, o homossexual judeu foi enviado de volta a Dachau, em 12 de outubro de 1935[4]. Obermayer retornará a estas páginas.

2 Idem, p. 450-452, 456 e s.

3 Idem, p. 437.

4 Idem, p. 443 e s.

Nessa época, a Alemanha e o mundo presenciavam uma dramática consolidação do poder de Hitler, tanto no próprio país quanto internacionalmente. O assassinato de Ernst Röhm e outros líderes da SA na notória Noite das Facas Longas, em junho de 1934, eliminou até mesmo a mais tênue possibilidade de uma fonte alternativa de poder dentro do partido. Imediatamente após a morte de Hindenburg, a nomeação de Hitler como Führer e chanceler, em 2 de agosto, fez dele a única fonte de legitimidade na Alemanha. A popularidade de Hitler atingiu novas alturas em 1935: no dia 13 de janeiro, uma esmagadora maioria da população de Saar votava pelo retorno do território ao Reich. Em 16 de março, eram anunciados o recrutamento geral obrigatório e o estabelecimento da Wehrmacht. Nenhuma potência estrangeira ousou responder a essas violações em massa do Tratado Versalhes; a frente comum contra a Alemanha, que fora formada entre a Grã-Bretanha, a França e a Itália, na comuna de Stresa em abril de 1935, com o objetivo de defender a independência da Áustria contra toda tentativa de anexação por parte da Alemanha, assim como de preservar o *status quo* na Europa, tinha se esfacelado em junho, quando os britânicos assinaram um acordo naval em separado com a Alemanha. Em 17 de março desse ano Hitler estivera em Munique e um relatório do Partido Socialista, então na clandestinidade, capturava com vigor o humor geral:

> Enorme entusiasmo em 17 de março. Toda Munique estava de pé. As pessoas podem ser forçadas a cantar, mas elas não podem ser forçadas a cantar com tamanho entusiasmo. Vivi os dias de 1914 e só posso dizer que a declaração de guerra não causou em mim o mesmo impacto que a recepção de Hitler no dia 17 de março [...]. A confiança no talento político de Hitler e em suas intenções honestas está se tornando cada vez maior, da mesma forma que, em geral, Hitler vem mais uma vez conquistando extraordinária popularidade. Ele é amado por muitos[5].

Entre 1933 e 1936 havia um certo equilíbrio instável entre o impulso carismático-revolucionário do nazismo e as tendências conservadoras e autoritárias do Estado alemão anterior a tal período: "o casamento de um sistema de governo autoritário com o movimento de massas do nacional-socialismo parecia ter êxito, apesar do conflito considerável quanto a questões-chave, e [parecia] ter superado as falhas do sistema autoritário", escrevia Martin Broszat[6]. Nessa aliança temporária o papel de Hitler foi decisivo. Para as elites tradicionais, a nova "fé no Führer" se associava com a autoridade do monarca.

---

5 Citado por I. Kershaw, *The "Hitler Myth"*, p. 71.
6 M. Broszat, *The Hitler State*, p. 349.

Os elementos básicos do Estado imperial e do regime nacional-socialista se tornavam interligados na pessoa do novo líder[7].

Essa "fé no Führer" levou, de forma bastante natural, à necessidade de que o Estado e os órgãos do partido atuassem de acordo com as diretrizes gerais estabelecidas por Hitler, sem a constante necessidade de ordens específicas da parte dele. A dinâmica dessa interação entre base e comando era, como assinalou o historiador britânico Ian Kershaw, "habilmente capturada nos sentimentos expressos num discurso de rotina de um funcionário nazista, em 1934":

> Todos os que têm a oportunidade de observar, sabem que o Führer dificilmente poderia impor de cima tudo que ele pretende realizar mais cedo ou mais tarde. Muito ao contrário, até agora, todos os que têm um posto na nova Alemanha trabalharam melhor quando trabalharam, por assim dizer, voltados para o Führer. É verdade que, muitas vezes e em muitas esferas, o que aconteceu – também em anos anteriores – foi que os indivíduos simplesmente ficavam esperando por ordens e instruções. Infelizmente, o mesmo ainda acontecerá no futuro; mas, sem dúvida, é dever de todos tentar trabalhar voltados para o Führer, seguindo as linhas que ele escolheria. Quem cometer erros irá perceber isso muito cedo. Mas quem realmente trabalhar voltado para o Führer, seguindo suas diretrizes e em direção a suas metas, tanto agora quanto no futuro, certamente terá um dia a mais alta recompensa na forma de uma repentina confirmação legal de seu trabalho[8].

Assim, a maior parte de uma sociedade que mal saía de anos de crise acreditou que o novo regime oferecia soluções que, de diferentes formas todas relacionadas entre si, dariam resposta às aspirações, ressentimentos e interesses de seus vários setores. Essa crença sobreviveu às dificuldades da fase inicial (como, por exemplo, uma economia ainda inerte) em consequência de um novo senso de propósito, de uma série de êxitos no cenário internacional e, sobretudo, de uma fé inabalável no Führer. Como um de seus corolários, contudo, essa mesma fé trazia consigo uma aceitação disseminada, passiva ou não, das medidas contra os judeus: a solidariedade para com os judeus teria significado uma certa falta de confiança na legitimidade dos rumos escolhidos por Hitler e, nesse aspecto, muitos alemães tinham claramente estabelecido suas prioridades individuais e coletivas. O mesmo é válido com relação a outro mito central do regime, o da *Volksgemeinschaft*. A comunidade nacional explicitamente excluía os judeus. Pertencer à comunidade nacional envolvia a aceitação das exclusões que ela

---

7 Idem, p. 350.
8 I. Kershaw, "Working Towards the Führer", *Contemporary European History*, v. 2, n. 2, p. 116.

impunha. Em outras palavras, a adesão "positiva" às doutrinas do regime, aos mitos mobilizadores, como os do Führer e da *Volksgemeinschaft*, era suficiente para minar a discordância explícita com relação às medidas antijudaicas (e outras formas de perseguição por parte do regime). Ainda assim, como veremos, apesar dessas tendências gerais, havia nuances nas atitudes da sociedade alemã com relação "aos estranhos" em seu meio.

A moderação tática de Hitler em todas as questões que podiam ter impacto econômico negativo revela seu alinhamento deliberado com os aliados conservadores. Mas quando se tratava de expressões simbólicas de ódio antijudaico, o líder nazista mal podia ser contido. Em abril de 1935, Martin Bormann, então chefe de gabinete de Rudolf Hess, perguntou se Hitler desejava remover os cartazes antijudaicos que proliferavam por todo o Reich. Fritz Wiedemann, assistente de Hitler, informou a Bormann que o Führer se opunha a sua remoção[9]. A questão logo voltou à tona quando Oswald Leewald, presidente do Comitê Olímpico alemão, se queixou de que esses cartazes contribuíam com a permanente agitação antijudaica em locais olímpicos importantes como Garmisch-Partenkirchen. Vamos tratar dos jogos olímpicos mais tarde, mas com relação aos cartazes antijudaicos, Hitler inicialmente se recusou a tomar medidas contra as iniciativas dos chefes de partido regionais; somente quando lhe disseram que eles podiam causar danos sérios às olimpíadas de inverno é que ele deu ordens para a retirada dos cartazes ofensivos[10]. Por fim, foi encontrada uma solução de meio-termo. Em 11 de junho de 1935, o Ministério da Propaganda deu ordens para que, em vista das olimpíadas que se aproximavam, cartazes como os que diziam JUDEN UNERWÜNSCHT (judeus não desejados) fossem discretamente removidos das grandes rodovias[11]. Talvez isso fosse pedir demais, pois alguns dias antes do início das olimpíadas de inverno, o gabinete de Hess emitia o seguinte decreto: "A fim de evitar causar má impressão em visitantes estrangeiros, cartazes com inscrições extremistas devem ser removidos; cartazes como 'judeus são aqui indesejados' serão suficientes"[12].

II

Em 1º de janeiro de 1935, um comerciante judeu de Tübingen, Hugo Loewenstein, recebeu uma medalha "em nome do Führer e *Reichskanzler*"

---

9 D. Bankier, "Hitler and the Policy-Making Process", *Holocaust and Genocide Studies*, v. 3, n. 1, p. 9.
10 Idem, ibidem.
11 J. Walk (org.), *Das Sonderrecht* für die Juden im NS-Staat, p. 117.
12 Idem, p. 153.

(Chanceler do Reich) por seus serviços durante a Primeira Guerra Mundial[13]. A mesma distinção era concedida a Ludwig Tannhäuser, um negociante judeu de Stuttgart, ainda em 1º de agosto de 1935[14]. No entanto, quase um ano e meio antes, em 28 de fevereiro de 1934, o ministro da defesa Werner von Blomberg dera ordens de que o parágrafo ariano fosse aplicado ao exército[15]. Quando a Wehrmacht foi criada, em março de 1935, judeus "nacionalistas" solicitaram a Hitler o direito de servir nas novas forças armadas[16]. Em vão: em 21 de maio, o serviço militar era oficialmente proibido aos judeus"[17]. "Descendentes mestiços [*Mischlinge*] de primeiro e segundo graus" (essas categorias já estavam em uso no Ministério da Defesa antes das Leis de Nurembergue) podiam, no entanto, receber permissão para servir nas forças armadas como exceções individuais[18].

O exército havia anteriormente tentado ajudar oficiais judeus que estavam sendo demitidos. Em 16 de maio de 1934, um membro do comando da Reichswehr abordara um diplomata chinês em Berlim, com a sugestão de que o exército chinês encontrasse posições para alguns dos oficiais judeus mais jovens da Reichswehr. Tan, secretário da missão diplomática, expressou seu interesse pessoal na ideia, mas estava cético quanto a sua implementação: funcionários do Partido Nazista já haviam entrado em contato com o governo chinês, com o objetivo de dissuadi-lo de contratar oficiais judeus alemães, alegando que os judeus não eram representativos do povo alemão e, assim, o Reich alemão não via valor algum na atividade deles no exterior[19].

Goebbels não podia ficar muito atrás dos militares. Menos de um mês depois de expedida a ordem de Blomberg, em 24 de março de 1934, o ministro da propaganda anunciava que, como questão de princípio, todos os

13 L. Zapf, *Die Tübinger Juden*, p. 150.

14 P. Sauer (org.), *Dokumente über die Verfolgung der jüdischen Bürger in Baden-Württemberg durch das Nationalsozialistische Regime 1933-1945*, v. 1, p. 50.

15 J. Walk (org.), op. cit., p. 72. A Associação dos Soldados Judeus do *Front* recorreu, sem êxito, a Hindenburg, a fim de obter a revogação dessa exclusão. Para o texto completo da petição de 23 de março de 1934, cf. U. Dunker, *Der Reichsbund jüdischer Frontsoldaten, 1919-1938*, p. 200 e s.

16 Cf., por exemplo, a petição do presidente da Associação de Judeus Alemães Nacionalistas, Max Naumann, dirigida a Hitler e datada de 23 de março de 1935, e a declaração da Associação dos Soldados Judeus do *Front*, da mesma data, em Michaelis e Schraepler, *Ursachen*, v. 11, p. 159-162.

17 J. Walk (org.), op. cit., p. 115.

18 Idem, p. 122 (decreto de 25 de julho de 1935). Sobre os vários aspectos do problema dos *Mischlinge*, cf. sobretudo J. Noakes, Wohin gehören die "Judenmischlinge"?, em U. Büttner, W. Johe e A. Voss (orgs.), *Das Unrechtsregime*, p. 69 e s.

19 Comunicado T3/Att. [à atenção] do Grupo para o Departamento do Ajudante de Ordens do Chefe do Alto Comando do Exército, de 22 de maio de 1934, Reichswehrministerium, Chef der Heeresleitung, microfilme MA-260, 112, Munique.

judeus estavam excluídos da Câmara de Cultura do Reich. Os preparativos começaram imediatamente e, no início de 1935, os membros judeus que ainda continuavam nos vários gabinetes específicos começaram a ser demitidos[20]. Em 15 de novembro de 1935, em sua reunião anual em Berlim, Goebbels podia anunciar – um tanto prematuramente, como veremos – que a Câmara de Cultura do Reich estava agora "livre de judeus"[21].

Era inequívoco o caráter implacável dos esforços por segregar os judeus. Em termos ideológicos, o domínio mais crucial era o da separação física – isto é, biológica; muito antes da legislação de Nuremberg, os casamentos mistos e as relações sexuais entre alemãs e judeus se tornaram alvo dos ataques incessantes, e muitas vezes violentos, do partido. A imprensa do partido liderou essa campanha e a torrente de injúrias antijudaicas, disseminada por um jornal como o *Der Stürmer*, publicado por Streicher, não ficava sem consequências. Por outro lado, no entanto, contrariamente ao ímpeto geral da agitação partidária, alguns grupos da população não apenas rejeitavam a violência antijudaica e hesitavam em romper seus vínculos econômicos com os judeus, mas algumas vezes chegavam até mesmo a manifestar sinais de compaixão pelas vítimas. Além dessa relutância em segregar completamente os judeus, a "limpeza" de várias áreas da vida alemã de todo traço de presença judaica encontrou inúmeras outras dificuldades. Assim, durante essa primeira fase do regime, os judeus ainda permaneciam, de um modo ou de outro, em vários domínios da vida alemã, embora, em consequência da agitação partidária, sua situação piorasse na primavera e verão de 1935.

A noção de raça como tal, definida como um conjunto de características físicas e mentais em comum transmitidas no âmbito de um grupo por força da tradição ou até mesmo por algum meio biológico, tinha sido utilizada pelos próprios judeus, de Moses Hess a Martin Buber, em particular nas conferências de Praga apresentadas por Buber em 1911 e publicadas como *Drei Reden über das Judentum* (Três Discursos sobre o Judaísmo). Ela não tinha desaparecido na Alemanha de pós-guerra. Assim, num discurso de fevereiro de 1928 sobre os problemas com que se defrontava o povo judeu na Alemanha, o diretor da Zentralverein, Ludwig Holländer, afirmava que os judeus formavam uma raça desde os tempos bíblicos em consequência de sua linhagem em comum e, embora expressando dúvidas sobre se o conceito de raça se aplicaria ao judeu moderno, prosseguia, dizendo a seu público: "as origens se mantêm, isto é, as características raciais estão ainda presentes, embora atenuadas pelos séculos;

---

20 A. E. Steinweis, *Art, Ideology and Economics in Nazi Germany*, p. 108 e s.

21 Idem, p. 111. De fato, uns poucos judeus ainda permaneceram como membros das várias câmaras e foi somente em 1939 que a exclusão se tornou total.

elas estão presentes em características tanto físicas quanto mentais"[22]. Em 1932, surgia em meio aos judeus uma acalorada controvérsia interna em torno da publicação pelo autor sionista Gustav Krojanker de um opúsculo intitulado *Sobre o Problema do Novo Nacionalismo Alemão*. De acordo com Krojanker, a revolta sionista contra o liberalismo, que se dava em resposta a uma vontade despertada pelos imperativos do sangue, devia incluir uma compreensão profunda dos desenvolvimentos políticos na Alemanha[23].

Posições extremas como essa eram sustentadas por uma pequena minoria, mas elas revelam a influência do pensamento de caráter *völkisch* sobre alguns judeus alemães[24]. Ocasionalmente algumas vozes judaicas chegavam a advogar a "pureza racial do sangue judeu" e a reivindicar pesquisas de acordo com as regras da "ciência racial", para obtenção de informações mais amplas e precisas sobre até onde ia "a miscigenação entre judeus e cristãos [sic] e, assim, entre os membros das raças semita e ariana"[25]. Mas essas diversas reivindicações não tinham a conotação nem de busca de uma hierarquia racial baseada em critérios biológicos nem de uma luta entre as raças.

Ao que parece, pelo menos no início, existia no partido uma crença generalizada em que critérios raciais científicos para identificação dos judeus podiam ser descobertos. Assim, numa carta ao ministro do interior de Baden, datada de 1º de setembro de 1933 (com cópia para todas as autoridades relevantes no Reich), Wilhelm Frick deixava claro que a identificação do "não ariano" não dependia da religião dos pais ou avós, mas "da linhagem, da raça, do sangue". Isso significava que, mesmo que a filiação religiosa dos pais ou avós não fosse judaica, um outro critério podia ser encontrado[26]. Era essa a linha de pensamento que orientava o antropólogo racial de Iena, Hans F. K. Günther, em sua tentativa de identificar várias características físicas externas dos judeus, assim como seu colega de Leipzig, Paul Reche, em sua pesquisa de um ano sobre os tipos de sangue racialmente determinados. Mas até mesmo Reche tinha de admitir que nenhum "tipo único de sangue era típico entre os judeus"[27]. Esse fracasso, no entanto, embora logo reconhecido pela maioria

---

22 L. Holländer, *Deutsch-jüdische Probleme der Gegenwart: eine Auseinandersetzung über die Grundfragen des Zentralvereins deutscher Staatsbürger jüdischen Glaubens*, Berlim, 1929, p. 18, apud R. L. Pierson, *German Jewish Identity in the Weimar Republic*, p. 63.

23 K. Loewenstein, Die innerejüdische Reaktion auf die Krise der deutschen Demokratie, em W. E. Mosse org), *Entscheidungsjahr 1932*, p. 386.

24 G. L. Mosse, The Influence of the Völkisch Idea on German Jewry, *Germans and Jews*, p. 77 e s.

25 R. L. Pierson cita a partir de um ensaio de autoria de Wilhelm Hanauer, Die Mischehe, *Jüdisches Jahrbuch für Gross Berlin*, 1929, p. 37.

26 J. Noakes, Wohin gehören die "Judenmischlinge"?, op. cit., p. 70.

27 R. N. Proctor, *Racial Hygiene*, p. 151.

dos cientistas nazistas[28], não impediu que publicações especializadas na vulgarização da ciência anunciassem que, nessa frente, assim como em todas as outras, avanços decisivos haviam sido conquistados.

Na edição de outubro de 1934 da revista *Volksgesundheitswacht* (O Guardião da Saúde do Povo), um certo doutor Stähle apresentava os "novos resultados da pesquisa" relativa ao "sangue e a raça". Ele descrevia algumas doenças atribuídas especificamente aos judeus (comentando ironicamente que se tratava de "doenças cumulativas") e citava sobretudo o trabalho de um "cientista" de Leningrado chamado E. O. Manoiloff. Esse russo afirmava que podia, com uma precisão de 90 %, distinguir sangue judeu de sangue russo por meio de procedimentos químicos. Stähle transmitia a seus leitores o devido entusiasmo: "imaginem o que poderia significar poder identificar não arianos no tubo de ensaio! Então nem dissimulação, nem batismo, nem mudança de nome, nem cidadania, nem mesmo a cirurgia nasal poderiam ajudar. Não se pode mudar o próprio sangue!"[29]. Stähle presidia a sociedade médica local em Württemberg[30].

Apesar do otimismo de Stähle, os critérios biológicos para definição do judeu permaneciam elusivos e era com base na filiação religiosa dos pais e avós que os nazistas tinham de desfechar sua cruzada de purificação racial do *Volk*.

Quase três anos antes da ascensão de Hitler ao poder, os nazistas haviam reivindicado sem êxito uma mudança na Lei de Proteção da República, de modo a incluir "traição de raça" (*Rassenverrat*) como um crime punível com prisão ou mesmo a morte. O ofensor seria alguém "que contribui ou ameaça contribuir com a deterioração racial e a dissolução do povo alemão pela miscigenação com pessoas de sangue judeu ou com raças de cor"[31].

Em setembro de 1933, Hanns Kerrl, ministro da justiça da Prússia, e seu subsecretário, Roland Freisler, sugeriam ao partido (num memorando intitulado "Lei Criminal Nacional-Socialista") que os casamentos e as relações sexuais extraconjugais entre pessoas "de sangue alemão" e "membros de comunidades racialmente estrangeiras" fossem considerados "ofensas contra a honra da raça passíveis de punição e como ameaças contra a raça"[32]. À época, essas propostas não tiveram continuidade. No entanto, após o estabelecimento do novo regime, a situação começou a mudar. Os funcionários do governo mencionavam cada vez mais a Lei de Restauração do Serviço Público Profissional, para justificar sua recusa em realizar cerimônias de casamento entre judeus e pessoas "de

---

28 Idem, ibidem.
29 Idem, p. 78-79.
30 Idem, p. 79.
31 I. Müller, *Hitler's Justice*, p. 91.
32 Idem, ibidem.

sangue alemão", com base nos "princípios nacionais gerais" da lei[33]. A pressão cresceu a tal ponto que, em 26 de julho de 1935, Frick anunciava que, uma vez que a validade legal de "casamentos entre arianos e não arianos" seria oficialmente discutida num futuro próximo, esses casamentos deviam ser "adiados até notificação posterior"[34].

A recusa em realizar casamentos era uma questão simples em comparação com outro corolário "lógico" que se originava no contexto: a dissolução dos casamentos mistos existentes. O código civil autorizava o divórcio com base na má conduta de um dos parceiros, mas era difícil equiparar o fato de pertencer a uma determinada raça com a noção de má conduta.

O Parágrafo 1333 do código civil, no entanto, estipulava que um casamento poderia ser contestado caso um dos cônjuges desconhecesse, ao contrair o matrimônio, "qualidades pessoais" ou circunstâncias que teriam impedido a união. Mas essa cláusula somente podia ser invocada no prazo de seis meses após o casamento e a identidade racial dificilmente poderia ser definida como uma qualidade pessoal; por fim, era improvável que parceiros num casamento desconhecessem tal identidade racial no momento de sua decisão. No entanto, o parágrafo 1333 era cada vez mais invocado em apoio à interpretação nazista da lei: a de que "ser judeu" era na verdade uma qualidade pessoal cujo significado somente se tornara claro em consequência das novas circunstâncias políticas. Em decorrência disso, o período de seis meses podia ser contado a partir da data em que o significado de "ser judeu" se tornara um elemento importante da consciência pública, isto é, a partir de 30 de janeiro (a acessão de Hitler), ou mesmo 7 de abril, de 1933 (a promulgação de Lei do Serviço Público)[35].

À medida que um número cada vez maior de tribunais passava a basear suas decisões na nova interpretação da Lei do Serviço Público, juristas nazistas importantes, como Roland Freisler, tiveram de intervir, a fim de restaurar algo com alguma aparência de ordem[36]. Era somente com o estabelecimento da lei de 6 de julho de 1938 que casamentos "racialmente" mistos podiam de fato ser legalmente anulados. Os juízes, advogados e tabeliões empenhados na dissolução de casamentos mistos não eram necessariamente membros do partido: em sua determinação de isolar os judeus da sociedade, eles iam além das instruções imediatas das lideranças nazistas.

O fervor antijudaico dos tribunais com relação aos casamentos mistos era reforçado por iniciativas da polícia e até mesmo pelas manifestações das multidões

---

33 Idem, p. 92.
34 Idem, p. 93.
35 Idem, p. 94.
36 Idem, p. 95.

contra toda forma de relação sexual entre judeus e arianos: "desonra racial" era a obsessão do dia. Assim, em 19 de agosto de 1935, um negociante judeu era preso em Stuttgart, sob essa acusação. Enquanto o acusado era conduzido à delegacia, uma multidão se aglomerava e se manifestava contra ele. Pouco tempo depois, de acordo com os registros da cidade, uma comerciante judia que tinha um compartimento no saguão do mercado desde 1923 perdia sua licença porque havia permitido a seu filho manter um relacionamento com uma alemã de origem não judaica[37].

É difícil dizer se os manifestantes reunidos em frente à delegacia de Stuttgart eram ativistas nazistas, uma turba reunida pelo partido, ou uma multidão de alemães reunidos aleatoriamente. Os casos de agitação contra casamentos mistos e poluição racial relatados em toda parte no Reich durante o verão de 1935 não fornecem nenhuma pista adicional. Assim, um relatório da Gestapo, provindo da Pomerânia e referente ao mês de julho de 1935, comenta que *Volksgenossen* haviam realizado manifestações na cidade de Stralsund, no dia 14, "porque aqui vários judeus tinham se casado com moças arianas" e, em Altdamm, no dia 24, "porque aqui um judeu tinha cometido poluição racial com uma ariana casada"[38].

A imprensa vinculada ao partido não poupou esforços no sentido de inflamar a fúria dos *Volksgenossen* contra a desonra racial. Os judeus poluidores da raça devem ser castrados, exigia o *Westdeutscher Beobachter*, em 19 de fevereiro de 1935. Em 10 de abril, o periódico da SS *Das Schwarze Korps* exigia punição extrema (prisão de até quinze anos mesmo para o parceiro alemão), no caso de relações sexuais entre alemães e judeus[39]. Já eram visíveis todos os aspectos da caça às bruxas que viria a caracterizar o período que se seguiu à aprovação das leis raciais de Nurembergue.

A presença dos judeus nas piscinas públicas era um tema privilegiado, somente superado pela indiscutível desonra racial, no imaginário pornográfico dos nazistas: ele exprimia a "sã" repugnância ariana diante da visão do corpo do judeu[40], o medo de contaminação que poderia resultar do compartilhamento da água ou da área da piscina e, de forma mais explícita, a ameaça sexual da nudez judaica, muitas vezes mencionada como o comportamento insolente das judias e o assédio sexual descarado dos judeus sobre as alemãs.

37 K. Leipner (org.), *Chronik der Stadt Stuttgart*, p. 225.
38 R. Thévoz, H. Branig e C. Löwenthal-Hensel (orgs.), *Pommern 1934/1935 im Spiegel von Gestapo-Lageberichten und Sachakten*, v. 2, Quellen, p. 118.
39 W. T. Angress, Die "Judenfrage" im Spiegel amtlicher Berichte 1935, em U. Büttner et al., *Das Unrechtsregime*, v. 2, p. 34.
40 Para uma excelente discussão de várias fantasias antissemitas relativas ao corpo judeu, cf. S. L. Gilman, *The Jew's Body*.

Como era de se esperar, o tema vinha à tona na literatura nazista. Assim, no romance de Hans Zöberlein de 1937, *Der Befehl des Gewissens* (O Que Ordena a Consciência), cuja trama tem lugar durante os anos imediatamente posteriores à Primeira Guerra Mundial, a ariana Berta é molestada por judeus numa piscina ao ar livre na Baviera: "esses porcos judeus estão nos arruinando", exclamava ela. "Estão poluindo nosso sangue. E o sangue é a melhor e única coisa que temos"[41].

Na maioria das cidades alemãs, a expulsão de judeus de instalações balneárias públicas se tornou um dos principais objetivos do partido. Em Dortmund, por exemplo, a imprensa partidária insistiria no perigo que representava a presença de judeus nas piscinas municipais, até ver alcançado seu objetivo com a publicação de um anúncio, no dia 25 de julho de 1935, pelo prefeito da cidade:

> em conseqüência das várias ocorrências desagradáveis e dado que a imensa maioria dos membros de nossa comunidade nacional alemã se sente ultrajada pela presença de judeus, proibi aos judeus o uso de todas as piscinas públicas, balneários públicos e terraços públicos. Em todas essas instalações, cartazes de advertência trarão a seguinte inscrição: o acesso a estas instalações está proibido aos judeus[42].

A imprensa partidária em Stuttgart iniciou uma campanha do mesmo tipo, com o jornal NS-*Kurier* informando em 8 de julho que, durante a semana precedente, várias judias tinham sido expulsas das piscinas da cidade, devido a "seu comportamento insolente". O jornal aproveitava a oportunidade para assinalar que não havia cartazes proibindo o acesso aos judeus. Com a câmara municipal dividida sobre essa questão, esses cartazes somente seriam afixados em Stuttgart após o final dos jogos olímpicos de 1936[43].

O processo de exclusão parecia seguir um padrão bem estabelecido. Às vezes, contudo, entraves menores ocorriam. Em 1º de agosto de 1935, a Polícia Secreta da Baviera relatava um incidente na piscina de Heigenbrücken, no dia 14 de julho, quando cerca de quinze ou vinte jovens se manifestaram gritando e exigindo "a retirada dos judeus [...] dos 'balneários alemães'". De acordo com o relatório da polícia:

> um número considerável de outros banhistas se juntou à gritaria, de modo que provavelmente a maioria dos visitantes estava exigindo a retirada dos

---

41 Apud J. M. Ritchie, *German Literature under National Socialism*, p. 100.
42 Apud U. Knipping, *Die Geschichte der Juden in Dortmund während der Zeit des Dritten Reiches*, p. 50.
43 R. Müller, *Stuttgart zur Zeit des Nationalsozialismus*, p. 292-293, 296.

judeus. Diante da indignação geral e do perigo de perturbações, Wohlgemuth, diretor distrital do NSDAP e prefeito de Aschaffenburg, que por acaso se encontrava na piscina, foi até o supervisor das instalações balneárias e exigiu que ele expulsasse os judeus. O supervisor se recusou, argumentando que era obrigado a seguir unicamente as instruções da administração das instalações balneárias e que, além disso, não podia distinguir facilmente os judeus. Em consequência da resposta do supervisor, houve algum atrito entre ele e o prefeito, que foi depois resolvido com a administração. Em vista desse incidente, a Associação dos Balneários colocou hoje um aviso na entrada das instalações balneárias com a inscrição: entrada proibida aos judeus[44].

Entre os jornais que lançavam uma torrente constante de ofensas antijudaicas, o jornal *Der Stürmer*, sob a direção de Streicher, era o mais venenoso; sua campanha contínua e a ampla distribuição que ele alcançava podiam ser repugnantes para a classe média educada ou mesmo para membros do partido com melhor formação, mas seu apelo em meio à população em geral, aos jovens estudantes e à Juventude Hitlerista, possivelmente devido a suas características pornográficas e sádicas, parece ter sido bastante amplo.

Em 1º de maio de 1934, *Der Stürmer* publicava sua famigerada edição especial sobre o assassinato ritual judaico. A manchete de primeira página, DESCOBERTA CONSPIRAÇÃO JUDAICA DE ASSASSINATO CONTRA A HUMANIDADE NÃO JUDAICA, vinha ilustrada com um desenho de meia página que mostrava dois judeus de aparência particularmente horrenda, segurando um recipiente para coletar o sangue que corria dos corpos nus de angelicais bebês cristãos que eles acabavam de assassinar (um dos judeus segurava uma faca manchada de sangue). No fundo, aparecia uma cruz. No dia seguinte, a Representação Nacional dos Judeus Alemães telegrafava ao bispo do Reich, Ludwig Müller:

> sentimo-nos obrigados a chamar sua atenção para a edição especial publicada em 1º de maio no jornal *Der Stürmer*. Enviamos o seguinte telegrama ao chanceler do Reich: '*Der Stürmer* publicou uma edição especial que, recorrendo a inacreditáveis insultos e descrições horrendas, acusa o povo judeu de assassinato ritual. Diante de Deus e da humanidade, levantamos nossa voz em protesto solene contra essa profanação sem precedentes de nossa fé'. Estamos convencidos de que o profundo ultraje que estamos sentindo é compartilhado por todos os cristãos.

---

44 Apud J. Noakes e G. Pridham, *Nazism 1919-1945*, v. 2, p. 531.

Nem Hitler nem o bispo do Reich, Müller, responderam[45].

Juntamente com as grandes questões como o assassinato ritual, *Der Stürmer* também abordava temas mais mundanos (embora, no verdadeiro estilo do *Stürmer*, o mundano sempre conduzisse ao panorama histórico mais amplo), como o que veio à tona no verão de 1935. Em sua edição de agosto de 1935 (n. 35), o jornal de Streicher retomava uma história anteriormente publicada pelo *Reutlinger Tageblatt* sobre um químico judeu, o doutor R. F., que fora acusado de torturar um gato até a morte. De acordo com o *Stürmer*, para matar o gato, F. amarrou o animal num saco, que ele então lançou contra o concreto em frente a sua porta. "Depois disso, ele pulou com ambos os pés sobre o pobre animal, executando uma verdadeira dança de negro sobre ele. Como não conseguisse matar o animal desse modo, embora ele sangrasse pelo saco, ele pegou uma tábua e bateu no gato até dar cabo dele". O *Stürmer* vinculou a morte do gato "ao massacre de 75 mil persas no Livro de Ester" e à matança "de milhões de não judeus", da "forma mais horrível", na Rússia contemporânea. "O burguês complacente pensa muito pouco sobre o que aconteceria na Alemanha se os judeus subissem ao poder mais uma vez", concluía o *Stürmer*[46]. Como de se esperar, a história do *Stürmer* provocou a reação dos leitores. Uma residente de Munique enviou uma carta ao acusado: "a opinião de todos os meus colegas, mulheres e homens, é de que você não deve ser tratado em nada melhor [que o gato] e que deve receber socos e pontapés até a morte. No caso de um judeu tão miserável, repugnante, horrendo, de pés chatos, nariz aquilino, não seria perda alguma, juro [...]. Você deve morrer como um verme"[47].

O jornal de Streicher não hesitava em atacar aliados conservadores fiéis ao partido, quando informações (normalmente falsas) sobre ajuda oferecida a algum judeu chegavam ao jornal. Assim, no dia 20 de maio de 1935, o ministro da Justiça em pessoa, Franz Gürtner, tinha de escrever a Hitler, com o objetivo de exonerar um tribunal de Stuttgart da acusação do *Stürmer* de que o tribunal teria ajudado um judeu chamado David Isak a mudar seu nome para Fritsch (um escândalo duplo, por assim dizer, uma vez que Fritsch era o nome de um "dos grandes precursores do movimento antissemita na Alemanha"). Gürtner entrava em detalhes: a família Isak provinha de uma comprovada linhagem de camponeses católicos que remontava a mais de duzentos anos, o que podia ser verificado nos registros disponíveis na paróquia. No início de 1935, David Isak solicitara a mudança de nome para Rudolf Fritsch, porque

---

45 Para o telegrama enviado a Müller, cf. E. Röhm e J. Thierfelder, *Juden-Christen-Deutsche*, v. 1, p. 268.

46 P. Sauer (org.), *Dokumente...*, v. 1, p. 62.

47 Idem, p. 63.

seu nome judeu era causa de crescentes dificuldades em seu trabalho. Apesar desses fatos facilmente comprováveis, o *Stürmer* havia desfechado uma campanha difamatória contra o Ministério da Justiça e Gürtner exigia então que o jornal de Streicher fosse obrigado a se retratar publicamente[48]. Um mês mais tarde, o chefe de chancelaria Hans Lammers informava ao ministro que Hitler tinha concordado com sua exigência[49]. Esse incidente teve amplas consequências: o início de amplos debates administrativos sobre os nomes judeus, mudanças de nome e nomes especiais para os judeus.

Reclamações como essa contra o *Stürmer* podem ter convencido Hitler de que o jornal de Streicher podia prejudicar a reputação do partido. Em 12 de junho de 1936, Bormann escrevia ao Ministro da Justiça, informando que, por decisão do Führer, "*Der Stürmer* não é um porta-voz do NSDAP"[50].

A população, ao que parece, estava sobretudo passiva diante dessa contínua agitação do partido: embora não houvesse resistência contra ela, a violência aberta contra os judeus muitas vezes encontrava desaprovação. Um incidente na primavera de 1935 é bastante revelador. O interrogatório da polícia de um suspeito de vandalismo contra um cemitério judeu na Renânia revelou a seguinte história: o suspeito e seus amigos Gross e Remle tinham se encontrado numa taberna em Hassloch e, após ficar sabendo com o líder da SS local, Strubel, que "os judeus deviam ser considerados alvo fácil", se puseram a caminho da casa do negociante de gado judeu Heinrich Heene. Eles lançavam insultos contra Heene e sua família, enquanto tentavam em vão invadir o pátio. As pessoas que, a essa altura, se aglomeravam em frente à casa de Heene, não deram nenhuma ajuda aos três, em seus esforços de derrubar o portão. "Quando viu [...] que a multidão reunida não o apoiava", prosseguia o relatório da polícia,

> Gross gritou para eles: 'vocês se dizem homens, mas não estão me ajudando a desmascarar esse bando de judeus'. Ele investiu então com toda sua força, na tentativa de derrubar a porta, dando pontapés contra ela mais ferozmente que antes. A multidão, contudo, não era favorável às ações de Gross e era possível ouvir as vozes de desaprovação, que se tornavam cada vez mais altas – gritando que isso era injusto[51].

---

48 Do Ministro da Justiça ao Chanceler do Reich, 20.5.1935, entre os Documentos de Pesquisa de Max Kreuzberger, AR 7183, Caixa 8, Pasta 9, LBI, Nova York.

49 De Lammers ao Ministro da Justiça, 7.6.1935, idem, ibidem.

50 H. Heiber, *Akten der Parteikanzlei der NSDAP* (resumos), parte 2, v. 3, p. 107.

51 Cf. A. Doll (org.), *Nationalsozialismus im Alltag*, p. 139. Traduzido por D. Kuntz em B. C. Sax e D. Kuntz, *Inside Hitler's Germany*, p. 410-411.

Remle, Gross e o suspeito eram membros do partido que haviam se inspirado numa sugestão do líder da SS local e encontraram sinais de relutância da parte de um grupo de moradores da cidade, quando passaram a usar violência. Isso não significa que a violência antijudaica esporádica (e tradicional) não fosse conhecida em todas as áreas[52]. Em pelo menos um caso, em Günzenhausen (na Baixa Francônia) na primavera 1934, ela resultou na morte de dois judeus locais[53]. Mas ocorrências desse tipo eram raras.

Os camponeses pareciam pouco dispostos a se privar dos serviços dos judeus como lojistas ou negociantes de gado[54]: "devido às vantagens econômicas de que desfrutavam ao tratar com os judeus, que pagavam em dinheiro e vendiam a crédito, eles [os camponeses] estavam relutantes em passar a tratar com os negociantes de gado arianos, que os nazistas buscavam apoiar"[55]. Em bases mais gerais, os camponeses muitas vezes "optavam por comprar quase que exclusivamente em lojas de judeus", como informavam os relatos enviados da Pomerânia no mês de junho de 1935, "porque nas lojas dos judeus é mais barato e há maior escolha [de mercadorias]"[56]. Provavelmente pelas mesmas razões, um número considerável de *Volksgenossen* ainda dava preferência a lojas e negociantes judeus tanto nas pequenas cidades quanto nas grandes. Quando, de acordo com o diário de Victor Klemperer, os não judeus de Falkenstein, na Saxônia, foram proibidos de frequentar as lojas de judeus locais, eles passaram a viajar até a vizinha Auerbach, onde ainda podiam frequentar as lojas dos judeus; por sua vez, os não judeus de Auerbach viajavam até Falkenstein com o mesmo objetivo. Para fazer compras de maior porte, os não judeus de ambas as cidades viajavam até a cidade de Plauen, onde havia uma loja de departamentos de propriedade de judeus: "quando acontecia de alguém dar [de encontro] com um conhecido, nenhum dos dois tinha visto o outro. Isso era o que estava tacitamente subentendido"[57].

O que parece ter sido mais mortificante para as autoridades do partido era o fato de que até mesmo membros do partido, alguns em pleno uniforme, não se viam dissuadidos de negociar com os judeus. Assim, no início do verão de 1935, relatos sobre a persistência desse comportamento repreensível eram

52 S. M. Lowenstein, The Struggle for Survival of Rural Jews in Germany 1933-1938, em Arnold Paucker (org.), *The Jews in Nazi Germany 1933-1943*, Tübingen, 1986, p. 116.

53 Idem, p. 117.

54 Idem, p. 123.

55 Idem, p. 121. Sobre a oposição entre os interesses econômicos dos camponeses e a pressão exercida pelos radicais do partido com relação às atividades dos comerciantes de gado judeus na Baviera, cf. F. Wiesemann, Juden auf dem Lande, em D. Peukert e J. Reulecke, *Die Reihen fast geschlossen*, p. 381 e s.

56 R. Thévoz, H. Branig e C. Löwenthal-Hensel (orgs.), op. cit., p. 103.

57 V. Klemperer, *Ich will Zeugnis ablegen bis zum letzten*, v. 1, p. 110.

enviados de Dortmund, Frankfurt an der Oder, Königsberg, Stettin, e Breslau[58]. Em resumo, enquanto hordas de ativistas do partido saíam atacando judeus, outros membros do partido compravam fielmente em lojas de judeus. Alguns membros do partido iam até mais longe. Segundo um relatório da SD, enviado em 11 de outubro de 1935 ao foro distrital do partido no bairro de Steglitz, Berlim, o membro do partido Hermann Prinz fora visto, seis meses antes, na área de Bad Polzin, negociando tapetes em sociedade com o judeu Max Ksinski; ele até mesmo usava as insígnias do partido enquanto atuava nesse negócio[59].

No verão de 1935, quando os judeus, como vimos, tinham o acesso proibido a piscinas e outras instalações balneárias em numerosas cidades alemãs e sua simples presença não era permitida em muitas das pequenas cidades e aldeias, uma situação surrealista se desenvolvia em algumas estâncias balneárias no Báltico, onde o *Stürmer* era amplamente divulgado. Ao que parece, diversas hospedarias populares nesses balneários pertenciam a judeus. Em Binz, por exemplo, um judeu húngaro possuía a hospedaria mais famosa que, de acordo com um relatório da Gestapo, estava sendo boicotada pela população local, quando quem escolheria lá se hospedar durante Pentecostes senão nada menos que o Gauleiter e governador do Reich (Reichsstatthalter) Löper![60] E, para piorar a situação, um mês mais tarde, em julho, era a hospedaria do judeu húngaro a preferida dos oficiais e homens do cruzador naval *Köln*, durante sua visita a Binz[61]. Essa situação paradoxal se manteve por mais três anos, chegando ao fim na primavera de 1938, quando o diretor do gabinete em Binz encarregado dos balneários no Mar Báltico anunciou que "os esforços dos últimos meses foram bem sucedidos": todas as hospedarias anteriormente de propriedade de judeus estavam agora em mãos arianas[62].

O choque entre a propaganda partidária contra as relações comerciais com os judeus e as vantagens econômicas presentes em tais relações era apenas um reflexo da natureza contraditória das ordens vindas de cima: de um lado, nenhum contato entre judeus e *Volksgenossen*; de outro, nenhuma interferência nas atividades econômicas dos judeus. Essa contradição, que se originava em duas prioridades ainda irreconciliáveis – a luta persistente contra os judeus e a necessidade de promover a recuperação econômica da Alemanha – encontrava expressão recorrente nos relatos das entidades locais.

---

58 W. T. Angress, Die "Judenfrage"..., op. cit., p. 25.

59 Do Chefe do escritório central do SD para o tribunal distrital da III/B, 11.10.1935, SD Hauptamt, microfilme MA-554, Ifz, Munique.

60 R. Thévoz, H. Branig e C. Löwenthal-Hensel (orgs.), op. cit., p. 93.

61 Idem, p. 118.

62 Administração de Balneários do Mar Báltico, Binz, 17.5.38, Escritório Central do SD, microfilme MA-554, Ifz, Munique.

O presidente do distrito administrativo de Kassel abordava a questão em termos bastante diretos em seu relatório mensal de 8 de agosto de 1934:

> a questão judaica ainda desempenha um papel importante. Na vida econômica, a presença dos judeus está se tornando ainda mais forte. Eles têm novamente o completo controle do mercado de gado. A atitude das organizações nacional-socialistas com respeito à questão judaica permanece inalterada e muitas vezes está em conflito com as instruções do ministro da Economia, em particular com relação ao tratamento dos negócios judaicos. Repetidamente fui compelido, juntamente com a Polícia do Estado, a impedir iniciativas de boicote bem como outras violações por entidades locais[63].

Contradições e dilemas como esses muitas vezes se tornavam visíveis ao se observar sobretudo as pequenas cidades. Em 2 de julho de 1935, um relatório era enviado por oficiais da cidade de Laupheim ao Ministério do Interior de Württemberg:

> nas atuais circunstâncias, a questão judaica tem cada vez mais se tornado fonte de incertezas para as autoridades de Laupheim [...]. Se a luta contra os judeus [...] continuar, será preciso levar em conta que os negociantes judeus locais emigrarão o mais rápido possível. As autoridades municipais de Laupheim deverão então esperar perdas mais severas em termos de receitas e terão que aumentar os impostos para fazer frente a suas obrigações.

O autor do relatório acreditava que a morte dos judeus mais velhos e a emigração dos mais jovens fariam com que a questão judaica se resolvesse por si só no prazo de trinta anos. Nesse meio tempo, sugeria ele, que os judeus ficassem como estavam, ainda mais que, a não ser por algumas exceções, eles formavam uma comunidade de famílias bem estabelecidas. Se as receitas fiscais provenientes dos judeus viessem a desaparecer, sem ser substituídas, "o declínio de Laupheim, transformando-se numa grande aldeia, seria inevitável"[64].

---

63 T. Klein (org.), *Der Regierungsbezirk Kassel 1933-1936*, p. 72. Às vezes, sobretudo em pequenas cidades e aldeias, as reações de alguns alemães eram determinadas tanto pelas vantagens econômicas quanto pelo hábito de comprar com os judeus, que, de longa data, constituíam parte integrante da vida da comunidade. De acordo com o relato do Blockleiter de uma pequena cidade nas proximidades de Trier (20 de setembro de 1935), o prefeito continuava com sua prática de comprar dos judeus. Quando confrontado pelo Blockleiter, ele respondeu: "Não se devia ficar tão cheio de ódio; os pequenos judeus não são judeus". Cf. F. J. Heyen, em A. Doll (org.), *Nazionalsozialismus im Alltag: Quellen zur Geschichte des Nazionalsozialismus vornehmlich im Raum Mainz-Koblenz-Trier*, Boppard am Rhein: Harold Boldt Verlag, 1967, p. 138.

64 W. T. Angress, Die "Judenfrage"..., op. cit., p. 29.

Essa tensão entre as iniciativas do partido e os imperativos econômicos era ilustrada em detalhe num relatório dedicado integralmente aos judeus, enviado em 3 de abril de 1935 pelo SD do "distrito Reno" ao SS-Gruppenführer August Heissmeyer, em Koblenz. Esse documento informava que "um boicote silencioso" contra os judeus havia sido iniciado sobretudo pelo partido e suas organizações que repetidamente pediam aos membros "em reuniões fechadas" que não frequentassem lojas de judeus. O relatório então mencionava que, "apesar das possibilidades mais limitadas de controle nas cidades, o boicote é mais rigorosamente obedecido nelas que nas áreas rurais. Nas regiões católicas em especial, os camponeses compram, como faziam antes, principalmente de judeus e isso se torna em parte um movimento de antiboicote, que recebe apoio do clero católico".

O relatório prosseguia, descrevendo o impacto cada vez maior do *Stürmer*, "que é às vezes até mesmo utilizado como material didático nas escolas". Mas quando o jornal incitou abertamente seus leitores ao boicote, houve reação por parte das autoridades governamentais. De acordo com o relatório, "os judeus concluem disso que o boicote não é desejado pelo governo. Em resultado disso, ouve-se toda espécie de queixas quanto à insolência dos judeus, o que está novamente ganhando destaque"[65].

III

Às vezes genuína compaixão pela situação dos judeus e até mesmo ofertas de ajuda encontravam formas de expressão direta ou indireta. Assim, numa carta ao jornal *Jüdische Rundschau*, a neta do poeta Hoffmann von Fallersleben, autor dos versos do hino nacional alemão (o "Deutschlandlied"), oferecia colocar uma casa na costa báltica à disposição de crianças judias[66]. Um testemunho diferente e bastante inesperado tanto da força de resistência dos judeus quanto da solidariedade ariana chegou aos arquivos da polícia

65 Do comandante do SD distrito Reno ao SS Gruppenführer Heissmeyer, Koblenz, 3.4.1935, SD Oberabschnitt Rhein, microfilme MA-392, Ifz, Munique. Os relatos contraditórios sobre as relações econômicas entre os alemães e os judeus revelam que a situação variava de lugar para lugar e que, em todo caso, era diversificada. Já em 1934, lojistas de pequenas cidades podem ter manifestado seu comprometimento com o nazismo, ao se recusar a servir clientes judeus; mesmo assim, de acordo com uma anotação do diário de Bella Fromm no mês de setembro de 1934, o que acontecia de fato era muitas vezes algo diferente: "conversei com lojistas e pessoas em hospedarias e postos de gasolina. Em muitos casos, sua atitude rigorosamente nacional-socialista era sem dúvida uma medida de precaução. Muitos judeus me disseram: 'embora não possamos entrar nas lojas deles, os lojistas arianos nos dão o que precisamos após o horário comercial'". Cf. *Blood and Banquets*, p. 183.

66 H. Freeden, Das Ende der jüdischen Presse in Nazideutschland, *Bulletin des Leo Baeck Instituts*, n. 65, p. 6.

de Göttingen no início de 1935; tratava-se de um relatório assinado por Reinhard Heydrich e enviado a todas as delegacias da Gestapo. Seu objeto: "Apresentações de Artistas Judeus".

> Observou-se recentemente [escrevia Heydrich] que, em suas apresentações públicas, artistas judeus têm tentado abordar, de forma velada, medidas do governo, assim como a situação política e econômica na Alemanha e, diante de um público de não arianos sobretudo, exercer, com seu tom e sua arte da mímica, uma crítica de deliberada intenção destrutiva, cujo objetivo é ridicularizar publicamente o Estado e o Partido.

Isso com relação aos artistas judeus se dirigindo a um público judeu. Mas havia mais: "as autoridades do governo também se sentiram provocadas pelo fato de que a intervenção da polícia em decorrência da cooperação indesejável entre artistas arianos e não arianos tem sido convertida em ocasião para aclamação entusiasmada de artistas não arianos". E, como se um novo pensamento lhe ocorresse, Heydrich acrescentava: "a apresentação de artistas não arianos a um público ariano é fundamentalmente indesejável, uma vez que é de se esperar complicações". Em resumo, a Gestapo tinha a tarefa de dar fim a esses espetáculos imediatamente, embora, em termos legais, alguns judeus ainda estivessem livres dessa proibição. Para Heydrich, os artistas não arianos deviam se limitar a um público judeu. Além disso, caso os artistas não arianos voltassem a aludir à situação na Alemanha, eles deviam ser presos, "pois nenhuma interferência de não arianos em questões alemãs pode ser tolerada"[67].

Ordens reiteradas, dadas a membros do partido e funcionários públicos, de que fossem evitados maiores contatos com judeus são uma prova indireta de que esses contatos continuavam a ocorrer em 1935, e não somente por razões econômicas. No dia 7 de junho, o prefeito de Lörrach, na região de Baden, emitia uma severa advertência a todos os funcionários municipais: o Führer tinha libertado a Alemanha do perigo judaico e todo alemão "que desse valor a sua honra racial" devia ser grato ao Führer por essa realização. "Mas se, ainda assim, acontece de haver alemães que exprimem simpatia por essa raça estrangeira, mantendo relações amistosas com seus membros, esse comportamento revela uma ausência de sensibilidade que deve ser denunciada da forma mais incisiva"[68].

O sentimento subjacente de compaixão pelos judeus perseguidos devia ser considerável o suficiente para que Goebbels o mencionasse num discurso

---

67 Heydrich, Gestapa a todas as agências locais da Polícia do Estado, 25.2.1935, Ortspolizeibehörde Göttingen, microfilme MA 172, Ifz, Munique.

68 Do prefeito de Lörrach a todos os empregados e trabalhadores do município, 7.6.1935, Unterlagen betr. Entrechtung der Juden in Baden 1933-1940, ED 303, Ifz, Munique.

proferido nesse mesmo mês. Goebbels "atacava aqueles dentre seus compatriotas que [...] 'desavergonhadamente', defendiam que os judeus, afinal de contas, também eram seres humanos". De acordo com Robert Weltsch, que na época era o editor do periódico *Jüdische Rundschau*, a ira de Goebbels revelava que uma campanha subterrânea ainda continuava, indicando uma certa indignação da parte de pessoas que Goebbels denominava intelectuais burgueses. "Eram esses alemães que o Gauleiter [de Berlim, Goebbels] queria advertir"[69].

Pode ser difícil verificar até onde o discurso de Goebbels foi eficiente em intimidar os "intelectuais burgueses", mas ele sem dúvida teve outras consequências. Em sua edição de 2 de julho de 1935, o jornal *Jüdische Rundschau* publicava um artigo de Weltsch, intitulado "O Judeu Também é Humano: um Argumento Proposto por Amigos dos Judeus". Tratava-se de um comentário sutilmente irônico ao discurso do ministro, que na verdade resultou na proibição do jornal[70]. Após algumas semanas e alguma negociação, uma carta escrita em nome de Goebbels (mas assinada "Jahnke") era enviada a Weltsch:

> O *Jüdische Rundschau* nº. 53, datado de 2 de julho de 1935, publicou o artigo "O Judeu Também é Humano", abordando a parte de meu discurso de 29.6.1935 referente à questão judaica. Minha refutação da concepção dos intelectuais burgueses de que "o judeu também é humano" foi atacada nesse artigo, que afirmava que não somente os judeus eram *também* humanos, mas necessariamente tinham de ser *conscientemente* humanos e *conscientemente* judeus. Seu jornal foi proibido por causa desse artigo. A proibição do jornal será revogada, mas, em vista da natureza polêmica do artigo, devo adverti-lo severamente e espero não ter motivos no futuro para objetar a suas publicações[71].

Por que Goebbels se daria ao trabalho de se envolver nessas manobras relativas a um periódico escrito por judeus para judeus? Como explica Weltsch,

> É preciso ter em mente que os jornais judeus eram na época vendidos publicamente. A pretensiosa avenida principal de Berlim oeste, a Kurfürstendamm, ficava literalmente revestida com o periódico *Jüdische Rundschau* – todas as bancas exibiam o jornal toda terça e sexta-feira, em muitos exemplares, uma vez que era um dos mais procurados, sobretudo porque os jornais estrangeiros estavam proibidos[72].

69 R. Weltsch, A Goebbels Speech and a Goebbels Letter, LBIY, v. 10, p. 281.
70 Idem, p. 282-283.
71 Idem, p. 285.
72 Idem, ibidem .

Também isso não podia durar muito. Em 1º de outubro de 1935, eram proibidas a exposição pública e a venda de jornais judeus.

Nesses primeiros anos do regime, era difícil suprimir por completo todos os sinais da presença cultural judaica na vida alemã. Assim, por exemplo, um catálogo da casa editorial S. Fischer, de 1934, trazia na primeira página uma foto de seu fundador judeu, falecido pouco tempo antes, e nas páginas seguintes, um discurso comemorativo do escritor Oskar Loerke. O catálogo também anunciava o segundo volume da tetralogia *José e seus Irmãos*, de Thomas Mann, bem como obras dos autores judeus Arthur Schnitzler, Jakob Wassermann, Walter Rathenau e Alfred Döblin[73].

O primeiro aniversário da morte de Fritz Haber era comemorado em 29 de janeiro de 1935. Apesar da oposição do Ministério da Educação e do fato de que a data caía na véspera da segunda celebração nacional anual marcando a acessão de Hitler ao poder, Max Planck decidiu realizar um encontro comemorativo para o famoso cientista judeu, com o apoio do Instituto Kaiser Wilhelm.

Uma carta enviada no dia 25 de janeiro pela sede do partido em Munique indica que a comemoração era também patrocinada pela Sociedade Alemã de Física e a Sociedade Alemã de Química. A sede do partido proibia seus membros de comparecer ao encontro, mas não se atrevia, ao que parece, a se apoiar exclusivamente no argumento de que Haber era judeu. A explicação, dessa forma, incluía três argumentos distintos: o de que "nunca antes um cientista alemão recebera uma homenagem como essa apenas um ano após sua morte e que o Prof. Dr. Haber, que era judeu, fora demitido de seu cargo, em 1º de outubro de 1933, devido a sua atitude claramente antagônica ao governo nacional--socialista"[74]. As autorizações especiais para o comparecimento, que o ministro da Educação Rust havia prometido a alguns dos colegas de Haber, nunca foram concedidas. No entanto, a cerimônia se realizou. Um companheiro de guerra de Haber, um certo coronel Köth, fez um pronunciamento e o químico e futuro laureado com o Nobel, Otto Hahn, proferiu o discurso comemorativo. O saguão estava totalmente cheio com os representantes da indústria e as esposas dos cientistas que tinham sido proibidos de comparecer[75].

73 F. Schonauer, Zu Hans Dieter Schäfer, em H. Denkler e E. Lämmert (orgs.), *"Das war ein Vorspiel nur"*..., p. 131.

74 NSDAP Reichsleitung, Departamento de Tecnologia, circular 3/35, 25.1.1935, Arquivos Himmler, Centro de Documentação de Berlim, microfilme n. 270, Rolo 2 (LBI, Nova York, microfilme 133g).

75 H. Heiber, *Universität unterm Hakenkreuz, Teil 1, Der Professor im Dritten Reich*, p. 216-217. Cf. também Beyerchen, *Scientists under Hitler*, p. 67-68. A comemoração da morte de Fritz Haber foi um ato de coragem incomum. No caso, ela se tornava mais fácil pelo fato de Haber ter-se convertido ao protestantismo e ter sido um ultranacionalista até 1933, bem como, sobretudo, em razão de suas notáveis contribuições à ciência, à indústria química e ao esforço de guerra alemães, com sua descoberta da síntese da amônia (tornando possível a produção em massa de fertilizan-

A campanha para excluir da vida cultural alemã a presença e o espírito judaicos foi causa de momentos de conflito no interior do nazismo. Na luta acirrada entre Goebbels e Rosenberg pelo controle da cultura no novo Reich, nos primeiros meses de 1933, Hitler dera inicialmente preferência a Goebbels, sobretudo ao permitir que ele criasse a Câmara de Cultura do Reich. Pouco tempo depois, contudo, um equilíbrio precário era estabelecido, com a nomeação de Rosenberg, em janeiro de 1934, como "Encarregado do Führer para Supervisão de toda a Educação Intelectual e Ideológica do NSDAP". A luta com Goebbels continuou, chegando a seu ponto máximo com o "caso Strauss", que durou quase um ano, de agosto de 1934 a junho de 1935.

Rosenberg deu início às hostilidades numa carta dirigida a Goebbels, datada de 20 de agosto de 1934, na qual advertia que o comportamento de Richard Strauss, o maior dos compositores alemães vivos na época, presidente da Câmara de Música do Reich e protegido de Goebbels, ameaçava se tornar um grande escândalo público: Strauss concordara em que o libreto de sua ópera *Die schweigsame frau* (A Mulher Silenciosa) seria escrito pelo "judeu Stefan Zweig" que, acrescentava Rosenberg, "era também assistente artístico de um teatro de emigrantes judeus na Suíça"[76]. Não era só a pureza ideológica que estava em jogo: Rosenberg buscava todos os meios possíveis de minar a posição dominante de Goebbels no âmbito da política cultural.

Goebbels, que acabava de receber a aprovação de Hitler para a exibição da ópera de Strauss no início do verão de 1935 em Dresden, contra-atacou o pomposo ideólogo:

> não é verdade que o dr. Richard Strauss permitiu a um emigrante judeu escrever o texto de sua ópera. O que é verdade, por outro lado, é que quem reescreveu o texto, Stefan Zweig, é um judeu austríaco, que não deve ser confundido com o emigrante Arnold Zweig [...]. Também é falso que o autor do texto seja um assistente artístico de um teatro de emigrantes judeus [...]. Um escândalo cultural poderia surgir em consequência dos pontos acima mencionados somente se, em países estrangeiros, a questão

---

tes – mas também de explosivos) e ainda pela invenção e estabelecimento do uso do gás cloro, o primeiro gás tóxico utilizado em combate durante a Primeira Guerra Mundial. Paradoxalmente, embora homenageado solenemente um ano após sua morte, Haber foi isolado e condenado ao ostracismo na época de seu afastamento e, ao deixar a Alemanha e ir para a Inglaterra (e depois para a Suíça), tinha abandonado muito de sua atitude nacionalista germânica e na verdade estava planejando se mudar para a Palestina. Sobre esses vários pontos, cf. F. Stern, *Dreams and Delusions*, p. 46 e s. e, sobretudo, as p. 51 e s., bem como o recente e volumoso – e às vezes problemático – estudo de D. Stolzenberg, *Fritz Haber: Chemiker, Nobelpreisträger, Deutscher, Jude*. Para uma resenha da biografia de Stolzenberg, cf. M. F. Perutz, The Cabinet of Dr. Haber, *New York Review of Books*, 20 de junho de 1996.

76 R. G. Reuth, *Goebbels*, p. 322.

fosse tratada com a mesma falta da atenção demonstrada em sua carta, que é por meio desta respondida. Heil Hitler![77]

A controvérsia logo se tornava mais estrepitosa, Rosenberg, em sua resposta, chamando a atenção de Goebbels para a proteção que ele concedia ao diretor de teatro judeu Curt Götz e as dificuldades que com isso ele criava para os diretores nacional-socialistas. As últimas palavras eram uma referência ao apoio que Goebbels dava à arte moderna, até mesmo "bolchevique", em especial os artistas que faziam parte do grupo vanguardista Der Sturm[78].

Para azar de Goebbels, na primavera de 1935, a Gestapo interceptou uma carta de Strauss a Zweig, na qual o compositor explicava que havia aceitado "desempenhar o papel de presidente da Câmara de Música somente para [...] fazer algum bem [...] e impedir infortúnio maior". Em consequência, Strauss foi demitido de seu cargo e substituído por Peter Raabe, um nazista convicto. Em razão de a autoria do libreto ser de Zweig, *Die schweigsame frau* foi cancelada após umas poucas apresentações[79].

A limpeza total da Câmara de Música do Reich de seus números judeus levou, contudo, mais tempo do que Goebbels havia esperado – e prometido. Os diários de Goebbels repetidamente registram sua determinação em realizar a meta de completa arianização. A batalha foi travada em duas frentes: contra os indivíduos e contra as músicas. A maioria dos músicos judeus havia emigrado nos primeiros três anos do regime de Hitler, mas, para desgosto dos nazistas, era mais difícil se livrar das melodias judaicas – isto é, sobretudo a música "ligeira". "[Os argumentos de] que o público muitas vezes pedia esse tipo de música", escrevia Michael Kater, "eram refutados com a justificativa de que era dever dos músicos 'arianos' educar seu público persistentemente apresentando programas não judaicos"[80].

---

77 Idem, p. 323.

78 De Rosenberg a Goebbels, 30 de agosto de 1934, Doc. CXLII-246, e, M. Mazor, *Le Phénomène nazi*, p. 166 e s. Cf. também J. Wulf, *Theater und Film im Dritten Reich*, p. 104. Os debates nas artes plásticas e na literatura seguiram um padrão análogo. De início, as tendências expressionistas e modernas em ambos os domínios estavam em geral protegidas por Goebbels, contra Rosenberg. Mas a linha deste último, que era a posição de Hitler, venceu. Nas artes plásticas, a conhecida mudança ocorreu em 1937, quando a ortodoxia foi apresentada na Grosse Deutsche Kunstausstellung e a heresia foi ferozmente criticada na exposição da "*Entartete Kunst*" (arte degenerada). Na literatura, alguns debates continuaram até o final da década de 1930. Sobre a literatura, cf. H. D. Schäfer, Die nichtfaschistische Literatur der "jungen Generation", em H. Denkler e K. Prumm (orgs.), *Die deutsche Literatur im Dritten Reich*, p. 464-465.

79 E. Levi, *Music in the Third Reich*, p. 74. Mesmo assim, as óperas *Friedemann Bach*, de Paul Graener, e *Der Freikorporal*, de Georg Vollerthun, eram executadas, apesar de seus libretos ter sido escritos pelo dramaturgo judeu Rudolf Lothar. Idem, p. 75.

80 M. H. Kater, *Different Drummers*, p. 43.

QUATRO   o novo gueto

Além disso, no caso da música ligeira, intricadas relações comerciais entre os editores musicais judeus emigrados e seus associados que ainda permaneciam na Alemanha tornavam possível a entrada no Reich de um fluxo constante de partituras e gravações musicais indesejáveis. As músicas chegavam de Viena, Londres e Nova Iorque e foi somente no final de 1937, quando a música "estrangeira" foi oficialmente proibida, que os caçadores de judeus puderam se sentir mais à vontade[81].

A tarefa hercúlea de Goebbels se tornava ainda mais difícil em razão da quase impossibilidade de identificar as origens raciais de todos os compositores e libretistas e dos dilemas criados por peças famosas que eram mescladas com alguma forma de vínculo judaico. Desnecessário dizer que os serviços de Rosenberg e das organizações a ele vinculadas, e até mesmo do SD, eram inevitáveis concorrentes nesse domínio. Um pouco da magnitude do desafio e da atmosfera geral pode ser percebido numa troca de correspondência, de agosto de 1933, entre a seção da Kampfbund de Rosenberg, em Munique, e a Divisão de Teatros Alemães do Reich, em Berlim. O pessoal de Munique escrevia em 16 de agosto:

> Os libretistas e compositores judeus criaram durante os últimos quinze anos um círculo fechado no qual nenhum autor alemão pode penetrar, por melhor que seja a qualidade de seu trabalho. Que esses cavalheiros vejam agora o outro lado da moeda. Uma ação defensiva é necessária, pois, nos jornais estrangeiros, artigos instilados de ódio já foram publicados, dizendo que, na Alemanha, as coisas não funcionariam sem os judeus.
>
> No Deutsches Theater, em Munique, a opereta *Sissy* está sendo apresentada (texto de [Ernst] Marischke, música de [Fritz] Kreisler). Kreisler falou em Praga da forma mais difamatória sobre nosso Führer. Exprimimos nosso mais violento protesto contra a apresentação da obra, inclusive ao Escritório Central do NSDAP, à atenção do colega do partido, Hess. Como ficamos sabendo agora, Gruss, diretor do Deutsches Theater, está disposto a excluir a obra do programa, se outra obra puder ser encontrada para substituí-la. Ficaríamos gratos se uma outra obra fosse recomendada. Ela teria de se encaixar no mesmo tipo de espetáculo musical, já que o Deutsches Theater é na verdade um teatro de variedades e tem concessão apenas para musicais[82].

No dia 23 de agosto, a resposta da Divisão de Teatros Alemães estava a caminho de Munique: o pessoal de Berlim já sabia sobre *Sissy* e provavel-

---

81 Idem.
82 Da Kampfbund für Deutsche Kultur/grupo local da Grande Munique para a Associação do Reich "Deutsche Bühne", Berlim, 16.8.1933, Rosenberg Akten, microfilme MA-697, IFZ, Munique.

mente estava tomando providências a respeito. Mas outras coisas tinham de ser resolvidas: na carta de Munique, Franz Lehár e Künnecke haviam ficado livres da acusação de judaísmo de forma demasiado rápida: "as coisas ainda não foram esclarecidas, uma vez que os libretistas desses dois compositores são, quase sem exceção, todos judeus. Pretendo publicar em breve uma lista de todas as operetas cujos compositores e libretistas não são judeus"[83]. Em dezembro do mesmo ano, a Divisão de Teatros Alemães em Berlim era novamente interrogada pela seção da Kampfbund em Munique sobre o judaísmo de Franz Lehár, Robert Stolz, Hans Meisel, Ralph Benatzki e outros compositores. Mais uma vez, voltava à tona a questão dos libretistas com relação a Lehár, Stolz e Benatzki (os outros compositores eram judeus)[84]. Hitler, é preciso dizer, apreciava em especial a opereta *A Viúva Alegre*, de Lehár. Seria o libretista da mais famosa das peças de Lehár por acaso um judeu? E, se assim fosse, Hitler tinha conhecimento disso?

Escrevendo ao conselho do teatro da Prússia, em 9 de março de 1934, Schlösser citava

> a anedota sobre *Os Huguenotes* [a ópera de Meyerbeer]: protestantes e católicos atiram uns nos outros e um judeu faz música sobre isso. Considerando a inequívoca sensibilidade da população em geral quanto à questão judaica, é preciso, em minha opinião, levar em conta um fato assim importante.

Schlösser adotava a mesma atitude com relação a Offenbach, mas mencionava que, em razão das declarações (oficiais) contraditórias sobre essa questão, um teatro em Koblenz havia "desenterrado nada menos que três operetas de Offenbach"[85].

No todo, entretanto, a confusão dos mestres da cultura no novo regime não impediu a desjudaicização da música no Reich. Artistas judeus como Artur Schnabel (que havia emigrado assim que os nazistas subiram ao poder), Jascha Heifetz e Yehudi Menuhin não eram mais ouvidos quer em concertos, quer no rádio; os maestros judeus tinham fugido, assim como os compositores Arnold Schoenberg, Kurt Weill e Franz Schrecker. Após alguma hesitação inicial, Mendelssohn, Meyerbeer, Offenbach e Mahler não eram mais executados. A estátua de Mendelssohn, que ficava em frente à Gewandhaus de Leipzig, foi removida. Mas havia muito mais por vir: os oratórios de Händel sobre os textos do Antigo Testamento perderam seus

---

83 Da Associação do Reich "Deutsche Bühne" para a Kampfbund ..., 23.8.1933, Idem.

84 Da Kampfbund [...] Baviera Norte/Francônia para a "Deutsche Bühne" [...], 2.12.33, idem; da "Deutsche Bühne" para a Kampfbund [...], 5.12.33, idem.

85 K. Pätzold, *Verfolgung, Vertreibung, Vernichtung*, p. 77-78.

títulos originais e foram arianizados, de modo que o *Judas Macabeu* passou a se chamar *O Marechal-de-Campo: um Drama de Guerra*, ou então, *Oratório da Liberdade: Guilherme de Nassau*, a primeira denominação sendo criada por Hermann Stephani, a segunda por Johannes Klöcking. Três das maiores óperas de Mozart, o *Don Giovanni*, *Le Nozze di Figaro* e *Così fan tutte*, criavam um problema à parte: seu libretista, Lorenzo da Ponte, era de origem judaica; a primeira solução seria abandonar a versão original italiana, mas isso não resolvia: a versão padrão para execução em alemão era obra do maestro judeu Hermann Levi. Havia uma última alternativa: uma nova tradução em alemão mais puro e não poluído tinha de ser preparada às pressas. As novas traduções para o alemão dos libretos de Da Ponte para o *Figaro* e *Così fan tutte* eram de Siegfried Annheiser, um produtor que trabalhava no teatro de Colônia e, até 1938, elas tinham sido adotadas por 76 teatros de ópera alemães[86]. Coroando isso tudo, duas grandes enciclopédias do judaísmo e dos judeus na música, o *Judentum in der Musik A-B-C* e o *Lexikon der Juden in der Musik*, deviam assegurar que nenhum erro seria novamente cometido no futuro. Mas até mesmo as enciclopédias nem sempre eram suficientes: o *Judentum in der Musik A-B-C* havia sido publicado em 1935; após o Anschluss, contudo, os novos senhores da Áustria ficaram assombrados em descobrir que havia judeus na família "do rei da valsa" Johann Strauss, de modo que sua certidão de nascimento desapareceu dos arquivos em Viena[87].

A seção II 112 (a seção judaica) do SD também mantinha vigilância sobre os músicos judeus, vivos ou mortos. Em 27 de novembro de 1936, ela observava que, no saguão do edifício-sede da Filarmônica de Berlim, o busto do "judeu Felix Mendelssohn-Bartholdy" ainda permanecia entre os bustos dos compositores alemães famosos. Como a execução da música de compositores judeus estava proibida, concluía a nota, "a remoção do busto é absolutamente necessária"[88]. Algum tempo depois, a seção noticiava que um cantor de ópera judeu, Michael Bohnen, havia "recentemente aparecido num filme mais uma vez". Para dar informações sobre Bohnen, o agente anônimo da seção II 112 citava o verbete com a biografia do cantor na *Encyclopaedia Judaica*[89].

---

86 E. Levi, *Music in the Third Reich*, p. 76.

87 Idem, p. 67. Cf. também E. Levi, Music and National-Socialism, em B. Taylor e W. van der Will (orgs.), *The Nazification of Art, Design, Music, Architecture and Film in the Third Reich*, p. 167-171. Em 1º de setembro de 1936, a *Reichskulturkammer* publicou uma lista em ordem alfabética de compositores, sobretudo judeus, cujas obras não eram permitidas sob nenhuma circunstância: Abraham, Paul; Achron, Josef; Alwin, Karl; Antheil, George; Barmas, Issay; Becker, Conrad; Benatzky, Ralph; Benjamin, Arthur; Bereny, Henry; Berg, Alban; e assim por diante. Arquivos Himmler, Centro de Documentação de Berlim, microfilme n. 269, Rolo 1 (LBI, Nova York, microfilme 133f).

88 Memorandum II 112, 27.11.1936, SD-Hauptamt, microfilme MA-554, IfZ, Munique.

89 Idem. Memorandum II 112, 3.1.1938. A busca por judeus e por sua influência na música e no teatro ilustra apenas um aspecto da ânsia generalizada de identificação em todos os domínios culturais

Qual a utilidade de remover todos os inconvenientes nomes judeus do mundo alemão da arte se eles podiam camuflar sua identidade adotando nomes arianos? No dia 19 de julho de 1935, em resultado dos argumentos apresentados por Gürtner em sua queixa contra o *Stürmer*, Frick (que começara sua batalha contra as mudanças de nome em dezembro de 1934) apresentou uma proposta preliminar a Hitler que tornaria possível aos arianos que tivessem nomes comumente considerados como judeus receber permissão para mudá-los. Em geral, os judeus não podiam receber permissão para mudar de nome, a menos que seu nome fosse fonte de escárnio e insultos; nesse caso, outro nome judeu podia ser escolhido[90]. Em 31 de julho, de Berchtesgaden, Lammers comunicava a aprovação de Hitler[91]. Frick não parou por aí e, num comunicado emitido no dia 14 de agosto, sugeriu a Gürtner a possibilidade de obrigar os descendentes de judeus que, no início do século xix, tinham escolhido nomes alemães da nobreza a retomar um nome judeu; isso era feito, escrevia ele, por solicitação de um membro do Reichstag, o príncipe Von und zu Loewenstein[92]. Ao que parece, não se chegou a nenhuma decisão, embora na ocasião o secretário de Estado Hans Pfundtner ordenasse que o Departamento do Reich de Pesquisa de Linhagem preparasse listas de nomes alemães escolhidos por judeus desde a emancipação[93]. Em pouco tempo, como veremos, a estratégia mudaria: em vez de serem forçados a abandonar seus nomes alemães, os judeus teriam que adotar nomes adicionais – obviamente judaicos.

Hans Hinkel entrou para o ministério de Goebbels em 1935, para atuar como um dos três supervisores da Reichskulturkammer (rkk). Pouco tempo depois, mais um título incomum era acrescentado aos que ele já possuía: "Comissário Especial para Supervisão e Monitoramento da Atividade Cultural e Intelectual de Todos os Não Arianos Vivendo nos Territórios do Reich Alemão"[94]. O novo título correspondia tão exatamente às atividades de Hinkel que, além de suas repetidas incursões de limpeza na rkk, podia agora se gabar de ter forçado

---

possíveis, inclusive em meio aos autores da tradição *völkisch* dos séculos xix e xx, mesmo os considerados como pertencentes ao contexto intelectual-ideológico do nazismo. Por exemplo, a "Liga Monista" de Ernst Häckel ficou sob escrutínio, assim como o especialista em teoria racial Ludwig Woltmann. Para informações sobre ambos, cf. P. Weindling, "Mustergau" Thüringen, em N. Frei (org.), *Medizin und Gesundheitspolitik in der NS-Zeit*, p. 93.

90 Do Ministro do Interior para o Chanceler do Reich, 19 de julho de 1935, Documentos de Pesquisa de Max Kreuzberger, AR 7183, Caixa 8, LBI, Nova York.

91 Idem, de Lammers a Frick, 31.7.35.

92 De Frick a Gürtner, 14.8.1935, NSDAP, Parteikanzlei, microficha 024638 e s., Ifz, Munique.

93 Idem, de Pfundtner ao Departamento do Reich para Pesquisa de Linhagem, 14.8.1935, Ibid., microficha 024642.

94 A. E. Steinweis, "Hans Hinkel and German Jewry", p. 213.

várias Kulturbünde judaicas regionais a abandonar sua autonomia relativa e se tornar membros de uma associação nacional com sede em Berlim. O encontro decisivo, no qual os delegados das Kulturbünde foram informados em termos muito educados, mas de forma alguma imprecisos, que Hinkel considerava a formação de uma organização nacional altamente desejável, se realizou em Berlim nos dias 27 e 28 de abril, com a participação de Hinkel e na presença silenciosa de representantes da Gestapo.

Hinkel falava aos delegados judeus "confidencialmente", dizia ele, e toda divulgação do encontro podia resultar em "consequências desagradáveis"; a decisão de formar uma organização nacional realmente seria deixada à "livre escolha" dos delegados, mas o único meio de resolver de forma racional um grande número de questões técnicas era estabelecer uma única organização. Kurt Singer que, por ordens de Hinkel, havia convocado o encontro, era fortemente a favor dessa unificação e aparentemente concordava com o secretário de Estado Hinkel. Ele e Singer conduziram o encontro de forma tão ágil que, no final da primeira sessão (a única a que Hinkel compareceu), Singer podia declarar: "faço pela presente o anúncio oficial ao secretário de Estado e aos cavalheiros da Polícia do Estado de que a criação de uma organização geral das Kulturbünde judaicas no Reich foi unanimemente aprovada pelos delegados aqui presentes"[95].

Num discurso de 1936, Hinkel declarava mais uma vez o objetivo imediato da política cultural nazista com relação aos judeus: eles tinham o direito de desenvolver sua própria herança cultural na Alemanha, desde que totalmente isolados da cultura geral. Os artistas judeus "podem trabalhar livremente, desde que se restrinjam ao desenvolvimento da vida cultural e artística judaica e desde que não tentem – aberta, secreta ou sub-repticiamente – influenciar nossa cultura"[96]. Heydrich resumia a utilidade da centralização em termos um pouco diferentes: "a criação de uma organização das Kulturbünde judaicas no Reich foi feita com o objetivo de permitir mais fácil controle e vigilância sobre todas as associações culturais judaicas"[97]. Todos os grupos culturais judaicos que não pertencessem à nova associação nacional estavam proibidos.

IV

No início de 1935, uma intensa agitação antijudaica ressurgia em meio aos radicais do partido, com o descontentamento e inquietação se espalhando entre

95 De Heydrich a todos os postos da Gestapo, 19.8.1935, Aktenstücke zur Judenverfolgung, Ortspolizeibehörde Göttingen, MA-172, Ifz, Munique.
96 A. E. Steinweis, Hans Hinke and German Jewry, 1933-1941, LBIY, v. 38, p. 215.
97 De Heydrich para todas as Agências da Polícia do Estado, 13.8.1935, Aktenstücke zur Judenverfolgung, Ortspolizeibehörde Göttingen, MA-172 Ifz, Munique.

os membros da SA, que ainda se ressentiam pelo assassinato de seus líderes no ano anterior. As dificuldades econômicas que persistiam, bem como a ausência de compensações materiais e ideológicas para o grande número de membros do partido que não conseguia encontrar posições e compensações emocionais quer no nível local, quer no nacional, conduziam à crescente agitação.

Uma primeira onda de incidentes antijudaicos teve início no final de março de 1935; durante as semanas seguintes, o jornal *Der Angriff*, de Goebbels, fazia adensar a atmosfera de perseguição aos judeus[98]. O anúncio feito pelo Ministério do Interior de que a legislação antijudaica e a exclusão dos judeus da nova Wehrmacht estavam para ser implantadas não conseguiu acalmar a agitação crescente.

A primeira cidade a presenciar perturbações antijudaicas em larga escala foi Munique e um relatório da polícia, cuidadosamente elaborado, fornece uma descrição bastante precisa da sequência de acontecimentos que lá tiveram lugar. Nos meses de março e abril, lojas pertencentes a judeus foram borrifadas durante a noite com ácido ou pintadas com inscrições como JUDEU, JUDEU FEDORENTO, FORA COM OS JUDEUS e assim por diante. De acordo com o relatório, os agressores conheciam com exatidão os horários de patrulha da polícia e, assim, podiam agir com total liberdade. Em maio tinha início a destruição dos vidros de janelas de lojas de judeus. O relatório da polícia sugere o envolvimento de grupos da Juventude Hitlerista num desses primeiros incidentes. Na metade de maio, os agressores não somente atacavam as lojas de judeus em plena luz do dia, mas também assaltavam seus proprietários, clientes e, às vezes, até mesmo seus empregados arianos.

No sábado, 25 de maio, as perturbações assumiram uma nova dimensão. Ao meio-dia, os ataques haviam se alastrado para todos os negócios identificáveis como de propriedade de judeus na cidade. De acordo com a polícia, os agressores eram "não somente membros do partido e suas organizações, mas também abrangiam vários grupos de natureza bastante discutível". No final da tarde, havia confrontos, próximo à estação ferroviária central, entre a polícia e uma multidão de cerca de quatrocentas pessoas (sobretudo nazistas austríacos, que estavam em treinamento no campo auxiliar da SS, em Schleissheim); em pouco tempo, mais confrontos também ocorriam em outros locais na cidade. Por volta das seis da tarde, um grupo tentou atacar o Consulado Mexicano. Entre os detidos, verificou-se haver homens da SS vestidos em trajes civis. Foi somente por volta das nove da noite que uma certa ordem foi restabelecida na capital da Baviera[99].

---

98 U. D. Adam, *Judenpolitik im Dritten Reich*, p. 115.

99 Relatório da Administração da Polícia de Munique, abril/maio de 1935 (Geheimes Staatsarchiv, Munique, MA 104990), Fa 427/2, Ifz, Munique, p. 24 e s.

Uma segunda agitação de maior porte ocorreu na metade de julho em Berlim, sobretudo na avenida Kurfürstendamm, onde lojas elegantes de propriedade de judeus ainda estavam relativamente ativas. Jochen Klepper, um escritor protestante profundamente religioso, cuja esposa era judia, escrevia em seu diário, no dia 13 de julho: "excessos antissemitas na Kurfürstendamm [...]. A eliminação dos judeus de Berlim ameaçadoramente anunciada"[100]. Uma semana mais tarde, Klepper escrevia mais uma vez sobre o que havia acontecido na Kurfürstendamm: mulheres judias tinham sido esbofeteadas; homens judeus tinham se comportado corajosamente. "Ninguém veio em sua ajuda, porque todos temem ser presos"[101]. Em 7 de setembro, Klepper, que em 1933 tinha perdido seu cargo na rádio porque sua esposa era judia, foi demitido da editora onde tinha conseguido algum trabalho, a editora Ullstein, pouco tempo antes arianizada. Nesse dia, ele percebeu que haviam sido colocados cartazes proibindo o acesso de judeus à piscina e que até mesmo a pequena rua na qual ele passeava com a esposa trazia o mesmo aviso numa de suas cercas[102].

Os relatórios clandestinos do então exilado Partido Social-Democrata Alemão sobre a situação no Reich (os chamados relatórios do SOPADE [Sozialdemokratische Partei Deutschlands]), elaborados em Praga, descreviam em detalhe a violência antijudaica em toda a Alemanha durante o verão de 1935. Como vimos, a ira dos radicais nazistas era provocada em particular pelos judeus que ousavam utilizar as piscinas públicas, pelas lojas de propriedade de judeus, pelos judeus nos mercados e, naturalmente, pelos judeus poluidores da raça. Algumas vezes, alvos errados eram escolhidos, como o agente da Gestapo de Berlim que, no dia 13 de julho, foi confundido com um judeu numa piscina em Kassel e espancado por ativistas da SA[103]. Mas, na maioria dos casos, não havia erro. Assim, no dia 11 de julho, por exemplo, cerca de cem homens da SA chegaram ao mercado de gado na cidade de Fulda (como já mencionado, muitos comerciantes de gado eram judeus) e indiscriminadamente atacaram tanto os comerciantes quanto seus clientes, causando ferimentos graves em alguns deles. De acordo com o relatório do SOPADE, "o gado dispersou pelas ruas e somente aos poucos foi reunido novamente. Toda Fulda esteve sob agitação durante dias". O periódico *Jüdisches Familienblatt* comentava, em tom humorado, que os negociantes judeus tinham levado ao mercado vacas que não tinham sido ordenhadas durante um dia inteiro; isso havia irritado a população, levando-a a ficar do lado das pobres vacas e contra seus torturadores judeus[104].

100 J. Klepper, *Unter dem Schatten deiner Flügel*, p. 269.
101 Idem, p. 270.
102 Idem, p. 282-283.
103 SOPADE, *Deutschland-Berichte* 2 (1935), p. 803.
104 Idem, p. 804.

A pressão, violência e doutrinação não ficavam sem efeito. Um relatório do SOPADE de agosto de 1935 citava uma lista impressionante de novas medidas, de caráter local, contra os judeus:

> Bergzabern, Edenkoben, Höheinöd, Breunigweiler e outras localidades proíbem aos judeus de se mudar para elas e proíbem a venda de imóveis a eles [...]. Bad Tölz, Bad-Reichenhall, Garmisch-Partenkirchen e as regiões montanhesas da Baviera não permitem o acesso de judeus a suas estâncias balneárias. Em Apolda, Berka, Blankenstein, Sulza, Allstadt e Weimar, os judeus são proibidos de frequentar os cinemas.

Em Magdeburgo, não era permitido aos judeus freqüentar as bibliotecas; em Erlangen, as linhas de bonde exibiam cartazes dizendo: JUDEUS NÃO SÃO BEM-VINDOS! O relatório enumera dezenas de outros locais e atividades proibidas aos judeus[105].

Nem todos os líderes do partido se opunham à disseminação da violência antijudaica. O Gauleiter Grohe, de Aachen, na região de Colônia, por exemplo, era a favor da intensificação das ações antijudaicas para "levantar o moral bastante deprimido em meio à classe média baixa [*Mittelstand*]"[106]. Essa não era, contudo, a posição que prevalecia – não devido às potenciais reações negativas em meio à população[107], mas sobretudo porque o regime não podia arriscar dar a impressão, tanto dentro quanto fora da Alemanha, de que estava perdendo o controle de suas próprias forças, permitindo a disseminação da violência desenfreada, em particular em vista dos Jogos Olímpicos que se aproximavam. Repetidas ordens no sentido de impedir ações antijudaicas não autorizadas foram emitidas em nome de Hitler por Hess e outros, mas com êxito apenas parcial.

Para Schacht, a disseminação da violência antijudaica era especialmente indesejável. Nos Estados Unidos, o boicote econômico aos produtos alemães havia reiniciado. No dia 3 de maio, o ministro da economia enviou um memorando a Hitler, relativo aos "fatores imponderáveis influenciando as exportações alemãs", no qual ele advertia sobre as consequências econômicas da nova campanha antijudaica. Na aparência pelo menos, Hitler concordava plenamente com Schacht: nesse momento, a violência tinha de parar[108].

105 Idem, 921.
106 M. Steinert, *Hitlers Krieg und die Deutschen*, p. 57.
107 I. Kershaw, em seu The Persecution of the Jews and German Popular Opinion in the Third Reich, LBIY, v. 26, pode ter dado ênfase excessiva às reações negativas da população à violência contra os judeus.
108 A. Fischer, *Hjalmar Schacht und Deutschlands "Judenfrage"*, p. 154-155.

Foi nessa atmosfera que, em 20 de agosto de 1935, Schacht organizou uma conferência no Ministério da Economia. Entre os presentes estavam o ministro do Interior Frick, o ministro da Justiça Gürtner, o ministro das Finanças da Prússia Johannes Popitz, o Gauleiter e ministro do Interior da Baviera Adolf Wagner e os representantes do SD, da Gestapo e do Departamento de Política Racial do partido[109].

Frick abriu a discussão descrevendo a legislação antijudaica complementar, alinhada com o programa do partido, que estava sendo preparada pelo ministério. Por outro lado, ele se posicionava com extrema veemência contra os turbulentos ataques contra os judeus que estavam acontecendo e recomendava uma ação severa da polícia[110].

Wagner concordava. Assim como Frick, ele era favorável a medidas legais antijudaicas complementares, mas mencionava que, nessa questão, havia diferenças de opinião entre o partido e o governo, bem como entre os vários departamentos no âmbito do próprio aparelho estatal. Nem tudo tinha que acontecer de uma só vez; em sua opinião, novas medidas teriam de ser tomadas sobretudo contra os judeus puros, não contra os mestiços (*Mischlinge*)[111]. No entanto, Wagner insistia em que, devido à exigência de novas medidas antijudaicas por uma maioria da população, providências legais deviam ser tomadas contra as atividades econômicas dos judeus[112]. Nesse ponto, as exigências de Wagner eram ignoradas.

O emprego exclusivo de métodos legais era obviamente a linha que o conservador Gürtner adotava no encontro: era perigoso deixar que os radicais saíssem com a impressão de que eram eles que estavam de fato implementando o que o governo queria mas era incapaz de fazer ele próprio, em razão de possíveis consequências internacionais. "O princípio do Estado do Führer", argumentava Gürtner, "tinha de ser imposto contra essas iniciativas"[113].

Como era de se esperar, Schacht enfatizava os danos ocasionados pelos distúrbios antijudaicos e advertia que a situação que se desenvolvia podia pôr em risco as bases econômicas do rearmamento. Ele concordava que o

---

109 Para a lista dos participantes, cf. O. D. Kulka, Die Nürnberger Rassengesetze und die deutsche Bevölkerung..., *VfZ*, ano 32, n. 4, p. 616.

110 Idem, ibidem.

111 Partes dos protocolos desse encontro, apresentadas no julgamento de Nurembergue como NG-4067, são citadas em W. Michalka, *Das Dritte Reich*, v. 1, p. 155. Para material complementar ao texto alemão publicado, cf. O. D. Kulka, Die Nürnberger Rassengesetze..., op. cit., p. 615 e s. Cf. também United States Department of State (org.), *Documents on German Foreign Policy*, Series C, v. 4, p. 568 e s.

112 Para uma comparação com versões diferentes da sugerida por Wagner, cf. P. Longerich, *Hitlers Stellvertreter*, p. 212-213.

113 W. Michalka, op.cit., p. 155.

programa do partido tinha de ser implementado, mas essa implementação somente podia se realizar dentro de um quadro de prescrições legais[114]. Os motivos de Schacht, como vimos, eram ditados por razões de conveniência econômica de curto prazo. As conclusões do encontro foram levadas à atenção de Hitler e as medidas sugeridas por Frick foram elaboradas um pouco mais durante o final de agosto e início de setembro[115].

Heydrich, na época chefe do SD e presidente do gabinete central da Gestapo em Berlim (Gestapa), participou do encontro. Num memorando enviado a todos os participantes no dia 9 de setembro, ele reiterou os pontos por ele apresentados durante a conferência. Nesse documento, Heydrich delineava uma série de medidas destinadas a uma maior segregação dos judeus e, se possível, à supressão de seus direitos de cidadãos. Todos os judeus na Alemanha deviam ser submetidos à condição de estrangeiros. No entanto, ao contrário do que muitas vezes se tem afirmado, Heydrich não sugeria que a emigração de todos os judeus devia ser o objetivo central da política nazista. Somente na última sentença do memorando é que o chefe do SD expressava suas esperanças de que as medidas restritivas que ele sugeria fariam com que os judeus se voltassem para o sionismo e fortaleceriam seu incentivo à emigração[116].

No dia 8 de agosto, tanto o jornal *Der Angriff* quanto o *Völkischer Beobachter* publicavam, sob a manchete LEI E PRINCÍPIO NA QUESTÃO JUDAICA, um pronunciamento do chefe da Polícia Alemã, o SS-Obergruppenführer Kurt Daluege, afirmando que as estatísticas criminais indicavam uma preponderância dos judeus em todas as áreas do crime. Ambos os jornais se queixariam mais tarde da pouca atenção dada a essa questão na imprensa estrangeira; os jornais que haviam circulado a história no exterior tinham-na interpretado como um preparativo para novas medidas antijudaicas, acusações especialmente sórdidas, comentava *Der Angriff* [117].

V

Na tarde do dia 15 de setembro de 1935, o desfile final do congresso anual do partido em Nurembergue marchava diante de Hitler e os principais líderes do NSDAP. O Congresso da Liberdade chegava ao fim. Às 8 da noite, uma reunião excepcional do Reichstag tinha início no saguão da Associação Cultural de

---

114 Idem; O. D. Kulka, *Die Nürnberger Rassengesetze...*, op. cit., p. 617.

115 Idem, ibidem.

116 M. Wildt, *Die Judenpolitik des SD 1935 BIS 1938*, p. 23-24, 70-78.

117 Citado em E.Maron, *The Press Policy of The Third Reich on the Jewish Question and its Reflection in the Nazi Press*, p. 81n, 82n.

QUATRO   o novo gueto

Nurembergue. Foi a primeira e última vez durante o regime de Hitler que o Reichstag se reuniu fora de Berlim. Nurembergue havia sido pela última vez sede de um Reichstag alemão em 1543 (então, a assembleia dos territórios do Império Alemão)[118].

Em seu discurso, Hitler comentou rapidamente a volátil situação internacional, que obrigara a Alemanha a iniciar a reconstrução de um exército, a fim de defender sua liberdade. Sugestivamente, ele mencionou o controle de Memel pela Lituânia, uma cidade habitada por maioria alemã. A ameaça imposta pelo bolchevismo internacional não estava esquecida: Hitler advertia que toda tentativa dos comunistas de colocar os pés mais uma vez na Alemanha seria prontamente respondida. Ele passou então ao tópico principal de seu discurso – os judeus:

Os judeus estavam por trás da tensão crescente entre os povos. No porto de Nova York, eles haviam insultado a bandeira alemã no navio de passageiros Bremen e estavam novamente iniciando um boicote econômico contra a Alemanha. Na própria Alemanha, seu comportamento provocador cada vez mais ocasionava reclamações de todos os lados. Esse era o contexto montado por Hitler. Por fim ele chegava a seu argumento principal:

> para impedir que esse comportamento resulte numa ação defensiva violenta da parte da população ultrajada, cuja extensão não é possível prever, a única alternativa seria uma solução legal para o problema. O governo do Reich Alemão é guiado pela esperança de possivelmente ser capaz de criar, por meio de uma única medida de grande impacto, uma estrutura no interior da qual o *Volk* alemão estaria em posição de manter relações toleráveis com o povo judeu. Contudo, caso essa esperança se revele falsa e a agitação judaica internacional e dentro da Alemanha tenha prosseguimento, uma nova avaliação da situação terá de ser feita.

Depois de pedir ao Reichstag que adotasse as leis que Göring estava para ler, Hitler concluía seu discurso com um curto comentário sobre cada uma das três leis:

> a primeira e a segunda lei saldam uma dívida de gratidão para com o Movimento sob cujo símbolo a Alemanha recuperou sua liberdade, na medida em que elas atendem um aspecto importante do programa do Partido Nacional-Socialista. A terceira lei é uma tentativa de solução legislativa para um problema que, caso volte novamente a se mostrar insolúvel, terá de

---

118 M. Domarus (org.), *Hitler: Speeches and Proclamations 1932-1945*, v. 2: *The Chronicle of a Dictatorship, 1935-1938*, p. 702. (Cf. na edição original alemã, v. 1: *Triumph, 1932-1938*, p. 534.)

ser encaminhado por lei ao Partido Nacional-Socialista, para uma solução definitiva. Por trás das três leis está o Partido Nacional-Socialista e, com ele e por trás dele, está a nação[119].

A ameaça era inequívoca.

A primeira lei, a Lei da Bandeira do Reich, proclamava que, a partir de então, o preto, o vermelho e o branco passavam a ser as cores nacionais e que a bandeira da suástica era a bandeira nacional[120]. A segunda, a Lei de Cidadania, estabelecia a distinção fundamental entre os "cidadãos do Reich", que tinham plenos direitos políticos e civis, e os "membros" (*Staatsangehörige*), que estavam, a partir de então, privados desses direitos. Somente os que tivessem sangue alemão ou aparentado podiam ser cidadãos. Dessa forma, desse momento em diante, em termos de direitos civis, os judeus tinham uma posição de fato semelhante à dos estrangeiros. A terceira, a Lei de Proteção do Sangue e da Honra Alemã, proibia casamentos e relações extraconjugais entre judeus e cidadãos de sangue alemão ou aparentado. Os matrimônios contraídos ignorando a lei, mesmo os contraídos fora da Alemanha, eram considerados inválidos. Os judeus estavam proibidos de empregar em suas casas cidadãs alemãs com menos de quarenta e cinco anos de idade[121]. Por fim, os judeus estavam proibidos de içar a bandeira alemã (uma ofensa contra a honra alemã), mas tinham permissão para empunhar suas próprias cores.

O preâmbulo à terceira lei revelava todas as suas implicações: "plenamente consciente de que a pureza do sangue alemão é condição para a sobrevivência do *Volk* alemão e animado pela vontade inabalável de proteger a nação alemã para sempre, o Reichstag decidiu por unanimidade o seguinte, que é por meio deste proclamado"[122]. Isso era imediatamente seguido do parágrafo um: "os casamentos entre judeus e cidadãos de sangue alemão ou aparentado estão proibidos". A relação do preâmbulo com o texto da lei refletia as dimensões do perigo racial representado pelos judeus.

De acordo com o *Völkischer Beobachter* de 17 de setembro, numa reunião mais tarde, na mesma noite, com os principais membros do partido,

> o Führer aproveitou a oportunidade para salientar a importância das novas leis e assinalar que a legislação nacional-socialista oferecia o único meio de chegar a um acordo aceitável com os judeus vivendo na Alemanha. O Führer salientou em particular que, em virtude dessas leis, os judeus na Alemanha

119 Para o discurso de Hitler, cf. M. Domarus (org.), *Hitler: Speeches...*, v. 2, p. 706-707.
120 J. Walk (org.), op. cit., p. 127.
121 Idem, ibidem.
122 J. Noakes e G. Pridham, *Nazism 1919-1945*, v. 2, p. 463.

tinham oportunidades garantidas em todas as áreas de sua própria vida völkisch como nunca existiram até agora em nenhum outro país[123]. Nesse sentido, [continuava o relato] o Führer reiterou ao partido a ordem de continuar evitando tomar toda e qualquer ação independente contra os judeus[124].

Numa entrevista concedida em 27 de novembro de 1935 a Hugh Baillie, presidente da agência de notícias United Press, Hitler, manifestamente visando ao público norte-americano, vinculava as leis antijudaicas ao perigo de perturbações bolcheviques[125].

À primeira vista, as Leis de Nurembergue não significavam o fim da vida judaica na Alemanha. "Não temos absolutamente nenhum interesse em obrigar os judeus a gastar seu dinheiro fora da Alemanha", declarava Goebbels numa reunião dos funcionários da propaganda realizada em Nurembergue no dia seguinte ao congresso.

> Eles devem gastá-lo aqui. Não podemos deixá-los frequentar nenhum balneário com piscinas públicas, mas devemos dizer: temos lá no Báltico, digamos, uma centena de balneários e, num deles, irão os judeus; lá eles poderão ter seus garçons e seus empresários e seus diretores de balneário e lá eles poderão ler seus jornais judaicos, sobre os quais nada queremos saber. Não será o mais bonito dos balneários que daremos a eles, mas talvez o pior dos que possuímos (risos na plateia) – e, nos outros, ficaremos entre nós. Isso eu considero justo. Não podemos expulsar os judeus, eles estão aqui. Não temos nenhuma ilha para a qual poderíamos transportá-los. Temos que levar isso em conta[126].

Dois diferentes testemunhos dos dias que se seguiram ao congresso relatam as intenções do próprio Hitler quanto ao futuro dos judeus. De acordo com Fritz Wiedemann, que se tornaria seu assistente, o Führer descreveu a situação futura a um pequeno círculo de membros do partido: "provenientes de todas as profissões, num gueto, cercados num território em que possam se comportar como apropriado a sua natureza, enquanto o povo alemão os observa como se observa animais selvagens"[127]. Da perspectiva de 1935, esse

---

123 M. Domarus (org.), *Hitler: Speeches...*, p. 708.
124 Idem, ibidem.
125 Idem, p. 731.
126 H. Heiber (org.), *Goebbels-Reden*, v. 1: *1932-1939*, p. 246.
127 Notas manuscritas tomadas por F. Wiedemann, Institut für Zeitgeschichte, Munique. Citado em H. Krausnick, Judenverfolgung, em H. Buchheim et al., *Anatomie des SS-Staates*, v. 2, p. 269.

isolamento territorial dos judeus teria que se realizar na Alemanha (isso é confirmado pela observação sobre o povo alemão como espectador). Assim Goebbels estava provavelmente repetindo o que tinha ouvido de Hitler. O segundo testemunho era bastante diferente.

No dia 25 de setembro de 1935, Walter Gross, diretor do Departamento de Política Racial do partido, informava aos chefes regionais da organização sobre a interpretação que Hitler lhe transmitira das Leis de Nurembergue e, sobretudo, como ele via os passos seguintes da política antijudaica.

Vale a pena observar que, mais uma vez, após dar um passo importante em relação a suas metas ideológicas, Hitler buscava desativar suas consequências mais extremas no nível tático. Na reunião com Gross, ele advertiu ao partido de que não devia se apressar quer em ampliar o alcance das novas leis, quer em termos de uma ação econômica direta contra os judeus. Para Hitler, o objetivo permanecia sendo a limitação da influência judaica na Alemanha e a separação dos judeus do corpo da nação; "uma emigração mais vigorosa" da Alemanha era necessária. As medidas econômicas constituiriam a etapa seguinte, mas elas não deviam criar uma situação que transformasse os judeus num fardo para o governo; assim, passos cuidadosamente calculados eram necessários. Quanto aos *Mischlinge*, Hitler era favorável a sua assimilação no prazo de algumas gerações – a fim de evitar qualquer enfraquecimento do potencial de guerra alemão. Nas últimas frases da conversa, no entanto, a abordagem pragmática subitamente desaparecia. De acordo com o protocolo de Gross, Hitler "além disso declarava, nesse ponto, que em caso de uma guerra em todas as frentes, ele estaria preparado [com relação aos judeus] para todas as consequências"[128].

Trad. Maria Clara Cescato

---

[128] "An dieser Stelle erklärte er noch, dass er in dem Falle eines Krieges auf allen Fronten, bereit zu allen Konsequenzen, sei". P. Burrin, *Hitler and the Jews*, p. 48-49. Aí, Burrin enfatiza o significado da ameaça de Hitler em caso de uma guerra "em todos os frontes" – isto é, numa situação análoga à de 1914-1918. Para a Alemanha, a Segunda Guerra Mundial havia se tornado uma guerra desse tipo, uma vez que a campanha na Rússia não resultara numa rápida vitória alemã. A relação entre essa situação e a decisão de Hitler de exterminar os judeus será discutida no v. 2 desta obra.

CINCO

O Espírito das Leis

I

ALGUMAS SEMANAS ANTES DO CONGRESSO DO PARTIDO EM NUREMBERGUE, no início de agosto de 1935, Hitler decidia que seis professores judeus ou parcialmente judeus da Universidade de Leipzig, até então protegidos pelas cláusulas de exceção da Lei do Serviço Público, deviam ser afastados. No dia 26 de agosto, dois funcionários do Ministério da Educação da Saxônia chegavam para uma reunião na Chancelaria do Reich; eles queriam saber se, daí em diante, todos os funcionários não arianos deviam ser afastados. O conselheiro ministerial Wienstein deu a seguinte informação:

> Basicamente isso deve ser decidido caso a caso, como antes. Mas, em cada caso, é preciso ter em mente que a abordagem para se lidar com os não arianos se tornou mais rigorosa. Quando a Lei do Serviço Público foi promulgada, a intenção era sem dúvida dar aos não arianos a proteção definida no parágrafo 3, seção 2 da lei, sem nenhuma restrição. Os novos desenvolvimentos, no entanto, levaram a uma situação na qual os não arianos não podem mais recorrer às instruções acima mencionadas, a fim de reivindicar o direito de permanecer em seus empregos. Em vez disso, as decisões, como novamente ressaltou o conselheiro ministerial Wienstein, só podem ser tomadas "caso a caso"[1].

Na verdade, durante vários meses, professores judeus, ainda formalmente protegidos pelas cláusulas de exceção, tinham sido demitidos. Victor Klemperer recebera sua notificação de demissão pelo correio, no dia 30 de abril. Enviada através do Ministério da Educação da Saxônia, ela foi assinada pelo

---

[1] Ministério da Educação, decreto 13.9.1935, Reichsministerium für Wissenschaft u. Erziehung, microfilme MA-103/1, Ifz, Munique.

Reichsstatthalter Martin Mutschmann[2]. No prazo de alguns meses, na esteira da nova Lei de Cidadania, não havia mais nenhuma exceção e todos os professores judeus que ainda continuavam em seus cargos eram afastados.

Tem havido muito debate sobre a origem das Leis de Nurembergue: seriam elas consequência de uma decisão casual ou o resultado de um plano geral destinado à exclusão gradual dos judeus da sociedade alemã e, por fim, do território do Reich? Dependendo do ponto de vista que cada um assume, o modo como Hitler tomava decisões, tanto em questões relativas aos judeus quanto em outras questões, pode ser interpretado de diferentes maneiras.

Como já observado, Hitler vislumbrava uma nova lei de cidadania desde o início de seu regime. Em julho de 1933, uma Comissão Consultiva de Política Racial e Populacional do Ministério do Interior iniciava seus trabalhos de formulação de propostas para uma lei destinada a excluir os judeus dos direitos plenos de cidadania[3]. A partir do início de 1935, multiplicavam-se os sinais indicando a proximidade dessas mudanças. Alusões a elas eram feitas por vários líderes alemães – Frick, Goebbels e Schacht – durante a primavera e o verão desse ano; a imprensa estrangeira, em especial o *The Jewish Chronicle*, de Londres, e o *The New York Times*, publicava informações com esse mesmo teor e, de acordo com os relatórios da Gestapo, líderes judeus na Alemanha, como o rabino Joachim Prinz, falavam abertamente de uma nova lei de cidadania que transformaria os judeus em "súditos" (*Staatsangehörige*); suas informações sem dúvida pareciam exatas[4].

Ao mesmo tempo, como também observado, os casamentos mistos encontravam obstáculos cada vez maiores nos tribunais, a tal ponto que, em julho, Frick anunciava a elaboração de novas leis também nesse domínio. No mesmo mês, o Ministério da Justiça apresentava uma proposta de proibição de casamentos entre judeus e alemães. Daí por diante, a questão passava a ser objeto de contínuas consultas interministeriais[5]. Assim, independentemente de quais fossem as razões imediatas para a decisão de Hitler, tanto a questão da cidadania quanto a dos casamentos mistos eram discutidas com grande detalhe no âmbito do serviço público e no do partido e diversos sinais indicavam que era iminente a introdução de uma nova legislação. Na verdade, quando, numa de suas conversas, Goebbels mencionou o tópico da

---

2 V. Klemperer, *Ich will Zeugnis ablegen bis zum letzten*, v. 1, p. 195.

3 G. Neliba, *Wilhelm Frick*, p. 198 e s.

4 Sobre esses vários detalhes, cf. D. Bankier, *The Germans and the Final Solution*, p. 43-44.

5 G. Neliba, op. cit., p. 200 e s.

"arrogância judaica", Hitler fez a enigmática observação: "em muitas coisas logo haverá mudanças"[6].

Historiadores que enfatizam o caráter aleatório das medidas nazistas têm sugerido que, até o dia 13 de setembro, Hitler planejava emitir um importante pronunciamento relativo à política exterior sobre a situação na Abissínia, mas fora dissuadido no último momento por Neurath, ministro das relações exteriores. Essa hipótese não é confirmada por nenhuma documentação, exceto o testemunho duvidoso emitido nos Julgamentos de Nurembergue pelo "especialista em raças" do Ministério do Interior, Bernhard Lösener (no tribunal, era do interesse de Lösener mostrar que não houvera um planejamento prolongado para implantação das leis raciais de 1935, pois, nesse caso, ele necessariamente estaria envolvido nesse planejamento)[7].

Em seu discurso de abertura do congresso do partido em Nurembergue, em 11 de setembro, Hitler advertia que a luta contra os inimigos internos da nação não seria prejudicada por falhas da burocracia: a vontade da nação – isto é, o partido – iria, se necessário, assumir o controle, em caso de deficiências na burocracia. Era nesses mesmos termos que Hitler concluía seu discurso de encerramento de 15 de setembro, no qual ele abordava a solução para o problema dos judeus. Assim, ao que parece, o motivo básico para a insistência na legislação antijudaica era lidar com o clima político interno já mencionado.

No precário equilíbrio existente entre, de um lado, o partido e, de outro, a administração estatal e a Reichswehr, Hitler havia, em 1934, favorecido o aparelho estatal, decapitando a SA. Além disso, no início de 1935, quando aumentou a tensão entre a Reichswehr e a SS, Hitler "advertiu o partido contra intromissões no exército e designou a Reichswehr como 'a única que podia portar armas'"[8]. Era o momento de pender para o outro lado, em especial porque o descontentamento crescia em meio aos membros das camadas mais baixas do partido. Em resumo, as Leis de Nurembergue deviam servir de advertência a todos de que o papel do partido estava longe de se encerrar – muito ao contrário. Assim, a grande massa de membros do partido seria apaziguada, os atos individuais de violência contra os judeus seriam impedidos pelo estabelecimento de diretrizes "legais" claras e o ativismo político seria canalizado para objetivos bem definidos. A convocação do Reichstag e do corpo diplomático para o congresso do partido devia ser uma homenagem ao partido por ocasião de sua mais importante celebração anual, independentemente de o principal pronunciamento ser sobre a política exterior, a bandeira alemã, ou a questão judaica. O trabalho preliminar sobre a legislação judaica

---

6 J. Goebbels, *Die Tagebücher...*, parte 1, v. 2, p. 488.
7 Sobre a atitude de Lösener, cf. D. Bankier, *The Germans and the Final Solution*, p. 43.
8 R. L. Koehl, *The Black Corps*, p. 102.

estava concluído e Hitler podia facilmente passar ao preparo dos decretos finais no último momento.

As condições em que se deu a elaboração das leis são conhecidas a partir de um outro relato de Lösener, redigido em 1950, o qual descreve o preparo dos decretos nos dois últimos dias do congresso[9]. Não havia nenhuma razão para Lösener oferecer um quadro falso desses dois dias de intensa atividade, além da supressão do fato de que muito trabalho preliminar havia sido anteriormente realizado. De acordo com Lösener, na noite de 13 de setembro, ele e seu colega do Ministério do Interior, Franz Albrecht Medicus, foram convocados com urgência de Berlim para Nurembergue. Lá, os secretários de Estado Pfundtner e Stuckart os informaram de que Hitler, que considerava a lei da bandeira como base insuficiente para convocação do Reichstag, havia dado ordens para o preparo de uma lei relativa ao casamento e as relações extraconjugais entre judeus e arianos e ao emprego de mulheres arianas no trabalho doméstico em casas de famílias judaicas. No dia seguinte, Hitler requisitou uma lei de cidadania ampla o suficiente para servir de base para a legislação antijudaica mais especificamente biológica e racial. O partido e, em particular, indivíduos como Gerhardt Wagner, escrevia Lösener, insistiam numa definição mais ampla de judeu, que equiparasse até mesmo "um quarto judeus" (*Mischlinge* de segundo grau) com judeus puros. O próprio Hitler requisitou quatro versões da lei, que iam da mais restrita (versão D) à mais abrangente (versão A). No dia 15 de setembro, às 2h30 da manhã, ele se declarava satisfeito com as propostas elaboradas[10].

Hitler escolheu a versão D. Mas, num gesto típico que cancelava essa aparente "moderação" e deixava a porta aberta a novas ampliações no alcance das leis, ele riscou uma sentença decisiva, introduzida no texto por Stuckart e Lösener: "estas leis se aplicam exclusivamente aos judeus puros". Essa frase era destinada a excluir os *Mischlinge* da legislação: agora também o destino deles era incerto. Hitler deu ordens de que a frase formulada por Stuckart e Lösener fosse mantida no comunicado oficial das leis que seria divulgado pela DNB, a agência oficial de notícias da Alemanha[11]. Ele provavelmente fez isso para abrandar a opinião no exterior e possivelmente também a dos setores da população alemã direta ou indiretamente afetados pelas leis, mas a frase estaria ausente de todas as novas publicações do texto integral.

Há uma razão plausível que explica por que, se Hitler planejava anunciar as leis no congresso do partido em Nurembergue, ele teria esperado até o último momento para fazer elaborar as versões finais: seu método se

---

9 B. Lösener, "Als Rassereferent im Reichsministerium des Innern", *VfZ*, n. 3, p. 264 e s.

10 Idem, p. 273-275.

11 Idem, p. 276.

caracterizava por golpes súbitos, destinados a manter seus adversários sem referências, para confrontá-los com *faits accomplis* que tornavam reações enérgicas quase impossíveis, caso uma crise maior tivesse que ser evitada. Se a legislação antijudaica tivesse sido apresentada a ele semanas antes do congresso, as objeções técnicas da burocracia estatal poderiam ter prejudicado o processo. O elemento surpresa era essencial.

Nos dias e semanas que se seguiram ao congresso em Nurembergue, radicais do partido próximos à linha de Gerhardt Wagner exerceram considerável pressão para reintroduzir suas exigências relativas à posição dos *Mischlinge* nos decretos complementares às duas principais Leis de Nurembergue. O próprio Hitler anunciaria o decreto sobre os "*Mischlinge* de primeiro grau" numa reunião fechada do partido, marcada para 29 de setembro em Munique. A reunião de fato ocorreu, mas Hitler adiou o anúncio de sua decisão[12]. Sem dúvida, a disputa quanto à questão dos *Mischlinge*, travada entre os radicais do partido, Wagner e Gütt (este último formalmente pertencia ao Ministério do Interior), de um lado, e os especialistas do Ministério do Interior, Stuckart e Lösener, de outro, durou de 22 de setembro a 6 de novembro, com a opinião de Hitler sendo requisitada por ambos os lados várias vezes[13].

Desde o início do debate, ambos os lados concordavam em que os três quartos judeus (pessoas com três avós judeus) deviam ser considerados judeus e que os um quarto judeus (um avô judeu) eram *Mischlinge*. Toda a disputa se concentrou em torno da posição dos metade judeus (dois avós judeus). Enquanto o partido queria incluir os metade judeus na categoria de judeus, ou pelo menos deixar para uma agência pública a decisão sobre quem dentre eles era judeu e quem era *Mischling*, o ministério insistia em integrá-los à categoria dos *Mischlinge* (juntamente com os um quarto judeus). A decisão final de Hitler estava muito mais próxima das exigências do ministério que das do partido. Os metade judeus eram *Mischlinge*, unicamente em consequência de sua escolha pessoal (e não em resultado da decisão de uma agência pública); eles se tornavam judeus ou por escolher um cônjuge judeu ou por se juntar à comunidade religiosa judaica[14].

Os decretos complementares foram por fim publicados no dia 14 de novembro. O primeiro decreto complementar à Lei de Cidadania definia como judeu todas as pessoas que tivessem pelo menos três avós judeus puros, ou que tivessem dois avós judeus e estivessem casados com um cônjuge judeu ou pertencessem à religião judaica no momento da publicação da lei, ou que contraíssem esses compromissos numa data posterior. A partir de

12 Idem, p. 281.
13 Para uma análise detalhada, cf. J. Noakes, Wohin gehören die "Judenmischlinge"?..., p. 74 e s.
14 Idem.

14 de novembro, os direitos civis dos judeus estavam suprimidos: seu direito de voto ficava abolido; os funcionários públicos judeus que tinham mantido suas posições devido a sua condição de veteranos ou de pessoas vinculadas a veteranos eram forçados a deixar seus cargos[15]. Em 21 de dezembro, um segundo decreto complementar determinava a demissão dos professores, médicos, advogados e tabeliães judeus que fossem funcionários do governo e houvessem recebido isenção.

As várias categorias de casamentos proibidos eram especificadas em detalhe no primeiro decreto suplementar da Lei de Proteção do Sangue e da Honra Alemã: entre um judeu e um *Mischling* com um avô judeu; entre um *Mischling* e outro, cada qual com um avô judeu; e entre um *Mischling* com dois avós judeus e um alemão (este último poderia receber isenção especial do Ministro do Interior ou da Autoridade Adjunta do Führer)[16]. Os *Mischlinge* de primeiro grau (dois avós judeus) podiam se casar com judeus – e com isso se tornar judeus – ou se casar entre si, na suposição de que esses casais normalmente decidiam não ter filhos, como sugere o material empírico reunido por Hans F. K. Günther[17]. Por fim, cidadãs de sangue alemão empregadas em lares judeus na época da publicação da lei poderiam continuar em seu emprego, somente se tivessem completado quarenta e cinco anos até 31 de dezembro de 1935[18].

Numa circular enviada a todas as agências relevantes do partido em 2 de dezembro, Hess reiterava as principais instruções do decreto complementar de 14 de novembro, a fim de explicar a intenção por trás das regras para casamentos aplicáveis aos dois tipos de *Mischlinge*: "os *Mischlinge* judeus, isto é, os metade e um quarto judeus, são tratados de forma diferente na legislação para os casamentos. As regras se baseiam no fato de que a raça mista dos *Mischlinge* de alemães e judeus é indesejável sob todas as circunstâncias – tanto em termos de sangue quanto em termos políticos – e de que ela deve desaparecer o mais rápido possível". De acordo com Hess, a lei garantia que, "na presente geração ou na próxima, os *Mischlinge* de alemães e judeus fariam parte ou do grupo dos judeus ou do grupo dos cidadãos alemães". Tendo permissão de se casar unicamente com cônjuges alemães de sangue puro, os um quarto judeus se tornariam alemães e, dizia Hess, "o potencial racial hereditário de uma nação de 65 milhões não seria alterado ou prejudicado pela absorção de 100 mil um quarto judeus". As explicações da Autoridade Adjunta do Führer com relação aos metade judeus eram um pouco mais

15 J. Walk (org.), *Das Sonderrecht für die Juden im NS-Staat*, p. 139.
16 Idem.
17 J. Noakes, Wohin gehören die "Judenmischlinge"?..., p. 85-86.
18 J. Walk (org.), op. cit., p. 139.

tortuosas, uma vez que não havia proibição absoluta de que se casassem com alemães ou com um quarto judeus, se recebessem a aprovação da Autoridade Adjunta do Führer. Hess reconhecia que esse aspecto da legislação ia contra os desejos do partido, declarando laconicamente que a decisão fora tomada "por razões políticas". A política geral, contudo, era a de compelir os metade judeus a se casar somente com judeus, absorvendo-os assim no grupo dos judeus[19] – o que comprova o desejo de Hitler, como foi dito a Walter Gross, em favor do desaparecimento dos *Mischlinge*.

A quantas pessoas se aplicavam as Leis de Nurembergue? De acordo com as estatísticas apresentadas pelo Ministério do Interior em 3 de abril de 1935, vivendo na Alemanha nessa época havia cerca de 750 mil *Mischlinge* de primeiro e de segundo graus. Nesse documento, assinado por Pfundtner e apresentado a Hitler por seu ajudante de ordens, o coronel Friedrich Hossbach, não ficava claro como esse total havia sido obtido (o ministério, de fato, admitiu não haver um método exato para se fazer uma estimativa desse tipo). Além dos *Mischlinge*, o documento também enumerava 475 mil judeus puros que pertenciam à religião judaica e 300 mil judeus puros que não pertenciam, o que totalizava aproximadamente 1,5 milhão, ou 2,3 por cento da população da Alemanha. Um outro número era mencionado, provavelmente por exigência de Hitler: desse total, 728 mil eram homens, entre eles cerca de 328 mil em idade militar[20].

Mesmo após a promulgação das leis e dos primeiros decretos complementares em novembro, Rudolf Hess fornecia os números errados em sua circular, dando como sendo 300 mil o número total de *Mischlinge*[21]. Também esse número era um exagero.

Estudos recentes estabeleceram o número de *Mischlinge* na época dos decretos em cerca de 200 mil[22]. Uma detalhada pesquisa demográfica, realizada pelo jornal *CV Zeitung* (publicado pela Associação Central dos Judeus

19 Circular da Autoridade Adjunta do Führer n. 228/35, 2.12.1935, Stellvertreter des Führers (Anordnungen [...]), Db 15.02, 1fz, Munique.

20 H. Friedlander; S. Milton (orgs.), *Archives of the Holocaust, v. 20: Bundesarchiv of the Federal Republic of Germany, Koblenz and Freiburg*, p. 28-30.

21 Circular da Autoridade Adjunta do Führer, 2.12.1935, Stellvertreter des Führers (Anordnungen [...]), 1935, Db 15.02, 1fz, Munique.

22 H. A. Strauss, Jewish Emigration from Germany, LBIY, v. 25, p. 317. Werner Cohn, em seu estudo de 1988 sobre os cristãos "não arianos", também oferece uma análise estatística detalhada. Ele calcula que a população de parcialmente judeus em 1933 era de 228 mil, o que pode corresponder, aproximadamente, à estimativa de 200 mil para o ano de 1935. Cf. W. Cohn, "Bearers of a Common Fate? The 'Non-Aryan' Christian 'Fate Comrades' of the *Paulus-Bund*, 1933-1939", LBIY, v. 33, p. 350 e s. H. W. Friedmann, da *Paulus-Bund*, também calculava o número de "não judeus e não arianos" em 200 mil, o que, de acordo com ele, era considerado um número demasiado baixo pelo Departamento de Política Racial do Partido. Cf. B. Stasiewski (org.), *Akten deutscher Bischöfe*, v. 2, 1934-1935, p. 133.

Alemães) e divulgada em 16 de maio de 1935, havia chegado ao mesmo resultado. De acordo com a pesquisa do *CV*, aproximadamente 450 mil judeus puros (com quatro avós judeus e pertencentes à religião judaica) viviam na Alemanha da época. Os "não arianos e não judeus" – entre eles os judeus puros convertidos e os *Mischlinge* com um a três avós judeus – chegavam a aproximadamente 250 mil. Como o autor da pesquisa incluía 50 mil judeus puros convertidos e 2 mil três quarto judeus convertidos em sua estatística, os números, de acordo com as categorias de grau estabelecidas em Nuremberg, passavam a ser os seguintes: judeus puros (em termos raciais): aproximadamente 502 mil (450 mil mais 50 mil mais 2 mil); metade judeus: de 70 mil a 75 mil; um quarto judeus: de 125 mil a 130 mil; total de *Mischlinge*: de 195 mil a 205 mil (na pesquisa do *CV*, os metade judeus eram todos judeus convertidos e, assim, de acordo com as Leis de Nurembergue, não teriam sido contados como judeus, mas como *Mischlinge* de primeiro grau)[23].

II

"Na Alemanha", de acordo com um livro publicado em 1936 por Lösener e Knost, "a questão judaica é simplesmente a questão da raça. Como isso aconteceu", continuavam os autores,

> não precisa ser descrito aqui mais uma vez. Tratamos aqui unicamente da solução para essa questão, que foi agora colocada de forma decisiva e que representa um dos pré-requisitos básicos da construção do novo Reich. Seguindo a vontade do Führer, as Leis de Nurembergue não são medidas destinadas a cultivar e perpetuar o ódio racial, mas medidas que representam o início de um abrandamento nas relações entre o povo alemão e o povo judeu.

O sionismo tem a correta compreensão sobre a questão, afirmavam os autores, e no geral o povo judeu, ele próprio tão cioso em preservar a pureza de seu sangue no decorrer dos séculos, deve dar as boas-vindas a leis destinadas a defender a pureza do sangue[24].

O comentário mais importante sobre a "legislação racial alemã", publicado nesse mesmo ano, era de coautoria do secretário de Estado (no Ministério do Interior) Wilhelm Stuckart e de um outro funcionário do

---

[23] Dr. E. R――x, Die nichtjüdischen Nichtarier in Deutschland, *CV Zeitung*, n. 20 (Beiblatt), 16 de maio de 1935. Meus agradecimentos a Sharon Gillerman por chamar minha atenção para esse artigo.

[24] B. Lösener et al., *Die Nürnberger Gesetze*, p. 17-18.

mesmo ministério, Hans Globke, cuja paixão pela identificação de judeus por seus nomes será comentada mais tarde[25]. Ele revela com crueza alguns dos aspectos mais chocantes – até mesmo do ponto de vista nazista – das Leis de Nuremburgue. Para ilustrar a validade absoluta da filiação religiosa como critério para identificação da raça dos descendentes, Stuckart e Globke davam o exemplo hipotético de uma mulher, alemã de sangue puro, mas que se casara com um judeu e se convertera ao judaísmo e depois, tornando-se viúva, retornava ao cristianismo e se casava com um alemão de sangue puro. Um neto nascido desse segundo casamento seria, de acordo com a lei, considerado parcialmente judeu, devido à filiação religiosa da avó como judia no passado. Stuckart e Globke não podiam deixar de formular o seguinte corolário: "deve-se dar atenção ao fato de que [...] [em] termos de filiação racial, um alemão de sangue puro convertido ao judaísmo deve ser considerado de sangue alemão tanto após a conversão quanto antes dela; mas em termos da filiação racial de seus netos, ele deve ser considerado um judeu puro"[26].

A mutação racial ocasionada por esse contato temporário com a religião judaica é bastante misteriosa. Mas esse mistério redobra quando nos lembramos de que, na eugenia ou antropologia racial nazista, o impacto dos fatores ambientais era considerado negligenciável em comparação com o da hereditariedade. Aqui, no entanto, uma mudança efêmera no ambiente misteriosamente ocasiona uma transformação biológica mais duradoura[27]. Mas, fossem quais fossem suas origens, as diferenças raciais podiam levar a consequências horrendas, em caso de mistura prolongada:

> O acréscimo de sangue estrangeiro ao próprio sangue ocasiona mudanças danosas ao corpo da raça, porque a homogeneidade, a vontade instintivamente certa do corpo, é com isso enfraquecida; em seu lugar, surge uma atitude incerta e hesitante em todas as situações decisivas da vida, uma valorização excessiva do intelecto e uma cisão espiritual. A mistura do

---

25 W. Stuckart; H. Globke, *Kommentare zur deutschen Rassengesetzgebung*, v. 1.

26 Idem, p. 65-66.

27 O exemplo dado por Stuckart e Globke sem dúvida se destinava a oferecer uma ilustração, por meio de um caso extremo, do princípio que está na própria base das Leis de Nuremburgue. No entanto, o absurdo manifesto de determinar a raça pela religião devia ser incômodo o suficiente para levar a burocracia ministerial a oferecer pelo menos um esclarecimento. Em 26 de novembro de 1935, o Ministério do Interior emitia uma circular: "Quando se avalia se uma pessoa é judia ou não, no fundo não é o fato de pertencer à comunidade religiosa judaica que é decisivo, mas o de pertencer à raça judaica. No entanto, a fim de evitar dificuldades em abordar casos [individuais], foi expressamente decidido que um avô que pertenceu à religião judaica inquestionavelmente pertence à raça judaica; contraevidências não são admitidas". Citado em J. Noakes, Wohin gehören die "Judenmischlinge"?..., p. 84.

sangue não produz uma fusão uniforme de duas raças estrangeiras entre si, mas leva em geral a uma perturbação no equilíbrio espiritual da parte que recebe[28].

Duas leis direcionadas contra indivíduos e grupos que não os judeus se seguiram às leis de setembro. A primeira delas foi a de 18 de outubro de 1935, a Lei de Proteção da Saúde Hereditária do Povo Alemão, que previa o registro das "raças estrangeiras", ou de grupos racialmente "menos valiosos", e estabelecia a obrigação de uma licença de casamento, certificando que os parceiros eram (racialmente) "compatíveis para o casamento"[29]. Essa lei era reforçada pelo primeiro decreto suplementar à Lei de Proteção do Sangue e da Honra Alemã, emitido em 14 de novembro, que também proibia os alemães de se casar ou ter relações sexuais com outras pessoas de "sangue estrangeiro" além dos judeus. Doze dias mais tarde, uma circular do Ministério do Interior era mais específica: as pessoas em questão eram os "ciganos, negros e seus bastardos"[30].

Provar que não se era de origem judaica nem membro de um grupo "menos valioso" se tornava essencial para uma vida normal no Terceiro Reich. E as exigências eram especialmente rigorosas para quem quer que aspirasse a permanecer ou entrar para algum órgão ou agência do Estado ou do partido. Nem mesmo os membros das camadas mais altas do serviço público, do partido e do exército podiam evitar a investigação racial. O arquivo pessoal do general Alfred Jodl, que pouco tempo depois se tornaria o vice-chefe de estado-maior do Alto Comando das Forças Armadas, o Oberkommando der Wehrmacht, inclui uma detalhada árvore genealógica na caligrafia do próprio Jodl que, em 1936, comprovou sua impecável ascendência ariana, que remontava à metade do século XVIII[31].

Exceções eram muito raras. O caso mais conhecido é o do secretário de Estado do Ministério da Aviação, Erhard Milch, um *Mischling* do segundo grau que foi convertido em ariano. Na verdade, esses raros episódios rapidamente se tornavam conhecidos, até mesmo em meio à população em geral. Assim, em dezembro de 1937, eram feitas acusações contra um certo padre Wolpert, de Dinkelsbühl, na Baviera, porque ele havia afirmado numa aula de religião que o general Milch era de origem judaica[32]. Em todas as questões desse tipo, a decisão final ficava com Hess e, muitas vezes, com o próprio Hitler. Se Hess

---

28 W. Stuckart; H. Globke, op. cit., p. 5.

29 M. R. Burleigh; W. Wippermann, *The Racial State*, p. 49.

30 Idem, ibidem.

31 Adjutantur des Führers, microfilme MA-287, Ifz, Munique.

32 Relatório Mensal, 8.12.1937, *Die Kirchliche Lage in Bayern nach den Regierungspräsidentenberichten 1933-1943*, v. 2, H. Witeschek (org.), *Regierungsbezirk Ober- und Mittelfranken*, p. 254.

consultava Hitler em cada caso é algo difícil de estabelecer; que ele o consultava em casos de maior destaque é provável. É pouco provável, por exemplo, que Hess decidisse sozinho – poucos dias após os massacres da Kristallnacht, em 1938, e após Hitler ter dito a Lammers que não aceitaria mais nenhuma exceção relativa a pessoas de ascendência judaica – emitir uma "carta de proteção" para o filho do geopolítico Karl Haushofer, Albrecht, um *Mischling* de segundo grau, de acordo com as Leis de Nurembergue[33]. Algumas vezes, as ansiedades hipocondríacas de Hitler desempenhavam um papel. É preciso lembrar que o pesquisador de câncer e "*Mischling* de primeiro grau" Otto Warburg foi convertido em "*Mischling* de segundo grau" por ordens de Göring. Algo análogo ocorria no início de 1937, quando um professor de radiologia da clínica da Universidade Friedrich Wilhelm em Berlim, Henri Chaoul – que, de acordo com uma pesquisa, descendia de maronitas sírios e cipriotas gregos e, de acordo com uma outra, mais plausível, "não era ariano no sentido da Lei do Serviço Público" (em outras palavras, era de origem judaica) – foi protegido de toda e qualquer dificuldade por ordem explícita de Hitler e nomeado diretor de um instituto central de radiologia, criado em Berlim pouco tempo antes[34].

As investigações provavelmente eram interrompidas nos últimos níveis da liderança partidária. Os rumores, contudo, não conheciam tais limites e, como é bastante conhecido, havia suspeitas de que tanto Hitler quanto Heydrich, entre outros, ocultavam antepassados não arianos. Em ambos os casos, os rumores se revelaram infundados[35], mas nas circunstâncias em questão, as insinuações sem dúvida tinham o propósito de causar danos. Algumas vezes, líderes do partido descontentes usavam a acusação de origem não ariana contra seus rivais. Assim, em abril de 1936, Wilhelm Kube, Gauleiter de Kurmark (território pertencente à Prússia), enviou uma carta anônima (assinada "alguns judeus de Berlim") à chancelaria do partido, afirmando que a esposa do juiz supremo do tribunal do partido, Walter Buch, e a sogra de Bormann eram de

---

33 Karl Haushofer, fundador da geopolítica alemã, foi professor de Hess na Universidade de Munique e, por meio de Hess, influenciou as partes de *Mein Kampf* relativas a questões internacionais e de estratégia mundial; embora fosse ele próprio um antissemita declarado, Haushofer era casado com uma mulher "metade judia", Martha Mayer-Doss. De 1934 a 1938, o filho de Karl, Albrecht, esteve empregado no departamento de assuntos estrangeiros, o "Gabinete Ribbentrop" – *Dienststelle Ribbentrop*. Sobre as atitudes de Karl e Albrecht com relação ao judaísmo e aos judeus e sua situação pessoal nesse aspecto, cf. H.-A. Jacobsen, *Karl Haushofer: Leben und Werke*; e U. Laak-Michael, *Albrecht Haushofer und der Nationalsozialismus*; para uma interpretação global, ver D. Diner, Grundbuch des Planeten: Zur Geopolitik Karl Haushofers, em D. Diner (org.), *Weltordnungen*, p. 131 e s.

34 H. Heiber, *Akten der Parteikanzlei der NSDAP*, microfichas, 30100219-30100223, IfZ, Munique.

35 Cf. S. Aronson, *Reinhard Heydrich und die Frühgeschichte von Gestapo und SD*, p. 11-12; W. Maser, *Adolf Hitler: Legende, Mythos, Wirklichkeit*, p. 11 e s.

origem judaica. Uma investigação da linhagem comprovou que as acusações não tinham base; Kube admitiu ter escrito a carta e foi temporariamente afastado por Hitler de todas as suas funções[36].

Novas leis matrimoniais de fato se seguiram ao memorando, elaborado em setembro de 1933 por Hans Kerrl e Roland Freisler, estabelecendo que os casamentos e as relações sexuais extraconjugais entre pessoas "de sangue alemão" e "membros de comunidades racialmente estrangeiras" fossem considerados "ofensas contra a honra da raça, passíveis de punição". Durante os três primeiros anos do regime, as fortes reações de diversos países asiáticos e sul-americanos (inclusive com boicote de mercadorias alemãs), entre outras razões, levaram ao arquivamento da iniciativa[37]. Mas não há dúvida de que as primeiras propostas, a terceira Lei de Nurembergue e as leis matrimoniais que se seguiram podem ser consideradas expressão de um ponto de vista biológico-racial geral, juntamente com as políticas dirigidas especificamente contra o perigo judeu.

Uma série de discussões no final de 1934 e início de 1935, entre o Ministério de Assuntos Estrangeiros, o Ministério do Interior e o Departamento de Política Racial do Partido, revelava claramente os entrelaçamentos e distinções entre essas questões. A chancelaria em Wilhelmstrasse, preocupada com o impacto da legislação ariana sobre as relações exteriores do Reich, sugeria que as novas leis ficassem claramente limitadas aos judeus e que outros não arianos (como os japoneses e os chineses) fossem excluídos. Para Walter Gross, era impossível qualquer mudança básica na atitude do partido com relação a questões raciais, uma vez que ela estava no centro da visão de mundo nazista, mas Gross prometia que o partido evitaria sobrecarregar as relações exteriores da Alemanha com decisões internas inapropriadas. A substituição do conceito de "não ariano" por "judeu" ainda não era considerada oportuna para uso oficial: em princípio não havia qualquer objeção a tal mudança, mas temia-se que ela fosse interpretada como "um recuo". Em todo caso, podiam ser feitas exceções nos casos em que a legislação ariana afetasse estrangeiros que eram não judeus e não arianos[38]. Menos de duas

---

36 H. Heiber (org.), *Akten der Parteikanzlei der* NSDAP (resumos), parte 1, v. 2, p. 226.

37 L. Gruchmann, Blutschutzgesetz und Justiz: Zu Entstehung und Auswirkung des Nürnberger Gesetzes vom 15 September 1935, *VfZ*, n. 3, p. 419.

38 H. Heiber (org.), *Akten der Parteikanzlei der* NSDAP (resumos), parte 1, v. 1, p. 55. Em vários níveis, a discriminação e as leis raciais alemãs continuaram sendo fonte de dificuldades nas relações entre o Reich e um grande número de países. De acordo com um relatório de 1936 da missão diplomática alemã em Bangkok, medidas discriminatórias eram aplicadas a passageiros "de cor" (japoneses, chineses e siameses, entre outros) em navios alemães no Extremo Oriente. O Ministério do Transporte em Berlim solicitou às companhias de navegação alemãs que ficassem atentas às consequências negativas dessas medidas. Idem, p. 178. No mesmo ano, a administração do governo em Wilhelmstrasse teve de acalmar os ânimos das autoridades egípcias: não havia obstáculos ao

semanas antes da abertura do congresso do partido em Nurembergue, no dia 28 de agosto de 1935, Hess expressava o desejo de que, em consideração às nações semitas, na reunião, o termo "antissemita" fosse substituído por "antijudaico"[39]. Para ele, a fórmula de Lösener e Knost parecia de fato ser essencial: "na Alemanha, a questão judaica é simplesmente a questão da raça".

O relato de Lösener sobre as etapas finais que precederam as Leis de Nurembergue claramente sugere que as discussões de 14 e 15 de setembro se concentravam exclusivamente na legislação antijudaica; elas haviam sido objeto das agitações do partido durante os meses precedentes, assim como também seriam das discussões que se seguiriam (inclusive as que envolviam as hesitações de Hitler em 29 de setembro e sua decisão em 14 de novembro). Assim, *a separação e a compatibilidade tanto das tendências raciais e eugênicas gerais quanto das especificamente antijudaicas estavam bem no centro do sistema nazista.* O ímpeto principal das Leis de Nurembergue e de sua aplicação era antijudaico; mas a terceira lei podia sem dificuldade ser ampliada para incluir outras exclusões raciais e isso logicamente levaria à legislação racial complementar do outono de 1935. As duas tendências ideológicas se reforçavam mutuamente[40].

III

Para o *Mischling* Karl Berthold, o funcionário do departamento de assistência social da cidade de Chemnitz cuja história começou a ser relatada no capítulo 1, a

casamento de uma alemã não judia com um egípcio não judeu; quanto às dificuldades relativas ao casamento de alemães não judeus com estrangeiras não judias, elas eram de natureza genérica e, de forma alguma, discriminatórias contra os egípcios. Idem, parte 2, v. 3, p. 108. No entanto, diversos países no Oriente Médio se sentiam atingidos pela legislação alemã relativa aos não arianos, mesmo com todos os esforços do Ministério do Exterior em Berlim. Idem, p. 109. A Turquia foi acalmada com uma declaração dos alemães de que os turcos não pertenciam a uma "cepa racial envolvida" nas proibições, mas, quanto às regras relativas às outras nações do Oriente Médio, elas não eram claras de forma alguma. Idem, p. 104.

39 Idem, parte 1, v. 2, p. 168.

40 Para uma afirmação enfática da primazia da versão biológica mais ampla e a vitimização das mulheres em que ela implicava, cf., em particular, G. Bock, *Zwangssterilisation im Nationalsozialismus*; com relação às leis de 1935, cf., sobretudo, as páginas 100-103. Em seus artigos mais recentes, Gisela Bock tem formulado posições mais próximas das aqui apresentadas, cf. G. Bock, Krankenmord, Judenmord und nationalsozialistische Rassenpolitik, em F. Bajohr et al. (orgs.), *Zivilisation und Barbarei*, p. 285 e s. e, em particular, p. 301-303. Durante os doze anos de regime nazista, diversos institutos de pesquisa nas universidades alemãs deram suporte às políticas raciais por meio dos, assim chamados, dados científicos: o Instituto Kaiser Wilhelm de Biologia em Berlim; o Instituto de Antropologia e Etnografia na Universidade de Breslau; o Instituto de Biologia Hereditária e Higiene Racial da Universidade de Frankfurt; os institutos de biologia racial das Universidades de Königsberg e de Hamburgo; o Centro para Questões Raciais na Turíngia, vinculado à Universidade de Iena; e o Instituto de Pesquisa de Biologia Hereditária em Alt-Rhese em Mecklenburgo. Ver K. Drobisch et al., *Juden unterm Hakenkreuz*, p. 162-163.

legislação de Nurembergue não resolvia o problema de sua pureza racial[41]. Em 18 de abril de 1934, o especialista em pesquisa racial do Ministério do Interior reiterava suas conclusões em favor da exclusão de Berthold do serviço público, argumentando que, mesmo os detalhes sobre seu pai, Carl Blumenfeld, sendo incertos, Berthold estava vinculado à família Blumenfeld e sua mãe havia declarado que ele era filho de Carl Blumenfeld, "um artista judeu". Não era possível duvidar de suas origens não arianas[42].

Nesse ponto entrava em cena, por um breve momento, a tia de Berthold, irmã de sua mãe, e declarava que seu pai era um ariano que, para ocultar sua identidade, havia adotado o nome Carl Blumenfeld. O departamento central de assistência social em Dresden notificou o ministro do trabalho sobre esse novo desdobramento em 30 de junho. No final de julho, o ministro do Trabalho estava disposto a permitir que Berthold permanecesse no serviço público e apenas solicitou confirmação do ministro do Interior. O especialista em "pesquisa de linhagem" do Ministério do Interior, não seria assim tão facilmente enganado. Um relatório detalhado, emitido em 14 de setembro, argumentava que o judeu Carl Blumenfeld, cujos dados haviam sido mencionados desde o início e cuja idade tornava altamente improvável que se tratasse do pai de Karl Berthold, era, de fato, um primo distante do artista circense Carl Blumenfeld, que na época vivia em Amsterdã. No dia 5 de novembro, o departamento central em Dresden enviava ao ministro do trabalho mais um pedido de Berthold, solicitando o reexame do caso, novamente incluindo o testemunho da tia. Algumas semanas mais tarde, como não houvesse resposta, outra petição foi enviada ao ministro do Interior, dessa vez pela esposa de Berthold, *frau* Ada Berthold. O marido seria demitido de seu cargo, escrevia ela, caso uma resposta positiva não fosse recebida até o dia 31 de março de 1936[43]. Começava agora uma nova fase em sua história.

As novas leis podiam em princípio introduzir uma espécie de clareza nazista em alguns casos em que a questão da filiação racial tinha anteriormente recebido respostas contraditórias. Assim, uma pesquisa relativa ao tratamento dos filhos ilegítimos de pais judeus e mães arianas, realizada em 26 de outubro de 1934 pelo Departamento de Assistência Social da cidade de Stettin, revelava atitudes muito diferentes da parte dos departamentos nas várias cidades de maior porte na Alemanha: em Dortmund, essas crianças eram consideradas arianas e recebiam toda a assistência habitual, enquanto

---

41 Para o início dessa história, cf. capítulo 1, p. 64 e s.

42 H. Mommsen, Die Geschichte des Chemnitzer Kanzleigehilfen K. B., em D. Peukert; J. Reulecke (orgs.), *Die Reihen fast geschlossen*, p. 352.

43 Idem, p. 353-357.

em Königsberg, Breslau e Nurembergue, os departamentos as consideravam "semitizadas". O diretor do departamento em Breslau fez o seguinte comentário a esse respeito:

> em minha visão, não adianta nada incorporar crianças de raça mista à nação alemã, uma vez que, como se sabe, elas não podem ter filhos racialmente puros e ainda não existem regras para a esterilização de pessoas de raça mista. Assim, não se deve impedir *Mischlinge* de se juntar à nação estrangeira à qual eles em parte já pertencem. Na verdade, devia-se estimulá-los a fazer isso, por exemplo, deixando-os freqüentar jardins da infância judaicos[44].

A reação em Nurembergue, o quartel-general de Streicher, não seria nenhuma surpresa: "uma mãe que se comporta dessa maneira", escrevia o diretor do departamento de assistência social local,

> está tão fortemente sob a influência das ideias judaicas que presumivelmente todas as tentativas de esclarecê-la serão em vão e a tentativa de educar seu filho judeu "segundo os princípios da liderança nacional-socialista" deverá falhar. Pois a *Weltanschauung* nacional-socialista, que é determinada pelo sangue, só pode ser ensinada aos que têm sangue alemão em suas veias. Nesse caso, deve-se pôr em prática a fórmula de Nietzsche: "aquilo que está a ponto de ruir deve receber o empurrão final"[45].

Após a promulgação das leis, essas crianças deviam todas se tornar *Mischlinge* de primeiro grau.

A definição dos dois graus de *Mischlinge* nas Leis de Nurembergue e no Primeiro Decreto Complementar de 14 de novembro de 1935, temporariamente aliviava sua situação tanto em termos dos direitos de cidadania quanto com relação ao acesso a profissões barradas aos "judeus puros". Em princípio pelo menos, jovens *Mischlinge* eram aceitos nas escolas e universidades como qualquer outro alemão. Até 1940 eles podiam estudar em todas as áreas (exceto medicina e odontologia)[46]. Esse era um abrandamento apenas temporário e, a partir de 1937, diversas novas formas de perseguição oficial ameaçavam a vida profissional e econômica dos *Mischlinge*, sem mencionar seu isolamento social cada vez maior e, em consequência, a ameaça para suas vidas. Mas, às vezes, a condição de *Mischling* não era destituída de ambiguidades.

44 Para a pesquisa e as citações, cf. J. Noakes, The Development of Nazi Policy ..., LBIY, v. 34, p. 299 e s.

45 Idem, p. 300-301.

46 U. Büttner, The Persecution of Christian-Jewish Families in the Third Reich, LBIY, v. 34, 277-278.

Considere-se o caso de Otto Citron que, em 1937, se transferiu da Universidade de Tübingen para a de Bonn. Após sua partida, a administração de Tübingen repentinamente suspeitava de sua declaração de que tinha uma avó ariana. Se sua declaração fosse falsa, a situação de Citron mudaria e a direção de Tübingen queria que a Universidade de Bonn desse início ao processo contra o judeu camuflado. A resposta de Citron às acusações foi impecável. Ele havia declarado que sua avó metade judia era ariana antes da promulgação das Leis de Nurembergue, uma época em que a única distinção existente era a que separava arianos de judeus. Isto é, "metade judeu" era uma categoria que não existia legalmente antes de setembro de 1935. Após a promulgação das Leis de Nurembergue, Citron corretamente declarava ser metade judeu, de acordo com o outro casal de avós. Uma vez que a avó metade judia do outro lado da família tinha se casado com um ariano, Citron mais uma vez corretamente declarava que, de acordo com os critérios de Nurembergue, ele era um oitavo judeu pelo lado dela. Assim, afirmava ele, quando se somava os dois lados da família, ele era cinco oitavos judeu. Mas, afirmava Citron,

> de acordo com os decretos complementares às Leis de Nurembergq examinei com extremo cuidado antes de fazer qualquer afirmação oral ou por escrito, as pessoas 5/8 judias são identificadas com os metade arianos e as mesmas condições valem para elas. O mesmo vale para as pessoas 3/8 judias, que são consideradas como pessoas um quarto judias. Assim, toda e qualquer tentativa de fraude ou de contornar a lei era inteiramente alheia a mim.

A Universidade de Tübingen não teve outra escolha a não ser aceitar os argumentos de Citron e encerrar o processo iniciado contra ele[47].

Na verdade, o caso de Citron era extremamente simples em comparação com algumas das situações potenciais (ou reais) descritas na forma de perguntas e respostas pelo Boletim de Informações da Associação de Cristãos Não Arianos do Reich (*Mitteilungsblatt des Reichsverbandes der Nichtarischen Christen*) de março de 1936:

> Pergunta: o que se pode dizer sobre o casamento de um metade ariano com uma jovem que tem um pai ariano, mas cuja mãe ariana se converteu ao judaísmo, de modo que a jovem foi criada como judia? O que se pode dizer, além disso, sobre os filhos desse casamento?
> Resposta: a jovem, na verdade metade ariana, não é uma *Mischling*, mas é sem dúvida considerada judia no tocante à lei, porque fazia parte da comunidade religiosa judaica na data do prazo final, isto é, 15 de setembro

---

47 U. D. Adam, *Hochschule und Nationalsozialismus*, p. 117.

de 1935; a conversão subsequente não altera essa situação de forma alguma. O marido – um *Mischling* de primeiro grau – é, da mesma forma, considerado judeu, uma vez que se casou com uma judia de acordo com a lei. Os filhos desse casamento são, além disso, considerados como judeus, uma vez que têm três avós judeus (dois pela raça e um pela religião). Isso não seria diferente se a mãe tivesse deixado a comunidade judaica antes do prazo final. Ela própria seria *Mischling*, mas os filhos ainda teriam três avós judeus. Em outras palavras, é perfeitamente possível que filhos que são considerados como judeus resultem de um casamento no qual ambos os pais são metade arianos".

Pergunta: um homem tem dois avós judeus, uma avó ariana e um avô metade ariano; este último nasceu judeu e se tornou cristão somente depois. Esse 62% judeu é *Mischling* ou judeu?

Resposta: o homem é judeu de acordo com as Leis de Nurembergue, porque um dos avós era da religião judaica; esse avô é considerado como tendo sido um judeu puro e isso não pode ser contestado. Assim, esse 62% judeu tem três avós judeus puros. Por outro lado, se o avô metade ariano tivesse sido cristão de nascimento, ele então não teria sido um judeu puro e não contaria nesse cálculo; seu neto teria sido um *Mischling* de Primeiro Grau[48].

Um dos maiores obstáculos encontrados pelos peritos legais na interpretação das Leis de Nurembergue era a definição de "relação sexual". As formas básicas da relação sexual eram apenas um ponto de partida e Stuckart e Globke, por exemplo, percebiam as múltiplas possibilidades oferecidas por "atos semelhantes à relação sexual, como a masturbação mútua". Em pouco tempo, até mesmo essa interpretação ampla de relação sexual se tornava insuficiente aos olhos de alguns tribunais. Um tribunal em Augsburgo definia a aplicabilidade das leis de uma forma que praticamente eliminava todas as restrições da definição: "uma vez que a lei visa à proteção da pureza do sangue alemão", declarava o tribunal, "a vontade dos legisladores deve ser vista como também considerando ilegais todas as formas perversas de relação sexual entre judeus e cidadãos de sangue alemão ou aparentado. É, além disso, intenção da lei em questão proteger a honra alemã, em especial a honra sexual dos cidadãos de sangue alemão"[49].

Um processo judicial sobre esse ponto deu entrada no Supremo Tribunal, que emitiu sua decisão no dia 9 de dezembro de 1935:

---

48 W. Cohn, Bearers of a Common Fate?..., *LBIY*, v. 33, p. 360-361.
49 I. Müller, *Hitler's Justice*, p. 99-100.

o termo 'relação sexual' como pretende a Lei de Proteção do Sangue e da Honra Alemã não inclui todo ato obsceno, mas também não se limita ao coito. Ela inclui todas as formas de relação sexual natural e antinatural – isto é, o coito tanto quanto as atividades sexuais com a pessoa do sexo oposto, destinadas, da forma como são executadas, a servir, no lugar do coito, para satisfazer o desejo sexual de pelo menos um dos parceiros[50].

O Supremo Tribunal incentivava os tribunais locais a interpretar a intenção do legislador além da mera letra da lei, com isso abrindo todas as comportas. Os casais eram considerados culpados, mesmo que nenhuma atividade sexual mútua tivesse sido executada. A masturbação em presença do parceiro, por exemplo, se tornava um comportamento passível de punição: "seria ir tanto contra o saudável senso popular quanto contra os claros objetivos da política racial alemã deixar atos sucedâneos como esses ficar completamente impunes, com isso criando, com relação à conduta perversa entre os sexos, um novo estímulo à violação da honra racial do povo alemão"[51].

A busca de detalhes cada vez mais precisos sobre todos os aspectos possíveis da desonra racial (*Rassenschande*) pode ser vista não apenas como mais uma ilustração do pensamento burocrático e político nazista, mas também como uma imensa tela para a projeção de várias "fantasias masculinas"[52]. No imaginário nazista, por outro lado, os judeus eram percebidos como a personificação da luxúria e da potência sexual, um pouco como os negros para os racistas brancos, ou as bruxas (e as mulheres em geral) aos olhos da Inquisição ou de alguns anciãos puritanos. Os detalhes das ofensas se tornaram então uma fonte de conhecimento (perigoso) e de desejo secreto. E, com grande frequência, os detalhes eram sem dúvida bastante explícitos. Assim, em 28 de janeiro de 1937, o tribunal local de Frankfurt condenava Alfred Rapp, um "judeu puro de trinta e quatro anos", a dois anos de prisão e Margarete Lehmann, "alemã de sangue puro", a nove meses, com base no seguinte:

Rapp era funcionário de uma loja de roupas masculinas e Lehmann trabalhava como costureira na mesma loja. Sabia-se que eram amigos e se visitavam com frequência. De acordo com seu depoimento, eles não tinham tido relações sexuais anteriormente. Por volta das 20h30 do dia 1º de novembro de 1936, Rapp foi ao apartamento de Lehmann, onde também encontrou uma mulher judia chamada Rosenstock. Os três saíram para beber algo e foram depois para o apartamento de Rosenstock. Rosenstock saiu para comprar

---

50 Idem, p. 100-101.
51 Idem, p. 101-102.
52 Emprego aqui o título do estudo de Klaus Theweleit, *Male Fantasies*.

vinho. Segundo o acusado, eles então se envolveram na prática de sexo oral. O relatório do tribunal dava alguns detalhes explícitos e acrescentava:

> essa apresentação dos fatos não parece digna de crédito; ela é no mínimo incompleta, uma vez que a experiência de vida comum exclui a possibilidade de uma mulher se aproximar sexualmente de um homem sem ter havido antes alguns atos íntimos, mesmo que – como Lehmann admite – ela tenha tomado dois copos de vinho nas duas horas precedentes. É preciso também acrescentar que os dois acusados também haviam sido vistos na sala de Rosenstock por duas testemunhas, W. e U.

A cena, tal como observada pelas testemunhas foi incluída no relatório, novamente com extremo detalhe, tal como sucessivamente confirmado por cada uma delas: "a mesma observação foi feita pela testemunha U., a quem a testemunha W. havia deixado observar depois pelo buraco da fechadura. [Então] W. abriu a porta, que não estava trancada, e entrou na sala. Ambos os acusados tentaram rapidamente ajeitar suas roupas, assim como os cabelos"[53].

Para um tribunal de Hamburgo, os beijos de um homem impotente "assumiam o lugar da relação sexual normal" e resultavam em uma sentença de dois anos. A massagem terapêutica, nem é preciso dizer, muito cedo ficou sob suspeita, como revela o notório caso do comerciante judeu Leon Abel. Embora a terapeuta "de sangue alemão" negasse categoricamente que Abel tivesse mostrado qualquer sinal de excitação sexual durante aquela única sessão de massagem e embora, durante seu julgamento, o próprio Abel recuasse da confissão que havia feito para a Gestapo, o tribunal o condenou a dois anos, "por ter alcançado satisfação sexual com a senhorita M., com isso 'efetuando' o crime de desonra da raça, quer ou não a testemunha tivesse conhecimento disso"[54].

A lei relativa a mulheres empregadas em lares de famílias judaicas mostra que haviam sido levadas em consideração as situações potenciais de desonra racial. Mas como podiam ser previstas todas essas situações potenciais? Vigilância constante era a única resposta possível. Em novembro de 1937, após solicitar ao ministro do Interior que prestasse atenção às possibilidades, ainda existentes na Lei, de adoção de *Volksgenossen* alemães "de sangue puro" por judeus, Hess levantava um problema mais imediatamente perigoso. Nos casos de meninas alemãs crescendo em casas de famílias judaicas, "algumas medidas devem ser tomadas para proteger o lado alemão. Deve-se encontrar

---

53 E. Noam; W.-A. Kropat, *Juden vor Gericht, 1933-1945*, p. 125-127.
54 I. Müller, *Hitler's Justice*, p. 102-103.

um meio de garantir a elas a mesma proteção [...] que a concedida a mulheres alemãs empregadas em casas de família"[55].

De fato, todos os aspectos da vida cotidiana e todas as atividades profissionais em que o contato entre arianos e judeus podia ser interpretado como tendo alguma conotação sexual eram sistematicamente identificados e proibidos. Já foi discutida a exclusão dos judeus das instalações balneárias. Na primavera de 1936, a maioria das faculdades de medicina proibia seus estudantes judeus de realizar exames genitais em mulheres arianas (a decisão quanto à aplicação dessas restrições era deixada aos diretores de hospitais responsáveis pelos internos judeus do setor de ginecologia)[56].

Até onde essas proibições cada vez maiores eram bem recebidas ou apenas aceitas passivamente pela parcela mais ampla da população é difícil avaliar. Algumas vezes, sem dúvida por razões econômicas, mas também possivelmente com a intenção de exprimir um protesto simbólico, mulheres alemãs além da idade fértil estavam dispostas a enfrentar a atmosfera de corrupção de uma família judaica. Por exemplo, no dia 14 de novembro de 1935, o *Frankfurter Zeitung* publicava o seguinte anúncio: "mulher católica culta com mais de 45, excelente governanta e cozinheira, busca colocação numa boa casa de família judaica, também para meio-período"[57].

Num estudo dos quase completos arquivos da Gestapo de Würzburg, Robert Gellately demonstrou que a fonte mais importante de informações para as detenções da Gestapo era o afluxo de informantes; a atitude ou atividade mais frequentemente relatada para a polícia secreta era a "desonra racial" ou a "amizade com judeus"[58]. As Leis de Nurembergue ofereciam uma espécie de vaga base legal que os informantes podiam utilizar de todas as formas possíveis e, durante os anos seguintes, o número de denúncias cresceria acentuadamente. De acordo com a análise realizada por Gellately nos arquivos da Gestapo de Würzburg (que envolvem uma cidade pequena, os números devendo portanto ser projetados para escala nacional), houve duas denúncias de desonra racial e uma denúncia de amizade com judeus em 1933; uma e duas, respectivamente, em 1934; cinco e duas, em 1935; dezenove e doze, em 1936; catorze e sete, em 1937; catorze e catorze, em 1938; oito e dezessete, em 1939. Após o início da guerra, em setembro de 1939, as denúncias se reduziram, caindo para uma e

---

55 H. Heiber, *Akten der Parteikanzlei*, microficha Nr. 031575, Ifz, Munique.

56 Cf. A. Götz von Olenhusen, Die "nichtarischen" Studenten an den deutschen Hochschulen, nota 52, e também M. H. Kater, Everyday Anti-Semitism in Prewar Nazi Germany, *Yad Vashem Studies*, v. 16, p. 150.

57 A. Diamant, *Gestapo Frankfurt am Main*, p. 91.

58 R. Gellately, *The Gestapo and German Society: Enforcing Racial Policy 1933-1945*.

uma, em 1943, e então desaparecendo inteiramente[59]. A essa altura, naturalmente, não havia mais judeus em Würzburg – nem na Alemanha.

Segundo a mesma fonte, aproximadamente 57% das denúncias provinham de pessoas que não eram membros do partido e entre 30 e 40% das acusações eram falsas[60]. Alguma vezes, empregados de hotéis denunciavam um casal, nenhum dos dois sendo judeu; outros eram presos em resultado de informações sobre laços que haviam terminado muito antes de 1933. Havia exemplos de casais cujas relações íntimas remontavam a muitos anos antes e que a essa altura evitavam relações sexuais e muitos casos de mulheres que se declararam dispostas a se submeter a exames médicos para atestar que eram virgens[61].

Goebbels estava descontente com os relatos da imprensa sobre os casos de desonra racial. Em março de 1936, ele solicitou ao departamento de imprensa do Ministério da Justiça que evitasse dar publicidade excessiva aos veredítos de *Rassenschande* contra judeus, uma vez que, em sua opinião, isso oferecia material aos jornais antigermânicos no exterior. Além disso, os comunicados "muitas vezes eram tão mal escritos que o leitor não compreendia o veredito e tendia a sentir compaixão pelo acusado"[62].

IV

A opinião pública teria se tornado mais alinhada com a política antijudaica do regime, após a promulgação das Leis de Nurembergue? De acordo com o historiador israelense David Bankier, a maioria dos alemães concordava com as leis porque aceitava a ideia de segregar os judeus:

> a Gestapo de Potsdam captou perfeitamente esse sentimento. A convicção geral era de que, afirmava ele, com a estabilização do regime, chegava a hora de realizar esse item da agenda do Partido. Ao mesmo tempo, acrescentava o oficial da Gestapo, o público esperava que outros pontos do programa nazista fossem cumpridos, em especial os relativos às questões sociais. Também em

---

59 Idem, p. 164.

60 Idem, p. 163-164.

61 R. Gellately, The Gestapo and German Society: Political Denunciations in the Gestapo Case Files, *Journal of Modern History*, v. 60, n. 4, p. 672-674. De acordo com Sarah Gordon, apesar de algumas evidências em contrário, embora na década de 1930 alguns *Rassenschänder* fossem inicialmente detidos em prisões comuns (*Gefängnisse*), enquanto os *Rassenschänder* judeus eram enviados para centros de trabalho forçado (*Zuchthäuser*) muito mais rígidos, o destino de ambas as categorias de prisioneiros era, em última análise, o mesmo. S. Gordon, *Hitler, Germans and the Jewish Question*, p. 238 e s.

62 Ministério da Justiça, o Porta-voz de todos os departamentos de imprensa da Justiça, 11.3.1936, Reichsjustizministerium, Fa 195/1936, Ifz, Munique.

Kiel, as pessoas recebiam com aprovação as leis antissemitas e esperavam que a situação das Igrejas fosse resolvida de forma igualmente satisfatória[63].

De acordo com a mesma análise, as pessoas em várias cidades e regiões do Reich pareciam particularmente satisfeitas com a Lei de Proteção do Sangue e da Honra Alemã, acreditando que a aplicação da lei poria fim ao terror antijudaico dos meses anteriores. A tranquilidade retornaria e, com ela, o bom nome da Alemanha aos olhos do mundo. As pessoas acreditavam que, sob as novas leis, a situação do povo judeu na Alemanha se tornava claramente definida: "o povo judeu se converte numa minoria nacional e obtém, por meio da proteção do Estado, a possibilidade de desenvolver sua própria vida cultural e nacional"[64]; essa era a opinião comum que se relatava de Berlim.

Para os radicais do partido, as leis eram uma clara vitória do partido sobre a burocracia estatal, mas muitos consideravam os novos decretos como "demasiado brandos". Os nazistas de Dortmund, por exemplo, consideravam o fato de os judeus ainda poder usar seus próprios símbolos como uma concessão excessiva. Alguns ativistas esperavam que os judeus oferecessem novos pretextos para a ação, outros simplesmente exigiam que o alcance de algumas das medidas fosse ampliado: que, por exemplo, não se permitisse que nenhuma mulher alemã, de qualquer idade que fosse, trabalhasse numa casa de família judaica (ou de casamento misto) – ou mesmo na casa de uma mulher judia solteira[65].

As leis foram duramente criticadas nos círculos de oposição, sobretudo em meio aos (agora clandestinos) comunistas. Alguns folhetos comunistas denunciavam o uso demagógico do antissemitismo pelos nazistas e convocavam uma frente unida de oposição; outros exigiam a libertação dos prisioneiros políticos e a cessação das medidas antijudaicas. No entanto, de acordo com Bankier, apesar dos protestos contra as Leis de Nuremberg, os materiais comunistas na época continuavam a reiterar declarações que não iam além dos antigos padrões como: "somente trabalhadores pobres eram presos por desonra racial, enquanto os judeus ricos permaneciam intocados pelos nazistas" e "não havia princípios raciais por trás da proibição do trabalho em lares judaicos para mulheres com menos de quarenta e cinco anos da idade, ao contrário, a cláusula era simplesmente uma desculpa para despedir milhares de mulheres de seus empregos"[66].

---

63 D. Bankier, *The Germans and the Final Solution*, p. 77.
64 Idem, p. 78.
65 Idem, p. 78-79.
66 Idem, p. 79.

As Igrejas mantinham distância, exceto pelo distrito fortemente católico de Aachen e alguns protestos de pastores evangélicos, por exemplo, em Speyer. A Igreja Evangélica foi posta à prova quando o Sínodo da Igreja Confessional Prussiana se reuniu em Berlim, no final de setembro de 1935: uma declaração expressando preocupação tanto por judeus batizados quanto não batizados foi discutida e rejeitada, mas também uma declaração demasiado explícita de apoio ao Estado foi igualmente rejeitada. A declaração que foi por fim aprovada apenas reafirmava a santidade do batismo, o que levou Niemöller a manifestar seu receio quanto ao fracasso do documento em assumir responsabilidade pelo destino pós-batismal dos judeus batizados[67].

Para retornar às atitudes da população em geral, os relatórios nazistas assinalavam manifestações de inquietação e até mesmo protestos de alemães empregados por judeus – tanto de alemães empregados em escritórios de firmas judaicas quanto de mulheres empregadas por famílias judaicas. Mas, no todo, Bankier deixava pouca margem para ambiguidades ou dúvidas: "para resumir, a vasta maioria da população aprovava as Leis de Nurembergue porque ela se identificava com a política racista e porque tinha sido criada uma estrutura permanente de discriminação que poria fim ao reino de terror e colocaria limites precisos nas atividades antissemitas"[68].

Embora seus casos fossem em certa medida idênticos aos que mais tarde seriam abordados por Bankier, o estudo de um outro historiador israelense, Otto Dov Kulka, deixa a impressão de um conjunto mais diversificado de reações. Também ele menciona a oposição comunista, bem como a desaprovação católica em algumas cidades como Aachen e Allenstein, e comenta as críticas de alguns pastores protestantes, em particular na cidade de Speyer. Também ele se refere aos ativistas do partido que achavam as medidas insuficientes. Além isso, ele comenta a desaprovação que se manifestava em meio a uma classe média alta, preocupada, entre outras coisas, com a possibilidade de represálias econômicas em países estrangeiros. No entanto, a impressão geral que seu estudo oferece é a de que a maioria da população estava satisfeita com as leis porque elas deixavam clara a situação dos judeus na Alemanha e, esperava-se, poriam fim à desordem e violência indiscriminadas. Um relatório de Koblenz parece refletir as reações mais comuns:

> A Lei de Proteção do Sangue e da Honra Alemã foi recebida sobretudo com satisfação, porque não apenas irá conter psicologicamente ações individuais desagradáveis [contra os judeus], mas, mais que isso, levará ao desejado

---

67 R. Gutteridge, German Protestantism and the Jews in the Third Reich, em O. D. Kulka, P. R. Mendes-Flohr, *Judaism and Christianity under the Impact of National Socialism*, p. 237. Cf. também R. Gutteridge, *Open Thy Mouth for the Dumb!*, p. 153 e s. e, em particular, p. 156-158.

68 D. Bankier, *The Germans and the Final Solution*, p. 80.

isolamento do povo judeu [...]. A questão sobre até onde o sangue judeu deve ser excluído do corpo da nação alemã é ainda objeto de discussões acaloradas[69].

A referência aos *Mischlinge* é inequívoca. Assim, ambos os estudos concordam em que a maioria dos alemães estava, de forma mais ou menos passiva, satisfeita com as leis. Em outras palavras, a maioria da população não gostava dos atos de violência, mas não objetava à segregação e supressão dos direitos dos judeus. Isso também significava que, como a segregação estava agora legalmente estabelecida, para uma maioria da população, essa nova situação permitia se eximir de toda responsabilidade pessoal quanto às medidas relativas aos judeus. A responsabilidade legal pelo destino deles tinha sido assumida pelo Estado[70].

Havia exceções e as relações com os judeus se mantinham, como já observado com referência ao período precedente às Leis de Nurembergue. No dia 3 de dezembro de 1935, a Gestapo enviava instruções gerais (a todos os seus postos), notificando que "recentemente aumentaram os anúncios emitidos por organizadores judeus e ex-regentes de orquestra sobre eventos de dança a se realizar em breve, a tal ponto que nem sempre é possível para os postos da Gestapo controlá-los de forma apropriada". Em seguida, vinha a parte mais interessante da notificação: "foi repetidamente observado que também se permite que arianos participem desses eventos"[71].

Ao que parece, a Gestapo encontrava dificuldades técnicas cada vez maiores em controlar os eventos promovidos pelos judeus. A explicação pode ser simples: os judeus reagiram à perseguição e segregação crescentes, intensificando todos os aspectos possíveis da vida judaica, o que explica tanto o número quanto a diversidade de reuniões, palestras, danças e assim por diante; esses eventos ofereciam um certo grau de dignidade e sanidade mental, mas significavam mais problemas para a Gestapo. Já em 1934, a Polícia do Estado se queixava de que muitas das reuniões promovidas por judeus, em particular as da Associação Central dos Judeus Alemães, se realizavam em casas particulares, o que tornava o controle quase impossível[72]; então, no final de 1935, os eventos judaicos muitas vezes eram, segundo relatos, transferidos dos sábados para os domingos e para os feriados cristãos, "obviamente", de acordo

69 O. D. Kulka, Die Nürnberger Rassengesetze..., *VfZ*, n. 4, p. 602-603.

70 Para essa interpretação acerca do impacto de longo prazo das leis sobre a população, cf. K. Drobisch, *Juden unterm Hakenkreuz*, p. 160.

71 Da Gestapa [a Gestap*a* era a agência central da Gestapo, em Berlim] para as agências da Polícia do Estado, 3.12.1935, Ortspolizeibehörde Göttingen, microfilme MA-172, 1fz, Munique.

72 Da Gestapa para a Associação Central dos Judeus Alemães (CV), 1º de junho de 1934, ibid.; Polícia do Estado, Hanover, 16.8.1934, idem.

com a Gestapo, "sob a suposição de que nesses dias os eventos não seriam controlados. Era difícil proibir reuniões em residências particulares, mas os eventos a se realizar aos domingos ou em feriados cristãos deviam, a partir de então, ser autorizados apenas em casos excepcionais"[73]. A última gota viria em abril de 1936: os postos da Gestapo relatavam um uso cada vez maior da língua hebraica nas reuniões políticas públicas realizadas pelos judeus. "O controle adequado dessas reuniões", escrevia Heydrich, "e a prevenção da propaganda hostil se tornaram com isso impossíveis". O uso do hebraico em reuniões públicas era, então, proibido, mas a língua podia continuar sendo usada em eventos fechados, para objetivos acadêmicos e para se preparar para a emigração para a Palestina[74]. Na verdade, os relatos sobre o uso do hebraico permanecem um tanto misteriosos, a menos que (e isso é muito improvável) eles se referissem apenas às reuniões da pequena minoria de ardentes judeus sionistas e ortodoxos (embora não ultra-ortodoxos) do Leste europeu. Inexistia qualquer tipo de fluência em hebraico em meio à imensa maioria de judeus alemães.

Entre os que podem ter considerado as leis como insuficientes havia um núcleo de pessoas que odiavam os judeus e que não pertenciam ao partido e que eram mesmo inimigas do nacional-socialismo: seu ódio era tal que, a seus olhos, até os nazistas eram instrumentos dos judeus. Não se tratava necessariamente de tipos insignificantes. Adolf Schlatter, por exemplo, era um eminente professor de teologia em Tübingen. Em 18 de novembro de 1935, ele publicava um panfleto intitulado: "Os Judeus nos Vencerão? Uma Mensagem Para o Natal" (*Wird der Jude über uns siegen? Ein Wort für die Weihnacht*). Em poucas semanas, cerca de cinquenta mil cópias haviam sido distribuídas. Escrevia Schlatter:

> Hoje um rabino pode dizer com orgulho: "vejam como a situação na Alemanha mudou; de fato, somos desprezados, mas somente por causa de nossa raça. Mas, até agora, estávamos sozinhos no esforço de apagar da consciência pública a louca mensagem de que Cristo veio, pregada no Natal. Agora, no entanto, temos como aliados, em nossa luta, os que carregam consigo a responsabilidade pela educação do povo alemão, em outras palavras, aqueles a quem os alemães devem obediência [...]". Não se pode negar que para os judeus, na esfera alemã, a situação nunca foi tão favorável a sua visão de mundo quanto agora.

---

73 Da Gestapa para todas as agências da Polícia do Estado, 24.11.35, idem.
74 Da Gestapa para todas as agências da Polícia do Estado, 4.4.1936, idem.

Mas havia esperança nas linhas finais do panfleto de Schlatter: "sem dúvida é possível que, num futuro imediato, os judeus nos vençam; mas essa vitória não será definitiva. Não foram os judeus que trouxeram a fé em Deus ao mundo e essa fé os judeus e os que acompanham os judeus não podem destruir. Eles não podem destruí-la porque não podem suprimir o fato de que Cristo veio ao mundo"[75].

O ódio antirregime de Schlatter aos judeus tinha seus limites enraizados na Alemanha nazista. Aparentemente pelo menos, as possibilidades deveriam ser melhores para os membros da ss. Viajando como passageiro da terceira classe no trem expresso de Halle para Karlsruhe, no dia 22 de outubro de 1935, o oficial da ss Hermann Florstedt, segundo seu próprio depoimento mais tarde, precisava muito dormir. Como seu bilhete não dava acesso a um vagão-dormitório, ele se mudou para a segunda classe, em busca de um assento vago. Todos os compartimentos estavam inteiramente ocupados, exceto por dois que, de acordo com Florstedt, eram ocupados cada um por um judeu. "Eu estava de uniforme", escreveu Florstedt numa carta em que ele se queixava à Administração de Ferrovias em Berlim, "e não tinha nenhum desejo de passar essa longa viagem na companhia de um judeu". Florstedt encontrou o bilheteiro e exigiu um lugar na segunda classe. O bilheteiro o conduziu até os compartimentos ocupados pelos judeus; Florstedt protestou. "O bilheteiro", escrevia Florstedt, "comportou-se de forma mais que estranha. Ele me disse, entre outras coisas, que eu não tinha visto as certidões de batismo desses cavalheiros e que, além disso, para ele, os judeus também eram passageiros"[76].

Ao que parece, em outubro de 1935 um uniforme da ss ainda não inspirava terror. Além disso, a consciência do bilheteiro de que estava obedecendo a regras administrativas (um decreto de agosto de 1935 especificamente autorizava os judeus a utilizar o transporte público)[77] devia dar-lhe autoconfiança suficiente para responder da forma que fez. A resposta de que os judeus também eram passageiros também pode ser vinculada à opinião corrente (o judeu também é humano) que Goebbels havia atacado em seu discurso de junho de 1935.

Em sua queixa à Administração de Ferrovias, Florstedt exigiu o nome do bilheteiro, com quem ele queria "discutir a questão no *Stürmer*". A carta chegou à escrivaninha do Gruppenführer Heissmeyer, diretor do escritório central da ss, que defendeu o comportamento do funcionário e não recebeu bem a ameaça de Florstedt de ir a público no *Stürmer*.

75 W. Gerlach, *Als die Zeugen schwiegen*, p. 166.

76 Sobre esse caso, cf. H. Friedlander; S. Milton (orgs.), *Archives of the Holocaust, v. 11, Berlin Document Center*, parte 1, p. 210-222.

77 H. Heiber (org.), *Akten der Parteikanzlei*, (resumos), parte 1, v. 1, p. 121.

Florstedt logo seria transferido para a administração dos campos de concentração. Logo no início da guerra, ele se tornou vice-comandante do campo de concentração de Buchenwald e, em março de 1943, ele se tornava comandante do campo de extermínio de Lublin, na Polônia[78].

V

"Não apenas estamos nos despedindo do ano [judaico] que terminou", anunciava o *cv Zeitung* cerca de duas semanas após a promulgação das Leis de Nurembergue, "mas também de uma época na história que está agora chegando a seu fim"[79]. Mas essa clara percepção de que a situação estava mudando drasticamente não levava a recomendações categóricas. Muitos judeus alemães ainda tinham esperanças de que seria possível resistir à crise na Alemanha e de que as novas leis poderiam criar um quadro de regras claras para uma vida judaica segregada, mas ainda assim viável. A reação oficial da Reichsvertretung (que era agora obrigada a modificar seu nome de Representação Nacional dos Judeus Alemães para Representação dos Judeus na Alemanha) foi tomar ao pé da letra a declaração de Hitler sobre a nova base criada pelas leis para as relações entre o povo alemão e os judeus vivendo na Alemanha; assim, ela exigiu o direito de livre exercício de suas atividades nos domínios educacional e cultural. Mesmo no nível individual, muitos judeus acreditaram que a nova situação oferecia uma base aceitável para o futuro. De acordo com um estudo da Gestapo e com relatórios do SD sobre as reações dos judeus às leis, num número significativo de comunidades,

> os judeus estavam aliviados justamente porque as leis, mesmo estabelecendo um arcabouço permanente de discriminação, davam fim ao reino do terror arbitrário. Havia alguma semelhança na forma de reagir da média tanto dos alemães quanto dos judeus. Os alemães expressavam satisfação, enquanto os judeus viam razões para esperança. Como formulava o autor do relatório: as leis finalmente definiram a relação entre os judeus e os alemães. O povo judeu se torna uma minoria nacional *de facto*, desfrutando da possibilidade de garantir sua própria vida cultural e nacional sob a proteção do Estado[80].

78 H. Friedlander, S. Milton (orgs.), op. cit., v. 11, parte 1, p. 210-222.
79 A. Margalioth, The Reaction of the Jewish Public in Germany to the Nurembergue Laws, *Yad Vashem Studies*, v. 12, p. 76.
80 D. Bankier, Jewish Society through Nazi Eyes, 1933-1936, *Holocaust and Genocide Studies*, v. 6, p. 113-114.

A parcela ultrarreligiosa da comunidade chegou mesmo a saudar a nova situação. No dia 19 de setembro de 1935, o jornal *Der Israelit*, o órgão de divulgação dos judeus ortodoxos na Alemanha, após expressar seu apoio à ideia de autonomia cultural e educação em separado, dava explicitamente suas boas-vindas à proibição de casamentos mistos[81]. Quanto aos sionistas alemães, embora intensificando suas atividades, eles não pareciam ter nenhuma pressa especial, o importante grupo Hekhalutz pensava em negociar com o governo alemão os procedimentos e os meios para uma emigração gradual dos judeus alemães para a Palestina durante um prazo de quinze a vinte anos. Assim como outros setores da comunidade judaica alemã, ele exprimia a esperança de que, a essa altura, uma vida judaica autônoma na Alemanha ainda era possível[82].

Os judeus alemães ainda se viam, de fato, confrontados com o que parecia ser uma situação ambígua. Eles estavam bastante conscientes da segregação crescente de que eram vítimas no interior da sociedade e do fluxo contínuo de novas decisões do governo destinadas a tornar sua vida mais difícil. Alguns aspectos de sua existência cotidiana, no entanto, reforçavam a ilusão de que a segregação era o objetivo final dos nazistas e que os recursos básicos para a existência econômica permaneceriam disponíveis. Por exemplo, apesar da lei de 1933 sobre "a superlotação das escolas alemãs" e das constantes ofensas e ataques contra crianças judias, no início de 1937, embora a maioria das crianças judias frequentasse escolas judaicas, quase 39% dos estudantes judeus ainda permaneciam em escolas alemãs. Na primavera do ano seguinte, a porcentagem tinha caído para 25% [83]. Como veremos, muitos dos profissionais judeus que se beneficiavam de várias isenções ainda estavam atuantes fora da comunidade judaica. Mas ainda é difícil avaliar exatamente a situação econômica da média das famílias judaicas que possuíam algum negócio no varejo ou viviam de alguma dos vários comércios.

Em 1935, o jornal *Jüdische Rundschau* que, seria de se esperar, estaria empenhado em revelar como a situação era precária, citava a estatística publicada pelo jornal *Frankfurter Zeitung*, indicando que metade da indústria de artigos de vestuário feminino ainda era de propriedade de judeus, esses

---

81 M. T. Edelheim-Mühsam, Die Haltung der jüdischen Presse gegenüber der nationalsozialistischen Bedrohung, em R. Weltsch (org.), *Deutsches Judentum*, p. 375

82 Alguns relatórios da Gestapo, como o de Koblenz referente ao mês de outubro de 1935, informavam sobre o aumento do pessimismo em meio aos judeus e sobre sua urgência em emigrar, também para a Palestina. De acordo com esse relatório, os judeus não acreditavam na possibilidade de permanecer na Alemanha e previam que, "no prazo de aproximadamente dez anos, o último judeu teria deixado a Alemanha". F. J. Heyen, em A. Doll (org.), *Nationalsozialismus im Alltag*, p. 138-139.

83 J. Boas, German-Jewish Internal Politics under Hitler, 1933-1938, *LBIY*, v. 29, p. 3.

números chegando a 80% em Berlim[84]. Quer esses números fossem exatos ou não, os judeus do Reich ainda acreditavam que poderiam continuar ganhando o próprio sustento; em sua maioria, eles não previam nenhuma catástrofe material iminente.

No entanto, embora a emigração fosse lenta, como já mencionado, e embora a maioria dos judeus ainda tivesse esperanças de sobreviver a esse atroz período na Alemanha, a própria ideia de deixar o país, anteriormente impensável para muitos, passava a ser aceita por todas as organizações judaicas alemãs. Não se vislumbrava uma fuga imediata e de emergência, mas um êxodo metódico e disciplinado. O outro lado do mar (o continente americano ou a Austrália, por exemplo) estava situado em posição mais alta na lista de possibilidades concretas que a Palestina, mas todos os jornais judaicos na Alemanha poderiam ter adotado com fervor o título de um artigo do *Jüdische Rundschau* dirigido à Liga das Nações: "Abram os Portões!"[85].

Para muitos dos judeus que consideravam a possibilidade de emigração, mas ainda tinham esperanças de permanecer na Alemanha, a distância entre comportamento público e privado se ampliava: "temos de evitar fazer algo que atraia a atenção para nós e possa provocar hostilidade". As organizações de mulheres judaicas eram advertidas: "adotem os mais altos padrões de gosto e decoro no tom e no modo de falar, nas roupas e na aparência"[86]. O orgulho judaico devia ser mantido, mas sem atrair a atenção em público. No âmbito do espaço fechado da sinagoga ou das reuniões judaicas seculares, esse orgulho e a raiva reprimida contra o regime e a sociedade ao redor encontravam expressão ocasional. Os textos religiosos eram escolhidos pelo significado simbólico e pelas alusões evidentes. Uma seleção de salmos intitulada "Das Profundezas Clamei por Ti", publicada por Martin Buber em 1936, incluía versos de significado inequívoco:

> Sê meu juiz, Oh Deus, e defende minha causa
> contra uma nação descrente;
> Oh livra-me do homem injusto e pérfido.

Um novo tipo de comentário religioso, transmitido sobretudo nos sermões – o "Novo Midrasch", como Ernst Simon o chamava – entrelaçava temas religiosos com expressões de sabedoria prática, destinadas a ter efeito tranquilizador e terapêutico sobre a audiência[87].

---

84 Idem, p. 4, nota 4.
85 M. T. Edelheim-Mühsam, Die Haltung der jüdischen Presse..., op. cit., p. 376-377.
86 C. Koonz, *Mothers in the Fatherland*, p. 358.
87 L. Dawidowicz, *The War Against the Jews, 1933-1945*, p. 178.

Ao que parece, alguns judeus ocasionalmente manifestavam menos humildade em público. William L. Shirer, jornalista norte-americano então baseado em Berlim que, pouco tempo depois, se tornaria correspondente da CBS nessa cidade, escrevia em seu diário, no dia 21 de abril de 1935, quando hospedado em Bad Saarow, o famoso balneário alemão: "De folga no fim de semana de Páscoa. Hotel cheio sobretudo com judeus e estamos um tanto surpresos em ver tantos deles ainda prosperando e, ao que parece, despreocupados. Em minha opinião, eles estão sendo excessivamente otimistas"[88].

Uma autoconfiança excessiva às vezes permanecia surpreendentemente forte entre judeus que viviam até mesmo nas comunidades mais diminutas. Assim, em 1936, em Weissenburg, o comerciante de gado judeu Guttmann era acusado pelo líder nazista dos camponeses locais de afirmar que havia recebido autorização oficial para continuar com seu negócio. Embora fosse preso, o judeu persistia em afirmar seu direito a manter seu negócio. O relatório sobre o incidente se encerrava com as seguintes palavras: "Guttmann solicita permissão para assinar o documento após o Schabat terminar"[89].

Após a promulgação das Leis de Nuremberg, a liderança sionista na Palestina não manifestava, com relação à emigração, um senso de urgência maior que o da própria comunidade judaica na Alemanha. De fato, a liderança na Palestina se recusava a oferecer ajuda a emigrantes cuja meta não fosse Eretz Yisrael, a terra de Israel. Sua lista de prioridades mudava cada vez mais: a situação econômica do Ischuv piorava a partir de 1936, enquanto a Grande Revolta Árabe nesse ano aumentava a resistência britânica a toda ampliação da imigração judaica para a Palestina. Alguns líderes sionistas locais até mesmo consideravam os imigrantes da Polônia, dotados de maior facilidade para integração, em geral preferíveis aos da Alemanha, com exceção dos judeus alemães que podiam transferir quantias substanciais em dinheiro ou propriedades sob os termos do Acordo de Haavará, de 1933. Assim, após 1935, do número total de certificados concedidos pelos britânicos, o número de certificados de imigração solicitados para os judeus alemães permaneceria o mesmo que antes. Essa falta de um comprometimento maior da parte das lideranças sionistas em estimular a emigração dos judeus da Alemanha seria causa de uma crescente tensão com alguns dos líderes judeus na Diáspora[90].

Quando um grupo de banqueiros judeus se encontrou em Londres, em novembro de 1935, para discutir o financiamento da emigração dos judeus da

---

88 W. L. Shirer, *Berlin Diary*, p. 36.

89 Apud S. M. Lowenstein, The Struggle for Survival of Rural Jews in Germany 1933-1938, em A. Paucker (org.), *The Jews in Nazi Germany 1933-1943*, p. 120.

90 Y. Gelber, A Resposta da Liderança Sionista às Leis de Nuremberg, *Estudos Sobre o Período do Holocausto*, v. 6 (em hebraico).

Alemanha, uma clara cisão se deu entre sionistas e não sionistas. O presidente da Organização Sionista Mundial, Chaim Weizmann, era particularmente hostil ao plano de Max Warburg de negociar com os nazistas um acordo como o de Haavará, para pagar pela a emigração dos judeus alemães para outros países além da Palestina[91]. Warburg, no entanto, discutiu seu plano com representantes do Ministério da Economia. Os arquivos do partido indicam que os alemães condicionaram a realização de novas discussões à apresentação de uma proposta detalhada[92]. O projeto deu em nada, devido à publicidade que o cercava e, em última análise, à falta de um financiamento adequado[93].

VI

"Em Bad Gastein. Numa conversa animada, Hitler me conduz escadaria abaixo. Somos visíveis ao longe e, no final das escadarias, um concerto está sendo executado e há uma multidão de pessoas. Penso com orgulho e contentamento: agora todo mundo pode ver que nosso Führer não se importa em ser visto comigo em público, apesar de minha avó Recha"[94]. Esse era um sonho relatado por uma jovem que as Leis de Nurembergue acabavam de converter em *Mischling* do segundo grau.

Eis aqui o sonho de uma mulher, que tinha se tornado *Mischling* do primeiro grau:

> estou num navio com Hitler. A primeira coisa que digo a ele é: "na verdade, não tenho permissão para estar aqui. Tenho um pouco de sangue judeu". Ele parece muito agradável, de forma alguma como de hábito: um rosto redondo, amável e atencioso. Eu cochicho em seu ouvido: "você [o *Du* coloquial] poderia ter-se tornado realmente grande, se tivesse agido como Mussolini, sem essa estúpida coisa de judeus. É verdade que entre os judeus há alguns realmente maus, mas nem todos eles são criminosos, isso é algo que não se pode dizer honestamente". Hitler me ouve em silêncio, ouve tudo de um modo bastante amistoso. Então, de repente, estou numa outra sala do navio, onde há muitos homens da SS, vestidos em trajes pretos. Eles se cutucam uns aos outros, apontam para mim e comentam entre si, com o maior respeito: "olhem lá, é a mulher que deu ao chefe uma parte de sua mente"[95].

91 R. Chernow, *The Warburgs*, p. 436 e s.
92 H. Heiber (org.), *Akten der Parteikanzlei der NSDAP* (resumos), parte 1, v. 2, p. 208.
93 R. Chernow, op. cit., p. 436 e s.
94 C. Beradt, *Das Dritte Reich des Traums*, p. 98.
95 Idem, ibidem.

O mundo dos sonhos dos judeus puros era muitas vezes bastante diferente do dos *Mischlinge*. Um advogado de Berlim, com cerca de sessenta anos de idade, sonhou que estava no Tiergarten:

> há dois bancos, um pintado de verde, outro de amarelo e, entre os dois, há um cesto de papel. Eu me sento no cesto de papel e, em volta de meu pescoço, tenho uma placa como as usadas pelos cegos pedintes e também como as que as autoridades penduram no pescoço dos poluidores de raça. Nela está escrito: caso necessário, arranjo lugar para o papel[96].

Alguns devaneios de intelectuais judeus bastante conhecidos, que viviam além das fronteiras do Reich, eram às vezes não menos fantásticos que as fantasias noturnas das vítimas encurraladas. "Não gosto de fazer profecias políticas", Lion Feuchtwanger escrevia a Arnold Zweig em 20 de setembro de 1935,

> mas por um dedicado estudo da história, cheguei à convicção, se posso assim dizer, científica, de que, no final, a razão deve triunfar sobre a loucura e de que não podemos considerar uma irrupção da loucura como a que ocorre na Alemanha como algo que possa durar mais que uma geração. Supersticioso como sou, espero em silêncio que, desta vez também, a loucura alemã não dure mais do que durou a loucura da guerra [1914 - 1918]. E já estamos no final do terceiro ano[97].

Outras vozes tinham um som muito diferente. Carl Gustav Jung tentou mergulhar "mais profundamente" em sua busca pelas características do psiquismo germânico – assim como pelas do psiquismo judeu. Escrevendo em 1934, sua avaliação era diferente:

> os judeus, que são uma espécie de nômades, jamais criaram uma forma cultural própria e, até onde podemos ver, nunca o farão, uma vez que todos os seus instintos e talentos requerem uma nação mais ou menos civilizada que atue como anfitriã para seu desenvolvimento [...]. A consciência 'ariana' tem um potencial maior que a judaica; essa é tanto a vantagem quanto a desvantagem de uma juventude que ainda não se desvencilhou totalmente da barbárie. Em minha opinião, tem sido um grave erro da psicologia médica até agora aplicar categorias judaicas – que sequer são válidas para todos os judeus – indiscriminadamente à cristan-

---

96 Idem, p. 104.
97 L. Feuchtwanger, A. Zweig, *Briefwechsel 1933-1958*, v. 1, p. 97.

dade alemã e eslava. Por esse motivo, o segredo mais precioso dos povos germânicos – a criativa e intuitiva profundidade de sua alma – tem sido explicado por meio de um lamaçal de infantilismo banal, enquanto meu próprio grito de alerta tem sido suspeito de antissemitismo durante décadas. Essa suspeita surgiu com Freud. Ele entendeu o psiquismo germânico tão pouco quanto seus seguidores alemães. Será que o impressionante fenômeno do nacional-socialismo, que o mundo inteiro fita com olhos assombrados, não lhes ensinou uma lição?[98].

"O impressionante fenômeno do nacional-socialismo", ao que parece, não era nada impressionante para Sigmund Freud. Em 29 de setembro de 1935, ele escrevia a Arnold Zweig: "todos nós achávamos que era a guerra e não as pessoas, mas outras nações também passaram pela guerra e, no entanto, se comportaram de forma diferente. Não queríamos acreditar na época, mas era verdade o que os outros diziam sobre os boches"[99].

Quanto a Kurt Tucholsky – talvez o mais brilhante satirista adversário do nacional-socialismo do período de Weimar, nessa época prisioneiro de seu exílio na Suécia – sua raiva era diferente da de Freud e seu desespero era total: "deixei o judaísmo em 1911", escrevia ele a Arnold Zweig, em 15 de dezembro de 1935, mas acrescentava logo em seguida: "sei que isso na verdade é impossível". De muitas formas, o desalento e a raiva de Tucholsky eram dirigidos contra os judeus. Era possível enfrentar o destino inevitável com coragem ou com covardia. Para Tucholsky, os judeus haviam sempre se comportado como covardes, agora mais que nunca. Mesmo os judeus nos guetos medievais *poderiam* ter se comportado de modo diferente:

> Mas vamos deixar de lado os judeus medievais – e nos voltar para os de hoje, os da Alemanha. Na Alemanha a gente vê que as mesmas pessoas que, em muitos domínios, atuavam como líderes *aceitavam* o gueto – a ideia do

---

98 C. G. Jung, *Civilization in Transition*, Collected Works, v. 10, p. 166. Esse texto constitui apenas uma das muitas declarações mais ou menos idênticas emitidas por Jung, durante os anos de 1933 a 1936 pelo menos. A controvérsia relativa à atitude de Jung com relação ao nacional-socialismo teve prosseguimento após o final da guerra. A avaliação mais branda a respeito dessa questão, emitida por um historiador não pertencente a nenhum dos dois lados, é a de Geoffrey Cocks: "Não está de forma alguma claro se as atitudes e convicções filosóficas pessoais por trás das declarações dúbias, ingênuas e muitas vezes questionáveis de Jung, durante o período nazista, sobre os arianos e os judeus motivaram suas ações com relação aos psicoterapeutas na Alemanha. As declarações em si mesmas revelam uma ambivalência e preconceito destrutivos que podem ter servido à perseguição nazista dos judeus. Mas Jung concedia aos nazistas muito mais por suas palavras que por suas ações". Cf. G. Cocks, *Psychotherapy in the Third Reich*, p. 132. A avaliação de Cocks teria de ser examinada em detalhe; no entanto, dadas as circunstâncias, a atitude de Jung em si já parece bastante repugnante.

99 E. L. Freud, (org.), *The Letters of Sigmund Freud and Arnold Zweig*, p. 110.

gueto e sua implantação [...]. Eles estão sendo trancafiados; estão amontoados num teatro para judeus [*ein Judentheater* – referência às atividades da *Kulturbund*] com quatro distintivos amarelos na frente e atrás e eles têm [...] apenas uma única ambição: "agora, por uma vez, vamos mostrar a eles que temos um teatro melhor". Para cada dez judeus alemães, um partiu, nove ficaram, mas depois de março de 1933, um devia ter ficado e nove deviam ter partido, tinham que ter partido, deviam [...]. A emigração política não mudou nada; é o mesmo de sempre: tudo continua como se nada tivesse acontecido. Sempre e sempre sem parar – eles escrevem os mesmos livros, fazem os mesmos discursos, repetem os mesmos gestos.

Tucholsky sabia que ele e sua geração não veriam a nova liberdade: "o que é preciso [...] é uma força juvenil que a maioria dos emigrantes não tem. Novos homens virão, depois de nós. Da forma como estão agora, as coisas não podem mais funcionar. Tudo está perdido"[100].

Seis dias mais tarde Tucholsky se suicidava.

Trad. Maria Clara Cescato

100 K. Tucholsky, *Politische Briefe*, p. 117-123.

Parte II

A Armadilha

SEIS

Cruzada e Arquivo

I

NO INÍCIO DE 1937, DURANTE UM ENCONTRO PARA TRATAR DE ASsuntos das Igrejas, Hitler mais uma vez dava vazão a sua perspectiva da história mundial: "o Führer", anotava Goebbels em seu diário, "explica o Cristianismo e o Cristo. Ele [Cristo] também queria agir contra a dominação do mundo pelos judeus. Os judeus o fizeram crucificar. Mas Paulo falsificou sua doutrina e debilitou a Roma antiga. O judeu no cristianismo. Marx fez o mesmo com o espírito de comunidade alemão, com o socialismo"[1]. Em 30 de novembro desse mesmo ano, os comentários de Goebbels em seu diário eram bem mais ameaçadores: "Longa discussão [com Hitler] sobre a questão judaica [...]. Os judeus devem sair da Alemanha, na verdade, de toda a Europa. Isso levará algum tempo, mas deve acontecer e irá acontecer. O Führer está absolutamente determinado a isso"[2]. Assim como em sua declaração a Walter Gross, de setembro de 1935, a profecia de Hitler em 1937 significava a possibilidade de uma guerra: ela somente poderia ser cumprida em uma situação de guerra.

Em 7 de março de 1936, a Wehrmacht invadia a Renânia e uma nova fase na história europeia tinha início. Ela se desdobraria sob o signo de sucessivas agressões e rupturas de tratados pelos alemães, que, em três anos, conduziriam a uma nova conflagração.

A desmilitarização da margem esquerda do Reno fora garantida pelos tratados de Versalhes e Locarno. Os países que garantiam o *status quo* eram a Grã-Bretanha e a Itália, enquanto a França era o país diretamente ameaçado pelo avanço alemão. Agora, a Itália se posicionava ao lado da Alemanha, pois

---

1 J. Goebbels, *Tagebücher*, parte 1, v. 3, p. 55.
2 Idem, p. 351.

as democracias haviam tentado impor sanções contra ela durante a guerra da Abissínia. Em princípio, no entanto, a França ainda possuía o exército mais poderoso da Europa. Sabe-se, agora, que uma reação militar francesa teria forçado as unidades alemãs a recuar para trás das linhas do Reno – um retrocesso com consequências imprevisíveis para o regime de Hitler. Mas, embora ameaçasse agir, o governo francês, liderado pelo primeiro ministro, o socialista radical Albert Sarrault, de fato nada fez. O governo britânico, por sua vez, nem sequer chegou a fazer ameaças; afinal, Hitler estava apenas se apossando de seu próprio "quintal", como se dizia. A política de apaziguamento dos franceses e britânicos ganhava impulso.

Na França, as eleições de 1936 levaram ao poder a força de centro-esquerda denominada Frente Popular e, para um grande segmento da sociedade francesa, a ameaça da revolução e da tomada de poder pelos comunistas se tornava um pesadelo obsessivo. Poucos meses antes, o eleitorado espanhol havia levado ao poder um governo de esquerda. Foi uma vitória de curta duração. Em julho de 1936, unidades do exército espanhol no norte da África, lideradas pelo general Francisco Franco, rebelavam-se contra o novo governo republicano e cruzavam a fronteira rumo à Espanha. Tinha assim início a Guerra Civil Espanhola, que se tornaria uma luta sangrenta entre duas místicas políticas apoiadas, em ambos os lados, por um suprimento em massa de armas vindas do exterior e soldados, tanto voluntários quanto pertencentes ao exército permanente. Entre o verão de 1936 e a primavera de 1939, as linhas de combate que se delineavam na Espanha seriam os pontos de referência tácitos e explícitos para os confrontos ideológicos da época.

No cenário global, o pacto contra a Internacional Comunista assinado entre a Alemanha e o Japão em 25 de novembro de 1936 e depois pela Itália, um ano mais tarde, se tornava, pelo menos simbolicamente, uma expressão da luta que se desenrolaria entre os regimes anticomunistas e o bolchevismo. Nos países da Europa centro-oriental (com exceção da Tchecoslováquia) e nos Bálcãs, governos de direita haviam chegado ao poder. Seus compromissos ideológicos incluíam três princípios básicos: autoritarismo, nacionalismo exacerbado e anticomunismo extremo. Do Atlântico até a fronteira soviética, eles em geral tinham um outro elemento em comum: o antissemitismo. Para a direita europeia, o antissemitismo e o antibolchevismo eram muitas vezes idênticos.

O ano de 1936 também marca claramente o início de uma nova fase no cenário doméstico alemão. Durante o período anterior (1933-1936), a necessidade de estabilizar o regime, de repelir iniciativas preventivas estrangeiras e de sustentar o crescimento econômico e o retorno ao pleno emprego havia exigido relativa moderação em alguns domínios. Em 1936, era alcançada a meta do pleno emprego e a debilidade da frente antialemã era avaliada. Tornavam-se possíveis uma maior radicalização política e a mobilização de recursos internos: Himmler era nomeado chefe de todas as forças policiais alemãs e Göring se tornava o chefe supremo de um novo plano econômico de quatro anos, cujo objetivo secreto era preparar o país para a guerra. O ímpeto e sincronização da radicalização tanto interna quanto externa também podiam estar ligados a tensões ainda não resolvidas dentro da própria sociedade alemã ou talvez resultassem das necessidades fundamentais de um regime que somente poderia prosperar por meio de uma permanente ação febril e um triunfo cada vez mais espetacular.

Foi nessa atmosfera de mobilização acelerada que o tema judaico assumiu nova dimensão e passou a cumprir nova função aos olhos do nazismo. Agora, o judaísmo era outra vez apresentado como uma ameaça mundial e toda ação contra ele podia ser usada como justificativa para o confronto que estava necessariamente por vir. Nos termos do regime, em tempos de crise, os judeus tinham que ser banidos, seus bens deviam ser apreendidos em benefício do rearmamento alemão e – enquanto alguns deles permanecessem nas mãos dos alemães – seu destino podia ser utilizado como meio de influenciar em favor da Alemanha nazista a atitude da comunidade judaica mundial e das potências estrangeiras sob seu controle. Em termos mais imediatos, três principais linhas de ação dominariam a nova fase da campanha contra os judeus: arianização acelerada, intensificação dos esforços coordenados para compelir os judeus a deixar a Alemanha e furiosa atividade de propaganda para promover em âmbito mundial os temas da ameaça e conspiração judaicas.

O aceleramento da arianização resultava, em parte pelo menos, da nova situação econômica e da confiança disseminada, em meio aos círculos alemães da indústria e do comércio, em que os riscos de uma retaliação judaica ou seus efeitos não precisavam mais ser considerados. O crescimento econômico levava a uma coordenação gradual de medidas contraditórias que, sem dúvida, haviam anteriormente impedido o avanço de políticas antijudaicas: até 1936, a ideologia e a política puderam avançar cada vez mais seguindo um único caminho. A nomeação de Himmler e Göring para seus novos cargos criava duas bases de poder essenciais para a eficaz implementação da nova campanha antijudaica. Mesmo assim, embora a plataforma da nova fase fosse bastante perceptível, a expropriação econômica dos judeus da Alemanha não poderia ser radicalmente implementada antes do início de 1938, isto é, somente após a expulsão dos ministros conservadores do governo em fevereiro de 1938 e, sobretudo, após Schacht ser forçado a deixar o Ministério da Economia, no final de 1937. Durante o ano de 1938, algo ainda pior que a total expropriação iria acontecer: a perseguição econômica e mesmo a violência seriam, a partir de então, empregadas para obrigar os judeus a deixar o Reich ou a Áustria, pouco tempo antes anexada. Nessa segunda fase, o ano de 1938 constituiria um ponto de inflexão fatídico.

A retórica antijudaica expressa nos discursos e declarações de Hitler a partir de 1936 assumia diversas formas. Mais importante e em muito maior escala era sua relação com o confronto ideológico geral com o bolchevismo. Porém o perigo mundial apresentado por Hitler não era o bolchevismo enquanto tal, com os judeus atuando como seu instrumento. Os judeus eram, em última análise, a ameaça *por trás* do bolchevismo: o perigo bolchevique estava sendo manipulado pelos judeus[3]. Num discurso proferido diante do congresso do partido em 1937, Hitler deixava claro, como veremos adiante, que nesse ponto não havia nenhuma ambiguidade. Mas as arengas antijudaicas de Hitler eram ideológicas (antibolcheviques) não apenas num sentido concreto; com frequência, o judeu era descrito como um inimigo mundial *per se*, como o perigo que devia ser destruído, a fim de evitar que a Alemanha (ou a humanidade ariana) fosse exterminada por ele. Essa visão apocalíptica apareceria, em sua forma mais extrema, no discurso proferido diante do Reichstag, em janeiro de 1939, mas seu tema principal já estava delineado no verão de 1936, nas diretrizes que estabeleciam o Plano de Quatro Anos. O antissemitismo "redentor" que, anteriormente, dominara as declarações ideológicas de Hitler ressurgia. Com o esfacelamento da agenda conservadora, uma nova atmosfera de brutalidade assassina se alastrava.

Foi no início desse trajeto cada vez mais sombrio que os nazistas atingiram uma de suas maiores vitórias em termos de propaganda: o desenrolar bem-sucedido dos Jogos Olímpicos de 1936. Os que visitaram a Alemanha durante as Olimpíadas descobriram um Reich que se mostrava poderoso, disciplinado e satisfeito. Assim se exprimia o jornal liberal norte-americano *The Nation*, no dia 1º de agosto de 1936:

> Não se vê nenhuma cabeça judia arrancada ou mesmo brutalmente esbordoada [...]. As pessoas sorriem, são amáveis e cantam com prazer nas cervejarias. As acomodações são boas, baratas e abundantes e ninguém é vítima da ganância de proprietários de hotéis e lojas. Tudo se encontra incrivelmente limpo e o visitante aprecia tudo[4].

Até mesmo o presidente dos Estados Unidos foi enganado. Em outubro desse ano, um mês antes das eleições presidenciais, o rabino Stephen Wise, presidente do Congresso Judaico Mundial, foi convidado para uma reunião

---

3 A primazia da cruzada antibolchevique foi defendida por Arno J. Mayer. Como se verá, os discursos de 1936-1937 indicam explicitamente que os judeus eram considerados como o inimigo por trás da ameaça bolchevique. Para seu argumento, cf. A. J. Mayer, *Why Did the Heavens not Darken? The Final Solution in History*.

4 D. E. Lipstadt, *Beyond Belief*, p. 80.

com Roosevelt no Hyde Park. Quando a Alemanha foi incluída como tema da conversa, o presidente citou duas pessoas que pouco tempo antes haviam "excursionado" pelo país e relatado que "as sinagogas estavam lotadas e aparentemente não há nada realmente errado na situação atual". Wise tentou explicar a seu anfitrião o impacto dos jogos olímpicos sobre o comportamento nazista, mas saiu do encontro com a impressão de que Roosevelt ainda considerava um exagero os relatos sobre a perseguição de judeus[5].

Durante as olimpíadas, os cartazes proibindo o acesso aos judeus foram removidos dos locais onde se realizariam os jogos e de outros lugares onde se esperava a visita de turistas, mas apenas umas poucas concessões ideológicas foram feitas. A finalista judia de salto em altura, Gretel Bergmann, de Stuttgart, foi excluída da equipe alemã sob um pretexto técnico; a campeã de esgrima Helene Mayer foi incluída porque era uma *Mischling* (mestiça) e, portanto, uma cidadã alemã, de acordo com as Leis de Nurembergue[6]. Apenas um alemão assumidamente judeu, o jogador de hóquei Rudi Ball, teve permissão para competir pela Alemanha. Mas os jogos de inverno nessa época eram muito menos visíveis que os jogos de verão[7].

As negociações que precederam as olimpíadas mostram que a moderação tática de Hitler provinha apenas da vantajosa propaganda que os jogos representavam para a Alemanha nazista. Em 24 de agosto de 1935, quando recebeu o general Charles Sherrill, membro norte-americano do Comitê Olímpico Internacional, o Führer foi inflexível: os judeus estavam plenamente autorizados a ter sua vida em separado na Alemanha, mas não podiam fazer parte da equipe nacional. Quanto às equipes estrangeiras, elas estavam livres para incluir quem quisessem[8]. Finalmente, diante da ameaça de um boicote norte-americano às Olimpíadas, foram adotadas algumas poucas concessões, que permitiram à Alemanha colher todas as vantagens esperadas, apesar da aprovação das Leis de Nurembergue, pouco tempo antes.

Os limites da benevolência nazista durante as Olimpíadas eram revelados com clareza na privacidade dos diários. Em 20 de junho, pouco antes da abertura dos jogos, Goebbels ficou extasiado com a vitória de Max Schme-

---

5 G. Ne'eman Arad, *The American Jewish Leadership's and the Nazi Menace*, p. 418-419.

6 A. Krüger, *Die Olympischen Spiele 1936 und die Weltmeinung*, p. 128-131. Em 13 de junho de 1936, apesar de um salto de 1,60 m (igualando o recorde feminino alemão) durante o período de treinamento, a atleta Gretel Bergmann recebeu uma carta do Comitê Olímpico Alemão que dizia: "Levando em conta seu desempenho recente, você não poderia esperar ser escolhida para a equipe". Na primavera de 1996, aos 82 anos, Margaret Bergmann Lambert, cidadã norte-americana residente em Nova York, aceitava participar como convidada de honra do Comitê Olímpico Alemão nos Jogos Olímpicos de Atlanta (que então comemoravam o centenário). Cf. I. Berkow, An Olympic Invitation Comes 60 Years Late, *The New York Times*, 18 de junho de 1996, p. A1, B12.

7 E. Ben-Elissar, *La Diplomatie du IIIe Reich et les Juifs, 1933-1939*, p. 179.

8 Idem, p. 173.

ling sobre Joe Louis no campeonato de boxe na categoria de pesos pesados: "Schmeling lutou e venceu pela Alemanha. O branco derrotou o negro e o branco era um alemão"[9]. Sua anotação, no primeiro dia das Olimpíadas, era menos entusiasmada: "Nós os alemães ganhamos uma medalha de ouro, os norte-americanos ganharam três, das quais duas conquistadas por negros. A humanidade branca deveria estar envergonhada. Mas o que isso significa lá, naquela terra sem cultura?"[10].

Os jogos de inverno se iniciaram em 6 de fevereiro, em Garmisch-Partenkirchen. Um dia antes, Wilhelm Gustloff, representante do partido nazista na Suíça, era assassinado pelo estudante de medicina judeu David Frankfurter. Dentro de poucas horas, era emitida uma ordem rigorosa: em virtude dos jogos olímpicos, estavam proibidas todas as ações antijudaicas[11]. E, de fato, não houve nenhuma explosão de "fúria popular".

Hitler discursou no funeral de Gustloff em Schwerin, em 12 de fevereiro. Ele relembrou os dias de derrota quando, segundo ele, a Alemanha fora "mortalmente apunhalada na própria casa". Durante o mês de novembro de 1918, os nacionalistas alemães tentaram "converter [as classes trabalhadoras], aqueles que, nessa época, eram os instrumentos de um terrível poder supranacional [...]. Em toda parte vemos o mesmo poder [...] o poder rancoroso de nosso inimigo judeu"[12]. Poucos meses mais tarde, o escritor judeu exilado Emil Ludwig publicava um panfleto intitulado "Assassinato em Davos". Goebbels reagiu imediatamente numa anotação em seu diário em 6 de novembro de 1936: "Um asqueroso, trabalho de incitamento típico de judeu para glorificação [...]. Frankfurter, que atirou em Gustloff [...]. Essa pestilência judaica precisa ser erradicada. Totalmente. Nenhum deles deve restar"[13].

A luta entre a nova Alemanha e esse hediondo poder supranacional, o inimigo judeu, era agora redefinida como o confronto total, em sua mais ampla escala internacional, com o bolchevismo, "o instrumento dos judeus". No congresso do partido em 1935, as declarações contra o judeo-bolchevismo foram deixadas a cargo de Goebbels e Rosenberg. Logo Himmler se juntava à contenda. Em novembro de 1935, no Dia Nacional do Camponês (*Reichsbauerntag*) em Goslar, o Reichsführer SS (chefe-supremo da SS) descrevia a ameaça representada pelos judeus em termos maldosos: "Nós o conhecemos, o judeu", exclamava Himmler, "esse povo composto do refugo de todos os

---

9 J. Goebbels, *Tagebücher*, parte 1, v. 2, p. 630.
10 Idem, p. 655.
11 J. Walk (org.), *Das Sonderrecht für die Juden im NS-Staat*, p. 153.
12 A. Hitler, *Hitler: Speeches and Proclamations*, p. 750-751.
13 J. Goebbels, *Tagebücher*, parte 1, v. 2, p. 718.

povos e nações deste planeta, no qual ele imprimiu as características de seu sangue judaico, o povo cujo objetivo é a dominação do mundo, cujo hálito é a destruição, cujo desejo é o extermínio, cuja religião é o ateísmo, cuja fé é o bolchevismo"[14].

Hitler interviera pessoalmente na nova campanha antijudaica em seu discurso durante o funeral de Gustloff. Um tom não menos ameaçador se manifestava em seu memorando secreto redigido no verão desse mesmo ano, no qual ele traçava as metas do Plano de Quatro Anos. O parágrafo introdutório abordava o tema da ideologia em si:

> Política é a conduta e o processo da luta histórica pela vida das nações. O objetivo dessa luta é a sobrevivência. As lutas idealistas pelas visões de mundo também têm suas causas supremas e retiram sua mais profunda força motivadora dos propósitos e objetivos na vida que derivam de fontes nacionais. Mas as religiões e visões de mundo podem dar a essas lutas uma força especial e, dessa forma, dotá-las de uma grande eficácia histórica. Elas podem impor sua marca no espírito dos séculos.

Numa série de rápidas associações, esse prólogo teórico conduzia a uma previsível ilustração ideológica:

> Desde o início da Revolução Francesa, o mundo vem sendo impelido com velocidade cada vez maior rumo a um novo conflito, cuja solução mais extrema se denomina bolchevismo, mas cujo conteúdo e objetivo consistem unicamente na remoção das camadas sociais que lideraram a humanidade até o presente e em sua substituição pelo povo judeu em escala internacional[15].

Seguindo as instruções de Hitler, Goebbels e Rosenberg intensificavam ainda mais o tom do seu ataque verbal no congresso de 1936[16]. Para Goebbels, "a ideia do bolchevismo, isto é, o ataque feroz e inescrupuloso e a dissolução de toda norma e cultura com a intenção diabólica de uma destruição total de todas as nações só podiam mesmo ter nascido na mente dos judeus. A prática bolchevique, em sua crueldade mais aterradora, somente pode ser imaginada como perpetrada pelas mãos dos judeus"[17].

Em seus dois discursos programáticos no congresso, Hitler também abordava o perigo judeo-bolchevique. Em sua fala de abertura, em 9 de setembro,

---

14 H. Himmler, *Die Schutzstaffel als antibolschewistische Kampforganisation*, p. 30.
15 J. Noakes e G. Pridham, *Nazism 1919-1945*, v. 2, p. 281.
16 H. Heiber, *Akten der Parteikanzlei der NSDAP* (resumos), parte 1, v. 2, p. 249.
17 H. Kerrl (org.), *Reichstagung in Nuernberg 1936*, Munique, 1936, p. 101.

por um breve momento ele atacava as atividades subversivas difundidas no mundo inteiro a partir do centro revolucionário judaico em Moscou[18]. Mas era em seu discurso de encerramento, em 14 de setembro, que ele por fim investia com plena força:

> Esse bolchevismo que os terroristas judeu-soviéticos de Moscou, Lewin, Axelrod, Neumann, Béla Kun etc., tentaram introduzir na Alemanha, nós atacamos, derrotamos e extirpamos [...]. E agora, uma vez que vivenciamos diariamente a tentativa dos líderes judeu-soviéticos de interferir em nossos assuntos internos e sabemos que ela continua, nós nos vemos compelidos a considerar também o bolchevismo para além de nossas fronteiras como nosso inimigo mortal e a reconhecer seu avanço como nada menos que um mal iminente[19].

O que Hitler queria dizer estava bastante claro: a Luftwaffe passava a investir cada vez mais contra as forças "bolcheviques" na Espanha. E quem estava no comando do centro terrorista de Moscou que dirigia as atividades terroristas pelo mundo todo? Os judeus.

Que Hitler desse novas feições a esses temas em conversas particulares não é de espantar. Todavia, o fato de o interlocutor simpatizante de uma dessas conversas ser o cardeal de Munique, Faulhaber, é um tanto surpreendente. Em 4 de novembro de 1936, ele se reuniu durante três horas com Hitler em Obersalzberg, a residência do Führer nos Alpes bávaros. Conforme as anotações do próprio Faulhaber, Hitler falou "aberta, confidencial e emocionalmente, algumas vezes até mesmo com entusiasmo; ele atacou com violência o bolchevismo e os judeus: 'como os subumanos, incitados pelos judeus, devastaram a Espanha como feras', sobre esse assunto ele estava bem informado [...]. Ele não perderia o momento histórico". E o cardeal parecia concordar: "Tudo isso", escrevia, "foi expresso por Hitler de modo comovente em seu grande discurso no comício do partido em Nurembergue [o bolchevismo podia apenas destruir e era liderado pelos judeus]"[20].

Foi no Congresso do Trabalho, NSDAP, em setembro de 1937, que a campanha contra o judeo-bolchevismo atingiu suas plenas dimensões. Durante as semanas anteriores, a competição pela supremacia no congresso entre os subordinados de Hitler assumira uma forma bastante exacerbada. Rosenberg comunicou a Goebbels que, por decisão de Hitler, ele (Rosenberg) deveria ser o

---

18 A. Hitler, *Reden und Proklamationen 1932-1945*, p. 638.

19 *Der Parteitag der Ehre*, p. 294. Em seu discurso perante o Reichstag, em 30 de janeiro de 1937, Hitler já havia abordado o tema da tentativa da ação revolucionária judaico-bolchevista de penetrar na Alemanha. Cf. A. Hitler, *Reden und Proklamationen*, p. 671.

20 E. Klee, *"Die SA Jesu Christi"*, p. 127.

primeiro dos dois a falar e, devido às limitações de tempo, o discurso de Goebbels deveria ser drasticamente reduzido. Esse deve ter sido um doce momento para o mestre da ideologia, especialmente porque, na disputa incessante entre ele e Goebbels, o ministro da propaganda geralmente levava a melhor.

Em 11 de setembro, era Goebbels quem dava as cartas. Em um discurso dedicado à situação na Espanha, o ministro da propaganda se lançou em um ataque histérico contra os judeus, os responsáveis pelo terror bolchevique. Em fúria retórica, Goebbels sem dúvida superou suas atuações anteriores. Seu discurso pode bem ter sido o mais virulento ataque público desfechado contra os judeus durante esses anos. "Quem são os responsáveis por essa catástrofe?", perguntava. Sua resposta: "Sem medo, queremos apontar o dedo para o judeu como o inspirador, o autor e o beneficiário dessa terrível catástrofe: olhem, esse é o inimigo do mundo, o destruidor de culturas, o parasita dentro das nações, o filho do caos, a encarnação do mal, o fermento da decomposição, o demônio visível da decadência da humanidade"[21].

II

Na noite do dia 13 de setembro, Hitler falou novamente. Toda e qualquer restrição era deixada para trás. Pela primeira vez desde sua ascensão à chancelaria, ele utilizava a plataforma de uma convenção do partido, com a atenção global que tal evento impunha, para lançar um amplo ataque histórico e político contra a comunidade judaica mundial, acusando-a de ser a manipuladora por trás do bolchevismo e de inimiga da humanidade desde o início

---

[21] *Der Parteitug der Arbeit vom 6 bis 13 September 1937*, p. 157. A contribuição de Alfred Rosenberg foi incomum, mesmo para os padrões nazistas. Em seu discurso, ele descrevia pormenorizadamente o domínio assassino dos judeus na União Soviética. Ele, então, apresentava um livro "publicado em Nova York", intitulado *Now and Forever* (Agora e Sempre): um "diálogo" entre o escritor judeu Samuel Roth e o (supostamente) político sionista Israel Zangwill, com uma introdução de Zangwill. O livro era dedicado ao "reitor da universidade judaica em Jerusalém"; cf. idem, p. 102-103. Os textos mencionados por Rosenberg, que não hesitava em citar capítulo e verso, fazem os *Protocolos dos Sábios de Sião* parecer inofensivas canções de ninar. Na verdade, como fica claro depois, inclusive após a leitura do artigo em duas partes dedicado ao livro de Roth, no NS *Monatshefte* de janeiro e fevereiro de 1938, o livro se baseia num diálogo ficcional entre Roth e Zangwill, principalmente sobre antissemitismo e as dificuldades da política sionista. Cf. Georg Leibbrandt, "Juden über das Judentum", *Nationalsozialistische Monatshefte*, p. 94-95; jan.-fev. 1938. Nenhuma oportunidade foi perdida na querela entre Rosenberg e Goebbels. Em 25 de agosto de 1937, numa carta em que Rosenberg informava a Goebbels que ele, Rosenberg, falaria primeiro no comício, o mestre da ideologia ainda se permitiu uma espetada final, fechando com o seguinte comentário: "Finalmente, eu gostaria de chamar sua atenção para um pequeno descuido. A citação que define os judeus como o demônio visível da decadência da humanidade não vem de Mommsen, mas de Richard Wagner". Rosenberg a Goebbels, 25.8.1937, Arquivos Rosenberg, microfilme MA-596, IfZ, Munique.

do cristianismo. Os temas do diálogo de 1923, com Dietrich Eckart, estavam sendo difundidos por todo o mundo.

Nunca, desde a queda da antiga ordem mundial, declarava Hitler, nunca, desde a ascensão do cristianismo, da expansão do islamismo e da Reforma, o mundo havia passado por tamanho tumulto. Essa não era uma guerra comum, mas a luta pela própria essência da cultura e civilização humanas.

> O que os outros dizem não ver porque simplesmente não querem ver é algo que devemos, infelizmente, afirmar como uma amarga verdade: o mundo se encontra hoje em meio a uma crescente convulsão, cuja preparação espiritual e factual e cuja liderança indubitavelmente procedem dos dirigentes do bolchevismo judaico de Moscou. Quando eu, de forma totalmente deliberada, apresento esse problema como judaico, então vocês, meus camaradas do partido, sabem que não se trata de uma suposição infundada, mas de um fato comprovado por meio de prova irrefutável[22].

Hitler fazia questão de não deixar os aspectos concretos dessa batalha de importância histórica mundial por conta apenas da imaginação de seus ouvintes:

> Enquanto uma parte dos "concidadãos judeus" desmobiliza a democracia por meio da influência da imprensa ou até mesmo a contamina com seu veneno, vinculando-se a manifestações revolucionárias na forma de frentes populares, a outra parte da comunidade judaica já carregou a tocha da revolução bolchevique para dentro do mundo burguês democrático sem nem ao menos temer uma resistência de maior porte. O objetivo final é então a revolução bolchevique definitiva, consistindo, por exemplo, não no estabelecimento de uma liderança do proletariado, mas na submissão do proletariado à liderança de seu novo patrão estrangeiro [...][23].
>
> No ano passado, mostramos, em uma série de provas estatísticas alarmantes, que, na atual Rússia soviética do proletariado, mais de 80% por cento das posições de liderança são ocupadas por judeus. Isso significa que não é o proletariado o ditador, mas sim a própria raça cuja Estrela de Davi também se tornou, finalmente, o símbolo do chamado Estado proletário[24].

Hitler geralmente repetia seus principais temas em uma variedade de fórmulas sempre em mudança, todas trazendo a mesma mensagem. Em 13 de setembro de 1937, seu pronunciamento insistia em martelar a tecla da ameaça

---

22 A. Hitler, *Speeches and Proclamations*, p. 938 (no original em alemão v. 2, p. 728,).

23 Idem, p. 939.

24 Idem, p. 940.

que o judaísmo bolchevique representava para a "comunidade das nações civilizadas da Europa"[25]. O que havia sido conquistado na própria Alemanha era apresentado como exemplo a ser seguido por todos:

> O nacional-socialismo baniu a ameaça bolchevique mundial do interior da Alemanha. Ele garantiu que a escória de *literati* judeus, estranha ao *Volk*, não tivesse domínio sobre o proletariado, isto é, sobre o trabalhador alemão [...]. Além disso, ele tornou nosso *Volk* e o Reich imunes à contaminação bolchevique[26].

Poucos meses antes, Rudolf Hess havia transmitido as ideias de Hitler a todas as organizações do partido: a Alemanha ansiava por relações de amizade e respeito com todas as nações; ela não era "inimiga dos eslavos, mas inimiga implacável e irreconciliável do judeu e do comunismo que ele trouxe ao mundo"[27]. Confidencialmente, Hitler expressara perplexidade em relação ao significado dos acontecimentos que então ocorriam na União Soviética. "Mais uma vez o espetáculo de um julgamento em Moscou", anotava Goebbels em seu diário, em 25 de janeiro de 1937.

> Desta vez, exclusivamente contra os judeus. Radek etc. O Führer ainda em dúvida se, afinal, não existiria, de forma oculta, uma tendência antissemita. Talvez Stálin de fato queira expulsar os judeus. Os militares parecem ser também fortemente antissemitas. Assim, vamos continuar observando os acontecimentos[28].

Apesar dos esforços do Ministério de Assuntos Exteriores e do exército em fazer uma avaliação um pouco mais realista dos interesses soviéticos, a equiparação da comunidade judaica ao bolchevismo continuou sendo principal diretriz de grande parte das agências do governo e do partido. Assim, em 1937, Heydrich fazia circular um memorando secreto: "O Estado Atual da Pesquisa no Leste", que se abria com o argumento de que a importância do Leste, especialmente da União Soviética, para a Alemanha derivava do fato de que

> esse território foi conquistado pelo judaísmo bolchevique e se tornou a principal base de sua luta contra a Alemanha nacional-socialista; todas as

---

25 Idem, p. 941
26 Idem, ibidem.
27 The Führer's Deputy, Directive, 19.4.1937, NSDAP. Parteikanzlei (Anordnungen [...]), Db 15.02, Ifz, Munique
28 J. Goebbels, *Tagebücher*, parte 1, v. 3, p. 21.

forças não bolcheviques que são também inimigas do nacional-socialismo consideram a União Soviética como a arma mais vigorosa contra o nacional--socialismo[29].

Além do axioma de que o bolchevismo era um instrumento do judaísmo, a pesquisa nazista se destinava a comprovar o elo entre os judeus e o comunismo em termos sociopolíticos. Isso era revelado, por exemplo, em junho de 1937, numa palestra proferida pelo diretor do Instituto de Königsberg de Economia do Leste da Alemanha (Institut für Ostdeutsche Wirtschaft), Theodor Oberländer (que viria a ser ministro no governo de pós-guerra de Konrad Adenauer) sobre o judaísmo polonês:

> Os judeus do Leste europeu são, na medida em que não são ortodoxos, mas assimilados, os mais atuantes mensageiros das ideias comunistas. Uma vez que a Polônia sozinha tem 3,5 milhões de judeus, dos quais mais de 1,5 milhão podem ser considerados assimilados e, uma vez que os judeus vivem no gueto urbano em condições sociais tão adversas que mal dá para acreditar, eles podem ser considerados proletários no sentido mais verdadeiro, tendo pouco a perder e muito a ganhar. São eles que promovem a propaganda mais militante e bem-sucedida do comunismo na região rural[30].

O vínculo entre os judeus e o bolchevismo na União Soviética poderia, também, ser comprovado por uma argumentação erudita e "profunda". "Não se trata apenas de simplesmente interpretar a importância numérica dos judeus nas altas esferas do partido e do sistema estatal ou o poder exercido individualmente pelos judeus como 'dominação' da Rússia bolchevique pelos judeus", escrevia Peter-Heinz Seraphim, o especialista em judaísmo do Leste europeu da Universidade de Königsberg. "A questão que cedo ou tarde deve ser feita é se há ligação ideológica e influência recíproca entre o bolchevismo leninista e stalinista e a mentalidade judaica"[31]. Publicado em 1938, o denso estudo de Seraphim, *Das Judentum im osteuropäischen Raum* (O Judaísmo no Leste Europeu), viria a se tornar o vade-mécum de muitos praticantes do nazismo no Leste.

Seraphim partia do postulado de que os judeus mantinham uma "posição hegemônica" dentro do sistema bolchevique[32]. Como o argumento baseado em meros números e nas influências individuais não era suficiente, a questão da

29 Cf. os vários estudos publicados em H.-E. Volkmann (org.), *Das Russlandbild im Dritten Reich*. Para a declaração de Heydrich, cf., na mesma obra, o ensaio de Gerhart Hass, "Zum Russlandbild der ss", p. 209.

30 Cf. M. R. Burleigh, *Germany turns Eastwards*, p. 146.

31 P.-H. Seraphim, *Das Judentum im osteuropäischen Raum*, p. 266.

32 Idem, p. 262.

afinidade mental tornava-se, de fato, de fundamental importância. Seraphim não tinha a menor dúvida, ao que parece, acerca das características judaicas subjacentes a essa afinidade: "essa mundanidade, uma atitude materialista e intelectualista em relação ao mundo circundante, o caráter determinado e a crueldade da natureza judaica"[33].

A mais ameaçadora explosão de raiva manifestada por Hitler contra o judaísmo antes de seu discurso diante do Reichstag em 1939 foi provocada pelo incidente aparentemente de menor importância (em termos nazistas) da identificação de lojas varejistas pertencentes a judeus.

Ao longo de vários anos, esse assunto fora bastante debatido. Um relatório preparado em abril de 1935 pela ss do distrito do Reno menciona a iniciativa tomada pela organização comercial nazista de Frankfurt de que seus membros afixassem cartazes em suas próprias lojas assinalando-as como alemãs, o que era uma maneira de resolver o problema. De acordo com o relatório, de 80 a 90% das lojas alemãs exibiam esses cartazes[34]. Esse deve ter sido um projeto bastante isolado, uma vez que uma exigência similar, apresentada por ativistas nazistas após a aprovação das Leis de Nurembergue, seria considerada impraticável e marcar as lojas judaicas se revelaria a única alternativa possível.

A agitação popular em favor da sinalização chegou a uma tal intensidade que Hitler decidiu abordar o assunto numa reunião de líderes distritais do partido na NS-Ordensburg Vogelsang, a escola para a elite da juventude do partido (em Ordensburg), em 29 de abril de 1937. Hitler começou fazendo uma rigorosa advertência aos membros do partido que queriam acelerar as medidas antijudaicas no campo econômico. Ninguém deveria tentar ditar a ele o ritmo dessas medidas, ameaçava Hitler, sombrio. Ele teria uma conversa com o "colega" que havia escrito em um jornal local do partido: "Exigimos que as lojas judaicas sejam marcadas". Então Hitler esbravejava:

> O que significa isso, "'nós exigimos"? Estou perguntado de quem se está exigindo? Quem é que pode dar a ordem? Apenas eu! Sendo assim, esse cavalheiro, o editor [do jornal do partido] exige de mim, em nome de seus leitores, que eu faça isso. Eu gostaria primeiro de dizer o seguinte: muito antes que esse editor tivesse a menor ideia a respeito da questão judaica, eu já havia estudado esse assunto minuciosamente; segundo, esse problema de uma identificação especial para o comércio judaico já vem sendo examinado há dois anos, três anos, e um dia será naturalmente resolvido, de uma forma ou de outra.

33 Idem, p. 267.
34 Do Comandante do distrito do Reno para o ss-Gruppenführer Heissmeyer, 3.4.35 ("Lagebericht Juden", 30 Lenzing [da antiga forma alemã de "primavera", *der Lenz*] 1935), Sicherheitsdienst des Reichsführers ss, sd Oberabschnitt Rhein, microfilme MA-392, Ifz, Munique.

A essa altura, Hitler introduzia um comentário enigmático: "E deixem-me acrescentar isto: o objetivo final de nossa política já está obviamente claro para nós todos". Isso significava a total expulsão dos judeus do território alemão? Seria isso uma alusão a outras metas? Seria essa uma fórmula usada para encobrir a incerteza dos planos? Os comentários acerca de estratégias, que vinham em seguida, poderiam acomodar qualquer interpretação:

> A mim o que me importa constantemente é não dar um passo adiante que eu tenha que depois recuar e também não dar nenhum passo que venha a nos prejudicar. Vocês sabem que sempre sigo até o limite mais extremo do que se pode arriscar, mas nunca vou além desse limite. É preciso ter um nariz bastante sensível para sentir: o que mais posso fazer? O que não posso? [Risadas e aplausos].

O final que se seguiu não apontava para nenhuma medida específica, mas o tom, as palavras e as imagens continham uma ferocidade até então não ouvida e a insinuação de uma ameaça fatal. Sem dúvida, Hitler estava com isso criando uma atmosfera na qual seus ouvintes poderiam imaginar as mais radicais consequências:

"Não quero, de imediato, forçar nenhum inimigo a lutar", Hitler exclamava. "Eu não digo 'luta' porque desejo lutar, mas digo de fato: 'quero aniquilar vocês!' E agora, possa a inteligência me ajudar a levar vocês a um beco sem saída, de modo que vocês não sejam capazes de desfechar um simples golpe; então, nesse momento, o punhal vai atingir seu coração!"[35]. A gravação desse discurso secreto sobreviveu à guerra. A essa altura, Hitler gritava a plenos pulmões. Então, como num espasmo orgiástico, as três últimas palavras explodem literalmente: *"Das ist es!"* (É isso!). E a plateia aplaude freneticamente.

Após um período de relativa prudência retórica, os líderes nazistas voltavam aos temas básicos da conspiração judaica mundial, em sua forma mais extrema. Mas como esses temas eram internalizados nas camadas mais baixas do partido? Como eles eram traduzidos para a linguagem da burocracia do partido e da polícia, em particular?

Em 28 de outubro de 1935, o diretor da Gestapo no distrito de Hildesheim informava aos presidentes e prefeitos distritais sob sua jurisdição que os açougueiros vinham reclamando de uma prática astuciosa por parte dos negociantes de gado judeus. Os açougueiros acusavam os judeus de cobrar valores inflacionados pelo gado reservado para o abate, o que causava o aumento no preço da carne e dos produtos de salsicharia: "Existe a suspeita", escrevia o diretor da Gestapo, "de que essas maquinações representam um plano de

---

35 H. Krausnick, H. von Kotze (orgs.), *Es spricht der Führer*, p. 147-148.

ataque dos judeus, com o objetivo de fomentar agitação e insatisfação em meio à população"[36]. Poucos dias antes, essa mesma agência da Gestapo havia informado a seus destinatários usuais que as sapatarias judaicas vinham se recusando a comprar dos fabricantes arianos. Segundo o chefe de polícia, dada a considerável importância do comércio judaico de sapatos, alguns produtores arianos estavam tentando vender seus produtos para os judeus declarando que não eram membros do partido nazista nem de nenhuma organização correlata. A Gestapo de Hildesheim presumia que o mesmo boicote estaria ocorrendo em outras partes do Reich e que isso talvez derivasse de instruções emitidas de uma central; em consequência, exigia-se um relatório a respeito de cada situação local, que deveria ser entregue até 10 de novembro[37].

Em cada caso, a existência de uma conspiração judaica era revelada pela "descoberta" de algum acontecimento perfeitamente comum que podia ser bastante real – o preço dos alimentos de fato subiu em 1935, embora isso fosse causado por diversos outros fatores – ou que talvez fosse uma construção puramente imaginária, inspirada em dificuldades econômicas gerais. A polícia transformava esses acontecimentos aleatórios em elementos de um complô deliberado, criando dessa forma uma noção paranoica de iniciativas judaicas centralmente planejadas, destinadas a disseminar uma atmosfera de subversão entre a população ou a intimidar os membros fiéis do partido em meio à comunidade comercial. A meta final dessas "perigosas" iniciativas judaicas era óbvia: a queda do regime nazista. Existe uma notável semelhança de estrutura entre a visão mais ampla de Hitler da subversão judaica em escala mundial e as sombrias suspeitas de um diretor da Gestapo em uma pequena cidade alemã.

III

Em julho de 1936, um memorando era enviado a Hitler pela diretoria provisória da Igreja Confessional. Tratava-se de um documento de grande impacto, mencionando os campos de concentração, os métodos da Gestapo e até mesmo o mau uso de imagens e termos religiosos em veneração ao Führer. Afastando-se de forma ousada e extraordinária da prática anterior, o memorando vaticinava desastre para a Alemanha caso "se mantivesse a persistência num poder totalitário e em pressupostos contrários à vontade de Deus". O documento vazou para o público e recebeu uma notável cobertura no exterior. Uma declaração assim corajosa, é de se presumir, teria dado prioridade ao

---

36 Delegacia estadual de polícia de Hildesheim para líderes provinciais, prefeitos [...], 28.10.1935, Ortspolizeibehörde Göttingen, microfilme MA-172, Ifz, Munique.

37 Idem, 23.10.1935.

problema judaico – isto é, à perseguição aos judeus. "Entretanto", nas palavras do historiador Richard Gutteridge,

> tudo que o documento dedicava a esse assunto era a bastante embaraçosa observação de que, quando no âmbito da Weltanschauung nacional-socialista uma forma de antissemitismo era impingida aos cristãos, impondo-lhes a obrigação de odiar os judeus, ele tinha que contrapor a essa premissa o mandamento cristão do amor ao próximo. Não havia o repúdio ao antissemitismo como tal, inclusive o do tipo cristão, mas meramente à versão nazista militante, sem nem mesmo uma referência indireta à situação desesperadora em que se encontravam os judeus. A ênfase recaía sobre o sério conflito de consciência vivenciado pelos devotos da Igreja alemã[38].

Em 23 de agosto, quando uma declaração da Igreja Confessional fazendo referência indireta ao memorando foi lida nas igrejas por muitos dos pastores, nem uma única palavra era dirigida ao antissemitismo ou ao ódio aos judeus[39]. Poucos meses depois, em março de 1937, a dura crítica de Pio XI ao regime nazista, a encíclica *Mit brennender Sorge*, era lida em todos os púlpitos católicos na Alemanha. A pseudorreligião nazista e as teorias raciais do regime eram rigorosamente condenadas em termos gerais, todavia não era feita nenhuma referência direta ao destino dos judeus.

Para Friedrich Weissler, o judeu "pleno" convertido, o memorando da Igreja Confessional teria consequências fatídicas. Advogado, Weissler era contratado pela Igreja Confessional como consultor legal e estava secretamente encarregado de informar o mundo exterior a respeito das atividades da Igreja. Foi ele provavelmente que deixou vazar o memorando para a imprensa estrangeira. Fingindo indignação, o líder da Igreja solicitou à Gestapo que encontrasse o culpado. Weissler e dois assistentes arianos foram presos. Enquanto os arianos terminaram sendo soltos, Weissler, por quem a igreja não intercedeu, sucumbiria no campo de concentração de Sachsenhausen em 19 de fevereiro de 1937. Desse modo, um judeu "pleno" se tornava "o primeiro mártir da Igreja Confessional"[40].

Friedrich Meinecke, possivelmente o mais prestigiado historiador alemão de seu tempo, havia sido substituído em 1935 na direção editorial do periódico *Historische Zeitschrift*, o influente jornal alemão de historiografia. Nenhuma

---

38 R. Gutteridge, German Protestantism and the Jews in the Third Reich, em O. D. Kulka; P. R. Mendes-Flohr (orgs.), *Judaism and Christianity under the Impact of National Socialism*, p. 238. Cf. também R. Gutteridge, *Open Thy Mouth for the Dumb!*, p. 158 e s.

39 R. Gutteridge, German Protestantism and the Jews in the Third Reich, em O. D. Kulka; P. R. Mendes-Flohr (orgs.), *Judaism and Christianity under the Impact of National Socialism*, p. 238.

40 R. Gutteridge, *Open Thy Mouth for the Dumb!*, p. 159-160.

dúvida podia ser levantada a respeito da ortodoxia ideológica de seu sucessor, Karl Alexander von Müller. Mas, a partir de janeiro de 1933, o HZ deixava de ser imune às novas tendências, especialmente porque, como já foi visto, o mundo acadêmico não encontrava nenhuma grande dificuldade em se adaptar ao novo regime[41]. Investigou-se a origem judaica dos colaboradores e pelo menos um membro judeu do conselho editorial, Hedwig Hintze, foi destituído[42].

Como era se esperar, o editorial inaugural de Müller foi um toque de clarim. O novo chefe editorial descrevia as mudanças fundamentais pelas quais o mundo estava passando como um contexto monumental, que exigia uma renovação da percepção histórica. Suas palavras de encerramento são memoráveis:

> Fomos açoitados como poucas outras raças pelo sopro tempestuoso de uma grande época histórica. Como poucas outras raças, foi-nos dado um vislumbre das forças demoníacas originais, tanto estupendas quanto terríveis, que produzem esses tempos turbulentos. Assim como poucas outras raças, temos a consciência de que nas decisões do presente vamos determinar o futuro a longo prazo de todo o nosso povo. No que é, buscamos e revivemos o que foi e revitalizamos seus tons com nosso sangue; no que é verdadeiro passado, reconhecemos e reforçamos o poder do presente vivo[43].

O vazio bombástico dessas linhas é em si mesmo revelador. A mensagem ideológica do nazismo mobilizava um conjunto de imagens aparentemente sem sentido que, no entanto, constantemente evocava uma nostalgia pelo sagrado, pelo demoníaco, pelo primitivo – resumindo, pelas forças do mito. O conteúdo intelectual e político do programa era sustentado pelo "sopro tempestuoso" de acontecimentos históricos de importância histórica mundial. Nem mesmo os leitores do periódico *Historische Zeitschrift* podiam ficar inteiramente indiferentes à revitalização de uma atmosfera enraizada em uma tradição romântica e neorromântica alemã da qual muitos deles faziam parte.

Sob a nova direção, as mudanças iam além da invocação editorial de "forças demoníacas". Os judeus que permaneciam no conselho editorial, Gerhard Masur, por exemplo, foram substituídos por arianos; e, o mais importante, uma nova seção permanente, sob a supervisão editorial de Wilhelm Grau, foi acrescentada, para tratar da "História da Questão Judaica"[44]. Em seu artigo inaugural, "A Questão Judaica como Tarefa da Pesquisa Histórica", Grau explicava que, uma vez que até então todos os livros abordando temas

---

41 K. Schönwälder, *Historiker und Politik Geschichtswissenschaft im Nationalsozialismus*, p. 86-87.

42 H. Heiber, *Walter Frank und sein Reischsinstitut für Geschichte des neuen Deutschlands*, p. 279-280.

43 K. A. von Müller, Zum Geleit, *Historische Zeitschrift*, v.153, n. 1, p. 4-5.

44 H. Heiber, *Walter Frank und sein Reischsinstitut für Geschichte des neuen Deutschlands*, p. 295.

judaicos haviam sido avaliados apenas por judeus, o que naturalmente resultava em elogios acríticos, sua nova seção faria uma abordagem diferente[45]. O primeiro título discutido era uma dissertação escrita por um judeu lituano, Abraham Heller (de quem ainda se falará mais adiante), intitulada "A Situação dos Judeus na Rússia, da Revolução de Março de 1917 até o Presente". A contribuição imediata de Grau, para maior objetividade, foi acrescentar um subtítulo que, de seu ponto de vista, traduzia o conteúdo do livro de modo mais acurado: "A Contribuição Judaica ao Bolchevismo"[46].

O jovem Grau (mal completara 27 anos em 1936) já havia – de certo modo – conquistado seu espaço, tornando-se diretor da Seção Judaica, a mais importante área de pesquisa no Instituto do Reich de História da Nova Alemanha. Inaugurado em 19 de outubro de 1935, o instituto era chefiado por Walter Frank, um protegido de Rudolf Hess e historiador do antissemitismo alemão moderno, principalmente do "movimento berlinense", fundado por Adolf Stöcker. Grau parecia ser um discípulo valioso: em 1935, ele já havia contribuído com um pequeno estudo sobre Humboldt e os judeus, criticando o mais famoso humanista e intelectual liberal alemão do século XIX por sua subserviência à influência judaica. Escrevendo de longe das fronteiras do Reich, o filósofo judeu Herbert Marcuse podia se manifestar de forma direta: estraçalhou o livro de Grau e demonstrou o tolo e charlatão que ele era. Para Walter Frank e seu instituto, todavia, Grau era uma estrela em ascensão, que iria estabelecer um império da pesquisa sobre a questão judaica[47].

A festiva inauguração da Seção Judaica, em 19 de novembro de 1936, teve lugar em Munique, onde ficaria localizada, na presença de uma ampla gama de celebridades nacionais e locais do partido, do governo, do exército e do mundo acadêmico. A Orquestra de Câmara de Munique executou uma suíte de Bach e Karl Alexander von Müller, oficialmente o superior de Grau, discursou, seguido de Walter Frank. De acordo com o sumário publicado no

---

45 Idem, ibidem.

46 *Historische Zeitschrift* 153, n. 2, p. 336 e s. Algumas vezes, resenhas de publicações judaicas que poderiam parecer hostis e condenatórias para o leitor nazista poderiam ser entendidas como um elogio quando olhadas de um uma perspectiva não nazista. Um dos mais estranhos exemplos é a resenha publicada em 1936 no *NS Monatshefte*, de autoria de Joachim Mrugowsky (que mais tarde alcançaria criminosa notoriedade por seu envolvimento com o programa de eutanásia), sobre as cartas de soldados judeus mortos. Mrugowsky comparava essas cartas com as de soldados alemães mortos e concluía que havia total incompatibilidade entre os dois grupos. Tal incompatibilidade era, segundo ele, claramente revelada nos principais ideais expressos por cada grupo. Enquanto o ideal alemão era a raça, o povo [*Volk*], a luta pelo direito de viver, as cartas dos judeus idealizavam igualdade, humanidade e paz mundial. Joachim Mrugowsky, "Jüdisches und deutsches Soldatentum: Ein Beitrag zur Rassenseelenforschung", *Nationalsozialistische Monatshefte*, n. 76, julho, 1936, p. 638.

47 Para uma apresentação detalhada das atividades de Frank e Grau em relação à "Questão Judaica", cf. H. Heiber, *Walter Frank und sein Reichsinstitut für Geschichte des neuen Deutschlands*, sobretudo p. 403-478.

jornal *Deutsche Allgemeine Zeitung*, Frank explicou que pesquisar a questão judaica era como realizar "uma expedição a um país desconhecido, cuja escuridão está coberta por um manto de grande silêncio. Até agora, apenas os judeus haviam trabalhado com o problema judaico"[48]. Logo surgia tensão entre Frank e o ambicioso Grau e, no prazo de dois anos, Grau estava fora, embora se encaminhando rumo ao estabelecimento de um instituto de pesquisa concorrente em Frankfurt, dedicado ao estudo da questão judaica, desta vez sob a proteção de Alfred Rosenberg[49].

Enquanto Frank e Grau se dedicavam a seus empreendimentos, Carl Schmitt fazia sua própria exibição de fervor antissemita. Esse notável astro da teoria política e jurídica alemã, cuja adesão entusiasmada ao nacional-socialismo em 1933 já foi mencionada, aparentemente considerava necessário fortalecer sua credibilidade ideológica, há pouco tempo adquirida, contra as acusações tanto de exilados intelectuais quanto de Waldemar Gurian e de colegas que também eram membros da SS (como Otto Köllreuter, Karl August Eckhardt e Reinhard Höhn), que não hesitavam em aludir a seus muitos amigos judeus de antes de 1933 e a sua um tanto súbita conversão política nesse ano[50].

Foi nessa atmosfera que Schmitt organizou seu notório congresso acadêmico, "O Judaísmo na Ciência Jurídica", realizado na cidade de Berlim, nos dias 3 e 4 de outubro de 1936. Schmitt abriu e encerrou os trabalhos com dois grandes discursos antijudaicos. Ele iniciou seu primeiro discurso e concluiu seu pronunciamento final com a famosa máxima de Hitler, extraída de *Mein Kampf*: "Ao me defender do judeu [...] estou lutando pela obra do Senhor"[51].

Entre as resoluções concretas traçadas por Schmitt para a conferência, ele exigia o estabelecimento de uma bibliografia jurídica que distinguisse entre autores judeus e não judeus, além da "limpeza" de autores judeus das bibliotecas[52]. Caso autores judeus tivessem de ser citados, ele ou ela teriam de ser identificados como tais. Como formulava Schmitt nessa ocasião: "Pela simples menção da palavra 'judeu', um exorcismo saudável seria realizado"[53]. Em poucos meses, as recomendações de Schmitt entravam em vigor.

Tudo isso teve pouca utilidade para o próprio Carl Schmitt. *Das Schwarze Korps* voltava ao ataque em dezembro de 1936, reiterando mais uma vez

---

48 DAZ, 20 de novembro de 1936. Nationalsozialismus/1936, *Miscellanea*, LBI, Nova York.

49 H. Heiber, *Walter Frank und sein Reischsinstitut für Geschichte des neuen Deutschlands*, p. 444 e s.

50 Cf. C. Schmitt, *Das Judentum in der Rechtswissenschaft*, v. 1, *Die Rechtswissenschaft im Kampf gegen den jüdischen Geist*, p. 14 e s., 28 e s. Cf. também B. Rüthers, *Carl Schmitt im Reich*, p. 81 e s., 95 e s.

51 B. Rüthers, *Carl Schmitt im Reich*, p. 97 e s.

52 Idem, ibidem.

53 Idem, p. 30.

as acusações de seus contatos judaicos anteriores. Apesar do apoio de seus poderosos protetores (Göring e Hans Frank), Schmitt não resistiu à pressão da ss: suas funções oficiais e políticas e suas ambições estavam acabadas. Sua produção ideológica, contudo, tinha continuidade. Em 1938, em seu trabalho sobre Thomas Hobbes (*Der Leviathan in der Staatslehre des Thomas Hobbes*), Schmitt descrevia a batalha mortal entre Leviatã, a grande potência dos mares, e Beemot, a grande potência terrestre; então, transformando uma lenda judaica sobre os tempos messiânicos em um conto de massacre e canibalismo, ele acrescentava: "Os judeus ficam de lado e observam enquanto povos de todo o mundo se matam uns aos outros; para eles, essa situação de mútua 'matança e carnificina' (*Schlächten und Schlachten*) é legítima e '*Koscher*'. Assim, eles comem a carne das vítimas dos massacres e vivem disso"[54].

Enquanto Schmitt limpava os estudos jurídicos e a ciência política de todo e qualquer resíduo do espírito judaico, Philipp Lenard, Johannes Stark e Bruno Thüring, entre outros, empreendiam a mesma campanha purificadora na física[55]. De várias formas, expurgos semelhantes se espalhavam por todos os outros domínios da vida intelectual. Algumas vezes, a linha tênue entre a crença e a mera submissão não era muito clara como, por exemplo, no caso de Mathias Göring, primo de Hermann, que, enquanto diretor do Instituto de Psicoterapia em Berlim, baniu toda referência explícita à psicanálise e suas teorias, seu fundador judeu e seus principais teóricos e médicos judeus, enquanto aparentemente aceitava o uso sistemático dos métodos terapêuticos diretamente inspirados na psicanálise[56].

Em algumas instâncias, a própria liderança do partido intervinha para restringir iniciativas de uma ortodoxia ideológica que poderia ter conseqüências negativas importantes. Assim, em 15 de junho de 1937, Stark publicava no *Das Schwarze Korps* um ataque ao famoso físico Werner Heisenberg, que então lecionava em Leipzig, acusando-o de ser um "judeu branco" e representar

---

54 C. Schmitt, *Der Leviathan in der Staatslehre des Thomas Hobbes*, p. 18. Para uma tradução em inglês, cf. S. Shell, Taking Evil Seriously: Schmitt's Concept of the Political and Strauss's True Politics, em K. L. Deutsch; W. Nigorski (orgs.); *Leo Strauss: Political Philosopher and Jewish Thinker*, p. 183, nota 22. Sou grato a Eugene R. Sheppard por ter chamado minha atenção para esse texto. No final, o antissemitismo de Schmitt parece ter ido muito além de um mero oportunismo. Seu compromisso político e ideológico entre 1933-1945 não pode, ao que parece, ser comparado com um mero "fanatismo", como queriam seus defensores. Cf., por exemplo, D. Diner, Constitutional Theory and "State of Emergency" in Weimar Republic: The Case of Carl Schmitt, *Tel Aviver Jahrbuch für Deutsche Geschichte 17*, p. 305.

55 Para um boa visão geral sobre o impacto da ideologia nazista na pesquisa científica alemã, cf. os ensaios em H. Mehrtens e S. Richter (orgs.), *Naturwissenschaft, Technik und NS Ideologie*, Frankfurt, 1980. Para uma visão bem mais minuciosa do desenvolvimento da biologia na Alemanha nazista, cf. Deichmann, *Biologen unter Hitler*.

56 Sobre esse tema, cf. Cocks, *Psychotherapy in the Third Reich*, p. 7.

o "Ossietzky da física"*, porque o jovem teórico da física quântica havia adotado diversas teorias modernas, em particular a teoria da relatividade de Einstein. De início, os protestos de Heisenberg não obtiveram nenhum resultado, especialmente porque ele não tinha assinado a declaração de apoio ao novo regime que Stark fizera circular em 1933. Contudo, um engenheiro aeronáutico de Göttingen altamente respeitado, Ludwig Prandtl, interveio, juntamente com Himmler, em favor de Heisenberg. Não levou mais de alguns meses para Himmler decidir que Heisenberg devia ser protegido de novos ataques, sob a condição de que concordasse em se restringir a assuntos puramente científicos. Ordens nesse sentido foram dadas a Heydrich e, após a anexação da Áustria, Heisenberg foi nomeado para o prestigiado cargo de físico teórico na Universidade de Viena. Heisenberg concordou então com todas as exigências sem reclamar. Dessa forma, embora Stark e Lenard representassem a linha antissemita mais ortodoxa na ciência e embora Heisenberg tivesse adotado a "dimensão judaica" da física, Himmler percebia o prejuízo que a marginalização ou a emigração de Heisenberg poderiam causar no desenvolvimento científico da Alemanha e optava por protegê-lo[57]. Mas existiam limites para esse tipo de concessão. Embora recebesse a nomeação para Viena, o cargo que Heisenberg inicialmente queria, em Munique, foi-lhe recusado. Além disso – e esse é o ponto mais importante – Himmler jamais iria intervir em vista de proteger e manter nenhum dos cientistas judeus que estavam sendo forçados a deixar a Alemanha. No caso de Heisenberg, o princípio básico da purificação racial não fora infringido.

IV

Em 17 de junho de 1936, Heinrich Himmler era nomeado chefe de todas as forças policiais alemãs, tornando-se Reichsführer-SS e diretor da polícia alemã[58]. A polícia alemã estava sendo excluída da jurisdição do Estado. Essa importante reorganização estava de acordo com a nova atmosfera de confronto ideológico generalizado, que exigia uma concentração efetiva de todo o aparato de vigilância e detenção do regime. Em termos mais concretos, isso significava um inequívoco passo em direção a uma intervenção cada vez maior do partido na esfera de competência do Estado e um deslocamento de poder, da tradicional estrutura do Estado para o partido.

* Carl von Ossietzky era um jornalista alemão de esquerda e pacifista fervoroso. Conquistou o prêmio Nobel da Paz em 1935, enquanto era prisioneiro no campo de concentração de Sachsenhausen (N. da E.).
57 A. D. Beyerchen, *Scientists under Hitler*, p. 156 e s.
58 Cf. H. Buchheim, Die SS-Das Herrschaftsinstrument, em H. Buchheim et al., *Anatomie des SS-Staates*, v. 1, p. 55 e s.; especificamente, G. C. Browder, *Foundations of the Nazi Police State*.

Em 26 de junho de 1936, Himmler dividia as forças policiais em dois grupos separados: a Ordnungspolizei (Polícia Regular), sob o comando de Kurt Daluege, era formada por todas as unidades uniformizadas; a Sicherheitspolizei ou Sipo (Polícia de Segurança), comandada por Heydrich, integrava a Polícia Criminal e a Gestapo em uma única organização. Heydrich agora controlava tanto a nova Sipo quanto o Serviço de Segurança da SS, o SD. Dentro da própria Sipo, a nova tendência ficava clara desde o início: "Em vez de a polícia criminal reabsorver a polícia política e subordinar as duas à administração estatal, como desejavam os adversários [Frick] de Himmler, a polícia criminal assumia uma parcela maior da posição extraordinária da polícia política"[59]. Embora em princípio as forças policiais fizessem parte do Ministério do Interior e, dessa forma, teoricamente, assim como o chefe da polícia, Himmler, estivessem subordinadas a Frick, na realidade, a Sipo não estava submetida a nenhuma regulamentação jurídica ou regra administrativa comum; assim como a Gestapo desde seus primórdios, sua única lei era a vontade do Führer: "Ela não precisava de nenhuma outra legitimação"[60]. Quando recebeu o total controle de todo o sistema alemão de repressão e terror, Himmler tinha apenas 36 anos de idade; seu braço direito, Heydrich, tinha 32.

O Untersturmführer-SS Rudolf aus den Ruthen, um dos três jovens editores do jornal *Das Schwarze Korps*, decidiu se casar com Marga Feldtmann. A aparência da futura esposa era perfeitamente ariana, mas sua árvore genealógica apresentava um ancestral austríaco chamado Fried, um nome que, na província austríaca onde ele residira, era com frequência judaico; Ruthen rompeu o noivado. No início de 1937, ele encontrava outra esposa em perspectiva, Isolina Böving-Burmeister. Nascida no México de mãe cubana e um pai *Volksdeutsch*, Isolina era alemã naturalizada. Sua aparência não inspirava total confiança nos investigadores e o caso foi encaminhado a Himmler. O Reichsführer logo era informado sobre uma ancestral de Isolina, chamada Sarah Warner, da Filadélfia, que talvez fosse de origem judaica. Finalmente, havia também a suspeita de sangue africano, do lado da mãe cubana. Himmler primeiro solicitou uma "solução completa" para o problema. Quando ficou comprovado que seria impossível obter total esclarecimento, ele por fim deu uma resposta favorável[61].

Himmler era rigoroso com relação à pureza racial dentro de sua SS. Como ele explicava em um discurso proferido no dia 22 de maio de 1936, em

---

59 G. C. Browder, *Foundations of the Nazi Police State*, p. 231.

60 H. Buchheim, Die SS, em H. Buchheim et al., op. cit., p. 54.

61 Todos os detalhes sobre as noivas de Aus den Ruthen foram extraídos de W. L. Combs, *The Voice of the SS*, v. 1, *A History of the SS Journal "Das Schwarze korps"*, p. 29-30

Brockenberg, nas montanhas Harz: "Até 1º de outubro deste ano, o alcance [para a árvore genealógica] chega até 1850; a partir de 1º de abril próximo, será estabelecido o ano de 1750, até que nós cheguemos, nos próximos três anos, para toda a ss e para cada novo recruta, ao ano de 1650". Himmler explicava por que ele não planejava recuar ainda mais no tempo: a maioria dos registros das igrejas não existia no período anterior a 1648, o final da Guerra dos Trinta Anos[62]. Contudo, por fim, essas datas ideais tiveram de ser abandonadas e 1800 se tornou a data limite para os membros da ss.

O Reichsführer não se colocava acima do envolvimento pessoal com aspectos das pesquisas de ancestralidade. Em 7 de maio de 1936, ele escrevia ao ministro da Agricultura Walter Darré, que era também encarregado do Departamento Central de Raça e Assentamento, solicitando que investigasse a linhagem da esposa do general Ludendorff, Mathilde von Kemnitz. Himmler tinha fortes suspeitas de que ela era de origem judaica: de outra forma, sua tendência a criar caso bem como sua "vida pessoal e sexual totalmente anormais seriam inexplicáveis"[63]. Dois anos mais tarde, Himmler solicitava ao ministro que investigasse a possível ascendência judaica de um oficial da ss pertencente à própria equipe de Darré[64].

Desnecessário dizer que os candidatos ou membros da ss que pretendiam se casar, como vimos no caso Ruthen, faziam esforços extraordinários a fim de obter, para suas esposas em perspectiva, um registro de linhagem imaculado, capaz de resistir à investigação relativa a todo parentesco judaico remontando até pelo menos o ano de 1800. Para dar mais um exemplo, em 27 de abril de 1937, o sargento-ajudante [Hauptscharführer] da ss, Friedrich Mennecke, um médico que viria a se tornar uma figura de destaque no programa de eutanásia, pedia autorização para se casar. Ele anexou a sua carta quarenta e uma certidões originais relativas aos antepassados de sua noiva. Como o conjunto de documentos necessários não estava absolutamente completo, Mennecke declarou "com um grau de probabilidade próximo à certeza que até 1800 todos os antepassados dela eram arianos puros"[65].

A linhagem judaica não era a única preocupação ideológica de Himmler. Em março de 1938, ele escrevia uma carta formal de protesto para Göring

---

62 H. Himmler, Reden, 1936-1939, F37/3, Ifz, Munique.

63 H. Heiber (org.) *Reichsführer!... Briefe an und von Himmler*, p. 44. Em sua resposta, o pesquisador, Dr. K. Mayer, o ss-Hauptsturmführer, mencionava que, apesar de a ascendência judaica de Mathilde von Kemnitz nunca ter sido comprovada, ela tinha nada menos que nove teólogos entre seus antepassados, o que, para ele, já explicava tudo. Sobre esse assunto, Walther Darré comentou: "Tenho três Reformadores entre meus ancestrais. Isso me faz inaceitável para a ss?". Idem, p. 45, nota 3.

64 Idem, p. 52, 64, 66, 75, 231, 245.

65 Cf. H. Friedlander; S. Milton (orgs.), *Archives of the Holocaust*, v. 11, parte 2, p. 124-125.

sobre o encerramento pelo tribunal da Luftwaffe de um caso contra um oficial que tivera relações sexuais com uma mulher identificada como judia. Para indignação de Himmler, o caso fora encerrado porque o oficial havia declarado que a mulher não era judia, mas uma mestiça de origem "negróide"[66].

Nos níveis mais baixos da SS, o dogma racial era colocado em termos precisos e concretos. O boletim educacional (*SS-Leitheft*), publicado em 22 de abril de 1936, trazia a pergunta: "Por que ensinamos sobre os judeus?". A resposta: "Na SS, ensinamos sobre os judeus porque o judeu é o inimigo mais perigoso do povo alemão". A explicação insistia no aspecto parasitário do judeu, que sugava as forças vitais do povo hospedeiro, destruindo seu potencial racial, seu pensamento, seus sentimentos, sua moral, sua cultura. Em termos ainda mais precisos, o *Leitheft* apresentava as três figuras simbólicas do judeu: "Ahasverus [Assuero], o desenraizado, que – desonrando a raça e destruindo os povos –, guiado pelo sangue da inconstância, vagueia sem descanso pelo mundo; Shylock que, destituído de alma, escraviza as pessoas economicamente e, como usurário, prende-as pelo pescoço; Judas Iscariotes, o traidor"[67].

O mesmo *Leitheft* trazia detalhes ainda mais horripilantes, para os que não reagissem adequadamente a Ahasverus, Shylock e Judas Iscariotes:

> Os judeus sistematicamente aviltam as jovens e mulheres do povo ariano. Ele é também guiado por um calculismo frio e uma luxúria animal desenfreada. O judeu é conhecido por preferir mulheres loiras. Ele sabe que as mulheres e jovens que ele maculou estão para sempre perdidas para seu povo. Não porque seu sangue tenha com isso se deteriorado, mas porque a jovem aviltada é destruída espiritualmente. Ela fica enredada na luxúria do judeu e perde todo senso do que é nobre e puro[68].

As jovens arianas aviltadas poderiam eventualmente seguir uma vida normal, se suas ambições não fossem muito altas. Mas não era esse o caso se aspiravam ao casamento com um oficial da SS. Anneliese Hüttermann foi interrogada pelo SD em agosto de 1935 devido a sua relação com o judeu Kurt Stern. Ambos admitiram ter tido relações sexuais diversas vezes (eles eram vizinhos e se conheciam desde a infância). O que aconteceu com Kurt Stern podemos apenas supor. Para Anneliese Hüttermann, o pecado contra o sangue levaria a um suspense de abalar os nervos quando, nove anos mais tarde,

---

66 H. Heiber, *Reichsführer!...*, p. 50.

67 Warum wird über Judentum geschult?, *SS-Leitheft* 3, n. 2, 22 de abril, 1936.

68 Warum wird über Judentum geschult?, citado por J. Ackermann, *Heinrich Himmler als Ideologe*, p. 159.

em maio de 1944, ela estava para se casar com o SS-Obersturmbannführer Arthur Liebehenschel. Os arquivos de 1935 foram levados para o SD. Após uma investigação meticulosa e de petições sem fim, Himmler, autorizava o casamento, já que uma criança estava para nascer. Nessa época, Liebehenschel era o comandante de Auschwitz[69].

À primeira vista existia uma contradição manifesta entre a importância ideológica do problema judaico na Alemanha nazista na metade da década de 1930 – e uma importância ainda maior dentro da SS – e a aparente posição de subordinada do departamento responsável pelos assuntos judaicos dentro do SD, o serviço de segurança da SS. O SD propriamente dito estava, de fato, se tornando independente no período de 1935-1936. Elevado a um dos três principais gabinetes da SS no início de 1935, sob o comando de Heydrich desde sua constituição como a divisão de inteligência do partido em agosto de 1931, o SD passou por uma grande reorganização em janeiro de 1936[70]. Foram instituídos três departamentos. O Amt I, dedicado à administração, era chefiado por Wilhelm Albert e o Amt III, responsável pela inteligência estrangeira, era chefiado por Heinz Jost. O Amt II, responsável pela inteligência interna, sob o comando de Hermann Behrends e, depois, de Franz Albert Six, foi subdivido em duas seções principais: a II 1, encarregada das avaliações ideológicas (Erich Ehrlinger e, depois, Six), e a II 2, responsável pela avaliação das condições/atitudes sociais (Reinhard Höhn e, depois, Otto Ohlendorf). Dentro da seção II 1, sob a direção de Dieter Wisliceny, a subseção II 11 lidava com os adversários ideológicos; ela compreendia as subseções II 111 (maçons, também administrada por Wisliceny), II 113 (igrejas políticas [isto é, sua atividade política], Albert Hartl) e II 112 (judeus). De acordo com Wisliceny, foi somente em junho de 1935 que se iniciou o trabalho sistemático relativo aos "adversários judeus": anteriormente a investigação das organizações judaicas fazia parte das atividades de uma seção que lidava sobretudo com a maçonaria. A subseção II 112 estaria sucessivamente sob a autoridade de Mildenstein, Kurt Schröder, Wisliceny e, por fim, a partir do final de 1937, de Herbert Hagen. Compreendia as seguintes "secretarias": II 1121 (judeus assimilacionistas), II 1122 (judeus ortodoxos) e II 1123 (sionistas), esta última coordenada por Adolf Eichmann[71].

69 Para ter acesso ao caso por inteiro, cf. H. Friedlander; S. Milton (orgs.), *Archives of the Holocaust*, v. 11, parte 2, p. 55 e s.

70 Sobre a reorganização do SD, cf. M. Wildt, *Die Judenpolitik des SD 1935 bis 1938*, p. 25, 73 e s. (Agradeço ao Dr. Wildt e ao Dr. N. Frei por me permitirem o acesso aos seus estudos e documentos anexos antes mesmo de sua publicação.)

71 Sobre a estrutura administrativa do SD em 1936-1937, cf. U. Herbert, *Best*, p. 578; K. Drobisch, Die Judenreferate des Geheimen Staatspolizeiamtes der SS 1933 bis 1939, *Jahrbuch fur Antisemitismus-*

A Gestapo se organizava seguindo aproximadamente essas mesmas linhas. Nela, o equivalente ao Amt II do SD era a Abteilung II, comandada por Heinrich Müller; ao Amt II 11 do SD correspondia a Abteilung II/1B, sob o comando de Karl Hasselbacher[72]. A unificação dessas linhas de comando separadas, mas coordenadas, num único departamento, o Departamento Central de Segurança do Reich (Reichssicherheitshauptamt, ou RSHA), que seria criado sob o comando de Heydrich em setembro de 1939, visava, pelo menos em princípio, à criação de um sistema totalmente integrado de vigilância, denúncias e prisões.

Os homens de Heydrich eram jovens: em 1936-1937, a maioria dos agentes de alta patente tinha menos de trinta anos. Eles pertenciam à geração que atingira a maturidade imediatamente após a Primeira Guerra Mundial. A maioria deles havia sido profundamente influenciada pela atmosfera da guerra, suas adversidades e a derrota. Eles eram brutais, práticos e fortemente motivados pelos princípios ideológicos das organizações de extrema direita do início da década de 1920, das quais muitos deles eram membros. O antissemitismo intenso (do tipo racional, e não emocional – de acordo com eles) estava na base de sua visão de mundo[73].

Embora as iniciativas e propostas antijudaicas do próprio Heydrich tivessem sido bastante influentes e embora a Gestapo já tivesse desempenhado um papel central na implementação das decisões antijudaicas, até 1938 as atividades da subseção II 112 do SD se limitavam principalmente a três domínios: a coleta de informações sobre os judeus, sobre as organizações judaicas e outras atividades judaicas; a formulação de recomendações sobre planos de ação e uma participação cada vez mais atuante em operações de vigilância e interrogatórios de judeus em coordenação com a Gestapo. Além disso, a subseção II 112, sem qualquer pudor, se considerava o principal grupo de "peritos em judeus" na Alemanha e, depois de março de 1936, ela organizaria sistematicamente conferências nas quais, várias vezes por ano, as informações mais atualizadas, provindo tanto do departamento central quanto de diversas partes da Alemanha, eram comunicadas aos delegados de outras seções do SD. A maior dessas conferências, convocada em 1º de novembro de 1937, reuniu 66 membros do SD, em sua maioria, com patentes de nível médio[74].

Um dos projetos favoritos da subseção II 112 foi a compilação de um Judenkartei (arquivo de judeus), com a finalidade de identificar todos os judeus residentes

forschung, n. 2, p. 239-240. Para a indicação de Wisliceny, cf. H. Safrian, *Die Eichmann-Männer*, p. 26.

72 Sobre o desenvolvimento e a organização da Gestapo, cf. J. Tuchel e R. Schattenfroh, *Zentrale des Terrors: Prinz-Albrecht-Strasse 8: Hauptquartier der Gestapo* .

73 U. Herbert, *Best*, p. 187.

74 Sobre os temas discutidos nesse encontro, cf. M. Wildt, op. cit., p. 45 e s.

no Reich. Franz Six, além disso, ordenou que a II 112 também desse início à montagem de outro arquivo, catalogando os judeus mais importantes em países estrangeiros, assim como suas conexões mútuas. Six dava como exemplos o juiz da Suprema Corte nos Estados Unidos, Felix Frankfurter, e a direção da extinta firma bancária alemã Arnhold e do conglomerado holandês Unilever Trust[75].

O Judenkartei foi um dos tópicos na agenda da conferência de 1º de novembro. O capitão Ehrlinger sumarizava a questão:

> para uma bem-sucedida luta interna contra os judeus, é necessário um arquivo listando todos os judeus e pessoas de origem judaica vivendo hoje na Alemanha. Este é o objetivo dessa listagem: (1) contabilizar o número de judeus e pessoas de origem judaica, de acordo com as Leis de Nurembergue, vivendo hoje no Reich; (2) estabelecer a influência direta da comunidade judaica e, eventualmente, a influência que ela exerce, por meio de suas conexões, sobre a vida cultural, comunitária e material do povo alemão[76].

O censo geral da população, em maio de 1939, foi a oportunidade para o registro completo de todos os judeus na Alemanha (inclusive os metade judeus e os um quarto judeus): em cada cidade ou povoado, a polícia local garantia que cada ficha do censo de judeus e *Mischlinge* apresentasse a letra "J" como marca diferenciadora; cópias de todas a listas locais de registro do censo deveriam ser enviadas ao SD e passadas para a subseção II 112[77]. O censo ocorreu conforme o esperado. Os judeus foram registrados, conforme o planejado, e os arquivos com as fichas cumpriram sua função quando começaram as deportações (esses arquivos foram mantidos no edifício que agora abriga o departamento de filosofia da Universidade Livre de Berlim)[78].

Foi feito um segundo esforço de levantamento de informações sobre todas as organizações judaicas na Alemanha e em todo o mundo, desde a ORT (uma organização para treinamento e orientação vocacional) até o Agudat Israel (grupo judaico ultraortodoxo). Para os homens da subseção II 112 e para o SD em geral, nenhum detalhe era pequeno demais e nenhuma organização judaica era insignificante demais. Uma vez que o inimigo organizado contra o qual eles lutavam não existia enquanto tal, sua própria empreitada precisava criá-lo *ex nihilo*. As organizações judaicas foram identificadas, analisadas e

---

75 II.112 a II.11, 15.6.37, Sicherheitsdienst des Reichsführers SS, SD Hauptamt, Abt. II 112, microfilme MA-554, Ifz, Munique. É difícil dizer com base em que "evidência" concreta o SD tecia essas ligações fantásticas.

76 II.112 a II.11, 15.6.37, microfilme MA-554, Ifz, Munique.

77 K. Drobisch, Die Judenreferate des Geheimen Staatspolizeiamtes der SS 1933 bis 1939, op. cit., p. 242.

78 Idem, ibidem. Também em G. Aly e K.-H. Roth, *Die restlose Erfassung*, p. 77-79.

estudadas como partes de um sistema cada vez mais complexo; as atividades antigermânicas empreendidas por esse sistema tinham que ser descobertas, seus mecanismos internos tinham que ser decodificados e sua essência verdadeira, desvelada.

O aspecto mais impressionante desse sistema era sua dimensão concreta. Complôs judaicos muito precisos – e totalmente imaginários – eram descobertos, nomes e endereços, fornecidos, contramedidas eram tomadas. Assim, em uma palestra intitulada "Mundo Judaico", proferida durante a conferência de 1º de novembro, Eichmann listava uma série de sinistros empreendimentos judaicos. Um atentado contra a vida do líder nazista alemão da região dos Sudetos, Konrad Henlein, teria sido planejado no abrigo parisiense Asyle de Jour et de Nuit (um refúgio para judeus em situação de pobreza). O atentado teria fracassado apenas porque Henlein fora avisado e a arma do assassino não funcionara. Para piorar, Nathan Landsmann, presidente da Alliance Israélite Universelle (uma organização educacional judaica), com base em Paris, estaria encarregado de planejar atentados contra a vida do Führer – e também contra a de Julius Streicher. Para tanto, Landsmann manteria contato com uma organização judaica holandesa, o Komitee voor Bizondere Joodsche Belange, em Amsterdã, que, por sua vez, trabalharia em estreita cooperação com o conglomerado (judaico) holandês Unilever Trust e suas filiais na Alemanha[79]. Essa é apenas uma amostra das revelações de Eichmann.

Para Heydrich e seus homens, era provavelmente inconcebível que as conexões entre as instituições judaicas fossem extremamente frouxas e tivessem muito pouca importância na vida dos judeus[80]. Como ele descrevia em um panfleto publicado no final de 1935, *Wandlungen unseres Kampfes* (As Transformações de Nossa Luta), a rede dessas organizações judaicas atuando contra o Reich era uma ameaça letal[81]. Isso se manifestava nos gráficos fictícios que se multiplicavam rapidamente nos escritórios do SD no número 102 da Wilhelmstrasse, em Berlim. Esse era o lado policial do antissemitismo redentor.

Em suas recomendações políticas, a subseção II 112 apoiava toda e qualquer ação que acelerasse a emigração judaica, inclusive os efeitos potencialmente positivos da instigação à violência[82]. Já em maio de 1934, um memorando do SD endereçado a Heydrich se iniciava com a inequívoca afirmação de que "o objetivo do plano de ação relativo aos judeus deve ser a completa emigração dos judeus". No contexto de 1934, as linhas que se seguiam eram incomuns:

---

79 M. Wildt, op. cit., p. 134.
80 S. Aronson, *Heydrich und die Anfänge des SD und der Gestapo (1931-1935)*, p. 275.
81 R. Heydrich, *Wandlungen unseres Kampfes*.
82 M. Wildt, op. cit., p. 33.

As oportunidades na vida dos judeus devem ser restringidas, não apenas em termos econômicos. Para eles, a Alemanha deve se tornar um país sem futuro, no qual a geração antiga deve morrer com o que ainda lhe resta, mas no qual a geração mais jovem deve considerar impossível viver, de forma que o incentivo à emigração deve permanecer constantemente em vigor. O antissemitismo apoiado na violência das massas deve ser evitado. Não se combatem ratos com armas, mas com veneno e gás[83].

Contudo, como foi visto, em setembro de 1935, Heydrich não colocava a emigração no centro de suas propostas políticas. Seria no âmbito da mudança global nas metas nazistas em 1936 que a estratégia do SD se tornaria um elemento ativo na ofensiva em geral de todas as agências nazistas envolvidas nos assuntos judaicos: para todas elas, a emigração tinha a mais alta prioridade.

A Palestina era considerada um dos canais mais promissores para a emigração de judeus, como vinha sendo desde 1933. Assim como o Ministério do Exterior e o gabinete de Rosenberg (que se encarregava principalmente de assuntos ideológicos, inclusive o contato com simpatizantes estrangeiros do nazismo), o SD vivia o dilema representado, por um lado, pela necessidade de encorajar a emigração dos judeus para a Palestina e, por outro, pelo perigo de que tal emigração resultasse na criação de um centro estratégico para as maquinações da comunidade judaica mundial: um Estado judaico. Foi devido a essas considerações políticas, que Heydrich autorizou Hagen e Eichmann a visitar a Palestina no outono de 1937 e se reunir com seu "contato" na organização judaica Haganá, Feivel Polkes.

Para Eichmann, pelo menos, a missão parece ter gerado grandes expectativas: "Como, durante a viagem, estão previstas negociações com os príncipes árabes, entre outras coisas", escrevia o ex-agente de vendas da Vacuum Oil Company da Alta Áustria para o diretor da seção II 1, Albert Six, "vou precisar de um terno claro e um escuro, bem como de um sobretudo leve". Os sonhos de elegância oriental de Eichmann acabariam sendo frustrados; em vez disso, ambos os viajantes recebiam repetidamente conselhos sobre medidas de segredo estritas: eles não podiam usar termos como "SS", "SD", "Gestapo"; não podiam enviar cartões postais para os amigos no serviço, entre outras recomendações[84]. A missão fracassou terrivelmente. Os britânicos não permitiram que os dois homens do SD permanecessem na Palestina por mais de um dia e suas conversas com Polkes – que foi se reunir com eles no

---

83 M. Wildt, op. cit., p. 66-67. Passagens extraídas desse documento foram previamente publicadas em: S. Heim, Deutschland muss ihnen ein Land ohne Zukunft sein: Die Zwangsemigration der Juden 1933 bis 1938, em E. Jungfer et al. (orgs.), *Beiträge zur Nationalsozialistischen Gesundheits – und Sozialpolitik, v. 11, Arbeitsmigration und Flucht*.

84 H. Safrian, op. cit., p. 28.

Cairo – não resultaram em nenhuma informação valiosa. Mesmo assim, não houve mudança na visão favorável do SD a respeito da Palestina como um destino para os judeus alemães. Mais tarde, seria com o SD que os emissários sionistas organizariam a partida de comboios de emigrantes para os portos da Iugoslávia e da Romênia, de onde eles tentariam navegar para a Palestina, desafiando o bloqueio britânico.

Finalmente a subseção para assuntos judaicos do SD participaria com dedicação cada vez maior das atividades de vigilância da Gestapo e, nesse domínio, sua quota de trabalho em comum aumentaria ao longo de 1937. Em 18 de setembro, por exemplo, o SD do distrito Reno apresentava um relatório a respeito de uma estudante judia chamada Ilse Hanoch. De acordo com o relatório, Hanoch ("que supostamente está estudando em Londres") estava viajando no trem das 6h25, de Trier para Luxemburgo, quando, "pouco antes de chegar ao posto de controle da fronteira, pareceu bastante insegura e começou a arrancar pedaços de papel de seu caderno, amassou-os e os jogou dentro do cinzeiro". Ela foi submetida a uma revista meticulosa no posto da fronteira, porém sem nenhum resultado. O relatório do SD concluiu, com base no programa de viagem de Hanoch tanto de ida quanto de volta da Alemanha (conforme indicado em seu passaporte) e nos nomes das várias famílias judias encontrados nos pedaços de papel que ela tinha rasgado e jogado fora, que a pretensa estudante era uma mensageira entre judeus que haviam emigrado e os que ainda viviam na Alemanha. Foram dadas instruções para todos os postos de controle de fronteira de que ela "fosse mais meticulosamente revistada quando voltasse ao país e fosse colocada sob a mais estrita vigilância durante suas viagens à Alemanha"[85]. Não se sabe se Ilse Hanoch retornou à Alemanha.

Por estranho que pareça, no entanto, quando nenhuma instrução clara era dada ou quando o aparato para o uso da violência não se encontrava preestabelecido, as ações contra os judeus a cargo da SS tinham suas limitações intrínsecas, pelo menos na metade da década de 1930. Veja-se o caso do SS-Sturmmann (cabo da SS) Anton Beckmann, do quartel-general do centro de detenção Colúmbia, sob controle da SS, em Berlim. No dia 25 de janeiro de 1936, ele entrou em uma loja na Friesenstrasse e comprou um par de suspensórios. Quando ele saía da loja, alguém que passava disse a Beckmann, que estava usando seu uniforme da SS, que ele acabara de prestigiar uma loja judaica. Ele imediatamente tentou devolver os suspensórios, porém sem êxito: "A judia Joel [a dona da loja] insolentemente respondeu que jamais pensaria em receber de volta mercadoria vendida e que, além do mais, ela tinha um grande número

---

85 Do SD do distrito Reno para o Comandante do SD, SD do distrito Fulda-Werra, 18.9.37, Arquivos de Himmler, Centro de Documentos de Berlim, microfilme n. 270, rolo 2 (LBI, Nova York, microfilme, 113g).

de fregueses da ss, inclusive algumas altas patentes". O ss-Obersturmführer Kern, convocado por Beckmann para ajudá-lo a devolver os suspensórios, não teve maior êxito. O comandante do centro de detenção de Colúmbia enviou um relatório sobre o caso, requisitando a prisão da "judia Joel", por espalhar falsos rumores sobre membros da ss, acrescentando que "seria uma medida bem-vinda no interesse de todos os nacional-socialistas se, finalmente, como em outras regiões, as lojas judaicas em Berlim fossem sinalizadas"[86].

Ao receber a carta do comandante, o inspetor dos campos de concentração, o Gruppenführer Eicke, teve que admitir que se sentia "impotente nessa situação" e transmitiu a solicitação ao chefe do departamento de pessoal da ss, o Gruppenführer Heissmeyer[87], que o encaminhou ao comandante da ss da área de Berlim com um comentário pessoal: "Em Berlim, de todos os lugares, qualquer um corre o risco de inadvertidamente comprar em lojas judaicas, enquanto em outras cidades, Frankfurt, por exemplo, esse risco é evitado pelo uso de um cartaz-padrão no qual se lê ESTABELECIMENTO ALEMÃO"[88]. A evolução do problema de assinalar as lojas já foi mencionada, mas e quanto à "judia Joel"? A ausência de ordens a seu respeito e a iminência dos jogos olímpicos sugerem que, a despeito de sua "insolência", ela pode não ter sido presa.

O incidente Joel, por mínimo que tenha sido, aponta para um problema de importância central para a política nazista antijudaica no pré-guerra. Entre os principais obstáculos enfrentados pelo regime em sua empreitada de eliminar os judeus da Alemanha, estava o fato de que as vítimas haviam sido parte integrante de todos os campos de atividade na sociedade alemã. Em consequência, se a violência direta não era (ainda) possível, o sistema precisava elaborar medidas administrativas ou legais sempre novas, para desfazer, estágio por estágio e passo a passo, os laços existentes entre essa sociedade e os judeus. E, como vimos, a cada estágio, toda exceção imprevista exigia soluções administrativas adicionais. Em outras palavras, ainda não era fácil simplesmente prender a "judia Joel", que estava vendendo seus produtos legalmente e estava também protegida pelas instruções gerais com relação à atividade econômica dos judeus: marcar as lojas judaicas, por exemplo, implicaria possíveis consequências internas e externas que o regime ainda não estava preparado para enfrentar.

---

86 Do Comandante do campo de concentração de Columbia [em Berlim] ao Inspetor dos campos de concentração, ss-Gruppenführer Eicke, 28.1.1936, ss-Standort Berlim, microfilme MA-333, Ifz, Munique.

87 Do Comandante das unidades da ss-Totenkopf para o chefe do escritório de pessoal da ss, 30.01.1936. microfilme MA-333, Ifz, Munique.

88 Do chefe do escritório de pessoal da ss para Standortführer-SS, Berlim, 4.2.1936. microfilme MA-333, Ifz, Munique.

V

Embora o número total de detidos nos campos de concentração em 1936-1937 (cerca de 7.500) estivesse em seu nível mais baixo[89], em comparação com os primeiros dois anos do regime e especialmente com o que aconteceria mais tarde, as categorias de prisioneiros visados cresciam consideravelmente. Além dos adversários políticos, os prisioneiros eram sobretudo membros de seitas religiosas, como as Testemunhas de Jeová, homossexuais e "criminosos habituais" ou "antissociais", um grupo que o Ministério do Interior definia desta forma:

> Pessoas que por meio de infrações à lei, menores, mas repetidas, demonstram que não vão se adaptar à disciplina natural do Estado nacional-socialista, como por exemplo, pedintes, vagabundos (ciganos), alcoólatras, prostitutas com doenças contagiosas – em particular as doenças sexualmente transmissíveis –, que evitam as medidas tomadas pelas autoridades da saúde.

Uma outra categoria de antissociais eram os "vadios": "Pessoas contra as quais pode ser provado que em duas ocasiões recusaram, sem motivos razoáveis, empregos oferecidos a elas, ou que, tendo conseguido um emprego, desistiram dele, após curto período de tempo, sem uma razão válida". Durante os anos seguintes, esses diferentes tipos de antissociais seriam capturados em número cada vez maior pela Gestapo e enviados aos campos de concentração[90].

A natureza inteiramente arbitrária das prisões e encarceramentos nos campos de concentração, mesmo para os padrões de justiça do Terceiro Reich, pode ser ilustrada por dois decretos policiais. Em setembro de 1935, a Polícia Política da Baviera determinava que a data de soltura de todos os prisioneiros "que haviam sido condenados por um tribunal popular fosse comunicada com bastante antecedência, a fim de que, ao ser soltos, eles pudessem ser imediatamente transferidos para um campo de concentração". Em outras palavras, a polícia estava "corrigindo" as decisões dos tribunais[91]. E, em 23 de fevereiro de 1937, Himmler determinava que a Polícia Criminal prendesse novamente cerca de dois mil infratores comuns e os encarcerasse em campos de concentração[92]. Tratava-se de indivíduos que não haviam sido condenados novamente; a escolha das vítimas dependia totalmente das decisões da polícia

---

89 M. Broszat, Nationalsozialistische Konzentrationslager, 1933-1945, em H. Buchheim et al., op. cit., p. 75.

90 Idem, p. 173-174.

91 Idem, p. 78-79.

92 Idem, p. 81.

criminal – com o quê, "o número total de mandados de prisão somente podia encorajar a arbitrariedade da escolha"[93].

Na década de 1930, o regime nazista empregava dois métodos, diferentes, mas complementares, para excluir por completo, da *Volksgemeinschaft*, grupos racialmente perigosos: segregação e expulsão, por um lado, esterilização, por outro. O primeiro método era utilizado, em seus diversos aspectos, contra judeus, ciganos e homossexuais; o segundo, era aplicado aos portadores de doenças hereditárias (físicas ou mentais) e a pessoas que apresentassem características perigosas consideradas hereditárias, bem como "indivíduos racialmente contaminados", que não poderiam ser expulsos ou colocados nos campos de concentração. Por outro lado, a luta contra o judeu visto como o inimigo mundial assumiria outras formas adicionais e diferentes, tanto no âmbito ideológico quanto em termos de sua natureza mais ampla.

Além dos antissociais, os principais grupos designados para a segregação e diversas formas de aprisionamento nos campos de concentração já existentes ou nas pouco tempo antes estabelecidas áreas do mesmo tipo eram os dos ciganos e dos homossexuais. Assim como os judeus, os ciganos povoavam os recessos fantasmagóricos da mente europeia e, como eles, eram estigmatizados como estrangeiros em solo europeu. Como vimos, a aplicabilidade das Leis de Nurembergue contra os ciganos foi anunciada logo após sua proclamação. Como "portadores de sangue estrangeiro", os ciganos estavam proibidos de se casar ou ter contato sexual com membros da raça alemã[94]. Entretanto, embora a decisão fosse aplicada com base em critérios gerais de aparência e comportamento, a tarefa de efetivamente definir a natureza racial dos "ciganos" ainda estava por ser implementada. A partir de 1936, esse se tornaria o projeto de Robert Ritter, da Universidade de Tübingen.

Com financiamento da Fundação Alemã de Pesquisa (Deutsche Forschungsgemeinschaft ou DFG), financiada pelo Estado, da SS e do Ministério da Saúde do Reich, Ritter assumiu a tarefa de classificação dos trinta mil ciganos residentes na Alemanha (hoje identificados como sinti e roma, esses grupos étnicos eram geralmente denominados ciganos [*Zigeuner*, em alemão] já muito antes do Terceiro Reich, durante ele e, com muita frequência, até hoje). De acordo com o especialista de Tübingen, os ciganos provinham da Índia setentrional e eram originariamente arianos, mas, ao longo de suas migrações, foram se mesclando com raças menores e, a essa altura, eram aproximadamente 90 % racialmente impuros[95]. As conclusões de Ritter se

---

93 Idem, 81-82.
94 M. R. Burleigh; W. Wippermann, *The Racial State*, p. 116.
95 Idem, p. 119-120. Para maiores detalhes sobre a pesquisa de Ritter, cf., em particular, M. Zimmermann, *Verfolgt, vertrieben, vernichtet*, p. 25 e s

tornariam a base para o passo seguinte no caminho da segregação, deportação e extermínio: Himmler expediu um decreto, em 8 de dezembro de 1938, determinando as medidas a ser tomadas contra os sinti e os roma.

A polícia não ficaria passiva enquanto as leis raciais barrando o casamento e as relações sexuais entre ciganos e alemães iam sendo promulgadas e Ritter e seus assistentes pesquisavam fotografias e medidas. Os sinti e os roma vinham tradicionalmente sendo submetidos a perseguição, em especial na Baviera; após 1933, contudo, a perseguição direta se tornava sistemática, com a expulsão do país dos ciganos estrangeiros, os outros sendo encarcerados como vadios, criminosos habituais e várias outras espécies de antissociais. Tomando como pretexto os Jogos Olímpicos, em maio de 1936, a polícia de Berlim prendia centenas de ciganos e transferia famílias inteiras, com seus vagões, cavalos e outros pertences, para Marzahn, o chamado "local de repouso" (Rastplaz), próximo de um aterro de lixo, de um lado, e de um cemitério, do outro. Logo esse local era cercado com arame farpado. No subúrbio de Berlim, então, estava instalado um campo de concentração *de facto* de ciganos. Seria de Marzahn e de outros locais semelhantes que, em pouco tempo, eram criados próximo a outras cidades alemãs que, poucos anos mais tarde, centenas de sinti e roma seriam enviados para os campos de extermínio no Leste[96].

O caso de Leopold Obermayer já nos deu alguma indicação do ódio especial que o sistema alimentava contra os homossexuais. Uma certa liberalização das leis e regulamentações contra os homossexuais havia sido alcançada durante os anos de Weimar; mas, assim que os nazistas chegaram ao poder, as proibições se tornaram mais severas, particularmente após a eliminação da liderança da SA em junho de 1934 (Ernst Röhm e alguns dos líderes mais importantes da SA eram homossexuais). A homofobia era excepcionalmente feroz dentro da SS. Em 1935, o jornal *Das Schwarze Korps* publicava um artigo exigindo a pena de morte para atividades homossexuais e, no ano seguinte, Himmler criava um Departamento Central do Reich para o Combate à Homossexualidade e ao Aborto[97]. Durante o período nazista, entre dez e quinze mil homossexuais foram encarcerados[98]. Quantos morreram nos campos de concentração não se sabe, mas, segundo um prisioneiro de Dachau, "os prisioneiros portadores do triângulo rosa não viviam durante muito tempo; eles eram rápida e sistematicamente exterminados pela SS"[99].

Em muitos aspectos, a história de Obermayer permanece exemplar.

96 Para detalhes sobre os campos de ciganos, cf., especificamente, S. Milton, Vorstufe zur Vernichtung: Die Zigeunerlager nach 1933, *VfZ*, v. 43, n. 1, p. 121 e s.

97 M. R. Burleigh; W. Wippermann, op. cit., p. 191.

98 Idem, p. 196.

99 Idem, p. 197.

Na metade do mês de outubro de 1935, vamos nos lembrar, Leopold Obermayer estava de volta a Dachau. Desta vez, contudo, usando os mais diversos argumentos legais e morais e sua condição de cidadão suíço, Obermayer montava sua defesa. A maior parte de suas cartas e petições foram confiscadas pelos censores de Dachau e passadas para seu principal perseguidor, o diretor da Gestapo de Würzburg, Josef Gerum; sua estratégia de defesa foi solapada por seu novo advogado, um nazista; a esperança que ele depositava numa intervenção decisiva das autoridades suíças nunca se materializou (conforme formularam Broszat e Fröhlich, a Suíça provavelmente não acreditava que o caso de um judeu homossexual valesse enfrentar uma situação difícil com a Alemanha)[100]. Mesmo assim, os incansáveis protestos de Obermayer e a incerteza da Polícia Política da Baviera e do Ministério da Justiça em Berlim sobre até que ponto a Suíça estaria disposta a transformar o caso em um escândalo internacional perturbaram profundamente Gerum e até mesmo alguns de seus superiores em Munique e em Berlim[101]. Desse modo, durante todo o ano de 1936, a resistência determinada de um judeu homossexual, ainda que beneficiado pela cidadania estrangeira, ainda podia provocar um certo grau de confusão no funcionamento do sistema. Seja como for, o julgamento de Obermayer não podia ser adiado indefinidamente. O caso foi encaminhado à corte criminal de Wüzburg; o julgamento foi marcado para 9 de dezembro de 1936. A acusação pretendia se concentrar nas atividades homossexuais do acusado, sobretudo na acusação de perversão da juventude alemã (o próprio Obermayer jamais negara sua homossexualidade, mas argumentava persistentemente que as relações que ele mantivera com homens mais jovens nunca haviam ultrapassado os limites estabelecidos pela lei)[102].

Em novembro, ficava claro para a Gestapo de Wüzburg e a procuradoria do Estado que, dada sua personalidade e atitude de desafio, Obermayer seria capaz de usar o tribunal para argumentar que o próprio Hitler sabia da ocorrência de relações homossexuais no âmbito da liderança da SA e as tinha permitido até 30 de junho de 1934[103]. Por isso, o julgamento se deu a portas fechadas e, enquanto Obermayer perdia sua última chance de constranger seus perseguidores, a máquina de propaganda do partido e a Gestapo também perdiam a oportunidade de transformar o julgamento num espetáculo (como veremos, uma situação semelhante viria a ocorrer anos mais tarde, com referência ao espetáculo planejado para o julgamento de Herschel Grynszpan, o jovem judeu que, em novembro de 1938, atirou no diplomata alemão Ernst vom Rath).

100 M. Broszat; E. Fröhlich, *Alltag und Widerstand*, p. 466.
101 Idem, p. 450 e s.
102 Idem, p. 461.
103 Idem, p. 463.

Pouco se sabe sobre o julgamento em si, mas até mesmo as matérias na imprensa nazista local indicam que Obermayer se defendeu com astúcia. A sentença já era mais do que esperada: prisão perpétua. Obermayer ficou em uma prisão comum até 1942, quando foi transferido para as mãos da SS e enviado a Mauthausen, onde morreu em 22 de fevereiro de 1943. Após apresentar sua própria versão dos acontecimentos para uma corte de desnazificação, em 1948, Josef Gerum foi posto em liberdade[104].

Ao longo da década de 1930, a campanha de esterilização, inaugurada em julho de 1933, prosseguiu sem interrupção. Quando o argumento da saúde não podia ser facilmente utilizado para propósitos raciais, usavam-se outros métodos. Assim, o novo regime mal havia se instalado quando a atenção das autoridades se dirigiu para um grupo de não mais que quinhentas ou setecentas pessoas, os jovens filhos de mulheres alemãs e soldados coloniais na África que serviam na ocupação militar francesa da Renânia durante os anos iniciais do pós-guerra. No jargão nazista, esses eram os "bastardos da Renânia"[105]. Em *Mein Kampf*, Hitler já havia descrito essa "poluição negra do sangue alemão" como mais um método usado pelos judeus para minar a fibra racial do *Volk*.

Já em abril de 1933, Göring, ministro do interior da Prússia, solicitava o registro desses "bastardos" e, poucas semanas depois, dava ordens de que fossem submetidos a uma avaliação antropológico-racial[106]. Em julho, um estudo com 38 dessas crianças em idade escolar foi realizado por um certo Abel, um dos assistentes do antropólogo racial Eugen Fischer no Instituto Kaiser Wilhelm. Como era de se esperar, Abel descobriu que seus objetos de estudo, todos residentes na Renânia, apresentavam diversas deficiências em termos de capacidades intelectuais e de comportamento. O ministro da Prússia relatou as descobertas em 28 de março de 1934, alertando sobre a possibilidade de calamitosas consequências raciais se, apesar de seu pequeno número, esses "bastardos" tivessem a chance de procriar. A conclusão do argumento era que, uma vez que a presença de meio milhão de mestiços na França levaria, no prazo de quatro ou cinco gerações, à bastardização de metade da população francesa, a presença de mestiços do mesmo tipo do lado germânico da fronteira resultaria na miscigenação local e no consequente desaparecimento de toda diferença racial entre os franceses e a população das áreas adjacentes do oeste do Reich[107].

104 Idem, p. 475-476.

105 Para uma investigação mais completa sobre o assunto, cf. R. Pommerin, *Sterilisierung der "Rheinlandbastarde": Das Schicksal einer farbigen deutschen Minderheit, 1918-1937*.

106 Idem, p. 44 e s.

107 H. Kaden; L. Nestler (orgs.), *Dokumente des Verbrechens: Aus Akten des Dritten Reiches 1933-1945*, v. 2, p. 83 e s.

A prova de que esse assunto era levado a sério aparecia na reunião da Comissão Consultiva de Política Racial e Populacional do Ministério do Interior que, em 11 de março de 1935, reuniu representantes dos ministérios do Interior, Saúde, Justiça, Trabalho e Assuntos Estrangeiros bem como eugenistas do mundo acadêmico. Walter Gross não escondia a dificuldade em lidar com o problema daquilo que ele designava como os *Negerbastarde*, "negros bastardos". Sua rápida expulsão era impossível; assim, Gross não deixava nenhuma dúvida quanto à necessidade de esterilização. Mas a esterilização de uma população saudável, caso ocorresse abertamente, poderia causar sérias reações tanto internas quanto externas. Como não podiam depender da lealdade de profissionais comuns, Gross não via outra saída além de solicitar a intervenção secreta de médicos que também fossem membros calejados do partido e compreenderiam os imperativos do bem maior do *Volk*[108]. Durante o ano de 1937, essas centenas de meninos e meninas seriam identificadas, levadas pela Gestapo e esterilizadas[109].

Os labirintos do pensamento nazista permanecem, contudo, inescrutáveis. Enquanto as agências do partido tramavam a esterilização dos "negros bastardos", Bormann enviava instruções confidenciais a todos os Gauleiter, tratando dos "negros coloniais alemães": os aproximadamente cinquenta negros das antigas colônias alemãs que viviam na Alemanha não podiam encontrar emprego, segundo o Reichsleiter, "porque, quando eram contratados para um emprego, seus empregadores se deparavam com reações hostis e tinham que demitir os negros". Bormann estava disposto a providenciar autorizações de trabalho para eles, a fim de ajudá-los a encontrar emprego estável; ficava proibida toda ação individual contra eles[110]. O Reichsleiter nem ao menos mencionava a questão dos descendentes. Seriam esses negros casados com mulheres alemãs? Eles tinham filhos mestiços? Essas crianças deviam ser esterilizadas? Ao que parece, nenhuma dessas perguntas chegou a passar pela mente do supremo fanático racial Martin Bormann.

A decisão de esterilizar portadores de doenças hereditárias e os chamados deficientes mentais se baseava em exames médicos e testes de inteligência especialmente criados. Os resultados eram submetidos aos tribunais de saúde hereditária, cujas decisões eram, por sua vez, encaminhadas, para avaliação, às cortes de apelação de saúde hereditária; somente os veredictos finais eram obrigatórios. Cerca de três quartos do total de aproximadamente quatrocentos mil indivíduos esterilizados na Alemanha nazista seriam submetidos à

---

108 Idem, p. 122 e s. Também R. Pommerin, op. cit., p. 71 e s.
109 M. R. Burleigh; W. Wippermann, op. cit., p. 130.
110 Da Autoridade adjunta do Führer (comandante em chefe) para todos os Gauleiter, 30 de março, 1936. Stellvertreter des Führers (Anordnungen ...), 1936, Db 15.02, Ifz. Munique.

operação até o início da guerra[111]. Porém apenas parte da população esterilizada sobreviveria. Para os pacientes portadores de problemas mentais, a esterilização era com frequência apenas um primeiro estágio: no final da década de 1930, eles seriam o grupo mais sujeito a risco na Alemanha nazista.

Já nos últimos anos da república, pacientes de instituições mentais eram cada vez mais considerados um peso para a comunidade, "seres supérfluos", pessoas cujas vidas "não valiam a pena ser vividas". O regime nazista não poupou esforços para disseminar as atitudes consideradas corretas a se adotar com relação aos reclusos nos manicômios. Visitas organizadas a essas instituições destinavam-se a demonstrar tanto a aparência grotesca dos pacientes mentais quanto os gastos desnecessários que a manutenção deles acarretava. Assim, por exemplo, em 1936, o manicômio Eglfing-Haar, de Munique, foi visitado por membros da Escola de Formação de Lideranças do Reich, da SA, por peritos em raça da SS local, por instrutores do regimento da SS de "Julius Schreck" e por diferentes grupos da Frente de Trabalho[112]. Uma grande produção em filmes de propaganda visando à doutrinação do grande público foi produzida e exibida durante esses mesmos anos[113]; nas escolas, exercícios apropriados de aritmética demonstravam o ônus financeiro que esses pacientes impunham à economia da nação[114].

Não está claro se essas medidas educacionais indicavam um preparo sistemático da opinião pública para o extermínio dos pacientes, mas nessa esfera – mais que em muitas outras – é possível acompanhar o impacto direto da ideologia sobre as políticas do regime a partir do ano de 1933. De acordo com Lammers, Hitler já havia mencionado a possibilidade da eutanásia em 1933 e, segundo seu médico, Karl Brandt, Hitler tinha discutido o assunto com o líder dos médicos do Reich, Wagner, em 1935, indicando que tal projeto poderia ser mais fácil de se implementar em tempos de guerra[115]. Contudo, a partir de 1936, os pacientes mentais estavam gradualmente sendo concentrados em grandes instituições administradas pelo estado e funcionários confiáveis da SS eram colocados na diretoria de algumas das instituições particulares. Dada essa tendência, não é de surpreender que, em março de 1937, *Das Schwarze Korps* não se constrangesse em elogiar um pai que matara seu filho deficiente[116].

---

111 Quanto à política de esterilização, cf. os já mencionados estudos de Bock, Proctor, Schmuhl e os de H. Friedlander, *The Origins of Nazi Genocide*, p. 23 e s.

112 M. R. Burleigh, *Death and Deliverance*, p. 43.

113 Idem, p. 187.

114 M. R. Burleigh; W. Wippermann, op. cit., p. 154.

115 Idem, ibidem.

116 E. Klee, *"Euthanasie" im NS-Staat: Die Vernichtung lebensunwerten Lebens*, p. 62. De acordo com Hans-Walter Schmuhl, alguns pacientes psiquiátricos foram mortos entre 1933 e 1939 tendo

As instituições particulares tinham conhecimento do aspecto nefasto desses desenvolvimentos. De fato, o que é assustador no caso da documentação do período de 1936-1938 é que "as associações fundadas para cuidar de deficientes [grupos religiosos protestantes, como a Missão Interior] frequentemente [...] denunciavam os que eram deixados a seus cuidados e, com isso, ajudavam a levar a cabo sua perseguição e extermínio"[117]. Muitas das instituições religiosas que perdiam alguns de seus internos em resultado do reagrupamento de pacientes nas instituições do Estado chegaram a reclamar – porém, apenas quanto às dificuldades econômicas que essas transferências causavam a elas[118].

A primeira medida concreta relativa à política de eutanásia foi tomada no outono de 1938. O pai de uma criança nascida cega, retardada e sem braços e pernas requisitou a Hitler o direito de dar a seu filho uma "morte misericordiosa". Karl Brandt foi enviado a Leipzig, onde o bebê Knauer estava hospitalizado, para discutir com os médicos encarregados e realizar a eutanásia, o que foi feito[119].

Como veremos mais adiante, o planejamento da eutanásia foi acelerado durante os primeiros meses de 1939. Mesmo assim, Hitler agia com prudência. Ele sabia que matar adultos com doenças mentais ou crianças com alguma deficiência poderia encontrar forte oposição das Igrejas, em particular da Igreja Católica. Esse obstáculo em potencial era ainda mais importante na medida em que a população em grande parte católica e a hierarquia eclesiástica da Áustria acabavam de dar seu endosso entusiasmado ao Anschluss. Por isso, no final de 1938, Hartl, chefe da subseção II 113 do SD (igrejas políticas), recebeu (através de Heydrich) uma ordem de Viktor Brack, o representante de Philipp Bouhler (chefe de chancelaria do Führer), para preparar uma "opinião" sobre a atitude da Igreja com relação à eutanásia[120]. Hartl não se sentiu capacitado para realizar tal avaliação, mas entrou em contato com o padre Joseph Mayer, professor de teologia moral na Academia de Filosofia e Teologia em Paderborn, que em 1927 já havia escrito favoravelmente sobre a esterilização de doentes mentais. No início do outono de 1939, Hartl recebia

como base iniciativas locais. H.-W. Schmuhl, *Rassenhygiene, Nationalsozialismus, Euthanasie*, p. 180.

117 E. Klee, *"Euthanasie" im NS-Staat*, p. 61. As atitudes desses pastores não devem ocultar o fato de que, no início, até mesmo a política de esterilização encontrou sobretudo oposição silenciosa, mas, mesmo assim, tangível, de uma grande parte da população, particularmente em áreas católicas. Cf. D. Blasius, Psychiatrischer Alltag im Nationalsozialismus, em D. Peukert; J. Reulecke (orgs.), *Die Reihen fast geschlossen*, p. 373-374.

118 E. Klee, *"Euthanasie" im NS-Staat*, p. 67.

119 M. R. Burleigh e W. Wippermann, op. cit., p. 142; M. R. Burleigh, *Death and Deliverance*, p. 93-96; H. Friedlander, *The Origins of Nazi Genocide*, p. 39.

120 M. Höllen, "Episkopat und T4", em G. Aly, (org.), *Aktion T4 1939-1945*, p. 84-85; G. Sereny, *Into That Darkness*, p. 64 e s.

o detalhado memorando de Mayer, que sintetizava os prós e os contras nos pronunciamentos da Igreja católica sobre esse assunto. O memorando não foi encontrado e não sabemos se o clérigo de Paderborn expressou sua própria visão acerca da eutanásia, mas, ao que parece, mesmo que sua conclusão tenha sido indefinida, ela deixava a porta aberta para exceções[121].

Por meio de canais indiretos, o gabinete de Brack enviou o memorando de Mayer ao bispo Berning e ao núncio papal, monsenhor Cesare Orsenigo. Do lado protestante, ele foi enviado aos pastores Paul Braune e Friedrich von Bodelschwingh. Ao que parece, não houve oposição alguma da parte de nenhum clérigo alemão – quer católico, quer protestante – com os quais a chancelaria de Hitler entrou em contato. O enviado do papa, igualmente, permaneceu em silêncio[122].

Trad. Lyslei de Souza Nascimento e Josane Barbosa

---

121 M. Höllen, "Episkopat und T4", em G. Aly, (org.), *Aktion T4 1939-1945*; G. Sereny, *Into That Darkness*, p. 67-68.

122 M. Höllen, Episkopat und T4, em G. Aly, (org.), *Aktion T4 1939-1945*; G. Sereny, *Into That Darkness*, p. 68-69. Burleigh tem dúvidas sobre a confiabilidade do testemunho de Hartl, mas não questiona a existência do memorando de Mayer. Cf. M. R. Burleigh, *Death and Deliverance*, p. 175.

SETE

Paris, Varsóvia, Berlim – e Viena

I

ENQUANTO A TEMPESTADE SE FORMAVA SOBRE A EUROPA, POR TODO o continente os judeus, uma vez mais, se tornaram objeto de debate generalizado, alvos de suspeita e, às vezes, de ódio manifesto. Em geral, as cisões ideológicas e políticas da metade da década de 1930 eram a principal fonte das mudanças, mas em outros países além da Alemanha nazista uma atmosfera de crise generalizada preparava o terreno para uma nova onda de extremismo antijudaico.

Os primeiros sinais dessa radicalização apareciam no início da década. Dúvidas crescentes quanto à validade da ordem de coisas vigente surgiam em resultado da crise econômica, mas também devido a um descontentamento mais generalizado. Por força de uma reação quase "natural", os judeus eram identificados – e não apenas pela extrema direita – com um ou outro aspecto da manifesta desintegração social e cultural e eram considerados responsáveis por algumas de suas piores consequências. Era uma época na qual o escritor católico Georges Bernanos, não propriamente um fanático, podia glorificar o arquiantissemita francês do final do século XIX, Edouard Drumont, o destacado editor de *La Libre Parole* e autor de *La France Juive*, e lançar um ataque violento contra a ameaça judaica à civilização cristã.

No livro de Bernanos, *La Grande peur des bien-pensants* (O Grande Medo dos Bem-Pensantes), publicado em 1931, os valores ameaçados pelo que ele via como uma sempre crescente dominação judaica eram os da civilização cristã e da nação como uma entidade orgânica viva. A nova economia capitalista era controlada pelo poder financeiro concentrado dos "graúdos" (*"les gros"*) – as míticas "duzentas famílias" que tanto a direita quanto a esquerda identificavam com os judeus[1]. Em outras palavras, a ameaça judaica era, pelo menos em

---

1 Cf., em especial, P. Birnbaum, *Le Peuple et les Gros: La Comparaison Franco-Allemagne*.

parte, a da *modernidade*. Os judeus eram os precursores, os mestres e os ávidos pregadores da doutrina do progresso. Para seus discípulos franceses, escrevia Bernanos, eles traziam "uma nova mística, admiravelmente ajustada à do progresso [...]. Nesse paraíso de tecnólogos, nu e polido como um laboratório, a imaginação judaica é a única capaz de produzir essas flores monstruosas"[2].

La Grande peur se encerra com os mais sombrios prognósticos. Em suas últimas linhas, os judeus não são diretamente mencionados, mas toda a lógica do texto vincula a conclusão apocalíptica à luta perdida de Drumont contra os judeus. A sociedade que estava sendo criada diante dos olhos do autor era uma sociedade sem deus, em que ele se sentia impossibilitado de viver: "Não existe ar!" exclamava ele. "Mas eles não nos pegarão [...] eles não nos pegarão vivos!"[3].

O antissemitismo de Bernanos era apaixonado sem necessariamente ser racista. Ele era parte constituinte de uma tendência antimodernista e antiliberal que viria mais tarde a se dividir em campos opostos com relação à própria Alemanha nazista. Era a voz da suspeita, do desprezo; podia exigir a exclusão. Eram essas, entre outras, as atitudes antijudaicas de um poderoso grupo de intelectuais europeus imersos no catolicismo, seja como fiéis, seja como homens fortemente influenciados por seu ambiente católico: na França, escritores como Thierry Maulnier, Robert Brasillach, Maurice Bardèche e toda uma falange de militantes católicos e nacionalistas da Action Française (o movimento monarquista fundado, no início do século XX, por Charles Maurras, um ultranacionalista, antissemita e adversário dos que apoiavam Dreyfus) representavam essa tendência; eles também pertenciam ao movimento de Maurras ou mantinham vínculos estreitos com ele. Paradoxalmente, o próprio Maurras não era católico, mas compreendia a importância do catolicismo para seu "nacionalismo integral". A Igreja baniu a Action Française em 1926, no entanto, muitos católicos de direita permaneceram leais ao movimento de Maurras. Na Inglaterra, representantes ilustres do catolicismo como Hilaire Belloc, G. K. Chesterton e T. S. Elliot reconheciam sua dívida para com Maurras, porém seus acessos antijudaicos tinham estilo e força próprios. Essas raízes católicas eram explicitamente reconhecidas por Carl Schmitt e sua influência indireta sobre Heidegger é inquestionável. Havia um tom apocalíptico nesse catolicismo militante de direita, uma urgência crescente em se engajar na luta final contra as forças evocadas por Bernanos, forças cujo denominador comum era usualmente o judeu.

Simultaneamente, no entanto, um crescente pessimismo cultural – cujas raízes políticas e religiosas eram difusas mas transpiravam uma forma própria de antissemitismo violento – tomava conta de vários setores do cenário inte-

---

2 G. Bernanos, La Grande peur des bien-pensants, *Essais et écrits de combat*, p. 329.

3 Idem, p. 350.

lectual europeu. Aqui, também, tomavam parte alguns dos mais proeminentes escritores franceses da época: Louis-Ferdinand Céline e Paul Léautaud, Pierre Drieu La Rochelle, Maurice Blanchot, Marcel Jouhandeau, Jean Giraudoux e Paul Morand. Mas o mais revelador não era o *Bagatelles pour um massacre*, escrito em 1937 por Céline, talvez a mais brutal investida antijudaica na moderna literatura ocidental (excluindo-se as produções dos próprios nazistas), mas a resenha favorável de André Gide na *Nouvelle Revue Française*, sob o pretexto de que o que Céline escrevera no livro não se destinava a ser levado a sério[4]. E não era o ódio manifesto de Brasillach aos judeus o maior indicativo da atmosfera predominante, mas sim o fato de Giraudoux, que pouco tempo antes lançara um virulento ataque contra os imigrantes judeus em *Pleins pouvoirs*, ter se tornado ministro de informação durante o último ano da Terceira República[5].

Contra o pano de fundo dessa crise civilizacional, religiosa e cultural, com seus corolários antijudaicos, outros fatores menos abstratos aparecem como causa de exacerbação geral das atitudes antijudaicas e da agitação antissemita em outros países além da Alemanha nazista.

A convergência entre a crise econômica mundial e sua sequela, o desemprego, no decorrer de uma década, com a pressão cada vez maior da imigração judaica para os países do Ocidente, de um lado, e a competição econômica de uma ampla população judaica na Europa central e oriental, de outro, pode ter fornecido o estímulo mais imediato para a hostilidade. Mas, para milhões de descontentes europeus e norte-americanos, os judeus eram também considerados como beneficiários da situação, se não como os manipuladores das forças sombrias e misteriosas responsáveis pela própria crise. Imagens como essas invadiam todos os níveis da sociedade.

Em países como a França, a Inglaterra e os Estados Unidos, em que alguns judeus alcançaram proeminência no jornalismo, na vida cultural e mesmo na política, o predominante pacifismo europeu e o isolacionismo americano descreviam os protestos judaicos contra a Alemanha nazista como belicismo. Os judeus eram acusados de servir a seus próprios interesses, contra o de seus países. O político francês Gaston Bergery, um ex-socialista radical que se tornaria colaboracionista durante a ocupação alemã, descrevia em novembro de 1938, em seu periódico *La Flèche* (A Flecha), como "a política judaica" de guerra contra a Alemanha nazista era vista pelo público mais amplo:

---

[4] L.-F. Céline, *Bagatelles pour un massacre*; André Gide, Les Juifs, Céline et Maritain, *Nouvelle Revue Française*, 1 abr. 1938. Em meses, as *Bagatelles* de Céline eram traduzidas para o alemão sob o título *Judenverschwörung in Frankreich* (Conspiração Judaica na França) e recebiam resenhas delirantes do *Stürmer*, a publicação de Streicher, e do semanário da ss *Das Schwarze Korps*, assim como de diversos jornais das províncias. Cf. A. Betz, Céline im Dritten Reich, em H. M. Bock et al. (orgs.), *Entre Locarno et Vichy: Les Relations culturelles franco-allemandes dans les années 1930*, v. 1, p. 720.

[5] J. Giraudoux, *Pleins pouvoirs*.

uma guerra – a opinião pública percebe – menos com a finalidade de defender os interesses diretos da França que de destruir o regime de Hitler na Alemanha, isto é, a morte de milhões de franceses e [outros] europeus para vingar uns poucos judeus mortos e algumas centenas de milhares de judeus desafortunados[6].

Outro fator de imediato aparente era – como no início do século – a visibilidade dos judeus na esquerda militante. Tanto na Europa oriental quanto na França, a identificação dos judeus com o perigo marxista era em parte tão imaginária quanto fora no passado, mas era também em parte confirmada pelo volume expressivo de ativismo de esquerda exercido pelos judeus. Esse ativismo tinha origem nas mesmas razões sociopolíticas que haviam desempenhado papel decisivo várias décadas antes. Mas, na década de 1930, havia judeus, sobretudo na Europa ocidental, que se tornaram defensores da esquerda com a finalidade de encontrar expressão política para seu antinazismo (ao mesmo tempo, na União Soviética, muitos judeus caíam vítimas dos expurgos de Stálin). Em termos gerais, no entanto – assim como acontecera também no início do século (e acontece desde então) – a maioria dos judeus europeus se identificava, e podia ser identificada, com o liberalismo ou com a social-democracia e, em menor grau, com o conservadorismo tradicional. Ao mesmo tempo, a crise do sistema liberal e o descontentamento crescente com a democracia conduziam a uma hostilidade cada vez maior com relação a um grupo que, além de sua parcial identificação com a esquerda, era visto como o defensor e beneficiário do espírito liberal tanto na economia quanto na vida pública.

A disseminação do antissemitismo no cenário europeu (e americano) foi uma das razões das crescentes dificuldades impostas à emigração judaica da Alemanha, depois da Áustria e dos Sudetos e, mais tarde, do Protetorado da Boêmia e Morávia. O antissemitismo tradicional era também uma das razões que predispunham o governo polonês a tomar medidas relativas à cidadania de judeus poloneses sem residência permanente que, como veremos, davam aos nazistas o pretexto necessário para a expulsão de milhares de judeus poloneses que se encontravam na Alemanha. Alguns anos mais tarde, essa onda de hostilidade antijudaica teria resultados bem mais catastróficos. Os próprios judeus estavam apenas em parte cientes do terreno crescentemente instável no qual se encontravam, pois, assim como muitos outros, não percebiam a profundidade da crise da democracia liberal. Os judeus da França acreditavam na força da Terceira República e os judeus da Europa centro-oriental tinham

---

6 Citado em Z. Sternhell, *Neither Right nor Left*, p. 265. Para a evolução da atitude de Bergery sobre o problema judaico (ele próprio era provavelmente parte judeu), cf. uma análise altamente matizada em P. Burrin, *La Derive fasciste: Doriot, Déat, Bergery, 1933-1945*, p. 237 e s.

fé na França. Poucos imaginavam que a Alemanha nazista poderia se tornar uma ameaça real além de suas próprias fronteiras.

A participação da Europa oriental na crescente agitação antijudaica da segunda metade da década de 1930 ocorreu no contexto de suas próprias tradições. A influência dos temas antijudaicos de origem cristã era particularmente forte entre as populações ainda constituídas em sua maioria por um campesinato devoto. O ressentimento social por parte de classes médias nacionalistas emergentes em razão das posições conquistadas pelos judeus no comércio e nos negócios, na indústria leve, em negócios bancários, na imprensa, assim como nas profissões típicas da classe média, a medicina e o direito, davam origem a uma outra camada de hostilidade. O último e talvez mais forte ingrediente era o feroz antibolchevismo de regimes já orientados para o fascismo, regimes para os quais a identificação dos judeus com o bolchevismo era um tema comum – por exemplo, na Hungria, onde a memória do governo de Béla Kun permanecia vívida. Na Polônia esses diversos elementos se mesclavam com um nacionalismo exacerbado que tentava limitar a influência de todo e qualquer grupo minoritário, fossem eles ucranianos, bielorrussos, judeus ou alemães. Por um processo ligeiramente diferente, o sentimento de nacionalismo ultrajado dos húngaros e dos eslovacos e as fantasias megalomaníacas nacionalistas da direita radical romena, que sonhava com uma Dácia maior, conduziam ao mesmo ressentimento antissemita. "Em quase toda parte [nesses países]", escrevia Ezra Mendelsohn, "a questão judaica se tornou um assunto de supremo interesse e o antissemitismo, uma importante força política"[7].

Os líderes dos países da Europa centro-oriental (Miklós Horthy, na Hungria, Josef Beck, na Polônia, após a morte de Josef Pilsudski, Íon Antonescu, na Romênia) já estavam próximos do fascismo ou, pelo menos, do extremo autoritarismo. Todos tinham de disputar com movimentos de ultradireita – como o Endek, na Polônia, a Guarda de Ferro, na Romênia, a Guarda Hlinka, na Eslováquia, e a Cruz Flechada, na Hungria – que algumas vezes pareciam ser aliados e, outras, inimigos. Os governos de direita, sobretudo na Romênia e na Hungria, procuraram "jogar um balde de água fria" na direita radical, adotando suas próprias políticas antissemitas. Assim, a Romênia adotava um programa antissemita oficial no final de 1937 e a Hungria, em 1938. Os resultados logo se tornariam evidentes. Como o jornalista italiano Virgílio Gayda, um representante semioficial do regime fascista, observava, no início de 1938, o antissemitismo era o ponto de "coesão nacional" no ambiente político das nações do Danúbio[8].

---

7 E. Mendelsohn, *The Jews of East Central Europe between de World Wars*, p. 1.
8 B. Vago, *The Shadow of the Swastika*, p. 15-16.

As raízes mais profundas do antissemitismo na Polônia eram religiosas. Nesse país profundamente católico, no qual a grande maioria da população ainda vivia no campo ou em pequenas cidades, os mais elementares temas antijudaicos do cristianismo mantinham sua presença constante. No início de 1937, o cardeal Augustus Hlond, primaz da Polônia, distribuía uma carta pastoral que, entre outras coisas, abordava a questão judaica. Após assinalar a existência de um "problema judaico" exigindo "séria consideração", o chefe da Igreja polonesa se voltava para seus vários aspectos. "É fato", declarava Hlond,

> que os judeus lutam contra a Igreja católica, que eles estão imersos no livre-pensamento e constituem a vanguarda do ateísmo, do movimento bolchevique e da atividade subversiva. É fato que a influência judaica sobre a moral é deplorável e que suas casas editoriais disseminam a pornografia. É verdade que eles são trapaceiros e praticam a usura e o tráfico de escravas brancas. É verdade que, nas escolas, a influência da juventude judaica sobre a católica é em geral negativa do ponto de vista religioso e moral.

Mas, para ser justos, o Cardeal Hlond recuava então um passo: "Nem todos os judeus são como descrevemos. Há também judeus fiéis, íntegros, honestos, caridosos e bem-intencionados. Em muitas famílias judaicas existe um espírito de família saudável e edificante. Conhecemos algumas pessoas no mundo judaico que são moralmente notáveis, nobres e respeitáveis".

Que atitudes então recomendava o cardeal a seu rebanho?

> Eu os previno contra a atitude moral importada do exterior, que é fundamental e incondicionalmente antijudaica. Essa atitude é contrária à ética católica. É admissível preferir gente de seu próprio povo; é errado odiar quem quer que seja. Até mesmo os judeus. Nas relações comerciais é correto favorecer gente de seu próprio povo, evitar lojas judaicas e barracas judaicas no mercado, mas é errado saquear lojas judaicas, destruir mercadorias de judeus, arrebentar vidraças e lançar bombas em suas casas. É necessário buscar proteção contra a influência da moral perniciosa dos judeus, manter-nos longe de sua cultura anticristã e, em particular, boicotar a imprensa judaica, desmoralizando suas publicações, mas é errado atacar, bater, ferir ou caluniar os judeus. Mesmo no judeu, devemos respeitar e amar o homem e o próximo, ainda que não sejamos capazes de respeitar a tragédia inexprimível desse povo que foi o guardião da ideia messiânica e deu nascimento a nosso Salvador. Quando a graça de Deus iluminar o judeu e quando ele sinceramente quiser se juntar à congregação dos fiéis do seu e do nosso Messias, devemos acolhê-lo alegremente nas fileiras cristãs. Cuidado com os que se empenham em provocar excessos antijudaicos. Eles servem a uma causa

má. Sabem vocês de quem vêm as ordens que eles obedecem ao agir assim? Sabem vocês no interesse de quem essas desordens são fomentadas? A boa causa nada ganha com atos irrefletidos como esses. E o sangue que por vezes é derramado nessas ocasiões é o sangue polonês[9].

Essa é exatamente a tradução da carta pastoral do cardeal Hlond, enviada da Polônia ao Rabi Stephen Wise, de Nova York, em 9 de fevereiro de 1937. De acordo com o remetente, "as declarações contidas na primeira parte, relativas à inferioridade moral e aos crimes dos judeus, foram sobrepujadas em um pronunciamento emitido por Sapieha, príncipe-bispo de Cracóvia. Porém, ambos os pronunciamentos foram sobrepujados por declarações públicas do prelado Trzeciak, destinadas a fomentar confusão, e por seu livro recentemente publicado, que poderia competir com os *Protocolos dos Sábios de Sião*"[10].

Na Polônia, o antijudaísmo cristão tradicional era alimentado por um contexto demográfico e socioeconômico particularmente difícil. Quando o Estado polonês foi restabelecido, na esteira da Primeira Guerra Mundial, aproximadamente 10% de sua população era judaica (3.133.933, em 1931, isto é, 9,8% da população geral). Mas cerca de 30% da população urbana era judaica (essa proporção era válida para as cidades maiores, como Varsóvia, Cracóvia e Lodz, mas a população judaica era de mais de 40% em Grodno e alcançava 60% em Pinsk) [11].

A estratificação social da comunidade judaica polonesa contribuía para as dificuldades criadas pelos números e a concentração urbana: a maioria, ou mais de dois milhões, da população judaica pertencia à politicamente crucial pequena burguesia[12]. Por fim, ao contrário da situação na Alemanha, França, Grã-Bretanha e outras nações ocidentais, onde os judeus aspiravam sobretudo ser considerados cidadãos de seus respectivos países – embora a maioria insistisse em manter alguma forma de identidade judaica – na Europa oriental, em especial na Polônia, as minorias em geral se definiam como uma "nacionalidade" separada. Assim, no censo de 1921, na Polônia, 73,76% do total dos que se declaravam judeus por religião também se declaravam judeus por nacionalidade e, no censo de 1931, 79,9% declaravam que o ídiche era sua língua-mãe, enquanto 7,8% (um improvável alto número, presumível-

---

9 H. Friedlander; S. Milton (orgs.), *Archives of the Holocaust, v. 8: American Jewish Archives Cincinnati*, p. 21 (a tradução do polonês foi mantida tal como estava).

10 Idem, p. 20.

11 E. Mendelsohn, op. cit., p. 23-24.

12 Idem, p. 27. Mendelsohn usa a estatística compilada pelo mais notável historiador dos judeus poloneses do entreguerras, Rafael Mahler, cujo trabalho-padrão, *Iehudei Polin bein Schtei Milkhamot ha-Olam* [Os Judeus da Polônia entre as Duas Guerras Mundiais], foi publicado em Tel-Aviv em 1968.

mente por influência do sionismo) declarava que o hebraico era sua primeira língua. Isso deixava apenas uma pequena porcentagem de judeus poloneses que declaravam ser o polonês sua língua-mãe[13].

Dessa maneira, os sentimentos antijudaicos, basicamente religiosos, da população polonesa eram reforçados pelo que era percebido como uma apropriação judaica de algumas profissões-chave e de setores inteiros de atividades da classe média baixa, sobretudo o comércio e as profissões artesanais. Além disso, a clara identificação dos judeus com uma minoria étnica dentro de um Estado que compreendia diversos outros grupos minoritários, uma minoria que visava, com certeza, a supremacia nacional polonesa, levava os nacionalistas a considerar o "separatismo" religioso, nacional e cultural dos judeus e seu domínio em alguns setores da economia como mais uma ameaça ao novo Estado. Por fim, o exacerbado antibolchevismo dos poloneses, alimentado por novos temores e um antigo e profundo ódio à Rússia, identificava os judeus socialistas e bundistas com seus irmãos comunistas, com isso inserindo a equiparação-padrão entre antibolchevismo e antissemitismo numa situação especificamente polonesa. Essa tendência tornou-se mais pronunciada na metade da década de 1930, quando o "regime dos coronéis" passou para o que era de fato uma posição semifascista, nem sempre muito diferente em sua postura nacionalista e antissemita do Partido (Nacional Democrata) Endek de Roman Dmowski. Os endeks brandiam os espectros da *Folksfront* (isto é, uma frente popular semelhante à da França; para os poloneses, a grafia com "F", em vez do "V", assinalava o ídiche, sendo, então, de origem judaica) e da *Zydokomuna* (no sentido de comunismo judaico), para identificar os judeus e suas atividades políticas[14]. Eles defendiam a transferência em massa de judeus para a Palestina e uma quota judaica nas universidades e suas brigadas de combate achavam a destruição de lojas judaicas particularmente atraentes[15]. O problema era que, apesar das declarações oficiais, o governo e a Igreja não estavam dispostos, na ocasião, a encorajar esse tipo de política e atividade, ainda que de forma indireta[16].

As estimativas na imprensa polonesa, em 1935 e 1936, de que centenas de judeus morreram nas manifestações de violência racial que irromperam na época, em não menos do que 150 cidades polonesas, eram provavelmente muito baixas[17]. Uma quota secreta nas universidades reduziu a porcentagem de estudantes judeus de 20,4% por cento, em 1928-1929, para 9,9%, em

13 Idem, p. 29-30.
14 J. Marcus, *Social and Political History of the Jews in Poland 1919-1939*, p. 362.
15 S. Andreski, Poland, em S. J. Woolf (org.), *European Fascism*, p. 178 e s.
16 Idem, p. 362-363.
17 E. Mendelsohn, op. cit., p. 74

1937-1938[18]. O que acontecia nas universidades ocorria mais abertamente no campo econômico, com um boicote ao comércio judaico levando a uma queda acentuada no número de negócios de propriedade de judeus durante os anos imediatamente anteriores à guerra[19]. A pauperização de amplos setores da população judaica tivera início bem antes da guerra, mas na era pós-Pilsudski, o boicote econômico era apoiado pelo próprio governo. Na verdade, a violência antijudaica era oficialmente condenada, mas, como o primeiro ministro Felician Slawoj-Skladkowski afirmava em 1936, "ao mesmo tempo, é compreensível que a nação possua o instinto que a compele a defender sua cultura e é natural que a sociedade polonesa busque sua autossuficiência econômica". O primeiro ministro explicava o que ele entendia por autossuficiência: "a luta econômica [contra os judeus] por todos os meios – mas sem recorrer à força"[20]. Nos anos de 1937-1938 as associações profissionais polonesas aceitavam apenas membros gentios. Quanto ao serviço público, tanto em nível nacional quanto local, a essa altura, ele havia deixado completamente de empregar judeus[21].

Um dos subprodutos do "problema judaico" na Polônia foi o ressurgimento, na metade da década de 1930, de uma ideia que fora inicialmente forjada pelo antissemita alemão Paul de Lagarde: transferir parte da população judaica para a colônia francesa na ilha de Madagascar[22]. Em janeiro de 1937, a atitude positiva de Marius Moutet, o socialista francês que ocupava o cargo de ministro das colônias no governo da Frente Popular de Léon Blum, dava a esse plano um novo impulso e logo negociações entre a Polônia e a França, relativas aos meios e métodos práticos para implementar essa transferência de população, eram postas em marcha. O governo de Paris concordou em que uma comissão de investigação polonesa, composta por três membros, dois deles judeus, fosse enviada à ilha. Em sua volta, os membros judeus apresentaram um relatório pessimista sobre a capacidade de absorção de Madagascar, mas o governo polonês adotou a visão favorável do presidente polonês da comissão,

---

18 Essas porcentagens são citadas em L. Buell, *Poland Key to Europe*, p. 303, e reproduzidas em G. Aly e S. Heim, *Vordenker der Vernichtung*, p. 86.

19 E. Mendelsohn, op. cit., p. 75.

20 Idem, p. 71.

21 Idem, p. 73.

22 Para os detalhes do plano mencionado aqui, cf. L. Yahil, Madagascar - Phantom of a Solution for the Jewish Question, em B. Vago e G. L. Mosse (orgs.), *Jews and Non-Jews in Eastern Europe*, p. 315 e s. Para um relato sobre os esforços poloneses em obter o apoio, da Liga das Nações e dos demais países, para a imigração dos judeus para suas colônias (Madagascar) ou para a Palestina, cf. P. Korzec, *Juifs in Pologne*, p. 250 e s.

Mieczyslaw Lepecki. Assim, as negociações com a França tiveram prosseguimento e, no início de 1938, Varsóvia ainda parecia dar sério apoio ao projeto.

Enquanto, no início, a imprensa judaica europeia noticiava a iniciativa de forma positiva e os comentários oficiais nazistas expedidos das embaixadas em Paris e Varsóvia pareciam apenas evasivos, no final de 1937, a imprensa nazista se tornava extremamente sarcástica tão logo ficava claro que o plano tinha poucas chances de execução. "Madagascar poderia se tornar a 'terra prometida' para os judeus dos quais a Polônia quer se livrar", dizia o *Westdeutscher Beobachter* em 9 de dezembro, "somente se eles [os judeus] pudessem levar, ali, uma vida de senhores, sem esforço próprio e às custas de outros. É, portanto, questionável se o convite para um êxodo dos Filhos de Israel para Madagascar irá em breve libertar a Polônia de alguma parcela maior desses parasitas"[23]. O plano, todavia, parece ter atraído a atenção de Heydrich e, em 5 de março de 1938, um membro de sua equipe enviava a seguinte ordem a Adolf Eichmann:

> Favor reunir para breve material para um memorando que deve ser preparado para C [Heydrich] em cooperação com II B4 [a seção para assuntos judaicos da Gestapo]. É preciso deixar claro no memorando que em sua atual base (emigração), a questão judaica não pode ser resolvida (dificuldades financeiras etc.) e que, portanto, é preciso começar a buscar uma solução por intermédio da política exterior, como já acontece nas negociações entre a Polônia e a França[24].

II

Havia 90 mil judeus na França no início do século XX; em 1935, seu número chegava a 260 mil. Às vésperas da guerra, a população judaica havia chegado a aproximadamente 300 mil, dois terços dela em Paris[25]. Contagens de judeus mais detalhadas seriam realizadas mais tarde pelo governo de Vichy e pelos alemães na zona ocupada, de acordo, é claro, com sua própria definição de quem era judeu. Os resultados, no entanto, dão uma imagem mais ou menos precisa da situação no período imediatamente anterior à guerra. Em meados de 1939, cerca de metade da população judaica em Paris era francesa e metade era estrangeira. Mas mesmo entre os judeus franceses, apenas metade era nascida na França. Na região de Paris, 80% dos judeus estrangeiros

---

23 R. Vogel, *Ein Stempel hat gefehlt: Dokumentation zur Emigration deutscher Juden*, p. 170-171.
24 L. Yahil, op. cit., p. 321
25 J. Adler, *Face à la persécution*, p. 25.

provinham do Leste europeu, metade deles, da Polônia[26]. Embora houvesse três milhões de estrangeiros vivendo na França no final da década de 1930, dos quais apenas cerca de 5 por cento, quando muito, eram judeus[27], estes eram mais visíveis que os outros. Aos olhos, tanto das autoridades quanto da população, os judeus estrangeiros eram potenciais fontes de problemas. Essa era também a opinião de muitos judeus franceses. "Já em 1943", escrevia Michael Marrus,

> R. R. Lambert, editor do *Univers Israélite* e uma das principais figuras entre as autoridades franco-judaicas, advertia seus correligionários de que outros cidadãos franceses estavam perdendo a paciência: na situação atual, a imigração em massa [para a França] não é mais possível. Os judeus estrangeiros devem tomar cuidado, devem abandonar sua tendência a viver apenas entre os seus e devem acelerar sua assimilação à sociedade francesa[28].

Na verdade, Lambert sentia-se em parte solidário e não defendia a expulsão dos refugiados; Jacques Helbronner, presidente do Consistório, o principal corpo representativo dos judeus franceses, pensava de modo diferente: "A França, assim como qualquer outra nação", declarava Helbronner já em junho de 1933,

> tem seus desempregados e nem todos os judeus refugiados da Alemanha são gente que merece ser mantida na França [...]. Se existem 100 a 150 grandes intelectuais que valem a pena ser mantidos na França, pois são cientistas ou químicos que possuem segredos dos quais nossos próprios químicos não têm conhecimento [...] esses nós manteremos, mas os 7, 8 ou talvez 10 mil judeus que virão para a França, será que é de nosso melhor interesse, mantê-los?[29]

Por anos Helbronner continuaria a defender essa opinião; em 1936 ele expressaria pesar pela política liberal francesa de imigração de 1933. Para ele, os refugiados judeus eram simplesmente "a ralé, o refugo da sociedade, elementos que provavelmente não tinham nenhuma utilidade em seu próprio país"[30].

26 Idem, p. 26-27.

27 É extremamente difícil avaliar o exato número de judeus estrangeiros morando na França na década de 1930, em resultado da reemigração de alguns dos imigrantes. Aproximadamente 55 mil judeus entraram na França entre 1933 e o começo da guerra. Cf. M. R. Marrus; R. O. Paxton, *Vichy France and the Jews*, p. 36.

28 M. R. Marrus, Vichy Before Vichy, *Wiener Library Bulletin*, v. 33, p. 16.

29 V. Caron, Loyalties in Conflict, *LBIY*, v. 36, p. 320.

30 Idem, ibidem.

Mesmo após a derrota da França, é preciso acrescentar, Helbronner, ainda à frente do Consistório, manteria sua antipatia em relação aos judeus estrangeiros. Sua atitude somente mudaria no decorrer de 1943. Logo após essa mudança essencial quanto à questão, os nazistas também o perseguiriam: em outubro desse ano ele era preso, deportado para Auschwitz com sua mulher e assassinado.

A posição do Consistório tinha suas consequências e, de 1934 em diante, a ajuda material aos refugiados era interrompida quase por completo.

> Claramente, as lideranças franco-judaicas estavam abandonando todos os esforços de reconciliar suas lealdades e obrigações conflitantes com relação aos refugiados e à França. Nessa luta, os interesses franceses [...] dominavam. Os refugiados eram pura e simplesmente deixados ao abandono[31].

As primeiras medidas oficiais contra os estrangeiros (expulsão daqueles cujos documentos não estivessem em ordem) foram tomadas durante a primeira metade da década de 1930, sobretudo em 1934, sob o governo do primeiro ministro Pierre-Etienne Flandin[32]. Após um breve arrefecimento sob o governo de Blum, as medidas anti-imigração se tornaram ainda mais drásticas, culminando na lei altamente restritiva de novembro de 1938, que facilitava a expulsão imediata de estrangeiros e tornava a determinação de suas residências em algum canto remoto do país uma questão de simples decisão administrativa. Despojar os estrangeiros naturalizados de sua nacionalidade francesa pouco tempo antes adquirida também se tornava possível e diversos grupos de profissionais que consideravam os judeus que acabavam de chegar como uma competição perigosa começaram a fazer pressão em favor de sua exclusão de vários domínios, como a medicina e a advocacia[33].

Entretanto, havia muito mais no rápido crescimento do antissemitismo francês na metade da década de 1930 que a questão da imigração judaica[34]. À medida que a crise econômica se agravava, no final de 1933, o Caso Stavisky, um escândalo envolvendo uma série de negócios financeiros obscuros, no qual o papel central era desempenhado por um judeu russo chamado Serge-Alexandre

---

31 Idem, p. 326.

32 M. R. Marrus; R. O. Paxton, op. cit., p. 54 e s.

33 M. R. Marrus, Vichy Before Vichy, *Wiener Library Bulletin*, v. 33 , p. 17-18.

34 Alguns historiadores veem uma evidente regressão do antissemitismo francês entre o final do Caso Dreyfus e a metade da década de 1930, outros – com os quais me inclino a concordar – percebem traços persistentes de atitudes antijudaicas, em especial no campo cultural, mesmo durante os anos "mais tranquilos". Para a primeira interpretação, cf. P. Hyman, *From Dreyfus to Vichy*; para a segunda, cf. L. Poliakov, *Histoire de l'antisémitisme*. V. 4: *L'Europe suicidaire 1870-1933*, p. 281 e s. [Ed. Bras.: *História do Anti-Semitismo, v. 4: A Europa Suicida: 1870-1933*, São Paulo: Perspectiva, 1985, p. 243 e s.].

Stavisky e em cujas misteriosas ramificações estavam implicadas figuras políticas francesas de grande destaque, aparecia nas manchetes. Nos primeiros dias do ano de 1934, o corpo de Stavisky foi encontrado próximo a Chamonix, nos Alpes franceses. O governo socialista radical de Camille Chautemps caiu e foi substituído pelo do efêmero primeiro ministro Édouard Daladier, também um socialista radical, e toda a gama de organizações de extrema direita, da Action Française de Maurras e Daudet à Croix de Feu (Cruz de Fogo), a organização dos veteranos de guerra liderada por François de La Rocque, entrou em alvoroço. Um tumulto foi reprimido em Paris, em 6 de fevereiro de 1934: dezoito manifestantes de direita foram mortos pela polícia na Place de la Concorde e na rue Royale, quando tentavam tomar de assalto a Câmara dos Deputados. A república sobreviveu à crise; mas a cisão interna que dividia a sociedade francesa desde a Revolução e dominava a vida política do país desde a época da restauração até o caso Dreyfus estava novamente aberta.

Um momento decisivo teve lugar com os confrontos que precederam e se seguiram às eleições de 1936, com a vitória esmagadora da Frente Popular, liderada por Léon Blum. Quando, em 6 de junho, o novo governo foi empossado, Xavier Vallat, futuro delegado geral de Vichy para Assuntos Judaicos, voltou-se para Blum, na tribuna da *Chambre des Députés*:

> Sua ascensão ao poder, Sr. Primeiro Ministro, é uma ocasião histórica inegável. Pela primeira vez, esta antiga nação galo-romana será governada por um judeu. Ouso dizer em voz alta o que pensa a nação: que teria sido preferível colocar na liderança deste país um homem cujas raízes pertencem a este solo, em vez de um talmudista ardiloso[35].

Muito do que Blum fez durante seus dois curtos mandatos como primeiro ministro do governo da Frente Popular parecia fazer o jogo da direita. Por admiráveis que fossem suas realizações sociais – as quarenta horas de trabalho semanal e as duas semanas anuais de férias pagas –, elas pareciam contradizer abertamente sua ânsia em acelerar o rearmamento, diante da ameaça nazista. Em todo caso, embora fosse um tanto desconcertante ver pacifistas tradicionais se transformar em guardiães militares da França, era sem dúvida muito mais estranho observar a mudança dos nacionalistas de direita em direção à política de puro e simples apaziguamento da Alemanha nazista, entre outras razões, por ódio ao inimigo interno. "Melhor Hitler que Blum", era apenas um dos motes; coisa pior estava por vir.

Assim como na Alemanha nas décadas anteriores, apesar de certa visibilidade do ativismo judaico de esquerda, a maioria dos judeus na França era de

---

35 J. Lacouture, *Léon Blum*, p. 305.

fato tudo, menos defensores da esquerda. O Consistório era uma corporação essencialmente conservadora que não hesitava em acolher a presença de organizações de direita, como a Croix de Feu, de La Rocque, em suas ocasiões comemorativas; patrocinou abertamente, pelo menos até 1935, um movimento judaico nacionalista e ultraconservador, a Union Patriotique des Français Israélites, liderada por Édouard Bloch[36]. Mesmo em meio aos imigrantes da Europa oriental, o apoio à esquerda não era generalizado. Nas eleições municipais de Paris em 1935 e nas decisivas eleições de 1936 para o legislativo, as corporações oficiais de imigrantes estavam mais dispostas a dar seu apoio aos candidatos de direita que aos comunistas[37].

O próprio Blum com frequência parecia pouco suscetível ao papel desempenhado pelo antissemitismo na mobilização da opinião de direita contra sua liderança. Ou, talvez, sua percepção fosse do tipo distanciado e fatalista que caracterizaria a aceitação de Rathenau do ódio dirigido contra si nos meses que precederam seu assassinato. Em fevereiro de 1936, o próprio Blum recebeu ferimentos leves ao ser agredido por manifestantes de direita, quando seu carro passava pelo cortejo do funeral do historiador Jacques Bainville, promovido pela Action Française[38]. A pouca suscetibilidade de Blum tornava fácil à extrema direita apontar acusadoramente para o número de ministros judeus em seu ministério[39].

O antissemitismo não desempenhava um papel central nos programas ou na propaganda dos partidos franceses mais próximos ao fascismo, pelo menos durante a década de 1930. Embora os motes antijudaicos fizessem parte do repertório da Solidarité Française e outras ligas, o Parti Populaire Français, liderado por Jacques Doriot, se tornou antissemita somente após 1938, a fim de atrair eleitores em meio aos colonizadores franceses do norte da África, notoriamente antissemitas[40]. Mas os temas antijudaicos eram a principal matéria-prima de um grande número de periódicos de direita que difundiam sua mensagem a centenas de milhares de lares franceses: L'Action Française, Je

[36] Cf., em especial, D. H, Weinberg, *A Community on Trial*, p. 78 e s.

[37] Idem, p. 114-116.

[38] E. Weber, *Action Française*, p. 363.

[39] Havia três ministros judeus no primeiro gabinete (Blum, Cécile Léon-Brunschwicg e Jules Moch) e três no segundo (Blum, Moch e Pierre Mendès-France). S. A. Schuker, Origins of the "Jewish Problem" in the Later Third Republic, em F. Malino; B. Wasserstein (orgs.), *The Jews in Modern France*, p. 156-157.

[40] R. Soucy, *French Fascism*, p. 55, 278-279. De acordo com Soucy, o próprio Doriot rejeitava o antissemitismo, pelo menos até 1937. Em 1936 seu partido recebeu apoio financeiro de três banqueiros judeus (Rothschild, Worms e Lazard) e entre seus mais próximos colaboradores havia um judeu, Alexander Abremski, e o parcialmente judeu Bertrand de Jouvenel. Abremski foi morto em um acidente de carro em 1938; nesse mesmo ano, Doriot mudava sua posição sobre o problema judaico.

Suis Partout e *Gringoire* eram apenas os mais amplamente lidos dentre eles. Em 15 de abril de 1938, o *Je Suis Partout* publicava a primeira de suas edições especiais sobre "os judeus". Os artigos traziam títulos como: "Os Judeus e a Alemanha", "A Áustria e os Judeus", "Os Judeus e o Antissemitismo", "Os Judeus e a Revolução", "Quando Israel é Rei: O Terror Judaico na Hungria" e assim por diante. O artigo introdutório de Brasillach exigia que os judeus na França fossem colocados na condição de estrangeiros[41]. O fluxo contínuo de artigos antissemitas alcançou proporções tais que, em abril de 1939, foi promulgada uma lei proibindo ataques na imprensa "contra grupos de pessoas pertencentes, por sua origem, a uma dada raça ou religião, quando esses ataques se destinam a incitar o ódio entre cidadãos ou habitantes". A percepção da necessidade de uma lei como essa era um sinal dos tempos. Um outro sinal desse tipo, também em abril de 1939, era o papa Pio XII, eleito pouco tempo antes, revogar a proibição da Action Française. Nem a proibição nem sua revogação tinham qualquer relação com o antissemitismo, mas, mesmo assim, a partir de 1939, a doutrina de ódio antijudaico de Maurras não mais estava excluída do âmbito oficial católico.

A Alemanha nazista encorajava a propagação do antissemitismo por toda a Europa e além dela. Algumas vezes essas iniciativas eram indiretas: na França, a Comissão Franco-Alemã, organizada pelo Gabinete de Política Exterior de Joachim von Ribbentrop e dirigida pelo futuro embaixador nazista na França ocupada, Otto Abetz, apoiava com atenção várias atividades culturais, a maioria das quais dotada de uma sutil tendência ideológica pro-nazista[42]. Por outro lado, a função de organizações nazistas como a agência de notícias Weltdienst, sediada em Stuttgart, era a propaganda antijudaica em âmbito mundial[43]. Porém, os grupos de feições nazistas, algumas vezes financiados pelos nazistas e formados de franceses, belgas, poloneses e romenos que odiavam os judeus, não eram os que tinham maior importância durante o período imediatamente anterior à guerra. O aspecto realmente funesto nesses países foi o desenvolvimento exacerbado de variedades domésticas de antissemitismo: a contribuição do nazismo consistia numa influência indireta. Nessa época, a irrupção da obsessão antijudaica, com ou sem o estímulo nazista, tinha certo impacto imediato tanto sobre as atitudes para com as comunidades judaicas locais quanto sobre as políticas de imigração relativas aos judeus que tentavam fugir da Alemanha, da Áustria e do Protetorado da Boêmia e Morávia. Em termos mais gerais, ela preparou o terreno para a colaboração

---

41 M. Laval, *Brasillach ou la trahison du clerc*, p. 75-76. Cf. também P.-M. Dioudonnat, *Je suis partout, 1930-1944*.

42 R. Thalmann, Du Cercle de Sohlberg au Comité France-Allemagne, em H. M. Bock et al.(orgs.), *Entre Locarno et Vichy*, v. 1, p. 67 e s.

43 R. Bollmus, *Das Amt Rosenberg und seine Gegner*, p. 121 e s.

ativa de alguns e a aquiescência passiva de muitos mais, selando o destino dos judeus na Europa apenas três ou quatro anos mais tarde.

III

Em 29 de setembro de 1936, o secretário de Estado do Ministério do Interior alemão, Wilhelm Stuckart, convocava uma reunião de altos oficiais de sua própria agência, do Ministério da Economia e do Gabinete da Autoridade Adjunta do Führer, a fim de preparar as recomendações para um encontro de ministros que iria tratar das novas medidas a ser tomadas com relação aos judeus nesse estágio pós-Nurembergue. O Gabinete da Autoridade Adjunta do Führer representava a linha do partido, o Ministério do Interior (embora chefiado pelo nazista Wilhelm Frick) em geral representava posições intermediárias entre o partido, a burocracia estatal conservadora e o Ministério de Economia (ainda liderado por Schacht) que era decididamente conservador, é de surpreender, portanto, que nessa reunião os mais altos oficiais das três agências estivessem inteiramente de acordo.

Todos os presentes reconheciam que o objetivo fundamental agora era a "total emigração" dos judeus e que todas as outras medidas deviam ser tomadas com esse objetivo em mente. Após reafirmar esse postulado, Stuckart acrescentava uma sentença que logo encontraria sua implementação dramática: "Em último caso, teremos de considerar a colocação em prática da emigração compulsória"[44].

A discussão se concentrou em grande parte em dilemas que viriam a atormentar as escolhas alemãs até o outono de 1938: primeiro, que parcela de atividade social e econômica deveria ser deixada aos judeus do Reich, de forma a evitar que se tornassem um ônus para o Estado e, ainda assim, não diminuir seu incentivo para emigração? Segundo, para que países os emigrantes judeus deveriam ser canalizados, sem levar à criação de novos centros de atividade antigermânica? Os participantes concordavam em que todas as opções de emigração deviam permanecer abertas, mas que os recursos da Alemanha deviam ser usados apenas para ajudar a emigração para a Palestina. Em resposta à pergunta sobre se a imprensa não estaria diminuindo o ritmo da emigração judaica para a Palestina ao noticiar a agitação árabe contra os judeus na região, o diretor do Ministério, Walther Sommer (do Gabinete da Autoridade Adjunta do Führer) comentava: "ninguém pode reprovar outras nações por se defender contra os judeus". Nenhuma medida com relação às notícias da

---

44 Para o protocolo da reunião como estabelecida por Wilhelm Stuckart, cf. H. Mommsen e S. Willems (orgs.), *Herrschaftsalltag im Dritten Reich: Studien und Texte*, p. 445 e s. Para a observação de Stuckart, cf. idem, p. 446.

imprensa deveria ser tomada[45]. E nenhuma decisão seria tomada com relação ao problema da identificação dos negócios de propriedade de judeus[46].

A reunião de setembro de 1936 foi o primeiro encontro de planejamento de políticas de alto nível dedicado às futuras medidas antijudaicas do regime em que a prioridade da emigração total (emigração compulsória: isto é, expulsão, caso necessário) foi claramente formulada. Antes da aprovação das Leis de Nurembergue, a segregação havia sido a meta principal e seria somente em setembro de 1935 que Hitler, em sua declaração a Walter Gross, mencionaria "uma emigração mais vigorosa" dos judeus da Alemanha como um de seus novos objetivos. Assim, a certa altura no final de 1935 ou em 1936, as ainda hesitantes formulações de Hitler se tornaram uma firme diretriz para todas as agências partidárias e para as agências vinculadas ao governo. A mudança rumo a novos objetivos correspondia, como vimos, à nova radicalização tanto no domínio interno quanto no externo.

Ao mesmo tempo, o processo de "limpeza" era implacavelmente levado adiante: as mais importantes iniciativas emanavam de Hitler e, mesmo quando eram os ministros do gabinete ou o principais líderes do partido que submetiam a ele novas iniciativas, sua aprovação estava longe de ser automática.

Em 1º de abril de 1933, cerca de 8 mil a 9 mil médicos judeus exerciam a profissão na Alemanha. Em fins de 1934, aproximadamente 2.200 haviam emigrado ou abandonado a profissão, porém, apesar de um constante declínio durante 1935, no início de 1936, 5 mil médicos judeus (entre eles 2.800 no Serviço de Saúde Pública) ainda trabalhavam no Reich. A lista oficial de médicos do país do ano de 1937 identificava médicos judeus como sendo judeus de acordo com os critérios das Leis de Nurembergue; a essa altura, seu total era de cerca de 4.200, aproximadamente a metade do número de médicos judeus identificados na lista de 1933[47], mas, na opinião dos nazistas, um número ainda demasiado alto.

Em 13 de dezembro de 1935, o ministro do interior apresentava o anteprojeto de uma lei regulamentando a profissão médica. De acordo com o protocolo da reunião do conselho (que não dava detalhes do anteprojeto), Frick atraiu a atenção dos ministros para o fato de que os artigos 3 e 5 "estabeleciam o quesito ariano para os médicos". A proposta foi aceita[48]. Ao que parece, no entanto, por razões não especificadas, o anteprojeto final da lei foi adiado por mais de um ano.

---

45 Idem, p. 448.
46 Idem, p. 457.
47 F. Kudlien, *Ärtzte im Nationalsozialismus*, p. 76.
48 K.-H. Minuth (org.), *Akten der Reichskanzlei*, v. 5 (24 jan. de 1935-5 fev. de 1938), número de série 859, Ifz, Munique.

Em 14 de junho de 1937, Wagner se reunia com Hitler na presença de Bormann: "Quando declarei ao Führer que era necessário livrar a profissão médica dos judeus", escrevia Wagner,

> o Führer declarou que considerava essa limpeza excepcionalmente necessária e urgente. Ele também não achava certo que os médicos judeus tivessem permissão para continuar a praticar [em números] correspondentes à porcentagem da população judaica. Em todo caso, esses médicos também deviam ser excluídos em caso de guerra. O Führer considerava a limpeza da profissão médica mais importante que, por exemplo, a do serviço público, pois a tarefa do médico era, em sua opinião, uma tarefa de liderança, ou devia ser. O Führer deu instruções para que informemos o Secretário de Estado Lammers sobre suas ordens para o preparo das bases legais para a exclusão dos médicos judeus ainda exercendo a profissão (cancelamento de licenças)[49].

Dois meses mais tarde, Lammers informava ao secretário de Estado Pfundtner que o caso dos médicos judeus estava agendado para uma reunião, fixada para 1º de setembro, entre os secretários de Estado e Hitler[50]. No prazo de um ano, o destino profissional dos médicos judeus que ainda permaneciam na Alemanha estaria selado.

O ministro do Interior Wilhelm Frick, um dos mais leais membros do partido, parecia, no entanto, ter subestimado a intensificação no ritmo da radicalização. De acordo com um memorando de 25 de novembro de 1936 emitido pelo Ministério da Educação, no início do ano Frick decidira não haver base legal para demissão de servidores civis arianos casados com esposas judias. Nas palavras do memorando, "a posição dele [Frick] não recebeu a aprovação do Führer e do Chanceler do Reich". O corolário era simples: a iniciativa de Frick não era válida[51].

Alguns meses mais tarde, Frick compensava sua inicial falta de legalismo criativo. Em 19 de abril de 1937, ele emitia o seguinte regulamento:

> Meu memorando de 7 de dezembro de 1936, que proíbe içar as cores nacionais sobre casas de alemães vivendo em casamento misto com judias

---

49 H. Friedlander; S. Milton (orgs.), *Archives of the Holocaust*, v. 20, p. 85-87; e H. Heiber (org.), *Akten der Parteikanzlei der* NSDAP (resumos), parte 1, v. 1, p. 245. Em uma reunião com Hitler em 3 de dezembro de 1937, foi decidido que "em semanas" o ministro do Interior submeteria ao chefe da Chancelaria do Reich o anteprojeto da lei para exclusão dos médicos judeus da prática médica. Idem, p. 97.

50 Idem, ibidem.

51 Ministério da Educação do Reich [...], 25.11.1936, Reichsministerium für Wissenschaft [...], microfilme MA 103/1. 1fz, Munique.

alemãs, também se aplica aos funcionários públicos. Como uma situação em que um funcionário público não pode içar a bandeira nacional em sua casa não é sustentável a longo prazo, funcionários públicos casados com esposas judias devem ser aposentados[52].

Algumas exceções eram admitidas, mas a base legal para a demissão de funcionários públicos com esposas judias fora encontrada.

Em geral, no entanto, Frick podia se gabar de êxito total. Em 21 de julho de 1937, ele solucionava um outro importante problema: as medidas de segurança a ser adotadas com relação à presença de judeus em estâncias de saúde e estabelecimentos congêneres. Judeus podiam ser hospedados apenas em hotéis e pensões de propriedade de judeus, sob a condição de que nenhuma empregada alemã com menos de quarenta e cinco anos trabalhasse no local. As instalações gerais (para banho, consumo de águas termais e coisas do tipo) estariam acessíveis aos judeus, mas devia haver o máximo de separação possível com relação aos outros hóspedes. Quanto às outras instalações sem imediata função de saúde (jardins, quadras esportivas), elas podiam ficar proibidas aos judeus[53].

Mas, como em anos anteriores, Hitler hesitava quando uma medida podia criar complicações políticas desnecessárias. Assim, em 17 de novembro de 1936, ele dava ordens para um novo adiamento da lei sobre educação escolar para judeus[54], um projeto de lei que fora apresentado a ele pelo ministro da Educação. Ao que parece, na época, Hitler ainda estava receoso em implementar a segregação de estudantes judeus em bases raciais, pois isso acarretaria a transferência de crianças judias de fé cristã para escolas judaicas, acrescentando ainda mais tensão às relações com a Igreja Católica[55].

Por vezes, as medidas de limpeza se convertiam em uma confusão absolutamente surrealista. A emissão de diplomas de doutorado para estudantes judeus era um desses casos[56]. O problema foi, ao que parece, levantado no final de 1935 e discutido pelo ministro do Interior: nenhuma restrição relativa

---

52 Idem, 19.4.1937.

53 H. Heiber (org.), *Akten der Parteikanzlei*, microfichas 016639-40, Ifz, Munique.

54 Idem, *Akten der Parteikanzlei der NSDAP* (resumos), parte 1. v. 2, p. 262.

55 Idem, ibidem. A razão para a decisão de Hitler pode ser presumida com base nas questões levantadas pelo próprio ministro da Educação. Além disso, quando parecia, em 10 de setembro de 1935, que uma lei similar sobre a instrução escolar judaica entraria em vigor a partir do início do ano escolar de 1936, o cardeal Bertram enviou um protesto ao ministro da Educação Rust exatamente sobre a questão dos alunos judeus convertidos. Cf. B. Stasiewski (org.), *Akten deutscher Bischöfe, v. 3, 1935-1936*, p. 57.

56 Com relação à situação geral dos estudantes judeus na Alemanha nazista, cf. A. Götz von Olenhusen, Die "nichtarischen" Studentenan den deutschen Hochschulen, *VfZ*, v. 14; e M. Grüttner, *Studenten im Dritten Reich*, p. 212 e s. Para detalhes acerca da questão dos doutorados, cf.

ao direito de obtenção do diploma de doutor se aplicava a estudantes judeus estrangeiros; para os judeus alemães a questão permanecia sem solução. No início de 1936, ela era novamente trazida à baila pelo notório Wilhelm Grau, que estava para se tornar chefe da Seção Judaica no Instituto de História da Nova Alemanha, dirigido por Walter Frank. Em 10 de fevereiro de 1936, Grau escrevia ao secretário de Estado para Educação, comentando que lhe haviam solicitado avaliar uma dissertação sobre a história dos judeus de Ulm na Idade Média, apresentada por um judeu na faculdade de filosofia da Universidade de Berlim. "Se, de um lado, no caso acima mencionado", escrevia Grau,

> a dissertação já é em si inadequada do ponto de vista científico, de outro, também surge uma questão geral sobre se os judeus devem ter permissão para obter um doutorado numa universidade alemã sobre temas históricos como esse. Como nossos professores universitários infelizmente têm pouco conhecimento e ainda menos instinto com relação à questão judaica, as coisas mais incríveis acontecem nessa área.

Grau prosseguia, com um relato mencionado em uma discussão de sua primeira contribuição ao *Historische Zeitschrift*:

> Em outubro último, um judeu ortodoxo chamado Heller obteve seu doutorado na Universidade de Berlim com uma dissertação sobre os judeus na Rússia soviética, na qual ele tentava negar por completo a contribuição judaica ao bolchevismo empregando um método que devia provocar extrema indignação no Estado racial nacional-socialista. Heller simplesmente não considera os judeus que julga desprezíveis, como Trotsky e companhia, como judeus, mas sim "internacionalistas" antijudaicos. Com referência a isso, eu apenas quero levantar a questão do direito de judeus de obter um doutorado[57].

A discussão desse tópico, que se desenrolaria por todo o ano de 1936 e os primeiros meses de 1937, envolveria o Ministro da Educação, os decanos das faculdades de filosofia das Universidades de Berlim e de Leipzig, os reitores dessas universidades, o Reichstatthalter da Saxônia e o Gabinete da Autoridade Adjunta do Führer. A atitude do ministro da Educação seria recorrer à lei relativa à aceitação de judeus nas universidades alemãs: enquanto os estudantes judeus tivessem permissão de estudar nas universidades alemãs, seu direito de obter diplomas de doutorado não podia ser cancelado. A melhor

também S. Friedländer, The Demise of the German Mandarins, C. Jansen et al. (orgs.), *Von der Aufgabe der Freiheit*, p. 75 e s.

57 De Wilhelm Grau ao Secretário de Estado Kunisch, Ministro da Educação do Reich [...], 18. 2. 1936, Reichsministerium für Wissenschaft u. Erziehung, microfilme MA 103/1 1fz, Munique.

forma de lidar com a situação seria apelar para os sentimentos patrióticos dos professores e persuadi-los a não aceitar judeus como doutorandos[58]. Porém, alguns decanos (em especial o decano da faculdade de filosofia de Leipzig) declararam que, como membros do partido, eles não podiam mais tolerar a ideia de assinar diplomas de doutorado para judeus.

Em 29 de fevereiro de 1936, o decano da faculdade de filosofia da Universidade de Berlim enfatizava as consequências negativas advindas da rejeição das dissertações de todos os quatro candidatos judeus ao doutorado (Schlesinger, Adler, Dicker e Heller) em sua faculdade. Visto que, em cada um dos casos, o tema das dissertações havia sido sugerido por "membros arianos da faculdade", a rejeição das teses também afetava os professores envolvidos. O decano citava um deles, o professor Holtzmann, orientador da tese rejeitada, elaborada pelo "judeu Dicker", sobre os judeus de Ulm: extremamente irritado, Holtzmann declarou que para ele bastava e que não iria mais orientar trabalhos de doutorado de nenhum judeu"[59].

Em 15 de outubro de 1936, Bormann intervinha. Para ele, apelar para "a consciência nacional de professores" não era a forma certa de lidar com o problema. "Em particular", Bormann escrevia a Frick, "não gostaria que a implementação de princípios raciais básicos, que derivam da visão de mundo do nacional-socialismo, dependesse da boa vontade dos professores universitários". Bormann não hesitava: uma lei proibindo a concessão de diplomas de doutorado aos estudantes judeus era necessária e ela devia ser destinada aos professores, não aos estudantes. Quanto às reações do exterior, Bormann achava que o impacto da lei seria benéfico; para justificar essa afirmação, ele recorria a um argumento cujo significado ia bem além do tema em questão: "além disso, creio que o decreto terá aceitação favorável, particularmente em países estrangeiros de outras raças, que se sentem diminuídos por nossa política racial, uma vez que, por meio dele, os judeus uma vez mais serão deliberadamente separados das outras raças estrangeiras". Não havia objeção em conceder diplomas de doutor aos estudantes judeus que já haviam cumprido todos os requisitos necessários[60].

Um decreto refletindo a posição de Bormann era redigido pelo Ministro da Educação em 15 de abril de 1937: as universidades tinham ordens de não permitir que estudantes judeus de cidadania alemã se candidatassem ao doutorado. Exceções eram concedidas aos *Mischlinge* sob várias condições e os direitos de judeus estrangeiros permaneciam como antes[61].

---

58 Ministro da Educação do Reich, 28. 4. 1936, idem, ibidem.
59 O Deão, Faculdade de Filosofia da Universidade Friedrich Wilhelm, 29.2.1936, idem, ibidem.
60 Da Autoridade Adjunta do Führer ao Ministro do Interior do Reich, 15.10.1936, idem, ibidem.
61 Ministro da Educação do Reich [...], 15.4.1937, idem, ibidem.

A questão parecia resolvida. Mas, apenas alguns dias mais tarde, em 21 de abril, um telegrama do decano Wenhandel, da faculdade de filosofia da Universidade de Kiel, chegava ao Ministério da Educação, solicitando "uma decisão sobre se existiam reservas quanto à aceitação de teses de doutorado em antropologia caso o candidato tivesse uma esposa judia ou não puramente ariana[62].

O processo de purificação avançava devidamente também em nível local. Assim, os vereadores da cidade de Munique, que haviam excluído os judeus das piscinas públicas em 1935, tomavam novas medidas restritivas em 1937. Agora ficava proibido aos judeus o acesso aos chuveiros e banhos municipais. Mas como o assunto era importante, foi solicitada a autorização de Bormann. A autorização foi recusada[63], embora não esteja claro quais seriam as razões de Bormann.

Desacelerando em uma área, as autoridades de Munique avançavam em outra. A partir de 1933 as ruas da cidade que traziam nomes judaicos aos poucos recebiam novos nomes. Em fins de 1936, entretanto, o prefeito Karl Fiehler e a Comissão de Construção descobriram que havia onze ruas que ainda mantinham o nome judaico. Assim, durante o ano de 1937, com a ajuda do arquivo municipal, os nomes que eram indubitavelmente judaicos foram alterados. Mas, como dizia um funcionário do arquivo, sempre havia a possibilidade de

---

62 Do Deão Weinhandel, Faculdade de Filosofia de Kiel, ao Ministro da Educação do Reich, 21.4.1937, idem, ibidem. Sobre o problema da dissertação de Heller, um dos elementos que provocaram o processo de revisão relativo aos graus de doutorado para judeus teria uma consequência ulterior. Heller defendeu sua dissertação em 5 de julho de 1934 e recebeu a avaliação *summa cum laude*. Logo depois, o Dr. Heller partia para Tel Aviv, onde foi informado, em 23 de novembro de 1935, pelo gabinete da reitoria em Berlim, de que seu diploma seria enviado tão logo pagasse os 4.25 RM (marcos do Reich) para cobrir a postagem. Mas, em vez do diploma, Heller receberia a seguinte carta do diretor Bieberach, em 10 de janeiro de 1936:

> O senhor afirma que, em 16 de outubro de 1935 [a data oficial da graduação], lhe foi conferido o grau de doutor pela Faculdade de Filosofia da Universidade de Berlim. Exijo que se abstenha de fazer essa falsa declaração. Também não lhe será outorgado esse grau no futuro, pois o senhor é indigno de portar um título acadêmico alemão. Isso foi de forma inequívoca confirmado pela verificação de sua dissertação. A faculdade lastima ter permitido ao senhor o acesso ao exame de doutorado.

Em 1961 Heller escreveu para a Universidade Humboldt, em Berlim Oriental, para receber seu diploma de doutor. A universidade não respondeu, mas o senador para educação de Berlim Oriental enviou uma autorização permitindo a Heller o uso de seu título de doutor. Com a abertura dos arquivos da República Democrática Alemã, a razão do silêncio da universidade em 1961 se tornou clara: a dissertação de Heller fora considerada anticomunista. Em 1992, cinquenta e sete anos após Heller ser de fato considerado digno do grau de doutor, dois representantes da Universidade Humboldt foram a sua casa em Israel e entregaram seu diploma. Cf. A. Heller, arquivos pessoais, Ramat-Gan, Israel. Estou em dívida com o doutor Heller e sua filha, Nili Bibring, por ter-me concedido acesso à documentação desse caso.

63 P. Hanke, *Zur Geschichte der Juden in München zwischen 1933 und 1945*, p. 139.

que, "em resultado de uma pesquisa mais profunda, um ou mais nomes de ruas pudessem ser identificados como estando vinculados a judeus[64].

Em Frankfurt, os problemas criados pelas ruas de nomes judaicos eram piores. Ao que parece, a primeira pessoa a levantar a questão publicamente foi uma mulher, membro do partido, que, em 17 de dezembro de 1933, escrevia uma carta aberta ao *Frankfurter Volksblatt*:

> Façam-me o grande favor de verificar se podem usar sua influência para mudar a denominação de nossa rua, que leva o nome do judeu Jacob Schiff. Nossa rua é habitada sobretudo por partidários do nacional-socialismo e, quando as bandeiras tremulam, a suástica se agita em cada casa. O nome 'Jakob Schiff' é para nós uma punhalada no coração[65].

A carta foi enviada à chancelaria municipal, que a remeteu à comissão municipal encarregada dos nomes das ruas. Em março de 1934, a comissão informava o prefeito sobre todos os donativos feitos pelo financista judeu-americano Jacob Schiff a várias instituições de Frankfurt, inclusive a universidade e, dessa forma, sugeria a rejeição da proposta de mudança de nome, em especial porque, dada a importância do estabelecimento bancário privado de Jacob Schiff nos Estados Unidos, uma tal mudança seria amplamente noticiada e podia resultar num pedido de restituição das somas em dinheiro doadas à cidade[66].

Mas a carta no *Volksblatt* havia desencadeado várias iniciativas similares e, em 3 de fevereiro de 1935, após longa troca de correspondência, a comissão municipal encarregada dos nomes das ruas solicitava a autorização do prefeito para a seguinte proposta: o nome de catorze ruas ou praças seria imediatamente modificado, a começar pela Praça Börne, que se devia tornar Praça dos Dominicanos. Quando a propaganda nazista "descobriu" que Schiff havia financiado fartamente os bolcheviques, a Jakob-Schiff-Strasse se tornou Mumm-Strasse (em homenagem a um antigo prefeito de Frankfurt)[67]. Mais doze ruas tiveram seus nomes modificados em 1936 e 29 outras, para as quais havia sido sugerida nova denominação, deviam manter seus nomes, ou porque seu significado real podia ser explicado de outra forma (nomes como Mathilden-Strasse, Sophien-Strasse, Luisen-Strasse e Luisen-Platz, todos, na verdade, nomes de mulheres da família Rothschild, seriam agora considerados apenas como nomes genéricos de mulheres) ou porque nenhuma

---

64 Idem, p. 139-140.
65 Kommission..., *Dokumente zur Geschichte der Frankfurter Juden, 1933-1945*, p. 163.
66 Idem, p. 163-164.
67 Idem, p. 167-171.

razão suficiente ou válida podia ser encontrada para a mudança. No caso da Jakoby-Strasse, por exemplo, a possível origem ariana do nome estava ainda por ser pesquisada; quanto a Iselin-Strasse, "Isaac Iselin não era judeu (o prenome bíblico, era comum entre os calvinistas de Basel)"[68].

Em Stuttgart, a exclusão dos judeus das piscinas públicas foi adiada para depois dos Jogos Olímpicos; as iniciativas antijudaicas, no entanto, não ficavam muito atrás das de outras cidades alemãs. Muito ao contrário. Os líderes locais do partido estavam furiosos com o fato de que, pelo menos até 1937, a população judaica da cidade estava crescendo, em vez de diminuir. Judeus de pequenas cidades e aldeias nos arredores do então estado de Württemberg fugiam para Stuttgart, na esperança de encontrar tanto a proteção do anonimato quanto o apoio de uma comunidade maior. Assim, enquanto durante os primeiros sete meses de 1936, 582 judeus deixavam Stuttgart, 592 se mudavam para lá. Seria somente no final de 1937 que a população judaica, de cerca de quatro mil habitantes, começaria a diminuir[69].

O conselho de Stuttgart decidiu tomar os assuntos judaicos em suas próprias mãos. Após pedir orientação – dentre todos os lugares – da Nuremberg ue de Streicher, o conselho decidiu, em sua reunião de 21 de setembro de 1936, que lares de idosos, escolas maternais e (finalmente) piscinas públicas estavam proibidos aos judeus; nos hospitais, os judeus deviam ser separados de outros pacientes; os funcionários públicos da cidade ficavam proibidos de frequentar lojas de judeus e de consultar médicos judeus; negociantes judeus ficavam proibidos de frequentar mercados e feiras; e a cidade cancelava todos os seus negócios imobiliários e outras transações comerciais com judeus[70].

Paradoxalmente, essas iniciativas levariam a um confronto de Stuttgart com o governo de Württemberg, quando este último isentou um incorporador imobiliário judeu de Stuttgart das limitações de construção. O conselho da cidade se queixou ao Ministério do Interior de Württemberg e o prefeito de Stuttgart, Karl Strölin, mencionou o incidente como um exemplo das diferenças que podiam surgir entre autoridades municipais e autoridades do estado em relação à implementação de políticas antijudaicas[71].

Esses confrontos, especialmente entre burocracias regionais e membros locais do partido, na verdade não eram incomuns. Em Offenburg, no que era então o estado de Baden, alguém apresentou, em 19 de março de 1937, uma denúncia enviada por um advogado judeu, Hugo Schleicher, ao gabinete do

---

68 Idem, p. 172.
69 R. Müller, *Stuttgart zur Zeit des Nationalsozialismus*, p. 296.
70 Idem, p. 296-297.
71 Idem, p. 297.

distrito de Offenburg em nome da comunidade judaica local e dos judeus de Gengenbach, um subúrbio de Offenburg. Um merceeiro da cidade, um certo Engesser, havia se recusado a vender leite e mantimentos a um cliente judeu chamado Ferdinand Blum. A razão, logo ficava claro, era que o prefeito de Gengenbach, que também presidia a comissão de finanças do hospital local, informara a Engesser que ele não seria mais autorizado a fornecer suas mercadorias ao hospital se continuasse a vender seus produtos aos judeus. Como todos os merceeiros em Gengenbach podiam vender ao hospital, a tática do prefeito surtiu resultado imediato, que Schleicher especificou claramente em sua carta: "a consequência final dessa medida será que a população judaica de Gengenbach não será mais abastecida com leite e alimentos"[72].

O gabinete do distrito de Offenburg encaminhou a denúncia ao prefeito de Gengenbach e solicitou uma resposta. Em 2 de abril, o prefeito dava sua resposta "com relação à queixa do judeu H. Schleicher":

> os fatos apresentados na denúncia estão corretos. No estabelecimento rabenschwarz de Engesser ["rabenschwarz" significava que Engesser era um católico devoto], sem falar nos judeus, os fregueses são os tipos católicos mais devotos em toda Gengenbach, de forma que sua loja se tornou o ponto de encontro de todos os obscurantistas de nossa época. Confrontei Engesser com a opção de desistir ou de suas remessas ao hospital ou de seus fregueses judeus. Ele declarou imediatamente que estava pronto a desistir dos fregueses judeus. Se os judeus daqui conseguem comida ou se morrem, para mim dá no mesmo; eles podem ir para regiões mais férteis, onde o leite e o mel jorravam já no tempo de Abraão. De forma alguma, permitirei que o abastecimento de uma instituição sob minha autoridade seja feito por lacaios de judeus; tampouco admitirei ser responsabilizado em razão da denúncia de um judeu e, como nacional-socialista, rejeito a cobrança de explicações e respostas. Peço que seja dada ao judeu a resposta apropriada[73].

O gabinete do distrito logo dava sua resposta. Em 5 de abril, a carta do prefeito era devolvida, devido a seu "tom inteiramente irrelevante e inacreditável, totalmente inapropriado e inaceitável ao se dirigir a uma autoridade superior". A mensagem na íntegra era a seguinte: "Quando uma autoridade superior exige um relatório é dever de seu gabinete apresentá-lo de maneira

---

[72] Do Dr. Hugo Schleicher, Offenburg i/B, ao Gabinete do Distrito de Offenburg, 19 de março de 1937, Unterlagen betr. Entrechtung der Juden in Baden 1933-1940, ED 303, IfZ, Munique.

[73] Do prefeito como presidente do Fundo Hospitalar ao Gabinete do Distrito de Offenburg, 2.4.1937, idem, ibidem. Quando se referia a "os obscurantistas de nossa época", o prefeito de Gengenbach estava usando o título do panfleto anticatólico de Alfred Rosenberg, *An die Dunkelmänner unserer Zeit* (Aos Obscurantistas de Nossa Época).

factual e de forma relevante. Fico agora no aguardo desse relatório, formulado em termos concretos, que também deverá informar se e como será garantida em Gengenbach a provisão de leite para a família Blum"[74].

IV

Tanto para os judeus quanto para os alemães, o critério fundamental para avaliar o êxito das políticas de segregação antijudaicas era o nível da presença econômica dos judeus na Alemanha. Alguns incidentes locais pareciam, na ocasião, apontar para um inesperado poder de recuperação. Assim, em 2 de fevereiro de 1937, o *ns-Kurier*, de Stuttgart, publicava um longo artigo sobre um caso particular de "mesquinharia e falta de caráter". A esposa do diretor de uma empresa da cidade (cujo nome era omitido) fora vista comprando sabão na Schoken, uma loja de departamentos judaica[75]. Pior ainda, em 20 de março desse mesmo ano, o *ns-Kurier* deve ter irritado profundamente seus leitores, ao informar que a casa Rothschild, uma casa de alta-costura de Munique pertencente a judeus, apresentara seus modelos no Hotel Marquardt e que "algumas senhoras alemãs, ricas e, em consequência, destituídas de convicções", aceitaram o convite judaico e compareceram[76].

Por vezes, o silêncio era uma opção mais segura para a imprensa local do partido. Nenhum jornal de Munique publicou algo a respeito das quatro horas de visita que, em 1936, Göring, em companhia de seu auxiliar, o príncipe Philipp von Hessen, fez à loja de carpetes e tapetes de Otto Bernheimer. Embora a loja de Bernheimer fosse bastante conhecida como uma empresa de propriedade de judeus, Göring pagou 36 mil Reichsmark por dois tapetes raros, que foram devidamente enviados a seu imponente destino em Berlim[77].

Na verdade, Göring não era exceção, nem também as senhoras da alta sociedade de Stuttgart. Relatórios da Gestapo, provenientes de várias partes do Reich, indicam que, no final de 1935 e em 1936, muitos alemães ainda não hesitavam em fazer negócios com judeus. Apesar da crescente preocupação do partido, o comércio de gado, nas áreas rurais, permanecia em grande parte em mãos dos judeus; de acordo com um relatório da Gestapo do mês de novembro de 1935

---

74 Gabinete da Municipalidade, Offenburg, ao Prefeito, Gengenbach, 5.4.1937, idem, ibidem.
75 K. Leipner (org.), *Chronik der Stadt Stuttgart, 1933-1945*, v. 3., p. 354.
76 Idem, p. 368.
77 O. Bernheimer, "Kunde Göring", em H. Lamm (org.), *Von Juden in München*, p. 351-352.

os judeus controlam, quase em sua totalidade, o comércio de gado [em Hesse]. Eles transferiram suas atividades para o final da tarde ou para o período noturno. Algumas vezes, os *Volksgenossen* chegam até mesmo a se colocar à disposição dos judeus como seus representantes secretos, ou seja, sob seus próprios nomes, mas em benefício dos judeus, e fazem negócios por eles nos grandes mercados de gado para abate, em Frankfurt, Wiesbaden e Koblenz[78].

Quase um ano mais tarde, um relatório do distrito de Hipoltstein, na Francônia, dava o alarme: "as relações comercias dos camponeses com os judeus assumiram dimensão tal que a liderança política se sentiu compelida a intervir energicamente"[79].

Nas cidades, as liquidações anuais de final de inverno nas lojas judaicas eram grandes acontecimentos. Assim, em fevereiro de 1936, a direção da polícia de Munique relatava que a liquidação na loja de tecidos Sally Eichengrün, de propriedade de judeus, havia atraído "grandes multidões". Por vezes, cerca de trezentas freguesas ansiosas faziam fila na rua, do lado de fora da loja[80]. E diversos relatórios do SD indicam que, mesmo em 1937, as relações econômicas entre alemães e judeus ainda permaneciam ativas em vários domínios, com, por exemplo, membros da aristocracia, do corpo de oficiais e da alta burguesia ainda mantendo seus ativos em bancos judaicos[81].

É difícil avaliar o que era pago – em porcentagem média de valor – às dezenas de milhares de pequenos proprietários de negócios durante essa primeira fase da arianização. Como observado no capítulo 1, a pesquisa recente indica que o considerável alcance da arianização no nível dos médios e pequenos negócios não era indicativo da situação nos níveis mais altos da economia, nos quais a competição era mais limitada e a atitude com respeito à extorsão, ainda negativa, pois as empresas envolvidas tinham grande visibilidade internacional. Os nazistas decidiram, por isso, evitar todo confronto direto[82].

Muitos judeus permaneciam na diretoria e em outras posições administrativas importantes em companhias como a Mannesmann, a IG Farben, a Gesellschaft für Elektrische Unternehmungen e outras. O Dresdner Bank, por

78 T. Klein (org.), *Die Lageberichte der Geheimen Staatspolizei über die Provinz Hessen-Nassau 1933-1936*, v. 1, p. 515.

79 M. Broszat; E. Fröhlich; F. Wiesemann, *Bayern in der NS-Zeit*, v. 1, p. 462.

80 Idem, p. 458.

81 M. Wildt, *Die Judenpolitik des SD 1935 bis 1938*, p. 40, 108. Um relatório trimestral do SD para o período de janeiro a abril de 1937 especifica que algumas grandes firmas judaicas dobraram suas receitas em comparação a 1933. Idem, p. 108.

82 P. Hayes, Big Business and "Aryanisation" in Germany 1933-1939, *Jahrbuch für Antisemitismusforschung*, v. 3, p. 260.

exemplo, "ainda mantinha 100 a 150 judeus empregados em Berlim, em 1936, e cinco diretores manteriam seus postos até o período de 1938 a 1940"[83].

Quando a arianização efetivamente se deu no nível das grandes empresas, há indicações, em algumas instâncias muito significativas, de que preços justos eram oferecidos aos proprietários até o final de 1937, quando a situação mudaria drasticamente. O interesse pessoal era sem dúvida parte da motivação para esse tipo de aparente reserva e probidade. A recuperação econômica permanecia incerta. Algumas das maiores firmas alemãs, preocupadas em evitar taxação adicional sobre seus novos lucros ou em escapar aos efeitos de uma eventual desvalorização, utilizavam a aquisição a preço alto de empresas de solidez comprovada, mas ainda assim desvalorizáveis, com a finalidade de aumentar seus benefícios contábeis. Em todo caso, era assim que tanto os nazistas quanto a imprensa de negócios, interpretavam a aquisição por Henkel da firma de propriedade judaica Norddeutsche Hefeindustrie a preço nominal, bem como uma operação análoga pela principal subsidiária alemã da Unilever[84]. Em geral, entretanto, a situação econômica dos judeus na Alemanha deteriorava progressivamente.

Uma notável síntese da época aparecia em dezembro de 1935 no jornal austríaco *Reichspost*:

> Os comerciantes judeus de pequeno e médio porte das cidades de província [alemãs], já há algum tempo, travam uma difícil batalha. Nessas cidades, a arma do boicote pode ser utilizada muito melhor que em um lugar como Berlim, por exemplo. A consequência é que existe agora uma liquidação em massa de lojas judaicas [...]. Há notícias [...] vindas de certas áreas [...] de que uma média de 40 a 50% de todos os negócios judaicos já foram transferidos para as mãos de arianos. Ao lado disso, há muitas cidades pequenas nas quais os últimos resíduos de atividade comercial judaica já foram liquidados. Essa também é a razão por que várias pequenas congregações estão oferecendo suas sinagogas à venda. Apenas recentemente, um fazendeiro na Frânconia conseguiu adquirir um desses prédios pelo preço de 700 marcos – com a finalidade de armazenar grãos[85].

Em aldeias e pequenas cidades, a perseguição era em geral a maneira mais fácil de forçar os judeus a vender seus negócios por uma fração do valor e a se mudar ou emigrar. Nas grandes cidades e no caso de negócios maior porte, as restrições ao crédito e outras medidas de boicote formuladas pelas

---

83 Idem, p. 260-261.
84 Idem, p. 262.
85 A. Barkai, *From Boycott to Annihilation*, p. 108.

firmas arianas levavam ao mesmo resultado. Os judeus que não queriam abandonar sua atividade econômica viam-se cada vez mais confinados a um mercado judaico que se encolhia rapidamente. Excluídos de suas ocupações, profissionais judeus tornavam-se mascates, fosse vendendo os objetos de suas casas fosse viajando de lugar em lugar – uma inversão no rumo histórico da mobilidade social judaica. Barkai observava que, como a atividade dos mascates devia ser registrada, o governo e as autoridades do partido ficavam às vezes com a impressão equivocada de que a atividade econômica judaica crescia. Após ser proibido, em decorrência das Leis de Nurembergue, aos judeus empregar mulheres arianas com menos de 45 anos em suas casas, jovens judias passavam a ocupar as novas posições vagas, mais uma vez invertendo uma tendência que as mulheres judias modernas vinham apoiando e pela qual lutavam, havia décadas[86].

Essa evolução geral é inquestionável; porém, é preciso matizá-la, para ser possível nos apoiar nos relatórios do SD. Assim, o relatório anual relativo a 1937 da seção judaica do SD dá a impressão de que as atitudes com relação aos judeus em meio a alguns setores da população permaneciam ambíguas e eram alimentadas não apenas por motivos econômicos, mas também por motivos religiosos e, talvez, por alguns motivos políticos:

> O ano abrangido pelo relatório demonstra que amplas parcelas da população e até mesmo a comunidade partidária, não se incomodam mais, nem mesmo quanto à queixa mais elementar, isto é, a de não comprar de judeus. Esse tipo de sabotagem é particularmente forte em áreas estritamente católicas e entre os partidários da Igreja Confessante que, em parte, por motivos ideológicos – a solução da questão judaica pela via do batismo e a inclusão dos judeus na comunidade cristã – mas também, em parte, a fim de fortalecer a oposição ao nacional-socialismo, tentam obstruir o trabalho do Reich em relação aos judeus. A melhor prova do êxito dessa atividade de oposição é o fato de que, em contraste com outras partes do Reich, na média e baixa Frância assim como na Suábia, está ocorrendo uma mudança da população judaica, das cidades para as áreas rurais, onde os judeus, sob a proteção moral da Igreja, são afetados menos diretamente pelas medidas tomadas pelo Reich. Uma tendência análoga pode ser observada nas áreas católicas da província prussiana de Hesse-Nassau e em Hesse[87].

Embora o relatório do SD descrevesse a situação em apenas algumas áreas e embora – visto que é a tendência contrária que em geral está documentada –

---

86 Idem, p. 84.
87 M. Wildt, op. cit., p. 165.

a mudança dos judeus das cidades para a zona rural provavelmente fosse muito limitada, o antissemitismo parecia não estar se tornando uma força *ativa* dentro da população em geral. As palavras "não se incomodem mais" chegam a indicar uma indiferença crescente à propaganda do partido com relação à questão. Ainda assim, como antes, durante esses dois anos, algumas limitações religiosas e interesses econômicos parecem ter sido as principais motivações para atitudes assim "brandas" com relação aos judeus. Mas o desaparecimento que se seguiria de quase toda atividade econômica judaica, aliada a uma pressão oficial mais violenta, logo seria sentida.

Assim que Hitler tomou medidas concretas para lançar o Reich rumo a um grande confronto militar, o destino dos conservadores estava selado. No final de 1937, Schacht saía de cena, substituído pelo nazista Walther Funk. No início de 1938, outros ministros conservadores, inclusive o ministro do Exterior Neurath e o da Defesa Blomberg, também deixavam seus cargos. Ao mesmo tempo, o chefe do Estado maior do exército, general Werner von Fritsch, se afastava, tendo caído em desgraça sob as acusações de fraude e homossexualismo. Hitler tornou-se o comandante das forças armadas que, daí em diante, seria conduzida *de facto* por um novo Alto Comando da Wehrmacht (Oberkommando der Wehrmacht, ou OKW), sob a chefia do general Wilhelm Keitel. Com isso, a cada vez mais fraca e mais ambígua proteção oferecida pelos conservadores contra a radicalização das políticas antijudaicas do regime desaparecia.

Na diretriz estabelecendo o Plano de Quatro Anos, Hitler exigia a aprovação de uma lei que "tornaria todos os judeus responsáveis por todo e qualquer dano que algum membro dessa gangue de criminosos causasse individualmente à economia alemã e, com isso, ao povo alemão"[88]. Para ser possível punir os judeus pela morte de Gustloff (Gustloff, vimos anteriormente, era o representante nazista na Suíça que foi assassinado por um estudante judeu no início de fevereiro de 1936), o decreto relativo à multa coletiva que Hitler queria impor aos judeus da Alemanha devia estar pronto até o final do julgamento do assassinato, na Suíça. Esse prazo foi perdido devido às discussões entre os ministérios das Finanças e do Interior sobre problemas técnicos relativos à multa, que persistiriam no decorrer de 1937 e da primeira metade de 1938. Mas o adiamento foi de fato resultado das hesitações de Göring quanto aos efeitos potenciais desse decreto sobre a situação do Reich relativa ao câmbio exterior e às matérias primas[89]. Seria Göring, entretanto, que no final anunciaria a imposição de uma multa coletiva sobre os judeus

---

88 Cf. W. Treue, Hitler's Denkschrift zum Vierjahresplan 1936, *VfZ*, ano 3, n. 2.

89 H. Heiber (org.), *Akten der Parteikanzlei der* NSDAP (resumos), parte 1, v. 2, p. 267.

da Alemanha, após as manifestações de violência racial da Kristallnacht que se seguiram ao assassinato de Ernst vom Rath.

O declínio da influência conservadora, particularmente com relação à situação econômica dos judeus, tornou-se palpável em vários níveis, assim como no tom das discussões entre os dirigentes do partido e o ministro da Economia. No outono de 1936, em Chemnitz, a fábrica de tecidos Königsfeld, tornava-se alvo de perseguição crescente, movida pelas organizações partidárias locais. Como o dono da firma era um *Mischling* de primeiro grau casado com uma alemã e, assim, ainda portador de plenos direitos de cidadão alemão (*Reichsbürger*) e como, de acordo com um memorando do Ministério da Economia, não era possível perceber nenhuma influência judaica na empresa, as autoridades do partido na Saxônia receberam ordens de pôr um fim em sua campanha contra a empresa Königsfeld. Em 6 de dezembro, o Reichsstatthalter Mutschmann respondia a essa solicitação em carta ao Conselheiro Hoppe no ministério. Mutschmann ficou "pasmo" com a postura de Hoppe em relação à empresa "não ariana" Königsfeld:

> Essa posição é contrária à visão de mundo nacional-socialista e é, em minha opinião, uma sabotagem às ordens do Führer. Assim, solicito que não modifique nenhum aspecto da situação atual; caso contrário, serei obrigado a tomar medidas que poderão ser bastante desagradáveis. Em breve apresentarei sua posição ao Führer com toda clareza. De qualquer modo, não pretendo transmitir suas instruções aos oficiais que estão sob minhas ordens; muito ao contrário, sou da opinião de que o senhor provou, por sua atitude, que está na função errada[90].

Ativistas do partido assumiriam a partir de então a tarefa de publicar na imprensa os nomes dos *Volksgenossen* que favoreciam as lojas judaicas; como complemento, eram incluídos os endereços dos culpados. Bormann tinha que reagir. Num decreto de 23 de outubro de 1937, ele manifestava sua discordância com relação a essas iniciativas, chamando a atenção para uma circunstância bastante conhecida: muitos fregueses não tinham conhecimento de que uma determinada loja era judaica e, dessa forma, viam-se expostos na imprensa por um delito totalmente não intencional. Os nomes deviam, então, ser cuidadosamente verificados antes da publicação e os membros do partido que estivessem em uma área que não lhes fosse familiar deveriam evitar comprar em lojas judaicas informando-se previamente sobre a identidade dos proprietários[91].

---

90 Adjutantur des Führers 1934-1937, microfilme MA 13/2, Ifz, Munique.
91 Autoridade Adjunta do Führer, Comandante-em-Chefe, diretriz, 23.10.37, Stellvertreter des Führers (Anodnungnen [...]), 1937, Db 15.02, Ifz, Munique.

Em 1936 ficava claro que o Acordo de Haavará não dera à Alemanha nenhuma vantagem econômica ou política e que, ao contrário, a canalização da emigração judaica para a Palestina podia favorecer a criação de um Estado judaico independente. Esse Estado poderia se tornar um centro de agitação contra a Alemanha nazista ou, pior ainda, intensificar e coordenar o poder judaico mundial. A questão parecia se tornar particularmente urgente a partir do final de 1936 e durante 1937, quando a Comissão Britânica Peel recomendou a divisão da Palestina em dois Estados separados, um judaico e um árabe, com outras áreas que deveriam permanecer sob o controle britânico. Qual devia ser a posição da diplomacia alemã? Em abril de 1937 Ernst von Weizsäcker, chefe da divisão política de Wilhelmstrasse e futuro secretário de Estado adotava a posição, sistematicamente promovida pelo Departamento Alemão do Ministério do Exterior contra a criação de um Estado judaico; em termos concretos, entretanto, a política permanecia sendo a de não interferência, o que significava, entre outras coisas, nenhum apoio ativo para o movimento nacionalista árabe[92].

A posição antissionista de Wilhelmstrasse tornou-se mais inflexível, pelo menos em princípio, quando, em junho de 1937, o próprio ministro do Exterior Neurath declarou: "A formação de um Estado Judeu ou de uma entidade política judaica sob o Mandato Britânico não é do interesse da Alemanha", telegrafava Neurath a seus representantes diplomáticos em Londres, Jerusalém e Bagdá,

> uma vez que um tal Estado na Palestina não absorverá todos os judeus do mundo, porém lhes dará uma nova posição de poder, sob a proteção da lei internacional, algo comparável ao que o Vaticano representa para o catolicismo político ou Moscou para o Comintern. Por isso é de interesse da Alemanha ajudar a fortalecer o mundo árabe, a fim de compensar, se necessário, um maior poder do mundo judaico. Sem dúvida, ninguém espera a intervenção direta da Alemanha, a fim de influenciar a evolução do problema palestino. Entretanto, seria bom que os governos estrangeiros envolvidos não deixassem de ser informados de nossa posição[93].

A posição de Neurath e a tendência geral que prevalecia no Ministério do Exterior encorajariam os adversários do acordo de Haavará durante o ano de 1937, embora começasse a ficar claro que as recomendações da Comissão Peel não estavam levando a lugar algum, em especial em resultado da violenta oposição

---

92 E. Ben-Elissar, *La Diplomatie du IIIe Reich*, p. 191. Segui Ben-Elissar para a maioria dos detalhes nesse assunto.

93 Idem, p. 194 (ver a tradução em inglês em *Documents on German Foreign Policy*, Série D, v. 5, p. 746-747).

árabe. Mas ninguém ousava tomar medidas concretas contra o acordo, já que Hitler ainda não havia manifestado seu ponto de vista. Sua decisão, anunciada no final de janeiro de 1938, sugeria claramente a manutenção do acordo de Haavará: promover a emigração judaica por todos os meios possíveis. A burocracia ficava com apenas uma única opção: obedecer. E assim ela faria[94].

Alguns dias antes da decisão de Hitler, uma questão um pouco menos importante era decidida no tribunal: um negociante judeu era condenado por vender bandeiras com a suástica e outros emblemas nacionais. O tribunal argumentava que, assim como a lei proibia os judeus de desfraldar as cores nacionais, porque não tinham "relações internas" com os símbolos do movimento ou eram até mesmo hostis a eles, assim também o comércio desses símbolos por judeus – uma ação ainda mais degradante – representava uma ofensa contra a honra do movimento e do povo alemão[95].

V

Em 5 de novembro de 1937, Hitler convocava um grande número de especialistas em assuntos militares, econômicos e relações exteriores, para colocá-los a par de seus planos estratégicos para os quatro ou cinco anos seguintes. Hitler previa tomar medidas contra a Tchecoslováquia e a Áustria (nessa ordem) num futuro próximo, dada a manifesta fraqueza de propósito das democracias ocidentais. Na verdade, a Áustria viria primeiro, em razão de um inesperado conjunto de circunstâncias habilmente exploradas por Hitler.

No tratado austro-alemão de 1936, o chanceler austríaco Kurt von Schuschnigg se comprometera a incluir alguns ministros nazistas em seu gabinete. Como, na opinião dos nazistas, Schuschnigg não avançava muito nem com a devida presteza em cumprir as exigências, Hitler o convocou a Berchtesgaden em fevereiro de 1938. Sob a ameaça de ação militar, Schuschnigg aceitou as exigências do ditador alemão. Mas, uma vez de volta a Viena, ele tentou ludibriar Hitler anunciando um plebiscito sobre a independência austríaca. Hitler respondeu ameaçando com uma invasão imediata da Áustria, caso o plebiscito não fosse cancelado. Outras exigências de Berlim – inclusive a renúncia de Schuschnigg e sua substituição por um nazista austríaco, Arthur Seyss-Inquart – foram todas aceitas. Não obstante, a linha de ação de Hitler estava agora traçada: em 12 de março de 1938, a Wehrmacht cruzava a fronteira austríaca; no dia seguinte, a Áustria era anexada ao Reich. Em 15

---

94 Idem, p. 209 e s. Sobre todo o tema, cf. A. Barkai, German Interest in the Haavarah-Transfer Agreement 1933-1939, *LBIY*, v. 35.

95 *Jüdische Rundschau*, 14 jan. 1938, LBI, Nova York.

de março, Hitler discursava da sacada do palácio de Hofburg para centenas de milhares de vienenses extasiados, reunidos na Heldenplatz. Suas palavras finais dificilmente poderiam ser superadas: "como Führer e chanceler da nação alemã e do Reich, informo agora à história que minha terra natal se uniu ao Reich alemão"[96].

Em 16 de março, quando a Gestapo chegava para prendê-lo, o dramaturgo e historiador da cultura judeu Egon Friedell saltou para a morte, da janela de seu apartamento em Viena. Cinco judeus cometeram suicídio em Viena, em janeiro de 1938, quatro, em fevereiro. Na segunda metade de março, setenta e nove judeus vienenses se suicidavam[97].

Na última peça do autor austríaco Thomas Bernhard, *Heldenplatz*, o professor judeu Robert Schuster, nascido em Viena, volta de Oxford para a capital austríaca em algum momento da década de 1980. Para ele e sua esposa, descobre, o passado permanece persistente e inquietantemente presente:

"Meu irmão Josef pode falar de sorte / por ter conseguido tão espontânea partida / sempre admirei os que cometeram o suicídio / nunca acreditei que meu irmão fosse capaz / de cometê-lo [...]".

Mais adiante, ele alude à esposa:

"Por meses, ela ouve de novo a maneira realmente assustadora / como as multidões gritavam na Heldenplatz / Você sabe: em quinze de março Hitler chega / à Heldenplatz"[98].

Trad. Fany Kon

---

96 A. Hitler, *Speeches and Proclamations, 1932-1945*, p. 1057.
97 K. Kwiet; H. Eschwege, *Selbstbehauptung und Widerstand*, p. 201.
98 T. Bernhard, *Heldenplatz*, p. 136-137.

OITO

Um Modelo Austríaco?

I

NO DIA 4 DE JUNHO DE 1938, SIGMUND FREUD, ENTÃO COM 82 ANOS, recebia permissão para sair de Viena, a cidade que havia sido seu lar desde os quatro anos de idade. Seu apartamento havia sido revistado duas vezes pela Gestapo e sua filha, Anna, intimada para interrogatório. Finalmente, após confiscar parte de seus bens e exigir o pagamento de uma taxa de imigração, os nazistas o obrigaram a assinar uma declaração de que não havia sofrido maus-tratos. Freud assinou o documento da forma devida e acrescentou: "recomendo enfaticamente a Gestapo para todos". Os homens da Gestapo eram demasiado estúpidos para perceber um sarcasmo mesmo assim tão descarado, mas o risco de um comentário como esse era considerável – e podemos cogitar "se algo se passava na mente de Freud que o levava a desejar ficar e morrer em Viena"[1].

Em resultado do Anschluss da Áustria, um número adicional de 190 mil judeus caía nas mãos dos nazistas[2]. A perseguição na Áustria, particularmente em Viena, superou a realizada no Reich. A humilhação pública era mais ostensiva e sádica, a expropriação, mais bem organizada, a emigração forçada, mais rápida. Os austríacos – o país recebeu o novo nome de Ostmark e foi colocado sob a autoridade do Gauleiter Josef Bürckel, que recebeu o título de Comissário do Reich para a Reunificação da Áustria com o Reich – pareciam mais

---

[1] P. Gay, *Freud: A Life for Our Time*, p. 628. Um pequeno pós-escrito deve ser acrescentado à história dessa partida. Como a emigração e a permissão de entrada na França haviam sido arranjadas pelo embaixador dos Estados Unidos em Paris, William Bullitt (um ex-paciente e devotado admirador de Freud), um oficial norte-americano acompanhou os Freud de Viena a Paris. Anos depois, uma pessoa que conhecia o oficial escrevia: "Quando o vi [...] ele contou-me sobre a viagem e, também descreveu, veementemente, seus sentimentos pessoais de repugnância em relação a Freud, seus amigos, parentes, judeus e psicanalistas". Citado em L. Donn, *Freud and Jung: Years of Friendship, Years of Loss*, p. 20.

[2] J. Moser, Österreich, em W. Benz, *Dimension des Völkemords*, p. 68n.

ávidos por ações antijudaicas que os cidadãos do que agora se tornava o Antigo Império (Altreich). A violência já havia começado antes que a Wehrmacht cruzasse a fronteira; apesar dos esforços oficiais para conter seus aspectos mais caóticos e desordenados, ela durou várias semanas. A população saboreava os espetáculos públicos de degradação; inúmeros escroques de todas as categorias, usando uniformes do partido ou meramente exibindo braçadeiras improvisadas com o desenho da suástica, faziam ameaças e praticavam extorsões em grande escala: dinheiro, joias, mobiliário, carros, apartamentos e estabelecimentos comerciais eram tomados de seus proprietários judeus aterrorizados.

Na Áustria do início da década de 1930, a questão judaica se tornou, para a demagogia de direita, uma ferramenta ainda mais potente do que fora antes na Alemanha, durante os últimos anos da república[3]. Quando atingiu seu ponto máximo no início de 1934, a campanha nazista contra Engelbert Dollfuss insistia sem cessar no tema da dominação exercida pelos judeus sobre o chanceler[4]. O incitamento se intensificou após o assassinato de Dollfuss, em 25 de julho, e durante todo o mandato de seu sucessor, Kurt von Schuschnigg, que terminaria com a invasão alemã, em março de 1938. De acordo com fontes policiais, o antissemitismo teve

> importância decisiva "para o êxito da propaganda nazista" durante os anos Schuschnigg. "A brecha mais perigosa na linha de defesa austríaca [contra o nazismo] era causada pelo antissemitismo"', escrevia o ultraconservador príncipe Ernst Rüdiger Starhemberg, comandante da Heimwehr e líder da Frente Patriota, em suas memórias de pós-guerra. "Por toda parte, as pessoas farejavam a influência judaica e, ainda que não houvesse um único judeu em nenhuma posição de liderança em toda a Frente Patriota, os vienenses comentavam entre si [...] sobre a judaização da organização e que, afinal, todos os nazistas estavam certos e era preciso mesmo eliminar os judeus[5].

A selvageria das agressões que se seguiram ao Anschluss em pouco tempo atingia proporções tais que, em 17 de março, Heydrich informava a Bürckel que iria dar ordens à Gestapo de prender "os nacional-socialistas que, nos últimos dias, se entregaram a ataques em massa de um modo totalmente indisciplinado [contra judeus]"[6]. Em meio ao caos geral, essas ameaças não tiveram qualquer efeito imediato; nem o fato de a violência ser oficialmente

---

3 F. L. Carsten, *Faschismus in Österreirch*, p. 185.

4 Idem, p. 231-232.

5 Idem, p. 233.

6 M. Wildt, *Die Judenpolitik des SD, 1935 bis 1938*, p. 52-53.

atribuída aos comunistas mudou a situação. Foi apenas no dia 29 de abril, quando Bürckel anunciou que os líderes das unidades da SA cujos homens haviam tomado parte no excessos perderiam seus postos e poderiam ser afastados da SA e do partido, que a violência começou a diminuir[7].

Enquanto isso, crescia rapidamente a parcela oficial de confisco de propriedades judaicas. Em 28 de março, Göring emitia ordens para que fossem "tomadas medidas discretas para o adequado redirecionamento da economia judaica na Áustria"[8]. Na metade de maio, um certo Departamento de Transferência de Propriedades (Vermögensverkehrsstelle), com aproximadamente quinhentos funcionários, promovia ativamente a arianização dos bens econômicos judaicos[9]. Em poucos meses, somente em Viena 83% dos negócios artesanais, 26% da indústria, 82% dos serviços econômicos e 50% dos estabelecimentos comerciais individuais de propriedade de judeus eram sequestrados; do total de 86 bancos de propriedade judaica na capital austríaca, apenas oito permaneciam após essa primeira investida[10]. Os fundos acumulados pelos confiscos e expropriações foram usados em parte para compensar as perdas sofridas pelos "combatentes nazistas" (NS-Kämpfer) na "Viena judeu-socialista" e para prestar alguma ajuda à população judaica depauperada que não podia emigrar[11]. O conceito de compensação na verdade oferecia uma ampla gama de possibilidades. Em 18 de julho, o Gabinete da Autoridade Adjunta do Führer enviava a Bürckel o anteprojeto da Lei de Compensação por Danos Causados ao Reich Alemão pelos Judeus. A lei ainda não havia sido anunciada, explicava a carta, "uma vez que ainda não está claro como o fundo de compensação deverá ser estabelecido após a implementação das medidas planejadas por Göring contra os judeus"[12].

Algumas medidas não precisavam de nenhuma lei. Alguns dias após o Anschluss, homens da SA levaram Franz Rothenberg, presidente do conselho diretor do banco Kreditanstalt, o mais importante da Áustria, para um passeio de carro e o jogaram do veículo em movimento, matando-o. Isidor Pollack, diretor-geral da fábrica de produtos químicos Pulverfabrik, recebeu uma visita da SA em abril de 1938 e foi tão brutalmente espancado durante a "busca" em sua casa que morreu pouco depois. O Deutsche Bank confiscou o

7 H. Safrian, *Die Eichmann-Männer*, p. 32.
8 G. Aly; S. Heim, *Vordenker der Vernichtung*, p. 33.
9 Idem, p. 38.
10 Idem, ibidem.
11 Idem, p. 39.
12 Da Autoridade Adjunta do Führer para o Comissário do Reich para a Reunificação da Áustria com o Reich, Gauleiter membro do partido Josef Bückel, 18.7.1938, Reichskomissar für die Wiedervereinigung Österreichs mit dem Deutschen Reich, microfilme MA 145/1, Ifz, Munique.

Kreditanstalt, que estava sob o controle dos Rothschild, enquanto a Pulverfabrik, sua subsidiária, passou a ser controlada pela I. G. Farben[13].

O processo geral de arianização continuou a se desdobrar numa velocidade extraordinária. Em meados de agosto de 1939, Walter Rafelsberger, presidente do Departamento de Transferência de Propriedades, podia anunciar a Himmler que, em menos de um ano e meio, sua agência "tinha praticamente completado a tarefa de desjudaização da economia da Ostmark". Todos os estabelecimentos judaicos haviam desaparecido de Viena. Das 33 mil empresas existentes na capital austríaca na época do Anschluss, cerca de 7 mil já haviam sido liquidadas antes da criação do Departamento de Transferência, em maio de 1938. "Das outras 26 mil, aproximadamente 5 mil foram arianizadas e as 21 mil remanescentes foram liquidadas de forma metódica"[14].

Ao mesmo tempo, residências judaicas começaram a ser confiscadas por todo o país, particularmente em Viena. No final de 1938, de um total de aproximadamente 70 mil apartamentos pertencentes a judeus, cerca de 44 mil haviam sido arianizados. Após o início da guerra, a taxa de ocupação nos apartamentos judaicos remanescentes ficava entre cinco e seis famílias por residência. Com frequência, não havia encanamento nem cozinha e havia apenas um telefone disponível em cada prédio[15].

Herbert Hagen chegou a Viena em 12 de março, com as primeiras unidades da Wehrmacht; poucos dias mais tarde, Adolf Eichmann, que acabava de ser promovido a segundo-tenente na SS (SS Unterstrumführer), juntou-se a ele. Com base em listas preparadas pelo SD, empregados de organizações judaicas foram presos e documentos, confiscados[16]. Após essa primeira investida, foram tomadas algumas medidas de "normalização", permitindo a implementação de planos mais abrangentes. Eichmann foi nomeado consultor em assuntos judaicos a serviço do inspetor da Polícia de Segurança e do SD, Franz Stahlecker. Em uma carta datada de 8 de maio, ele informava Hagen sobre suas novas atividades:

> Espero estar logo na posse dos anuários judaicos dos Estados vizinhos [provavelmente a Tchecoslováquia e a Hungria], que enviarei a você. Eu os considero uma ajuda importante. Todas as organizações judaicas na Áustria receberam ordens de emitir relatórios semanais. Esses relatórios irão para

13 R. Hilberg, *The Destruction of the European Jews*, p. 61.

14 Do Comissário Estadual para Empresas Privadas (Walter Rafelsberger) para Heinrich Himmler, 14.08.1939, Persönlicher Stab des Reichsführes SS, microfilme MA-290, Ifz, Munique.

15 B. F. Pauley, *From Prejudice to Persecution*, p. 289. Sobre o confisco de residências em Viena, cf., principalmente, G. Botz, *Wohnungspolitik und Judendeportation in Wien, 1938 bis 1945*.

16 M. Wildt, op. cit., p. 52.

os peritos competentes na seção II 112, de acordo com cada caso, e para as várias secretarias. Os relatórios devem ser divididos em relatório sobre a situação e relatório sobre as atividades. Eles devem chegar, a cada semana, na segunda-feira, a Viena, e na terça-feira, às províncias. Espero poder enviar a você os primeiros relatórios até amanhã. O primeiro número do jornal *Zionist Rundschau* deve aparecer na próxima sexta-feira. Recebi [a cópia impressa] e agora me dedico ao maçante trabalho de censura. Você receberá o documento também, é claro. Eventualmente, esse será 'meu jornal', até certo ponto. De qualquer forma, tenho mantido esses cavalheiros ocupados, pode acreditar. Eles já estão trabalhando bastante. Estabeleci para a comunidade judaica e para a organização sionista uma meta de emigração de 20 mil imigrantes judeus sem recursos para a Áustria, no período de 1° de abril de 1938 a 1° de maio de 1939, e ambas prometeram que se ateriam a esse número[17].

Aparentemente, a ideia de criação de uma Agência Central de Emigração Judaica (*Zentralstelle für Jüdsche Auswanderung*) vinha do líder da comunidade judaica, Josef Löwenherz. Os serviços da comunidade que davam assistência aos emigrantes em potencial ficaram sobrecarregados com as dezenas de milhares de solicitações de autorização de saída; a falta de coordenação entre as várias agências alemãs envolvidas no processo de emigração tornavam a obtenção desses documentos uma experiência penosa, onerosa e interminável. Löwenherz levou a sugestão a Eichmann, que a transmitiu a Bürckel[18]. Berlim deu sua aprovação e, em 20 de agosto de 1938, era criada a agência central sob a responsabilidade formal de Stahlecker e a responsabilidade *de facto* do

---

17 De Eichmann para Hagen, 8.5.1938, em Y. Arad et al. (orgs.), *Documents on the Holocaust*, p. 93-94. Havia outras formas de perceber a situação na antiga Áustria. Em uma carta para o *Times* londrino, publicada em 4 de abril de 1938, um certo Mr. Edwin A. Stone escrevia: "Em St. Anton – uma aldeia que os esquiadores ingleses adoram – a estação de trem foi tomada por uma explosão de cores; até o cachorro da estação usava sua suástica, mas ele parecia infeliz e balançava uma cauda relutante. Noventa por cento dos vienenses agora portavam a suástica, popularmente referida como 'alfinete de segurança'. Uma das cenas mais estranhas era a enorme quantidade de gente tentando conseguir entrar no consulado britânico em Wallnerstrasse. Muitos eram judeus desejando a nacionalidade britânica ou ansiosos por deixar um país onde somente arianos eram tolerados. Pobre gente desesperada, eles tinham muito pouca chance de sucesso". Citado em G. Clare, *Last Waltz in Vienna*, p. 199.

18 H. Rosenkranz, Austrian Jewry, em Y. Guttman; C J. Haft (orgs.), *Patterns of Jewish Leadership in Nazi Europe 1933-1945*, p. 70-71. Durante seu interrogatório pela polícia israeliense em 1960, Eichmann descreveu como Löwenherz, pouco tempo antes libertado da prisão, autorizou o novo plano para a centralização dos procedimentos para emigração: "Dei ao Dr. Löwenherz papel e caneta e disse: por favor, retroceda mais uma noite e escreva um memorando contando-me como você organizaria tudo, como você faria isso funcionar. Objetivo: parar a emigração [...]. No dia seguinte, o Dr. Löwenherz trouxe-me seu plano. Eu o achei excelente e nós imediatamente tomamos medidas para pôr em ação suas sugestões". J. von Lang (org.), *Eichmann Interrogated*, p. 50-51.

próprio Eichmann[19]. O procedimento inaugurado no antigo palácio Rothschild, na Prinz Eugen Strasse 20-22, empregava, de acordo com Eichmann, o método da "correia transportadora": "você coloca os documentos iniciais seguidos dos demais de um lado e, do outro, sai o passaporte"[20]. Um outro princípio seria implementado: por meio de taxas impostas aos membros ricos da comunidade judaica, confiscavam-se os montantes necessários para financiar a emigração dos judeus mais pobres. Mais tarde Heydrich explicaria o método: "trabalhávamos da seguinte forma: em meio à comunidade judaica, extraímos uma certa quantia de dinheiro dos judeus ricos que queriam emigrar [...]. O problema não era fazer com que os judeus ricos partissem, mas nos livrar da massa de judeus"[21].

Além de acelerar a emigração legal por todos os meios disponíveis, os novos senhores da Áustria começaram a forçar os judeus a atravessar as fronteiras, principalmente as da Tchecoslováquia, Hungria e Suíça. O que até março de 1938 fora, em alguns casos individuais, uma iniciativa nazista esporádica se tornava uma política sistemática após o Anschluss. De acordo com Göring e Heydrich, cerca de cinco mil judeus austríacos foram expulsos dessa forma entre março e novembro de 1938[22]. Um controle ainda mais rígido foi imposto sobre os que ainda não haviam partido. A certa altura no mês de outubro de 1938, Himmler deu ordens de concentrar todos os judeus das províncias austríacas em Viena. De acordo com um memorando interno da seção judaica do SD, Eichmann discutiu com Odilo Globocnik, Gauleiter do Baixo Danúbio, a transferência de cerca de dez mil judeus que ainda viviam próximo à capital e iniciou ele próprio, em 26 de outubro, uma incursão pelas províncias austríacas, a fim de informar aos comandantes do SD em cada região "que, com ajuda das delegacias da Gestapo, eles aconselhem os judeus a sair do país até 15/12/1938 ou a se mudar para Viena até 31/10/1938 [provavelmente datação errada, em lugar de 31/12/1938]"[23]. Seis meses após o Anschluss, 45 mil judeus austríacos haviam emigrado e, até maio de 1939, aproximadamente cem mil, ou mais de 50%, tinham partido[24]. O êxodo judaico partindo da Áustria tinha um aspecto vantajoso inesperado para os nazistas. Cada emigrante tinha de anexar três fotos de passaporte aos

19 H. Safrian, op. cit., p. 41

20 Citado em H. Höhne, *The Order of the Death's Head*, p. 337.

21 Idem, p. 338.

22 Sobre a expulsão à força dos judeus do Reich, principalmente através das fronteiras ocidentais da Alemanha, cf. J. Toury, Ein Auftakt zur Endlösung: Judenaustreibungen über nichtslawische Reichsgrenzen 1933 bis 1939, em U. Büttner, W. Johe e A. Voss, *Das Unrechtsregime*, v. 2, p. 164 e s.; sobre a Áustria, p. 169 e s.

23 Memorando da seção II 112/4, 2.11.38, idem.

24 J. Moser, Österreich, em W. Benz, *Dimension des Völkemords*, p. 68.

formulários. O SD de Viena chamou a atenção do Departamento de Política Racial do partido para essa coleção notável; o gabinete de Walter Gross respondeu imediatamente: estava "excepcionalmente interessado" nesse imenso inventário de rostos judeus[25].

Os alemães também tinham outros planos. Em outubro de 1938, Rafelsberger sugeria a criação de três campos de concentração para 10 mil judeus, todos em áreas desabitadas, principalmente em pântanos e regiões arenosas. Os judeus construiriam seus próprios campos; os custos seriam mantidos em cerca de dez milhões de marcos e os campos forneceriam trabalho para aproximadamente 10 mil judeus desempregados. Ao que parece, um dos problemas técnicos era encontrar arame farpado suficiente[26]. Essa ideia deu em nada – por um curto período, pelo menos. Uma outra ideia – não diretamente vinculada às políticas antijudaicas e mais mortíferas num futuro imediato – foi, contudo, implementada com rapidez.

"Mauthausen", escreve seu mais recente historiador,

> situa-se em meio a ondulações aprazíveis, cujos campos cobrem a paisagem austríaca como a colcha de um gigante. A cidade se estende, pacífica, ao longo da margem norte do Danúbio, cuja corrente ligeira se acelera ao se aproximar da confluência do Enns, um importante canal alpino [...]. Mauthausen fica a apenas 25 quilômetros rio abaixo de Linz, capital da província da Alta Áustria; 145 quilômetros a leste, a torre da Catedral de Santo Estêvão, o grande marco de Viena, eleva-se em direção ao céu [...]. De todos os tesouros da região, contudo, os mais importantes para nossa história são as grandes aberturas das minas de granito[27].

Poucos dias após o Anschluss, em março de 1938, Himmler, acompanhado de Oswald Pohl, chefe do departamento administrativo do SS-Hauptamt, fez uma primeira inspeção às pedreiras. A intenção era clara: a escavação do granito traria benefícios financeiros consideráveis para uma empresa operada pela SS, a empresa mineradora Deutsche Erd- und Steinwerke (DEST), que estava para ser instalada em abril; um campo de concentração no local

---

25 Do SD, II 112, para o Departamento de Política Racial do NSDAP, 3.12.1938; Do Departamento de Política Racial para o chefe do escritório central do SD, 14.12.1938, SD Hauptamt, microfilme MA-554, Ifz, Munique.

26 G. Aly; S. Heim, *Vordenker der Vernichtung*, p. 40. Em maio, nas ordens de Eichmann, cerca de 1.900 judeus com registro anterior de prisão foram mandados para Dachau, espalhando medo na comunidade e acelerando o êxodo. U. Herbert, *Best: Biographische Studien über Radikalismus, Weltanschauung und Vernunft, 1903-1989*, p. 213.

27 G. J. Horwitz, *In the Shadow of Death*, p. 23.

forneceria a força de trabalho necessária. A decisão final deve ter sido tomada rapidamente, pois, conforme um relato do *Times* londrino de 30 de março,

> O Gauleiter Eigruber, da Alta Áustria, falando em Gmunden, anunciou que, para realizar seus empreendimentos pela causa nacional-socialista, sua província teria a distinção especial de ter, entre suas fronteiras, um campo de concentração para os traidores de toda a Áustria. Isso, de acordo com o jornal do Partido Nacional-Socialista, *Völkischer Beobachter*, provocou tal entusiasmo na plateia que o Gauleiter teve de interromper seu discurso durante certo tempo[28].

Uma segunda visita tinha lugar no final de maio; desta vez, entre os visitantes estavam Theodor Eicke, o inspetor de campos de concentração, e Herbert Karl, da divisão de construção da ss[29]. Os primeiros 300 prisioneiros, criminosos austríacos e alemães de Dachau, chegaram em 8 de agosto de 1938. Em setembro de 1939, Mauthausen abrigava 2.995 prisioneiros, dos quais, 958 criminosos, 1.087 ciganos (principalmente da província austríaca de Burgenland) e 739 prisioneiros políticos alemães[30].

> O primeiro prisioneiro judeu era um vienense, preso como homossexual, que deu entrada em Mauthausen em setembro de 1939 e foi registrado como morto em março de 1940. Durante o ano de 1940, outros 90 judeus chegaram; todos, exceto 10 deles, eram listados como mortos no final desse mesmo ano[31].

Segundo Götz Aly e Susanne Heim, foi na Áustria que os nazistas inauguraram sua política "racional" relativa à questão judaica, uma política orientada por razões econômicas que, a partir de então, ditaria todas as suas iniciativas nesse domínio – do "modelo" estabelecido em Viena até a "Solução Final". O modelo vienense (*Modell Wien*) basicamente se caracterizava por uma reestruturação drástica da economia, em resultado da liquidação de virtualmente todas as empresas judaicas improdutivas com base em uma avaliação completa de sua lucratividade, preparada pela Junta para Administração Econômica do Reich (Reichskuratorium für Wirtschaftlichkeit)[32]. Essa reestruturação também se baseava num esforço sistemático de eliminação do então recém-criado proletariado judaico por meio da aceleração da emigração,

28 Idem, p. 28.
29 Idem, p. 29.
30 Idem, p. 12.
31 Idem, p. 13-14.
32 G. Aly; S. Heim, *Vordenker der Vernichtung*, p. 36.

na qual, como vimos, judeus ricos contribuíam para o fundo de emigração em prol da parte destituída da população judaica, bem como na criação de campos de trabalho (os três campos planejados por Walter Rafelsberger), onde a manutenção dos judeus permaneceria em um patamar mínimo e seria financiada pelo trabalho dos próprios prisioneiros[33]. Em essência, os que estavam a cargo da questão judaica na Áustria anexada eram supostamente motivados pela lógica econômica, e não pela ideologia antissemita nazista. O argumento de Aly e Heim parece ser reforçado não apenas pelo fato de que todo o processo de arianização na Áustria estava previsto pela administração do Plano de Quatro Anos de Göring e seus tecnocratas, mas também pelo fato de que esses mesmos tecnocratas (como Rafelsberger) também planejavam a solução do problema das massas judaicas empobrecidas por meio de campos de concentração de trabalhos forçados, que parecem ter sido os modelos iniciais dos futuros guetos e por fim dos futuros campos de extermínio.

De fato, como vimos, a liquidação da vida econômica judaica na Alemanha nazista tivera início em ritmo acelerado em 1936 e, no final de 1937, com a eliminação de toda influência conservadora, o ímpeto da arianização imposta se tornava a principal força motriz das políticas antijudaicas, com o objetivo sobretudo de forçar os judeus a emigrar. Assim, o que acontecia na Áustria após o Anschluss era simplesmente a parte mais bem organizada de uma política geral adotada por todo o Reich. O vínculo entre a expropriação econômica e a expulsão dos judeus da Alemanha e dos territórios controlados pela Alemanha continuaria a caracterizar *esse estágio* das políticas nazistas até a irrupção da guerra. Então, depois de um período de quase dois anos, uma outra "lógica" surgia, uma lógica praticamente independente de toda racionalidade econômica.

II

Após o Anschluss, o problema dos refugiados judeus se tornava uma grande discussão internacional. 32 países foram convocados para uma conferência na estância hidromineral francesa de Evian, realizada entre 6 e 14 de julho de 1938. Durante o evento, o presidente Roosevelt manifestou publicamente sua esperança de encontrar uma solução para o impasse. A iniciativa de Roosevelt era surpreendente, visto que "ele escolheu intervir numa situação na qual ele não tinha muito poder de interferir, limitado como estava por uma lei de imigração altamente restritiva"[34]. Na verdade, o resultado de Evian já estava

---

33 Idem, p. 41-42.
34 H. L. Feingold, *Bearing Witness*, p. 75.

decidido antes mesmo do encontro: o convite para a conferência informava claramente que "não se esperava que nenhum país acolhesse um número de emigrantes maior que o permitido pela legislação vigente"[35].

Tanto a conferência quanto seu tema principal, o destino dos judeus, encontraram eco amplo e diversificado na imprensa mundial. "Há uma pequena possibilidade", publicava em 7 de julho o jornal londrino *Daily Telegraph*, "de se encontrar uma solução dentro de um prazo razoável"[36]. Em 11 de julho, a *Gazette de Lausanne* comentava: "Alguns pensam que eles [os judeus] alcançaram uma posição demasiado forte para uma minoria tão restrita. Daí a oposição a eles, que em certos lugares se tornou um ataque generalizado". "Não se dizia antes da Primeira Guerra Mundial que um décimo do ouro mundial pertencia aos judeus?", perguntava o jornal *Libre Belgique*, em 7 de julho[37].

Nem toda a imprensa era assim hostil. "É um ultraje especialmente para a consciência cristã", comentava o jornal londrino *The Spectator* em 29 de julho, "que o mundo moderno, com toda sua imensa riqueza e recursos, não possa dar a esses exilados um lar, comida, bebida e uma situação mais segura"[38]. Georges Bidault, futuro ministro do exterior e primeiro ministro francês durante o pós-guerra, escrevia para o jornal católico de esquerda *L'Aube* em 7 de julho: "uma coisa fica muito clara: as nações esclarecidas não podem deixar os refugiados ser levados ao desespero"[39]. O importante jornal católico francês *La Croix* exortava à compaixão: "Não podemos ficar de lado", argumentava o periódico em 14 de julho, "diante de seres humanos que sofrem e ignorar seu pedido de ajuda [...]. Não podemos participar de uma solução para a questão judaica por meio da extinção deles, por meio do completo extermínio de todo um povo"[40]. Entretanto nenhuma porta se abriu em Evian e nenhuma esperança foi oferecida aos refugiados. Um Comitê Intergovernamental para Refugiados foi criado sob a presidência do norte-americano George Rublee. As atividades de Rublee, que no final não chegaram a nenhum resultado, serão discutidas mais adiante.

O sarcasmo nazista teve seu grande dia. Para o SD, o resultado final de Evian foi

> mostrar ao mundo inteiro que o problema judaico não era, de modo algum, provocado apenas pela Alemanha, mas era uma questão da mais imediata

---

35 *Foreign Relations of the United States*, 1938, vol. 1, Washington, D. C. 1950, p. 740-741.

36 S. Z. Katz, Public Opinion in Western Europe and the Evian Conference of July 1938, *Yad Vashem Studies*, v. 9, p. 106.

37 Idem, p. 108.

38 Idem, p. 111.

39 Idem, p. 113.

40 Idem, p. 114.

importância política mundial. A despeito da rejeição generalizada expressa pelos países que se reuniram em Evian ao modo como a questão judaica vem sendo tratada na Alemanha, nenhum país, nem mesmo a América do Norte, declarou-se disposto a aceitar incondicionalmente o número que fosse de judeus. Digno de nota foi a delegação australiana chegar a mencionar que a emigração judaica colocaria em risco sua própria raça[41].

Não havia diferença fundamental entre a avaliação alemã e o sarcástico sumário do correspondente enviado pelo periódico *Newsweek*: "O Presidente Myron C. Taylor, ex-presidente da u.s. Steel, abriu o encontro: 'Chegou a hora em que os governos [...] devem agir e agir prontamente'. A maioria dos governos representados agiu prontamente fechando as portas aos refugiados judeus"[42]. O *Völkischer Beobachter* anunciava, triunfante: "Ninguém os quer"[43].

Para Hitler também essa era uma oportunidade que não podia ser perdida. Ele decidiu introduzir seus comentários no discurso de encerramento do comício do partido, em 12 de setembro. O tema principal, a crise dos Sudetos, prendeu a atenção do mundo; desde 1918, o perigo da guerra nunca parecera tão próximo, mas os judeus não podiam deixar de ser mencionados:

> Essas democracias reclamam da incompreensível crueldade que a Alemanha – e agora também a Itália – usa na tentativa de se livrar de seus judeus. Em geral, todos esses grandes impérios democráticos têm apenas umas poucas pessoas por quilômetro quadrado, enquanto a Alemanha, há décadas, vem admitindo centenas e centenas de milhares desses judeus, sem nem mesmo piscar um olho.Mas agora que as queixas se tornaram demasiado fortes e que a nação não está mais disposta a se deixar sugar por esses parasitas, gritos de dor surgem por toda parte. Mas isso não significa que esses países democráticos estão agora dispostos a substituir suas críticas hipócritas por ajuda; ao contrário, eles afirmam, com total frieza, que lá, evidentemente, não há lugar! Assim, eles esperam que a Alemanha, com seus 140 habitantes por quilômetro quadrado, continue mantendo seus judeus sem nenhum problema, ao passo que os impérios do mundo democrático, com apenas umas poucas pessoas por quilômetro quadrado, não podem, de maneira alguma, tomar esse fardo para si. Em resumo, nenhuma ajuda, apenas sermão, sem dúvida![44].

---

41 H. Boberach (org.), *Meldungen aus dem Reich: Die Geheimen Lageberichte der Sicherheitsdienstes der SS 1938-1945*, p. 23.

42 D. S. Wyman, *Paper Walls*, p. 50.

43 E. Ben-Elissar, *La Diplomatie du IIIe. Reich et les Juifs, 1933-1939*, p. 251.

44 A. Hitler, *Reden und Proklamationen*, v. 2, p. 899.

O fracasso de Evian revela seu pleno significado quando em confronto com um contexto mais amplo. O crescente poderio da Alemanha nazista impeliu alguns dos países que se alinhavam com as políticas gerais de Hitler a tomar medidas que, exigidas ou não pela Alemanha, eram destinadas a demonstrar solidariedade política e ideológica com o Reich. De todas essas iniciativas, as mais notórias foram as leis raciais italianas, aprovadas pelo Grande Conselho Fascista em 6 de outubro de 1938 e postas em vigor em 17 de novembro.

Na Itália, a comunidade judaica era composta por pouco mais de cinquenta mil pessoas e vivia plenamente integrada à sociedade. O antissemitismo havia se tornado raro com o declínio da influência da Igreja e mesmo o exército – e o Partido Fascista – incluía judeus proeminentes. Por fim, o próprio Mussolini jamais expressara, no passado, muito apreço pela ideologia racial nazista. Forjadas no padrão das leis de Nurembergue, as novas leis antijudaicas provocaram grande consternação tanto entre judeus italianos quanto entre não judeus[45].

As leis de outubro foram precedidas, na metade de julho, pelo Manifesto da Raça, uma declaração que apresentava os planos de Mussolini para o antissemitismo racial e se destinava a servir de fundamento teórico para a legislação que seria implantada. Hitler não podia deixar de manifestar sua simpatia por tamanha boa vontade. Ele assim fez em 6 de setembro, no primeiro de seus discursos para o comício do partido em Nurembergue:

> Acho que, a esta altura, devo anunciar, em meu interesse e no de todos vocês, nossa profunda e sincera alegria pelo fato de uma outra potência mundial europeia ter, por meio de suas próprias experiências, por sua própria decisão e seguindo seu próprio caminho, chegado à mesma concepção que nós e ter, com uma resolução digna de admiração, extraído dessa concepção consequências do mais longo alcance[46].

A primeira lei antijudaica introduzida na Hungria, em maio de 1938, foi recebida com menos fanfarra que a decisão de Mussolini, mas ela sugeria a mesma evidência básica: a sombra da política antijudaica de Hitler estava se alastrando sobre partes cada vez maiores da Europa[47].

---

45 A respeito da situação dos judeus na Itália antes de 1938 e, também, no que se refere às leis de 1938, cf., entre outros, M. Michaelis, *Mussolini and the Jews*, particularmente, p. 152 e s.; J. Steinberg, *All or Nothing*, p. 222 e s.; S. Zuccotti, *The Italians and the Holocaust*, p. 28 e s.

46 M. Michaelis, *Mussolini and the Jews*, p. 191.

47 Para saber mais a respeito da situação dos judeus na Hungria antes de 1938, bem como das leis de 1938 e 1939, cf., entre outras referências, R. L. Braham, *The Politics of Genocide*, v. 1, em especial, p. 118 e s.; N. Katzburg, *Hungary and the Jews*, particularmente, p. 94 e s.; Mendelsohn, *The Jews of East Central Europe between the World Wars*, p. 85 e s.

Enquanto os judeus se tornavam alvo de discriminação legal em um número crescente de países europeus e enquanto esforços internacionais para resolver o problema dos refugiados judeus não resultavam em nada, uma medida incomum estava sendo tomada em completo segredo. No início do verão de 1938, o papa Pio XI, que, ao longo dos anos, se tornara cada vez mais um crítico acerbo do regime nazista, solicitava ao jesuíta norte-americano John LaFarge que preparasse o texto de uma encíclica contra o racismo nazista e, em particular, contra o antissemitismo nazista. LaFarge provavelmente foi escolhido devido a suas contínuas atividades contra o racismo nos Estados Unidos e a seu livro *Interracial Justice*, que Pio XI tinha lido[48].

Com a ajuda de dois outros padres jesuítas, o francês Gustave Desbuquois e o alemão Gustav Gundlach, LaFarge completou o esboço da *Humani Generis Unitas* (A Unidade do Gênero Humano) no outono de 1938 e o entregou ao superior geral da ordem dos jesuítas em Roma, o polonês Wladimir Ledochowski, para que fosse apresentado ao papa[49]. Nesse meio-tempo, Pio XI já havia criticado o racismo em diversas outras ocasiões. Em 6 de setembro de 1938, numa conversa em particular com um grupo de peregrinos belgas, ele ia mais longe. Com grande emoção, aparentemente em lágrimas, o papa, após mencionar o sacrifício de Abraão, declarava: "É impossível para os cristãos concordar com o antissemitismo. Reconhecemos que todos têm o direito à autodefesa e podem tomar as medidas necessárias para proteger seus legítimos interesses. Todavia o antissemitismo é inadmissível. Espiritualmente, somos todos semitas"[50].

Nessa declaração, feita em particular e, assim, não mencionada na imprensa, a condenação do antissemitismo pelo papa permanecia no terreno teológico: ele não criticava a perseguição aos judeus que estava ocorrendo e incluía uma referência ao direito de autodefesa (contra a indevida influência judaica). No entanto, sua posição era clara: os cristãos não podiam perdoar o antissemitismo do tipo nazista (nem o que a essa altura tomava forma na Itália).

A mensagem da encíclica era semelhante: uma condenação ao racismo em geral e a condenação do antissemitismo em bases teológicas, do ponto de vista da mensagem cristã e dos ensinamentos da Igreja com relação aos judeus[51]. Mesmo assim, a encíclica teria sido a primeira denúncia solene, feita pela suprema autoridade católica, das atitudes, ensinamentos e perseguições antissemitas na Alemanha, na Itália fascista e em todo o mundo cristão.

48 Todos esses detalhes foram tomados de G. Passelecq e B Suchecky, *L'Encyclique cachée de Pie XI*. O texto completo da encíclica foi publicado pela primeira vez nesse estudo. Em relação ao encontro de Pio XI com LaFarge e suas instruções para ele, cf. também, p. 69 e s.

49 G. Passelecq; B Suchecky, op. cit., p. 113 e s.

50 Idem, p. 180-181.

51 Idem, p. 285 e s.

Ledochowski era, acima de tudo, um anticomunista fanático que, além disso, esperava que alguma negociação política com a Alemanha nazista fosse possível. Ele postergou o encaminhamento do documento. O esboço da *Humani Generis Unitas* foi enviado por ele ao editor encarregado do notoriamente antissemita órgão dos jesuítas romanos, o periódico *Civiltà Cattolica*[52], para comentários adicionais. Foi somente após LaFarge escrever diretamente ao papa que, poucos dias antes de sua morte, Pio XI recebeu o texto. O pontífice morreu em 9 de fevereiro de 1939. Seu sucessor, Pio XII, provavelmente foi informado do projeto e provavelmente tomou a decisão de arquivar a *Humani Generis Unitas*[53].

III

Mesmo em 1938, ainda existiam pequenas ilhas de oposição puramente simbólica às medidas antijudaicas no interior da Alemanha. Quatro anos antes, o Ministro da Educação do Reich dera ordens à Associação Alemã de História da Arte de que expulsasse seus membros judeus. A associação não acatou a ordem, mas simplesmente remanejou seu quadro de diretores. Memorandos internos do ministério indicam que Rust, o ministro da educação, repetiu a ordem em 1935, mais uma vez, aparentemente, sem resultado. Em março de 1938, o secretário de Estado Werner Zschintsch enviava uma advertência ao chefe da associação: todos os fundos para a associação seriam eliminados e, se a ordem não fosse obedecida, ela não mais seria autorizada a se denominar "alemã". "O Ministro deve estar interessado", concluía Zschintsch, "em ver a associação finalmente agir em conformidade com os princípios da visão de mundo nacional-socialista"[54]. Não sabemos o que a associação decidiu fazer então; em todo caso, seus membros judeus certamente não foram mantidos após as manifestações de violência racial de novembro de 1938.

Havia alguns outros sinais de independência, igualmente inesperados. Esse seria o caso do Festival de Salzburgo de 1938. Após o Anschluss, Arturo Toscanini, que havia se recusado a reger em Bayreuth em 1933, também recusou o convite para se apresentar no festival.

Salzburgo era emblemática por mais de uma razão. Desde o início, em 1920, quando Hugo von Hofmannsthal e Max Reinhardt organizaram o primeiro festival em torno de uma produção de Hofmannsthal, *Jedermann* (*O*

---

52 Idem, p. 116 e s., e particularmente p. 138.

53 Idem, p. 139, 208.

54 Carta do Secretário de Estado Zschintsch, de 17.03.1938 (NG-1261), J. Mendelsohn (org.), *The Holocaust: Selected Documents*, v. 1, p. 75.

Homem Comum; baseada na peça de mistério medieval de mesmo nome), a imprensa austríaca antissemita criticava negativamente a invasão cultural judaica e a exploração por três judeus (o terceiro deles era o ator Alexander Moissi) da mais nobre herança da cristandade[55]. Apesar disso, o *Jedermann* de Hofmannsthal abria o festival, ano sim, ano não (com exceção das apresentações de sua peça *Welttheater*, em 1922 e 1924). Em 1938, *Jedermann* foi, é claro, excluída do repertório[56]. A invasão judaica era contida.

Wilhelm Furtwängler concordou em substituir Toscanini em Salzburgo. Durante toda sua carreira na Alemanha nazista, Furtwängler se revelaria um oportunista político que tinha seus momentos de coragem. Em Salzburgo, ele aceitou reger os *Mestres Cantores de Nurembergue*, de Wagner, sob a condição de que o judeu Walter Grossmann fosse mantido como substituto para o papel de Hans Sachs. De fato, na noite de estreia, Karl Kammann, o cantor escalado para o papel de Hans Sachs, adoeceu e Walter Grossmann o substituiu: "uma multidão resplandecente, encabeçada por Joseph Goebbels e seu séquito, permaneceu devidamente fascinada durante a ópera favorita do Führer, enquanto Grossmann dava vida ao herói mais alemão de Nurembergue"[57]. Contudo, nem as ações da associação de historiadores da arte nem a apresentação de Walter Grossmann poderiam conter a crescente onda – e o impacto – da propaganda nazista antijudaica.

O filme *O Eterno Judeu (Der ewige Jude)*, o maior espetáculo antijudaico dos anos do pré-guerra, estreou em 8 de novembro de 1937, no Deutsches Museum de Munique. Stheicher e Goebbels discursaram. Na mesma noite, o diretor do Teatro do Estado da Baviera organizou um evento cultural no teatro Residenz, que, de acordo com o jornal *Deutsche Allgemeine Zeitung*, expressava "os temas básicos do espetáculo". A primeira parte do programa apresentava uma encenação adaptada de passagens do notório panfleto de Lutero, *Wider die Juden und ihre Lügen* (Contra os Judeus e suas Mentiras); a segunda parte apresentava leituras de outros textos antijudaicos e a terceira, as cenas de Shylock de *O Mercador de Veneza*, de Shakespeare[58].

Um relatório do SOPADE, escrito poucas semanas após a abertura, enfatizava que o espetáculo "não deixa de causar impacto nos visitantes". No primeiro saguão, o espectador se deparava com grandes modelos de partes do corpo de judeus: "os olhos judeus [...], o nariz judeu, a boca judia, os lábios" e assim por diante. Fotografias enormes de diversos rostos judaicos "tipicamente

---

55 M. P. Steinberg, *The Meaning of the Salzburg Festival*, p. 164 e s.

56 Idem, p.233 e s.

57 S. H. Shirakawa, *The Devil's Music Master*, p. 221.

58 *Deutsche Allgemeine Zeitung*, 4 nov. 1937, Nationalsozialismus/1937 (miscelânea), LBI, Nova York.

raciais" e maneirismos se seguiam – Trotsky gesticulando, Charlie Chaplin e outros – "tudo isso disposto da maneira mais repulsiva". Certos materiais (trechos do livro de *Ester*, por exemplo), caricaturas, motes, descrições de "judeus na política", "judeus na cultura", "judeus nos negócios" – e relatos de objetivos e métodos judaicos nesses vários domínios – enchiam sala após sala. De acordo com o relatório, "Judeus em Filme" era particularmente eficaz: uma produção comercial de mau gosto insuportável era exibida nessa seção; no final, Alfred Rosenberg aparecia na tela e declarava: "Vocês estão horrorizados com este filme. Sim, ele é particularmente ruim, mas é exatamente o que queríamos mostrar a vocês".

O autor do relatório do SOPADE admitia que estava profundamente impressionado ao deixar a exposição, assim como sua acompanhante. Ela fez perguntas sobre o que haviam visto: "eu não podia dizer a ela a verdade", ele admitia. "Eu não tinha conhecimento suficiente para tanto"[59]. Algumas unidades da SA ficaram tão inspiradas com a exibição que iniciaram um boicote por conta própria como um "reforço educacional" para o que haviam aprendido no Deutsches Museum[60].

Uma apresentação como a de *O Eterno Judeu* era meramente a expressão mais extrema do esforço contínuo em reunir todo tipo de material nocivo sobre os judeus. Diversas formas desse esforço podiam ser encontradas durante os primeiros anos do regime. Agora, no final de 1937 e ao longo de todo o ano de 1938, a pesquisa continuaria com engenhosidade renovada. Em 24 de fevereiro de 1938, o ministro da Justiça informava a todos os promotores que não seria mais necessário enviar uma cópia de cada acusação contra algum judeu à divisão de imprensa do ministério, visto que ela já havia adquirido suficiente perspectiva da criminalidade dos judeus. Os tipos de atos criminosos praticados por judeus que ainda deviam ser incluídos eram

> casos que trouxessem novos aspectos legais; aqueles nos quais o perpetrador tivesse demonstrado intenção especialmente má ou tivesse usado métodos particularmente censuráveis; aqueles nos quais o crime tivesse sido cometido em escala especialmente grande ou tivesse causado danos particularmente grandes ou despertado interesse incomum entre o público; por fim, casos de

---

59 *Deutschland Berichte der Sozialdemokratischen Partei Deutschlands (SOPADE), 1934-1940*, V. 5: *1938*, p. 195-196. Por estranho que pareça, em seus esforços de promover uma propaganda abrangente, os nazistas não fizeram maior uso do filme até o princípio da guerra. Então, durante a segunda metade da década de 1930, as únicas produções antissemitas exibidas nos teatros alemães seriam uma adaptação de uma comédia sueca, *Peterson und Bandel* (1935), uma cena meramente alusiva no filme alemão *Pour le mérite* (1938) e, finalmente, um insignificante filme antijudaico, *Robert und Bertram* (1939). D. Hollstein. *"Jud Süss" und die Deutschen*, p. 38 e s.

60 H. Heiber (org.), *Akten der Parteikanzlei der NSDAP* (resumos), parte 1, v. 2, p. 364.

desonra racial (*Rassenschande*), nos quais o perpetrador fosse um criminoso recorrente ou tivesse abusado de uma posição de poder[61].

Exemplos de judeus na Alemanha abusando de posições de poder a fim de cometer *Rassenschande* devem ter sido muito raros no ano da graça de 1938...

Em março de 1938, o problema dos *Mischlinge* judeus e de pessoas relacionadas com judeus ainda empregadas no governo vinha à tona. A ordem de investigação parece ter se originado do próprio Hitler, visto que foi um membro da Chancelaria do Führer, Hans Hefelmann que, em 28 de março de 1938, determinou que o SD, especificamente a seção II 112, reunisse toda a documentação relevante. Os oficiais da seção II 112 observaram que o censo populacional que estava para se realizar daria um registro exato desse grupo em particular e que, de qualquer forma, esses arquivos, caso existissem, seriam mais provavelmente encontrados nas altas esferas de cada ministério, uma vez que toda promoção devia levar em conta a origem parcialmente judaica do candidato ou as conexões familiares judaicas[62].

No início de 1938, todos os judeus alemães eram obrigados a entregar seus passaportes (os novos seriam emitidos apenas para os judeus que estivessem para emigrar)[63]. Contudo, um novo documento de identificação logo seria instituído. Em julho de 1938, o Ministério do Interior decretava que, antes do final do ano, todos os judeus teriam que se apresentar à polícia para obter um cartão de identidade, que o titular deveria levar sempre consigo e que deveria ser apresentado sempre que exigido[64]. Em 17 de agosto, outro decreto, preparado por Hans Globke, anunciava que, a partir de 1º de janeiro de 1939, os judeus que não tivessem os primeiros nomes indicados em uma lista anexa deveriam usar os nomes Israel ou Sara antes de seus nomes[65]. A lista anexa de nomes masculinos começava com Abel, Abieser, Abimelech, Abner, Absalom, Ahab, Ahasja, Ahaser[66] e assim por diante; a lista de nomes femininos seguia o mesmo padrão (tivessem essas listas sido compiladas em outras

---

61 Do Ministro da Justiça para os Promotores do Estado..., 24.02.1938, Reichsjustizministerium, Fa 195/1938, Ifz, Munique.

62 Memorando, II 112, 28.03.1938, SD Hauptamt, microfilme Nr. MA-554, Ifz, Munique.

63 Cf. U. D. Adam, *Judenpolitik im Dritten Reich*, p. 198-199. O aparente absurdo dessa medida não passou despercebido para as vítimas: "Agora também temos de entregar nossos passaportes", anotava a médica judia berlinense Hertha Nathorff, em seu diário. "Os judeus não têm mais permissão para ter passaportes. Eles temem que possamos atravessar a fronteira! Mas não é isso o que eles querem? Estranha lógica". H. Nathorff, *Das Tagebuch der Hertha Nathorff*, p. 105.

64 Para o texto do decreto, cf. K. Pätzold (org.), *Verfolgung, Vertreibung, Vernichtung*, p. 155.

65 J. Walk (org.), *Das Sonderrecht für die Juden im NS-Staat*, p. 237.

66 K. Pätzold (org.), *Verfolgung, Vertreibung, Vernichtung*, p. 159.

circunstâncias, elas poderiam ser consideradas uma ilustração apropriada da estupidez burocrática).

Alguns dos nomes das listas de Globke eram inteiramente ficcionais e outros eram escolhas grotescas, manifestamente resultantes de uma dupla intenção: identificar e degradar. Uma inclusão surpreendente entre os nomes tipicamente judeus era o nome Isidor. Como já se observou ostensivamente, "Santo Isidoro de Sevilha, um dos Pais da Igreja e adversário dos judeus, e Santo Isidoro de Madri, o santo padroeiro de muitas igrejas de aldeia no sul da Alemanha, ficariam surpresos"[67]. Por outro lado, podia bem ser que Globke estivesse apenas seguindo o costume corrente: na Alemanha da época, Isidor era um nome usado principalmente por judeus[68].

Poucos meses após o Anschluss, Streicher solicitava a Himmler que seus pesquisadores tivessem acesso permitido aos arquivos Rothschild em Viena, a fim de coletar material para um "trabalho histórico monumental sobre os judeus, os crimes judaicos e as leis judaicas na Alemanha desde o passado até o presente". Himmler concordou, mas insistiu na presença de um representante do SD durante o exame dos documentos[69]. Os arquivos Rothschild exerciam grande fascínio. Rosenberg planejava uma exposição oficial no congresso do partido, em setembro de 1938, cujo tema seria "O Destino da Europa no Leste". Seu departamento recorreu ao SS-Hauptsturmführer Hartl, da Gestapo de Viena, que havia confiscado os arquivos Rothschild, na esperança de encontrar documentos comprovando que o judaísmo no Leste mantinha contato tanto com os industrialistas quanto com os líderes marxistas: "Nós presumimos", escrevia o enviado de Rosenberg, "que entre o material confiscado na residência Rothschild, alguma informação original e valiosa acerca desse assunto será encontrada". Poucas semanas mais tarde o departamento de Hartl respondia: nenhum material relevante para o tema da exibição foi encontrado nos documentos dos arquivos Rothschild[70]. Mais ou menos ao mesmo tempo, o SS-Oberführer Albert, revelava a seu colega do SD, o SS-Standartenführer Six, que estava particularmente interessado

---

67 C. Hoss, Die jüdischen Patienten in rheinischen Anstalten zur Zeit des Nationalsozialismus, em M. Leipert et al. (orgs.); *Verlegt nach unbekannt*, p. 67-68.

68 Devo essa informação a Amos Funkenstein (1937-1995).

69 Memorando interno do SD, 29 de agosto de 1938, acerca de uma carta de Streicher para Himmler, de 22 de julho de 1938, e de Rosenberg para Henlein, de 15 de outubro de 1938, cf J. Mendelsohn, *The Holocaust: Selected Documents*, v. 4, p. 216-217.

70 Da liderança do NSDAP no Reich, Departamento para o Fomento da Literatura Alemã para o SS-Hauptsturmführer Hartl, Gestapo Viena, 17.06.1938; SD II 112 para a liderança do Reich do NSDAP, Departamento para o Fomento da Literatura Alemã, 17.08.1939, SD Hauptamt, microfilme MA-554, Ifz, Munique.

em acessar os arquivos Rothschild com "objetivos de pesquisa"; Six garantiu a Albert que o material estava acessível, embora tivesse sido removido para diversos locais diferentes; seus curadores, é preciso observar, não eram arquivistas comuns: o material da residência Rothschild em Frankfurt e a biblioteca de trinta mil volumes que dele fazia parte estavam sendo mantidos em segurança com a ss do distrito de Fulda-Werra[71].

Após a anexação dos Sudetos, Rosenberg se dirigiu ao líder dos alemães dos Sudetos, Kinrad Henlein, solicitando todo e qualquer texto marxista, judaico e também religioso que "ofereça fontes valiosas para a biblioteca e o trabalho de pesquisa científica do instituto ['Hohe Schule'] que está sendo fundado"[72].

É evidente que, numa campanha de pesquisa assim extensa, alguns temas limítrofes apresentariam sérios desafios ao senso nazista para distinções sutis. Assim, em 9 de março de 1938, Otto Winter, proprietário da editora universitária Carl Winter, em Hidelberg, recorreu a Rosenberg para orientação sobre um assunto um tanto delicado. Na década de 1920, Winter havia publicado quatro volumes de uma coleção projetada para cinco volumes das obras de Baruch Spinoza; a composição do quinto volume fora concluída em 1932, mas o livro não fora impresso. Winter achava que não poderia decidir sozinho se devia publicar o último volume (em sua carta, ele enfatizava sua filiação partidária de longa data e seu amplo envolvimento nas atividades editoriais nazistas)[73]. Em 18 de março, o Departamento Central de Ciência (Amt Wissenschaft) de Rosenberg autorizava a publicação (provavelmente sob a recomendação do filósofo do partido, Alfred Bäumler)[74]. Winter, contudo, não era um antigo membro do partido à toa: em 30 de março, ele agradecia a Rosenberg pela autorização e perguntava se podia mencionar a autorização no anúncio que ele planejava publicar na revista *Börsenblatt des deutschen Buchhandels* (Boletim do Comércio Livreiro Alemão): "Considero isso importante", ele acrescentava, "a fim de me proteger de ataques injustificados". A reação ao pedido de Winter deixava traços inequívocos na margem da carta: dois sinais de interrogação em traços resolutos e um "*Nein*" sublinhado quatro vezes[75]. Winter recebia o mesmo não em termos bastante claros, poucos

---

71 Do ss-Oberführer Albert para o ss-Standartenführer Six, 18.01.1939; Do ss-Standartenführer Six para o ss-Oberführer Albert, em 26.01.1939, SD Hauptamt, microfilme MA-554, Ifz, Munique.

72 J. Mendelsohn, op. cit., v. 4, p. 138.

73 De Karl Winter para Rosenberg, em 09.03.1938, NSDAP, Hauptamt Wissenschaft, microfilme MA-205, Ifz, Munique.

74 Do Departamento Central para a Ciência (NSDAP) para Karl Winter, 18.03.1938, NSDAP, Hauptamt Wissenschaft, microfilme MA-205, Ifz, Munique

75 De Karl Winter para Rosenberg, em 30.03.1938, NSDAP, Hauptamt Wissenschaft, microfilme MA-205, Ifz, Munique.

dias mais tarde. Para garantir que Winter não tentaria nenhuma manobra, a resposta do Amt Wissenschaft foi enviada por carta registrada[76].

Algumas vezes, não havia quantidade de identificação formal que ajudasse e situações bastante problemáticas surgiam. Dessa forma, em 20 de agosto de 1938, em resposta a uma solicitação da divisão política da direção do distrito administrativo (*Gauleitung*) de Hesse-Nassau, a diretora (*Rektorin*) do Fürstenberger Gymnasium (uma escola feminina de ensino médio) em Frankfurt teve que enviar uma explicação um tanto embaraçosa. O que acontecera não podia ser negado: poucos dias antes, as duas estudantes judias ainda matriculadas na escola haviam estado presentes no hasteamento diário da bandeira. A diretora Öchler tentou atenuar o incidente, argumentando que haviam sido feitas diversas mudanças entre os professores e que as estudantes tiraram vantagem da situação com "um certo atrevimento judaico". Instruções adequadas foram dadas aos professores e a direção queria aproveitar a ocasião para expulsar as estudantes da escola[77]. Mas as coisas não ficaram por aí. Em 27 de agosto, a *Gauleitung* encaminhava o arquivo à *Kreisleitung* (direção do subdistrito administrativo), da Grande Frankfurt. Quatro dias mais tarde, o *Kreisleiter* (diretor de subdistrito administrativo) escrevia ao prefeito Kremmer, comentando que o que acontecera era incompreensível e indesculpável, apesar das explicações da diretora: "Solicito que acompanhe de perto essa situação", concluía o *Kreisleiter*, "e assegure-se de que as escolas de Frankfurt sejam imediatamente purificadas de estudantes judeus"[78]. Em 8 de setembro, o escritório do prefeito transferia o caso para o Departamento Escolar da cidade, com uma solicitação urgente para que se esclarecesse a questão, que se considerasse a possibilidade de purificação das escolas da cidade de seus estudantes judeus e se preparasse uma minuta de resposta para o *Kreisleiter*. O material deveria ser enviado em 18 de setembro. O Departamento Escolar reagiu à emergência com calma: sua resposta foi enviada ao prefeito em 26 de setembro. Basicamente, explicava o documento, o incidente ocorrera porque houvera muitas mudanças e substituições entre os professores. Além disso, a presença de estudantes judeus em idade escolar nas escolas da cidade era objeto da lei de 25 de abril de 1933, contra a superlotação das escolas alemãs (ou seja, estudantes judeus poderiam ser matriculados até o limite de 1,5 por cento do número total, com exceção do *numerus clausus* para filhos de veteranos que haviam lutado na linha de frente e de casais *Mischilinge* de primeiro e segundo graus)[79].

76 Do Departamento Central para a Ciência (NSDAP) para Karl Winter, 12.04.1938, NSDAP, Hauptamt Wissenschaft, microfilme MA-205, Ifz, Munique.

77 Max Kreuzberger Research Papers, AR 7183, Caixa 8, Pasta 9, LBI, Nova York.

78 Idem, ibidem.

79 Idem, ibidem..

IV

A campanha econômica contra os judeus começou acelerada logo no início de 1938; leis e decretos seguiram-se uns aos outros ao longo do ano, esmagando toda existência econômica judaica que ainda restava na Alemanha. No início do ano, cerca de 360 mil judeus ainda viviam no Altreich. A maioria deles vivia em várias cidades grandes, sobretudo Berlim. O patrimônio judaico, estimado entre dez e doze bilhões de marcos em 1933, estaria reduzido à metade desse valor até a primavera de 1938. Essa situação em si mesma indica, como observou Barkai, que a arianização foi um processo gradual, conduzindo a medidas que recairiam sobre os judeus da Alemanha ao longo de todo o ano de 1938[80].

Em 26 de abril, todos os judeus eram obrigados a registrar suas propriedades[81]. Em 14 de junho, o problema que derrotara a comissão de boicote em 1º de abril de 1933 estava resolvido. De acordo com o terceiro decreto complementar à Lei de Cidadania do Reich,

> um estabelecimento seria judaico se o proprietário fosse judeu, se um dos sócios fosse judeu ou se, em 1º de janeiro de 1938, um membro do quadro de diretores fosse judeu. Seria também considerado judaico o estabelecimento no qual judeus tivessem mais de um quarto das ações ou mais da metade dos votos ou que estivesse *de facto* sob influência predominantemente judaica. A sucursal de um estabelecimento judaico seria considerada judaica se o gerente dessa sucursal fosse judeu[82].

Em 6 de julho de 1938, uma lei estabelecia uma lista detalhada dos serviços comerciais daí por diante proibidos a judeus, inclusive informações sobre crédito, corretagem de imóveis e outros[83]. Em 25 de julho, o quarto decreto complementar à Lei de Cidadania do Reich punha fim à prática da medicina por judeus na Alemanha: as licenças dos médicos judeus seriam cassadas a partir de 30 de setembro de 1938[84]. Como observa Raul Hilberg, "Ele nada mais era que a colocação novamente em vigor da lei canônica, mas a inovação moderna ficava por conta da cláusula de que contratos de apartamentos alugados por médicos judeus seriam suspensos por opção tanto do proprie-

---

80 A. Barkai, *From Boycott to Annihilation*, p. 114.
81 J. Walk (org.), op. cit., p. 223.
82 Idem, p. 229. Utilizei aqui a tradução simplificada da lei, conforme apresentada em R. Hilberg, *The Destruction of the European Jews*, p. 82.
83 Idem, p. 232; R. Hilberg, *The Destruction of the European Jews*, p. 83-84.
84 Idem, p. 234.

tário quanto do inquilino"[85]. A última linha do decreto não se vinculava à lei canônica nem a inovações modernas, porém correspondia inteiramente ao espírito da nova Alemanha: "os [médicos] que recebem autorização [para oferecer serviços médicos a pacientes judeus] não estão autorizados a usar a designação 'médico', mas apenas a denominação 'cuidadores de doentes'"[86]. Incidentalmente, o decreto foi assinado e promulgado em Bayreuth: Hitler estava presente no festival.

Em 27 de setembro de 1938, na véspera da conferência de Munique, Hitler assinava o quinto decreto complementar, proibindo os judeus de praticar a advocacia[87]. O decreto não foi tornado público imediatamente, devido à tensão internacional. Finalmente, em 13 de outubro, ele autorizava o anúncio do decreto no dia seguinte[88]. O decreto entraria em vigor no Altreich em 30 de novembro e na antiga Áustria (com uma exceção parcial e temporária em Viena), em 31 de dezembro.

O golpe final que destruiu toda a vida econômica judaica na Alemanha foi dado em 12 de novembro, quando, pouco depois das manifestações de violência racial da Kristallnacht, Göring decretou a interdição de toda atividade comercial judaica no Reich. Enquanto isso, contudo, os médicos e advogados nacional-socialistas ainda não estavam satisfeitos em ver os judeus definitivamente excluídos de sua profissão. Como era usual no mundo das medidas nazistas contra os judeus, a destruição concreta tinha de encontrar também sua expressão simbólica. Em 3 de outubro de 1938, a Câmara dos Médicos do Reich (*Reichsärztekammer*) solicitava ao Ministro da Educação que os médicos judeus, agora proibidos de praticar sua profissão, sofressem ainda outras privações: "estou dessa forma requerendo", assim concluía Wagner, o líder dos médicos do Reich, em sua carta endereçada a Rust, "que o título 'Doutor' seja retirado desses judeus tão logo quanto possível"[89]. Os ministros da educação e da justiça debateram o assunto: sua proposta conjunta ao Ministro do Interior foi a de não apenas cancelar o título de doutor em medicina e direito, mas de considerar a elaboração de uma minuta de lei que servisse para espoliar os judeus de todos os títulos, diplomas acadêmicos e distinções

---

85 R. Hilberg, *The Destruction of the European Jews*, p. 84.

86 J. Walk (org.), op. cit., p. 234.

87 Idem, p. 242. Setecentos médicos foram autorizados a atender a população judaica como "cuidadores de doentes" e duzentos advogados foram, de igual modo, autorizados como "consultores". Cf. I. Arndt; H. Boberach, Deutsches Reich, W. Benz (org.), *Dimension des Völkermords*, p. 28. O procedimento que habilitava um advogado judeu a tornar-se um consultor – bem como o *status* de consultor – foi analisado em L. Gruchmann, *Justiz im Dritten Reich 1933-1949*, p. 181 e s.

88 Idem, p. 178-179.

89 Da Câmara dos Médicos do Reich para o Ministério da Educação, de 03.10.1938, Reichsministerium für Wissenschaft u. Erziehung, microfilme MA 103/1, Ifz, Munique.

similares[90]. No dia seguinte às manifestações de violência racial de 9-10 de novembro, o debate era adiado[91].

A atmosfera dominante nos círculos empresariais alemães quando a arianização forçada – ou, mais precisamente, o confisco de toda propriedade judaica – se tornou lei é revelada na carta de um executivo de Munique, que as autoridades haviam solicitado que servisse de consultor nas transações de arianização. O autor da carta se descrevia como um nacional-socialista, membro da SA e admirador de Hitler. Então ele acrescentava:

> Estou tão enojado pelos métodos brutais [...] e extraordinários empregados contra os judeus que, de agora em diante, recuso-me a me envolver de qualquer forma com as arianizações, embora isso signifique perder uma generosa comissão [...]. Como negociante de longa data, honesto e íntegro, não posso mais me sentar e tolerar o modo como muitos comerciantes, empresários 'arianos' e outros do gênero [...] estão descaradamente tentando se apossar de fábricas e lojas judaicas etc. tão barato quanto possível e por um preço ridículo. Essa gente é como abutres revoluteando, com seus olhos vidrados, suas línguas para fora de tanta cobiça, ávidas por se alimentar das carcaças judaicas[92].

A onda de arianização forçada pôs fim ao comportamento relativamente moderado ao qual, como vimos, as grandes corporações haviam aderido até então. Os novos incentivos econômicos, a pressão do partido, a ausência no ministério de toda e qualquer força conservadora contraposta (como a que Schacht representara) davam fim à diferença entre investidas de baixo nível e polidez de alto nível. Em alguns casos, é possível rastrear a intervenção direta de Hitler. Assim, na metade de novembro de 1937,

> Herbert Göring e Wilhelm Keppler, [então] na chancelaria de Hitler convocaram Otto Steinbrinck, diretor de operações de Friedrich Flick [magnata do aço] em Berlim, a fim de subornar ou intimidar Flick a liderar a ofensiva de 'arianização' das extensas propriedades de mineração das famílias Julius e Ignaz Petschek[93].

Ao que parece, as empresas mais novas eram mais agressivas que as antigas: as empresas Flick, Otto Wolf e Mannesmann, por exemplo, três das

---

90 Do Ministro da Justiça para o Ministro da Educação, 03.10.1938, Reichsministerium für Wissenschaft u. Erziehung, microfilme MA 103/1, IfZ, Munique.

91 Do Ministro do Interior para o Ministro da Educação, 14.12.1938, Reichsministerium für Wissenschaft u. Erziehung, microfilme MA 103/1, IfZ, Munique.

92 A. Barkai, *From Boycott to Annihilation*, p. 129.

93 P. Hayes, Big Business and "Aryanization" in Germany 1933-1939, *ZfA*, v. 3, p. 266.

novas gigantes da indústria pesada em rápido crescimento, envolveram-se mais ativamente nas arianizações que a Krupp ou as Vereinigte Stahlwerke (Siderúrgicas Unidas). O mesmo ocorria no setor bancário; os mais agressivos sendo os bancos regionais, em busca de expansão rápida, e alguns dos bancos privados (Merck, Fink, Richard Lenz). O Dresdner Bank, precisando de capital, assumiu a liderança no agenciamento do controle acionário, enquanto o Deutsche Bank mostrou certa reserva e a comissão de 2% que ele colocou sobre os preços de venda das empresas judaicas se acumulou em diversos milhões de marcos, de 1937 a 1940[94].

Nem todas essas operações foram tão fáceis quanto os nazistas gostariam. Algumas das grandes iniciativas de arianização os mantiveram na expectativa durante meses e mesmo anos, sem que Berlim pudesse cantar completa vitória[95]. Os casos de maior destaque envolveram negociações complexas com os Rothschild pelo controle da siderúrgica Witkowitz na Tchecoslováquia (o Rothschild vienense, barão Louis, sendo mantido refém durante as negociações), com os Weinmann e também com os alvos de Hitler, os Petschek, pelo controle das siderúrgicas e minas de carvão no Reich. Os nazistas foram pegos num emaranhado de companhias estrangeiras e transferências de propriedades habilmente iniciadas por suas vítimas iminentes, o que, durante as negociações com Petschek, levou Steinbrinck a escrever em um memorando interno: "Eventualmente, teremos que considerar o uso de violência ou a intervenção direta do Estado"[96].

Os nazistas tinham plena consciência do dilema exacerbado pela arianização acelerada: a pauperização veloz da população judaica e as dificuldades crescentes no processo de emigração estavam criando um novo problema social e econômico judaico de proporções imensas. De início, homens como Frick ainda tinham concepções bastante tradicionais acerca do que podia ser feito. De acordo com um relatório de 14 de junho de 1938, intitulado "Os Judeus na Economia", em uma discussão travada em abril desse ano, Frick aparentemente resumira suas observações da seguinte forma:

> Enquanto os judeus na Alemanha forem capazes de viver dos lucros de seu comércio e outros proventos, eles vão exigir supervisão rigorosa do Estado. Na medida em que eles precisam de assistência financeira, a questão do

---

94 P. Hayes, Big Business and "Aryanization" in Germany 1933-1939, *Jahrbuch für Antisemitismusforschung*, v. 3, p. 267.

95 Cf., em particular, R. Hilberg, *The Destruction of the European Jews*, p. 60-90; H. Genschel, *Die Verdrängung der Juden aus der Wirtschaft im Dritten Reich*, principalmente o capítulo 10; A. Barkai, *From Boycott to Annihilation*, p. 75.

96 R. Hilberg, *The Destruction of the European Jews*, p. 79.

apoio público deve ser resolvida. Um emprego mais amplo das diversas organizações de assistência social parece inevitável[97].

No início do outono de 1938, era implantada em Berlim uma outra medida, desta vez envolvendo extorsão econômica localmente planejada. Uma das maiores companhias de locação de moradias de baixo custo de Berlim, a Gemeinützige Siedlungs- und Wohnungsbaugesellschaft (GSW), providenciou o registro de todos os seus inquilinos judeus e cancelou a maioria de seus contratos. Alguns dos inquilinos judeus deixaram os imóveis, mas outros processaram a GSW. O tribunal do distrito de Charlottenburg não apenas apoiou a companhia locadora como também sugeriu que medidas similares fossem aplicadas de forma mais ampla. O tribunal teria provavelmente chegado à mesma decisão sem nenhuma pressão externa, mas Albert Speer, que no início de 1937 Hitler havia nomeado inspetor geral de construções de Berlim, exerceu pressão sobre o Ministério da Justiça. O prestimoso inspetor geral estava, na mesma época, negociando com o prefeito da capital a construção de 2.500 pequenos apartamentos para transferir outros judeus de suas residências[98]. Esses detalhes parecem ter escapado da memória altamente seletiva de Speer[99].

Manifestações de violência contra os judeus irrompiam novamente no Altreich na primavera e no início do verão de 1938. Em junho, por ordens de Heydrich, cerca de dez mil "associais" eram presos e enviados para campos de concentração: 1.500 judeus cumprindo sentenças anteriores foram incluídos no grupo e enviados para Buchenwald (que fora criado em 1937)[100]. Poucas semanas antes, no final de abril, o ministro da Propaganda (e Gauleiter de Berlim) solicitara ao chefe de polícia de Berlim, o conde Wolf Heinrich Helldorf, uma proposta para novas formas de segregação e perseguição aos judeus da cidade. O resultado foi um longo memorando preparado pela Gestapo e enviado a Helldorf em 17 de maio. No último momento, o documento foi retrabalhado às pressas pela seção judaica do SD, que tinha críticas ao fato de que as medidas de segregação máxima propostas pela Gestapo tornariam a prioridade mais importante, a emigração, ainda mais difícil do que já estava.

97 Idem, p. 118.
98 Para mais detalhes sobre o caso e a prova documental de corroboração, cf. W. Gruner, Die Reichshauptstadt und die Verfolgung der Berliner Juden 1933-1945, em R. Rürup (org.). *Jüdische Geschichte in Berlin*, p. 238, 260-261.
99 Nada disso foi, aparentemente, mencionado por Speer em suas conversas com Gitta Sereny. Cf. G. Sereny, *Albert Speer: His Battle with Truth*.
100 Essa foi a primeira vez que o SD tomou a iniciativa de prender um grande número de judeus alemães e enviá-los para um campo de concentração. U. Herbert, *Best*, p. 213.

A versão final da proposta foi entregue a Goebbels e possivelmente discutida com Hitler na reunião de 24 de julho[101]. Algumas das medidas previstas já estavam em preparação, outras seriam aplicadas após as manifestações de violência racial de novembro e outras ainda, após o início da guerra.

Simultaneamente, Goebbels passava para o incitamento direto. De acordo com seu diário, ele falou para trezentos policiais em Berlim sobre o problema judaico em 10 de junho: "Contra todo sentimentalismo. Nenhuma lei é o lema, mas sim a perseguição. Os judeus devem sair de Berlim. A polícia vai ajudar"[102]. As organizações do partido foram colocadas em ação. Agora que as atividades comerciais judaicas haviam sido definidas pelo decreto de 14 de junho, sua demarcação podia finalmente ter início. "A começar do final da tarde de sábado", o embaixador norte-americano na Alemanha, Hugh R. Wilson, telegrafava ao secretário de Estado Hull em 22 de junho de 1938,

> grupos civis, geralmente compostos por dois ou três homens, podiam ser vistos pintando as janelas de lojas judaicas com a palavra 'jude' em grandes letras vermelhas, a estrela de Davi e caricaturas de judeus. Na Kurfürstendamm e na Tauentzienstrasse, elegantes locais de compra no lado oeste, a tarefa dos pichadores foi facilitada pelo fato de que os proprietários de lojas judaicas haviam recebido, um dia antes, ordens de exibir seus nomes em letras brancas (essa medida, manifestamente decretada em antecipação à norma que estava para ser implantada exigindo que os judeus exibissem um sinal específico e padronizado, revelava que um número surpreendentemente grande de lojas nesse bairro ainda eram judaicas). Os pichadores, em cada caso, eram seguidos por grupos enormes de espectadores que pareciam se divertir bastante com essa conduta. A opinião corrente em meio a setores do público bem informados era de que a tarefa estava sendo executada pelos representantes da Frente de Trabalho, e não pela SA ou a SS, como sempre ocorrera no passado. Ao que parece, nas proximidades da Alexanderplatz, os rapazes da Juventude Hitlerista participaram da pichação, compensando sua falta de habilidade com certa imaginação e requintes de crueldade. Há relatos de que diversos incidentes se deram nessa região, resultando no saque de lojas e agressão a seus proprietários; cerca de doze vitrines e janelas quebradas ou esvaziadas foram vistas, o que corrobora esses relatos[103].

---

101 Para o texto do memorando da Gestapo e seu contexto histórico, cf. W. Gruner, "Lesen brauchen sie nicht zu können", *Jahrbuch für Antisemitismusforschung*, v. 4, p. 305 e s.

102 J. Goebbels, *Tagebücher*, parte 1, v. 3, p. 452.

103 De Hugh R. Wilson para o Secretário de Estado, em 22 de junho de 1938, em J. Mendelsohn (org.), *The Holocaust: Selected Documents*, v. 1, p. 139-140.

Uma anotação do diário da jornalista Bella Fromm oferece uma descrição mais dramática da Juventude Hitlerista em ação contra as lojas varejistas judaicas. "Estávamos para entrar em uma pequena joalheria quando um bando de dez jovens em uniformes da Juventude Hitlerista estilhaçou a vitrine e irrompeu loja adentro, brandindo facas de açougueiro e gritando: 'Para o inferno com a ralé judaica! É a vez dos alemães dos Sudetos!'". E ela prosseguia:

> O menor dos garotos do bando escalou a janela e iniciou seu trabalho de destruição, atirando para a rua tudo que conseguia agarrar. Lá dentro, os outros garotos quebravam prateleiras de vidro e balcões, arremessando relógios despertadores, talheres e bugigangas aos cúmplices do lado de fora. Um fedelho nanico se agachou num canto da janela, colocando dezenas de anéis em seus dedos e enchendo seus bolsos com relógios de pulso e pulseiras. Após estufar seu uniforme com todo o saque, ele se virou, cuspiu diretamente no rosto do vendedor e saiu porta afora[104].

Um relatório interno do SD também descrevia sucintamente a "ação judaica" (*Judenaktion*) em Berlim, indicando que ela havia começado em 10 de junho. Segundo o SD, todas as organizações do partido tomaram parte na ação, com autorização da *Gauleitung* da cidade[105].

Mas a situação logo ficava fora de controle e, ao mesmo tempo em que o embaixador norte-americano enviava seu telegrama, uma ordem era enviada de Berchtesgaden: o Führer desejava que a ação em Berlim cessasse[106]. E assim foi. Violência em larga escala contra os judeus não era o que Hitler precisava no momento em que a crise relativa ao destino dos Sudetos atingia seu clímax.

Se o diário de Goebbels reproduz fielmente o teor das concepções expressas por Hitler durante sua reunião em 24 de julho, então ele devia estar considerando várias opções: "Discutimos a questão judaica. O Führer aprova minha ação em Berlim. O que a imprensa estrangeira escreve não tem importância. O mais importante é que os judeus sejam expulsos. Dentro de dez anos, eles devem estar fora da Alemanha. Mas, por enquanto, ainda queremos mantê-los aqui como trunfos [...]"[107]. Todavia, logo a crise dos Sudetos teria fim e algum acaso imprevisto daria o pretexto para manifestações de violência contra os judeus num nível sem precedentes. Os acontecimentos em Berlim haviam sido apenas um ensaio em escala reduzida.

---

104 B. Fromm, *Blood and Banquets*, p. 274.
105 Relatório, sem data, do SD sobre a Conferência de Evian e a "Judenaktion" de Berlim, SD--Hauptamt, microfilme MA 557, Ifz, Munique.
106 M. Wildt, *Die Judenpolitik des SD 1935 bis 1938*, p. 57.
107 J. Goebbels, *Tagebücher*, parte 1, v. 3, p. 490.

V

No início de 1938, Werner Best, representante de Heydrich na condição de chefe do Departamento Central da Polícia de Segurança, assinara um decreto para a expulsão de aproximadamente quinhentos judeus de nacionalidade soviética que viviam no Reich[108]. Essa medida era exigida por Wilhelmstrasse em retaliação pela expulsão de alguns cidadãos alemães da União Soviética. Como a urss não concedesse passes de entrada a esses judeus soviéticos, o decreto de expulsão foi prorrogado por duas vezes – sem nenhum resultado. Em maio de 1938, Heydrich decretava a prisão dos judeus soviéticos do sexo masculino em campos de concentração até que pudessem fornecer provas de que estariam emigrando imediatamente. Em maio, ordens de expulsão eram também emitidas para judeus romenos residindo na Alemanha. Todas essas medidas não passavam de um prólogo para a nova campanha de expulsões em massa que teria início no outono.

Durante os meses que imediatamente se seguiram ao Anschluss, contudo, ocorreram desdobramentos que ameaçaram prejudicar esses planos nazistas de emigração rápida e forçada: as medidas adotadas pela Suíça. Quase todos os detalhes da política seguida pela Confederação Suíça em relação aos refugiados judeus, antes e durante a guerra, foram disponibilizados em um relatório de 1957, solicitado pela Assembleia Federal Suíça e preparado pelo conselheiro federal Carl Ludwig[109]. A publicação, em 1994, dos documentos diplomáticos suíços do período de pré-guerra deu a esse quadro os toques finais.

Duas semanas após o Anschluss, em sua reunião de 28 de março de 1938, o Conselho Federal Suíço (o setor executivo do país) decidia que todos os portadores de passaportes austríacos seriam obrigados a obter vistos de entrada para a Suíça. De acordo com a ata da reunião:

> Em vista das medidas já tomadas e em preparo em outros países contra o afluxo de refugiados austríacos, nós nos encontramos em uma situação difícil. Está claro que a Suíça pode ser apenas um país de trânsito para os refugiados da Alemanha e da Áustria. Sem mencionar a situação de nosso mercado de trabalho, o atual grau excessivo de presença estrangeira impõe as mais rigorosas medidas de defesa contra uma estada mais longa desses elementos. Se não queremos criar uma base para um movimento antissemita que seja indigno de nosso país, devemos nos defender com todas as nossas forças e, se necessário for, sem piedade contra a imigração de judeus estrangeiros, sobretudo os do Leste. Precisamos pensar no futuro e, assim, não podemos

---

108 S. Milton, Menschen zwischen Grenzen, *Menora: Jahrbuch für deutsch-jüdische Geschichte 1990*, p. 189-190.

109 C. Ludwig, *Die Flüchtlingspolitik der Schweiz in den Jahren 1933 bis 1955*.

permitir a entrada desses estrangeiros em vista de vantagens imediatas; essas vantagens sem dúvida logo se tornariam as piores desvantagens[110].

Essa seria a posição básica das autoridades suíças durante os sete anos seguintes, com um detalhe adicional sendo, algumas vezes, acrescentado nos vários memorandos internos: os judeus suíços certamente não queriam ver sua própria posição ameaçada pela chegada em massa de judeus estrangeiros no país.

Assim que os passaportes austríacos foram substituídos pelos alemães, a exigência de visto passou a ser aplicada a todos os portadores de documentos de viagem alemães. A Suíça sabia que sua exigência de visto teria que ser recíproca, assim, a partir de então, os cidadãos suíços viajando para a Alemanha deveriam também obter vistos. De ambos os lados, o dilema parecia insolúvel. Para a Alemanha, evitar que a exigência de visto fosse imposta sobre seus cidadãos arianos em viagem para a Suíça significaria inserir algum sinal distintivo nos passaportes dos judeus, o que automaticamente tornaria sua emigração ainda mais difícil. Várias soluções técnicas foram consideradas durante o verão desse ano. No final de setembro de 1938, sem se deixar desencorajar pela crise dos Sudetos, uma delegação suíça encabeçada pelo chefe da Divisão de Polícia do Ministério da Justiça, Heinrich Rothmund, viajou até Berlim para negociações com Werner Best. Segundo seu próprio relatório, os emissários suíços descreveram para seus colegas alemães a luta constante da polícia federal contra a chegada em massa de imigrantes estrangeiros, particularmente os que não se integravam com facilidade, sobretudo os judeus. Em resultado das solicitações suíças, os alemães finalmente concordaram em carimbar os passaportes de judeus com um "J", o que permitiria à polícia suíça "verificar na fronteira se o portador do passaporte era ariano ou não ariano" (esses eram os termos empregados no relatório suíço). Em 4 de outubro, o governo de Berna confirmava as medidas que os delegados de polícia da Alemanha e da Suíça concordaram em adotar.

As autoridades suíças não tinham ainda resolvido todos os seus problemas: os judeus que haviam recebido passe de entrada antes da adoção dos carimbos nos passaportes poderiam tentar antecipar seu uso. Assim, no dia 4 de outubro, todos os postos de fronteira eram informados de que se "houvesse incerteza quanto a se uma pessoa em viagem com um passaporte alemão era ariana ou não ariana, um atestado de sua origem ariana deveria ser apresentado. Em casos duvidosos, o viajante deveria retornar ao consulado suíço de seu local de origem para novas averiguações"[111]. Mas, com isso, teriam sido tomadas todas

---

110 . Conseil Fédéral, "Procès-verbal de la séance du 28 mars 1938", *Documents Diplomatiques Suisses*, v. 12 (1937-1938), p. 570.

111 Para todos esses detalhes e sobre os documentos relevantes, cf. C. Ludwig, *Die Flüchtlingspolitik der Schweiz der Schweiz in den Jahren 1933 bis 1955*, p. 124 e s.

as precauções? Os suíços pensaram em mais de uma possibilidade de fraude. Um relatório de seu Centro Federal para Materiais Impressos, datado de 11 de novembro de 1938, anunciava que, a pedido de Rothmund, fora feita a tentativa de apagar o "J" de um passaporte alemão obtido para teste. O relatório sobre o teste era encorajador: "Apagar o 'J' carimbado não foi uma tarefa de todo bem-sucedida. Podem ser reconhecidos os traços remanescentes sem dificuldade"[112]. Enquanto isso acontecia, os judeus dos Sudetos caíam sob o controle alemão.

Mal tinha a Áustria sido anexada quando Hitler se voltou para a Tchecoslováquia: Praga devia permitir que os Sudetos, sua província povoada em sua maioria por alemães, se separassem e se juntassem ao Reich alemão. Em maio, a Wehrmacht recebia ordens de invadir a Tchecoslováquia no dia 1º de outubro. Uma guerra generalizada parecia provável quando, pelo menos formalmente, a França declarou sua disposição de apoiar seus aliados tchecos. Após um esforço de mediação britânico resultar em nada e após o fracasso de duas reuniões entre o primeiro ministro britânico Neville Chamberlain e Hitler, os exércitos europeus foram mobilizados. Assim, dois dias antes do ataque alemão programado, Mussolini sugeriu uma conferência entre as principais potências envolvidas na crise (mas sem a presença dos tchecos – e da União Soviética). Em 29 de setembro, a Grã-Bretanha, a França, a Alemanha e a Itália assinavam um acordo em Munique: em 10 de outubro, os Sudetos se tornariam parte do Reich alemão. A paz havia sido assegurada; a Tcheco-Eslováquia (o acréscimo do hífen inicialmente adotado foi uma exigência da Eslováquia) era abandonada; suas novas fronteiras, no entanto, ficavam "garantidas".

Tão logo a Wehrmacht ocupou os Sudetos, Hitler informou a Ribbentrop que, além da expulsão dos judeus dos Sudetos que não tinham conseguido fugir para a mutilada Tcheco-Eslováquia, a expulsão dos 27 mil judeus tchecos que viviam na Áustria devia ser considerada. Mas as medidas de expulsão imediata afetavam principalmente os judeus dos Sudetos: os alemães os enviaram para a fronteira tcheca; os tchecos se recusaram a recebê-los. Göring descreveria essa situação com júbilo, um mês após os acontecimentos: "Durante a noite [essa narrativa se seguia à anotação sobre a entrada das tropas alemãs nos Sudetos], os judeus foram expulsos para a Tcheco-Eslováquia. De manhã, os tchecos os capturaram e enviaram para a Hungria. Da Hungria, de volta para a Alemanha e depois de volta para a Tcheco-Eslováquia. Dessa forma, eles iam e voltavam. Finalmente, foram parar em um barco no Danúbio. Lá, eles ficaram acampados. Assim que pisavam na margem do rio, eles eram repelidos"[113]. De fato, vários milhares desses judeus foram finalmente forçados a ficar, sob baixíssimas temperaturas, em acampamentos de barracas

---

112 *Documents Diplomatiques Suisses*, v. 12, p. 938, nota 5.

113 Citado em E. Ben-Elissar, op. cit., p. 286.

improvisados, situados em terras de ninguém entre a Hungria e a Tcheco-
-Eslováquia, como Mischdorf, a cerca de vinte quilômetros de Bratislava.

No início de outubro de 1938, planejava-se aplicar esse método, a partir de então comumente utilizado, também contra alguns judeus de Viena. Um memorando do SD, de 5 de outubro, indicava que, em uma reunião dos principais representantes do partido no grupo local denominado "Goldegg", o líder havia anunciado que, de acordo com instruções do Gau, uma operação enérgica contra os judeus teria lugar em 10 de outubro de 1938:

> Visto que muitos judeus não têm passaporte, eles serão enviados para Praga, através da fronteira tcheca, sem passaporte. Se não tiverem dinheiro, os judeus receberão 40 marcos – do Gau, para sua partida. Nessa operação contra os judeus, deve ser evitada a impressão de que se trata de uma questão do partido; em vez disso, demonstrações espontâneas das pessoas devem ser provocadas. Deverá haver uso de força sempre que os judeus resistirem[114].

Durante todo o verão e o outono, judeus austríacos tentaram fugir ilegalmente para diversos países vizinhos e até mais distantes – a Inglaterra. A Gestapo enviou alguns grupos para a Finlândia, a Lituânia e a Holanda ou os forçou a atravessar a fronteira para a Suíça, Luxemburgo e a França. Entretanto, como os protestos estrangeiros aumentavam, a entrada ilegal ou a expulsão para o ocidente se tornaram progressivamente mais difíceis[115]. Em consequência, em 20 de setembro, o líder da Gestapo em Karlsruhe informava às autoridades regionais que os judeus austríacos estavam chegando em grande número a Baden, com frequência sem passaportes ou dinheiro. "Como a emigração de judeus austríacos por enquanto está se tornando praticamente impossível", argumentava o chefe da Gestapo, "devido às medidas de defesa tomadas pelos países estrangeiros, em especial a Suíça, uma estada prolongada desses judeus em Baden [...] não pode mais ser tolerada". A Gestapo não sugeria que os judeus fossem forçados a cruzar nenhuma das fronteiras ocidentais; a ordem dada era a de "imediata repatriação dos judeus a suas antigas residências em Viena"[116]. Em poucos dias, contudo, eram os judeus de nacionalidade polonesa vivendo na Alemanha que se tornavam o problema primordial[117].

---

114 Reproduzido em Y. Arad; Y. Guttman, A. Margalioth, *Documents on the Holocaust*, p. 101-102.

115 Cf., principalmente: J. Toury, Ein Auftakt zur Endlösung Judenaustreibung über nichtslawische Grenzen, 1933 bis 1939, em U. Büttner et al. (orgs.), *Das Unrechtsregime*, p. 173 e s.

116 De Maier, Gabinete do Distrito de Überlingen, para os prefeitos distritais, em 20.09.1938. Unterlagen betr. Entrechtung der Juden in Baden, 1933-1940, ED 303, IfZ, Munique.

117 S. Milton, Menschen zwischen Grenzen, op. cit.; T. Maurer, Abschiebung und Attentat, em W. Pehle, *Der Judenpogrom 1938*, p. 52 e s.

O censo de junho de 1933 mostrara que, dos 98.747 judeus estrangeiros ainda residindo na Alemanha, 56.480 eram cidadãos poloneses. A República Polonesa não se mostrava disposta a acrescentar recém-chegados a sua população de 3,1 milhões e várias medidas administrativas com o objetivo de impedir o retorno de judeus poloneses residentes na Alemanha foram utilizadas entre 1933 e 1938. Mas, assim como ocorrera em outros países, também na Polônia o Anschluss desencadeou iniciativas muito mais severas. Em 31 de março de 1938, o parlamento polonês aprovava uma lei estabelecendo uma vasta gama de condições sob as quais a cidadania polonesa poderia ser tirada de todo e qualquer cidadão vivendo no exterior.

Os alemães imediatamente perceberam as implicações da nova lei para seus planos de emigração forçada. As negociações entre a Alemanha e a Polônia não levaram a nada e, em outubro de 1938, um novo decreto polonês determinava o cancelamento dos passaportes de residentes no exterior que não obtivessem autorização especial para entrar na Polônia antes do final do mês. Como mais de 40% dos judeus poloneses vivendo no Reich haviam nascido na Alemanha, eles dificilmente poderiam ter esperança de dar um destino a seus negócios e lares num prazo menor que duas semanas. Assim, a maioria deles perderia sua nacionalidade polonesa em 1º de novembro. Os nazistas decidiram tomar medidas de precaução para frustrar a iniciativa polonesa.

Se Hitler foi ou não consultado sobre a expulsão dos judeus poloneses é algo que não está claro. De Wilhelmstrasse foram emitidas as instruções gerais e a Gestapo ficou encarregada da implementação efetiva da medida. Ribbentrop, Himmler e Heydrich devem ter percebido, como todo mundo, que, dadas as circunstâncias internacionais após o acordo de Munique – a ânsia pela paz e sua consequência, o apaziguamento –, ninguém iria mover um dedo em defesa dos desafortunados judeus. A própria Polônia dependia, em última instância, da benevolência alemã; ela não acabava de se apossar da região de Teschen, no nordeste da Tcheco-Eslováquia, na esteira da anexação alemã dos Sudetos? O momento para a expulsão não poderia ser mais propício. Dessa forma, de acordo com as ordens de Himmler, até 29 de outubro todos os judeus poloneses do sexo masculino residentes na Alemanha seriam deportados à força através da fronteira com a Polônia.

O *Reichsführer* sabia que as mulheres e crianças, privadas de todo sustento, teriam que segui-los. Em 27 e 28 de outubro, a polícia e a SS se reuniram e transportaram os judeus para as vizinhanças da cidade polonesa de Zbaszyn, de onde foram enviados através do rio que demarcava a fronteira entre os dois países. Os guardas de fronteira poloneses os enviaram de volta. Durante dias, sob chuva pesada, sem comida e sem abrigo, os deportados vagaram entre os dois limites; a maioria deles foi parar em um campo de concentração polonês perto de Zbaszyn[118]. O restante recebeu permissão para retornar à Alemanha[119] (no início de janeiro, os judeus que estavam então na Polônia receberam permissão para retornar temporariamente, a fim de vender suas casas e estabelecimentos comerciais)[120]. Cerca de 16 mil judeus poloneses foram assim expulsos[121].

Os Grynszpan, uma família de Hanover, estavam entre os judeus transportados para a fronteira em 27 de outubro. Herschel, seu filho de dezessete anos, não foi com eles; nessa época, ele vivia na clandestinidade em Paris, mal sobrevivendo de trabalhos ocasionais e da ajuda de parentes. Em 3 de novembro, sua irmã Berta escrevia para ele: "Recebemos permissão para voltar a nossa casa para buscar pelo menos alguns objetos essenciais. Assim, saí acompanhada por um 'Schupo' [*Schutzpolizei*, a polícia uniformizada alemã] e enchi uma valise com as roupas mais necessárias. Foi tudo o que pude salvar. Não temos um centavo. Continuarei da próxima vez em que escrever. Abraços afetuosos e beijos de todos nós. Berta"[122].

O jovem Herschel Grynszpan não conhecia os detalhes do que estava acontecendo com sua família perto de Zbaszyn, mas ele bem podia imaginar. Em 7 de novembro, ele escrevia um bilhete para seu tio em Paris:

> Com a ajuda de Deus [escrito em hebraico] [...] eu não poderia agir de outro modo. Meu coração sangra quando penso em nossa tragédia e na de 12 mil judeus. Tenho que protestar de um modo que todo o mundo possa ouvir meu protesto – e isso pretendo fazer. Imploro seu perdão. Hermann" [seu nome alemão].

Grynszpan comprou um revólver, foi até a embaixada alemã e pediu para falar com um dos funcionários. Ele foi enviado ao escritório do primeiro secretário Ernst von Rath; nesse local, ele atirou e feriu fatalmente o diplomata alemão[123].

Trad. Lyslei de Souza Nascimento e Josane Barbosa

---

118 T. Maurer, Abschiebung und Attentat, op. cit, p. 59-66.

119 P. Sauer (org.), *Dokumente...*, v. 2, p. 423 e s.

120 Sobre o acordo entre Alemanha e Polônia acerca desse assunto, cf. DGFP, série D, v. 5, Washington, 1953, p. 169.

121 I. Arndt; H. Boberach, Deutsches Reich, op. cit., p. 34.

122 M. R. Marrus, The Strange Story of Herschel Grynszpan, *The American Scholar*, v. 57, n. 1, winter 1988, p. 70-71.

123 Idem, p. 71-72.

NOVE

O Massacre

I

NA MANHÃ DE 10 DE NOVEMBRO DE 1938, ÀS OITO HORAS, O FAZENdeiro e líder local da SA de Eberstadt, Adolf Heinrich Frey, acompanhado por vários de seus associados, punha-se a caminho rumo à casa da viúva judia Susannah Stern, de oitenta e um anos de idade. De acordo com Frey, a viúva Stern levou algum tempo para abrir a porta e, quando o avistou, sorriu "desafiadora" e disse: "Realmente uma visita importante esta manhã". Frey disse a ela que se vestisse e os acompanhasse. Ela se sentou num sofá e declarou que não se vestiria nem deixaria sua casa; eles podiam fazer com ela o que bem quisessem. Frey relatou que a mesma troca de palavras se repetiu por cinco ou seis vezes e, quando ela mais uma vez reiterou que eles podiam fazer o que bem quisessem com ela, Frey pegou sua pistola e atirou em Stern no peito.

> Com o primeiro tiro, Stern desabou no sofá. Ela se inclinou para trás e colocou as mãos no peito. Imediatamente disparei um segundo tiro, desta vez mirando sua cabeça. Stern caiu do sofá e se virou. Ela ficou estendida junto ao sofá, com a cabeça voltada para a esquerda, em direção à janela. A essa altura, Stern ainda dava sinais de vida. De tempos em tempos ela emitia um estertor, então parou. Stern não gritava nem falava. Meu colega C. D. virou a cabeça de Stern para ver onde ela fora ferida. Eu disse a ele que não via por que devíamos ficar por lá; a coisa certa a fazer era trancar a porta e entregar as chaves. Mas, para ter certeza de que Stern estava morta, atirei no meio de sua testa a uma distância de aproximadamente dez centímetros. Em seguida, trancamos a casa e, da agência telefônica em Eberstadt, chamei o Kreisleiter Ullmer e relatei o acontecido.

O processo contra Frey foi arquivado em 10 de outubro de 1940, em resultado de uma decisão do ministro da Justiça[1].

No transcurso das perseguições antijudaicas do período anterior à guerra, as manifestações de violência racial de 9 e 10 de novembro, a assim chamada Kristallnacht, foram, sob muitos aspectos, outro importante momento decisivo. A publicação em 1992 do até então extraviado diário de Goebbels, contendo relatos do ocorrido, acrescentou informações importantes sobre as interações entre Hitler, seus comandantes mais próximos, as organizações partidárias e as camadas mais amplas da sociedade em termos da iniciação e administração da violência antijudaica. Quanto às reações da opinião alemã e internacional com relação à violência antijudaica, elas levantam um grande número de questões, inclusive o de sua relação com os acontecimentos ainda por vir.

A ideia de manifestações de violência racial contra os judeus da Alemanha pairava no ar. "O SD não apenas aprovava o uso de violência controlada e intencional, mas a recomendava explicitamente em um memorando de janeiro de 1937"[2]. No início de fevereiro de 1938, os líderes sionistas na Palestina recebiam informações de "uma fonte privada muito confiável – uma fonte que alcançava os mais altos escalões da direção da SS – de que havia a intenção de promover uma autêntica e dramática manifestação de violência racial em larga escala na Alemanha, num futuro próximo"[3]. De fato, a violência antijudaica do início do verão de 1938 não se extinguira inteiramente; uma sinagoga fora incendiada em Munique, em 9 de junho, e outra, em Nuremfecheu, em 10 de agosto[4]. Para o embaixador americano, os incidentes antijudaicos do início do verão de 1938 indicavam que, como acontecera em 1935, alguma legislação antijudaica radical estava para ser adotada[5]. Por fim, pouco antes das manifestações da Kristallnacht, durante uma viagem de inspeção a Viena, no final de outubro de 1938, Hagen discutiu a "situação judaica na Eslováquia" com seu colega de Viena, o SS-Obersturmführer Polte. Hagen deu instruções a Polte de sinalizar aos representantes do governo eslovaco que "esse problema tinha de ser resolvido e que parecia aconselhável encenar uma ação do povo contra os judeus"[6].

---

1 P. Sauer (org.), *Dokumente...*, v. 2, p. 25-28.

2 O. D. Kulka, Public Opinion on Nazi Germany and the "Jewish Question", *Jerusalem Quarterly*, v. 25, outono 1982, p. 136.

3 De Georg Landauer para Martin Rosenblüt, 8 de fevereiro de 1938, em H. Friedländer; S. Milton, *Archives of the Holocaust*, v. 3, p. 57.

4 K. Drobisch et al., *Juden unterm Hakenkreuz*, p. 159-160.

5 De Hugh R. Wilson para o Secretário de Estado, 22 de junho de 1938, em J. Mendelsohn (org.), *The Holocaust*, v. 1, p. 144.

6 Da II 112 à I 111, 31.10.1938. SD-Hauptamt, microfilme MA 554, Ifz, Munique.

A essa altura, as hesitações de Hitler de junho de 1938 haviam se dissipado. Sua posição absolutamente irredutível em relação aos assuntos judaicos encontrava nova expressão no início de novembro. No dia 4 desse mês, em carta endereçada a Frick, Lammers mencionava que, devido a reiterados pedidos para isenção de diversas medidas antijudaicas (tais como novos nomes próprios adicionais, cartões de identificação e assim por diante), ele mesmo comentara o aspecto fundamental do problema com Hitler. "O Führer é da opinião", escrevia Lammers, "de que isenções das regulamentações especiais válidas para os judeus devem ser rejeitadas sem nenhuma exceção. Ele próprio também não pretende conceder esse tipo de sinal de favorecimento pessoal"[7].

Em 8 de novembro, o *Völkischer Beobachter* publicava um editorial ameaçador contra os judeus, que concluía com a advertência de que os tiros disparados em Paris anunciariam uma nova atitude alemã em relação à questão judaica[8]. Em alguns lugares, a violência antijudaica local havia começado antes mesmo de a imprensa nazista brandir suas primeiras ameaças. Um relatório do SD de 9 de novembro descrevia os incidentes ocorridos nos distritos de Kassel e Rotenburg/Fulda durante a noite de 7 para 8 de novembro, como presumivelmente uma reação imediata às notícias. Em alguns locais, as vidraças de casas e lojas judaicas foram destruídas. Em Bebra, vários apartamentos de propriedade de judeus foram "demolidos" e, em Rotenburg, o mobiliário da sinagoga foi "significativamente avariado" e "objetos [foram] levados para fora e destruídos na rua"[9].

Um dos aspectos mais comentados acerca dos incidentes de 7 para 8 de novembro era o silêncio público e até mesmo "privado" de Hitler e Goebbels (pelo menos no tocante aos diários de Goebbels). Na anotação de 9 de novembro do diário (relatando os acontecimentos do dia 8 de novembro), Goebbels não dedica uma única palavra aos tiros disparados em Paris, embora tivesse passado a tarde anterior discutindo com Hitler[10]. Sem dúvida, ambos haviam concordado em agir, mas provavelmente decidiram esperar pela morte de Rath, seriamente ferido. O inusitado silêncio de ambos era a indicação mais segura da existência de planos destinados a uma "explosão espontânea de fúria popular", que deveria ocorrer sem nenhum sinal do envolvimento de Hitler. E, na mesma tarde de 8 de novembro, em seu discurso comemorando a tentativa de golpe de 1923, Hitler se abstinha de toda e qualquer alusão ao ocorrido em Paris.

7 H. Friedländer; S. Milton (orgs.), *Archives of the Holocaust*, v. 20, p. 113.

8 U. D. Adam, Wie spontan war der Pogrom?, em W. Pehle, *Der Judenpogrom 1938*, p. 76; H. Graml, *Anti-Semitism in the Third Reich*, p. 8.

9 H. Friedländer; S. Milton (orgs.), *Archives of the Holocaust*, v. 20, p. 374.

10 "50, dann 75 Synagogen Brennen": Tagebuchschreiber Goebbels über die Reichskristallnacht, *Der Spiegel*, 13 de julho de 1992, p. 126.

Rath morreu em 9 de novembro, às 5h30 da tarde. A notícia da morte do diplomata alemão foi oficialmente levada a Hitler durante o tradicional jantar dos "Antigos Combatentes" (Alte Kämpfer) festejado na Altes Rathaus em Munique, por volta das nove horas da noite. Um "diálogo acalorado" teve então lugar entre Hitler e Goebbels, que estava sentado ao seu lado. Hitler deixou a reunião logo depois, sem proferir seu habitual discurso. Em vez dele, falou Goebbels. Após anunciar a morte de Rath, ele acrescentou, aludindo às manifestações de violência antijudaica já ocorridas em Magdeburg-Anhalt e Kurhessen, que "o Führer havia decidido que demonstrações desse tipo não deveriam ser preparadas ou organizadas pelo partido, mas à medida que surgissem de forma espontânea, não deveriam ser impedidas". Como mais tarde observaria o dirigente do partido, o juiz Walter Buch, a mensagem era clara[11].

Para Goebbels não havia ocasião mais propícia para exibir seus talentos de liderança em ação desde o boicote de abril de 1933. O ministro da Propaganda, além disso, ansiava por comprovar sua capacidade perante o chefe. Hitler havia feito críticas à ineficiência, na própria Alemanha, da campanha de propaganda durante a crise dos Sudetos[12]. Além disso, Goebbels se encontrava parcialmente em desgraça devido a seu caso com a atriz tcheca Lida Baarova e a sua intenção de se divorciar da esposa, Magda, que era uma das protegidas prediletas de Hitler. Hitler pusera fim ao romance e ao divórcio, mas seu ministro ainda precisava de alguma iniciativa de maior porte. Agora ele a tinha em suas mãos.

"Relatei o caso ao Führer", escrevia Goebbels no dia 10, aludindo à conversa no jantar da noite anterior.

> Ele [Hitler] decide: as demonstrações devem ser autorizadas a continuar. A polícia deve ser afastada. Pelo menos uma vez, os judeus devem sentir o gosto da fúria popular. É isso mesmo. Imediatamente dei as necessárias instruções à polícia e ao Partido. Depois comentei em poucas palavras, nessa mesma linha, com a liderança do Partido. Aplausos torrenciais. Todos se puseram num instante a telefonar. Agora as pessoas vão agir.

Goebbels descrevia em seguida a destruição das sinagogas em Munique. Ele havia dado ordens para garantir que a principal sinagoga de Berlim, na Fasanenstrasse, fosse destruída. E prosseguia:

---

11 Walter Buch para Göring, 13.2.1939, H. Michaelis; E. Schraepler (orgs.), *Ursachen und Folgen*, v. 12, p. 582.

12 D. Obst, Die "Reichskristallnacht" im Spiegel westdeutscher Nachkriegsprozessakten und als Gegenstand der Strafverfolgung, *Geschichte in Wissenschaft und Unterricht*, v. 44, n. 4, p. 212.

> Quero retornar ao hotel e vejo no céu um [clarão] vermelho cor de sangue. A sinagoga arde em chamas [...]. Extinguimos o fogo apenas na medida do necessário em relação aos edifícios vizinhos. Caso contrário, deixaríamos tudo queimar [...]. A notícia circula agora em todo o Reich: 50, depois 70, sinagogas estão em chamas. O Führer ordenou que de 20 a 30 mil judeus fossem imediatamente presos [...]. Em Berlim, 5, depois 15, sinagogas ardem em chamas. Agora a fúria popular se alastra [...]. É preciso dar-lhe rédeas soltas.

Goebbels prosseguia: "À medida que me dirijo ao hotel, vejo as vidraças das janelas se estilhaçar [foram arrebentadas]. Bravo! Bravo! As sinagogas ardem como velhas e grandes cabanas. As propriedades alemãs não correm perigo. No momento, nada em especial ficou por ser feito"[13]. A principal sinagoga de Munique, em Herzog-Max Strasse, não estava entre as que Goebbels viu queimar. Sua demolição havia começado alguns meses antes, sob ordens explícitas de Hitler[14].

Quase ao mesmo tempo em que o ministro da Propaganda contemplava satisfeito um bom dia de trabalho, Hitler dava suas instruções a Himmler e o informava de que Goebbels era o encarregado geral da operação. Nessa mesma noite, Himmler resumia sua reação imediata, escrevendo: "Suponho que a megalomania de Goebbels – algo de que há tempos estou ciente – e sua estupidez são as responsáveis por se iniciar essa operação agora, numa situação diplomática particularmente difícil"[15]. O Reichführer por certo não se opunha a que se instigasse manifestações de violência racial; na verdade, o que devia irritar Himmler era o fato de Goebbels ter sido o primeiro a explorar os tiros disparados contra Rath para organizar a ação e obter as bênçãos de Hitler. Mas, sem dúvida, ele também pode ter achado que o momento não era oportuno.

O chefe da propaganda concluía a anotação de 10 de novembro em seu diário fazendo referência a alguns acontecimentos da manhã desse dia: "Por toda a manhã, uma avalanche de novas notícias. Examinei com o Führer quais medidas devem ser tomadas agora. Devemos deixar continuar os espancamentos ou devemos impedi-los? Essa é agora a questão"[16].

Ainda em Munique no dia onze, Goebbels continuava escrevendo sobre o dia anterior:

---

13 J. Goebbels, "50, dann 75 Synagogen brennen", op. cit., p. 126-128.
14 C. Östreich, "Die letzten Stunden eines Gotteshauses", em H. Lamm, *Von Juden in München*, p. 349.
15 H. Graml, *Anti-Semitism in Third Reich*, p. 13.
16 J. Goebbels, "50, dann 75 Synagogen brennen", op.cit., p. 128.

Ontem: Berlim. Lá, todos atuaram de forma fantástica. Um incêndio após outro. È assim que se faz. Preparo um decreto para dar fim às ações. È suficiente por ora [...]. Perigo de que desordeiros apareçam no local. Em todo o país, as sinagogas foram incendiadas. Pus o Führer a par dos acontecimentos, no Osteria [um restaurante de Munique; Hitler seguiria depois para Obersalzberg]. Ele concordou com tudo. Seus pontos de vista são totalmente radicais e agressivos. A ação em si ocorreu sem o mínimo obstáculo. 100 mortos. Mas nenhuma propriedade alemã sofreu danos.

O que se segue mostra que algumas das mais notórias ordens dadas por Göring durante a reunião que estava por ocorrer em 12 de novembro eram decisões tomadas por Hitler no dia 10: "Com pequenas mudanças, Hitler concorda com meu decreto relativo ao fim das ações", escrevia Goebbels e acrescentava:

> É desejo do Führer tomar medidas extremamente severas contra os judeus. Eles próprios devem colocar seus negócios em ordem novamente. As companhias de seguro não pagarão nada a eles. Depois o Führer quer uma expropriação gradual dos negócios judaicos [...]. Dei as ordens secretas apropriadas. Aguardamos agora as reações do exterior. Por ora, eles estão em silêncio. Mas a gritaria vai vir [...][17]. De Berlim chegam informações sobre enormes distúrbios antissemitas. Agora o povo avança. Porém agora alguém tem que detê-los. Dei as necessárias instruções à polícia e ao partido. Então tudo ficará calmo[18].

As manifestações foram muito menos coordenadas do que Goebbels admitia. De acordo com uma reconstrução da sequência de acontecimentos, após a ordem inicial de Goebbels, "Os Gauleiter partiram por volta das 22h30. Foram seguidos pela SA, às 23h00, pela polícia, logo depois à meia noite, pela SS, à 1h20 da manhã, e novamente por Goebbels, à 1h40"[19]. As ordens de Heydrich para a Gestapo e o SD eram precisas. Nenhuma medida que colocasse em perigo vidas ou propriedades alemãs podia ser tomada, em particular quando sinagogas fossem incendiadas; os negócios ou apartamentos de judeus poderiam ser destruídos, mas não saqueados (saqueadores seriam presos); estrangeiros (mesmo quando identificados como judeus) não podiam ser molestados; os arquivos das sinagogas deviam ser confiscados e transferidos para o SD. Finalmente,

17 Idem, ibidem.
18 Idem, ibidem.
19 U. D. Adam, "Wie spontan war der Pogrom?", p. 89. Para as ordens dadas em 9 e 10 de novembro, cf. J. Walk (org.), *Das Sonderrecht für die Juden im NS-Staat*, p. 249-254.

uma vez que, no decorrer dos acontecimentos desta noite seria possível o emprego de oficiais utilizados com esse propósito, em todos os distritos, devem ser detidos tantos judeus, especialmente os ricos, quantos for possível acomodar nas prisões existentes. Por ora, deverão ser presos apenas homens saudáveis e não muito idosos. Assim que detidos, será preciso entrar imediatamente em contato com os campos de concentração apropriados, a fim de confiná-los nesses campos o mais rapidamente possível. Cuidado especial deve ser tomado para que os judeus presos de acordo com essas instruções não sejam maltratados[20].

O relatório de 10 de novembro da Brigada 151 da SA em Saarbrücken, via telefone, era conciso e direto: "Durante a noite passada, a sinagoga em Saarbrücken foi incendiada: as sinagogas localizadas em Dillingen, Merzig, Saarlautern, Saarwillingen e Broddorf também foram destruídas. Os judeus foram levados sob custódia. Os bombeiros estão empenhados em extinguir os incêndios. Na área da Brigada 174, todas as sinagogas foram destruídas"[21].

No dia 17 de novembro, Hitler comparecia ao funeral de Rath, em Dusseldorf.

Apenas umas poucas centenas de judeus viviam no Gau Tirol-Vorarlberg. Como todos os judeus da província austríaca, eles tiveram de deixar o país na metade de dezembro ou mudar-se para Viena. Em outubro, Eichmann chegava à principal cidade do Tirol, Innsbruck, e emitia uma advertência pessoal aos três líderes da comunidade judaica: Karl Bauer e Alfred e Richard Graubart. Tanto o Gauleiter Franz Hofer quanto a agência local do SD estavam dispostos a cumprir as ordens de Himmler e deixar o Gau *judenrein* no prazo de semanas. A noite de 9 para 10 de novembro ofereceu uma oportunidade inesperada. Hofer voltou às pressas do jantar dos Alte Kämpfer, em Munique, e deu o tom: "Em resposta ao covarde assassinato pelos judeus de nosso diplomata Von Rath em Paris, também no Tirol a alma do povo, em fúria, deverá, esta noite, levantar-se contra os judeus"[22].

A SS fora colocada em alerta pela mensagem de Heydrich. Após a cerimônia de juramento dos novos recrutas da SS, realizada à meia-noite em Innsbruck assim como em todas as grandes cidades do Reich, os homens se reuniram em trajes civis por volta das 2h30 da madrugada, sob o comando do

---

20 *Nazi Conspiracy and Aggression*, Washington, D. C., 1946, v. 5, doc. nr. 3051-PS, p. 799-800.

21 H. Michaelis; E. Schraepler (orgs.), *Ursachen und Folgenund Folgen*, v. 12, p. 584.

22 A sequência dos acontecimentos em Innsbruck foi tomada de M. Gehler, Murder on Command: The Anti-Jewish Pogrom in Innsbruck 9th-10th November 1938, *LBIY*, v. 38, p. 119-133. Os detalhes sobre a viajem de Eichmann foram corrigidos.

SS-Oberführer Hanns von Feil. Em minutos, um comando homicida especial da SS, dividido em três grupos, estava a caminho do n. 4-5 da Gänsbacher Strasse, onde ainda viviam algumas das mais proeminentes famílias judaicas de Innsbruck. De acordo com o SS-Obersturmführer Alois Schintholzer, ele "recebeu, na Hochhaus em Innsbruck, instruções do líder regional Feil para matar os judeus na Gänsbacher Strasse mantendo total silêncio".

No n. 4 da Gänsbacher Strasse, o engenheiro Richard Graubart foi ferido de morte na presença de sua mulher e filha. No segundo andar do mesmo edifício, Karl Bauer foi arrastado até a sala, apunhalado e espancado a coronhadas de pistola; ele morreu a caminho do hospital. Na Anichstrasse, a vez de Richard Berger, presidente da comunidade judaica em Innsbruck, chegou aproximadamente ao mesmo tempo. Berger foi levado em pijamas e num casaco de inverno, empurrado para dentro de um carro da SS, que supostamente o levaria para o quartel-general da Gestapo. Mas o carro saiu em uma outra direção. Conforme o relato do SS-Untersturmführer Walter Hopfgartner:

> Seguimos para oeste, pela Anichstrassee atravessamos a ponte da universidade, em direção a Kranebitten. Durante o caminho, Berger perguntou para onde estávamos indo, uma vez que esse não era o caminho para a Gestapo. Berger que, compreensivelmente, estava um tanto nervoso, foi acalmado pelos homens na parte de trás do carro [...]. De repente, Lausegger anunciou, com voz alta o suficiente, de forma que todos pudessem ouvir, que "nenhuma arma de fogo deve ser usada". Isso deixou Berger novamente ansioso e ele perguntou o que queríamos dele, mas foi novamente acalmado [...]. Tão logo ouvi a declaração de Lausegger, eu me dei conta de que Berger seria assassinado.

Numa curva do rio Inn, Berger foi arrastado para fora do carro, espancado com pistolas e pedras, e jogado no rio. Contra as instruções, ele foi baleado, mas a investigação subsequente da Gestapo estabeleceu que a essa altura ele já estava morto.

Todos os homens da SS envolvidos nos assassinatos de Innsbruck eram veteranos fanaticamente devotados a Hitler, antissemitas extremistas e membros exemplares da ordem. Gerhard Lausegger, o homem encarregado do pelotão que executou Berger, fora membro de uma associação estudantil e havia "encabeçado a federação de todas as ligas de duelos na Universidade de Innsbruck". No dia 11 de março ele estava entre os homens que, logo antes da chegada da Wehrmacht, tomaram o prédio da câmara regional da cidade.

O relatório de Heydrich, datado de 11 de novembro, indicava que 36 judeus tinham sido mortos e havia um mesmo número de seriamente feridos por todo o Reich. "Um judeu ainda está desaparecido e, entre os mortos, há um judeu de nacionalidade polonesa e dois outros deles entre os feridos"[23]. A situação concreta era pior. Além das 267 sinagogas destruídas e dos 7.500 negócios vandalizados, cerca de 91 judeus foram mortos em toda a Alemanha e centenas de outros cometeram o suicídio ou morreram em resultado dos maus tratos nos campos[24]. "A ação contra os judeus terminou rapidamente e sem nenhuma tensão em particular", escrevia o prefeito de Ingolstadt em seu relatório mensal de 1º de dezembro. "Em resultado dessa medida, um casal judeu da localidade afogou-se no Danúbio"[25].

Para a Gestapo de Würzburg nada era evidente. Numa ordem expedida em 6 de dezembro para os chefes dos 22 distritos administrativos do Gau Main-Franken (Francônia) assim como para os prefeitos de Aschaffenburg, Schweinfurt, Bad Kissingen e Kitzingen, a polícia secreta pedia o envio imediato dos detalhes sobre os judeus que haviam cometido suicídio "em conexão com as ações contra os judeus"; a pergunta n. 3 pedia informações sobre "o motivo presumido"[26].

Numa carta secreta sobre os acontecimentos dos dias 9 a 11 de novembro, endereçada ao Promotor Geral de Hamburgo em 19 de novembro, o ministro da Justiça determinava que a destruição de sinagogas e cemitérios judaicos, assim como de lojas e residências de judeus, desde que não cometida com a finalidade de saque, *não* devia ser processada. O Assassinato de judeus e as agressões resultando em danos corporais sérios deveriam ser processados "somente se cometidos por razões pessoais"[27].

As decisões dos tribunais e dos vários decretos administrativos relativos à (ausência de) culpabilidade dos assassinos receberam sua "estrutura conceitual" apropriada no relatório preparado pelo Supremo Tribunal do NSDAP de 13 de fevereiro de 1939. O relatório estabelecia que em 10 de novembro, às duas horas da madrugada, Goebbels fora informado do primeiro assassinato, de um judeu polonês. O relatório dizia que algo devia ser feito para deter o que poderia vir a se tornar um perigoso desdobramento. De acordo com o relatório, a resposta de Goebbels foi em termos de "não se preocupar por causa da morte de um judeu". O relatório acrescentava então o seguinte comentário:

> Até o momento, a maioria das mortes ainda podia ser impedida por uma ordem adicional. Como ela não foi dada, esse simples fato, assim como as

---

23 W. Michalka (org.), *Das Dritte Reich*, v. 1, p. 165.

24 H. Lauber, "*Judenpogrom Reichskristallnacht": November 1938 in Grossdeutschland*, p. 123-124.

25 Do prefeito de Ingolstadt ao Governo da Alta Baviera, Munique, 1.12.1938, Monatsberichte des Stadtrats Ingolstadt, 1929-1939, Stadtarchiv Ingolstadt n. A XVI/142, ifz, Fa 411.

26 Da Gestapo Würzburg para..., 6.12.38, Himmler Archives, Berlin Document Center, microfilme n. 269, Rolo 1, LBI, Nova York, microfilme 133f.

27 J. Mendelsohn (org.), op. cit., v. 3, p. 301.

observações expressas [por Goebbels] levam à conclusão de que o resultado final era pretendido ou pelo menos levado em conta como possível e desejável. Sendo assim, os manifestantes individuais estavam pondo em ação não apenas o que presumiam ser a intenção da liderança, mas o que eles corretamente reconheciam como tal, mesmo que isso não tivesse sido claramente dito. Por isso eles não poderiam ser punidos[28].

Seria a ação nazista percebida pelos manifestantes como um passo que poderia acelerar a emigração dos judeus do Reich ou, possivelmente, como uma iniciativa visando a uma política mais abrangente? Depois das manifestações de violência racial, Göring, por ordens de Hitler, extrairia o máximo do atentado de Paris. Mas, apesar da existência prévia de planos do SD sobre o uso da violência, nada de sistemático parece ter sido considerado antes do desencadeamento da ação de 9 de novembro. Nesse momento, um ódio total e abismal aparece como a única razão e o objetivo final do massacre. O único alvo imediato era ferir os judeus tão brutalmente quanto permitissem as circunstâncias, por todos os meios possíveis: feri-los e humilhá-los. As manifestações e as iniciativas que imediatamente se seguiram foram apropriadamente denominadas "a degradação ritual"[29]. Uma explosão de sadismo lançou uma luz particularmente lúgubre sobre toda a ação e seus prolongamentos; ela irrompeu em todos os níveis, das mais altas lideranças até os mais ínfimos membros do partido. O tom das anotações do diário de Goebbels era inequívoco; o mesmo tom iria permear a reunião de 12 de novembro.

Uma incontrolável sede de destruição e humilhação das vítimas impulsionava os esquadrões que percorriam as cidades. "Grupos organizados percorriam Colônia, de um apartamento judaico a outro", relatava o cônsul suíço.

---

28 K. Pätzold (org.), *Verfolgung, Vertreibung, Vernichtung*, p. 221. Uma investigação precisa dos acontecimentos em Schleswig-Holstein e no norte da Alemanha indica de modo mais amplo que as ordens concretas de assassinato eram frequentemente determinadas pelos oficiais locais da SA, de média patente. Assim em Kiel, o SA-Stabführer Carsten Vorquardsen, do grupo Nordmark da SA, organizou uma reunião com delegados do distrito partidário, da SS, do SD e da Gestapo, na qual foi tomada a decisão de que pelo menos dois dos negociantes judeus da cidade, Lask e Leven, deveriam ser mortos em represália ao assassinato de Rath. Os dois foram severamente feridos, mas sobreviveram. Em Bremen, cinco judeus (três homens e duas mulheres) foram mortos por membros do Grupo Nordsee da SA, que receberam ordens, vindas de Munique, do líder de seu grupo e prefeito de Bremen, Heinrich Böhnker. Cf. G. Ferk, Judenverfolgung in Norddeutschland, em F. Bajohr (org.), *Norddeutschland im Nationalsozialismus*, p. 291-292. Parece, portanto, que ao contrário de iniciativas individuais de homens de baixa-patente da SA ou da SS, os assassinatos eram perpetrados seguindo ordens dadas por líderes regionais da SA ou da SS, que "traduziam" à sua moda as ordens que recebiam de Munique. O caso de Innsbruck confirma o mesmo padrão.

29 P. Loewenberg, The Kristallnacht as a Public Degradation Ritual, *LBIY*, v. 32, p. 309 e s.

As famílias recebiam ordens de abandonar os apartamentos ou eram obrigadas a permanecer no canto de uma sala, enquanto tudo que estava neles era lançado pelas janelas. Gramofones, máquinas de costura e máquinas de escrever caíam nas ruas. Um de meus colegas chegou a ver um piano sendo lançado de uma janela do segundo andar. Mesmo hoje [13 de novembro] ainda se pode ver roupas de cama penduradas em árvores e arbustos[30].

Pior ainda era relatado de Leipzig: "Tendo demolido residências e lançado a maioria dos móveis nas ruas", relatava o cônsul americano em Leipzig,

> os insaciavelmente sádicos manifestantes jogaram muitas das vítimas, trêmulas, no pequeno córrego que atravessa o Jardim Zoológico, obrigando os espectadores horrorizados a cuspir neles, humilhá-los lançando lama contra eles e zombar de sua situação desesperadora [...]. A mínima expressão de simpatia despertava uma fúria irrefreada por parte dos manifestantes e a multidão se via impotente para fazer o que quer que fosse, a não ser desviar da cena de violência, os olhos tomados de horror ou abandonar o local. Essa linha de ação teve prosseguimento durante toda a manhã de 10 de novembro, sem intervenção da polícia, e era infligida contra homens, mulheres e crianças.

Cenas do mesmo tipo se repetiam nas cidades pequenas: a brutalidade sádica dos manifestantes, a reação envergonhada de alguns dos espectadores, a expressão de escárnio de outros, o silêncio da imensa maioria, o desamparo das vítimas. Em Wittlich, uma pequena cidade no vale do Mosela na região oeste da Alemanha, assim como em quase toda parte, a sinagoga foi destruída em primeiro lugar: "O elaborado gradil de chumbo da janela de vidro sobre a porta estilhaçou na rua e peças de mobília saíram voando pelas portas e janelas. Um homem da SA, aos gritos, subiu no telhado, agitando os rolos da Torá: 'Limpem seus traseiros com isso, judeus', berrava ele, rasgando os rolos em tiras como se fossem serpentinas de carnaval". As lojas judaicas foram vandalizadas, judeus, espancados e presos:

> Herr Marks, que era dono do açougue rua abaixo, estava entre a meia dezena de judeus, já no caminhão [...]. Os homens da SA caçoavam de *frau* Marks que, parada diante de sua janela de vidro estilhaçada, [com] ambas as mãos erguidas em total desespero, gritava "por que estão fazendo isso conosco?", dirigindo-se ao grupo de rostos silenciosos nas janelas, seus vizinhos de toda uma vida. "O que foi que fizemos a vocês?"[31].

---

30 *Documents Diplomatiques Suisses*, p. 1020.
31 A. Heck, *The Burden of Hitler's Legacy*, p. 62.

Logo, judeus da Polônia ocupada se tornavam em massa o alvo predileto do ódio insaciável que, passo a passo, impelia o Grande Reich alemão contra os judeus europeus em total desamparo[32].

Uma vez mais, Hitler seguia o padrão, a essa altura familiar, por ele exibido no decorrer da década de 1930. Secretamente, ele dava as ordens ou as confirmava; publicamente, seu nome de forma alguma podia ser vinculado à brutalidade. Tendo evitado todo e qualquer comentário público sobre os acontecimentos dos dias 7 e 8 de novembro, Hitler também evitou toda referência a eles em seu discurso aos recrutas da SS diante do Feldherrnhalle, proferido à meia noite do dia 9 de novembro. A essa altura de seu discurso, as sinagogas já estavam em chamas, lojas eram demolidas e judeus eram feridos e assassinados por todo o Reich. Um dia depois, em seu discurso reservado, proferido para os representantes da imprensa alemã, Hitler mantinha a mesma regra de silêncio com relação a acontecimentos que, com certeza, estavam na mente de cada membro da audiência[33]; ele não se pronunciou nem mesmo no funeral de Rath. A ficção de uma explosão espontânea de fúria popular impunha silêncio. Toda e qualquer expressão da vontade de Hitler ou mesmo algum comentário manifesto teria sido uma "ordem do Führer". Sobre o envolvimento de Hitler, o mundo exterior – inclusive os fiéis membros do partido – não devia, pelo menos em princípio, conhecer nada.

Entretanto, o conhecimento da responsabilidade direta de Hitler logo vazava com rapidez traiçoeira do círculo mais restrito. De acordo com os diários de Ulrich von Hassell, ex-embaixador alemão em Roma e um dos primeiros adversários do regime, um grande número de conservadores se sentiu ultrajado diante dos acontecimentos e o ministro das finanças da Prússia, Johannes Popitz, protestou junto a Göring e exigiu punição para os responsáveis pela ação. "Meu caro Popitz, você quer punir o Führer?" – foi a resposta de Göring[34].

Na extremidade inferior da hierarquia partidária, algumas justificativas foram rapidamente preparadas. Em 23 de novembro, um Blockleiter (líder de quarteirão) de Hüttenbach, que também era o cronista da história do partido em sua cidade, recebeu ordens do líder distrital do partido de reunir provas incriminatórias contra os judeus da localidade. Em apenas dois dias, ele completava sua pesquisa e podia informar que a tarefa estava concluída: "Por meio deste", escrevia o líder de quarteirão, "estou enviando algum material

---

32 Alguns historiadores tentaram, entretanto, reinterpretar os acontecimentos de 9 e 10 de novembro em termos de um processo de radicalização caótica, no qual o ódio antijudaico como tal teria desempenhado um papel secundário, após as ordens iniciais terem sido dadas. Para tal interpretação, cf., em especial, D. Obst, *Reichskristallnacht*....

33 A. Hitler, *Reden und Proklamationen, 1932-1945*, p. 971, 973 e s.

34 U. von Hassell, *Die Hassell Tagebücher 1938-1944*, Berlim, 1988, p. 70.

sobre os judeus de Hüttenbach, não sei se atingi os alvos certos. Não pude concluir mais rápido, visto que a consulta foi sobre um quadro geral desses racialmente estrangeiros e de como eles se comportam em Hüttenbach". Nesse ponto, o Blockleiter, com franqueza insinuante, dava voz a algumas dúvidas sobre suas próprias qualificações como historiador habilitado: "É possível que eu tenha mais material aqui, mas não posso me tornar um cronista e além disso manter meu trabalho profissional; em todo caso, a documentação necessária está faltando"[35].

Na verdade, o mesmo historiador local ainda não havia esgotado seus esforços, ou preocupações, com relação aos acontecimentos de 9 e 10 de novembro. Em 7 de fevereiro de 1939, ele comunicava ao líder distrital do partido que havia concluído a crônica para o ano de 1938. Os acontecimentos de novembro, ele registrava como se segue:

> Durante a noite de 9 de novembro de 1938, o membro do Partido V. Rath morreu em Paris, vítima de uma agressão covarde perpetrada pelo judeu Grünspan. Na mesma noite, todas as sinagogas dos judeus estavam em chamas por toda a Alemanha; o membro do Partido Ernst v. Rath foi vingado. Mais cedo, às 5 da manhã, o líder distrital e membro do partido Waltz, o prefeito e membro do partido Herzog, o líder da propaganda no distrito e membro do partido Büttner e o Stürmführer Brand chegaram e incendiaram o templo judaico. Membros da seção local do partido deram sua ajuda entusiasmada. Porém essa sentença foi criticada por alguns membros do partido: não devia estar escrito que membros do partido como Waltz, Herzog e Büttner/Brand incendiaram a sinagoga, mas que o povo o fizera. Está certo. Mas como autor de uma crônica, devo e sou obrigado a contar a verdade. Seria fácil arrancar essa página e preparar outro relato. Pergunto-lhe, meu líder distrital do partido, como devo preparar esse relato e como ele deve ser redigido? Heil Hitler[36].

II

Na manhã de 12 de novembro, Goebbels sumarizava os acontecimentos dos dias precedentes no *Völkischer Beobachter*: "O judeu Grynszpan", assim concluía o último parágrafo, "era o representante dos judeus. O alemão Vom Rath era o representante do povo alemão. Assim, em Paris, os judeus atiraram

---

35 Do grupo local de Hüttenbach ao gabinete do líder distrital, 25.11.1938, "Hist". Ordner n. 431, Zuwachs, Fa 506/14, Ifz, Munique.
36 Do grupo local de Hüttenbach para o gabinete do líder distrital, 7.2.39, idem.

no povo alemão. O governo alemão responderá de acordo com a lei, porém com todo rigor"[37]. As respostas legais do governo alemão seriam lançadas sobre os judeus nas últimas semanas de 1938; elas eram acompanhadas de três importantes interpretações políticas: a primeira, em 12 de novembro, na reunião do alto escalão convocada por Göring; a segunda, em 6 de dezembro, no discurso de Göring para os Gauleiter: a terceira, em 28 de dezembro, em um conjunto de novas regras anunciadas por Göring. Todas as iniciativas e interpretações de Göring foram emitidas sob instruções explícitas de Hitler.

Tem-se admitido com frequência que Göring perdera muito de sua influência a partir do verão de 1938, em resultado de sua atitude relativamente moderada durante a crise dos Sudetos[38]. A nova estrela entre os subordinados de Hitler era Ribbentrop, o arrogante novo ministro do exterior, que estava convencido de que os britânicos continuariam a recuar de crise em crise. No entanto, bem pode ser que com a nova situação após os acontecimentos de Munique, o papel de Göring como coordenador dos assuntos judaicos tenha se tornado essencial para os planos de Hitler. Göring devia orquestrar todas as medidas que tornariam a vida dos judeus na Alemanha insustentável e acelerariam sua emigração. A constante ameaça de novas manifestações de violência antijudaica e a necessidade de encontrar locais de refúgio para os judeus em fuga iriam mobilizar a "comunidade judaica mundial" e convencê-la a baixar o tom dos ataques contra os alemães; isso, por sua vez, iria persuadir os governos ocidentais de que concessões às novas exigências de Hitler eram uma necessidade. Em outras palavras, Hitler podia muito bem acreditar que a pressão antijudaica na Alemanha iria assegurar o êxito das agressões nazistas no exterior, em razão do que ele acreditava ser a influência da comunidade judaica mundial sobre as políticas adotadas nas democracias ocidentais. Por outro lado, as futuras declarações de Hitler sobre a fixação dos judeus em algumas colônias ocidentais e suas ameaças públicas de exterminá-los em caso de guerra, também indicam que sua crença na influência da comunidade judaica mundial em Paris, Londres e Washington era parte essencial de sua visão de mundo.

A reunião dos oficiais de alta patente que Göring convocou em 12 de novembro no Ministério dos Transportes Aéreos tornou-se notória. "Senhores", começava Göring,

> a reunião de hoje é de importância decisiva. Recebi uma carta que Bormann, o chefe de gabinete da Autoridade Adjunta do Führer, escreveu por instrução do Führer, de acordo com a qual a questão judaica deve agora ser conduzida de maneira centralizada e resolvida de uma forma ou outra. Em

---

37 H. Michaelis; E. Schraepler (orgs.), *Ursachen und Folgen*, v. 12, p. 581.

38 H. Mommsen, Reflections on the Position of Hitler and Göring in the Third Reich, em T. Childers; J. Caplan (orgs.), *Reevaluating the Third Reich*, p. 86 e s.

um telefonema que recebi do Führer ontem, fui novamente instruído a centralizar as medidas decisivas a ser agora adotadas[39].

As discussões concretas que tiveram lugar em 12 de novembro na sede de operações de Göring tratavam não apenas das várias formas adicionais de perseguir os judeus e das novas medidas econômicas a ser adotadas contra eles, mas também e, detalhadamente, do problema imediato do pagamento do seguro pelos danos infligidos às propriedades judaicas durante as manifestações de violência racial. Um representante das companhias alemãs de seguro, Eduard Hilgard, foi chamado. Somente os painéis de vidro destruídos nas lojas judaicas estavam assegurados em cerca de seis milhões de dólares e, pelo fato de o vidro ser de origem belga, pelo menos metade desse montante devia ser pago em moeda estrangeira. Isso motivou um aparte de Göring para Heydrich: "Preferia que você tivesse matado duzentos judeus e não destruído tudo isso em propriedade". Heydrich: "Trinta e cinco foram mortos"[40]. Goering transmitiu as ordens dadas secretamente por Hitler, dois dias antes: os judeus teriam de arcar com todos os custos de reparo de seus negócios; o Reich confiscaria todos os pagamentos feitos pelas companhias de seguro alemãs. "Os judeus de cidadania alemã deveriam dar uma contribuição no valor total de 1.000.000.000 RM ao Reich alemão"[41].

No mesmo dia, Göring dava ordens de suspensão de toda atividade comercial judaica a partir de 1º de janeiro de 1939. Os judeus deviam

> vender suas empresas, assim como toda e qualquer propriedade em imóveis, ações, joias e obras de arte. Eles podiam utilizar os serviços de "curadores" para completar essas transações dentro do prazo limite. O registro e o depósito de todas as quotas eram compulsórios[42].

A principal declaração política de Göring, mais uma vez emitida após consultas com Hitler, ainda estava por vir, em uma reunião com os Gauleiter, em 6 de dezembro. Mas, mais importante que suas decisões executivas, a reunião de 12 de novembro permanece importante por sua inventividade sádica e pelo espírito e tom dos diálogos.

Ainda levado pela agitação das atividades dos dias anteriores, o ministro da Propaganda tinha toda uma lista de propostas: os judeus deviam ser obrigados a demolir as sinagogas danificadas por sua própria conta; deviam

---

[39] H. Michaelis; E. Schraepler (ogs.), op. cit., v. 2, p. 600.

[40] Para um texto completo da reunião, cf. *Trial of Major War Criminals Before the International Military Tribunal* [doravante citado como IMT], v. 28, p. 499 e s.

[41] J. Walk (org.), op. cit., p. 254-255.

[42] Idem, p. 254.

ser proibidos de frequentar espetáculos públicos; "sou da opinião de que é impossível ter judeus sentados ao lado de alemães em espetáculos de variedades, cinemas ou teatros; podemos até mesmo considerar mais tarde a possibilidade de, aqui em Berlim, colocar uma ou duas salas de cinema à disposição dos judeus, nas quais eles possam apresentar filmes judaicos"[43]. Nesse ponto, irrompeu um notório debate entre Goebbels e Göring sobre como segregar os judeus nos trens. Ambos concordavam quanto à necessidade de compartimentos separados para os judeus, mas Goebbels declarou que devia haver uma lei proibindo-os de reivindicar assentos, mesmo em um compartimento para judeus, sem que antes todos alemães tivessem garantido o seu. A mera existência de um compartimento separado teria o indesejável efeito de permitir que alguns deles se sentassem confortavelmente em um trem superlotado. Göring não tinha paciência para esse tipo de formalidade: "Caso algo assim como o que você menciona venha a ocorrer e o trem esteja superlotado, creia-me, nós não vamos precisar da lei. Vamos chutar [o judeu] para fora e ele terá de se sentar sozinho no banheiro durante todo o trajeto!". Goebbels insistia em uma lei, mas sem êxito[44].

Esse pequeno revés não paralisou a enxurrada de ideias de Goebbels: os judeus, exigia ele, deviam ser terminantemente proibidos de permanecer nas estâncias alemãs. O ministro da Propaganda também se perguntava se as florestas alemãs não deviam ser colocadas como fora de limite para eles: "hoje em dia, bandos de judeus percorrem Grunewald; é uma constante provocação, com frequência temos incidentes. O que os judeus fazem é tão irritante e provocador que conflitos ocorrem o tempo todo". Isso deu a Göring uma ideia de sua própria lavra: algumas partes das florestas deviam ser abertas aos judeus e animais que se assemelham com eles – "o alce que tem um nariz encurvado como o deles" – deviam ficar reunidos nessas seções. E Goebbels prosseguia com suas exigências: os parques deviam ser proibidos aos judeus, pois as mães judias, por exemplo, poderiam se sentar com as mães alemãs e disseminar propaganda hostil; "há judeus que não se parecem tanto com judeus". Devia também haver bancos separados para os judeus, com avisos especiais: PARA JUDEUS SOMENTE! Por fim, as crianças judias deviam ser excluídas das escolas alemãs: "considero fora de questão que meu filho se sente ao lado de um judeu em uma escola alemã e [que aos judeus] sejam ministradas aulas de história alemã"[45].

Ao fim do debate sobre as questões econômicas, Göring deixava claro que as decisões tomadas deveriam ser "apoiadas por um grupo de medidas polí-

---

43 *IMT*, v. 28, p. 508-509.

44 Idem, p. 509-510.

45 Idem, p. 510-511. Os bancos realmente traziam a inscrição SOMENTE PARA ARIANOS (NUR FUR ARYER). Para a fotografia de um banco com a inscrição, cf. G. Schoenberner, *Der gelbe Stern: Die Judenverfolgung in Europa, 1933-1945*, Frankfurt am Main, 1982, p. 38.

ticas, culturais e de propaganda, a fim de que tudo possa acontecer imediatamente e, nesta mesma semana, com rapidez implacável, os judeus tenham suas orelhas estapeadas, uma bofetada após outra"[46].

Foi Heydrich quem lembrou aos presentes que o principal problema era expulsar os judeus da Alemanha. Foi retomada a ideia de criação de uma agência central de emigração em Berlim seguindo o modelo vienense (Eichmann fora especialmente chamado de Viena para a ocasião). Mas, na opinião de Heydrich, no ritmo em que as coisas iam, levaria cerca de oito a dez anos para se chegar a uma solução do problema – a mesma avaliação feita por Hitler, é preciso lembrar, na reunião com Göring, em 24 de julho. Como, então, nesse meio tempo, deveriam os judeus ser isolados da população alemã sem perder toda possibilidade de garantir seu próprio sustento? Heydrich era a favor de um distintivo especial que seria usado por todos aqueles definidos como judeus pelas Leis de Nurembergue ("Um uniforme!" – exclamou Göring. Heydrich insistiu: "Um distintivo"). Göring estava cético: ele próprio era favorável à criação de guetos em larga escala nas principais cidades. Para Heydrich, os guetos se tornariam "locais de esconderijo para atividades criminosas" incontroláveis pela polícia, enquanto um distintivo permitiria a vigilância pelo "olho atento da população". O debate sobre a introdução do distintivo ou a criação de guetos prosseguiu, concentrando-se nas formas como os judeus iriam dar andamento a sua vida diária ("Você não pode deixá-los morrer à míngua!", Göring argumentava)[47]. A diferença de opinião permaneceria insolúvel e, três semanas mais tarde, Hitler rejeitaria tanto os distintivos quanto os guetos.

Assim como Goebbels anteriormente, Heydrich tinha mais sugestões em sua lista: deviam ser proibidos aos judeus as licenças de motorista, a propriedade de carros ("os judeus poderiam pôr em perigo a vida de alemães), o acesso às áreas de relevância nacional nas várias cidades, o acesso às instituições culturais – seguindo de perto as sugestões de Goebbels – o acesso às estâncias e até mesmo aos hospitais ("um judeu não pode ser atendido em um hospital junto com um Volksgenosse ariano). Quando a discussão passou para o que os judeus poderiam fazer para se opor às medidas financeiras que estavam para ser tomadas contra eles, Göring tinha certeza de que eles nada poderiam fazer. Goebbels concordava: "No momento, o judeu é pequeno e feio e vai permanecer em casa"[48].

---

46 IMT, v. 28, p. 532.

47 Idem, p. 533-535. A oposição de Heydrich à criação de guetos nas cidades alemãs não era nova. Em 9 de setembro de 1935, um memorando enviado aos participantes da reunião que foi convocada em agosto por Schacht, o chefe da Polícia do Estado e o SD explicitamente tomaram uma posição contrária à segregação dos judeus em guetos. Cf. M. Wildt, *Die Judenpolitik des SD 1935 bis 1938*, p. 71.

48 IMT, v. 28, p. 536-539

Pouco antes da última discussão, Göring comentou, numa observação complementar: "Eu não gostaria de ser um judeu na Alemanha". O Generalfeldmarschall mencionou então que, em 9 de novembro, Hitler havia comunicado sua intenção de se dirigir às democracias que estavam levantando o problema dos judeus e desafiá-las a acolhê-los; a possibilidade de Madagascar também seria trazida à baila, assim como a de "algum outro território na América do Norte, no Canadá ou em qualquer outro lugar que os judeus ricos pudessem comprar para seus irmãos". Göring acrescentava: "Se, num futuro próximo, um conflito externo vier a acontecer, é óbvio que a Alemanha também pensará primeiro e sobretudo em um grande acerto de contas com os judeus"[49].

No mesmo dia em que Goebbels proibiu o acesso de judeus às instituições culturais, ele também baniu a imprensa judaica da Alemanha. Pouco tempo depois, Erich Liepmann, diretor do jornal *Jüdische Rundschau*, que a essa altura já havia sido fechado, foi chamado ao gabinete do ministro da Propaganda:

> "O judeu está aqui?", gritava Goebbels, a guisa de saudação, lembrava Liepmann. Ele estava sentado em sua escrivaninha; tive de ficar a uma distância de uns oito metros. Berrava: "Um jornal informativo deve ser publicado dentro de dois dias. Todos os artigos deverão passar por mim. Ai de você se um artigo sequer for publicado sem que eu tenha visto. Isso é tudo!"[50].

Foi assim que nasceu o *Jüdisches Nachrichtenblatt*, um jornal que tinha por finalidade informar aos judeus sobre todas as medidas oficiais tomadas para selar seu destino.

Porém, às vezes, ao que parece, mesmo a visão de Goebbels não era suficientemente arguta. No início de dezembro, cerca de seis semanas após a Kristallnacht, o *Nachrichtenblatt* fazia a crítica do filme americano *Chicago*:

> Uma cidade está em chamas e os bombeiros assistem, sem entrar em ação. Todas as mangueiras estão em posição, as escadas estão preparadas [...] mas nenhuma mão se move para usá-las. Os homens esperam a ordem, mas não se ouve nenhuma ordem. Somente quando a cidade está destruída pelo fogo e transformada em brasas e cinzas, é que chega uma ordem; mas os bombeiros já estão indo embora. Uma invenção maldosa? Um conto horrível? Não. A verdade. E ela foi revelada em Hollywood[51].

A lei de 12 de novembro, obrigando os judeus a vender todas as suas empresas e objetos de valor, como joias e obras de arte, deu início ao confisco indiscri-

---

49 Idem, p. 538-539.

50 H. Freeden, Das Ende der jüdischen Presse in Nazideutschland, *Bulletin* des Leo Baeck Instituts, n. 65, p. 8.

51 Idem, p. 9.

minado de objetos de arte de propriedade judaica. A pilhagem que já ocorrera na Áustria tornava-se agora prática comum no Reich. Em Munique, por exemplo, o procedimento era coordenado pelo próprio Gauleiter Wagner que, em presença dos diretores das coleções de propriedade do Estado, deu ordens para "manter sob sua custódia as obras de arte pertencentes aos judeus". Essa "custódia" foi implementada pela Gestapo: um inventário foi devidamente preenchido na presença dos proprietários (ou seus "representantes") e um recibo, emitido para eles. Um desses documentos registra: "25 de novembro de 1938. Protocolo, preenchido na residência do judeu Albert Eichengrün, Pilostystrasse 11/1, presentemente em prisão preventiva. A governanta, Maria Hertlein, nascida em 21/10/1885, em Wilpolteried, B. V., Kempten, estava presente. O Dr. Kreisel, diretor, Residenzmuseum, e os investigadores criminais Huber e Planer oficiaram"[52].

Em 15 de novembro, todas as crianças judias que ainda permaneciam em escolas alemãs eram expulsas[53]. Em carta endereçada nesse mesmo dia a todos os Estados e agências do partido, o secretário de Estado Zschintsch explicava a decisão do ministro da Educação.

> Depois do abominável assassinato em Paris, ninguém pode exigir de professores alemães que continuem a ensinar crianças judias. Também é evidente que é intolerável para os estudantes alemães sentar-se na mesma sala de aula com crianças judias. A separação racial nas escolas já foi em geral realizada durante os últimos anos, mas algumas crianças judias ainda permaneceram em escolas alemãs, para elas, frequentar a escola ao lado de meninos e meninas alemãs não pode mais ser permitido [...]. Portanto, determino que se efetive imediatamente: a presença em escolas alemãs não é mais permitida para judeus. Eles têm permissão para frequentar somente escolas judaicas. Na medida em que isso ainda não ocorreu, todos os alunos judeus que ainda estejam frequentando escolas alemãs devem ser dispensados[54].

Em 19 de novembro, os judeus eram excluídos do sistema geral de previdência social. Em 28 de novembro, o ministro do interior informava a todos os presidentes dos Estados alemães de que algumas áreas poderiam ser proibidas aos judeus e que o direito deles de acesso a lugares públicos também poderia ser limitado a poucas horas por dia[55]. Não demorou muito para que o chefe da polícia de Berlim entrasse em ação. Em 6 de dezembro, os judeus da cidade eram

---

52 L. H. Nicholas, *The Rape of Europa*, p. 43.

53 J. Walk (org.), op. cit., p. 256.

54 Do Ministro da Educação [...] para a Administração de Educação das *Länder*, o Comissário do Reich para o Sarre etc. [...], 15.11.1938, Reichsministerium für Wissenschaft u. Erziehung, microfilme MA-103/1, Ifz, Munique.

55 J. Walk (org.), op. cit., p. 260.

banidos de todos os teatros, cinemas, cabarés, concertos, salas de conferência, museus, feiras, galerias de exposição e instalações esportivas (inclusive ringues de patinação no gelo), assim como de instalações de banho públicas e privadas. Além disso, os judeus eram expulsos dos bairros da cidade onde grande parte dos escritórios governamentais e os mais importantes monumentos e instituições culturais estavam localizados:

> a Wilhelmstrasse, da Leipzigerstrasse até Unter den Linden, inclusive a Wilhelmsplatz, a Vossstrasse, da Hermann Göring-Strasse até a Wilhelmstrasse, o Monumento Comemorativo do Reich, inclusive a via norte para pedestres em Unter den Linden, da Universidade até o Arsenal.

A notificação indicava que, num futuro próximo, a expulsão dos judeus seria aplicada a "um grande número de ruas de Berlim"[56].

Em 3 de dezembro, por ordens de Himmler, os judeus eram privados de suas licenças de motorista. O acesso de estudiosos judeus que possuíam autorização especial para frequentar as bibliotecas universitárias era cancelado em 8 de dezembro. Em 20 de dezembro, aos judeus não era mais permitido praticar como farmacêuticos e, um dia mais tarde, eles eram excluídos da prática da obstetrícia[57]. No dia 28, além de novas medidas de segregação (nesse dia foi proibido o acesso aos vagões-restaurante e vagões-dormitório nos trens e também às piscinas públicas e hotéis que usualmente recebiam os membros do partido), apareciam as primeiras indicações de uma possível concentração física dos judeus (a ser discutida adiante)[58]. Em 29 de novembro, o ministro do interior proibia os judeus de criar pombos-correio[59].

Nesse meio-tempo, seguindo o decreto de Heydrich de 9 de novembro, a Gestapo começou a apreender todos os arquivos comunitários judaicos. A polícia e a SA fizeram o trabalho preliminar, até mesmo nas menores cidades. Em Memmingen, a polícia criminal prendeu o professor de religião judaica que também cuidava de toda a correspondência oficial da comunidade. Ele foi forçado a conduzir os inspetores aos arquivos, que eram mantidos em "três velhos armários" na sinagoga e em uma "caixa de madeira" no sótão de sua casa. Os armários e a caixa foram trancados e selados, a chave da sinagoga, depositada na delegacia[60]. Nas cidades maiores, o procedimento foi basicamente o mesmo.

---

56 Idem, p. 262. Para o texto completo do édito, cf. H.-A. Jacobsen; W. Jochmann (orgs.), *Ausgewählte Dokumente zur Geschichte des Nationalsozialismus 1933-1945*, seção D, p. 2-3.

57 J. Walk (org.), op. cit., p. 262, 264, 270.

58 H.Michaelis; E. Schraepler (orgs.), op. cit., v. 12, p. 614-615.

59 J. Walk (org.), op. cit., p. 261.

60 Da polícia criminal de Memmingen ao prefeito de Memmingen, 10.11.1938, Himmler Archives, Document Center Berlin, microfilme n. 270, Rolo 2, LBI, Nova York, microfilme 133g.

De acordo com seu próprio relatório, o diretor dos arquivos do Estado em Frankfurt recebeu ordens do prefeito, em 10 de novembro, de apreender todos os arquivos da comunidade judaica. Quando chegou à sinagoga da Fahrgasse, ele encontrou "os painéis das janelas de vidro estilhaçados, portões quebrados, pinturas feitas em pedaços, mostruários destroçados, arquivos e livros espalhados por todo o assoalho, e assim por diante". No dia 12, uma pequena fração dos arquivos era levada para os arquivos do Estado, para exame pela Gestapo. No dia 15, dois oficiais da Gestapo começaram a catalogar, o material histórico destinado a ser acrescentado à sempre crescente coleção de pilhagem da Judaica sendo reunido em Frankfurt para o novo Instituto de Pesquisa sobre a Questão Judaica. Na verdade, o diretor dos arquivos do Estado chegou a mencionar que, entre as pastas, havia uma lista completa de (cerca de 23 mil) judeus vivendo em Frankfurt[61]; para a Gestapo, uma lista como essa deve ter sido de especial interesse.

A principal declaração política de Göring foi proferida em 6 de dezembro, seguindo as instruções dadas por Hitler em 4 de dezembro. Desta vez, ele se dirigia ao núcleo interno do partido, os Gauleiter, e embora o discurso, no estilo usual de Göring, fosse em tom descontraído, não podia haver dúvida nas mentes da audiência de que ele transmitia ordens claras endossadas pela autoridade de Hitler. Essas ordens deveriam ser seguidas rigorosamente ao pé da letra. Como expressava Göring (em relação à decisão de Hitler de que os judeus não seriam marcados por nenhum sinal especial),

> nesse caso, senhores, o Führer proibiu, expressou sua vontade, deu a ordem e acho que isso deve ser totalmente suficiente até mesmo para o mais ínfimo funcionário não imaginar que o Führer de fato deseja isso, mas talvez ele deseje ainda mais que eu faça o oposto. Em termos da autoridade do Führer, é claro que não há nada a mudar e nada a interpretar[62].

O que chama a atenção no discurso de Göring é sua referência constante ao fato de que essas ordens eram de Hitler, de que todas as medidas mencionadas haviam sido discutidas com Hitler e tinham seu completo apoio. A razão mais provável para essa ênfase reiterada era que algumas das medidas anunciadas não seriam populares em meio à assembleia, pois poriam fim aos ganhos que membros do partido de todas as categorias, inclusive alguns

---

61 P. Sauer (org.), *Dokumente...*, v. 2, p. 47-49. Embora a captura dos arquivos tenha se realizado imediatamente em todo o Reich, talvez algumas unidades da polícia e da SA não tenham se apressado em transferi-los para a Gestapo. Em 5 de maio de 1939, uma ordem foi emitida pelo quartel-general da SA em Munique, a todas as unidades locais e regionais, para que os arquivos judaicos apreendidos durante a ação de novembro de 1938 fossem enviados da forma como estavam para a Gestapo. Himmler Archives, Berlin Document Center, microfilme n. 269, Rolo 1 (LBI, Nova York, p. 133 e s.).

62 H. Göring, Staatliche Ordnung und "Organische Lösung", G. Aly; S. Heim (orgs.), *Jahrbuch für Antisemitismusforschung*, n. 2, p. 387.

Gauleiter, obtinham de seu confisco dos espólios judaicos. Ao que parece, essa era a razão de Göring repetidamente vincular o problema judaico às necessidades econômicas gerais do Reich. Os membros do partido deviam estar plenamente conscientes de que toda transgressão das novas ordens seria prejudicial para a economia do Reich e uma violação direta às ordens do Führer. Em termos concretos, após enfatizar o fato de que o partido e os Gaue tinham confiscado as propriedades judaicas, Göring deixava claro que, por ordens de Hitler, essas propriedades adquiridas de forma ilegal teriam de ser transferidas para o Estado:

> O partido não pode se envolver em nenhum negócio [...]. Um Gauleiter não pode montar um gabinete de arianização. A direção do Gau não tem autoridade para fazer isso, não tem permissão para fazer isso [...]. O Führer emitiu as seguintes diretrizes: obviamente, a arianização deve ser feita localmente, porque o próprio Estado não pode fazê-lo [...] mas os benefícios de todas as medidas de arianização pertencem única e exclusivamente ao Reich, isto é, a seu representante autorizado, o ministro das Finanças do Reich, e a ninguém mais em todo o Reich; é somente assim que o programa de rearmamento do Führer pode ser realizado[63].

Göring havia anteriormente deixado claro que acordos já feitos por membros do partido, com a finalidade de enriquecimento próprio, deviam ser cancelados. Não era o destino dos judeus que importava, Göring acrescentava, mas a reputação do partido dentro e fora da Alemanha[64]. A outra questão interna ao partido tratada com certo detalhe no discurso de Göring era a punição pelos atos cometidos em 9 e 10 de novembro: o que quer que tivesse sido cometido por razões puramente ideológicas, em razão de um justificado "ódio aos judeus", ficaria impune; atos puramente criminosos de vários tipos deveriam ser processados da mesma forma que seriam processados em outras circunstâncias, mas toda publicidade que pudesse vir a causar escândalo deveria ser rigorosamente evitada[65].

Quanto aos principais tópicos políticos relativos aos judeus, dois temas recorrentes – duas facetas do mesmo problema – reapareciam mais uma vez: medidas destinadas a expandir a emigração judaica e medidas que deviam lidar com os judeus que permaneciam no Reich. Em essência, a vida dos judeus da Alemanha devia se tornar tão desagradável que eles fariam todo esforço para abandonar o país por todo e qualquer meio; entretanto, os judeus

---

63 Idem, 391-392.
64 Idem, 384.
65 Idem, 393 e s.

que ainda permaneciam no Reich deviam sentir que tinham algo a perder, de forma que nenhum deles sequer pensaria em cometer um atentado contra a vida de um líder nazista – possivelmente o maior de todos[66].

A emigração forçada devia ter prioridade máxima: "no topo de todas as nossas considerações e medidas", declarava Göring, "existe a ideia de transferir os judeus tão rápida e eficientemente quanto possível para países estrangeiros, de exercer toda pressão possível para acelerar a emigração e de afastar tudo que possa impedir essa emigração". Ao que parece, Göring estava até mesmo disposto a desistir de estampar nos passaportes judeus o sinal reconhecível (a letra "J") se um judeu tivesse os meios de emigrar, mas não pudesse fazê-lo em razão dessa identificação[67]. Göring informava os Gauleiter de que o dinheiro necessário para financiar a emigração seria levantado por meio de um empréstimo internacional (precisamente o tipo de empréstimo que, como veremos, Schacht em breve estaria discutindo com o enviado americano do Comitê Inter-Governamental de Refugiados); Hitler, afirmava Göring, era extremamente favorável a essa ideia. A garantia do empréstimo, presumivelmente a ser levantado pela "comunidade judaica mundial" e pelas democracias ocidentais, devia consistir na totalidade dos bens ainda pertencentes aos judeus na Alemanha – uma razão por que as casas dos judeus não deviam ser arianizadas à força nesse estágio[68], ainda que muitos dos membros do partido estivessem especialmente tentados diante dessa perspectiva.

Do mundo judaico, Göring exigia não apenas a parte principal do empréstimo, mas também a suspensão de todo boicote contra a Alemanha, de forma que o Reich pudesse obter a moeda estrangeira necessária para saldar o principal e os juros sobre o empréstimo internacional. Em meio a essas explicações práticas, Göring mencionava que queria que os judeus prometessem que "as corporações internacionais de lojas de departamentos que, de qualquer forma, estavam todas em mãos judaicas, deviam se comprometer a adquirir mercadorias alemãs no valor de milhões"[69]. O mito do poder judaico mundial assomava novamente.

Com respeito aos judeus que ainda permaneciam na Alemanha, Göring anunciava a rejeição de Hitler de todo e qualquer sinal especial de identificação, bem como de restrições excessivamente drásticas a compras e viagens. As razões de Hitler eram inesperadas: dado o estado de espírito da população em muitos Gaue, se usassem sinais de identificação, os judeus seriam espancados

---

66 Idem, 387.
67 Idem, 384.
68 Idem, 385-386.
69 Idem, 386.

ou todo alimento seria recusado a eles. As outras limitações tornariam sua vida cotidiana tão difícil que eles se tornariam um ônus para o Estado[70]. Em outras palavras, os Gauleiter eram indiretamente advertidos de que não deviam começar por conta própria nenhuma nova ação contra os judeus em seus Gaue. As casas de propriedade de judeus, como vimos, seriam os últimos bens judaicos a ser arianizados.

Durante a discussão das medidas que iriam induzir os judeus a abandonar a Alemanha, Göring assegurou seus ouvintes de que se certificaria de que os judeus ricos não teriam permissão para partir em primeiro lugar, deixando a grande massa de judeus pobres para trás. Esse comentário provavelmente explica o que ocorreria três dias mais tarde.

* * *

Nos arquivos da Gestapo de Würzburg há uma ordem de 9 de dezembro emitida por instruções de Göring para os 22 gabinetes distritais da Francônia; essa ordem deve ter sido emitida em âmbito nacional. Nela, a Polícia do Estado exigia a "imediata expedição de uma lista de 'judeus influentes' morando em cada um dos distritos". Os critérios de influência eram os seguintes: riqueza e relações com as nações estrangeiras (de ordem "econômica, familiar, pessoal ou outras"). Os administradores regionais deveriam dar o motivo de toda e qualquer inclusão de judeus influentes na lista. O assunto era tão urgente que as listas deviam ser enviadas por correio expresso no dia seguinte, dia 10, de forma a alcançar o quartel general da Gestapo em Würzburg às 9 horas da manhã de sábado, 11 de dezembro. Cada diretor de gabinete regional era "pessoalmente responsável pela estrita obediência ao prazo"[71].

Não há explicações nos arquivos relativas às intenções de Göring, nem qualquer registro de medidas posteriores; pode ter sido um impulso efêmero de tomar como reféns judeus ricos e influentes para garantir a partida dos pobres.

Alguns dias antes de a Gestapo de Würzburg transmitir as ordens de Göring, Frick informava aos ministros do interior e os presidentes dos estados alemães que, "por ordem superior expressa" – uma fórmula usada exclusivamente para ordens provindas de Hitler – nenhuma outra medida antijudaica podia ser tomada sem instruções explícitas do governo do Reich[72]. O eco da notificação de Göring aos Gauleiter é claramente perceptível. Em 13 de dezembro, era a vez do ministro da Propaganda informar a suas agências

---

70 Idem, 387-388.

71 Da Gestapo de Würzburg aos chefes de gabinetes..., 9.12.1938, Himmler Archives, LBI, Nova York, p. 133 e s.

72 De Frick para o Reichsstatthalter, Ministros do Interior das Länder..., 4.12.1938, Reichsministerium für Wissenschaft u. Erziehung, microfilme MA 103/1. Ifz, Munique.

que "o Führer havia ordenado que todas as transmissões políticas via rádio tratassem exclusivamente do problema judaico; as transmissões via rádio sobre outros tópicos deviam ser evitadas, para que não se diminuísse o efeito dos programas antijudaicos"[73]. Em resumo, a opinião pública alemã ainda tinha de ser convencida de que as manifestações de violência racial ocorridas em novembro eram amplamente justificadas.

Após a sucessão de reuniões internas entre o partido e os representantes dos estados, destinadas a esclarecer as metas e limites das políticas antijudaicas após as manifestações de novembro, uma reunião adicional teria lugar em 16 de dezembro. Convocada por Frick, esse encontro foi realizado na presença de Funk, Lammers, Helldorf, Heydrich, os Gauleiter e vários outros representantes do partido e dos estados. No geral, Frick e Funk apoiavam as explicações, exortações e ordens de Göring. No entanto, também ficava manifesto que, por todo o Reich, organizações partidárias, tais como a Frente Alemã de Trabalho, pressionavam os lojistas para que não vendessem aos judeus. E, sobretudo na Ostmark, os *Mischlinge* eram tratados como judeus no tocante tanto a seus empregos quanto a suas atividades comerciais. Iniciativas como essas eram inaceitáveis aos olhos de Hitler. Em pouco tempo, não restaria nenhum negócio judaico e os judeus teriam de receber permissão para comprar em lojas alemãs. Quanto aos *Mischlinge*, a política, de acordo com Frick, era absorvê-los gradualmente no interior da nação (por mais estranho que pareça, Frick não distinguia os metade judeus dos que eram um quarto judeus) e a discriminação contra eles transgredia as distinções estabelecidas pelas Leis de Nurembergue. No todo, entretanto, a principal meta política era enfatizada repetidas vezes: tudo deve contribuir para acelerar a emigração dos judeus[74].

Ainda um outro conjunto de medidas seria imposto aos judeus, próximo ao final de dezembro. No dia 28, Göring, mais uma vez fazendo referência a ordens expressamente dadas por Hitler, tanto no início do documento quanto em sua conclusão, estabelecia as regras para lidar com residências pertencentes a judeus (elas não deviam ser arianizadas nesse estágio, mas os ocupantes judeus deviam se mudar gradualmente para casas pertencentes e habitadas somente por judeus) e definia a distinção entre duas categorias de "casamentos mistos". Casamentos em que o marido era ariano deviam ser tratados mais ou menos como uma família alemã comum, houvesse filhos ou não. O destino dos casamentos mistos em que o marido era judeu dependia da existência de filhos. Os casais sem filhos podiam eventualmente ser transferidos para casas ocupadas apenas por inquilinos judeus e, em todos

---

73 Departamento do Leste, memorando, 13.12.1938, Amt Osten, microfilme MA-103/1. Ifz, Munique.

74 Um resumo do encontro, descoberto nos arquivos municipais de Hamburgo, foi primeiramente publicado em 1991. Cf. S. Heim; G. Aly (orgs.), *Beiträge zur Nationalsozialistischen Gesundheits- und Sozialpolitik*, v. 9, *Bevölkerungsstruktur und Massemmord*, p. 15 e s.

os demais aspectos, também deviam ser tratados como casais judeus puros. Casais com filhos – caso em que as crianças eram *Mischlinge* de primeiro grau – estavam temporariamente protegidos contra perseguição[75]. "Ao que parece, o governo, se estivermos preparados para aceitar o ponto de vista do governo, trata corretamente os maridos 'arianos' de esposas judias", anotava Jochen Klepper em seu diário. "Muitos deles detêm importantes posições no exército e na economia. Eles não são obrigados a se divorciar e podem transferir suas posses. Numa situação muito pior, estão as esposas 'arianas' de homens judeus. Elas são expulsas para a comunidade judaica; sobre suas cabeças caem todos os infortúnios de que nós outros estamos poupados de acordo com a regulamentação e condições atuais"[76]. Klepper comenta que maridos arianos de esposas judias "não são obrigados a se divorciar". Esposas arianas de maridos judeus também não eram obrigadas a se divorciar, mas a lei de 6 de julho de 1938 (já mencionada no capítulo 4) tornava possível o divórcio por motivos raciais e o decreto de Göring de 28 de dezembro encoraja claramente as mulheres arianas a abandonar seus maridos judeus: "se a esposa alemã de um judeu se divorcia dele", afirmava o decreto, "ela novamente ingressa na comunidade de sangue alemão e todas as desvantagens [previamente impostas a ela] são eliminadas"[77].

Por que Hitler se opunha ao distintivo amarelo e a guetização pura e simples em dezembro de 1938? Por que criava ele a categoria "casamentos mistos privilegiados" e também se decidia a compensar os *Mischlinge* que haviam sofrido danos durante as manifestações de violência racial? No primeiro caso, a preocupação com respeito à opinião pública alemã e internacional era provavelmente o fator principal. Quanto às decisões sobre os casamentos mistos e a compensação para os *Mischlinge*, parece evidente que Hitler queria circunscrever tão firmemente quanto possível as potenciais zonas de descontentamento que a perseguição aos casamentos mistos e de *Mischlinge* em geral poderiam criar em meio à população.

O decreto de Göring de 28 de dezembro, que visava à concentração de judeus em "casas de judeus" tornou-se mais facilmente aplicável quando, em 30 de abril de 1939, novas regulamentações permitiram a rescisão dos contratos de aluguel com judeus[78]. O locador ariano não podia anular contratos de locatários judeus sem antes obter um certificado das autoridades locais

---

75 Para o decreto de Göring, cf. H. Michaelis; E. Schraepler (org.), op. cit., v., 12, p. 615-616; cf. também U. Büttner, The Persecution of Christian-Jewish Families in the Third Reich, *LBIY*, v. 34, p. 284.

76 J. Klepper, *Unter dem Schatten deiner Flügel*, p. 726. Citado e traduzido em U. Büttner, The Persecution of Christian-Jewish Families in the Third Reich, *LBIY*, p. 284;

77 P. Sauer (org.), *Dokumente...*, v., 2, p. 84.

78 J. Walk (org.), op. cit., p. 292.

de que cômodos alternativos em alguma residência de propriedade de judeus estavam assegurados. Mas, como observava o encarregado de negócios americano, Alexander Kirk, essas novas regulamentações permitiam às autoridades municipais e comunitárias

> forçar os proprietários judeus de casas, ou os locatários judeus em residências de propriedade de judeus, a registrar com elas espaços e cômodos livres que eles pareciam não precisar para suas próprias necessidades. Estes últimos podiam, então, ser forçados, mesmo contra sua vontade, a alugar esses cômodos a outros judeus, que ficavam, assim, sujeitos a ser despejados de residências "arianas". As autoridades locais podiam então redigir os termos desses contratos involuntários e coletar uma taxa por esse serviço[79].

Em 17 de janeiro de 1939, o oitavo decreto suplementar à Lei de Cidadania do Reich proibia os judeus de exercer toda e qualquer atividade paramédica ou relacionada com a saúde, em especial, as de farmácia, odontologia e medicina veterinária[80]. Em 15 de fevereiro, membros da Wehrmacht, do Serviço do Trabalho do Reich, funcionários do partido e membros do SD eram proibidos de se casar com "*Mischlinge* de segundo grau"[81] e, em 7 de março, em resposta a uma consulta do ministro da Justiça, Hess decidia que alemães que fossem considerados como tais perante as Leis de Nuremberg, mas tivessem algum sangue judeu, não poderiam ser contratados como funcionários públicos[82].

Durante as semanas cruciais de novembro de 1938 a janeiro de 1939, as medidas tomadas por Hitler, Göring e seus associados destruíam toda e qualquer possibilidade que ainda restasse de vida judaica na Alemanha ou de vida de judeus na Alemanha. A demolição dos restos incendiados das sinagogas simbolizava um fim; a concentração de judeus nas "casas judaicas" sugeria um começo ainda imperceptível. Além disso, a obsessão ideológica sempre presente, que receberia expressão paroxísmica no discurso de Hitler perante o Reichstag, em 30 de janeiro de 1939, continuava inabalável: uma torrente de declarações sanguinárias jorrava das páginas do jornal *Das Schwarze Korps* e um discurso de Himmler dirigido aos líderes do alto escalão da unidade de elite SS-Standarte "Deutschland", em 8 de novembro de 1938, continha lúgubres advertências.

---

79 De Alexander Kirk ao Secretário de Estado, 11 de maio de 1939, em J. Mendelsohn (org.), op. cit., v., 1, p. 189-190.
80 J. Walk (org.), op. cit., p. 275.
81 Ministro da Justiça, 15.2.1939, Reichsjustizministerium, Fa 195/1939, Ifz, Munique.
82 Do Ministro da Justiça ao presidente da Suprema Corte do Reich... 7.3.1939, idem.

Himmler não fazia menção ao assassinato do dia anterior em Paris e grande parte de seu discurso abordava a organização e as tarefas da ss. Porém a questão judaica estava presente de forma sinistra. Himmler advertia sua audiência de que, no prazo de dez anos, o Reich iria se ver frente a confrontos sem precedentes "de natureza crítica". O Reichsführer se referia não apenas a confrontos de âmbito nacional, mas, em particular, ao impacto de visões de mundo nas quais os judeus estavam por trás de todas as outras forças inimigas e representavam a "matéria prima de tudo que era negativo". Os judeus – e as forças que eles dirigiam contra o Reich – sabiam que, "se a Alemanha e a Itália não fossem aniquiladas, eles mesmos seriam aniquilados". "Na Alemanha", Himmler profetizava, "os judeus não conseguirão se manter; é só uma questão de anos". Como se chegaria a isso era óbvio: "nós os expulsaremos com crueza sem paralelo". A isso se seguia uma descrição de como o antissemitismo estava se intensificando na maioria dos países europeus, em resultado da chegada de refugiados judeus e dos esforços da propaganda nazista.

Himmler passava então a sua própria visão da fase final. Acuados, os judeus iriam combater a fonte de todos os seus infortúnios, a Alemanha nazista, com todos os meios a seu dispor. Para os judeus, o perigo seria afastado somente se a Alemanha fosse queimada até as cinzas e aniquilada. Não devia haver ilusões, dizia Himmler e repetia sua advertência de que, no caso de uma vitória judaica, haveria total inanição e massacre; não restaria nem mesmo uma reserva de alemães: "todos estarão incluídos, os defensores entusiasmados do Terceiro Reich e os outros; seria suficiente falar o alemão ou ter uma mãe alemã"[83]. O corolário implícito era claro.

Em outubro de 1935, na esteira imediata da promulgação das Leis de Nuremberg, Goebbels havia emitido um decreto, de acordo com o qual os nomes dos soldados judeus mortos não seriam mais inscritos em nenhum memorial erigido na Alemanha a partir de então[84]. Mas aconteceu que, em 14 de junho de 1936, quando um memorial foi inaugurado na pequena cidade de Loge, na Frísia Oriental, o nome do soldado judeu Benjamin estava incluído entre os nomes dos que haviam tombado em 1915. O Gruppenleiter de Loge tomou a iniciativa de fazer com que o nome de Benjamin fosse apagado e substituído (para preencher a visível lacuna) pelo de um soldado da localidade que morrera em razão de ferimentos, pouco tempo depois do final da guerra. Protestos locais, inclusive de cidadãos holandeses residentes na cidade de fronteira, como o embaixador aposentado, conde Van Wedel, levaram à remoção do novo nome.

83 F. Smith; A. F. Peterson (orgs.), *Heinrich Himmler, Geheimreden 1933 bis 1945 und andere Ansprachen*, p. 37-38.

84 J. Walk (org.), op. cit., p. 137.

O nome do soldado judeu Benjamin teria, então, sido novamente incluído? O Gauleiter de Weser-Ems decidiu que essa medida seria "intolerável"[85].

O problema em geral ficaria sem solução até as manifestações de violência racial de novembro de 1938. Em 10 de novembro, Paul Schmitthenner, reitor da Universidade de Heildelberg escrevia ao ministro da Educação de Baden, em Karlsruhe: "Em vista da luta da comunidade judaica mundial contra o Terceiro Reich, é intolerável que nomes de membros da raça judaica permaneçam nas placas dos mortos de guerra. Os estudantes", prosseguia Schmitthenner, "estão exigindo a remoção da placa, mas isso não foi feito em respeito aos alemães mortos". O reitor, por essa razão, pedia ao ministro que encontrasse uma solução imediata para o problema, em cooperação com o líder estudantil do Reich: "Considero a remoção dos nomes judaicos necessária", Schmitthenner concluía. "Isso deve acontecer de forma ordenada e digna, no espírito dos regulamentos que estou solicitando"[86].

O ministro da Educação de Baden encaminhou a carta de Schmitthenner ao ministro da Educação do Reich, com o seguinte comentário: "Em minha opinião, como a questão é de importância fundamental, ela deve ser submetida ao Führer para decisão"[87]. Rust assim fez e, em 14 de fevereiro, ele podia anunciar a decisão de Hitler: os nomes de judeus incluídos em memoriais existentes não seriam removidos. Novos memoriais erigidos não incluiriam nomes de judeus[88].

A decisão de Schmitthenner de eliminar os nomes de soldados judeus mortos dos saguões de Heidelberg ecoava na ação não menos determinada de Friedrich Metz, reitor da Universidade de Freiburg, que, na esteira dela, se antecipava à decisão que seria tomada em Berlim em 8 de dezembro. "Fui informado", Metz escrevia ao diretor da biblioteca universitária em 17 de novembro,

> de que a biblioteca universitária e a sala de leitura acadêmica são ainda utilizadas por judeus. Já instrui ex-membros da faculdade, o professor Jonas Cohn e o professor Michael, que estão incluídos na restrição, para que se abstenham de utilizar quaisquer dos serviços da Universidade Albert--Ludwig, a fim de evitar aborrecimentos. Eu o autorizo, por meio desta, a agir dentro do mesmo espírito, caso a biblioteca universitária ou a sala de leitura acadêmica sejam visitadas por outros judeus[89].

---

85 H. Heiber (org.), *Akten der Parteikanzlei der NSDAP* (resumos), parte 1, v. 2, p. 247.

86 De Schmitthenner ao Ministro de Religião e Educação, Karlsruhe, 10.11.1938, Reichsministerium für Wissenschaft u. Erziehung, microfilme MA 103/1, Ifz, Munique.

87 Do Ministro da Religião e Educação, Karlsruhe, ao Ministro de Educação do Reich, 24.11.1938, idem.

88 K. Pätzold (org.), *Verfolgung, Vertreibung, Vernichtung*, p. 222.

89 P. Sauer (org.), *Dokumente...*, v. 1, p. 246.

III

"Com respeito a seu pedido referente a uma permissão de residência para sua esposa, devo informar o seguinte". Assim começava a carta que o membro do partido Seiler, Kreisleiter de Neustadt an der Aisch, próximo a Nurembergue, endereçava em 21 de novembro de 1938 ao fazendeiro alemão e proprietário de uma mercearia Fritz Kestler, de Ühlfeld. A mulher de Kestler, mãe de seus quatro filhos e a pessoa na família encarregada da mercearia, havia sido expulsa de Ühlfeld durante as manifestações de novembro e estava temporariamente hospedada com parentes em Nurembergue.

"Sua mulher, nascida Elsa Rindeberg", a carta continuava,

> é judia de puro sangue. Foi por isso que ela, repetidamente, demonstrou a todos os membros de sua raça, por meio de contato pessoal e de toda ajuda possível, que sente pertencer totalmente a eles. Foi por isso que ela assumiu, por exemplo, a responsabilidade pelo reembolso das dívidas que devem ser pagas aos judeus de Ühlfeld. Além do mais, ela deu abrigo a judeus que se sentiam ameaçados. Ela também permitiu a *Volksgenossen*, que não estavam avisados de nada e que desejavam comprar na loja do judeu Schwab, que passassem por sua loja para entrar na loja de Schwab pela entrada de trás. Sua esposa provou, com essas ações, que se considera uma judia e que pensa poder enganar as lideranças políticas e as autoridades. Não estou surpreso de você não ter sido homem suficiente para dar fim a essa situação, pois alguém que admite ter tido um casamento feliz com uma judia por vinte e cinco anos demonstra estar terrivelmente contaminado por esse nocivo espírito judaico. Se, na época, você foi cego o bastante a respeito de sua raça para se casar com uma judia, contra as advertências de seus pais, você não pode esperar agora ter o direito de pedir que se faça uma exceção para sua esposa judia.

Após avisar Kestler de que sua mulher não devia tentar retornar, o Kreisleiter Seiler terminava sua carta com o floreio apropriado: "sua pergunta sobre o que deve agora acontecer a sua esposa tem tão pouco interesse para mim como, vinte e cinco anos atrás, era de pouco interesse para você o que seria do povo alemão se todos ingressassem num casamento que corrompesse a raça"[90].

A fúria antijudaica de Seiler não era compartilhada pela maioria dos alemães. Em 10 de novembro, uma clara divergência entre ativistas e espectadores surgia,

---

90 Do líder distrital de Neustadt a. d. Aisch a Fritz Kestler, Ühlfeld, 21.11.1938, Himmler Archives, Berlin Document Center, microfilme n. 270, Rolo 2, LBI, Nova York, microfilme 133g

desde o início, nas ruas das grandes cidades: "Eu mesmo", informava o consultor da Embaixada Britânica a seu ministro do exterior, alguns dias depois,

> e os membros de nossa equipe, fomos testemunhas dos últimos estágios dos excessos em Berlim, que duraram até a noite do dia dez. Grupos de jovens em trajes civis e armados com bastões, martelos e outras armas adequadas invadiram as lojas judaicas e terminaram o trabalho de destruição realizado no início da manhã. Em alguns casos, os recintos foram completamente saqueados, em outros, o estoque para venda foi apenas danificado e jogado para todo lado. E, em um ou dois locais, uma multidão permanecia estarrecida, em muda curiosidade, perante os esforços dos proprietários das lojas em arrumar os destroços. Prestei atenção, em especial, na conduta de grupos que seguiam cada bando de saqueadores. Não ouvi expressões de vergonha ou repugnância, mas, a despeito da completa passividade de muitos dos espectadores, de fato percebi a expressão vazia que muitas vezes inadvertidamente trai a consciência pesada[91].

Enquanto o diplomata britânico reconhecia os indícios de uma consciência incomodada nos rostos dos espectadores, o *chargé d'affaires* francês distinguia "muda condenação" na atitude do povo nas ruas[92].

Os relatórios do SD revelam a censura popular generalizada contra a violência e os danos causados durante as manifestações. Algumas das censuras, expressas até mesmo por pessoas habitualmente favoráveis ao regime, eram motivadas por considerações práticas: a destruição desenfreada de propriedades e as perdas causadas por ela a que ficavam sujeitos não só todos os alemães, mas também o Estado. Quando notícias da multa de um bilhão de marcos imposta sobre os judeus foram anunciadas e quando a propaganda oficial enfatizou a imensa riqueza ainda em posse dos judeus, o ânimo geral apresentou melhoras[93]. Por vezes, entretanto, as reações da população não eram nada negativas. Assim, conforme um relatório do SOPADE de dezembro de 1938,

> a ampla massa popular não perdoou a destruição, mas não devemos, todavia, ignorar o fato de que há pessoas em meio à classe trabalhadora que não defendem os judeus. Existem certos círculos em que você não será muito popular se falar com desaprovação sobre os recentes incidentes. A raiva não era,

---

91 De Ogilve-Forbes para Halifax, 16.11.1938, *Documents on British Foreign Policy 1919-1939*, Third Series, v. 3, 1938-1939, p. 275-276.

92 De Montbas para Bonnet, 15.11.38, *Documents Diplomatiques Français 1932-1939*, 2ª série (1936-1939), v. 12 (3 de outubro-30 novembro de 1938), p. 570.

93 O. D. Kulka, Public Opinion in Nazi Germany and the "Jewish Question", *Jerusalem Quarterly*, n. 25, p. 138.

dessa forma, tão unânime quanto parecia. Berlim: a atitude da população não era totalmente unânime. Quando a Sinagoga Judaica queimava em chamas [...] podia-se ouvir um grande número de mulheres dizendo: "Essa é a forma correta de agir – é uma pena que não haja mais judeus lá dentro, essa seria a melhor maneira de enxotar todo o bando nojento deles". Ninguém ousava tomar uma posição contra esses sentimentos [...]. Se houve alguém protestando no Reich contra as manifestações de violência racial contra os judeus, contra os excessos dos incêndios criminosos e da pilhagem, foi em Hamburgo e no distrito vizinho de Elbe. A população de Hamburgo não é em geral antissemita e os judeus de Hamburgo foram bem mais assimilados que os judeus de outras partes do Reich. Há casamentos mistos com cristãos desde os níveis mais altos do oficialato até os comerciantes e a marinha mercante[94].

Como reagiram as pessoas próximas a Hitler que não eram nem membros do partido engajados nem conservadores "antiquados"? Em suas memórias, Albert Speer revela um certo mal-estar, mesmo que apenas em razão da destruição material e da "desordem":

> No dia 10 de novembro, dirigindo-me ao escritório, passei pelas ruínas ainda em brasas das sinagogas de Berlim [...]. Hoje, essa lembrança é uma das mais penosas de minha vida, sobretudo porque o que realmente me perturbava na ocasião era o aspecto de desordem que eu via na Fasanenstrasse: vigas enegrecidas pelo fogo, fachadas desmoronadas, paredes calcinadas [...]. Os painéis arrebentados das vitrines das lojas escandalizavam meu senso de ordem de classe média[95].

Mas, mesmo essa ausência de toda e qualquer empatia humana aliada às queixas pseudo-sinceras e tardias exigem alguma qualificação. De acordo com a biógrafa mais recente de Speer, Gitta Sereny, nada havia sobre a Kristallnacht nos primeiros rascunhos do livro de Speer e foi somente após a insistência de seu editor, Wolf Jobst Siedler, e do biógrafo de Hitler, Joachim Fest, que Speer veio com seus sentimentos de irritação diante dos danos materiais causados[96]. Desse modo, até mesmo uma questionável porém hábil sinceridade pode ter sido inteiramente forjada: Speer pode simplesmente não ter sentido absolutamente nada, como provavelmente aconteceu quando ele planejou a expulsão dos inquilinos judeus de seus apartamentos em Berlim. Quanto à

---

94 K. Behnken (org.), *Deutschland Berichte der Sozialdemokratischen Partei Deutschlands* (SOPADE), *1934-1940*, v. 5, 1938, p. 1352 e s. Para a passagem extraída e a tradução, cf. D. J. K. Peukert, *Inside Nazi Germany*, p. 59.

95 A. Speer, *Inside de Third Reich*, p. 111.

96 G. Sereny, *Albert Speer: His Battle with Truth*, p. 164.

secretária de Speer, Annemarie Kempf, ela nada sabia e nada vira: "Nunca fiquei sabendo de nada sobre isso", declarou ela, "lembro-me de que alguém foi baleado em uma embaixada no exterior, e Goebbels fez discursos e havia muita raiva. Mas isso foi tudo"[97]. Mais uma vez, entretanto, até mesmo entre esses jovens tecnocratas, as reações não foram todas iguais. Consideremos um dos "homens de Speer", Hans Simon. "Quando aconteceu [a Kristallnacht]", outra testemunha relataria mais tarde a Sereny: "Simon disse: para gente assim, eu não trabalho. E se demitiu da gbi [Generalbauinspektorat, ou Inspetoria Geral da Construção]"[98].

As igrejas não expressaram publicamente nenhuma censura às manifestações da Kristallnacht. Somente um mês após os acontecimentos, em uma mensagem às congregações, a Igreja Confessional faria uma referência indireta às perseguições mais recentes, embora de uma forma peculiar. Após declarar que Jesus Cristo representava o "sacrifício expiatório de nossos pecados" e "também o sacrifício expiatório para os pecados do povo judeu", a mensagem continuava com as seguintes palavras:

> Estamos ligados como irmãos a todos da raça judaica que creem em Cristo. Não vamos nos separar deles, e pedimos a eles que não se separarem de nós. Exortamos todos os membros de nossas congregações a se preocupar com a aflição espiritual e material de nossos irmãos e irmãs cristãos da raça judaica e a interceder por eles em suas preces a Deus.

Os judeus enquanto tais eram excluídos da mensagem de compaixão e, como foi observado, "a única referência ao povo judeu como um todo era a menção de seu pecado"[99].

Alguns pastores protestaram individualmente; temos conhecimento sobre eles em especial a partir de curtas menções em relatórios reservados. Assim, o relatório mensal de novembro de 1938 para a Alta e Média Francônia observava laconicamente: "O Pastor Seggel de Mistelgau, do distrito administrativo de Bayreuth, expressou sua censura com relação às ações contra os judeus no Dia do Arrependimento e da Oração. A Polícia Estadual de Nurembergue Fürth foi informada"[100].

A atitude geral da Igreja Católica não era diferente. Além do preboste Bernhard Lichtenberg da Catedral de Santa Edviges, de Berlim, que declarou em

---

97 Idem, ibidem.
98 Idem, p. 165.
99 R. Gutteridge, *Open Thy Mouth for the Dumb!*, p. 188-189 e s.
100 Relatório, 8.12.1938 apud H. Witeschek, *Die Kirchliche Lage in Bayern nach den Regierungspräsidentenberichten 1933-1943*, v. 2, *Regierungsbezirk Ober- und Mittelfranken*, p. 301.

10 de novembro que "o templo que foi incendiado lá fora é também a Casa de Deus" e que mais tarde pagaria com sua vida por suas preces públicas pelos judeus deportados para o Leste[101], nenhuma voz poderosa se ergueu. Muito ao contrário, o cardeal Faulhaber achou necessário proclamar em seu sermão da Véspera do Ano Novo, menos de dois meses após as manifestações da Kristallnacht: "Essa é uma vantagem de nossa época; no mais alto posto do Reich temos o exemplo de um simples e modesto modo de vida sem álcool e sem nicotina"[102].

Nenhuma censura aberta (ou mesmo protesto indireto) veio das universidades. Algumas condenações veementes às manifestações foram confiadas à correspondência privada e, provavelmente, à intimidade dos diários. Em 24 de novembro de 1938, o historiador Gerhard Ritter escrevia a sua mãe: "O que temos vivido nestas duas últimas semanas em todo o país é a coisa mais vergonhosa e mais terrível que já aconteceu desde há muito tempo"[103]. A indignação de Ritter, entretanto, e a iniciativa que a ela se seguiu, paradoxalmente, lançam uma certa luz sobre o antissemitismo que estava na base das atitudes das Igrejas e universidades.

Após as manifestações da Kristallnacht e certamente, em parte, em resultado delas, um grupo de oposição formou-se na Universidade de Freiburg. O Círculo de Freiburg (*Freiburg Kreis*) era composto principalmente por membros próximos à Igreja Confessional (e também por alguns católicos); Gerhard Ritter, Walter Eucken, Franz Böhm, Adolf Lampe e Constantin von Dietze eram seus principais representantes[104]. As discussões do grupo resultaram no esboço do "Grande Memorando", um documento que oferecia a base social, política e moral para uma Alemanha pós-nacional-socialismo. O quinto e último apêndice ao memorando, concluído por Dietze no final de 1942, listava "Propostas para uma Solução da Questão Judaica na Alemanha"[105]. Os historiadores alemães de hoje ainda acham difícil explicar essas propostas e fazem referência à "atmosfera esquizoide" que as engendrou[106]. O grupo de Freiburg – que se formara após as manifestações da Kristallnacht e na época da elaboração desse apêndice estava também totalmente ciente do extermínio dos judeus (o que é mencionado explicitamente nas "Propostas" de Dietze) – sugeria, no entanto, que, depois da guerra, os judeus ficassem sujeitos a um

---

101 S. Friedländer, *Pius XII und das Dritte Reich*, p. 70.
102 E. C. Helmreich, *The German Churches under Hitler*, p. 294.
103 K. Schwabe et al. (orgs.), *Gerhard Ritter: Ein politischer Historiker in seinen Briefen*, p. 339.
104 Idem, nota 1.
105 Idem, p. 769 e s.
106 H. Ott, Der "Freiburger Kreis", em R. Lill; M. Kissener (orgs.), *20 Juli 1944 in Baden und Württemberg*, p. 147. E K. Schwabe, Der Weg in die Opposition, em E. John et al., *Die Freiburger Universität in der Zeit des Nationalsozialismus*, p. 201.

status especial que vigoraria em âmbito internacional. Mais ainda, embora as "Propostas" rejeitassem as teorias raciais nazistas, elas recomendavam cuidado com respeito a contatos mais estreitos e casamentos mistos entre cristãos alemães e outras raças – a alusão aos judeus é clara[107]. Ao que parece, mesmo em um dos mais articulados grupos de intelectuais antinazistas, havia preconceito antijudaico profundamente arraigado e explícito. Um dos mais bem informados historiadores sobre o tema do Círculo de Freiburg, Klaus Schwabe, rejeita a conclusão de que Dietze era motivado pelo antissemitismo[108]. Ainda assim, em seu programa, Dietze aceitava e recomendava algumas das tradicionais posições antissemitas conservadoras alemãs, apesar do que sabia sobre o destino dos judeus. O corolário lógico é óbvio: se um grupo de resistência universitário, composto em sua maioria por membros da Igreja Confessional ou da Igreja Católica, podia apresentar propostas como essas, mesmo tendo conhecimento do extermínio, os indícios de um antissemitismo disseminado em meio às elites alemãs devem ser levados em conta como uma importante explicação de suas atitudes durante o Terceiro Reich.

De forma indireta, entretanto, as manifestações da Kristallnacht criaram novas tensões entre a Igreja Católica alemã e o Estado. Em 10 de novembro, a Associação de Professores Nacional-Socialistas decidia não apenas expulsar todos os alunos judeus que restavam nas escolas alemãs, mas também deixar de oferecer educação religiosa (cristã) – como havia sido a regra até então – sob o pretexto de que "a glorificação de uma nação de assassinos judeus não poderia mais ser tolerada nas escolas alemãs". O cardeal Bertram enviou então um veemente protesto a Rust, no qual ele declarava que "todos que tenham a mínima familiaridade com a fé católica, assim como, certamente, todo professor que tem fé, sabem que essa afirmativa [de que a religião cristã glorifica os judeus] é falsa e que o contrário é verdadeiro"[109].

---

107 O texto é o seguinte: "Um der Liebe zum eigenen Volke willen muss jedoch der Christ die Augen offen halten, ob enge Berührung oder gar Vermischung mit anderen Rassen sich nicht schädlich auswirken kann für Leib und Seele", em K. Schwabe et al. (orgs.), *Gerhard Ritter*, p. 769.

108 K. Schwabe, *Der Weg in die Opposition...*, op. cit., p. 201. Se os outros membros do Círculo de Freiburg assim como outros grupos ligados à oposição tinham conhecimento do texto de Dietze não está totalmente claro, mas, como foi demonstrado por Christoph Dipper, as ideias de Carl Goerdeler não eram tão diferentes; essas ideias foram apresentadas em Freiburg no final de 1942. No geral, Dietze dava expressão aos temas de um antissemitismo conservador aceito pela maioria da resistência alemã a Hitler – e por grande parte do mundo acadêmico alemão. Sobre o antissemitismo da resistência conservadora alemã, cf. C. Dipper, Der deutsche Widerstand und die Juden, *Geschichte und Gesellschaft*, 9, n. 3: em esp., a p. 367 e s.

109 De Bertram para Rust, 16.11.1938, em L. Volk (org.), *Akten deutscher Bischöfe über die Lage der Kirche 1933-1945: v. 4, 1936-1939*, p. 592-593.

IV

"A imprensa estrangeira é muito ruim", anotava Goebbels em 12 de novembro. "Principalmente a americana. Recebi os correspondentes estrangeiros de Berlim e expliquei toda a questão [...]. Isso causa grande impressão"[110]. Os comentários da imprensa eram sem dúvida cáusticos. "Acontecem no decorrer do tempo", estampava o jornal dinamarquês *Nationaltidende* em 12 de novembro,

> muitas coisas com relação às quais se deve tomar uma posição em consideração à própria dignidade humana, mesmo que isso envolva risco pessoal ou nacional. O silêncio, diante de crimes cometidos pode ser considerado uma forma de participação neles – igualmente punível, quer cometido por indivíduos quer por nações [...]. É preciso pelo menos ter a coragem de protestar, mesmo que se sinta que não se tem o poder de impedir uma violação da justiça, ou mesmo de mitigar as consequências dela [...]. Agora que se anunciou que, após ter sido saqueado, torturado e aterrorizado, esse amontoado de seres humanos [os judeus da Alemanha] será expulso e lançado portões afora para o vizinho mais próximo, a questão deixará de ser interna e a voz da Alemanha não será a única a ser ouvida no conselho das nações[111].

A imprensa americana era particularmente veemente.

> Nas semanas que se seguiram à Kristallnacht, cerca de mil diferentes editoriais foram publicados sobre o tópico [...]. Quase nenhum jornal americano, independentemente de seu tamanho, circulação, localidade ou tendência política, deixou de condenar a Alemanha. Agora, até mesmo os que, anteriormente à Kristallnacht, estavam relutantes em admitir que a perseguição violenta era um aspecto permanente do nazismo censuravam a Alemanha[112].

O presidente Roosevelt convocou o embaixador Hugh Wilson, para consulta.

Mas, apesar dessas manifestações emocionais, as atitudes e políticas básicas não sofriam mudança. Na primavera de 1939, a Grã-Bretanha, cada vez mais preocupada com o deslocamento favorável ao Eixo do mundo árabe – uma tendência com possíveis e terríveis consequências para a Inglaterra, em caso de guerra – voltava atrás em suas promessas e, para todo propósito prático, fechava as portas da Palestina à imigração judaica. Nenhum refúgio alternativo

---

110 J. Goebbels, *Die Tagebücher...*, parte 1, v. 3, p. 532.
111 J. Mendelsohn (org.), op. cit., v. 3, p. 241.
112 D. E. Lipstadt, *Beyond Belief*, p. 99.

era sequer vislumbrado pelas autoridades coloniais britânicas. Como declarava A. W. G. Randall, do Ministério das Relações Exteriores, em 1º de junho: "A solução temporária de Chipre que foi proposta foi, pelo que compreendo, firmemente rejeitada pelo Governador; é impensável que uma multidão tão diversificada de judeus possa ser admitida em qualquer outra parte do Império"[113].

Tendo liberalizado um pouco sua política de imigração em 1937, os Estados Unidos nem ao menos preenchiam as quotas para a Alemanha e a Áustria em 1938[114]. Em julho de 1939, a Lei Wagner-Rogers relativa a crianças refugiadas, que permitiria a entrada no país de vinte mil crianças judias refugiadas, era rejeitada pelo Senado[115]; ao mesmo tempo, apesar de todas as súplicas, os 936 infelizes judeus que emigravam da Alemanha e haviam embarcado no que pouco tempo depois se tornaria o notório *St. Louis*, após ter negada sua entrada em Cuba – seu destino – não recebiam permissão para entrar nos Estados Unidos[116]. Sua viagem de volta à Europa viria a se tornar uma vívida ilustração da situação geral dos refugiados judeus da Alemanha. Após a Bélgica, a França e a Inglaterra ter finalmente concordado em dar asilo aos passageiros, o jornal londrino *Daily Express* expressava a opinião predominante em termos que não deixavam margem a dúvidas: "Esse exemplo não deve criar um precedente. Não há lugar para mais nenhum refugiado neste país [...]. Eles se tornam um ônus e motivo de insatisfação"[117].

A essa altura, mesmo judeus de algum renome não tinham a mínima certeza de alcançar os Estados Unidos. Em fevereiro de 1939, Thomas Mann intervinha em favor do amigo e biógrafo de Kafka, Max Brod, junto a H. M. Lyndenberg, o diretor da Biblioteca Pública de Nova York:

> Dr. Max Brod, o romancista e dramaturgo alemão-tchecoslovaco [...] está ansioso por deixar a Tchecoslováquia e vir para os Estados Unidos. Ele teme não sobreviver ao período de quinze meses a dois anos de espera que deverá aguardar para poder entrar no país como um imigrante comum [...]. Ele escreve dizendo estar disposto a ceder sua coleção de livros e manuscritos de Franz Kafka a qualquer instituição de renome que a aceite e, em troca, ofereça a ele uma posição como assistente ou curador da coleção, tornando, assim, possível sua entrada neste país [...]. Creio que o senhor concorda comigo em que a possibilidade de adquirir os manuscritos e os livros de

---

113 M. Gilbert, British Government Policy towards Jewish Refugees, *Yad Vashem Studies*, v. 13, p. 150.
114 D. S. Wyman, *Paper Walls*, p. 221.
115 Idem, p. 75 e s.
116 H. Lookstein, *Were We Our Brothers' Keepers?*, p. 82.
117 Para mais detalhes, cf., entre outros, A. Morse, *While Six Million Died*, p. 270 e s.

um escritor tão famoso quanto Franz Kafka seja uma oportunidade que merece consideração, sem mencionar a tragédia humana do indivíduo para quem a coleção representa a única chance real de escapar de uma situação intolerável[118].

No final, Brod conseguiria fugir para a Palestina.

A França foi tão pouco hospitaleira quanto as outras nações, por outro lado, ela não ofereceu sequer um gesto simbólico de protesto contra as manifestações antijudaicas. Foi a única grande nação democrática que não reagiu[119]. A maioria dos jornais expressou sua indignação, mas nem o primeiro ministro Édouard Daladier nem o ministro do Exterior Georges Bonnet fizeram o mesmo. Ao contrário, Bonnet prosseguiu com o planejamento da visita de Ribbentrop a Paris, que devia conduzir a um acordo franco-alemão.

De certo modo, a atitude oficial da França demonstrava que Hitler não precisava ter-se preocupado muito com as reações internacionais, ao desencadear as manifestações da Kristallnacht. Porém os protestos que se seguiram imediatamente após os acontecimentos de novembro e a censura que era agora dirigida contra a atitude francesa confirmavam que a atmosfera de Munique se dissipava rapidamente. Nada mais nada menos que um defensor da política de apaziguamento, o jornal londrino *The Times,* estava perplexo diante da boa vontade de Bonnet em levar avante o acordo, não obstante as manifestações da Kristallnacht. O secretário de Estado americano rejeitaria o pedido de Bonnet de que o governo americano manifestasse sua aprovação ao acordo, mesmo que apenas na forma de uma declaração de imprensa. Devido às relações tensas entre os Estados Unidos e a Alemanha após a Kristallnacht, o secretário julgava tal aprovação inteiramente inadequada. Até mesmo o governo italiano expressaria surpresa pelo fato de que "o recrudescimento das perseguições antissemitas na Alemanha não levasse à ruína o projeto da declaração franco-alemã"[120].

O ministro do exterior alemão chegou a Paris em 6 de dezembro. De acordo com a versão alemã sobre a segunda discussão entre Ribbentrop e Bonnet, que ocorreu em 7 de dezembro, o ministro do exterior francês informou a

---

118 T. Mann, *The Letters...,* p. 297.

119 V. Caron, Prelude to Vichy, *Journal to Contemporary History,* v. 20, p. 161. Conforme um memorando de 20 de dezembro de 1938, divulgado pelo Sonderreferat Deutschland (Departamento da Alemanha), os seguintes países protestaram contra o pogrom, geralmente em relação aos danos causados a seus cidadãos judeus residindo na Alemanha: Itália, Inglaterra, Holanda, Hungria, Brasil, Lituânia, USRR, Guatemala, Letônia, Finlândia, Polônia, Estados Unidos da América. Cf. *Documents on German Foreign Policy, Series D (1937-1945),* v. 5, p. 916-917.

120 V. Caron, Prelude to Vichy, op. cit., p. 163.

Ribbentrop sobre o "grande interesse que a França manifestava em uma solução para o problema judaico" e acrescentou que "a França não queria receber mais nenhum judeu vindo da Alemanha". Bonnet teria então perguntado se a Alemanha não poderia tomar medidas para impedir novos refugiados judeus alemães de entrar na França, uma vez que a própria França teria de enviar dez mil judeus para algum outro lugar (eles na verdade estavam pensando em Madagascar para esse objetivo). Ribbentrop disse então a Bonnet: "'Todos nós queremos nos livrar de nossos judeus', mas a dificuldade está em que nenhum país deseja recebê-los, ainda mais diante da escassez de moeda estrangeira"[121].

As muito frequentemente citadas observações de Bonnet para Ribbentrop não eram um caso isolado. De fato, menos de duas semanas antes da reunião franco-alemã, em 24 de novembro, os primeiros ministros e ministros do exterior da Grã-Bretanha e da França se reuniriam em Paris, a fim de coordenar suas políticas nacionais. O problema dos refugiados judeus da Alemanha foi levantado. Daladier se queixava de que havia cerca de quarenta mil deles na França e que o país não poderia receber mais nenhum. A possibilidade de enviar refugiados para as colônias foi discutida. Ficou acertado que a França iria perguntar a Ribbentrop se as medidas alemãs, que tornavam quase impossível aos refugiados levar consigo alguns de seus pertences, poderiam ser abrandadas[122]. Não está claro se esse assunto foi de alguma forma mencionado durante a visita de Ribbentrop a Paris.

Ainda um outro desdobramento dos acontecimentos de novembro se deu – pelo menos por algum tempo – na capital francesa: a preparação para o julgamento de Herschel Grynszpan. A aproximação do evento atraiu a atenção mundial. Hitler enviou o professor Friedrich Grimm a Paris, a fim de

---

121 *Documents on German Foreign Policy, Series D*, v. 4, p. 481 e s. O temor da guerra, da grande maioria da população francesa, e a crença disseminada de que os judeus eram os instigadores de um confronto militar com a Alemanha nazista foram exacerbados pela crise dos Sudetos. Em setembro de 1938, incidentes antijudaicos ocorriam em Paris e em algumas outras cidades francesas. A tensão predominante levou Julien Weill, o grão-rabino de Paris, a alertar seus correligionários para que evitassem encontros em frente à sinagoga durante os Dias Sagrados. Algumas personalidades judaicas na França expressaram novamente sua hostilidade para com os judeus estrangeiros em seu meio, pois supostamente eles seriam responsáveis pelo incitamento antigermânico. M. R. Marrus et al., *Vichy France and the Jews*, p. 40. As manifestações da Kristallnacht, de 9 e 10 de novembro, não modificaram algumas dessas atitudes e declarações. Assim, em 19 de novembro, o grão-rabino Weill declarava ao jornal *Le Matin* que o Consistório não tinha condições de fazer "a mínima contribuição" à questão dos refugiados: o problema poderia ser solucionado apenas em escala internacional e a França não poderia aceitar outros refugiados. Mais ainda, declarava o grão-rabino, ele não pretendia tomar nenhuma iniciativa "que possa de alguma maneira obstruir as tentativas presentemente feitas para uma reaproximação franco-alemã". Por outro lado, o *Comte* de Paris, pretendente ao trono francês, enfatizava em uma entrevista, em dezembro de 1938, que os judeus franceses eram cidadãos franceses iguais a todos os outros e que "excluí-los [...] significava enfraquecer o país". Para ambas as citações, cf. R. Schor, *L'Antisémitisme en France pendant les années trente*, p. 215, 221.

122 J.-B. Duroselle, *La Décadence 1932-1939*, p. 385.

acompanhar o trabalho da acusação, enquanto uma comissão internacional encabeçada pela jornalista americana Dorothy Thompson coletava dinheiro para pagar a defesa de Grynszpan. O advogado de Grynszpan, Vincent Moro-Giafferi, era um dos mais respeitados advogados criminalistas na França e um ardoroso antifascista[123].

O início da guerra interrompeu os preparativos tanto da acusação quanto da defesa. Quando os alemães ocuparam a França, o governo de Vichy devidamente encaminhou o jovem judeu que eles buscavam. Grynszpan foi encarcerado na Alemanha e Goebbels começou a planejar uma gigantesca exibição do julgamento, na qual Herschel Grynszpan deveria representar o "judaísmo internacional". Nada resultou disso, uma vez que, em 1942, o acusado repentinamente anunciou que tivera um relacionamento homossexual com Rath. Tal linha de defesa, caso apresentada em público, teria sido desastrosa aos olhos dos nazistas. Grynszpan não sobreviveria à guerra; as circunstâncias de sua morte permanecem desconhecidas[124].

Durante esses primeiros meses de 1939, a expulsão dos judeus do Reich continuou a seguir o padrão inaugurado em 1938; os judeus eram enviados para o outro lado das fronteiras, mas, usualmente, em vão. Em fevereiro de 1939, um relatório do sopade descrevia uma cena presenciada no oeste do país, próximo à fronteira com a França. Os judeus foram arrancados de seus lares e arrebanhados na praça da cidade. Ao anoitecer, eles eram transportados para a fronteira, apenas para ser conduzidos de volta no dia seguinte, pois os franceses não os deixariam atravessar. Mais tarde eles seriam enviados para Dachau.

O relatório descrevia a zombaria e os insultos lançados pelos jovens e "mulheres histéricas". Mas,

> a maioria dos mais velhos, que acidentalmente surgiam em cena, não conseguia esconder sua indignação diante do espetáculo. Eram trocados insultos com pessoas que queriam defender as medidas contra os judeus. As pessoas diziam: "Eles [os judeus] não são piores que os outros negociantes; e os que estão assumindo seus negócios são mais careiros e têm mercadorias de pior qualidade". A agitação era tão grande que nada podia ser tentado [pelas autoridades] contra esses dissidentes. Um grande segmento dos que foram anteriormente transportados voltou de novo para cá e tem sido recebido gentilmente pela população. As pessoas perguntam com simpatia se eles não têm possibilidade de emigrar. Alguns respondem

---

123 M. R. Marrus, The Strange Story of Herschel Grynszpan, *American Scholar*, v 57, n. 1, p. 73.

124 Idem, p. 74-78.

que estão tentando e outros mencionam as grandes dificuldades. Agora se chegou a um ponto em que as crianças confrontam os judeus e exigem dinheiro. Alguns dão a eles o dinheiro e dão a impressão de que eles próprios se tornaram crianças[125].

Em 23 de dezembro de 1938, ordens bastante rigorosas foram emitidas pelo quartel general da Gestapo a todos os postos na fronteira ocidental do Reich, a fim de impedir a travessia ilegal de judeus através dela para os países vizinhos, devido ao número cada vez maior de queixas. Entretanto, como indica o relatório do SODAPE e como confirma uma ordem da Gestapo, emitida posteriormente em 15 de março de 1939, essas travessias ilegais, a maioria delas iniciada, ao que parece, pelas autoridades locais, devem ter continuado até a primavera desse ano[126]. Em ocasiões excepcionalmente raras, oficiais do lado não germânico das fronteiras arriscavam-se a ajudar na entrada ilegal de judeus em seus países, quer os refugiados fossem forçados a atravessar a fronteira pelos alemães quer estivessem tentando cruzá-la por iniciativa própria. Esse foi o caso de Paul Grüninger, o comandante da polícia de fronteira no cantão suíço de Saint Gall. Predatando vistos e falsificando outros documentos, ele ajudou cerca de 3.600 judeus a entrar na Suíça no final de 1938 e início de 1939. As atividades de Grüninger foram descobertas. Em abril de 1939, ele foi demitido e, mais tarde, sentenciado a uma pesada multa e à perda de seus direitos de aposentadoria[127]. Em resultado de uma longa campanha pública, Grüninger foi reabilitado – 54 anos após sua condenação, 23 anos após a sua morte[128].

Uma rota de fuga ainda permanecia aberta, mas seria apenas por um breve período. Uma conferência interministerial realizada em Tóquio, em 6 de dezembro de 1938, optava por uma política tolerante com relação aos refugiados judeus, tornando Xangai, ocupada pelos japoneses, acessível a eles e até mesmo permitindo prolongar as estadas em trânsito no próprio Japão. Os japoneses, ao que parece, eram motivados por sua desconfiança com relação à Alemanha e, talvez, por considerações humanitárias, mas sem dúvida também, como os registros da conferência demonstram, por sua crença no poder judaico – uma crença que era reforçada pela propaganda nazista e pelo

---

125 Relatório de 6 de fevereiro de 1939, *Deutschlandberichte der Sozialdemokratischen Partei Deutschlands (SOPADE) 1934-1940*, p. 219. Traduzido por Dieter Kuntz em B. C. Sax; D. Kuntz, *Inside Hitler's Germany*, p. 422.

126 K. Pätzold (org.), *Verfolgung, Vertreibung, Vernichtung*, p. 207, 225; J. Toury, Ein Auftakt zur Endlösung Judenaustreibungen über nichtslawische Grenzen, 1933 bis 1939, em U. Büttner et al (orgs.), *Das Unrechtsregime*, p. 180.

127 S. Keller, *Grüningers Fall*.

128 Grüninger foi sentenciado em 1941. Faleceu em 1972 e foi reabilitado pelas autoridades cantonesas e federais da Suíça no outono de 1995.

estudo dos *Protocolos dos Sábios de Sião* – e seu possível impacto sobre os interesses japoneses na Grã-Bretanha e nos Estados Unidos. Seja como for, Xangai, onde vistos não eram exigidos, tornou-se um asilo para os desesperados judeus alemães e austríacos. No final de 1938, chegavam mil e quinhentos refugiados; sete meses mais tarde, o número alcançava quatorze mil e, se os japoneses não tivessem começado a restringir o acesso à cidade em razão das condições locais, o total teria crescido exponencialmente. Às vésperas da guerra, os judeus que haviam alcançado a segurança das praias do Mar da China alcançavam entre dezessete e dezoito mil[129]. Esse afluxo provocou um temor de competição econômica entre alguns dos primeiros imigrantes judeus que ainda não tinham se estabelecido, assim como entre a grande comunidade de exilados da Rússia Branca. Alguns aspectos do padrão europeu reapareceram com nefasta similaridade. Mas houve muito poucas reações em meio à grande maioria da população de Xangai, os próprios chineses, pois seu nível de vida era muito baixo para qualquer espécie de competição[130].

Assim, algumas dezenas de milhares de judeus conseguiram escapar da Alemanha para os países europeus vizinhos, para as Américas do Norte, Central e do Sul e para a remota Xangai. Pequenos grupos eram enviados para as fronteira da Alemanha. E finalmente, apesar da política britânica, emigrantes judeus conseguiram alcançar a Palestina por meio de transportes ilegais organizados secretamente tanto pela maioria dos líderes sionistas quanto por seus adversários da direita, os revisionistas. Essas operações ilegais eram apoiadas por Heydrich e todas as ramificações do SD e da Gestapo, com total conhecimento de Wilhelmstrasse. Por ocasião da primeira sessão de trabalhos do pouco tempo antes estabelecido Gabinete Central do Reich para Emigração Judaica, em 11 de fevereiro de 1939, Heydrich foi quase explícito:

> Ele [Heydrich] declarou que devemos por princípio nos opor a toda emigração ilegal, sem dúvida. No caso da Palestina, entretanto, a situação era tal que transportes ilegais já estavam a caminho, no momento presente, provenientes de muitos outros países europeus, que eram eles próprios apenas países de trânsito, e, em tais circunstâncias, essa oportunidade podia também ser utilizada na Alemanha, embora sem nenhuma participação oficial. O consultor sênior Walter Hinrichs e o ministro Ernst Eisenlohr, do Ministério do Exterior, não têm objeção a isso e expressaram o ponto de vista de que toda possibilidade de retirar os judeus da Alemanha deve ser aproveitada[131].

129 D. Kranzler, The Jewish Refugee Community of Shanghai, 1938-1945, *Wiener Library Bulletin*, v. 26, p. 28 e s.

130 Idem, ibidem.

131 *Documents on German Foreign Policy, Series D*, v. 5, p. 936.

A jornada ilegal se desenrolou, primeiramente, atravessando a Iugoslávia, depois descendo o Danúbio até o porto romeno de Constança. O principal problema para os emigrantes não era deixar o Grande Reich, mas conseguir que as organizações sionistas angariassem o dinheiro necessário para subornar funcionários e comprar navios. Depois, eles tinham de escapar das patrulhas britânicas ao longo da costa palestina. Cerca de dezessete mil imigrantes ilegais alcançaram a Palestina do início de 1939 até a irrupção da guerra[132]. Em 2 de setembro de 1939, nas proximidades da costa de Tel-Aviv, um navio da marinha real britânica bombardeou o navio *Tiger Hill*, que transportava mil e quatrocentos refugiados judeus, dois dos quais foram mortos. Como Bernard Wasserstein ironicamente observou, "esses foram provavelmente os primeiros tiros inimigos lançados pelas forças britânicas após o ataque contra a Polônia [no dia anterior pela Alemanha]"[133].

Em 15 de março de 1939, a Wehrmacht havia ocupado Praga. A Tchecoslováquia deixava de existir. A Eslováquia se tornava um satélite germânico; a Boêmia-Morávia era transformada em um protetorado do Reich. A crise tivera início nos primeiros dias do mês. Incentivados e apoiados pelos alemães, os eslovacos se separaram da já mutilada Tcheco-Eslováquia. O idoso presidente tcheco, Emil Hacha, foi convocado a Berlim, ameaçado com o bombardeio de Praga e forçado a aceitar todas as exigências alemãs. Mas antes mesmo de ele assinar o documento de submissão de seu país, as primeiras unidades alemãs já haviam cruzado a fronteira. Mais 118 mil judeus aproximadamente estavam agora sob domínio alemão. Stahlecker foi transferido de Viena para Praga, para se tornar inspetor da polícia de segurança e do SD no novo protetorado e Eichmann logo o seguia; seguindo o modelo vienense, foi instituído um Gabinete Central para a Emigração Judaica em Praga[134].

"Em casa, para minha refeição da manhã, descobri ter um refugiado, um judeu, um conhecido meu que havia trabalhado muitos anos pelos interesses americanos", escrevia, em um memorando de 15 de março, o diplomata americano George F. Kennan, que havia sido enviado para a missão diplomática de Praga alguns meses antes.

> Disse a ele que não poderia dar-lhe abrigo, mas enquanto não fosse procurado pelas autoridades, ele seria bem-vindo e poderia permanecer aqui e

---

132 D. Ofer, *Escaping the Holocaust*, capítulo 1; Y. Bauer, *Jews for Sale?*, capítulo 3.
133 B. Wasserstein, *Britain and the Jews of Europe, 1939-1945*, p. 40.
134 Eichmann foi substituído em Viena pelo SS-Hauptsturmführer Rolf Günther e o Haupsturmführer Alois Brunner.

se sentir em casa. Durante vinte e quatro horas, ele vagou pela casa, uma imagem lamentável de horror e desespero, se movendo inquieto pela sala de visitas, fumando um cigarro após outro, abalado demais para comer ou pensar em qualquer coisa que não em sua situação desesperadora. Seu irmão e sua cunhada haviam cometido o suicídio juntos após os acontecimentos de Munique e ele se sentia muito inclinado a segui-los. Annelise se empenhava em convencê-lo, de tempos em tempos nas horas que se seguiram, a não escolher essa saída, não porque ela ou eu fôssemos otimistas quanto às chances de sua futura felicidade, mas, em parte, em razão dos princípios anglo-saxões e, em parte, para preservar nossa casa desse tipo de contrariedade[135].

Trad. Fany Kon

135 G. F. Kennan, *From Prague after Munich*, p. 86.

DEZ

Um Remanescente Alquebrado

I

AOS "HÓSPEDES DE RAÇA JUDAICA", DIZIA O CARTÃO DE "BOAS-VINDAS" do Hotel Reichshof em Hamburgo no início de 1939, "solicita-se que não permaneçam no saguão. O café da manhã será servido nos quartos e as demais refeições no salão azul, ao lado do salão do café da manhã no mezanino. A Gerência". Essas palavras eram dirigidas aos afortunados emigrantes que ainda conseguiam abandonar o Reich através de seu principal porto do norte. No verso do cartão, estava um anúncio da agência de viagem situada no saguão do hotel, onde "você poderá obter passagens de navio". O anúncio trazia a seguinte nota publicitária: "A viagem é agradável nos navios da Hamburg--Amerika Line"[1].

Num processo de interpretação e inovação, o partido, o Estado e a sociedade gradualmente preenchiam as lacunas restantes do código cada vez mais rígido que regulamentava todas as relações com os judeus. O que as instâncias partidárias e a burocracia estatal deixavam em aberto era decidido nos tribunais e o que os tribunais não decidiam era deixado ao arbítrio dos *Volksgenossen* (como os administradores do Reichshof).

Às vezes, as decisões dos tribunais podiam parecer improváveis ou até mesmo paradoxais, mas apenas à primeira vista. Quando examinadas mais atentamente, elas expressavam a essência do sistema. Assim, no dia 30 de junho de 1939, um tribunal distrital de Frankfurt dava ao diretor de uma escola de línguas ordens de reembolsar os pagamentos adiantados recebidos de um judeu por aulas de inglês que não haviam sido ministradas na íntegra; o tribunal prosseguia então, ordenando a uma alemã que pagasse (em parcelas mensais,

---

[1] National Socialism, 1939 (misc.), LBI, Nova York. Nos navios transportando sobretudo passageiros alemães, os emigrantes judeus eram segregados da mesma forma que no Reich. Nas salas de jantar, por exemplo, suas mesas ficavam situadas no "canto judaico". W. Benz, *Das Tagebuch der Hertha Nathorff*, p. 163.

com juros) por mercadorias que ela havia adquirido e se recusara a pagar, quando seu marido, um membro do partido, insistiu na interrupção imediata da negociação, após descobrir a identidade judaica do vendedor. Em ambos os casos, os réus alemães também tiveram de arcar com os custos judiciais[2].

Havia, contudo, uma pequena manobra nessa demonstração inesperada de justiça. As decisões muito provavelmente eram resultado das instruções relativas à situação legal dos judeus, emitidas para todos os presidentes dos tribunais regionais superiores pelo Ministério da Justiça em 23 de junho de 1939; as diretrizes tinham sido, no início do ano, objeto da concordância entre os ministros envolvidos e já haviam sido comunicadas oralmente no final de janeiro. Assim, os tribunais estavam bem conscientes de seu "dever".

O parágrafo de abertura do memorando transmitia o essencial da posição do ministério: "a exclusão dos judeus da economia alemã deve ser concluída de acordo com o planejado e por etapas, com base nas regulamentações existentes [...]. Empresas e outras propriedades que estão na posse de judeus e que podem ter influência econômica se tornarão de propriedade alemã de acordo com os procedimentos prescritos". Não há possibilidade de erro quanto às metas aqui definidas. Nesse ponto, no entanto, a burocracia estabelecia "limites", exigindo que, além das medidas acima mencionadas, os judeus (quer queixosos, quer réus) fossem tratados pelos tribunais de acordo com todas as normas legais aceitas em qualquer litígio financeiro:

> a intervenção na situação econômica dos judeus pelo uso de medidas destituídas de alguma base legal explícita deve ser evitada. Dessa forma, os judeus devem poder recorrer aos tribunais com queixas originadas em sua atividade [econômica] e ter as decisões aplicadas quando os casos forem decididos a seu favor.

O ministério não escondia a razão dessa súbita preocupação legal: "não é desejável, por razões exclusivamente de bem-estar público, deixar que os judeus empobreçam por completo". Esse raciocínio bastante tosco era previamente contrabalançado, num parágrafo anterior, por uma declaração de altos princípios: "o cumprimento [de decisões] [...] não é uma questão apenas para as partes envolvidas, mas serve também [...] como expressão da autoridade do Estado". Até mesmo os juízes que eram membros do partido não podiam evitar a aplicação da lei aos judeus, pois, em sua função de juízes, eles também faziam parte de um órgão administrativo[3].

2 E. Noam; W.-A. Kropat, *Juden vor Gericht, 1933-1945*, p. 41-45.
3 Ministro da Justiça do Reich aos presidentes dos tribunais regionais superiores, 22.6.1939, Reichsjustizministerium/Fa 195/1939, Ifz, Munique.

Esse texto constitui um exemplo clássico do pensamento nazista. Há uma cisão absoluta entre o significado manifesto do texto e a realidade à qual ele alude. O significado manifesto era o de que os judeus tinham direito a sua cota de justiça, para que não se tornassem um ônus para o Estado e porque o cumprimento da justiça era a expressão última da autoridade do Estado. Mas essa declaração vinha após os judeus ter sido expropriados de todos os seus direitos e de todas as possibilidades de subsistência material pelas mesmas autoridades governamentais que ordenavam que a justiça fosse cumprida.

Até esse ponto, havia uma certa consonância entre o significado dos decretos, por mais brutais que fossem, e os fatos dos quais eles tratavam, por mais calamitosos que fossem esses fatos. As leis de exclusão eram explícitas e levavam ao afastamento dos judeus dos cargos públicos e da vida pública; os decretos impondo a segregação levavam à separação completa entre eles e os alemães; os decretos de expropriação tratavam da destruição das condições econômicas concretas dos judeus na Alemanha. Mas o decreto de junho de 1939 exigia o cumprimento da justiça num contexto em que, dia sim dia não, a autoridade nazista que a exigia impunha injustiças cada vez mais brutais em um contexto em que as decisões dos tribunais sobre reivindicações individuais tinham se tornado na prática irrelevantes, dado o ônus público (o empobrecimento dos judeus) que essa mesma autoridade já havia produzido.

Embora as instruções dadas aos tribunais em janeiro (e junho) de 1939 fossem desconhecidas dos litigantes, elas introduziam uma nova dimensão no âmbito da própria administração: a linguagem dúplice que cada vez mais caracterizaria todas as medidas tomadas contra os judeus – a camuflagem interna que contribuiria para o êxito da "Solução Final". E, enquanto as medidas concretas eram cada vez mais disfarçadas por uma nova forma de linguagem e conceitos, as declarações manifestas, em particular as das lideranças e da imprensa nazista, alcançavam graus de violência sem precedentes. Hitler ameaçava com o extermínio; o Ministério de Justiça ordenava o cumprimento da lei.

II

Como acontecia todos os anos a partir de 1933, o Reichstag se reuniu numa sessão comemorativa em 30 de janeiro de 1939, para comemorar o aniversário da ascensão de Hitler ao poder. O discurso de Hitler se iniciou às 20h15 e durou mais de duas horas e meia. A primeira parte do discurso abordava a história do movimento nazista e o desenvolvimento do Reich. Hitler passava então a um ataque contra alguns dos principais críticos britânicos do apaziguamento, que ele acusava de instigar à guerra contra a Alemanha. Desde o acordo de Munique, Hitler já havia duas vezes desfechado ataques em público contra seus inimigos ingleses, Winston Churchill, Anthony Eden, Alfred Duff Cooper e, numa ocasião pelo menos, em seu discurso de 9 de outubro, ele mencionara explicitamente os manipuladores judeus que ele via por trás do incitamento contra os alemães[4]. A mesma retórica era desfraldada em 30 de janeiro. Por trás dos adversários britânicos de Munique, o Führer apontava para "os instigadores judeus e não judeus" dessa campanha. Ele prometia que, quando a propaganda nacional-socialista passasse à ofensiva, ela seria tão bem sucedida quanto havia sido na Alemanha, onde "derrubamos o inimigo mundial judeu [...] com a força irresistível de nossa propaganda"[5].

Após mencionar a intervenção americana contra a Alemanha durante a Primeira Guerra Mundial, que, segundo ele, fora determinada por motivos puramente capitalistas, Hitler – provavelmente enfurecido pela reação dos Estados Unidos às manifestações de violência racial de novembro de 1938, e a outras medidas nazistas contra os judeus – passava a esbravejar, dizendo que ninguém poderia influenciar a Alemanha em sua solução da questão judaica. Com sarcasmo, ele comentava a compaixão expressa pelas democracias com relação aos judeus, bem como a recusa dessas mesmas democracias em prestar qualquer ajuda, assim como sua má vontade em receber os judeus com relação aos quais elas eram tão solidárias. De súbito, Hitler se voltava para recorria ao princípio da soberania nacional absoluta: "a França para os franceses, a Inglaterra para os ingleses, a América para os americanos e a Alemanha para os alemães". Essa era a deixa para uma nova investida contra os judeus: os judeus tinham tentado controlar todas as posições dominantes na Alemanha, em particular, na esfera da cultura. Nos países estrangeiros havia críticas quanto ao tratamento brutal dado a gente de cultura assim tão elevada. Por que então não estavam eles gratos pelo presente que a Alemanha dava ao mundo? Por que não recebiam essa "gente magnífica"?

Do sarcasmo, Hitler passava à ameaça:

> acredito que essa questão [judaica] será resolvida – e quanto antes melhor. A Europa não poderá alcançar a paz enquanto a questão judaica estiver no caminho [...]. O mundo tem bastante espaço para acordos, mas é preciso de uma vez por todas pôr fim à ideia de que o povo judeu foi escolhido pelo bom Deus para explorar uma certa porcentagem do corpo e do trabalho produtivo de outras nações. O povo judeu terá de se adaptar ao trabalho produtivo como qualquer outra nação, ou sucumbirá, mais cedo ou mais tarde, a uma crise de dimensões inimagináveis.

4 A. Hitler, *Reden und Proklamationen*, parte 1, v. 2, p. 955.
5 Idem, p. 1055.

Até esse ponto, Hitler estava apenas repetindo um conjunto de temas anti-judaicos que tinham se tornado parte conhecida de seu repertório. Mas, então, seu tom mudava e ameaças até então nunca ouvidas em pronunciamentos públicos de um chefe de Estado ressoavam pelo Reichstag:

> uma coisa eu gostaria de expressar neste dia, que talvez seja memorável não apenas para nós alemães: em minha vida, fui muitas vezes um profeta e fui, na maioria das vezes, ridicularizado. Na época em que eu lutava para chegar ao poder, eram principalmente os judeus que riam da profecia de que um dia eu chegaria à direção do Estado na Alemanha e, com isso, da nação inteira e de que, entre outros problemas, resolveria também o dos judeus. Acho que a risada estrondosa dessa época ficou nesse meio tempo presa na garganta do povo judeu da Alemanha.

Então vinha a ameaça explícita: "hoje quero ser profeta novamente: se os judeus do mundo financeiro internacional, dentro e fora da Europa, mais uma vez tiverem êxito em precipitar as nações numa guerra mundial, o resultado não será a bolchevização da terra e com isso a vitória do povo judeu, mas a aniquilação da raça judaica na Europa"[6].

Nas semanas e meses precedentes, Hitler havia mencionado toda uma série de possibilidades relativas ao destino último dos judeus alemães (e, com muita frequência, dos judeus da Europa). No dia 20 de setembro de 1938, ele comentara com o embaixador da Polônia em Berlim, Jósef Lipski, que estava considerando enviar os judeus a alguma colônia, em cooperação com a Polônia e a Romênia. A mesma ideia, mas com referência a Madagascar, havia surgido nas conversas entre Bonnet e Ribbentrop e, anteriormente, nos discursos de Göring de 12 de novembro e 6 de dezembro (nessas ocasiões, o Generalfeldmarschall mencionara explicitamente as ideias de Hitler sobre essa questão). Ao ministro da Defesa da África do Sul, Oswald Pirow, Hitler declarava, em 24 de novembro de 1938, que "algum dia, os judeus desaparecerão da Europa". Em 5 de janeiro de 1939, Hitler comentava com o ministro das Relações Exteriores da Polônia, Beck, que teria designado um território africano para o assentamento dos judeus, caso as democracias ocidentais tivessem uma compreensão melhor dos objetivos que ele tinha para as colônias; em todo caso, ele mais uma vez deixava claro que era a favor do envio dos judeus para algum país distante. Por fim, em 21 de janeiro, alguns dias antes de seu discurso, Hitler dizia a Frantisek Chvalkovsky, ministro das Relações Exteriores da Tchecoslováquia, que os judeus da Alemanha seriam "aniquilados", o que, no contexto de sua declaração, parecia significar seu

---

6 Idem, p. 1056-1058.

desaparecimento como uma comunidade; novamente ele acrescentava que os judeus deviam ser mandados para algum lugar distante. Um tom mais sinistro surgiu nessa conversa, quando Hitler mencionou a Chvalkovsky que, se não cooperassem com o envio dos judeus e se responsabilizassem por eles, os países anglo-saxões teriam suas mortes em suas consciências[7]. Se Hitler estava pensando sobretudo em termos de deportação dos judeus da Europa para alguma colônia distante, o que, a essa altura, era sem dúvida um plano absolutamente vago, então as ameaças de extermínio proferidas no discurso de 30 de janeiro parecem, de início, ser irrelevantes. Mas o contexto deve ser considerado mais uma vez.

Ao que parece, o discurso de Hitler tinha um duplo contexto. Em primeiro lugar, como já mencionado, a oposição britânica à política do apaziguamento e as fortes reações dos Estados Unidos à Kristallnacht seriam suficientes para explicar suas múltiplas referências ao belicismo judeu-capitalista. Em segundo lugar, é altamente provável que, em vista de seu projeto de desmembramento do que restava da Tchecoslováquia e das reivindicações que ele agora fazia com relação à Polônia, Hitler estivesse consciente da possibilidade de que a nova crise internacional podia levar à guerra (ele mencionara essa possibilidade num discurso proferido algumas semanas antes, em Saarbrücken)[8]. Assim, as ameaças de extermínio feitas por Hitler, juntamente com o argumento de que o número de seus êxitos no passado comprovava que suas profecias deviam ser levadas a sério, podiam se destinar, em termos gerais, a enfraquecer possíveis reações contrárias aos nazistas num momento em que ele se preparava para sua mais arriscada jogada diplomática e militar. Mais precisamente, o líder da Alemanha talvez esperasse que essas ameaças homicidas impressionassem os judeus atuantes na vida pública na Europa e nos Estados Unidos o suficiente para reduzir o que ele considerava ser sua propaganda belicista.

A relevância do discurso de Hitler para o contexto internacional imediato parece se confirmar num memorando relativo à "questão judaica como um fator da política externa durante o ano de 1938", enviado de Wilhelmstrasse em 25 de janeiro de 1939 a todas as missões diplomáticas alemãs. O memorando vinculava a realização da "grande ideia alemã", ocorrida em 1938 (a anexação da Áustria e dos Sudetos), às medidas para implementação de uma solução para a questão judaica. Os judeus eram o grande obstáculo à recuperação da Alemanha; o crescimento do poderio alemão estava, dessa forma, necessariamente vinculado à eliminação da ameaça judaica da comu-

---

7 Para uma apresentação e análise dessas várias declarações de Hitler; cf. P. Burrin, *Hitler and the Jews*, p. 60-61.

8 A. Hitler, *Reden und Proklamationen*, p. 955.

nidade nacional alemã. O memorando, que reafirmava a emigração judaica como a meta da política alemã, identificava os Estados Unidos como a sede da ação judaica internacional e o Presidente Roosevelt, sabidamente rodeado por judeus, como a força que tentava organizar a pressão internacional sobre a Alemanha tanto em termos políticos gerais quanto em vista de assegurar que os emigrantes judeus da Alemanha pudessem se beneficiar do pleno resgate dos ativos judaicos[9]. Assim, ao que parece, para Wilhelmstrasse e para Hitler, as democracias ocidentais e os Estados Unidos em particular tomavam temporariamente o lugar da Rússia bolchevique como a sede do poder judaico internacional e, dessa forma, da hostilidade militante à ascensão do poderio alemão.

Justamente porque Hitler acreditava na influência judaica sobre o mundo capitalista é que, no contexto imediato, seu discurso podia ser considerado como mais um exercício de chantagem. Os judeus da Alemanha (e da Europa) deviam ser mantidos como reféns, caso seus irmãos belicistas e seus governos viessem a instigar a uma guerra generalizada. Essa ideia, ventilada no jornal *Das Schwarze Korps* no dia 27 de outubro de 1938 num artigo intitulado "Olho por Olho, Dente por Dente", circulou pela Alemanha durante esses meses. Em 3 de novembro, *Das Schwarze Korps* voltava ao tema:

> se os judeus declararem guerra contra nós – como já fizeram [no passado] – trataremos os judeus que vivem entre nós como cidadãos de um estado agressor [...]. Os judeus da Alemanha fazem parte do povo judeu mundial e compartilham da responsabilidade por toda iniciativa que o povo judeu mundial dirige contra a Alemanha, uma vez que são a garantia contra os danos que o povo judeu no mundo inflige e ainda pretende infligir a nós[10].

A ideia de manter os judeus como reféns não estava necessariamente em contradição com a vontade urgente de expulsá-los da Alemanha. Como vimos, o próprio Hitler evocava essa ideia em sua conversa com Goebbels no dia 24 de julho de 1938. Em seu discurso para os Gauleiter, em 6 de dezembro, Göring a mencionava novamente como parte de seu plano de emigração. Além disso, durante as negociações entre Schacht e Rublee, que serão discutidas adiante, o plano apresentado pelo presidente do Reichsbank previa a partida de 150 mil judeus, juntamente com seus dependentes, no decorrer dos três anos seguintes, enquanto cerca de 200 mil judeus, sobretudo os idosos, deviam permanecer na Alemanha, para assegurar, da parte dos judeus do mundo todo, um comportamento positivo com relação ao Reich.

---

9 H. Michaelis; E. Schraepler, *Ursachen...*, v. 12, p. 616 e s.
10 S. Friedländer, *L'Antisémitisme Nazi*, p. 197.

Seria um erro, no entanto, considerar o discurso proferido por Hitler em 30 de janeiro simplesmente em seu contexto tático e de curto prazo. O panorama mais amplo sem dúvida podia ser em parte resultado de pressão calculada, em parte, de fúria descontrolada, mas podia muito bem refletir um processo compatível com seus outros projetos relativos aos judeus, como sua transferência para algum território africano remoto. Tratava-se, de fato, de uma busca de soluções radicais, de uma sondagem de possibilidades extremas. Nesse contexto, a profecia relativa ao extermínio se tornava uma possibilidade entre outras, nem mais nem menos real que outras. E – assim como a ideia de reféns – a possibilidade de aniquilação pairava no ar.

Já mencionamos o discurso de Himmler de 8 de novembro de 1938 e seus corolários implícitos. Algumas semanas mais tarde, num artigo publicado em 24 de novembro, *Das Schwarze Korps* era muito mais explícito. Após anunciar a necessidade de segregação total dos judeus na Alemanha em áreas e casas especiais, o periódico da ss dava um passo além: os judeus não poderiam continuar, a longo prazo, vivendo na Alemanha: "esse estágio de desenvolvimento [da situação dos judeus] irá nos impor a necessidade vital de exterminar essa sub-humanidade judaica da mesma forma que exterminamos todos os criminosos em nosso país ordeiro: pelo fogo e pela espada! O resultado será a catástrofe final do povo judeu na Alemanha, sua aniquilação total"[11].

Não se sabe se foi esse artigo em *Das Schwarze Korps* que incitou o cônsul-geral americano em Berlim, Raymond Geist, a escrever, no início de dezembro, que o objetivo dos nazistas era "a aniquilação" dos judeus[12] ou se os observadores estrangeiros perceberam, no núcleo interno do regime, o ódio absoluto que, algumas semanas mais tarde, encontraria expressão no discurso de Hitler. De modo significativo, alguns dias antes da declaração diante do Reichstag, Heydrich, num discurso dirigido aos oficiais da ss de patente mais alta, definia os judeus como "sub-humanos" e apontava para o erro histórico de sua expulsão de um país para outro, um método que não resolvia o problema. A alternativa, embora não expressa, não era inteiramente misteriosa e, após o discurso, Himmler introduzia em suas notas uma observação bastante enigmática: "o espírito marcial interior"[13].

Até onde a realidade dos judeus como "um poder mundial ameaçador" havia sido internalizada em todos os níveis do aparato nazista talvez seja mais bem ilustrado por um texto intitulado "O Povo Judeu Internacional",

---

11 Idem, p. 198.
12 R. Breitman, *The Architect of Genocide*, p. 58.
13 Idem, p. 59.

elaborado por Hagen para Albert Six, o diretor do II 1. Em sua versão final, o texto foi enviado a Six em 19 de janeiro de 1939, para uma conferência em Oldenburg (provavelmente numa reunião do escalão mais alto da SS) sobre a questão judaica[14].

O parágrafo de abertura do memorando de Hagen era inequívoco: a questão judaica era "o problema, no momento atual, da política mundial". Após demonstrar que as democracias ocidentais (inclusive os Estados Unidos) não tinham intenção alguma de resolvê-la, uma vez que os próprios judeus não tinham nenhuma intenção de deixar os países dos quais tinham se apoderado e planejavam usar a Palestina apenas como uma espécie de "Vaticano judaico", o texto descrevia as conexões entre as organizações judaicas em vários países e os canais pelos quais elas exerciam influência determinante sobre a política e a economia dos países que as recebiam. O texto de Hagen enxameava com nomes de personalidades e grupos cujos vínculos visíveis e invisíveis eram revelados em vigorosa progressão: "todos os vínculos organizacionais e pessoais dos judeus estabelecidos, de país a país, se reúnem nas organizações de cúpula da Internacional Judaica". Essas organizações de cúpula eram o Congresso Judaico Mundial, a Organização Sionista Mundial – e a B'nai B'rith. O cérebro no centro disso tudo era Chaim Weizmann, cujos ensaios e discursos, publicados numa coletânea em Tel Aviv em 1937, eram repetidamente citados. O memorando de Hagen não era um mero exercício de cinismo. "Os 'especialistas' em assuntos judaicos do SD acreditavam em suas construções ideológicas [...] [para eles] o antissemitismo, que eles consideravam uma questão de fato, científica e racional, era a base de sua ação"[15].

Himmler, Heydrich e o periódico *Das Schwarze Korps* ilustram a constante dicotomia na atitude nazista com relação aos judeus durante os últimos meses de paz: de um lado, a emigração por todos os meios era a política e o objetivo concreto, mas havia também a percepção de que, dada sua natureza de ameaça mundial, a questão judaica não podia ser resolvida por meros procedimentos práticos, algo infinitamente mais radical era necessário. Essa era a essência da "profecia" de Hitler, mesmo que, em termos táticos, suas ameaças se destinassem a intimidar os "belicistas" americanos e britânicos. De uma ou outra forma e por todos os canais disponíveis, o regime se convencia e transmitia a mensagem de que os judeus, por mais desamparados que pudessem parecer nas ruas da Alemanha, eram um poder demoníaco empenhado na destruição do país. Nos dias 11 e 13 de janeiro foi a vez de Walter Frank se manifestar numa transmissão radiofônica em duas partes, intitulada "A

---

14 II 112 a II, 19.1.39, SD-Hauptamt, MA-554, Ifz, Munique.
15 M. Wildt, *Die Judenpolitik des SD 1935 bis 1938*, p. 48.

Ciência Alemã em sua Luta Contra o Povo Judeu Mundial". Após enfatizar que a pesquisa científica sobre a questão judaica não podia ser investigada separadamente, mas tinha de ser integrada à totalidade da história nacional e mundial, Frank mergulhava em águas mais profundas:

> o povo judeu é um dos grandes princípios negativos da história mundial e, assim, só pode ser compreendido como um parasita no interior do princípio positivo oposto. Assim como Judas Iscariotes – com suas trinta moedas de prata e a corda com a qual ele por fim se enforcaria – não podia ser interpretado sem o Deus cuja comunidade ele traíra com desprezo, mas cujo rosto o assombraria até seu último momento, esse lado da noite da história denominado povo judeu não podia ser compreendido a não ser situado no interior da totalidade do processo histórico no qual Deus e Satã, Criação e Destruição, se confrontavam mutuamente numa luta eterna[16].

Assim, paralelamente e para além dos objetivos táticos manifestos, algumas outras ideias vinham à tona às vésperas da guerra. Nenhum programa de extermínio tinha sido elaborado, nenhuma intenção clara podia ser identificada. Um ódio abismal e uma sede insaciável por uma gama de medidas cada vez mais brutais contra os judeus estavam sempre muito próximo de vir à tona na mente de Hitler e de seus acólitos. Como todos eles sabiam que uma guerra generalizada não estava excluída, uma série de ameaças radicais contra os judeus se tornava cada vez mais integrada à visão de uma batalha redentora final pela salvação da humanidade ariana.

Durante as semanas em que Hitler, em suas conversas com dignitários estrangeiros, fazia insinuações sobre o destino horrendo reservado aos judeus e os ameaçava publicamente de extermínio, ele se mantinha informado sobre as negociações que se realizavam entre os representantes alemães e o Comitê Intergovernamental de Refugiados estabelecido em Evian, com o objetivo de formular um plano geral de emigração dos judeus da Alemanha. As negociações estavam de acordo com as instruções gerais dadas por Göring em 12 de novembro e 6 de dezembro de 1938. Embora Hitler tivesse pleno conhecimento do avanço nas discussões, era Göring que estava a cargo das medidas efetivas[17].

Numa primeira etapa, em novembro de 1938, Ribbentrop tentara desempenhar um papel nessas negociações, às quais ele inicialmente se opusera

---

16 K. Pätzold (org.), *Verfolgung, Vertreibung, Vernichtung*, p. 212-213.

17 Essas negociações muitas vezes foram descritas. Para excelentes sinopses delas, cf., entre outras, E. Ben-Elissar, *La Diplomatie du IIIe. Reich et les Juifs 1933-1939*, p. 378-415, 434-56; Y. Bauer, *Jews for Sale?*, p. 30-44.

por completo, emitindo ordens a Hans Fischböck, o ex-ministro da economia nazista na Áustria, para que iniciasse contatos com o Comitê Intergovernamental. O período Ribbentrop-Fischböck não durou muito e, em dezembro, Schacht, a essa altura presidente do Reichsbank, assumiu as negociações com Rublee, primeiramente em Londres e depois em Berlim. Em 16 de janeiro de 1939, numa conversa com o ministro das relações exteriores húngaro, o conde Csáky, Hitler mencionou a possibilidade de resolver a questão da emigração judaica por meio de um plano financeiro.

Schacht foi afastado por Hitler de sua posição como presidente do Reichsbank em 20 de janeiro de 1939 – por razões inteiramente alheias às negociações com Rublee (em resposta sobretudo a um memorando que advertia Hitler das dificuldades financeiras que resultavam do avanço das despesas militares); Rublee, uma nomeação política, se demitiu na metade de fevereiro de 1939, a fim de retornar à prática privada do direito. Ainda assim, os contatos tiveram continuidade: Helmut Wohlthat, um dos mais altos funcionários da administração do Plano de Quatro Anos, assumiu pelo lado alemão e o diplomata britânico *sir* Herbert Emerson assumiu como representante do Comitê Intergovernamental. Um acordo, em princípio entre Wohlthat e Rublee, fora concluído em 2 de fevereiro. Como vimos, ele previa que cerca de 200 mil judeus com idade acima de 45 anos teriam permissão para permanecer no Grande Reich Alemão, enquanto cerca de 125 mil judeus pertencentes à população masculina mais jovem poderiam emigrar, juntamente com seus dependentes (os números variavam ligeiramente, de uma proposta para outra). O processo de emigração devia se estender por um período de três a cinco anos, com seu financiamento sendo assegurado por um empréstimo internacional obtido sobretudo por judeus de todo o mundo e garantido pelos ativos que ainda pertenciam aos judeus da Alemanha (aproximadamente seis bilhões de RM, menos a tarifa de um bilhão de marcos estabelecida após as manifestações de violência racial). Assim como no Acordo de Haavará, os alemães procuravam se assegurar de que várias disposições incluídas no plano garantissem o aumento na exportação de mercadorias alemãs e, desse modo, assegurassem um fluxo constante de moeda estrangeira para o Reich. O acordo nada mais era que o uso de reféns pela Alemanha, a fim de extorquir vantagens financeiras em troca de sua libertação.

O significado concreto do acordo dependia do êxito no financiamento do empréstimo e, em especial, do nome dos países ou áreas para os quais os judeus que deixavam a Alemanha deviam emigrar. Cada uma das potências ocidentais envolvidas tinha sua solução territorial de preferência, normalmente envolvendo a colônia ou semicolônia de algum outro país: Angola, Abissínia, Haiti, Guianas (hoje Guiana, Guiana Francesa e Suriname), Madagascar e assim por diante. Em cada um dos casos, algum obstáculo surgia ou, mais precisamente, era apresentado como pretexto; mesmo no papel, não se chegou a nenhum acordo quanto a uma zona de refúgio até que a irrupção da guerra pôs fim a todos esses pseudoplanejamentos.

Dessa forma, Hitler pode ter imaginado que, por meio de pressão, ameaças e estratagemas grandiosos, os "judeus do mundo" se tornariam joguetes em seus planos de agressão, uma vez que os judeus da Alemanha eram agora reféns em suas mãos.

Em 7 de novembro de 1938, quando o Ministério do Exterior Alemão ainda se recusava a todo e qualquer contato com o Comitê Intergovernamental e seu representante, George Rublee, o Secretário de Estado Ernst von Weizsäcker recebeu o representante diplomático britânico, sir George Ogilvie-Forbes, para discutir a questão. "Como Ogilvie-Forbes mencionasse que conhecia Rublee pessoalmente, do México", Weizsäker escreveu num memorando ao subsectretário Ernst Woermann, chefe da divisão política: "perguntei a ele em que porcentagem Rublee era um ariano. Ogilvie-Forbes acredita que Rublee não tem um pingo de sangue judeu"[18]. Três dias mais tarde, o próprio Woermann pedia informações sobre as origens raciais de Rublee, desta vez a um diplomata norte-americano; a resposta foi a mesma: Rublee era inquestionavelmente ariano. Quando, em 15 de novembro, o embaixador americano, Hugh Wilson, foi se despedir de Ribbentrop, o ministro das relações exteriores sentiu necessidade de perguntar mais uma vez: Wilson teve de declarar enfaticamente que Rublee era de origem huguenote francesa e que nenhuma gota de sangue judeu fluía em suas veias[19].

III

De acordo com o censo alemão de maio de 1939 e com vários cálculos realizados desde a guerra, 213 mil judeus plenos viviam no Altreich na época do censo[20]. Até o final de 1939, o número tinha se reduzido para 190 mil[21]. Por estranho que pareça, um relatório do SD de 15 de junho de 1939 indicava

---

18 R. Vogel, Ein Stempel..., p. 194.

19 E. Ben-Elissar, op. cit., p. 377.

20 H. A. Strauss, Jewish Emigration from Germany, I, LBIY, v. 25, p. 326.

21 O cálculo mais recente, elaborado por Arndt e Boberach, fornece os seguintes dados: 177 mil judeus plenos emigraram entre o censo de junho de 1933 e o de maio de 1939; a diferença de mortes a mais que os nascimentos até o final de 1939 era de 47.500; entre 15 mil e 17 mil judeus foram expulsos em outubro de 1938. Os autores avaliam o número de judeus plenos vivendo no Reich no final de 1939 em aproximadamente 190 mil; isso pode significar que a emigração entre maio de 1939 e dezembro de 1939 teria chegado a cerca de 30 mil. I. Arndt; H. Boberach, Deutsches Reich, em W. Benz (org.), Dimension des Wölkemords, p. 34.

que, no final de dezembro de 1938, 320 mil judeus plenos ainda viviam no Altreich[22]. Não se conhece nenhuma explicação para os números inflados fornecidos pelo SD (os números não correspondem ao que se conhece, mesmo levando-se em conta a emigração acelerada durante o ano de 1939). Fossem quais fossem as razões dessas discrepâncias, os dados demográficos fornecidos pela Seção Judaica do SD são, mesmo assim, significativos. Apenas 16% da população judaica (em 31 de dezembro de 1938) tinham menos de vinte anos de idade; 25,93% tinham entre vinte e 45 e 57,97% tinham mais de 45[23]. Essas indicações correspondem a outras estimativas conhecidas: a população judaica na Alemanha estava rapidamente se tornando uma comunidade de gente idosa. E também se tornando desesperadamente empobrecida. Enquanto em 1933, por exemplo, havia mais de 6 mil pequenos negócios "judaicos" em Berlim, até 1º de abril de 1938, seu número se reduzia para 3.105. Até o final desse ano, 2.570 tinham sido liquidados e 535 haviam sido "vendidos" aos arianos[24]. Mais de dois séculos de atividade econômica judaica na capital prussiana e alemã estavam encerrados.

A situação cotidiana desses judeus era descrita num memorando entregue em fevereiro de 1939 por Georg Landauer, diretor do Escritório Central para o Assentamento de Judeus Alemães na Palestina, a seu colega de Jerusalém, Arthur Ruppin: "somente os empregados das organizações judaicas", escrevia Landauer,

> e algumas pessoas que alugam quartos ou fornecem refeições ainda estão ganhando alguma coisa [...]. Em Berlim Oeste [um judeu] somente consegue tomar um café na sala de espera da Estação Zoológico [da Estrada de Ferro] e uma refeição, num restaurante chinês ou em algum outro restaurante estrangeiro. Como os contratos de aluguel para os judeus estão constantemente sendo rescindidos nos edifícios habitados por uma "população mista", eles cada vez mais vão morar uns com os outros e se queixam de seu destino. Muitos deles ainda não se recuperaram do 10 de novembro e ainda estão fugindo de um lugar para outro na Alemanha ou se escondendo em seus apartamentos. As agências de viagem, sobretudo em Paris, entram em contato com os consulados que podem ser subornados – isso é verdade sobretudo no caso das repúblicas da América Central e do Sul – e adquirem vistos para países estrangeiros a altos preços e pagando enormes comissões. Já aconteceu diversas vezes que, após conceder de repente várias centenas

---

22 II 112, 15.6.1939, SD-Hauptamt, microfilme MA 554, Ifz, Munique.

23 Idem.

24 W. Gruner, Die Reichshauptstadt nd die Verfolgung der Berliner Juden 1933-1945, em R. Rürup (org.), *Jüdische Geschichte in Berlin*, p. 239.

de vistos, os cônsules embolsaram o dinheiro e foram então despedidos por seus governos. Depois de episódios como esses, as chances dos judeus de entrar nesses países desaparecem por um bom tempo. Logo de manhã, os judeus aparecem nas agências de viagem e fazem longas filas, esperando para se informar sobre que vistos eles podem obter nesse dia[25].

A descrição de Landauer encontrava eco assombroso num relatório do SD, dois meses mais tarde:

> as medidas defensivas tomadas pelo partido e pelo Estado, que se seguem umas às outras em rápida sucessão, não deixam mais os judeus tomar fôlego; uma verdadeira histeria se instalou em meio a mulheres e homens judeus. Seu desalento talvez seja mais bem expresso nas palavras de uma judia da cidade de Ludwigsburg, que declarou que "se não tivesse filhos, teria cometido o suicídio há muito[26].

Havia algum tempo que os nazistas tinham consciência de que, para acelerar a emigração dos judeus, teriam de mantê-los sob um controle organizacional ainda mais cerrado que antes e que eles próprios também tinham de fundar uma agência de emigração centralizada, no modelo vienense, a fim de coordenar todas as medidas no Reich relativas à emigração.

A criação da nova organização que daí por diante representaria os judeus na Alemanha teve início no verão de 1938. Até o início de 1939, sua forma e função estavam claras. Segundo um memorando de fevereiro emitido pela Gestapo de Dusseldorf,

> as organizações judaicas devem se associar de acordo com todas as medidas tomadas em vista do preparo para a emigração dos judeus. Para promover esse objetivo, é necessário reunir numa organização única para todo o Reich os meios dispersos entre as várias organizações. A Reichsvertretung, dessa forma, recebeu a tarefa de constituir uma assim chamada Reichsvereinigung [Associação Nacional dos Judeus na Alemanha] e assegurar que todas as organizações judaicas existentes desaparecessem e colocassem suas instalações à disposição da Reichsvereinigung[27].

A Reichsvereinigung foi finalmente criada em 4 de julho de 1939, por meio do décimo decreto suplementar à Lei de Cidadania do Reich. Sua principal função era claramente definida no Artigo 2: "o objetivo da Reichsvereinigung

25 H. Friedländer; S. Milton (orgs.), *Archives of the Holocaust*, v. 3 p. 93-94 (tradução parcialmente revisada).
26 K. Pätzold, *Verfolgung, Vertreibung, Vernichtung*, p. 225.
27 Idem, p. 222.

é estimular a emigração dos judeus"[28]. Mas, apesar das claras prioridades dos nazistas, grande parte do decreto abordava outras funções, como educação, saúde e, em especial, o bem-estar social: "a Reichsvereinigung é também o sistema de bem-estar social judaico independente". E o ministro do interior estava autorizado a acrescentar outras responsabilidades à nova organização[29]. Assim, a estrutura do decreto claramente dava a impressão de que os próprios nazistas não acreditavam no êxito da campanha de emigração. Em termos práticos, a Reichsvereinigung se tornava o primeiro dos Conselhos Judaicos, as organizações judaicas controladas pelos nazistas que, em grande parte da Europa ocupada, deviam levar a cabo as ordens de seus superiores alemães relativas à vida e a morte em suas respectivas comunidades.

Alguns meses antes, em 24 de janeiro, Göring informara ao ministro do Interior que uma Agência Central para Emigração Judaica do Reich (Reichszentrale für Jüdische Auswanderung) estava sendo montada no interior da estrutura do ministério, mas sob a responsabilidade exclusiva de Heydrich: "a Agência Central do Reich terá a tarefa de criar políticas uniformes, da seguinte forma: (1) medidas de *preparo* para ampliação da emigração dos judeus; (2) *canalização* da emigração, inclusive, por exemplo, dando preferência à emigração dos judeus mais pobres [...]; (3) aceleração da emigração em *casos individuais*"[30]. Heydrich nomeou o chefe da Gestapo, o SS-Standartenführer Heinrich Müller, para a chefia da nova Agência Central do Reich.

Em 30 de outubro de 1938, o líder partidário local em Altzenau (Francônia) escrevia para o escritório distrital do partido em Aschaffenburg, informando que duas casas pertencentes a diferentes membros de uma família judaica de nome Hamburger estavam sendo adquiridas por membros do partido, cada uma por metade de seu valor de mercado de 16 mil RM. A seção local do partido solicitou o direito de adquirir uma dessas duas casas. A autorização foi concedida em junho de 1939 e o preço estabelecido pelo escritório distrital do partido foi de 6 mil RM, um pouco mais de um terço do valor real. Em dezembro de 1938, o mesmo líder do partido em Altzenau informava ao líder distrital que os judeus, que – a partir de 1º de janeiro de 1939 – não teriam mais permissão para exercer atividades comerciais, estavam liquidando suas mercadorias a preços mínimos. A população local perguntava se podia comprar as mercadorias judaicas, apesar da proibição do comércio com os judeus[31].

28 Y. Arad et al. (orgs.), *Documents on the Holocaust*, p. 140.

29 Idem, p. 141-142.

30 Idem, p. 125-126 (tradução parcialmente revisada).

31 Himmler Archives (misc.), Centro Documental de Berlim, microfilme 270, Rolo 2, LBI, Nova York, microfilme 133g.

Os judeus que não haviam conseguido fugir da Alemanha estavam cada vez mais dependentes do serviço social público. Como observado no capítulo anterior, a partir de 19 de novembro de 1938, os judeus estavam excluídos do sistema geral de serviço social: eles tinham que procurar repartições especiais e estavam sujeitos a critérios de avaliação diferentes e muito mais rigorosos que os da população em geral. As autoridades do serviço social alemão tentavam transferir a responsabilidade para os serviços sociais judaicos, mas neles também os meios disponíveis estavam sobrecarregados, devido à procura cada vez maior. A solução para o problema logo ficava evidente e, em 20 de dezembro de 1938, o Serviço de Colocação de Mão de Obra e Seguro Desemprego do Reich emitiu um decreto com ordens para que todos os judeus desempregados e aptos para o trabalho se registrassem para o trabalho compulsório. "Era óbvio que apenas trabalho difícil e pesado cuidadosamente escolhido devia ser destinado aos judeus. Eram considerados apropriados trabalhos na construção de obras, pavimentação de ruas e rodovias, coleta de lixo, limpeza de banheiros públicos e instalações de esgoto, pedreiras e extração de cascalho, comércio de carvão e coleta de sucata"[32]. Mas do ponto de vista nazista, o decreto criava uma série de novos problemas.

Por exemplo, algumas tarefas atribuídas aos judeus tinham um significado nacional especial ou estavam vinculadas ao nome do Führer, um ultraje inaceitável para alguns membros do partido. "O envio de judeus para trabalhar nas *Reichsautobahnen* [rodovias do Reich]", escrevia o inspetor geral das rodovias alemãs ao ministro do Trabalho do Reich em 22 de junho de 1939, "não pode, em minha opinião, estar de acordo com o prestígio atribuído às Reichsautobahnen como as estradas do Führer". O inspetor geral sugeria que os judeus fossem empregados apenas no trabalho relacionado indiretamente com a construção ou reparo de rodovias, como em pedreiras e atividades semelhantes[33].

O decreto de dezembro de 1938 impunha a rigorosa segregação dos funcionários judeus: eles tinham de ser mantidos "separados da comunidade"[34]. Mas em muitos casos, sobretudo nas fazendas, o contato era inevitável. A reação dos ativistas do partido era previsível. No dia 13 de abril de 1939, um líder distrital do partido em Baden escrevia a uma agência empregadora local:

> os agricultores que ainda estão empregando judeus são os que conhecem os judeus muito bem, que negociavam com eles e talvez ainda devam dinheiro a eles. Um agricultor alemão honesto, com apenas um mínimo de

---

32 K. Kwiet, Forced Labor of German Jews in Nazi Germany, *LBIY*, v. 36, p. 392.

33 K. Pätzold, *Verfolgung, Vertreibung, Vernichtung*, p. 228; cf. também P. Sauer (org.), *Dokumente...*, v. 2, p. 77.

34 Idem, v. 2, p. 75.

consciência nacional-socialista, nunca aceitaria um judeu em sua casa. Se, além de tudo, se permitisse aos judeus passar a noite em sua casa, nossas leis raciais seriam inúteis[35].

Uma preocupação ainda mais séria era expressa na carta de um líder distrital do partido em Mannheim para o diretor do Serviço de Colocação de Mão de Obra nessa cidade. O assunto era o emprego do "judeu Doiny" numa padaria local. O líder distrital não conseguia entender como um judeu podia estar empregado numa atividade relacionada à alimentação. Os *Volksgenossen* podiam ser fregueses de uma padaria em que o pão era assado por um judeu?[36] Às vezes contatos assim perigosos podiam ser eliminados de forma sumária. No dia 29 de agosto de 1939, o governador distrital de Hildesheim podia dar uma notícia importantíssima a todos os prefeitos e chefes de área das regiões administrativas: "no distrito de Hildesheim, toda a atividade comercial de barbeiros e agentes funerários judeus estava encerrada"[37].

Nesse meio tempo, durante os meses de 1939 que antecederam a guerra, a concentração de judeus em residências de propriedade judaica continuava; ela era favorecida, como já observado, pelo decreto de 30 de abril de 1939, que permitia a rescisão dos contratos de aluguel com judeus. Em Berlim, toda a operação era fomentada pela ação de Speer e as autoridades municipais apoiadas pelo partido começaram a pressionar os proprietários arianos a encerrar seus contratos com locatários judeus. A pressão era de fato necessária, de acordo com um relatório oficial, "uma vez que, por razões políticas, os judeus eram inquilinos extremamente tranquilos e discretos" e "não causavam nenhum problema" a seus locadores[38]. Uma vez as transferências realizadas, ficava claro que as áreas das quais os judeus tiveram que sair coincidiam exatamente com as indicadas pelo departamento de Speer como devendo ficar "livres de judeus"[39].

A certa altura, o Ministério da Propaganda descobriu que 1.800 janelas de casas pertencentes a moradores judeus dariam para a enorme avenida que estava sendo planejada e se chamaria o Eixo Leste-Oeste. Como isso podia ser perigoso, seria preciso perguntar a Hitler quais as medidas apropriadas a ser tomadas[40].

35 Idem, ibidem.

36 Idem, p. 76.

37 Governador Distrital, Hildesheim, aos chefes de área das regiões administrativas e prefeitos distritais, 29.8.1939, Ortspolizeibehörde Göttingen, microfilme MA 172, Ifz, Munique.

38 W. Gruner, Die Reichshauptstadt und die Verfolgung der Berliner Juden 1933-1945, em R. Rürup (org.), *Jüdische Geschichte in Berlin*, p. 241-242.

39 Idem, p. 242.

40 Idem.

Mesmo os sistemas mais brutais às vezes fazem exceções entre suas vítimas declaradas. Na Alemanha nazista, essas exceções nunca se aplicavam a judeus "plenos", mas apenas a alguns *Mischlinge* que eram considerados excepcionalmente úteis (Milch, Warburg, Chaoul) ou eram especialmente bem relacionados (Albrecht Haushofer). Mas, em raríssimos casos, as exceções também podiam se aplicar a *Mischlinge* do primeiro grau que eram tão insignificantes e tão persistentes que tanto o Estado quanto as burocracias do partido eram finalmente vencidas pelo cansaço. Esse seria o improvável desenlace da história de Karl Berthold, o funcionário público de Chemnitz cuja luta para manter seu emprego vem sendo acompanhada nestas páginas desde seu início, em 1933.

Em sua carta de 23 de janeiro de 1936 ao ministro do trabalho do Reich, Ada Berthold, a esposa de Karl Berthold, expressava apenas desespero: a luta de três anos de seu marido havia deixado ambos devastados tanto física quanto mentalmente. Para Ada Berthold, havia agora apenas uma esperança: um encontro com Hitler[41]. O encontro não foi autorizado e, exatamente ao mesmo tempo, Berthold recebeu ordens do Departamento do Reich de Pesquisa de Linhagem do Ministério do Interior de se submeter a um exame racial no Instituto de Ciência Racial e Etnologia na Universidade de Leipzig[42]. Nesse meio tempo, o Departamento de Pesquisa de Linhagem havia encontrado em Amsterdã o homem que se supunha ser o pai judeu de Karl Berthold; mas este negou ser o pai. O exame racial, contudo, não foi favorável a Berthold: "uma série de indícios apontam para um ascendente judeu"[43]. Em novembro de 1938, o veredito chegava: Berthold devia ser demitido de seu emprego. Foi então que ele jogou sua última cartada: uma petição pessoal para Hitler. Nela, Berthold resumia com clareza sua situação:

> desde abril de 1924, sou empregado permanente do Departamento de Assistência Social em Chemnitz, onde, durante quase cinco anos agora [na verdade, mais de cinco], um processo para minha demissão está pendente, devido à dificuldade em comprovar minha ascendência ariana. Desde então, tem sido feita uma busca por meu pai (ele me é totalmente desconhecido, pois sou filho ilegítimo). Nenhuma paternidade jamais foi reconhecida em tribunal. Foi somente devido à circunstância de minha falecida mãe mencionar um nome judaico que essa questão se tornou fatal para mim, sem qualquer prova objetiva. Em razão de, como já mencionado, meu pai nunca

---

41 Para os momentos anteriores dessa história, cf. infra, o capítulo 1, p 64-71 e o capítulo 5, p 215-216 . Com relação à carta de Ada Berthold, cf. H. Mommsen, Die Geschichte des Chemnitzer Kanzleigehilfen K. B., em D. Peukert; J. Reulecke (orgs.), *Die Reihen fast geschlossen*, p. 357.

42 Idem, p. 358.

43 Idem, p. 361.

ter sido identificado, recebi ordens de me submeter a um exame no Instituto de Ciência Racial em Leipzig, às quais obedeci. Então, ao que se alega, foi apurado que eu exibia características judaicas. Com base nesse atestado de origens de 23 de maio de 1938, o ministro do Trabalho deu ordens para minha demissão do Departamento de Seguro Social em Chemnitz.

Após descrever as consequências trágicas dessa situação para si e para sua família, Berthold continuava: "eu me sinto um alemão verdadeiro, com um coração alemão verdadeiro, que nunca viu ou ouviu nada sobre judeus e que não tem nenhum desejo de vir a conhecê-los". Ele fazia uma lista dos acontecimentos da história alemã do século XIX em que seus antepassados maternos haviam tomado parte e de todos os deveres para com a nação que ele e sua mãe tinham cumprido durante a guerra. Ele fora membro do partido desde março de 1933 e havia "tolamente" cancelado sua filiação em 1936 devido à investigação em curso. De seus três filhos, o mais jovem era membro da associação Jungvolk, o seguinte era membro da Juventude Hitlerista e o mais velho estava em seu terceiro ano de serviço militar.

"Essa é minha situação", acrescentava Berthold. "Ela certamente deve ser considerada como normal e disso tudo pode-se inferir que não tenho nada a ver em absoluto com a ralé judaica"[44].

A petição de Berthold foi encaminhada pela Chancelaria de Hitler à Autoridade Adjunta do Führer Hess. Em fevereiro de 1939, parecia que a resposta seria negativa. Contudo, no dia 16 de agosto de 1939, uma carta da Autoridade Adjunta do Führer ao ministro do Trabalho "acerca da manutenção do emprego de um *Mischling* judeu no serviço público" anunciava o veredito: seria permitido a Karl Berthold manter seu cargo como empregado do Departamento de Assistência Social de Chemnitz[45].

A história de Karl Berthold no decorrer dos seis primeiros anos do -promover exclusão e perseguição com eficiência e, ao mesmo tempo, podia ser contida por um indivíduo utilizando as brechas do sistema, a ambiguidade dos decretos e a imensa diversidade de situações individuais. Uma vez que, durante a década de 1930, o partido e o Estado haviam decidido lidar com cada uma das questões vinculadas aos judeus com o mais minucioso detalhamento e, em especial, dar solução a cada caso de exceção legal ou administrativa, toda a política poderia ter sido paralisada em resultado da própria complexidade da tarefa. Que isso não tenha ocorrido é talvez a prova mais eloquente da obstinação implacável do esforço antijudaico, uma

---

44 Idem, p. 362-363.
45 Idem, p. 365.

espécie de determinação que a mera rotina burocrática exclusivamente não poderia ter mobilizado.

É difícil obter um quadro claro das atitudes dos alemães em geral com relação aos judeus, cada vez mais miseráveis, vivendo em seu meio na primavera de 1939. Como vimos pelo relatório do sopade sobre as respostas da população ao grupo de judeus que era enviado para lá e para cá ao longo da fronteira oeste nessas semanas, havia um misto de ódio e compaixão, possivelmente segundo as diferenças de idade. Ficamos com a mesma impressão mista a partir de memórias como as de Valentin Senger, um judeu que sobreviveu ao período nazista em Frankfurt[46], ou os diários de Klemperer. Sem dúvida, pelo menos nas menores cidades e aldeias, algumas pessoas ainda frequentavam lojas judaicas, embora em princípio nenhum negócio de propriedade de judeus (a menos que fosse uma empresa exportadora ou que pertencesse a judeus estrangeiros) tivesse permissão para funcionar após 1º de janeiro de 1939. Do contrário, como explicar o relatório confidencial enviado em 6 de fevereiro pela liderança do partido no distrito em Bernburg a sua contrapartida em Rosenheim, relativo a "listas de clientes de lojas judaicas no distrito de Bernburg"? O relatório não somente fornecia a lista dos "clientes confirmadamente de judeus", mas também indicava os nomes dos proprietários das lojas e as datas das compras e montantes pagos[47].

No dia 5 de maio de 1939, o posto policial de Fischbach informava à Secretaria do Trabalho em Augsburg sobre sua tentativa de enviar três homens de uma família local de nome Levi (Manfred Israel, Sigbert Israel e Leo Israel) para trabalho obrigatório na fábrica de tijolos Hartmann em Gebelbach. Enquanto Manfred Levi estava em Altona (um subúrbio de Hamburgo) frequentando uma escola de treinamento profissional sionista em preparo para sua emigração para a Palestina, os empregadores alemães de Sigbert e Leo foram ao posto policial solicitar permissão para manter os serviços de ,eu carpinteiro e seu jardineiro judeus[48].

A atividade da Gestapo de vigilância das igrejas revela as mesmas atitudes mistas. Assim, em janeiro de 1939, numa reunião da Igreja Evangélica em Ansbach, um certo médico chamado Knorr-Köslin declarava que, na moderna Alemanha, a expressão: "toda salvação vem dos judeus" devia ser eliminada da Bíblia; o relatório indica que a queixa de Knorr-Köslin provocou protestos por parte da audiência; o protesto poderia ser ocasionado apenas por

---

46 V. Senger, *No. 12 Kaiserhofstrasse*.

47 Gabinete do Líder Distrital de Bernburg ao Gabinete do Líder Distrital de Rosenheim, 6.2.39, Himmler Archives (misc.), Centro Documental de Berlim, microfilme 270, Rolo 2, LBI, Nova York, microfilme 133g.

48 Gendarmerie Station Fischbach à Central do Trabalho de Augsburg, 6.5.39, idem.

razões puramente religiosas[49]. Quando, por outro lado, o pastor Schilffarth de Streitberg declarou que "após o batismo, os judeus se tornam cristãos", um de seus jovens alunos replicou ("de forma veemente e muito apropriada", diz o relatório): "mas, pastor, mesmo se forem jogados seis baldes de água na cabeça de um judeu, ele ainda permanecerá um judeu"[50].

Nas pequenas cidades, alguns funcionários municipais evitavam as formas de tratamento obrigatórias para se dirigir aos judeus. Quando, no início de 1939, os funcionários da cidade de Goslar negociavam com o líder da comunidade judaica local a aquisição do edifício da sinagoga, suas cartas eram endereçadas da seguinte forma: "Herrn Kaufmann W. Heilbrunn" (Sr. W. Heilbrunn, comerciante), sem usar o obrigatório "Israel"[51].

E no entanto... Numa anotação em seu diário, de dezembro de 1938, Vitor Klemperer relatava sobre um policial que, no passado, se mostrara amistoso para com ele e até mesmo o encorajara. Quando o encontrou nesse mês, na sede da prefeitura da pequena cidade onde os Klemperer possuíam uma casa de campo, o mesmo policial passou por ele, "olhando fixamente para frente, o mais distante possível. Em seu comportamento", comentava Klemperer, "o homem provavelmente representa 79 milhões de alemães"[52].

Num olhar retrospectivo para os seis primeiros anos do regime, pode-se dizer o seguinte, com alguma certeza: a sociedade alemã como um todo não se opunha às iniciativas antijudaicas do regime. A identificação de Hitler com o impulso antijudaico, juntamente com a consciência da população de que nessa questão os nazistas estavam decididos a impor sua vontade, pode ter reforçado a inércia ou, talvez, a cumplicidade passiva da vasta maioria a respeito de uma questão que a maioria, em todo caso, considerava periférica a seus principais interesses. Vimos que os interesses econômicos e religiosos provocavam alguma discordância, sobretudo em meio à classe rural e entre os católicos e membros da Igreja Confessional. Essa discordância não levava, contudo, exceto em alguns casos individuais, a um questionamento direto das políticas governamentais. Mesmo assim, durante a década de 1930, a população alemã, que em sua grande maioria abraçava uma forma ou outra de antis-

---

49 Relatório mensal, 8.2.39, *Die Kirchliche Lage...*, v. 2, p. 305-306. Em março de 1937, a Gestapo havia confiscado todas as cópias do novo catecismo publicado, sob a responsabilidade do cardeal Bertram, pelo vigário geral de Breslau. A pergunta e a resposta n. 17, que citavam essas palavras de Jesus sobre os judeus, foram consideradas "uma glorificação da raça judaica". Sobre essa questão, cf. a carta de protesto de Bertram, de 20 de março de 1937, enviada ao Ministro de Assuntos Religiosos Kerrl e para a Gestapo em Berlim. O argumento de Bertram era o de que a afirmação tinha de ser lida de forma puramente religiosa: Jesus, o Salvador, pertencia a uma congregação judaica. Cf. L. Volk (org.), *Akten Deutscher Bischöfe*, v. 4, 1936-1939, p. 184 e s.

50 Relatório mensal, 7.1.1939, idem, p. 303.

51 H. D. Cramer, *Das Schicksal der Goslarerjuden 1933-1945*, p. 42.

52 V. Klemperer, *Ich will Zeugnis ablegen bis zum letzten*, v. 1, p. 447.

semitismo tradicional, não exigia medidas antijudaicas, nem reivindicava sua implementação mais radical. Em meio à maioria dos "alemães comuns" havia aquiescência quanto à segregação e demissão dos judeus do serviço público; havia iniciativas individuais em vista da obtenção de benefícios pessoais com sua expropriação; e havia uma certa satisfação em presenciar sua degradação. Mas fora das fileiras partidárias, não havia nenhuma agitação popular em massa a fim de expulsá-los da Alemanha ou desencadear violência contra eles. A maioria dos alemães aceitava as medidas tomadas pelo regime e, como o policial mencionado por Klemperer, olhava para o outro lado[53].

Do interior das fileiras do partido, o ódio fluía de forma cada vez mais brutal e aberta. Às vezes, como no caso dos informantes anônimos, não se sabe se isso tinha origem no âmbito do partido ou em meio aos cidadãos não filiados. Em todo caso, as denúncias alcançaram proporções tais que, às vésperas da guerra, Frick, sob as ordens de Göring, teve de intervir, enviando, em 10 de janeiro de 1939, uma carta a diversas autoridades civis e policiais.

Trazendo a menção CONFIDENCIAL, a carta de Frick indicava sucintamente seu teor: "a Questão Judaica e Denúncias". Ela informava que – por ocasião de uma conferência com Göring sobre a necessidade de se eliminar os judeus da economia alemã e empregar seus ativos no cumprimento das metas do Plano de Quatro Anos – o Generalfeldmarschall havia mencionado "que se observou recentemente que os *Volksgenossen* alemães estavam sendo denunciados porque haviam uma vez ou outra comprado em lojas judaicas, morado em residências judaicas, ou tiveram algum outro tipo de relação comercial com judeus". Göring considerava isso um desenvolvimento muito desagradável que, em sua opinião, podia prejudicar a realização do Plano de Quatro Anos: "o Generalfeldmarschall deseja, dessa forma, que se faça tudo que necessário para dar fim a esse incômodo"[54].

A ordem de Frick provavelmente não chegou até Sagel, uma filiada do partido, de Frankfurt. Em 14 de janeiro de 1939, um dono de mercearia chamado Karl Schué se queixou a seu líder de grupo local de que Sagel, membro feminino do partido, o repreendera por ter vendido manteiga a um judeu (este último, escrevia Schué, "ainda compra sua manteiga em minha loja") e lhe dissera que comunicara o fato ao líder local [do partido], da forma apropriada. Schué aproveitou a ocasião para revelar a história de suas preocu-

---

53 Com base no material apresentado no presente estudo, não é convincente uma interpretação dos acontecimentos assumindo uma presença disseminada na sociedade alemã em larga escala, no decorrer de toda a modernidade, de um "antissemitismo eliminacionista" ansioso pela aniquilação física dos judeus. Para uma interpretação desse tipo, cf. D. J. Goldhagen, *Hitler Willing Executioners*.

54 De Frick para o Reichsstatthalter, os Comissários do Reich..., 10.1939, Reichsministerium für Wissenschaft u. Erziehung, microfilme MA 103/1, Ifz, Munique.

pações econômicas como proprietário de uma pequena loja e então retornou a Sagel: "talvez o senhor possa informar à Colega de Partido Sagel que não uso nenhum uniforme, já que ela me disse que eu devia tirar meu uniforme. É realmente lamentável", concluía ele, "que até hoje na Grande Alemanha possam ocorrer incidentes como esse, em vez de se oferecer ajuda a um comerciante enfrentando dificuldades, para que ele consiga voltar a se erguer sobre seus pés e poupe sua família de enormes preocupações"[55].

É possível que as denúncias fossem proibidas apenas quando relativas a acontecimentos num passado distante. As ocorrências mais recentes eram uma outra história. No domingo, 25 de junho de 1939, Fridolin Billian, um líder do núcleo partidário local e professor em Theilheim, no distrito de Schweinfurt na região de Main-Francônia, informava ao posto policial local que um judeu de dezesseis anos, Erich Israel Oberdorfer, filho de um negociante de cavalos, tinha cometido atos indecorosos contra Gunda Rottenberger, a filha de dez anos de um trabalhador. A história fora contada pela mãe de Gunda, presumivelmente, porque Gunda havia admitido que Erich Oberdorfer a havia atraído até o estábulo e lhe dissera que receberia cinco *Pfennig* se ela tirasse suas calcinhas. Oberdorfer negou a acusação; a própria Gunda disse que ele havia feito a oferta, mas que nada acontecera quando ela recusara, exceto que comeram cerejas no estábulo e que, para explicar sua ausência prolongada, haviam decidido dizer à mãe de Gunda que estavam contando as galinhas[56].

Como a polícia de Theilheim não conseguisse obter da própria Gunda Rottenberger a confirmação de um delito sexual, a Gestapo assumiu o caso e apresentou uma certa Maria Ums, que prontamente admitiu que alguns anos (ela não podia se lembrar de quantos) antes, Erich, que tinha a mesma idade que ela, a tinha tocado em seus genitais e até mesmo inserido o pênis em suas "partes sexuais". Então, um certo Josef Schäfner entrou em cena. Ele se lembrava de que Siegfried Oberdorfer, o pai de Erich, havia contado que, durante a guerra, tinha atacado um tenente com a coronha da pistola (porque o tenente o chamara de judeu sujo) e o matara. Siegfried Oberdorfer negou toda a história; segundo ele, tratava-se de uma história inventada por Schäfner, que a espalhava pelas tavernas locais quando estava bêbado[57].

Os interrogatórios do caso do jovem Erich Oberdorfer estavam encerrados em 1940: ele foi condenado a um ano de prisão. Em 1941, quando foi libertado da cadeia de Schweinfurt, ele foi enviado a Buchenwald como culpado de

---

55 De Karl Schué ao líder de grupo local Dornbusch, Frankfurt am Main, 14.1.39, Max Kreuzberger Research Papers, AR 7183, Caixa 8, Pasta 9, LBI, Nova York.

56 Do Posto policial de Theilheim à Promotoria de Justiça, tribunal regional de Schweinfurt, 12 de julho de 1939, Würzburg Gestapo Akten 1933-1945, St-Archiv Würzburg, Fa 168/4, *IfZ*, Munique.

57 Gestapo de Würzburg, 20 de julho de 1939, idem.

poluição racial[58]. Seu dossiê foi encerrado e sua curta vida, também, provavelmente chegou ao fim.

Em abril de 1939, o Ministério de Assuntos Religiosos chegou a um acordo com a Conferência de Líderes da Igreja Evangélica quanto às novas relações entre as Igrejas protestantes e o Estado. O acordo era fortemente influenciado pela ideologia do movimento cristão alemão, mas mesmo assim, ele não foi contestado, pelo menos não formalmente, pela maioria dos pastores alemães; a Declaração de Godesberg, no mesmo mês, dava pleno suporte a essa nova linha programática.

"Qual a relação entre o judaísmo e o cristianismo?", era a pergunta. "O cristianismo deriva do judaísmo, tornando-se, dessa forma, sua continuação e conclusão, ou o cristianismo está em oposição ao judaísmo? Respondemos: o cristianismo está em irreconciliável oposição ao judaísmo"[59].

Algumas semanas mais tarde, os signatários da Declaração de Godesberg se reuniam em Wartburg, próximo a Eisenach, uma localidade sagrada à memória de Lutero e consagrada por seu vínculo com as associações estudantis alemãs, para inaugurar o Instituto de Pesquisa da Influência Judaica na Vida da Igreja Alemã. De acordo com um historiador das Igrejas alemãs, "um número surpreendentemente alto" de pessoal acadêmico se colocou à disposição do instituto, que publicou um grande número de grossos volumes com as atas e preparou uma versão revisada do Novo Testamento (publicada numa edição de 200 mil cópias no início de 1941). Ela omitia termos como "Jeová", "Israel", "Sião" e "Jerusalém", que eram considerados como judaicos[60].

Limpar o cristianismo de seus elementos judaicos era sem dúvida uma tarefa de Sísifo. Bem na época da Declaração de Godesberg, quando o Instituto de Eisenach estava sendo montado, uma questão urgente era dirigida ao SD pelo Departamento de Educação do partido: era possível que Philipp Melanchthon, talvez a mais importante personagem alemã da Reforma após o próprio Martinho Lutero, fosse de origem não ariana? O Departamento de Educação tinha descoberto essa incômoda informação num livro de autoria de um certo Hans Wolfgang Mager, no qual, na página 16, o autor afirmava: "o colaborador e confidente mais próximo de Lutero, Philipp Melanchthon, era judeu!". O SD respondeu que não podia tratar dessa espécie de investigação; o Departamento do Reich de Pesquisa de Linhagem seria talvez o departamento indicado[61].

58 Do Depto de polícia criminal de Würzburg à Gestapo de Würzburg, 20 de março de 1941, idem.

59 J. S. Conway, *The Nazi Persecution of the Churches, 1933-1945*, p. 230.

60 E. C. Helmreich, *The German Churches under Hitler*, p. 233-234. Em Wartburg, Lutero traduziu o Novo Testamento para o alemão.

61 Departamento Central de Educação do NSDAP ao Departamento Central de Segurança, 17.3.39; II 112 ao Departamento de Educação Superior, 26.4.39, SD Hauptamt, microfilme MA 554, IfZ, Munique.

Quer tenha ou não o caso de Melanchthon passado por maior escrutínio, o grande reformador, ao que parece, não foi excluído da congregação de fiéis. Era mais fácil eliminar servidores da igreja menos importantes, como os pastores e fiéis de origem judaica. No dia 10 de fevereiro de 1939, a Igreja Evangélica da Turíngia proibiu aos membros judeus batizados de sua própria Igreja o acesso a seus templos. Doze dias mais tarde, a Igreja Evangélica da Saxônia fazia o mesmo; a proibição se espalhou então pelas igrejas de Anhalt, Mecklenburg e Lübeck. No início do verão, todos os pastores de origem não ariana eram afastados. A carta enviada em 11 de julho de 1939 ao pastor Max Weber de Neckarsteinach, da província de Hesse-Nassau, pelo presidente da Seção regional da Igreja empregava uma fórmula-padrão:

> o mandato que você recebeu em 10 de janeiro de 1936 – n. 941 – para administrar a paróquia de Neckarsteinach, sujeito à condição de um possível cancelamento a qualquer momento, fica por meio desta revogado; você estará afastado de sua posição a partir do final de julho deste ano. O diretor da sede da Igreja Evangélica alemã deu ordens em 13 de maio de 1939 – K.K. 420/39 – de que as cláusulas da Lei do Serviço Público Alemão de 26 de janeiro de 1937 [que excluía todos os *Mischlinge* do serviço público] sejam administrativamente aplicadas a todos os clérigos e funcionários da Igreja. De acordo com as cláusulas da Lei do Serviço Público Alemão, somente pessoas de sangue alemão ou aparentado podem ser funcionários públicos (cf. artigo 25). Como você é um *Mischling* do segundo grau [com um dos avós judeu], não tem sangue alemão ou aparentado e, assim, de acordo com a Lei do Serviço Público Alemão, não pode ser clérigo nem se manter como clérigo, seu afastamento teve de ser declarado[62].

O Instituto de Eisenach se ocupava dos judeus e dos resíduos de judaísmo no cristianismo; o projeto de estabelecer um instituto de pesquisa sobre questões judaicas em Frankfurt, por outro lado, estava vinculado à tarefa mais ampla de submeter todas as questões judaicas ao escrutínio nazista científico. A existência de uma grande biblioteca de pesquisa em assuntos judaicos na Universidade de Frankfurt, juntamente com a desavença entre Walter Frank e Wilhelm Grau – que levou à demissão de Grau de seu cargo como diretor da seção judaica do Instituto de História da Nova Alemanha –, permitiu ao prefeito de Frankfurt, Fritz Krebs, sugerir, no outono de 1938, que o novo instituto fosse fundado, com Grau como seu diretor[63]. O ministro da educação

---

62 E. Klee, "*Die SA Jesu Christi*", p. 137-138.

63 Para a correspondência entre Krebs, Rust e Hess relativa a essa questão, cf. Max Kreuzberger Research Papers, AR 7183, Caixa 8, Pasta 9, LBI, Nova York.

e Hess aprovaram o projeto e os preparativos tiveram início: a festa de inauguração se realizaria dois anos mais tarde, em 1941.

Também Goebbels atuava nesse esforço de identificar não arianos em várias áreas da cultura – assim como nos expurgos que se seguiriam. Desde 1936, o Ministério da Propaganda compilava e publicava listas de personalidades judaicas, de raça mista ou vinculadas aos judeus, que estivessem atuando na esfera cultural[64], proibindo sua participação como membros em organizações não judaicas, assim como a exposição, publicação e apresentação de suas obras. Mas Goebbels evidentemente sentia que ainda não havia alcançado o controle total. Assim, durante todo o ano de 1938 e início de 1939, o ministro da propaganda atormentou os chefes das várias câmaras do Reich, a fim de obter listas atualizadas e completas de judeus que tinham sido afastados do exercício de suas profissões[65]. Lista após lista era enviada ao Ministério da Propaganda com a admissão de que ainda estava incompleta (eis uma amostra de uma dessas listas, enviada pela Câmara de Música do Reich em 25 de fevereiro de 1939: "Ziegler, Nora, professora de piano; Ziffer, Margarete, professora particular de música; Zimbler, Ferdinand, regente de orquestra; Zimmermann, Artur, pianista; Zimmermann, Heinrich, clarinetista; Zinkower, Alfons, pianista; Zippert, Helene, professora de música; [...] Zwillenberg, Wilhelm, regente coral")[66].

Os arquivos Rosenberg contêm listas análogas. Um dos documentos contém a parte 6 de uma lista de autores judaicos – os de nome começando com letras de S a V – inclusive três Sacher-Masoch e seis Salinger, seguidos por Salingré e Salkind e terminando com Malea Vyne, que, de acordo com o compilador, seria a mesma pessoa que Malwine Mauthner[67].

---

64 Para a lista de 1937, cf. O. Rathkolb, *Führertreu und Gottbegnadet*, p. 25 e s.

65 A partir de 1937, Hinkel cada vez mais se encarregava das exigências feitas em nome do ministro. Cf. os arquivos da Reichskulturkammer, Fa 224/1, Fa 224/2, Fa 224/3 e Fa 224/4, Ifz, Munique.

66 Presidente, Câmara de Música do Reich, ao Ministro da Propaganda do Reich, 25.2.1939, arquivo da Reichskulturkammer, Fa 224/4, Ifz, Munique.

67 Lista de autores judeus (Vorlaüfige Zusammenstellung des Amtes Schrifttumspflege bei dem Beauftragten des Führers für die Überwachung der gesamten geistigen und weltanschaulichen Schulung und Erziehung der NSDAP und der Reichsstelle für Förderung des deutschen Schrifttums [Compilação provisória do departamento do Führer encarregado da supervisão de toda a educação ideológica e espiritual do NSDAP e do departamento do Reich para fomento da literatura alemã]), parte VI, S-V, MA 535, Ifz, Munique. De acordo com os Arquivos Nacionais dos Estados Unidos, a origem desse item é desconhecida.

IV

No outono de 1938, quando Tannenhof, uma instituição para pacientes de doenças mentais (pertencente à Associação Evangélica de Kaiserswerth) formulava seus novos estatutos, o conselho decidiu que a instituição devia:

> levar em conta a mudança de atitude do *Volk* alemão com relação à questão racial, eliminando a admissão de pacientes de origem judaica [...]. A administração da instituição recebeu instruções para, desse momento em diante, não admitir pacientes de origem judaica e [...] com o objetivo de se livrar o mais cedo possível desses pacientes [...] ela deverá notificar os pacientes particulares de origem judaica o mais cedo possível e, no caso dos pacientes regulares [de origem judaica], solicitar à administração distrital sua transferência para outra instituição[68].

Outras instituições evangélicas já haviam começado a praticar esse tipo de seleção vários meses antes. Assim, no dia 7 de março de 1938, o dr. Oscar Epha, diretor da Missão Interior Evangélica em Schleswig-Holstein, escrevia ao pastor Lensch, de Alsterdorf: "informei as autoridades do serviço social público de Hamburgo que não podemos mais receber nenhum paciente judeu e solicitamos [a eles] que transfiram para Hamburgo os quatro pacientes judeus que ainda temos"[69]. A iniciativa da Missão Interior, dessa forma, se antecipava ao decreto do Ministério do Interior de 22 de junho de 1938, de acordo com o qual "a acomodação de judeus em instituições médicas deve ser executada de forma tal que o perigo de poluição racial seja evitado. Os judeus devem ser acomodados em quartos especiais"[70]. Nem sempre estava claro como esse decreto devia ser implementado: "pedimos que nos informem", escrevia a administração do hospital em Offenburg a uma instituição congênere em Singen, em 29 de dezembro de 1938, "se vocês aceitam judeus e, em caso afirmativo, se os colocam junto com pacientes arianos ou se quartos especiais são mantidos prontos para eles". Os colegas em Singen responderam prontamente: "como não existem hospitais judaicos nesta região e como, até o momento, não recebemos instrução alguma sobre essa questão, não podemos recusar aceitar pacientes judeus na emergência. Mas, como há apenas alguns deles, acomodamos os pacientes judeus separadamente"[71]. Na

---

68 C. Hoss, Die Jüdischen Patienten in rheinischen Anstalten zur Zeit des Nationalsozialismus, em M. Leipert; R. Styrnal; W. Schwarzer (orgs.), *Verlegt nach unbekannt*, p. 68.

69 E. Klee, *Die SA Jesu Christi*, p. 132.

70 J. Walk (org.), *Das Sonderrecht für die Juden im NS-Staat*, p. 230.

71 Administração do hospital municipal de Offenburg, 29.12.38; hospital municipal, Singen, 5.1.39, Unterlagen betr. Entrechtung der Juden in Baden 1933-1940, ED 303, Ifz, Munique.

área de Hamburgo, por outro lado, as instruções do Departamento de Saúde eram inequívocas:

> devido ao perigo de poluição racial, atenção especial deve ser dada à acomodação de judeus em instituições médicas. Eles devem ser separados espacialmente dos pacientes de sangue alemão ou aparentado. Na medida em que os judeus que não estão acamados tenham de permanecer em instituições médicas, sua acomodação e os arranjos relativos a seus movimentos dentro ou fora do local devem garantir a exclusão de todo perigo de poluição racial [...]. Desse modo, exijo que esse perigo seja evitado de toda forma possível[72].

Os judeus mortos não eram menos incômodos que os doentes. Em 17 de março de 1939, o escritório da Associação Alemã de Municipalidades, na Saxônia, escrevia à sede em Berlim, informando que, uma vez que os judeus tinham seu próprio cemitério nas proximidades, o prefeito de Plauen pretendia proibir o enterro ou cremação de pessoas de raça judaica no cemitério municipal[73]. O autor da carta queria se assegurar da legalidade dessa decisão, que sem dúvida era dirigida contra judeus convertidos ou que tivessem simplesmente abandonado sua comunidade religiosa. Em sua resposta, dois meses mais tarde, Bernhard Lösener escrevia que

> o enterro de judeus pode ser proibido num cemitério municipal, quando existe um cemitério judaico no mesmo distrito. A definição de judeu foi estabelecida pelas Leis de Nurembergue e também se aplica a judeus convertidos [...]. O proprietário do cemitério judaico não tem permissão para proibir o enterro de judeus convertidos.

Lösener também informava a Associação de Municipalidades de que uma lei relativa aos cemitérios estava em preparo. Se o acesso a um cemitério municipal podia ser negado a judeus que já haviam adquirido túmulos ou que desejavam cuidar de túmulos de parentes mortos era uma questão que ainda estava, de acordo com Lösener, sendo examinada[74].

V

A crise polonesa havia se desdobrado durante a primavera e o verão de 1939. Desta vez, no entanto, as exigências alemãs se defrontavam com uma postura

---

72 E. Klee, *Die SA Jesu Christi*, p. 132.
73 H. Friedländer; S. Milton (orgs.), *Archives of the Holocaust*, v. 20, p. 202-203.
74 Idem, p. 204.

resoluta da parte dos poloneses e, após a ocupação da Boêmia e da Morávia, com uma nova determinação da parte dos britânicos. No dia 17 de março, em Birmingham, Chamberlain jurou publicamente que seu governo não permitiria mais nenhuma conquista alemã. Em 31 de março, a Grã-Bretanha garantia as fronteiras da Polônia, assim como as de uma série de outros países europeus. Em 11 de abril, Hitler dava ordens à Wehrmacht de que estivesse pronta para a "Operação Branca", o codinome para o ataque à Polônia.

No dia 22 de maio, a Alemanha e a Itália assinavam um tratado de defesa, o Pacto de Aço. Ao mesmo tempo, enquanto a Grã-Bretanha e a França realizavam negociações hesitantes e ambíguas com a União Soviética, Hitler obtinha um avanço político assombroso e iniciava negociações com Stálin. O ditador soviético subitamente indicava sua disposição a um acordo com a Alemanha nazista num discurso proferido no início de março e por meio de um ato simbólico: em 2 de maio, ele afastava o ministro das Relações Exteriores Maxim Litvinov e o substituía por Vyacheslav Molotov. Litvinov era o apóstolo da segurança coletiva – isto é, de uma frente comum contra o nazismo. Além disso, ele era judeu.

O Tratado de Não Agressão Germano-Soviético foi assinado no dia 23 de agosto; um protocolo secreto a ele anexado dividia grande parte da Europa oriental em áreas a ser ocupadas e controladas pelos dois países, em caso de guerra. Hitler estava agora convencido de que, em resultado desse golpe, a Grã-Bretanha e a França seriam dissuadidas de toda intervenção militar. Em 1º de setembro, tinha início o ataque alemão contra a Polônia. Após alguma hesitação, as duas democracias decidiram se apoiar mutuamente e, em 3 de setembro, a Grã-Bretanha e a França estavam em guerra contra a Alemanha. Tinha início a Segunda Guerra Mundial.

Nesse meio tempo, outros acontecimentos se davam no Reich de Hitler. Logo após o bebê Knauer, nascido com severa deficiência física, ser morto em Leipzig, Hitler deu instruções a seu médico pessoal, Karl Brandt (que tinha realizado a eutanásia), e a seu chefe de chancelaria pessoal, Philipp Bouhler, para que providenciassem a identificação de crianças nascidas com alguma de diversas deficiências físicas e mentais. Esses preparativos foram realizados, no mais rigoroso segredo, durante a primavera de 1939. Em 18 de agosto, médicos e parteiras recebiam ordens de informar sobre toda e qualquer criança nascida com algum dos defeitos que estavam na lista elaborada por uma comissão de três especialistas médicos da Comissão do Reich para Questões de Saúde Hereditária. Essas crianças deviam morrer[75].

---

75 M. R. Burleigh, *Death and Deliverance*, p. 99 e s. Cf. também H. Friedlander, *The Origins of Nazi Genocide*, p. 39 e s.

Ao mesmo tempo era tomada uma outra iniciativa; tratava-se, como vimos, de uma iniciativa sobre a qual as autoridades religiosas, de início, mantiveram silêncio prudente. A certa altura, antes de julho de 1939, na presença de Bormann e Lammers, Hitler deu instruções ao secretário de Estado Leonardo Conti para que desse início aos preparativos para a eutanásia de adultos. Brandt e Bouhler rapidamente conseguiram afastar Conti e, com o consentimento de Hitler, assumiram todo o programa de matança. Tanto o assassinato em massa de crianças com alguma deficiência física quanto o de adultos com alguma enfermidade mental foram iniciados por decisão de Hitler e ambas as operações foram dirigidas sob a cobertura da Chancelaria do Führer[76].

Nada disso podia ter ainda qualquer impacto sobre o entusiasmo popular em torno de Hitler ou sobre a adesão efusiva da população a muitas das metas do regime. A acessão de Hitler ao poder seria lembrada por uma maioria de alemães como o início de um período de "bons tempos". A cronologia de perseguição, segregação, emigração e expulsão, a sequência de humilhações e violência, de perda e privação, que moldaria as lembranças dos judeus da Alemanha de 1933 a 1939, nada disso era o que se imprimia na consciência e memória da sociedade alemã como um todo. "O povo vivenciava a velocidade acelerada do renascimento econômico da Alemanha e seu renascimento no exterior com uma espécie de frenesi – como diz a expressão popular", escrevia o especialista em história alemã Norbert Frei.

> Com rapidez assombrosa, muitos se identificaram com a vontade social de construção de uma *Volksgemeinschaft* que mantinha a boa distância toda e qualquer posição reflexiva ou crítica. Eles eram atraídos pela estética dos comícios em Nuremburgue e arrebatados pelas vitórias dos atletas alemães nos Jogos Olímpicos de Berlim. As realizações de Hitler na esfera de assuntos estrangeiros provocavam tempestades de entusiasmo [...]. Nos curtos momentos livres entre as exigências de uma profissão e as da selva sempre crescente de organizações nazistas, eles desfrutavam de um modesto bem-estar e felicidade na esfera privada[77].

Foi nessa atmosfera de euforia nacional e satisfação pessoal que, em 20 de abril de 1939, cerca de quatro meses antes da guerra, oitenta milhões de alemães celebraram o qüinquagésimo aniversário de Hitler. Durante as semanas seguintes, centenas de cinemas apresentaram a plateias ávidas a pompa e o

---

76 M. R. Burleigh, *Death and Deliverance*, p. 98, 111-112. Cf. também H. Friedlander, *The Origins of Nazi Genocide*, p. 40 e s.

77 N. Frei, *Der Führerstaat*, p. 86.

esplendor do evento. O jornal cinematográfico nr. 451 foi um enorme sucesso. Comentários concisos introduziam as várias seqüências:

> Preparativos para o quinquagésimo aniversário do Führer / A nação inteira exprime sua gratidão e envia seus desejos de felicidade ao fundador do Grande Reich Alemão / Presentes de todos os Gaue do Reich são continuamente trazidos à Chancelaria do Reich / Convidados de todo o mundo chegam a Berlim / Na véspera do aniversário, o Inspetor Geral de Obras da Capital do Reich, Albert Speer, apresenta ao Führer o Eixo Leste-Oeste concluído / A grande estrela da coluna da vitória, que acaba de ser erigida / O primeiro-ministro da Eslováquia, Dr. Josef Tiso, o presidente do Protetorado da Boêmia e Morávia, Emil Hacha, e o Protetor do Reich, Freiherr von Neurath [...] / Soldados se preparam para o desfile militar / Tem início o maior espetáculo militar do Terceiro Reich / Durante quatro horas e meia, formações de todas as divisões das forças armadas marcham diante de seu Comandante Supremo...![78].

Retomando suas atividades – restringidas por um curto período após as manifestações de violência racial de novembro de 1938 – no início do ano, por ordem superior, a Kulturbund encenou no mês de abril, em seu teatro em Berlim, a peça *People at Sea*, um drama do autor inglês J. B. Priestley. Um correspondente norte-americano, Louis P. Lochner, da Associated Press, fez a cobertura da estreia, em 13 de abril:

> como [...] o dramaturgo britânico renunciou a toda cobrança de direitos autorais dos judeus alemães, a Kulturbund judaica pôde apresentar esta noite uma bela interpretação de estreia em alemão de *Men at Sea* [sic]. Tradução de Leo Hirsch, direção de Fritz Wisten. Quase quinhentos judeus amantes da arte assistiram, atentos, a apresentação e aplaudiram generosamente. Superando todos os demais pela profundidade de sua expressão emocional estava Jenny Bernstein como a personagem Diana Lissmore. Alfred Berliner, com o rosto maquiado para parecer com Albert Einstein, também se destacou de forma notável no papel de Professor Pawlet. A plateia, nostalgicamente, fazia sinais com a cabeça, quando Fritz Grünne, na personagem de Carlo Velburg, se queixava, vezes e vezes repetidas, de que não tinha passaporte. Trinta e nove apresentações da peça de Priestley estão programadas para as próximas semanas[79].

---

78 H. Hoffmann, *"Und die Fahne führt uns in die Ewigkeit"*, p. 197.
79 M. Kreuzberger Research Papers, AR 7183, Caixa 8, Pasta 9, LBI, Nova York. A peça foi encenada pela primeira vez em novembro e 1937, em Londres. Cf. *The Plays of J. B. Priestley*, v. 3, p. 69 e s. (o relato de Lochner foi parcialmente revisado).

A peça relata os terrores e esperanças de doze pessoas num navio no mar das Caraíbas, avariado pelo fogo, à deriva e em perigo de naufrágio. As personagens representadas no palco são salvas no final. A maioria dos judeus sentados no teatro de Kommandantenstrasse estava condenada.

Trad. Maria Clara Cescato

Bibliografia

Fontes Não Publicadas

Institut für Zeitgeschichte, Munique

Adjutantur des Führers, 1934-1937, MA-287, MA-13/2.
Aktenstücke zur Judenverfolgung 1933-1945, Ortspolizeibehörde Göttingen, MA-172.
Geheime Staatspolizeistelle Würzburg, Fa 168/4.
Heinrich Himmler, Reden, 1936-1939, F 37/3.
Historischer Ordner No. 431-Zuwachs, Fa 506/14.
Landeshauptstadt Düsseldorf 1933-1945, Einzelschicksale von Bürgern, die im Bereich des heutigen Stadtbezirks 3 wohnten, Ms 456.
Monatsberichte des Stadtrats Ingolstadt 1929-1939, Fa 411.
NSDAP: Aussenpolitisches Amt/Amt Osten, MA-128/3.
NSDAP: Hauptamt Wissenschaft, MA-205.
NSDAP: Parteikanzlei (microfichas).
Nationalsozialistischer Deutscher Studentenbund (NSDStB), MA-228.
Polizeipräsident München (Lageberichte/Monatsberichte) (Misc.), Fa 427/2.
Reichsführer SS-persönlicher Stab, MA-290.
Reichsführer SS-SS Standort Berlin, MA-333.
Reichsjustizministerium (1933-1939), Fa 195/1933 [...] 1939.
Reichskanzlei (24.1.1935-5.2.1938), n. de série 859.
Reichskulturkammer, Fa 224/1-4.
Reichskommissar für die Wiedervereinigung Osterreichs mit dem deutschen Reich, MA-145/1.
Reichsministerium für Wissenschaft und Erziehung, MA 103/1.
Reichswehrministerium, Chef der Heeresleitung, MA-260.
Rosenberg Akten, MA-697 e MA-596.
Sicherheitsdienst des Reichsführers SS, (Lageberichte/Monatsberichte, misc.), MA-557.
Sicherheitsdienst des Reichsführers SS, SD Hauptamt/Abt.II 112, MA-554.
Sicherheitsdienst des Reichsführers SS, SD Oberabschnitt Rhein, MA-392.
Stellvertreter des Führers (Anordnungen [...]), Db 15.02.
Unterlagen betr. Entrechtung der Juden in Baden 1933-1940, ED-303.
Item de origem desconhecida, MA 535.

Leo Baeck Institute, Nova York

Himmler Archives (misc.), 133f, 133g.
Kulturbund (misc.).
Max Kreuzberger Research Papers (misc.), AR 7183. Caixas 3-8. Pastas 1-9.
National Socialism (misc.) 1933-1939.

Fontes Documentais Publicadas

Coletâneas de Documentos

ALY, Götz; HEIM, Susanne (orgs.). *Beiträge zur Nationalsozialistischen Gesundheits und Sozialpolitik. V. 9: Bevölkerungsstruktur und Massenmord: Neue Dokumente zur deutschen Politik der Jahre 1938-1945.* Berlim, 1991.

ARAD, Yitzhak; GUTTMAN, Yisrael; MARGALIOTH, Abraham (orgs.). *Documents on the Holocaust: Selected Sources on the Destruction of the Jews of Germany, Austria, Poland and the Soviet Union.* Jerusalém, 1981.

BEHNKEN, Klaus (org.). *Deutschlandberichte der Sozialdemokratischen Partei Deutschlands (SOPADE) 1934-1940.* Frankfurt am Main, 1980, 8 v.

BOBERACH, Heinz (org.). *Berichte der SD und der Gestapo über Kirchen und Kirchenvolk.* Mainz, 1971.

_____ (org.). *Meldungen aus dem Reich: Die Geheimen Lageberichte der Sicherheitsdienstes der SS 1938-1945.* Herrsching, 1984, 17 v.

COMMISSION de publication des documents relatifs aux origines de la guerre 1939-1945 – France (org.). *Documents diplomatiques français 1932-1939.1ère Série, 1932-1935, v. 3 : 17 Mars-15 Juillet 1933.* Paris, 1967. V. 4 : 16 July-12 Novembre 1933. Paris, 1968. 2ème Série, 1936-1939, v. 12, 3 Octobre-30 Novembre 1938. Paris, 1978.

DOLL, Anton (org.). *Nationalsozialismus im Alltag: Quellen zur Geschichte der NS-Herrschaft im Gebiet des Landes Rheinland-Pfalz.* Speyer, 1983.

FLEURY, Antoine ; IMBODEN, Gabriel (orgs.). *Documents diplomatiques suisses 1848-1945. V. 12 : 1.1.1937-31.12.1938.* Berna, 1994.

FRIEDLÄNDER, Henry; MILTON, Sybil (orgs.). *Archives of the Holocaust: An International Collection of Selected Documents.* Nova York, 1990-1993, 22v.

HEIBER, Helmut (org.). *Akten der Parteikanzlei der NSDAP* (resumos). Parte 1: v. 1 e 2. Munique, 1983. Parte 2, v. 3. Org.: Peter Longerich. Munique, 1992.

HOFER, Walter (org.). *Der Nationalsozialismus: Dokumente 1933-1945.* Frankfurt am Main, 1957.

JACOBSEN, Hans-Adolf; JOCHMANN, Werner (orgs.). *Ausgewählte Dokumente zur Geschichte der Nationalsozialismus 1933-1945.* Bielefeld, 1961.

KADEN, Helma; NESTLER, Ludwig (orgs.). *Dokumente des Verbrechens: Aus Akten des Dritten Reiches 1933-1945.* Berlim, 1993, 3 v.

KAES, Anton (org.). *Weimarer Republik Manifeste und Dokumente zur deutschen Literatur, 1918-1933.* Stuttgart, 1983.

KENNAN, George F. *From Prague after Munich: Diplomatic Papers 1938-1940.* Princeton, 1968.

KLEE, Ernst (org.). *Dokumente zur Euthanasie.* Frankfurt am Main, 1985.

KLEIN, Thomas (org.). *Der Regierungsbezirk Kassel 1933-1936: Die Berichte der Regierungspräsidenten und der Landräte.* Darmstadt, 1985, 2 v.

_____ (org.). *Die Lageberichte der Geheimen Staatspolizei über die Provinz Hessen-Nassau 1933-1936.* Viena, 1986, 2v..

KOMMISSION ZUR ERFORSCHUNG der Geschichte der Frankfurter Juden (org.). *Dokumente zur Geschichte der Frankfurter Juden 1933-1945*. Frankfurt am Main, 1963.
MAZOR, Michel (org.). *Le Phénomène nazi: Documents nazis commentés*. Paris, 1957.
MENDELSOHN, John (org.). *The Holocaust: Selected Documents*. Nova York, 1982, 18 v.
MICHAELIS, Herbert; SCHRAEPLER, Ernst (orgs.). *Ursachen und Folgen – Vom deutschen Zusammenbruch 1918 und 1945 bis zur staatlichen Neuordnung Deutschlands in der Gegenwart: Eine Urkunden – und Dokumentensammlung zur Zeitgeschichte*. Berlim, 1964-1975, v. 9-23.
MICHALKA, Wolfgang (org.). *Das Dritte Reich*. Munique, 1985. 2 v.
MINUTH, Karl-Heinz (org.). *Akten der Reichskanzlei: Die Regierung Hitler 1933-1938. Parte 1, 1933-1934, v. 1, 30 January to 31 August 1933. V. 2, 12 September 1933 to 27 August 1934*. Boppard am Rhein, 1983.
MOMMSEN, Hans; WILLEMS, Susanne (orgs.). *Herrschaftsalltag im Dritten Reich: Studien und Texte*. Düsseldorf, 1988.
NOAKES, Jeremy; PRIDHAM, Geoffrey (orgs.). *Nazism 1919-1945: A Documentary Reader*. Exeter, 1983, 3 v..
NOAM, Ernst; KROPAT, Wolf-Arno (orgs.). *Juden vor Gericht, 1933-1945: Dokumente aus hessischen Justizakten*. Wiesbaden, 1975.
OFFICE OF UNITED STATES Chief of Counsel for Prosecution of Axis Criminality and International Military Tribunal. *Nazi Conspiracy and Aggression*. Washington, D.C., 1947, 10 v..
PÄTZOLD, Kurt (org.). *Verfolgung, Vertreibung, Vernichtung: Dokumente des faschistischen Antisemitismus 1933 bis 1942*. Frankfurt am Main, 1984.
SAUER, Paul (org.). *Dokumente über die Verfolgung der jüdischen Bürger in Baden-Württernberg durch das Nationalsozialistische Regime 1933-1945*. Stuttgart, 1966, 2v.
SAX, Benjamin C.;KUNTZ, Dieter (orgs.). *Inside Hitler's Germany: A Documentary History of Life in the Third Reich*. Lexington, 1992.
STASIEWSKI, Bernard (org.). *Akten deutscher Bischöfe über die Lage der Kirche 1933-1945: v. 1: 1933-1934*. Mainz, 1968.
_____. *Akten deutscher Bischöfe über die Lage der Kirche 1933-1945: v. 2: 1934-1935*. Mainz, 1976.
_____. *Akten deutscher Bischöfe über die Lage der Kirche 1933-1945: v. 3: 1935-1936*. Mainz, 1979.
STOKES, Lawrence D. (org.). *Kleinstadt und Nationalsozialismus: Ausgewählte Dokumente zur Geschichte von Eutin 1918-1945*. Neumünster, 1984.
THEVOZ, Robert; BRANIG, Hans; LÖWENTHAL-HENSEL, Cécile (orgs.). *Pommern 1934/1935 im Spiegel von Gestapo-Lageberichten und Sachakten*. Köln, 1974, 2 v..
TREUE, Wilhelm. *Hitlers Denkschrift zum Vierjahresplan 1936, VfZ (Vierteljahrshefte für Zeitgeschichte)*, Stuttgart, ano 3, n. 2, 1955.
TRIAL OF THE MAJOR *War Criminals Before the International Military Tribunal*. Nuremberg, 1948, 42 v.
US DEPARTMENT OF STATE (org.). *Documents on German Foreign Policy. Series C, 1933-1937*. Washington, 1957-1962. Series D, 1937-1945, v. 4. Washington, 1951. V. 5, Washington, 1953.
US DEPARTMENT OF STATE (org.). *Foreign Relations of the United States, 1933*. V. 2, Washington, 1948.
US DEPARTMENT OF STATE (org.). *Foreign Relations of the United States, 1938*. V. 1, Washington, 1950.
VOGEL, Rolf (org.). *Ein Stempel hat gefehlt: Dokumentation zur Emigration deutscher Juden*. Munique, 1977.
VOLK, Ludwig (org.). *Akten deutscher Bischöfe über die Lage der Kirche 1933-1945: v. 4: 1936-1939*. Mainz, 1981.
WALK, Joseph (org.). *Das Sonderrecht für die Juden im NS-Staat*. Heidelberg, 1981.
WITESCHEK, Helmut (org.). *Die Kirchliche Lage in Bayern nach den Regierungspräsidentenberichten 1933-1943. V. 2: Regierungsbezirk Ober- und Mittelfranken*. Mainz, 1967.

WOODWARD, Edward Llewellyn; BUTLER, Rohan (orgs.). *Documents on British Foreign Policy 1919-1939. Second Series, v. 5, 1933.* Londres, 1953. *Third Series, v. 3, 1938-1939.* Londres, 1950.

WULF, Joseph (org.). *Die bildenden Künste im Dritten Reich: Eine Dokumentation.* Reinbek/Hamburgo, 1966.

_____. *Theater und Film im Dritten Reich: Eine Dokumentation.* Frankfurt am Main, 1983.

Discursos, Diários, Cartas e Demais Fontes Escritas Anteriores a 1945

TRACHTENBERG, Jakow. *Atrocity Propaganda is Based on Lies, Say the Jews of Germany Themselves* [Die Greuel-Propaganda ist eine Lügenpropaganda, sagen die deutschen Juden selbst]. Berlim, 1933.

AVENARIUS, Ferdinand. *Ausprachen mit Juden, Der Kunstwart,* v. 25, n. 22, ago. 1912.

BENJAMIN, Walter. *The Correspondence of Walter Benjamin.* Org. de Gershom Scholem e Theodor Adorno. Chicago, 1994.

BERNANOS, Georges. La Grande peur des bien-pensants. In : _____. *Essais et écrits de combat.* Paris, Gallimard, 1971.

BUBER, Martin. *The Letters of Martin Buber.* Organização de Nahum N. Glatzer e Paul Mendes-Flohr. Nova York, 1991.

CHAMBERLAIN, Houston Stewart. *Foundations of the Nineteenth Century.* Londres, 1910. Reimpressão, Nova York, 1968.

COMITÉ des Délegations Juives (org.). *Das Schwarzbuch: Tatsachen und Dokumente: Die Lage der Juden in Deutschland 1933* [Paris, 1934]. Berlim, 1983.

ECKART, Dietrich. *Der Bolschewismus von Moses bis Lenin: Zwiegespräch zwischen Adolf Hitler und mir.* Munique, 1924.

FAULHABER, Michael. *Judaism, Christianity and Germany: Advent Sermons Preached in St. Michael's, Munich, in 1933.* Londres, 1934.

FEUCHTWANGER, Lion; ZWEIG, Arnold. *Briefwechsel 1933-1958.* Berlim, 1984, 2 v.

FREUD, Sigmund; ZWEIG, Arnold. *The Letters of Sigmund Freud and Arnold Zweig.* Org. de Ernst L. Freud. Nova York, 1970.

FROMM, Bella. *Blood and Banquets: A Berlin Social Diary.* Londres, 1943. Reimpressão: Nova York, 1990.

FRYMANN, Daniel. *Das Kaiserbuch: Politische Wahrheiten und Notwendigkeiten.* Leipzig, 1925.

GERCKE, Achim. Die Lösung der Judenfrage. *Nationalsozialistische Monatshefte,* [S.l.], n. 38, maio 1933.

GIDE, André. Les Juifs, Céline et Maritain. *Nouvelle Revue Française,* Paris, n. 295, abr. 1938.

GOEBBELS, Joseph. *Goebbels-Reden. V. 1: 1932-1939.* Org. de Helmut Heiber. Düsseldorf, 1971.

_____. *Die Tagebücher von Joseph Goebbels. Sämtliche Fragmente.* Org. de Elke Fröhlich. Parte 1, 1924-1941. V. 1, 27.6.1924-31.12.1930. V. 2, 1.1.1931-31.12.1936. V. 3, 1.1.1937-31.12.1939. Munique, 1987.

_____. "50, dann 75 Synagogen brennen": Tagebuchschreiber Goebbels über die " Reichskristallnacht". *Der Spiegel,* Hamburgo, 13 de julho de 1992.

GOLDSTEIN, Moritz. "Deutsch-jüdischer Parnass". *Der Kunstwart,* Munique, v. 25, n. 11, mar. 1912.

GÖRING, Hermann. Staatliche Ordnung und "Organische Lösung": Die Rede Hermann Görings "über die Judenfrage" vom 6 Dezember 1938. Götz Aly; Susanne Heim (orgs.), ZfA (Zentrum für Antisemitismusforschung) – *Jahrbuch für Antisemitismusforschung.* Berlim, n. 2, 1993.

GRAU, Wilhelm. "Um den jüdischen Anteil am Bolschewismus". *Historische Zeitschrift,* [S.l.], v. 153, n. 2, 1936.

HASSELL, Ulrich von. *Die Hassell Tagebücher 1938-1944*. Berlim, 1988.
HEYDRICH, Reinhard. *Wandlungen unseres Kampfes*. Munique, 1935.
HIMMLER, Heinrich. *Geheimreden 1933 bis 1945 und andere Ansprachen*. Org. de Bradley F. Smith e Agnes F. Peterson. Berlim, 1974.
_____. *Reichsführer!... Briefe an und von Himmler*. Org. de Helmut Heiber. Stuttgart, 1968.
_____. *Die Schutzstaffel als antibolschewistische Kampforganisation*. Munique, 1936.
HITLER, Adolf. "Die deutsche Kunst als stolzeste Verteidigung des deutschen Volkes". *National--sozialistische Monatshefte*, [S.l.], ano 4, n. 34, out. 1933.
_____. *Hitler's Secret Book*. Nova York, 1961.
_____. *Es spricht der Führer: Sieben exemplarische Hitler-Reden*. Org. de Helmut Krausnick e Hildegard von Kotze. Gütersloh, 1966.
_____. *Hitler's Secret Conversations 1941-1944*. Org. de Hugh R. Trevor-Roper. Nova York, 1972.
_____. Hitlers Rede zur Eröffnung der "Grossen Deutschen Kunstausstellung" 1937. In: SCHUSTER, Peter-Klaus (org.), *Nationalsozialismus und "Entartete Kunst": Die "Kunststadt" München 1937*. Munique, 1987.
_____. *Mein Kampf*. Londres, 1974.
_____. *Reden, Schriften, Anordnungen, Februar 1925 bis Januar 1933*:
V. 1, *Die Wiedergründung der NSDAP, Februar 1925-Juni 1926*. Org. de Clemens Vollnhals. Munique, 1992.
V. 2, *Vom Weimarer Parteitag bis zur Reichstagswahl Juli 1926-Mai 1928. 1: Juli 1926-August 1927*. Parte 2, *August 1927-Mai 1928*. Org. de Bärbel Dusik. Munique, 1992.
V. 3, *Zwischen den Reichstagswahlen Juli 1928-September 1930. 1: Juli 1928-Februar 1929*. Org. de Bärbel Dusik e Klaus A. Lankheit. Munique, 1994.
V. 4, *Von der Reichstagswahl bis zur Reichspräsidentenwahl, Oktober 1930-März 1932. 1: Oktober 1930-Juni 1931*. Org. de Constantin Goschler. München, 1994.
_____. *Reden und Proklamationen, 1932-1945: Kommentiert von einem deutschen Zeitgenossen*. Org. de Max Domarus. Munique, 1965, 4 v.
_____. *Hitler: Speeches and Proclamations, 1932-1945*. V. 2: The Chronicle of a Dictatorship, 1935-1938. Org. de Max Domarus.. Wauconda, 1992.
_____. *Sämtliche Aufzeichnungen 1905-1924*. Org. de Eberhard Jäckel e Axel Kuhn. Stuttgart, 1980.
JUNG, Carl G. Civilization in Transition. In:_____. *Collected Works*. V. 10. Nova York, 1964.
KLEPPER, Jochen. *Unter dem Schatten deiner Flügel: Aus den Tagebüchern der Jahre 1932-1942*. Stuttgart, 1983.
KLEMPERER, Victor. *Ich will Zeugnis ablegen bis zum letzten: Tagebücher 1933-1945*. Berlim, 1995. 2 v.
LEIBBRANDT, Georg. "Juden über das Judentum". *National-sozialistische Monatshefte*, n. 94-95, jan.-fev. 1938.
LÖSENER, Bernhard; KNOST, Friedrich U. *Die Nürnberger Gesetze*. Berlim, 1936.
MANN, Klaus. [1942] *The Turning Point: Thirty-five Years in This Century*. Nova York, 1975.
_____. [1936] *Mephisto*. Nova York, 1977.
MANN, Thomas, *The Letters of Thomas Mann 1889-1955*. Sel. e org. de Richard e Clara Winston. Nova York, 1975. 2 v.
_____. *Tagebücher 1918-1921*. Org. de Peter de Mendelssohn. Frankfurt am Main, 1979.
_____. *Tagebücher 1933-1934*. Org. de Peter de Mendelssohn. Frankfurt am Main, 1977.
MRUGOWSKY, Joachim. Jüdisches und deutsches Soldatentum: Ein Beitrag zur Rassenseelenforschung. *National-sozialistische Monatshefte*, [S.l.], n. 76, jul. 1936.
MÜLLER, Karl Alexander von. Zum Geleit. *Historische Zeitschrift*, [S.l.], v. 153, n. 1, 1936.
NATHORFF, Hertha. *Das Tagebuch der Hertha Nathorff: Berlin-New York – Aufzeichnungen 1933 bis 1945*. Org. de Wolfgang Benz. Munique, 1987.

OPPENHEIMER, Franz. *Die Judenstatistik des Preussischen Kriegsministeriums*. Munique, 1922.
KERRL, Hanns (org.), *Reichstagung in Nuernberg 1936*: Der Parteitag der Ehre – Vom 8 bis 14 September 1936. Munique, 1936.
DER PARTEITAG *der Arbeit vom 6 bis 13 September 1937: Offizieller Bericht über den Verlauf des Reichsparteitages mit sämtlichen Kongressreden*. Muniquie, 1938.
PHELPS, Reginald H. Hitlers "Grundlegende" Rede über den Antisemitismus. *VfZ*, Stuttgart, ano 16, n. 4, 1968.
PRIESTLEY, John Boynton, People at Sea [1937]. In:_____. *The Plays of J. B. Priestley*. Londres, 1950.
NILUS, Sergey, (org). *The Protocols and the World Revolution including a Translation and Analysis of the "Protocols of the Meetings of the Zionist Men of Wisdom"*. Boston, 1920.
R——x, E., Die nichtjüdischen Nichtarier in Deutschland. *C. V. Zeitung*, Berlim, ano 14, n. 20 (Beiblatt [Suplemento]), 16 de maio de 1935.
SCHMITT, Carl. *Der Leviathan in der Staatslehre des Thomas Hobbes*. Hamburgo, 1938.
_____. Das Judentum in der Rechtswissenschaft ("Apresentação" e "Observações Finais"). In: _____. *Die deutsche Rechtswissenschaft im Kampf gegen den Jüdischen Geist*, Berlim, 1937.
THUERAUF, Ulrich (org.). *Schulthess Europäischer Geschichtskalender*. V. 74: 1933. Munique, 1934.
SERAPHIM, Peter-Heinz. *Das Judentum im osteuropäischen Raum*. Essen, 1938.
SHIRER, William L. *Berlin Diary: The Journal of a Foreign Correspondent 1934-1941*. [1941]. Reimpressão: Nova York, 1988.
STUCKART, Wilhelm; GLOBKE, Hans. *Kommentare zur deutschen Rassengesetzgebung*. V. 1. Munique, 1936.
STUCKART, Wilhelm;SCHIEDEMAIR, Rolf. *Rassen – und Erbpflege in der Gesetzgebung des Dritten Reiches*. Leipzig, 1938.
THARAUD, Jérôme; THARAUD, Jean. *When Israel Is King*. Nova York, 1924.
TUCHOLSKY, Kurt. *Politische Briefe*. Reinbek, 1969.
_____. *Briefe aus dem Schweigen 1932-1935*, Reinbek, 1977.
WAGENER, Otto. *Otto Wagener, Hitler aus nächster Nähe: Aufzeichnungen eines Vertrauten 1929-1932*. Org. de Henry A. Turner. Frankfurt am Main, 1978.
WAGNER, Cosima. *Die Tagebücher 1869-1883*. Munique, 1982. 4 v.
WAGNER, Gerhard. *Reden und Aufrufe*. Org. de Leonardo Conti. Berlim, 1943.
WAGNER, Richard. *Richard Wagner's Prose Works*. [Londres, 1899]. Reimpressão: Nova York, 1966. 8 v.
WASSERMANN Jakob. *Jakob Wassermann, Deutscher und Jude: Reden und Schriften 1904-1933*. Heidelberg, 1984.
WEBSTER, Nesta H. *World Revolution: The Plot Against Civilization*. Londres, 1921.

Fontes Secundárias

ACKERMANN, Josef. *Heinrich Himmler als Ideologe*. Göttingen, 1970.
ADAM, Uwe Dietrich. An Overall Plan for Anti-Jewish Legislation in the Third Reich? *Yad Vashem Studies*, v. 11. Jerusalém, 1976.
_____. *Hochschule und Nationalsozialismus: Die Universität Tübingen im Dritten Reich*. Tübingen, 1977.
_____. *Judenpolitik im Dritten Reich*. Düsseldorf, 1972.
_____. Wie spontan war der Pogrom?. In: PEHLE, Walter(org.). *Der Judenpogrom 1938: von der "Reichskristallnacht" zum Völkermord*. Frankfurt am Main, 1987.

ADLER, Jacques. *Face à la persécution: Les Organizations juives à Paris de 1940 à 1944*. Paris, 1985.
ADLER-RUDEL, Shalom. *Ostjuden in Deutschland, 1880-1940*. Tübingen, 1959.
ALEXANDER, Gabriel. Die Entwicklung der jüdischen Bevölkerung in Berlin zwischen 1871 und 1945. *Tel Aviver Jahrbuch für Deutsche Geschichte*, v. 20. Tel Aviv, 1991.
ALLEN, William Sheridan. *The Nazi Seizure of Power: The Experience of a Single German Town, 1930-1935*. Londres, 1965.
ALY, Götz; ROTH, Karl-Heinz. *Die restlose Erfassung: Volkszählen, Identifizieren, Aussondern im Nationalsozialismus*. Berlim, 1984.
ALY, Götz; HEIM, Susanne. *Vordenker der Vernichtung: Auschwitz und die deutschen Pläne für eine neue europäische Ordnung*. Hamburgo, 1991.
ANDRESKI, Stanislav. "Poland". In: WOOLF, S. J. (org.). *European Fascism*. Londres, 1968.
ANGRESS, Werner T. The German Army's "Judenzählung" of 1916: Genesis-Consequences-Significance". *LBIY* (Leo Baeck Institute Yearbook), v. 23. Londres, 1978.
_____. The Impact of the Judenwahlen of 1912 on the Jewish Question: A Synthesis. *LBIY*, v. 28. Londres, 1983.
_____. Juden im politischen Leben der Revolutionszeit. In: MOSSE, Werner E. (org.). *Deutsches Judentum in Krieg und Revolution, 1916-1923*. Tübingen, 1971.
_____. Die "Judenfrage" im Spiegel amtlicher Berichte 1935. In: BÜTTNER, Ursula; JOHE, Werner; VOSS, Angelika (orgs.). *Das Unrechtsregime: Internationale Forschung über den Nationalsozialismus*. Hamburgo, 1986. 2 v.
_____. Revolution und Demokratie: Jüdische Politiker in Berlin 1918/1819. In: RÜRUP, Reinhard (org.). *Jüdische Geschichte in Berlin: Essays und Studien*. Berlim, 1995.
ARENDT, Hannah. *The Origins of Totalitarianism*. Nova York, 1951.
_____. *Eichmann in Jerusalem: A Report on the Banality of Evil*. Nova York, 1963.
ARNDT, Ino; BOBERACH, Heinz. "Deutsches Reich". In: BENZ, Wolfgang (org.). *Dimension des Völkermords: Die Zahl der Jüdischen Opfer des Nationalsozialismus*. Munique, 1991.
ARONSON, Shlomo. *Reinhard Heydrich und die Frühgeschichte von Gestapo und SD*. Stuttgart, 1971.
ASCHHEIM, Steven E. *Culture and Catastrophe: German and Jewish Confrontations with National Socialism and Other Crises*. Nova York, 1996.
BALDWIN, Peter (org.), *Reworking the Past: Hitler, the Holocaust and the Historians*. Boston, 1990.
BALL-KADURI, Kurt Jacob. *Das Leben der Juden in Deutschland im Jahre 1933: Ein Zeitbericht*. Frankfurt am Main, 1963.
BANKIER, David. The German Communist Party and Nazi Antisemitism, 1933-1938. *LBIY*, v. 32. Londres, 1987.
_____. *The Germans and the Final Solution: Public Opinion Under Nazism*. Oxford, 1992.
_____. Hitler and the Policy-Making Process on the Jewish Question. *Holocaust and Genocide Studies*, Oxford, v. 3, n. 1, 1988.
_____. Jewish Society through Nazi Eyes, 1933-1936. *Holocaust and Genocide Studies*, v. 6, n. 2, 1991.
BARKAI, Avraham. *From Boycott to Annihilation: The Economic Struggle of German Jews 1933-1943*. Hanover, N. H., 1989.
_____. German Interests in the Haavara-Transfer Agreement 1933-1939. *LBIY* 35. Londres, 1990.
BARTOV, Omer. *Hitler's Army: Soldiers, Nazis and War in the Third Reich*, Nova York, 1991.
_____. *Murder in our Midst: the Holocaust, Industrial Killing, and Representation*. Nova York, 1996.
BAUER, Yehuda. *Jews for Sale? Nazi-Jewish Negotiations 1933-1945*. New Haven, 1994.
_____. *My Brother's Keeper: A History of the American Joint Distribution Committee, 1929-1939*. Philadelphia, 1974.

BAUMAN, Zygmunt. *Modernity and the Holocaust*. Nova York, 1989.
BELLER, Steven. *Vienna and the Jews, 1867-1938: A Cultural History*. Cambridge, 1989.
BEN-ELISSAR, Eliahu. *La Diplomatie du IIIe. Reich et les Juifs, 1933-1939*. Paris, 1969.
BENNATHAN, Esra. Die demographische und wirtschaftliche Struktur der Juden. In: MOSSE, Werner E. (org.). *Entscheidungsjahr 1932: Zur Judenfrage in der Endphase der Weimarer Republik*. Tübingen, 1965.
BENOIST-MÉCHIN, Jacques. *Histoire de l'armée allemande*. Paris, 1964. 4 v.
BENZ, Wolfgang (org.). *Das Exil der kleinen Leute: Alltagserfahrung deutscher Juden in der Emigration*. Munique, 1991.
_____. *Die Juden in Deutschland 1933-1945: Leben unter nationalsozialistischer Herrschaft*. Munique, 1988.
BERADT, Charlotte. *Das Dritte Reich des Traums*. Frankfurt am Main, 1981.
BERGEN, Doris L. *Twisted Cross: The German Christian Movement in the Third Reich*. Chapel Hill, 1996.
BERGHAHN, Volker R. *Modern Germany: Society, Economy and Politics in the Twentieth Century*. Cambridge, 1982.
_____. *Der Stahlhelm: Bund der Frontsoldaten, 1918-1935*. Düsseldorf, 1966.
BERKOW, Ira. An Olympic Invitation that is Sixty Years Late. *The New York Times*, Nova York, 18 jun. 1996.
BERNHARD, Thomas. *Heldenplatz*. Frankfurt am Main, 1988.
BERNHEIMER, Otto. "Kunde Göring". In: LAMM,. Hans (org.). *Von Juden in München*. Munique, 1959.
BESSEL, Richard. *Political Violence and the Rise of Nazism: The Storm Troopers in Eastern Germany, 1925-1934*. New Haven, 1984.
BETZ, Albrecht. Céline im Dritten Reich. In: BOCK, Hans Manfred et al. (orgs.). *Entre Locarno et Vichy: Les Relations culturelles franco-allemandes dans les années 1930*. Paris, 1993.
BEYERCHEN, Alan D. *Scientists Under Hitler: Politics and the Physics Community in the Third Reich*. New Haven, 1977.
BINION, Rudolph. *Hitler Among the Germans*. Nova York, 1976.
BIRNBAUM, Pierre. Nationalismes: La Comparaison France-Allemagne. In : _____. *"La France aux Français": Histoire des haines nationalistes*. Paris, 1993.
_____. *La Peuple et les gros: Histoire d'un mythe*. Paris, 1979.
BLASIUS, Dirk. Zwischen Rechtsvertrauen und Rechtszerstörung: Deutsche Juden 1933-1935. In: BLASIUS, Dirk; DINER, Dan (orgs.). *Zerbrochene Geschichte, Leben und Selbstverständnis der Juden in Deutschland*. Frankfurt am Main, 1991.
_____. Psychiatrischer Alltag im Nationalsozialismus. In: PEUKERT, Detlev ; REULECKE, Jürgen (orgs.). *Die Reihen fast geschlossen: Beiträge zur Geschichte des Alltags unterm Nationalsozialismus*. Wuppertal, 1981.
BOAS, Jacob. German-Jewish Internal Politics under Hitler, 1933-1938. *LBIY*, v. 29 Londres, 1984.
_____. Germany or Diaspora? German Jewry's Shifting Perceptions in the Nazi Era, 1933-1938. *LBIY*, v. 27, Londres, 1982.
BOCK, Gisela. Krankenmord, Judenmord und nationalsozialistische Rassenpolitik. In: BAJOHR, Frank et al. (orgs.). *Zivilisation und Barbarei: Die Widersprüchlichen Potentiale der Moderne*. Hamburgo, 1991.
_____. *Zwangssterilisation im Nationalsozialismus: Studien zur Rassenpolitik und Frauenpolitik*. Opladen, 1986.
BOLLMUS, Reinhard. *Das Amt Rosenberg und seine Gegner: Zum Machtkampf im nationalsozialistischen Herrschaftssystem*. Stuttgart, 1970.
BOTZ, Gerhard. *Wohnungspolitik und Judendeportation in Wien, 1938 bis 1945: Zur Funktion des Antisemitismus als Ersatz nationalsozialistischer Sozialpolitik*. Viena, 1975.

BRACHER, Karl-Dietrich,SAUER, Wolfgang; SCHULTZ, Gerhard. *Die nationalsozialistische Machtergreifung*. Colônia, 1962.
BRAHAM, Randolph, L. *The Politics of Genocide: The Holocaust in Hungary*. Nova York, 1981. 2 v.
BREITMAN, Richard. *The Architect of Genocide: Himmler and the Final Solution*. Nova York, 1991.
BRENNER, Michael. *The Renaissance of Jewish Culture in Weimar Germany*. New Haven, 1996.
BROSZAT, Martin. *Hitler and the Collapse of Weimar Germany*. Nova York, 1987.
_____. *The Hitler State: The Foundation and Development of the Internal Structure of the Third Reich*. Londres, 1981.
_____. Nationalsozialistische Konzentrationslager, 1933-1945. In: BUCHHEIM Hans et al., *Anatomie des SS-Staates*. Olten, 1965. 2 v.
_____. A Plea for the Historicization of National Socialism. In: BALDWIN, Peter (org.). *Reworking the Past: Hitler, the Holocaust and the Historians*. Boston, 1990.
BROSZAT, Martin, FRÖHLICH, Elke; WIESEMANN, Falk (orgs.). *Bayern in der NS-Zeit: Soziale Lage und politisches Verhalten der Bevölkerung im Spiegel traulicher Berichte*. Munique, 1977.
BROSZAT, Martin; FRÖHLICH Elke. *Alltag und Widerstand: Bayern im Nationalsozialismus*. Munique, 1987.
BROSZAT, Martin; FRIEDLÄNDER, Saul. A Controversy about the Historicization of National Socialism. In: BALDWIN, Peter (org.). *Reworking the Past: Hitler, the Holocaust and the Historians*. Boston, 1990.
BROWDER, George C. *Foundations of the Nazi Police State: The Formation of Sipo and SD*. Lexington, 1990.
BROWNING, Christopher R. *The Final Solution and the German Foreign Office*. Nova York, 1978.
_____. *Ordinary Men: Reserve Police Battalion 101 and the Final Solution in Poland*. Nova York, 1992.
BUCHHEIM, Hans. Die SS – Das Herrschaftsinstrument. In: BUCHHEIM, Hans et al., *Anatomie des SS-Staates*. Olten, 1965. 2 v.
BULLOCK, Alan. *Hitler: A Study in Tyranny*. Londres, 1952.
BURLEIGH, Michael R. *Germany Turns Eastwards: A Study of Ostforschung in the Third Reich*. Cambridge, 1988.
_____. *Death and Deliverance: Euthanasia in Germany, 1900-1945*. Cambridge, 1994.
BURLEIGH, Michael (org.). *Confronting the Nazi Past: New Debates on Modern German History*. Londres, 1996.
BURLEIGH, Michael R.; WIPPERMAN, Wolfgang. *The Racial State*. Cambridge, 1991.
BURRIN, Philippe. *La Derive fasciste: Doriot, Déat, Bergery, 1933-1945*. Paris, 1986.
_____. *Hitler and the Jews: The Genesis of the Holocaust*. Nova York, 1994.
BÜTTNER, Ursula. The Persecution of Christian-Jewish Families in the Third Reich. *LBIY*, v. 34. Londres, 1989.
BÜTTNER, Ursula; JOHE, Werner; VOSS, Angelika (orgs.). *Das Unrechtsregime: Internationale Forschung über den Nationalsozialismus*. Hamburgo, 1986. 2 v.
CARON, Vicki. Loyalties in Conflict: French Jewry and the Refugee Crisis, 1933-1935. *LBIY*, v. 36. Londres, 1991.
_____. Prelude to Vichy: France and the Jewish Refugees in the Era of Appeasement. *Journal of Contemporary History*. Beverly Hills/Londres/Nova Dheli, v. 20, n. 1, jan. 1985.
CARSTEN, F. L., *Faschismus in Österreich: Von Schönerer zu Hitler*. Munique, 1978.
CECIL, Lamar. *Albert Ballin: Business and Politics in Imperial Germany, 1888-1918*. Princeton, 1967.
CHERNOW, Ron. *The Warburgs: The Twentieth-Century Odyssey of a Remarkable Jewish Family*. Nova York, 1993.
CHICKERING, Roger. *We Men Who Feel Most German: A Cultural Study of the Pan-German League, 1886-1914*. Boston, 1984.

LEIPNER, Kurt (org.). *Chronik der Stadt Stuttgart, 1933-1945*. Stuttgart, 1982.
CLARE, George. *Last Waltz in Vienna: The Rise and Destruction of a Family, 1842-1942*. Nova York, 1981.
COCKS, Geoffrey. *Psychotherapy in the Third Reich: The Göring Institute*. Nova York, 1985.
COHN, Norman. *The Pursuit of the Millennium: Revolutionary Messianism in Medieval and Reformation Europe and its Bearing on Modern Totalitarian Movements*. Nova York, 1961.
_____. *Warrant for Genocide: The Myth of the Jewish World Conspiracy and the Protocols of the Elders of Zion*. Londres, 1967.
COHN, Werner. Bearers of a Common Fate? The "Non-Aryan" Christian "Fate-Comrades" of the Paulus-Bund, 1933-1939. *LBIY*, v. 33. Londres, 1988.
CONWAY, John S. *The Nazi Persecution of the Churches 1933-1945*. Londres, 1968.
CRAMER, Hans Donald. *Das Schicksal der Goslarer Juden 1933-1945*. Goslar, 1986.
DAHM, Volker. Anfänge und Ideologie der Reichskulturkammer: Die "Berufsgemeinschaft" als Instrument kulturpolitischer Steuerung und sozialer Reglementierung. *VfZ*, Stuttgart, ano 34, n. 1, 1986.
DAHMS, Hans-Joachim. "Einleitung [Introdução]". In: BECKER, Heinrich; DAHMS, Hans-Joachim; WEGELER, Cornelia (orgs.). *Die Universität Göttingen unter dem Nationalsozialismus: Das verdrängte Kapitel ihrer 250 jährigen Geschichte*. Munique, 1987.
DAWIDOWICZ, Lucy. *The War Against the Jews, 1933-1945*. Nova York, 1975.
DEAK, lstvan. *Weimar Germany's Left-Wing Intellectuals: A Political History of the Weltbühne and Its Circle*. Berkeley, 1968.
DEICHMANN, Ute. *Biologen unter hitler: vertreibung, karrieren, forschung*. frankfurt am main, 1992.
DEUTSCHER, Isaac. *The Non-Jewish Jew and Other Essays*. Londres, 1968.
DIAMANT, Adolf. *Gestapo Frankfurt am Main: Zur Geschichte einer verbrecherischen Organisation in den Jahren 1933-1945* Frankfurt am Main, 1988.
DINER, Dan. Constitutional Theory and State of Emergency in the Weimar Republic: The Case of Carl Schmitt. *Tel Aviver Jahrbuch für Deutsche Geschichte*, v. 17. Tel Aviv, 1988.
_____. Grundbuch des Planeten: Zur Geopolitik Karl Haushofers. In: _____. *Weltordnungen: Über Geschichte und Wirkung von Recht und Macht*. Frankfurt am Main, 1993.
DIOUDONNAT, Pierre-Marie. *"Je suis partout 1930-1944": Les Maurrassiens devant la tentation fasciste*. Paris, 1973.
DIPPEL, John V. H. *Bound Upon a Wheel of Fire: Why So Many German Jews Made the Tragic Decision to Remain in Germany*. Nova York, 1996.
DIPPER, Christoph. Der deutsche Widerstand und die Juden. *Geschichte und Gesellschaft: Zeitschrift für historische sozialwissenschaft*, [S.l.], v. 9, n.3, 1983. (Juden in Deutschland zwischen Assimilation und Verfolgung.)
DONN, Linda. *Freud and Jung: Years of Friendship, Years of Loss*. Nova York, 1988.
DROBISCH, Klaus. Die Judenreferate des Geheimen Staatspolizeiamtes und des Sicherheitsdienstes der SS 1933 bis 1939. *zfA – Jahrbuch fur Antisemitismusforschung*, v. 2. Frankfurt am Main/ Nova York: 1993.
DROBISCH, Klaus et al. *Juden unterm Hakenkreuz: Verfolgung und Ausrottung der deutschen Juden, 1933-1945*. Frankfurt am Main, 1973.
DUROSELLE, Jean-Baptiste. *La Décadence 1932-1939*. Paris, 1979.
DUNKER, Ulrich. *Der Reichsbund jüdischer Frontsoldaten, 1919-1938*. Düsseldorf, 1977.
DUWELL, Kurt. Jewish Cultural Centers in Nazi Germany: Expectations and Accomplishments. In: REINHARZ, Yehuda; SCHATZBERG, Walter (orgs.). *The Jewish Response to German Culture: From the Enlightenment to the Second World War*. Hanover, N. H., 1985.
DWORK, Deborah. *Children with a Star: Jewish Youth in Nazi Europe*. New Haven, 1991.

EDELHEIM-MÜHSAM, Margarete T. Die Haltung der jüdischen Presse gegenüber der nationalsozialistischen Bedrohung. In: WELTSCH, Robert (org.). *Deutsches Judentum: Aufstieg und Krise*. Stuttgart, 1963.

ESH, Shaul. Eine neue literarische Quelle Hitlers? Eine methodologische Überlegung. *GWU (Geschichte in Wissenschaft und Unterricht)*, Seelze, v. 15, 1964.

ETTINGER, Elzbieta. *Hannah Arendt/Martin Heidegger*. New Haven, 1995.

EVANS, Richard J. *In Hitler's Shadow: West German Historians and the Attempt to Escape from the Nazi Past*. Nova York, 1989.

EYCK, Erich. *Geschichte der Weimarer Republik*. Erlenbach, 1962. 2 v.

FEINGOLD, Henry L. *Bearing Witness: How America and its Jews Responded to the Holocaust*. Syracuse, 1995.

FERK, Gabriele. Judenverfolgung in Norddeutschland. In: BAJOHR, Frank(org.). *Norddeutschland im Nationalsozialismus*. Hamburgo, 1993.

FEST, Joachim C. *Hitler*. Nova York, 1974.

FIELD, Geoffrey G. *Evangelist of Race: The Germanic Vision of Houston Stewart Chamberlain*. Nova York, 1981.

FISCHER, Albert. *Hjalmar Schacht und Deutschlands "Judenfrage": Der "Wirtschaftsdiktator" und die Vertreibung der Juden aus der deutschen Wirtschaft*. Colônia, 1995.

FLADE, Roland. *Die Würzburger Juden: Ihre Geschichte vom Mittelalter bis zur Gegenwart*. Würzburg, 1987.

FLEMING, Gerald. *Hitler and the "Final Solution"*. Berkeley, 1984.

FRANZ-WILLING, Georg. *Die Hitlerbewegung. V. 1: Der Ursprung 1919-1922*. Hamburgo, 1962.

FREEDEN, Herbert. Das Ende der jüdischen Presse in Nazideutschland. *Bulletin des Leo Baeck Institute*, Nova York, n. 65, 1983.

FREI, Norbert. *Der Führerstaat: Nationalsozialistische Herrschaft 1933 bis 1945*. München, 1987.

_____. *Nationalsozialistische Eroberung der Provinzpresse: Gleichschaltung, Selbstanpassung und Resistenz in Bayern*. Stuttgart, 1980.

FRIEDLANDER, Henry. *The Origins of Nazi Genocide: From Euthanasia to the Final Solution*. Chapel Hill, 1995.

FRIEDLÄNDER, Saul. From Anti-Semitism to Extermination: A Historiographical Study of Nazi Policies Toward the Jews. *Yad Vashem Studies*, v.16. Jerusalém, 1984.

_____. The Demise of the German Mandarins: The German University and the Jews, 1933-1939. In: Jansen, Christian et al. (orgs.). *Von der Aufgabe der Freiheit: Politische Verantwortung und Bürgerliche Gesellschaft im 19. und 20. Jahrhundert*. Berlim, 1995.

_____. *L'Antisémitisme nazi: Histoire d'une psychose collective*. Paris, 1971.

_____. *History and Psychoanalysis: An Inquiry into the Possibilities and the Limits of Psychohistory*. Nova York, 1978.

_____. *Pius XII und das Dritte Reich: Eine Dokumentation*. Reinbek/Hamburg, 1965.

_____. Political Transformations during the War and their Effect on the Jewish Question. In: Strauss, Herbert A. (org.). *Hostages of Modernization: Studies on Modern Anti-Semitism 1870-1933/39*. Berlim, 1993. 2 v.

_____. Some Thoughts on the Historicization of National Socialism. In: Baldwin, Peter (org.). *Reworking the Past: Hitler, the Holocaust and the Historians*. Boston, 1990.

FRIEDLÄNDER, Saul (org.). *Probing the Limits of Representation: Nazism and the "Final Solution"*. Cambridge, 1992.

FRYE, Bruce B. The German Democratic Party and the "Jewish Problem" in the Weimar Republic". *LBIY*, v. 21.Londres, 1976.

FUNKENSTEIN, Amos. Anti-Jewish Propaganda: Pagan, Christian and Modern. *Jerusalem Quarterly*, Jerusalem, n. 19, 1981.

_____. Changes in the Christian anti-Jewish Polemics in the Twelfth Century. In: _____. *Perceptions of Jewish History*. Berkeley, 1993.
GAY, Peter. *Freud: A Life for Our Time*. Nova York, 1988.
_____. *Freud, Jews and Other Germans: Masters and Victims in Modernist Culture*. Nova York, 1978.
_____. *Weimar Culture: The Outsider as Insider*. Nova York, 1968.
GEHLER, Michael. Murder on Command: The Anti-Jewish Pogrom in Innsbruck, 9-10 November, 1938. *LBIY*, v. 38. Londres, 1993.
GEISEL, Eike. "Premiere und Pogrom". In: GEISEL, Eike ; BRODER, Heinrich M. (orgs.). *Premiere und Pogrom: Der Jüdische Kulturbund 1933-1941*. Berlim, 1992.
_____. "Ein Reich, ein Ghetto...". In: GEISEL, Eike; BRODER, Heinrich M. (orgs.). *Premiere und Pogrom: Der Jüdische Kulturbund 1933-1941*. Berlim, 1992.
GELBER, Yoav. The Reactions of the Zionist Movement and the Yishuv to the Nazis' Rise to Power. *Yad Vashem Studies*, v. 18. Jerusalém, 1987.
_____. A Resposta da Liderança Sionista às Leis de Nurembergue. *Studies in the Holocaust Period* 6 (1988) (em hebraico).
GELLATELY, Robert. *The Gestapo and German Society: Enforcing Racial Policy 1933-1945*. Oxford, 1990.
_____. The Gestapo and German Society: Political Denunciations in the Gestapo Case Files. *Journal of Modern History*, Chicago, v. 60, n. 4, dez. 1988.
GENSCHEL, Helmut. *Die Verdrängung der Juden aus der Wirtschaft im Dritten Reich*. Göttingen, 1966.
GERLACH, Wolfgang. *Als die Zeugen schwiegen: Bekennende Kirche und die Juden*. Berlin, 1987.
GILBERT, Martin. British Government Policy Towards Jewish Refugees (November 1938-September 1939). *Yad Vashem Studies*, v. 13. Jerusalém, 1979.
GILES, Geoffrey J. Professor und Partei: Der Hamburger Lehrkörper und der Nationalsozialismus. In: KRAUSE, Eckart; HUBER, Ludwig; FISCHER, Holger (orgs.). *Hochschulalltag im Dritten Reich: Die Hamburger Universität 1933-1945*. Berlim, 1991.
_____. *Students and National Socialism in Germany*, Princeton, 1985.
GILMAN, Sander L. *The Jew's Body*. Nova York, 1991.
GOLDHAGEN, Erich. Weltanschauung und Endlösung: Zum Antisemitismus der nationalsozialistischen Führungsschicht, *VfZ*, Stuttgart, ano 24, n. 4, 1976.
GOLDHAGEN, Daniel Jonah. *Hitler's Willing Executioners: Ordinary Germans and the Holocaust*. Nova York, 1996.
GORDON, Sarah. *Hitler, Germans, and the Jewish Question*. Princeton, 1984.
GOTTLIEB, Moshe R. *American Anti-Nazi Resistance, 1933-1941: An Historical Analysis*. Nova York, 1982.
GÖTZ VON OLENHUSEN, Albrecht. Die "'nichtarischen" Studenten an den deutschen Hochschulen: Zur nationalsozialistischen Rassenpolitik 1933-1945. *VfZ*, Stuttgart, ano 14, n. 2, 1966.
GRAML, Hermann. *Anti-Semitism in the Third Reich*. Cambridge, 1992.
GRUCHMANN, Lothar. *Justiz im dritten Reich 1933-1940: Anpassung und Unterwerfung in der Ära Gürtner*. Munique, 1988.
_____. Blutschutzgesetz und Justiz: Zur Entstehung und Auswirkung des Nürnberger Gesetzes vom 15. September 1935. *VfZ*, Stuttgart, ano 31, n. 3, 1983.
GRUNER, Wolf. "Lesen brauchen sie nicht zu können". Die "Denkschrift über die Behandlung der Juden in der Reichshauptstadt auf allen Gebieten des öffentlichen Lebens" von Mai 1938. zfA – *Jahrbuch für Antisemitismusforschung*, v. 4. Frankfurt am Main, 1995.
_____. Die Reichshauptstadt und die Verfolgung der Berliner Juden 1933-1945. In: RÜRUP, Reinhard (org.). *Jüdische Geschichte in Berlin: Essays und Studien*. Berlim, 1995.

GRUNEWALD, Max. The Beginning of the "Reichsvertretung". *LBIY*, v. 1. Londres, 1956.
GRÜTTNER, Michael. *Studenten im Dritten Reich*. Paderborn, 1995.
GUTMAM, Robert W. *Richard Wagner: The Man, His Mind and His Music*. Nova York, 1968.
GUTTERIDGE, Richard. German Protestantism and the Jews in the Third Reich. In: KULKA, Otto Dov; MENDES-FLOHR, Paul R. (orgs.). *Judaism and Christianity Under the Impact of National Socialism, 1919-1945*. Jerusalém, 1987.
_____. *Open Thy Mouth for the Dumb! The German Evangelical Church and the Jews, 1879-1950*. Oxford, 1976.
HAMBURGER, Ernest; PULZER, Peter. Jews as Voters in the Weimar Republic. *LBIY*, v. 30. Londres, 1985.
HAMILTON, Nigel. *The Brothers Mann: The Lives of Heinrich and Thomas Mann, 1871-1950 and 1875-1955*. Londres, 1978.
HANKE, Peter. *Zur Geschichte der Juden in München zwischen 1933 und 1945*. Munique, 1967.
HASS, Gerhart. Zum Russlandbild der SS. In: VOLKMANN, Hans-Erich (org.). *Das Russlandbild im Dritten Reich*. Colônia, 1994.
HAYES, Peter. Big Business and "Aryanization" in Germany 1933-1939. *zfA*, v. 3. Frankfurt am Main/Nova York, 1994.
_____. *Industry and Ideology: IG Farben in the Nazi Era*. Cambridge, 1987.
HAYMAN, Ronald. *Thomas Mann: A Biography*. Nova York, 1995.
HECK, Alfons. *The Burden of Hitler Legacy*. Frederick, 1988.
HEIBER, Helmut. *Universität unterm Hakenkreuz. Teil 1: Der Professor im Dritten Reich: Bilder aus der Akademischen Provinz*. Munique, 1991. *Teil 2: Die Kapitulation der Hohen Schulen: Das Jahr 1933 und seine Themen*. Munique, 1992.
_____. *Walter Frank und sein Reichsinstitut für Geschichte des neuen Deutschland*. Stuttgart, 1966.
HEILBRON, John L. *The Dilemmas of an Upright Man: Max Planck as Spokesman for German Science*. Berkeley, 1986.
HEIM, Susanne. Deutschland muss ihnen ein Land ohne Zukunft sein: die Zwangsemigration der Juden 1933 bis 1938. In: JUNGFER, Eberhard et al. (orgs.). *Arbeitsmigration und Flucht: Beiträge zur nationalsozialistischen Gesundheits – und Sozialpolitik*. V. 11. Berlim, 1993.
HELMREICH, Ernst Christian. *The German Churches under Hitler: Background Struggle and Epilogue*. Detroit, 1979.
HERBERT, Ulrich. *Best: Biographische Studien über Radikalismus, Weltanschauung und Vernunft, 1903-1989*. Bonn, 1996.
_____. Generation der Schlichkeit: Die völkische Studente bewegung der frühen zwanziger Jahre in Deutschland. In: BAJOHR, Frank; DETLEU, Poulent; JOHE, Werner; LOHALM, Uwe (orgs.). *Zivilisation und Barbarei: Die Widersprüchlichen Potentiale der Moderne*. Hamburgo, 1991.
HERF, Jeffrey. *Reactionary Modernism: Technology, Culture and Politics in Weimar and the Third Reich*. Cambridge, 1984.
HERMAND, Jost. "Bürger zweier Welten?" Arnold Zweigs Einstellung zur deutschen Kultur. In: SCHOEPS, Julius (org.). *Juden als Träger bürgerlicher Kultur in Deutschland*. Bonn, 1988.
HEUER, Wolfgang. *Hannah Arendt: Mit Selbstzeugnissen und Bilddokumenten*. Reinbek/Hamburg, 1987.
HILBERG, Raul. *The Destruction of the European Jews*. Chicago, 1961.
_____. *Die Vernichtung der europäischen Juden*. Frankfurt am Main, 1990. 3 v.
_____. *Perpetrators, Victims, Bystanders: The Jewish Catastrophe, 1933-1945*. Nova York, 1992.
HOELZEL, Alfred. Thomas Mann's Attitudes Toward Jews and Judaism: An Investigation of Biography and Oeuvre. *Studies in Contemporary Jewry*, v. 6. Nova York, 1990.
HOFFMANN, Hilmar. *"Und die Fahne führt uns in die Ewigkeit. Propaganda im NS-Film*. Frankfurt am Main, 1988.

HOFSTADTER, Richard. *The Paranoid Style in American Politics and Other Essays*. Chicago, 1979.
HÖHNE, Heinz. *The Order of the Death's Head: The Story of Hitler's SS*. Nova York, 1970.
_____. *Die Zeit der Illusionen: Hitler und die Anfänge des Dritten Reiches: 1933-1936*. Düsseldorf, 1991.
HÖLLEN, Martin. Episkopat und T4. In: ALY, GÖTZ (org.). *Aktion T4 1939-1945: Die "Euthanasie"- -Zentrale in der Tiergartenstrasse 4*. Berlim, 1987.
HOLLSTEIN, Dorothea. *"Jud Süss" und die Deutschen: Antisemitische Vorurteile im nationalsozialistischen Spielfilm*. Frankfurt am Main, 1971.
HORWITZ, Gordon J. *In the Shadow of Death: Living Outside the Gales of Mauthausen*. Londres, 1991.
HOSS, Christiane. Die jüdischen Patienten in rheinischen Anstalten zur Zeit des Nationalsozialismus. In: LEIPERT, Mathias; STYRNAL, Rudolf ; SCHWARZER, Winfried (orgs.). *Verlegt nach Unbekannt: Sterilisation und Euthanasie in Galkhausen 1933-1945*. Colônia, 1987.
HYMAN, Paula. *From Dreyfus to Vichy: The Remaking of French Jewry, 1906-1939*. Nova York, 1979.
JÄCKEL, Eberhard. *Hitler in History*. Hanover (EUA), 1984.
_____. *Hitter's Worldview: A Blueprint for Power*. Cambridge, Mass., 1981.
JACOBSEN, Hans-Adolf. *Karl Haushofer: Leben und Werke*. Boppard am Rhein, 1979. 2 v.
JAMES, Harold. Die Deutsche Bank und die Diktatur 1933-1945. In: GALL, Lothar et al., *Die Deutsche Bank 1870-1995*. Munique, 1995.
JANSEN, Christian. *Professoren und Politik: Politisches Denken und Handeln der Heidelberger Hochschullehrer 1914-1935*. Göttingen, 1992.
JANSEN, Hans. Anti-Semitism in the Amiable Guise of Theological Philo-Semitism in Karl Barth's Israel Theology Before and After Auschwitz. In *Remembering for the Future: Jews and Christians During and After the Holocaust*. V. 1. Oxford, 1988. (Paper presented at the Conference on the Holocaust, "Remembering for the Future," Oxford, 1-13 July 1988. UTS Archives, Bonhoeffer Secondary Papers, Series 1D Box 1.)
JARAUSCH, Konrad H. Jewish Lawyers in Germany, 1848-1938: The Disintegration of a Profession. *LBIY*, v. 36. Londres, 1991.
JELAVICH, Peter. *Munich and Theatrical Modernism: Politics, Playwriting and Performance 1890-1914*, Cambridge, 1985.
JOACHIMSTHALER, Anton. *Korrektur einer Biographie: Adolf Hitler, 1908-1920*. Munique, 1989.
JOCHMANN, Werner. "Die Ausbreitung des Antisemitismus". In: MOSSE, Werner E. (org.). *Deutsches Judentum in Krieg und Revolution 1916-1923*. Tübingen, 1971.
JONES, Larry E. *German Liberalism and the Dissolution of the Weimar Party System, 1918-1933*. Chapel Hill, 1988.
JUNGK, Peter Stephan. *Franz Werfel: A Life in Prague, Vienna and Hollywood*. Nova York, 1990.
KAPLAN, Marion. Sisterhood Under Siege: Feminism and Antisemitism in Germany, 1904-1938. In: BRIDENTHAL, Renate; GROSSMANN, Atina ; KAPLAN, Marion (orgs.). *When Biology Became Destiny: Women in Weimar and Nazi Germany*. Nova York, 1984.
KATER, Michael H. *Different Drummers: Jazz in the Culture of Nazi Germany*. Nova York, 1992.
_____. Everyday Anti-Semitism in Pre-war Nazi Germany: The Popular Bases. *Yad Vashem Studies*, v. 16. Jerusalém, 1984.
_____. *The Nazi Party: A Social Profile of Members and Leaders, 1919-1945*. Oxford, 1983.
_____. *Studentenschaft und Rechtsradikalismus in Deutschland 1918-1933*. Hamburgo, 1975.
KATZ, Jacob. *Jews and Freemasons in Europe 1723-1939*. Cambridge, 1970.
_____. *Out of the Ghetto: The Social Background of Jewish Emancipation 1770-1870*. Nova York, 1978.
_____. *From Prejudice to Destruction: Anti-Semitism 1700-1933*. Cambridge, 1980.
KATZ, Shlomo Z. Public Opinion in Western Europe and the Evian Conference of July 1938. *Yad Vashem Studies*, v. 9. Jerusalém, 1973.

KATZBURG, Nathaniel. *Hungary and the Jews: Policy and Legislation*. Ramat-Gan, 1981.
KELLER, Stefan. *Grüningers Fall. Geschichten von Flucht und Hilfe*. Zurique, 1993.
KERSHAW, Ian. *The "Hitler Myth": Image and Reality in the Third Reich*. Oxford, 1987.
_____. *Hitler*. Londres, 1991.
_____. *The Nazi Dictatorship: Problems and Perspectives of Interpretation*, Londres, 1993.
_____. The Persecution of the Jews and German Popular Opinion in the Third Reich. *LBIY*, v. 26. Londres, 1981.
_____. "Working Towards the Führer": Reflections on the Nature of the Hitler Dictatorship. *Contemporary European History*, Cambridge, v. 2, n. 2, 1993.
KLEE, Ernst. *"Euthanasie" im NS-Staat: Die Vernichtung lebensunwerten Lebens*. Frankfurt am Main, 1985.
_____. *"Die SA Jesu Christi": Die Kirche im Banne Hitlers*. Frankfurt am Main, 1989.
KNIPPING, Ulrich. *Die Geschichte der Juden in Dortmund während der Zeit des Dritten Reiches*. Dortmund, 1977.
KNÜTTER, Hans-Helmuth. *Die Juden und die Deutsche Linke in der Weimarer Republik, 1918-1933*. Düsseldorf, 1971.
KOEHL, Robert L. *The Black Corps: The Structure and Power Struggles of the Nazi SS*. Madison, 1983.
KOONZ, Claudia. *Mothers in the Fatherland: Women, the Family and Nazi Politics*. Nova York, 1987.
KORZEC, Pawel. *Juifs en Pologne: La Question juive pendant l'entre-deux guerres*. Paris, 1980.
KRANZLER, David. The Jewish Refugee Community of Shanghai, 1938-1945. *Wiener Library Bulletin*, Londres, v. 26, n. 3-4, 1972-1973. [v. 26, internet ou 36, or.?]
KRAUSNICK, Helmut. Judenverfolgung. In: BUCHHEIM, Hans et al. (orgs.). *Anatomie des SS-Staates*. Munique, 1967. 2 v.
KRÜGER, Arndt. *Die Olympischen Spiele 1936 und die Weltmeinung*. Berlin, 1972.
KUDLIEN, Fridolf. *Ärzte im Nationalsozialismus*. Colônia, 1985.
KULKA, Otto Dov. Public Opinion in Nazi Germany and the "Jewish Question". *Jerusalem Quarterly*, Jerusalém, n.25, outono de 1982.
_____. Die Nürnberger Rassengesetze und die deutsche Bevölkerung im Lichte geheimer NS Lage- und Stimmungsberichte. *VfZ*, Stuttgart, ano 32, n. 4, 1984.
KWIET, Konrad. Forced Labor of German Jews in Nazi Germany. *LBIY*, v. 36. Londres, 1991.
KWIET, Konrad; ESCHWEGE, Helmut. *Selbstbehauptung und Widerstand: Deutsche Juden im Kampf um Existenz und Menschenwürde 1933-1945*. Hamburgo, 1984.
LAAK-MICHAEL, Ursula. *Albrecht Haushofer und der Nationalsozialismus*. Stuttgart, 1974.
LACAPRA, Dominick. *Representing the Holocaust: History, Theory, Trauma*. Ithaca, 1994.
LACOUTURE, Jean. *Léon Blum*. Paris, 1977.
LAMBERTI, Marjorie. *Jewish Activism in Imperial Germany: The Struggle for Civil Equality*. New Haven, 1978.
LANG, Jochen von (org.). *Eichmann Interrogated: Transcripts from the Archives of the Israeli Police*. Nova York, 1983.
LANGER, Walter C. *The Mind of Adolf Hitler: The Secret Wartime Report*. Nova York, 1972.
LAUBER, Heinz. *"Judenpogrom Reichskristallnacht": November 1938 in Grossdeutschland*. Gerlingen, 1981.
LAVAL, Michel: *Brasillach ou la trahison du clerc*. Paris, 1992.
LEMMONS, Russel. *Goebbels and "Der Angriff"*. Lexington, 1994.
LENGER, Friedrich. *Werner Sombart 1863-1941: Eine Biographie*. Munique, 1994.
LEVI, Erik. *Music in the Third Reich*. Nova York, 1994.
_____. Music and National Socialism: The Politicisation of Criticism and Performance. In: TAYLOR, Brandon; VAN DER WILL, Wilfried (orgs.). *The Nazification of Art: Art, Design, Music, Architecture and Film in the Third Reich*. Winchester, 1990.

LEVY, Richard S. (trad. e org.). Introdução.In: SEGEL, Benjamin W. *A Lie and a Libel: The History of the Protocols of the Elders of Zion*. Lincoln, 1995.

LEWY, Guenter. *The Catholic Church and Nazi Germany*. Nova York, 1964.

LIPSTADT, Deborah E. *Beyond Belief: The American Press and the Coming of the Holocaust 1933-1945*. Nova York, 1986.

LOEWENBERG, Peter. The Kristallnacht as a Public Degradation Ritual. *LBIY*, v. 32. Londres, 1987.

LOEWENSTEIN, Kurt. Die innerejüdische Reaktion auf die Krise der deutschen Demokratie. In: MOSSE, Werner E. (org.). *Entscheidungsjahr 1932: Zur Judenfrage in der Endphase der Weimarer Republik*. Tübingen, 1965.

LOHALM, Uwe. *Völkischer Radikalismus: Die Geschichte des deutsch-völkischen Schutz – und Trutz-Bund 1919-1923*. Hamburgo, 1970.

LONGERICH, Peter. *Hitlers Stellvertreter: Führung der Partei und Kontrolle des Staatsapparates durch den Stab Hess und die Partei-Kanzlei Bormann*. Munique, 1992.

LOOKSTEIN, Haskel. *Were We Our Brothers' Keepers? The Public Response of American Jews to the Holocaust, 1938-1944*. Nova York, 1985.

LÖSENER, Bernhard. Als Rassereferent im Innenministerium. *VfZ*, Stuttgart, ano 9, n. 3, 1961.

LOWENSTEIN, Steven M. The Struggle for Survival of Rural Jews in Germany 1933-1938: The Case of Bezirksamt Weissenburg, Mittelfranken. In: PAUCKER, Arnold (org.). *The Jews in Nazi Germany, 1933-1943*. Tübingen, 1986.

LUDWIG, Carl. *Die Flüchtlingspolitik der Schweiz in den Jahren 1933 bis 1955: Bericht an den Bundesrat zuhanden der Eidgenössischen Räte*. Bern, 1957.

MAHLER, Raphael. *Os Judeus da Polônia no Entre-Guerras*. Tel Aviv, 1968 (em hebraico).

MAIER, Charles S. *The Unmasterable Past: History, Holocaust, and German National Identity*. Cambridge, 1988.

MANN, Golo. *Reminiscences and Reflections: A Youth in Germany*. Nova York, 1990.

MARCUS, Joseph. *Social and Political History of the Jews in Poland 1919-1939*. Berlim, 1983.

MARGALIOTH, Abraham. The Problem of the Rescue of German Jewry during the Years 1933-1939: the Reasons for the Delay in their Emigration from the Third Reich. In: GUTTMAN, Yisrael ; ZUROFF, Efraim (orgs.). *Rescue Attempts During the Holocaust*. Jerusalém, 1977.

_____. *Entre Resgate e Aniquilação: Estudos na História dos Judeus Alemães 1932-1938*. Jerusalem, 1990 (em hebraico).

_____. The Reaction of the Jewish Public in Germany to the Nuremberg Laws. *Yad Vashem Studies*, v. 12. Jerusalém, 1977.

MARRUS, Michael R. Vichy Before Vichy: Antisemitic Currents in France during the 1930s. *Wiener Library Bulletin*, Londres, v. 33, n.51-52, 1980.

_____. *The Holocaust in History*. Hanover (EUA),1987.

_____. The Strange Story of Herschel Grynszpan. *The American Scholar*, Washington, v. 57, n. 1 (inverno de 1987-1988).

MARRUS, Michael, R.;PAXTON, Robert O. *Vichy France and the Jews*. Nova York, 1981.

MASER, Werner. *Adolf Hitler, Legende, Mythos, Wirklichkeit*. Munique, 1971.

MAURER, Trude. *Ostjuden in Deutschland, 1918-1933*. Hamburgo, 1986.

_____. Abschiebung und Attentat: Die Ausweisung der polnischen Juden und der Vorwand für die "Kristallnacht". In: PEHLE, Walter (org.). *Der Judenpogrom 1938: von der "Reichskristallnacht" zum Völkermord*. Frankfurt am Main, 1987.

_____. Die Juden in der Weimarer Republik. In: BLASIUS, Dirk ; DINER, Dan (orgs.). *Zerbrochene Geschichte: Leben und Selbstverständnis der Juden in Deutschland*. Frankfurt am Main, 1991.

MAYER, Arno J. *Why Did the Heavens Not Darken? The "Final Solution" in History*. Nova York, 1988.

MCKALE, Donald M. From Weimar to Nazism: Abteilung III of the German Foreign Office and the Support of Antisemitism, 1931-1935. *LBIY*, v. 32. Londres, 1987.

MEHRTENS, H.; RICHTER, Steffen (orgs.). *Naturwissenschaft, Technik und NS Ideologie*. Frankfurt am Main, 1980.
MEIER, Heinrich. *Carl Schmitt, Leo Strauss und "Der Begriff des Politischen": Dialog unter Abwesenden*. Stuttgart, 1988.
MENDELSOHN, Ezra. *The Jews of East Central Europe between the World Wars*. Bloomington, 1983.
MENDES-FLOHR, Paul R. Ambivalent Dialogue: Jewish-Christian Theological Encounter in the Weimar Republic. In: KULKA, Otto Dov ; MENDES-FLOHR, Paul R. (orgs.). *Judaism and Christianity Under the Impact of National Socialism, 1919-1945*. Jerusalém, 1987.
MERKL, Peter. *Political Violence Under the Swastika: 581 Early Nazis*. Princeton, 1975.
MEYER, Michael A. *The Origins of the Modern Jew: Jewish Identity and European Culture in Germany, 1749-1824*. Detroit, 1967.
MICHAEL, Robert. Theological Myth, German Anti-Semitism and the Holocaust: The Case of Martin Niemöller. *Holocaust and Genocide Studies*, Oxford, v. 2, n. 1, 1987.
MICHAELIS, Meir. *Mussolini and the Jews: German-Italian Relations and the Jewish Question in Italy, 1922-1945*. Londres, 1978.
MICHEL, Bernard. *Banques et banquiers en Autriche au début du XXe Siècle*. Paris, 1976.
MILTON, Sybil. Menschen zwischen Grenzen: Die Polenausweisung 1938. In: SCHOEPS, Julius H. *Menora: Jahrbuch für deutsch-jüdische Geschichte 1990*. Munique, 1990.
_____. Vorstufe zur Vernichtung: Die Zigeunerlager nach 1933. *VfZ*, Stuttgart, ano 43, n. 1, (995.
MOMMSEN, Hans. *Beamtentum im Dritten Reich*. Stuttgart, 1966.
_____. Die Geschichte des Chemnitzer Kanzleigehilfen K. B. In : PEUKERT, Detlev; REULECKE, Jürgen (orgs.). *Die Reihen fast geschlossen: Beiträge zur Geschichte des Alltags unterm Nationalsozialismus*. Wuppertal, 1981.
_____. "Der Nationalsozialistische Polizeistaat und die Judenverfolgung vor 1938". *VfZ*, Stuttgart, ano 10, n. 1, 1962.
_____. The Realization of the Unthinkable. In: _____. *From Weimar to Auschwitz*. Princeton, 1991.
_____. Reflections on the Position of Hitler and Göring in the Third Reich. In: THOMAS, Thomas; CAPLAN, Jane (orgs.). *Reevaluating the Third Reich*. Nova York, 1993.
MONIER, Frédéric. Les Obsessions d'Henri Béraud. *Vingtième Siècle: Revue d'Histoire*, Paris, n. 40, out.-dez. 1993.
MORSE, Arthur. *While Six Million Died: A Chronicle of American Apathy*. Nova York, 1968.
MOSER, Jonny. Österreich. In: Benz, Wolfgang (org.). *Dimension des Völkermords: Die Zahl der Jüdischen Opfer des Nationalsozialismus*. Munique, 1991.
MOSSE, George L. Die Bildungsbürger verbrennen ihre eigenen Bücher. In: DENKLER, Horst ; LÄMMERT, Eberhard (orgs.). *"Das war ein Vorspiel nur": Berliner Coloquium zur Literaturpolitik im "Dritten Reich"*. Berlim, 1985.
_____. *The Crisis of German Ideology: Intellectual Origins of the Third Reich*. Nova York, 1964.
_____. Die Deutsche Rechte und die Juden. In: _____ (org.). *Entscheidungsjahr 1932: Zur Judenfrage in der Endphase der Weimarer Republik*. Tübingen, 1965.
_____. German Socialists and the Jewish Question in the Weimar Republic. *LBIY*, v. 16. Londres, 1971.
_____. The Influence of the Völkisch Idea on German Jewry. In: _____. *Germans and Jews: The Right, the Left and the Search for a "Third Force" in Pre-Nazi Germany*. Nova York, 1970.
_____. Jewish Emancipation: Between *Bildung* and Respectability. In: REINHARZ, Yehuda; SCHATZBERG, Walter (orgs.). *The Jewish Response to German Culture: From the Enlightenment to the Second World War*. Hanover, 1985.
MOSSE, Werner E. *Jews in the German Economy: The German-Jewish Economic Elite, 1820-1935*. Oxford, 1987.

_____. Die Juden in Wirtschaft und Gesellschaft. In: _____. (org.). *Juden im Wilhelminischen Deutschland, 1890-1914*. Tübingen, 1976.
MÜLLER, Ingo. *Hitler's Justice: The Courts of the Third Reich*. Cambridge, 1991.
MÜLLER, Roland. *Stuttgart zur Zeit des Nationalsozialismus*. Stuttgart, 1988.
MÜLLER-HILL, Benno. *Murderous Science: Elimination by Scientific Selection of Jews, Gypsies and Others, Germany 1933-1945*. Oxford, 1988.
NELIBA, Günter. *Wilhelm Frick: Der Legalist des Unrechtsstaates: Eine politische Biographie*. Paderborn, 1992.
NETTL, J. Peter. *Rosa Luxemburg*. Oxford, 1966. 2 v.
NICHOLAS, Lynn H. *The Rape of Europa: The Fate of Europe's Treasures in the Third Reich and the Second World War*. Nova York, 1994.
NICOSIA, Francis R. Ein nützlicher Feind: Zionismus im nationalsozialistischen Deutschland 1933-1939. *VfZ*, Stuttgart, ano 37, n. 3, 1989.
_____. Revisionist Zionism in Germany (II): Georg Kareski and the Staatszionistische Organisation, 1933-1938. *LBIY*, v. 32. Londres, 1987.
_____. *The Third Reich and the Palestine Question*. Londres, 1985.
NIEDERLAND, Doron. The Emigration of Jewish Academics and Professionals from Germany in the First Years of Nazi Rule. *LBIY*, v. 33. Londres, 1988.
NIEWYK, Donald L. *The Jews in Weimar Germany*. Baton Rouge, 1980.
NIPPERDEY, Thomas. *Deutsche Geschichte, 1866-1918. V. 2: Machtstaat vor der Demokratie*. Munique, 1992.
NOAKES, Jeremy. The Development of Nazi Policy Towards the German Jewish "Mischlinge" 1933-1945. *LBIY*, v. 34. Londres, 1989.
_____. Nazism and Eugenics: The Background to the Nazi Sterilization Law of 14 July 1933. In: BULLEN, R. J.; POGGE VON STRANDMANN, H.; POLONSKY, A. B. (orgs.). *Ideas into Politics: Aspects of European History, 1880-1950*. Londres, 1984.
_____. Wohin gehören die "Judenmischlinge"? Die Entstehung der ersten Durchführungsverordnungen zu den Nürnberger Gesetzen. In: BÜTTNER, Ursula; JOHE, Werner; VOSS, Angelika (orgs.). *Das Unrechtsregime: Internationale Forschung über den Nationalsozialismus*. 2 vols. Hamburgo, 1986.
NOLTE, Ernst. Eine frühe Quelle zu Hitlers Antisemitismus". *Historische Zeitschrift*, [S. l.], v. 192, n. 3, jun. 1961.
NORDEN, Günther van. Die Barmer Theologische Erklärung und die "Judenfrage". In: BÜTTNER, Ursula; JOHE, Werner; VOSS, Angelika (orgs.). *Das Unrechtsregime: Internationale Forschung über den Nationalsozialismus*. Hamburgo, 1986. 2 v.
OBST, Dieter. *Reichskristallnacht: Ursachen und Verlauf des antisemitischen Pogroms vom November 1938*. Frankfurt am Main, 1991.
_____. Die "Reichskristallnacht" im Spiegel westdeutscher Nachkriegsprozessakten und als Gegenstand der Strafverfolgung. *Geschichte in Wissenschaft und Unterricht* Seelze, v. 44, n. 4, 1993.
ÖESTREICH, Carl. Die letzten Stunden eines Gotteshauses. In: LAMM, Hans (org.). *Von Juden in München*. Munique, 1959.
OFER, Dalia. *Escaping the Holocaust: Illegal Immigration to the Land of Israel 1939-1944*. Nova York, 1990.
ORLOW, Dietrich. *The History of the Nazi Party: 1933-1945*. Pittsburgh, 1969-1973. 2 v.
OTT, Hugo. *Laubhüttenfest 1940: Warum Therese Loewy einsam sterben musste*. Freiburg, 1994.
_____. Der "Freiburg kreis". In: LILL, Rudolf; KISSENER, Michael (orgs.). *20 Juli 1944 in Baden und Württemberg*. Konstanz, 1994.
_____. *Martin Heidegger: Unterwegs zu seiner Biographie*. Frankfurt am Main, 1988.

PASSELECQ, Georges; SUCHECKY, Bernard. *L'Encyclique Cachée de Pie XI: Une Occasion manquée de l'Eglise face à l'antisémitisme.* Paris, 1995.

PÄTZOLD, Kurt. *Faschismus, Rassenwahn, Judenverfolgung: Eine Studie zur politischen Strategie und Taktik des faschistischen deutschen Imperialismus (1933-1945).* Berlin (Oriental), 1975.

PAULEY, Bruce F. *From Prejudice to Persecution: A History of Austrian Antisemitism.* Chapel Hill, 1992.

PEHLE, Walter (org.). *Der Judenpogrom 1938: Von der "Reichskristallnacht" zum Völkermord.* Frankfurt am Main, 1988.

PERUTZ, M. F. The Cabinet of Dr. Haber. *The New York Review of Books*, Nova York, 20 jun. 1996.

PEUKERT, Detlev J. K. *Inside Nazi Germany: Conformity, Opposition and Racism in Everyday Life.* New Haven, Conn., 1987.

_____. The Genesis of the "Final Solution" from the Spirit of Science. In: CHILDERS, Thomas ; CAPLAN, Jane (orgs.). *Reevaluating the Third Reich.* Nova York, 1993.

PHELPS, Reginald H. Before Hitler Came: Thule Society and Germanen Orden. *Journal of Modern History*, Chicago, v. 35, n. 3, set. 1963.

PLEWNIA, Margerete. *Auf dem Weg zu Hitler: Der "völkische" Publizist Dietrich Eckart.* Bremen, 1970.

POLIAKOV, Léon. *Histoire de l'antisémitisme. V. 4 : L'Europe suicidaire, 1870-1933.* Paris, 1977.

POMMERIN, Reiner. *Sterilisierung der "Rheinlandbastarde": Das Schicksal einer farbigen deutschen Minderheit, 1918-1937.* Düsseldorf, 1979.

PRIEBERG, Fred K. *Musik im NS-Staat.* Frankfurt am Main, 1982.

PROCTOR, Robert N. *Racial Hygiene: Medicine under the Nazis.* Cambridge, 1988.

PULZER, Peter. *The Rise of Political Anti-Semitism in Germany and Austria.* Cambridge, 1988.

RATHKOLB, Oliver. *Führertreu und gottbegnadet: Künstlereliten im Dritten Reich.* Viena, 1991.

REICHMANN, Eva G. Diskussionen über die Judenfrage, 1930-1932. In: MOSSE, Werner E. (org.). *Entscheidungsjahr 1932: Zur Judenfrage in der Endphase der Weimarer Republik.* Tübingen, 1965.

REUTH, Ralf Georg. *Goebbels.* Munique, 1990.

RICHARZ, Monika, (org.). *Jüdisches Leben in Deutschland: Selbstzeugnisse zur Sozialgeschichte 1918-1945.* Stuttgart, 1982.

RITCHIE, J. M., *German Literature Under National Socialism.* Londres, 1983.

RÖHM, Eberhard; THIERFELDER, Jörg. *Juden-Christen-Deutsche. V. 1: 1933-1935.* Stuttgart, 1990.

RÖHL, John C. G. "Das Beste wäre Gas!". *Die Zeit*, 25 nov. 1994.

ROSE, Paul Lawrence. *Revolutionary Antisemitism in Germany from Kant to Wagner.* Princeton, 1990.

_____. *Wagner, Race and Revolution*, Londres, 1992.

ROSENKRANZ, Herbert. Austrian Jewry: Between Forced Emigration and Deportation. In: GUTTMAN, Yisrael ; HAFT, Cynthia J. (orgs.). *Patterns of Jewish Leadership in Nazi Europe, 1933-1945.* Jerusalém, 1979.

ROSENSTOCK, Werner. Exodus 1933-1939: A Survey of Jewish Emigration from Germany. LBIY, v. 1. Londres, 1956.

RÜRUP, Reinhard. *Emanzipation und Antisemitismus: Studien zur "Judenfrage" der bürgerlichen Gesellschaft.* Götingen, 1975.

RÜTHERS, Bernd. *Carl Schmitt im Dritten Reich: Wissenschaft als Zeitgeist-Verstärkung?* Munique, 1990.

SABROW, Martin. *Der Rathenaumord: Rekonstruktion einer Verschwörung gegen die Republik von Weimar.* Munique, 1994.

SAFRANSKI, Rüdiger. *Ein Meister aus Deutschland: Heidegger und seine Zeit.* Munique, 1994.

SAFRIAN, Hans. *Die Eichmann-Männer.* Viena, 1993.

SAUDER, Gerhard (org.). *Die Bücherverbrennung*. Munique, 1983.
SAUER, Paul "Otto Hirsch (1885-1941). Director of the 'Reichsvertretung'". *LBIY*, v. 32. Londres, 1987.
SCHÄFER, Hans Dieter. Die nichtfaschistische Literatur der "jungen Generation" im nationalsozialistischen Deutschland. In: DENKLER, Horst ; PRUMM, Karl (orgs.). *Die deutsche Literatur im Dritten Reich*. Stuttgart, 1976.
SCHLEUNES, Karl A. *The Twisted Road to Auschwitz: Nazi Policy Toward German Jews 1933-1939*. Urbana, 1970.
SCHMUHL, Hans-Walter. *Rassenhygiene, Nationalsozialismus, Euthanasie*. Göttingen, 1987.
_____. Reformpsychiatrie und Massenmord. In: PRINZ, Michael ; ZITELMANN, Rainer (orgs.). *Nationalsozialismus und Modernisierung*. Darmstadt, 1991.
SCHOENBERNER, Gerhard. *Der gelbe Stern: Die Judenverfolgung in Europa, 1933-1945*. Frankfurt am Main, 1982.
SCHOLDER, Klaus. *Die Kirchen und das Dritte Reich. V. 1: Vorgeschichte und Zeit der Illusionen, 1918-1934*. Frankfurt am Main, 1977.
_____. Judaism and Christianity in the Ideology and Politics of National Socialism. In: KULKA, Otto Dov ; MENDES FLOHR, Paul R. (orgs.). *Judaism and Christianity Under the Impact of National Socialism 1919-1945*. Jerusalém, 1987.
SCHONAUER, Franz. Zu Hans Dieter Schäfer: Bücherverbrennung, staatsfreie Sphäre und Scheinkultur. In: DENKLER, Horst ; LÄMMERT, Eberhard (orgs.). *"Das war ein Vorspiel nur": Berliner Colloquium zur Literaturpolitik im Dritten Reich*. Berlim, 1985.
SCHÖNWÄLDER, Karen. *Historiker und Politik: Geschichtswissenschaft im Nationalsozialismus*. Frankfurt am Main, 1992.
SCHOR, Ralph. *L'Antisémitisme en France pendant les années trente*. Bruxelas, 1992.
SCHORCHT, Claudia. *Philosophie an den Bayerischen Universitäten, 1933-1945*. Erlangen, 1990.
SCHORSKE, Carl E. *Fin-de-Siècle Vienna: Politics and Culture*. Nova York, 1980.
SCHOTTLÄENDER, Rudolf. Antisemitische Hochschulpolitik: Zur Lage an der Technischen Hochschule Berlin, 1933/1934. In: RÜRUP, Reinhard (org.). *Wissenschaft und Gesellschaft: Beiträge zur Geschichte der Technischen Universität Berlin, 1879-1979*. Berlim, 1979. 2 v.
SCHUKER, Stephen A. Origins of the "Jewish Problem" in the Later Third Republic. In: MALINO, Frances ; WASSERSTEIN, Bernard (orgs.). *The Jews in Modern France*. Hanover, 1985.
SCHÜLER, Winfried. *Der Bayreuther Kreis von seiner Entstehung bis zum Ausgang der Wilhelminischen Ära*. Münster, 1971.
SCHULIN, Ernst. Walter *Rathenau Repräsentant, Kritiker und Opfer seiner Zeit*. Göttingen, 1979.
SCHWABE, Klaus. Der Weg in die Opposition: Der Historiker Gerhard Ritter und der Freiburger Kreis. In: JOHN, Eckhard et al. (orgs.). *Die Freiburger Universität in der Zeit des Nationalsozialismus*. Freiburg, 1991.
SCHWABE, Klaus; REICHARDT, Rolf ; HAUF, Reinhard (orgs.). *Gerhard Ritter: Ein politischer Historiker in seinen Briefen*. Boppard am Rhein, 1984.
SEGEV, Tom. *The Seventh Million: The Israelis and the Holocaust*. Nova York, 1993.
SEIDLER, Edward. Die medizinische Fakultät zwischen 1926 und 1948. In: JOHN, Eckhard et al. (orgs.). *Die Freiburger Universität in der Zeit des Nationalsozialismus*. Freiburg, 1991.
SENGER, Valentin. *No. 12 Kaiserhofstrasse: The Story of an Invisible Jew in Nazi Germany*. Nova York, 1980.
SERENY, Gitta. *Albert Speer: His Battle with Truth*. Nova York, 1995.
_____. *Into That Darkness: From Mercy Killing to Mass Murder*. Nova York, 1974. [1973?]
SHEEHAN, Thomas. Heidegger and the Nazis. *The New York Review of Books*, Nova York, 16 jun. 1988.
SHELL, Susan. Taking Evil Seriously: Schmitt's Concept of the Political and Strauss's True Politics. In: DEUTSCH, Kenneth L. ; NIGORSKI, Walter (orgs.). *Leo Strauss: Political Philosopher and Jewish Thinker*. Lanham, 1994.

SHIRAKAWA, Sam H. *The Devil's Music Master: The Controversial Life and Career of Wilhelm Furtwängler*. Nova York, 1992.
SÖSEMANN, Bernd. Liberaler Journalismus in der politischen Kultur der Weimarer Republik. In: SCHOEPS, Julius H. (org.). *Juden als Träger bürgerlicher Kultur in Deutschland*. Bonn, 1989.
SOLMSSEN, Arthur R. G. *A Princess in Berlin*. Harmondsworth, 1980.
SORKIN, David. *The Transformation of German Jewry, 1780-1840*. Nova York, 1987.
SOUCY, Robert. *French Fascism: The Second Wave, 1933-1939*. New Haven, 1995.
SPEER, Albert. *Inside the Third Reich*. Londres, 1970.
SPOTTS, Frederic. *Bayreuth: A History of the Wagner Festival*. New Haven, 1994.
STEEL, Ronald. *Walter Lippmann and the American Century*. Boston, 1980.
STEINBERG, Jonathan. *All or Nothing: The Axis and the Holocaust, 1941-1943*. Londres, 1990.
STEINBERG, Michael P. *The Meaning of the Salzburg Festival: Austria as Theater and Ideology, 1890-1938*. Ithaca, 1990.
STEINERT, Marlis. *Hitlers Krieg und die Deutschen: Stimmung und Haltung der deutschen Bevölkerung im Zweiten Weltkrieg*. Düsseldorf, 1970.
STEINWEIS, Alan E. *Art, Ideology and Economics in Nazi Germany: The Reich Chamber of Culture and the Regulation of the Culture Professions in Nazi Germany*. Chapel Hill, 1988.
_____. Hans Hinkel and German Jewry, 1933-1941. *LBIY*, v. 38. Londres, 1993.
STERN, Fritz. *Gold and Iron: Bismarck, Bleichröder and the Building of the German Empire*. Nova York, 1977.
_____. *The Politics of Cultural Despair*. Berkeley, 1961.
_____. *Dreams and Delusions: The Drama of German History*. Nova York, 1987.
STERN, J. P. *Hitler, the Führer and the People*. Glasgow, 1975.
9, Zeev. *Ni droite, ni gauche: L'idéologie fasciste en France*. Paris, 1983.
STOLZENBERG, Dietrich. *Fritz Haber: Chemiker, Nobelpreisträger, Deutscher, Jude*. Weinheim, 1994.
STRAUSS, Herbert A. Jewish Emigration from Germany: Nazi Policies and Jewish Responses, Part I. *LBIY*, v. 25. Londres, 1980.
SUCHY, Barbara. The Verein zur Abwehr des Antisemitismus, Part II: From the First World War to its Dissolution in 1933. *LBIY*, v. 30. Londres, 1985.
TAL, Uriel. *Christians and Jews in Germany: Religion, Politics and Ideology in the Second Reich, 1870-1914*. Ithaca, 1975.
_____. Lei e Teologia: Quanto ao Status dos Judeus Alemães no Início do Terceiro Reich. *Teologia Política e o Terceiro Reich*. Tel Aviv, 1989 (em hebraico).
_____. On Structures of Political Theology and Myth in Germany Prior to the Holocaust. In: Bauer, Yehuda; Rotenstreich, Nathan (orgs.). *The Holocaust as Historical Experience*. Nova York, 1981.
THALMANN, Rita. Du cercle Sohlberg au comité France-Allemagne: Une évolution ambigüe de la coopération franco-allemande. In: Bock, Hans Manfred et al. (orgs.). *Entre Locarno et Vichy: Les Relations culturelles franco-allemandes dans les années 1930*. Paris, 1993.
THEWELEIT, Klaus. *Male Fantasies*. Minneapolis, 1987-1989. 2 v.
TÖKES, Rudolph L. *Béla Kun and the Hungarian Soviet Republic*. Nova York, 1967.
TOURY, Jacob. *Die politischen Orientierungen der Juden in Deutschland: Von Jena bis Weimar*. Tübingen, 1966.
_____. Ein Auftakt zur Endlösung Judenaustreibungen über nichtslawische Grenzen, 1933 bis 1939. In: BÜTTNER, Ursula; JOHE, Werner; Voss, Angelika (orgs.). *Das Unrechtsregime: Internationale Forschung über den Nationalsozialismus*. Hamburgo, 1986. 2 v.
TUCHEL, Johannes; SCHATTENFROH, Reinhold. *Zentrale des Terrors: Prinz-Albrecht-Strasse 8: Hauptquartier der Gestapo*. Berlim, 1987.
VAGO, Béla. *The Shadow of the Swastika: The Rise of Fascism and Anti-Semitism in the Danube Basin, 1936-1939*. Londres, 1975.

VOEGELIN, Eric. *Die politischen Religionen*. Viena, 1938.
VOLKOV, Shulamith. Die Verbürgerlichung der Juden in Deutschland als Paradigma. In: *Jüdisches Leben und Antisemitismus im 19. und 20. Jahrhundert*. Munique, 1990.
VONDUNG, Klaus. Der literarische Nationalsozialismus. In: DENKLER, Horst ; PRUMM, Karl (orgs.). *Die deutsche Literatur im dritten Reich*. Stuttgart, 1976.
_____. *Magie und Manipulation: Ideologischer Kult und politische Religion des Nationalsozialismus*. Göttingen, 1971.
WAITE, Robert G. L. *The Psychopathic God: A Biography of Adolf Hitler*. Nova York, 1976.
WASSERSTEIN, Bernard. *Britain and the Jews of Europe 1939-1945*. Oxford, 1988.
WEBER, Eugen. *Action Française: Royalism and Reaction in Twentieth-Century France*. Stanford, 1962.
WECKBECKER, Arno. *Die Judenverfolgung in Heidelberg, 1933-1945*. Heidelberg, 1985.
WEINBERG, David H. *A Community on Trial: The Jews of Paris in the 1930s*. Chicago, 1977.
WEINDLING, Paul. *Health, Race and German Politics between National Unification and Nazism, 1870-1945*. Cambridge, 1989.
_____. Mustergau Thüringen: Rassenhygiene zwischen Ideologie und Machtpolitik. In: FREI, Norbert (org.). *Medizin und Gesundheitspolitik in der NS-Zeit*. Munique, 1991.
WEINER, Marc A. *Richard Wagner and the Anti-Semitic Imagination*. Lincoln, 1995.
WELTSCH, Robert. A Goebbels Speech and a Goebbels Letter. *LBIY*, v. 10. Londres, 1965.
_____. [1959] Vorbemerkung zur zweiten Ausgabe 1959. In: KAZNELSON, Siegmund (org.). *Juden im Deutschen Kulturbereich: Ein Sammelwerk*. Berlim, 1962.
WIESEMANN, Falk. Juden auf dem Lande: Die wirtschaftliche Ausgrenzung der jüdischen Viehhändler in Bayern. In: PEUKERT, Detlev ; REULECKE, Jürgen (orgs.). *Die Reihen fast geschlossen: Beiträge zur Geschichte des Alltags unterm Nationalsozialismus*. Wuppertal, 1981.
WILDT, Michael. *Die Judenpolitik des SD 1935 bis 1938*. Munique, 1995.
WINKLER, Heinrich-August. *Weimar 1918-1933: Die Geschichte der ersten deutschen Demokratie*. München, 1996.
WINTER, Jay. *Sites of Memory, Sites of Mourning: The Great War in European Cultural History*. Cambridge, 1995.
WIPPERMANN, Wolfgang. *Das Leben in Frankfurt zur NS-Zeit. V. 1: Die nationalsozialistische Judenverfolgung*. Frankfurt am Main, 1986.
WISTRICH, Robert S. *The Jews of Vienna in the Age of Franz Josef*. Oxford, 1989.
WYMAN, David S. *Paper Walls: America and the Refugee Crisis, 1938-1941*. Nova York, 1985.
YAHIL, Leni. Madagascar-Phantom of a Solution for the Jewish Question. In: VAGO, Béla ; MOSSE, George L. (orgs.). *Jews and Non-Jews in Eastern Europe*. Nova York, 1974.
_____. *The Holocaust: The Fate of European Jewry*, Nova York, 1990.
YUVAL, Israel J. Vingança e Danação, Sangue e Difamação: Do Martírio Judaico às acusações de Libelo e Sangue. *Tzion*, v. 58, n. 1, 1993 (em hebraico).
ZAPF, Lilli. *Die Tübinger Juden: Eine Dokumentation*. Tübingen, 1974.
ZECHLIN, Egmont. *Die deutsche Politik und die Juden im Ersten Weltkrieg*. Göttingen, 1969.
ZELINSK Hartmut. *Richard Wagner: Ein deutsches Thema 1876-1976*. Viena, 1983.
ZIMMERMAN, Moshe. Die aussichtslose Republik – Zukunftsperspektiven der deutschen Juden vor 1933. In: *Menora: Jahrbuch für deutsch-jüdische Geschichte 1990*. Munique, 1990.
ZIMMERMANN, Michael. *Verfolgt, vertrieben, vernichtet: Die nationalsozialistische Vernichtungspolitik gegen Sinti und Roma*. Essen, 1989.
ZITELMANN, Rainer. *Hitler: Selbstverständnis eines Revolutionärs*. Stuttgart, 1990.
ZUCCOTTI, Susan. *The Italians and the Holocaust: Persecution, Rescue and Survival*. Nova York, 1987.

Teses

COMBS, William L. *The Voice of the SS: A History of the SS Journal "Das Schwarze Korps"*. Ann Arbor, 1985. 2 v.
ENGELMAN, Ralph Max. *Dietrich Eckart and the Genesis of Nazism*. Ann Arbor, 1971.
MARON, Ephraim. *The Press Policy of the Third Reich on the Jewish Question and Its Reflection in the Nazi Press*. Tel Aviv University, 1992 (em hebraico).
NE'EMAN ARAD, Gulie. *American Jewish Leadership and the Nazi Menace*. Tel Aviv University, 1994.
PIERSON, Ruth L. *German Jewish Identity in the Weimar Republic*. Ann Arbor, 1972.

Índice Remissivo

Abel, Leon 221
Abetz, Otto 293
Abissínia 205
Academia Prussiana de Artes 39, 40
Action Française 280, 291, 292, 293
Adenauer, Konrad 250
Agência Central de Emigração Judaica 317, 318, 388, 389
Agudat Yisrael 265
Albert, Wilhelm 263
Alemanha Imperial:
  antissemitismo na 67-68, 95, 119-120, 127-128
  papel econômico dos judeus na 122-127
  papel social dos judeus na 127-128, 134-135
Alemanha nazista:
  desjudaicização cultural na 36-42, 65-66, 107-108, 153, 169-170, 186-187
  papel econômico dos judeus na 180-183, 196, 230-231, 269, 336
  cidadania judaica na 59, 73, 113, 198, 200, 204, 206, 207, 217, 339-345
  emigração judaica e expulsão da 37, 41, 94, 100-109, 182, 190, 198, 226, 229-233, 265-266, 282, 283, 293-295, 309-311, 317n, 320-322, 329, 336, 360, 364, 367-368, 382-389, 399-406, 411n
  reações dos judeus às medidas antijudaicas tomadas na 41-48, 66-67, 94, 100-109, 229-232, 241
  refugiados judeus e a 340-345, 382-390, 400
Alemanha, República de Weimar 69, 123
  antissemitismo na 95, 117-120, 154-164
Allen, William Sheridan 72
Aly, Götz 320
Angriff, Der 104-105, 155, 164, 194, 198

Anschluss 108, 259, 277, 312, 314, 354, 396
anti-Comintern, pacto (1936) 240
anticomunismo, 28, 46, 97, 199, 200.
  Cf. também antissemitismo
antissemitismo 50
  anticomunismo e 240, 242, 247-254, 282-284, 286
  antinazista 227
  cristianismo, cristandade e 130, 134, 284, 414-415
  da população alemã 31, 162, 168, 182n, 411,
  das elites alemãs 381
  das universidades 95-100
  "eliminacionista" 30, 412
  em outros países 51-59, 120-125, 126, 164,165, 279-281, 289, 324-325, 374, 384
  Igreja Católica e 52, 85, 78-79, 83-84, 130, 254, 280, 284-286, 324-326, 379
  igrejas protestantes e 54n, 80-81, 79-84, 85, 99, 130, 283-284,
  na Alemanha Imperial 67, 95, 123, 131
  na Áustria 31, 95, 127, 130, 314
  na República de Weimar 95, 120, 155-164
  na União Soviética 154, 249, 282
  reforço pseudo-científico do, 215n
  racial 29-30, 50, 67-68, 129, 133-134, 146-147, 200
  racional vs. emocional 264
  teorizadores do 255-258
  três figuras simbólicas do 262
antissemitismo redentor 30n, 117-164, 117n-121n
  conspiração judaica internacional percebida no 131, 138-143, 150-152, 241, 245-247, 252, 253, 359, 369, 396, 398
  de Hitler 30, 50, 83, 113-115, 118, 145-156, 239, 242, 245-253, 256, 359

definição do 134
dos radicais do Partido Nazista 3, 398
Appel, Martha 53, 72
A Propaganda de Atrocidade se Baseia em Mentiras, os Próprios Judeus da Alemanha Dizem, [Atrocity Propaganda Is Based on Lies, the Jews of Germany Themselves Say – Die Greuel-Propaganda ist eine Lügenpropaganda, sagen die deutschen Juden selbst] 51
Arendt, Hannah 92, 94, 128n
Arianização:
  cultural 37-43, 65-66, 107-109, 152, 160-161, 169-171, 186-193, 327
  econômica 241, 304-310, 314-317, 320, 333-337, 361, 364, 403
  estágios finais da 359-381, 402-418
  na Áustria 313-318, 320
  Cf. também universidades, judeus nas; profissões específicas
"Assassinato em Davos" (Ludwig) 244
Associação Alemã de História da Arte 326
Associação Central dos Cidadãos Alemães de Fé Judaica 44, 51, 86, 101, 209, 226
Associação Contra a Arrogância Judaica 121
Associação de Judeus Alemães Nacionalistas 45, 161
Associação de Professores Nacional-Socialistas 381
Associação do Reich de Veteranos de Guerra Judeus 44
Associação Estudantil Alemã 95, 96
Associação Nacional dos Judeus na Alemanha 101
Assuntos Religiosos, Ministério do Reich de 414
Auschwitz 263, 290

Áustria 126, 167, 191, 313-321, 334, 340, 341
Anschluss e 108, 259, 277, 313, 314, 354, 396
antissemitismo na 31, 95, 127, 130, 314
arianização na 313-318, 320, 362, 364
campos de concentração na 319-320, 321
como modelo para o programa nazista 320, 363, 364
de pós-Anschluss, nome da 313
emigração judaica da 103, 282, 294, 317-319
judeus expulsos da 318, 342
Kristallnacht na 352-354
Avenarius, Ferdinand 124

Baarova, Lida 350
Bab, Julius 108
Baeck, Leo 101, 106
Baerwald, Leo 86
Bagatelles pour un massacre (Céline) 281
Baillie, Hugh 201
Bálcãs 240
Ballin, Albert 117-118, 123
balneárias, instalações 176, 177, 181, 196, 222, 300, 302, 366
balneários, judeus expulsos de 181, 195, 201, 297, 363
Bandeira, Lei da 200, 206
Bang, Paul 58-59
Bankier, David 223, 224, 225
bancária, os judeus na atividade 55, 56, 121-123, 232, 306, 335-339
Barkai, Avraham 52
Barmat, irmãos 157
Bauer, Karl 353-354
Baumgarten, Eduard 92
Baviera 139-140, 142-143, 149, 180n
Bayreuth, círculo de 135-137, 161
Beckmann, Anton 268
Befehl des Gewissens, Der (Zöberlein) 176
Behrends, Hermann 263
Belinson, Moshe 106
Benn, Gottfried 39
Béraud, Henri 157
Berger, Richard 354
Bergery, Gaston 281-282
Berlim 48, 96-97, 122n, 139, 157, 195, 268-269, 333, 336-338, 339
Berlim, Universidade de 96, 97
Bernanos, Georges 279-280
Bernhard, Thomas 311
Bernheimer, Otto 304
Berning, bispo Wilhelm 84, 86, 100, 278
Berthold, Karl 64-65, 215-216, 408-409

Bertram, Adolf Johannes, cardeal 78, 381, 411n
Best, Werner 340, 341
Bethe, Hans 88
Bethge, Eberhard 82
Bethmann-Hollweg, T. Von 121
Bidault, Georges 322
Bismarck, Herbert von 68
Bleichröder, Gerson 127
Bloch, Édouard 292
Blomberg, Werner von 170, 308
Blum, Ferdinand 303-304
Blum, Léon 287, 291-292
Blumenfeld, Kurt 51
Bohnen, Michael 191
Bolchevismo 147-148, 154, 199, 235n, 240, 242. *Cf. também* anticomunismo; comunismo
Bolchevismo de Moisés a Lênin (Eckart) 147
Bonhoeffer, Dietrich 81-82
Bonnet, Georges 384-385
Bormann, Martin 169, 213, 275, 296, 299-300, 303, 360, 420
Born, Max 88
Börne, Ludwig 135
Bosch, Carl 57
Bouhler, Philipp 277
Böving-Burmeister, Isolina 260
Brack, Viktor 277, 278
Brandt, Karl 276, 277, 419, 420
Brod, Max 383, 384
Brodnitz, Julius 51
Broszat, Martin 28n, 29n, 155n, 166, 167, 273
Buber, Martin 46, 80, 171, 231
Buch, Walter 213, 250
Buchenwald 229, 337, 413
Bülow, Bernhard W. Von 67
Bürckel, Josef 313-315
Busch, Fritz 38

Câmara de Cultura do Reich (RKK) 40, 65, 171, 187
Câmara dos Médicos do Reich 334
Caminho para a Liberdade, O (Schnitzler) 128
Carl, príncipe da Suécia 69
cartazes, antijudaicos 169
cartões de identidade para judeus 329
casamento entre judeus e cristãos 80, 173, 174, 175, 194, 200, 204, 206, 208, 211, 212, 214, 218-219, 230, 371, 372
Católica, Igreja, católicos 161, 277, 297, 324
antissemitismo e 54n, 78-79, 83-84, 86n, 99, 129, 254, 280, 284, 325, 379
Leis de Nurembergue e 224, 225
na Polônia 283-285

"rabenschwarz" (católico conservador) 303
Cf. também Vaticano
Céline, Louis-Ferdinand 281
cemitérios 418
Central para Emigração Judaica do Reich 405
Chamberlain, Houston Stewart 136-137
Chamberlain, Neville 342, 419
Chaoul, Henri 213, 408
Chinês, Exército 170
científica, pesquisa 258n
Ciganos 212, 270, 271-272, 320
Christian Science Monitor 49
Cidadania, Lei de 200, 204, 206, 207, 217, 333, 373, 404
cidadania dos judeus:
na Alemanha nazista 58-59, 72, 113, 198, 205, 206, 216, 310, 340-345
na França 290, 292-293
crise dos refugiados e 340-345
Citron, Otto 218
Civil, Código 174
Class, Heinrich 67, 121
Colônia 70
Comissão Franco-Alemã 293
Comissão Central do Movimento de Boicote 55, 56
Comissão Interconfessional pela Paz 78
Comitê Americano de Distribuição Conjunta 102
Comitê Intergovernamental de Refugiados 322, 369, 400, 401-402
Comitê Judaico Americano 51
Comunismo 47, 55-56, 59, 92, 102, 141-142, 163, 199, 224, 225, 240, 315. *Cf. também* anticomunismo
concentração, campos de 47n, 78, 253, 254, 337, 340, 353
categorias de prisioneiros nos 270
comunistas prisioneiros nos 47
na Áustria 319-320, 321
na Polônia 345
primeiros judeus enviados aos 48
número de prisioneiros nos 270
Cf. também campos de extermínio; campos específicos
Concordata 84, 86, 111, 112
Conferência Episcopal 84
Conferência Episcopal Alemã 79
Confessional, Igreja 81-83, 99, 225, 253-254, 307, 379-380
Conservador Alemão, Partido 67, 68, 119, 120
Consistório 289-290, 292
Conti, Leonardo 62, 74, 420
Corporação de Voluntários 140, 142
Coudenhove-Kalergi, conde 99
Courant, Richard 88

crime 198, 328, 330
Criminal, Polícia 270, 271
cristianismo, cristandade:
 antissemitismo e 80n, 85n, 129-131, 133-134, 283-284, 413-415
 conversão de judeus ao 79-80, 82-84, 85
 Cf. também Igreja Católica, católicos; igrejas protestantes, protestantes
Croix de Feu 291, 292
cultural, desjudaicização 38-42, 65-66, 106-107, 152-153, 159-162, 169-170, 185-193, 326-327
CV Zeitung 209, 229

Dachau 47, 86n, 165-166, 272-273, 319n, 320, 386
Daluege, Kurt 198, 260
da Ponte, Lorenzo 191
Darré, Walter 261
Davar 106
Deak, Istvan 160-161
Departamento Central de Segurança do Reich (RSHA) 264
Departamento de Colocação de Mão de Obra do Reich 406, 407
Departamento de Estado dos EUA 1, 52
Departamento de Política Exterior 293
Departamento de Transferência de Propriedades 315, 316
Departamento do Reich de Pesquisa de Linhagem 192
Desjudaicização. Cf. arianização; cultural, desjudaicização
denúncias 412-413
Desbuquois, Gustave 325
Deutsche Allgemeine Zeitung 63, 87, 257, 327
Deutsche Bank 57, 66, 78, 315, 336
Deutsche Erd- und Steinwerke (DEST), empresa mineradora 319
Deutsche Rundschau 162
Deutsches Museum 327
"Deutschlandlied" (Fallersleben) 183
Dibelius, bispo Otto 78
Dibuk, O (Sch. An-Ski) 156
Divisão de Teatros Alemães 189-190
Dmowski, Roman 286
DNB (agência alemã de notícias) 206
DNVP (Partido Nacional do Povo Alemão) 47, 61, 67, 156n
Döblin, Alfred 39, 185
Dollfuss, Engelbert 314
doméstico, serviço 206, 208-209, 220-221, 224, 307, 308
Dresden 61, 64-65
Drumont, Edouard 279, 280

Dühring, Eugen 134

Ebert, Friedrich 158
Eckart, Dietrich 147-148, 248
Ehrlinger, Erich 263, 265
Eichmann, Adolf 263, 266, 267, 288, 363, 389n
 na Áustria de pós-Anschluss 316, 317, 353
 na Tchecoslováquia 389
Eicke, Theodor 47, 320
Einstein, Albert 40, 41, 259, 421
Eisenach, Instituto 414-415
Eisner, Kurt 139-140
Elbogen, Ismar 100
Emerson, Sir Herbert 401
Endek, partido polonês 286
Erzberger, Matthias 119
escolas, judeus nas 63, 72, 207, 217, 230, 297, 332, 365, 381
Espanhola, Guerra Civil 240, 246, 247
Espartaquistas 139
Estados Unidos:
 boicote de mercadorias alemãs nos 195
 isolacionismo nos 281
 organizações judaicas nos 52
 refugiados judeus e os 382, 383
 relações entre a Alemanha nazista e os 50, 383, 384, 394, 395, 396
 esterilização, lei de 73, 74, 273-278
Estrangeiros, Assuntos, do Exterior:
 Departamento Alemão de 68
 Ministério Alemão de 99, 214, 249, 267, 275, 310
Eterno Judeu 150
"Eterno Judeu, O" 327, 328
Ettinger, Elzbieta 92
eugenia 73, 211, 275
Europa 126, 138
 antissemitismo na 129, 167, 279-294, 342, 373
eutanásia 276-278, 419-420
Evangélica, Igreja 225, 410, 414
Evian, conferência de (1938) 321-323, 324
extermínio, campos de 78-79, 290-291, 321. Cf. também concentração, campos de

Fallersleben, Hoffmann von 183
fascismo 283, 292
Fascista, Grande Conselho 324
Faulhaber, cardeal Michael 79, 85-86, 246, 380
Fechter, Paul 161
Federação das Associações de Mulheres Alemãs (BFD) 163
Federação de Escritores Alemães do Reich 40
Federação Sionista da Alemanha 51
Feil, Hanns von 354

Feldtmann, Marga 260
feminismo 161
Feuchtwanger, Lion 37, 234
Fiehler, Karl 300
Fischböck, Hans 401
Fischer, Eugen 274
Fischer, Samuel 42n, 125
Física 258, 259
Flandin, Pierre-Etienne 290
Florstedt, Hermann 228-229
forças policiais alemãs 259, 260
França 130, 157, 167, 239-240, 274, 287, 288-293, 342, 343, 383-385, 386, 419
 acontecimentos políticos na 290
 antissemitismo na 54n, 127, 130, 280-281, 282, 283, 289n, 292-293, 377n
Franck, James 87, 88
Franco, Francisco 240
Frank, Hans 50, 61, 258
Frank, Theodor 57
Frank, Walter 256, 298, 399, 415
Frankfurt 54, 71, 251, 301, 367, 412, 415
Frankfurter, David 244
Frankfurter Volksblat 301
Frankfurter Zeitung 37, 40, 137, 222, 230
Frankfurt, Universidade de 94, 165
Frei, Norbert 420
Freiburg, Círculo de 380-381
Freiburg, Universidade de 88, 91, 380
Freisler, Roland 50, 173, 174, 214
Frente Alemã de Trabalho 59n, 47, 371
Frente Patriota 314
Freud, Sigmund 235, 258, 313
Frey, Adolf Heinrich 347-348
Frick, Wilhelm 48, 58-59, 68, 172, 192, 197-198, 204, 221, 260, 294-295, 336, 349, 370, 371, 412
 Lei do Serviço Público e 59, 173, 174, 296-297
Friedell, Egon 312
Friedmann, Frieda 45, 46
Fritsch, Werner von 308
Fröhlich, Elke 166, 273
Fromm, Bella 339
Fundação Alemã de Pesquisa (DFG) 271
Fundamentos do Século XIX, Os (Chamberlain) 137
Funk, Walter 308, 371
Furtwängler, Wilhelm 327

Gabinete da Autoridade Adjunta do Führer 294, 315
gado, judeus no comércio de 70, 179, 180n 182, 195, 232, 252, 304
Gang-Salheimer, Lore 72

Gauleiter 367-368, 369, 370-371
Gay, Peter 159, 313n
Gayda, Virginio 283
Gayl, Wilhelm Freiherr von 59
Gebsattel, Konstantin von 121
Geffen-Ludomer, Hilma 72
Geist, Raymond 398
Gellately, Robert 222
Gemlich, Adolf 115, 145
Gercke, Achim 60, 64
Gerum, Josef 165, 166, 273, 274
Gestapo 83, 101, 107, 165, 175, 184, 188, 193, 195, 197, 198, 204, 221, 226-227, 229, 252, 253-254, 268, 273, 312, 314, 318, 330, 337, 343, 344, 352, 355, 365, 366-367, 387, 388, 404, 405, 410
  Avaliação de Freud da 313
  hierarquia policial alemã 260
  organização da 264
  seção de questões judaicas da 287
Gide, André 281
Globke, Hans 211, 219, 329, 330
Globocnik, Odilo 318
Godesberg, Declaração de 414
Gödsche, Hermann 143
Goebbels, Joseph 38, 49, 50, 97, 104, 150, 155, 164, 170-171, 194, 201, 202, 204, 223, 239, 243, 244, 245, 246, 247-249, 327, 338, 359n, 362, 363, 364, 374, 382, 386, 416
  boicote de 1º de abril de e 51, 52
  desjudaicização cultural e 65-66, 186-187
  Kristallnacht e 348, 349-351, 353
  sobre a compaixão expressa pelos judeus 184, 228
  sobre a expulsão de judeus 340
Goldschmidt, Jakob 89
Goldstein, Moritz 123, 124, 128
Göring, Hermann 38, 51, 90, 199, 213, 258, 274, 308, 318, 342, 352, 356, 358, 395
  arianização austríaca e 315, 316
  como coordenador de questões judaicas 359-360, 363, 364, 366-369, 370, 371, 372, 405, 412
  empresas judaicas proibidas por 333-334, 361
  na loja de tapetes de Bernheimer 304
  Plano de Quatro Anos e 241-242, 321
  sobre ser judeu 364
Göttingen, Universidade de 87, 88, 92
Götz, Curt 188
Grã Bretanha 232-233, 382
  antissemitismo na 280, 281
  Palestina e 310, 382
  relações entre a Alemanha nazista e a 51, 167-168, 239-240, 341, 393-394, 395-396, 419

Gräfe, Gerhard 99
Grau, Wilhelm 255-256, 298, 415
Grande Depressão 74n
"Grande Memorando" 380
Graubart, Richard 353, 354
Gröber, arcebispo Conrad 79
Gross, Otto 50
Gross, Walter 94, 202, 209, 214, 239, 295, 319
Grossman, Walter 327
Gründgens, Gustav 38
Grüninger, Paul 387
Grynszpan, Herschel 273, 345, 359, 385-386
Guerra Mundial, Primeira 29, 90, 394
  serviço militar judaico na 44-45, 59, 60, 61, 91-95, 99, 102, 117-118, 170, 373
Guerra Mundial, Segunda 202n
  deflagração da 419
  prelúdio à 239, 240, 388, 389, 395-396
guetos 201, 321, 363
Gundlach, Gustav 325
Günther, Hans F. K. 105, 172, 208
Gürtner, Franz 61, 178-179, 192, 197
Gustloff Wilhelm 244, 245, 308
Gütt, Arthur 207
Gutteridge, Richard 254

Haavará, Acordo de (1933) 103-104, 104n, 232, 233, 310, 311, 401
Haber, Fritz 89, 91, 186, 187n
Hagen, Herbert 263, 267, 316, 348, 399
Hahn, Otto 91n, 186
Hanoch, Ilse 268
Hartl, Albert 263, 277, 330
Hasselbacher, Karl 264
Hassell, Ulrich von 358
Hauptmann, Gerhart 125, 126, 160
Haushofer, Albrecht e Karl 213
hebraica, lingual 227, 285-286
Heene, Heinrich 179
Hefelmann, Hans 329
Heidegger, Elfride 91, 92
Heidegger, Martin 90-94, 280
Heidelberg, Universidade de 89, 90, 93, 95, 96
Heim, Susanne 320
Heisenberg, Werner 258, 259
Heissmeyer, August 183
Helbronner, Jacques 289, 290
Heldenplatz (Bernhard) 312
Helldorf, conde Wolf Heinrich 337, 371
Heller, Abraham 256, 300n
Henlein, Konrad 266, 331
Hergt, Oskar 157
Hess, Rudolf 55, 94, 169, 189, 196, 208, 209, 212-213, 215, 221, 249, 256, 373

Hevesy, Georg von 91
Heydrich, Reinhard 31, 104, 184, 193, 198, 213, 227, 249, 259, 263, 266, 267, 277, 288, 314, 318, 337, 340, 344, 352, 353, 354, 361, 363, 366, 371, 388, 398, 399, 405
  como diretor do SD e da Sipo 260
Heymann, Berthold 71
Hilberg, Raul 60n, 101n, 333
Hilferding, Rudolf 161
Hilgard, Eduard 361
Himmler, Heinrich 47, 155n, 244, 259, 261, 270, 272, 316, 318, 319, 330, 344, 351, 353, 366, 373, 374, 398, 399
  diretor nomeado da polícia alemã 241, 259, 260
Hindenburg, Paul von 45, 46, 50, 60, 68-70, 163, 167
Hinkel, Hans 37, 41, 107, 108, 192, 193
Hintze, Hedwig 255
Hirsch, Caesar 71
Hirsch, Otto 101
Hirschberg, Alfred 101
Historische Zeitschrift (HZ) 254, 255, 256n, 298
Hitler, Adolf 39, 43, 44, 45, 47, 56, 57, 58, 60, 62n, 90, 91, 92, 100, 102, 105, 110, 137, 163, 186, 187, 188, 198, 198-202, 203, 206, 207, 209, 229, 266, 272, 274, 276, 291, 295, 296, 323, 329, 334, 336, 344, 407, 408
  50º aniversário, celebração de 420
  Anschluss e 311
  antissemitismo redentor como visão de mundo de 30, 31, 50, 83, 113-114, 118, 145-156, 239, 242, 247-253, 257, 360
  como comandante das forças armadas 308
  Concordata assinada entre o Vaticano e 84, 86, 112, 113
  constituição psicológica de 147n, 148n, 163-164,
  decretos de arianização e 359, 360, 361, 363, 367, 368, 369, 370, 371, 372, 375
  e a responsabilidade secreta pela brutalidade 358, 359
  fatores econômicos e políticos nas decisões tomadas por 29, 30, 50, 51, 54, 55, 61, 62, 110-115, 148n, 168-170, 196, 209, 243, 244, 297, 372
  intervenções pessoais de 30n, 65, 90, 91n, 177-179, 212-214, 335-336
  Kristallnacht e 347-359, 384
  Leis de Nurembergue anunciadas por 198-202

índice remissivo

metas do programa antijudaico sugeridas por 68, 69, 114, 150, 201-202, 205, 251-252, 360, 394-395, 399, 400-401
métodos de tomada de decisão de 204, 206, 207, 208
opinião internacional e resposta a 49, 239, 291, 342, 372, 384, 393, 394
Plano de Quatro Anos e 245, 309
Polônia invadida por 419, 420
resistência alemã contra 190
subida ao poder de 37, 43, 46, 153, 167-169, 174, 186, 393
Hitlerista, Juventude 194, 338
Hlond, cardeal Augustus 284-285
Hofmannsthal, Hugo von 326, 327
Hofstadter, Richard 131
Höhn, Reinhard 263
Holländer, Ludwig 44, 171
Holocausto 74, 320, 321
 ciganos como alvos no 271, 272
 estabelecendo a explicação histórica do 27-33
 homossexuais como alvos no 166, 270, 271-274
homossexuais 166, 270, 271-274, 308, 320-321, 386-387
Honecker, Martin 93
Hönigswald, Richard 91
Hossbach, Friedrich 2069
Huch, Ricarda 39, 43
Hull, Cordell 111, 338
Humani Generis Unitas 325
Hungria 126, 141, 283, 316, 318, 324n, 342-343
Husserl, Edmund 92, 93
Hüttemann, Anneliese 262

ídiche 70, 285-286
I. G. Farben 57, 305, 316
Igreja Evangélica da Prússia 81
Império Austro-Húngaro 126
indústria editorial, judeus na 42n, 55, 56, 125, 186
instalações e transportes públicos, judeus proibidos de usar 69, 70, 175-176, 180-181, 195, 222, 227-228, 299, 302, 361-362, 365
Instituto de Pesquisa da Questão Judaica 367
Instituto do Reich de História da Nova Alemanha, seção judaica do 256, 298
Isak, David 178
Israelitisches Familienblatt 43, 62
Itália 167, 239-240, 323, 324, 325, 342, 374, 383n, 384

Jäckel, Eberhard 146, 148n
Jacoby, Felix 45, 94
Japão 240, 387

Jeová, Testemunhas de 270
Jesuítas 79, 131, 325, 326
Jesus Cristo 239, 379
Jewish Chronicle (Londres) 204
Jogos Olímpicos de 1936 169, 176, 196, 242-243, 272
jornais, banimento dos judeus de 185, 364, 366
Jodl, Alfred 212
Jogiches, Leo 139
Jost, Heinz 263
Judaísmo na Música, O (Wagner) 135
Judenkartei 264, 265
judeu, judaico, definição de 59, 60
"Judeu Também é Humano, O" (Weltsch) 185
judeus:
 casamento entre cristãos e 80, 173-175, 195, 200, 204, 206, 208, 211, 212, 214, 218-219, 230, 371-372
 como o "outro" 130, 159, 168-169
 conversões ao cristianismo de 80, 81-84
 definição de 120, 169-174, 206, 207, 208, 209n, 210, 211n, 288-290. Cf. também Mischlinge
 economia alemã e os 122-127, 180-183, 195, 230-231, 269, 304-311, 336. Cf. também empresas de propriedade de judeus
 emancipação dos 126, 128, 132, 133
 emigração e expulsões de 37, 41, 94, 100-109, 182, 190, 198, 226, 229-233, 241, 265-266, 282, 283, 293-295, 309-311, 316-318, 320-322, 329, 336, 360, 364, 367-368, 382-389, 399-406, 411n
 expressões de compaixão/solidariedade pelos 86n, 183-186, 227-228
 fichários compilados sobre os 60, 265
 Jung sobre a constituição psicológica dos 234, 267n
 sinais de identificação para 363, 366, 369, 372
 nomes e mudanças de nome de 58, 68, 69, 179, 192, 211, 329
 propriedade de judeus, negócios de. Cf. negócios de propriedade de judeus
 que se odeiam 136
 reações a medidas antijudaicas dos nazistas pelos 43-46, 49, 50-51, 67, 93, 100-109, 229-236. Cf. também antissemitismo
 "Judeus Desejáveis e Indesejáveis" (Schmitz) 81
judeus, veteranos de guerra 52
Jüdische Rundschau 61, 98, 183-185, 230, 231, 364

Jüdisches Familienblatt 195
Jüdisches Nachrichtenblatt 364
Jung, Carl Gustav 234, 235n
Jungdeutscher Orden 154, 159
Junta de Administração Econômica do Reich 320
jurídica, judeus na profissão 59, 60, 63, 66, 96, 207, 334, 336n

Kafka, Franz 383-384
Kaiser Wilhelm, Instituto de Antropologia, Eugenia e Genética Humana 65, 274
Kaiser Wilhelm, Sociedade 89, 186
Kampfbund für deutsche Kultur 161, 189, 190
Kantorowicz, Ernst 94-95
Kantorowicz, Hermann 87
Kareski, Georg 101
Karl, Herbert 320
Kater, Michael 95, 188
Katz, Jacob 130
Katznelson, Berl 106
Keitel, Wilhelm 308
Kempf, Annemarie 379
Kennan, George F. 389
Kerrl, Hanns 61, 173, 214
Kershaw, Ian 168
Kestler, Fritz 376
Kiel, Universidade de 87, 300n
Killy, Leo 65
Kipnis, Alexander 43
Kirk, Alexander 373
Klemperer, Otto 37
Klemperer, Viktor 99, 180, 203, 411
Klepper, Jochen 195, 372
Kokoschka, Oskar 40
Kreisler, Fritz 189
Kristallnacht, manifestações de violência racial da 50, 113, 213, 309, 334, 337, 347-359, 371, 375, 378, 379, 382, 384, 385n, 396, 420
Krojanker, Gustav 172
Ksinski, Max 181
Kube, Wilhelm 214
Kuhn, Richard 90
Kulka, Otto Dov 225
Kulturbund deutscher Juden 107, 108, 193
Kun, Béla 141, 283
Künneth, Walter 82

LaFarge, John 325, 326
Lagarde, Paul de 134, 287
La Grande peur des bien-pensants (Bemanos) 289
Lambert, Raymond-Raoul 289
Lammers, Hans-Heinrich 45, 58, 179, 192, 213, 276, 296, 349, 371, 420
Landauer, Georg 403, 404
Landsmann, Nathan 266

Lausegger, Gerhard 354
Ledochowski, Wladimir 325
Lei Contra a Superlotação das Escolas e Universidades Alemãs 63, 72
Lei da Bandeira do Reich 200, 206
Lei de Compensação de Danos Causados ao Reich Alemão pelos Judeus 315
Lei de Prevenção contra Descendência com Doenças Hereditárias 73, 74
Lei de Proteção da República 173
Lei de Proteção da Saúde Hereditária do Povo Alemão 212
Lei de Proteção do Sangue e da Honra Alemã 200, 208, 212, 213, 219, 220, 224, 225
Lei de Restauração do Serviço Público Profissional 41, 59n, 66, 67, 203, 297
  "ariano" da 59, 67, 81, 82, 120
  casamento misto e a 173, 174
  decretos suplementares à 63
  universidades e a 87-100
Lei de Revogação da Naturalização e Reconhecimento da Cidadania Alemã 59
Lei Regulamentando a Posição dos Judeus 68
Leewald, Oswald 169
legislação, antijudaica 46, 169-183, 194, 195-202, 203-236. *Cf.* *também* Nuremburgue, Leis de; leis específicas
Lehár, Franz 190
Lehmann, Margarete 220, 221
Leiber, Robert 79
Leipzig, Universidade de 203, 258, 298, 408
Lepecki, Mieczyslaw 288
Levi, Paul 139
Lichtenberg, Bernhard 78, 379

Liebehenschel, Arthur 263
Liebermann, Max 40
Liebknecht, Karl 139
Liepmann, Erich 364
Liga das Mulheres Judias 163
Liga das Nações 231, 287n
Liga de Empregados e Artífices da Classe Média 48
Liga Pan-Germânica 121
Liga Pastoral de Emergência 81
Liga Universitária Alemã 95
Lippmann, Walter 49
List, Emanuel 43
Lituânia 199, 343
livros, queima de 39, 41, 97-98, 100
Lochner, Louis P. 421
Loerke, Oskar 186
Loewenstein, Hugo 169

Londres 51, 232
Lösener, Bernhard 205, 206, 207, 210, 215, 418
Löwenherz, Joseph 317, 317n
Löwenstein, Leo 44
Löwy, Alfred 91
Ludendorff, Erich 118, 261
Ludwig, Carl 340
Ludwig, Emil 68, 244
Luitpold Gymnasium 140
Luterana, Igreja 120
Luther, Hans 56
Luxemburg, Rosa 139, 142

Mackensen, August von 61
Maçons 131, 263
Madagascar, proposta de transferência de judeus para 287, 289, 364, 385, 395
Mager, Hans Wolfgang 414
Mahraun, Arthur 154-155
Manoiloff, E. O. 173
Mann, Heinrich 39
Mann, Klaus 38, 39n, 103
Mann, Thomas 39, 41, 42, 43n, 125, 160, 186, 383
Marcuse, Herbert 256
Marrus, Michael 289
marxismo. *Cf.* anticomunismo; comunismo
Maurras, Charles 280, 291
Mauthausen 274, 319, 320
Mayer, Joseph 277
medicina, judeus na 62, 63, 66, 95, 208, 222, 295, 299n, 333, 334n
Medicus, Franz Albrecht 206
Meinecke, Friedrich 254
Melanchthon, Philipp 414, 415
Melchior, Carl 118
"Memorando sobre a Questão Judaica" 102
Mennecke, Friedrich 261
mentais, doentes 275, 276-277, 417, 419
Messersmith, George S. 111
Metz, Friedrich 375
"Meu Caminho como Judeu e Alemão" (Wassermann) 162
Meyerhof, Otto 89-90
mídia:
  artigos antijudaicos na 176-179, 292
  judeus na 57, 66, 124, 125, 126
  simpatia pelos judeus expressa na 182-186
  Cf. também opinião internacional
Milch, Erhard 212, 408
Mildenstein, barão Leopold Itz Edler von 104, 263
Minha Luta (A. Hitler, *Mein Kampf*) 83, 119, 146, 148, 152, 257, 274

Ministério da Defesa Alemão 170
Ministério da Economia alemão 103, 111, 196-197, 241, 294, 309
Ministério da Educação alemão 87, 186, 298, 326Plenos Poderes, Lei de (1933) 47
Ministério da Justiça alemão 61, 70, 166, 179, 204, 223, 273, 275, 328, 337, 341, 348, 355, 392
Ministério da Propaganda alemão 37, 38, 65, 66, 102, 109, 169, 192, 407, 416
Ministério da Saúde Alemão 271, 275
Ministério do Interior Alemão 48, 59, 60, 74, 89, 194, 207, 210, 211n, 214, 270, 294, 308, 329, 334
  Berthold e o 64, 215-216, 408, 409
  Comissão de Política Racial e Populacional do 113, 204, 275
Ministério do Interior Prussiano 64, 68, 274
Ministério do Trabalho Alemão 64, 275
Mischlinge 65n, 197, 202, 207n, 210, 234, 243, 299, 329, 371, 415
  categorias de 170, 206, 207-208, 210-211, 217
  leis matrimonias e de cidadania e os 206, 207-208, 217, 226, 309, 371-372, 408
Mommsen, Hans 67, 103n
moradia 337, 372, 406-407
Mosse, Rudolf 125
Moutet, Marius 287
Movimento de Fé Cristão Alemão 80
movimentos de direita do Leste europeu 283
Mrugowsky, Joachim 256n
Muchow, Reinhold 49
mulheres, vitimização de 215n
Müller, Heinrich 264, 405
Müller, Karl Alexander von 255, 256
Müller, Ludwig 81, 177, 178
Mundo de Ontem, O (S. Zweig, *Die Welt von Gestern*) 128
Munique 53, 55, 140, 152, 167, 186, 189, 194, 300, 327, 342, 350, 365
Munique, Universidade de 91, 95n
música, desjudaicização da 37n, 187-191, 327
Mussolini, Benito 324, 342
Mutschmann, Martin 204

Nacionalismo 29, 80-81, 94, 240, 394
  antissemitismo e 131, 134, 142-143, 284, 286
"não-ariano", definição de 59
Naumann, Max 44, 161

Nazista, Partido 46, 71, 74, 83, 104, 149, 151, 155, 170, 350
  agenda e primeiras metas políticas do 47-57
  antissemitismo inicial no 155n
  Congresso do 114, 198, 205, 215, 244, 245, 330
  Escritório Central Nacional do 189
  êxitos eleitorais do 153, 158
  facção conservadora do 309, 335, 358
  facção radical do 29, 30n, 49, 53, 54, 61, 113, 193, 195, 207, 224, 398
  Gabinete de Política Racial do 94, 196, 202, 214, 319
  Heidegger e Schmitt, filiação ao 94
  inimigos antissemitas do 226-227
  judeus excluídos do 59n
  linguagem e lógica usadas pelo 393
  metas de curto prazo vs. metas de longo prazo do 47, 48, 58
  nome formal do 47, 145
  poder sobre o Estado do 259
"Nazista visita a Palestina, Um" (Mildenstein) 104
negócios de propriedade de judeus 48, 71, 103, 180
  1º de abril de 1933, boicote de 45, 49, 50-56, 58, 71, 78-79, 96, 97, 99, 112
  arianização de 241, 304-311, 315-316, 321, 333-336, 364, 403
  definição de 52-53
  economia alemã e 111, 112, 118, 182
  expulsão de 333-334, 360-361
  identificação de 251
  nazistas como fregueses de 180, 269, 303
  violência dirigida contra 193-198, 307, 325
negros 212, 260-262, 275
Neurath, Konstantin Freiherr von 51, 67, 205, 308, 310
Nicolai, Helmut von 59
Nicosia, Francis 105
Niederstetten 77, 78
Niemöller, Martin 81, 82, 225
Nipperdey, Thomas 127
Noite das Facas Longas 167, 194, 205, 272
Nolte, Ernst 148
nomes, mudança de nomes de judeus 58, 68, 70, 178-179, 192, 211, 328
"Novo Testamento e a Questão da Raça, O" 81
Now and Forever (Roth) 247n
Nurembergue, Julgamentos de 205
Nurembergue, Leis de 67, 106, 170, 175, 198-199, 201, 202, 203-210, 211n, 222, 243, 251, 271, 307, 363, 373, 418

Cf. também Cidadania, Lei de; Lei de Proteção do Sangue e da Honra Alemã; Lei da Bandeira do Reich

Oberdorfer, Erich Israel 413
Oberländer, Theodor 250
Obermayer, Leopold 165, 166, 272, 273-274
Oesterreich, Traugott Konstantin 88
Offenburg 302, 303
Ogilvie-Forbes, Sir George 402
Ohlendorf, Otto 263
Okhrana 143
opinião internacional 30
  sobre os avanços militares nazistas 239-240, 396, 418-419
  sobre o problema dos refugiados judeus 321-326, 340-345, 382-390
  sobre os programas nazistas 49, 50, 51, 110-115, 204, 243, 281-283, 291, 298-300, 324, 338, 372, 380-382, 383

opinião pública, sobre as políticas públicas antijudaicas 29, 30, 31, 49, 54, 109, 112, 113, 178-180, 223-229, 371, 376-381, 411, 412, 420-422
Organização de Emigração da Juventude Sionista 94
Organização Nacional-Socialista de Células de Empresas (NSBO) 49
Organização Sionista 101, 104, 105
Organização Sionista Mundial 233, 399
ortodoxos, judeus alemães 227, 263
"Os Judeus nos Vencerão?" (Schlatter) 227
Ostjuden 48, 122n
Ostmark 313

pacifistas 96, 161, 281
Palestina 37, 51-52, 286, 348, 382, 384, 399
  divisão da 310
  emigração judaica para a 100-109, 227, 230, 231-232, 266, 267, 310, 311, 382, 388, 389
"Para a Eliminação do Veneno da Questão Judaica" (Prinz) 162
Paris 94, 288, 289, 345, 359, 360, 374
Partido Comunista Alemão 157
Partido Democrata Alemão (DDP) 43n, 142, 157-158
Partido do Estado Alemão 154, 159
Partido do Povo da Baviera (BVP) 153
Partido Fascista Italiano 324

Partido Nacional do Povo Alemão (DNVP) 47, 61, 67-68, 156n, 157
Partido Social-Democrata Alemão 43n, 119, 120, 142, 157, 158
Partido Social-Democrata da Alemanha 167, 195
  Sopade, relatórios do 195, 196, 327, 328, 377, 386, 410
partidos políticos, dissolução dos 47, 74
Pechel, Rudolf 162
Peel, Comissão 310
People at Sea (J. B. Priestley) 421
Pfundtner, Hans 192, 206, 209, 296
Pieczuch, Konrad 163
Pietrowski, Edmund 57
Pio XI, Papa 254, 325, 326
Pio XII, Papa 79, 84, 293, 326
Pioneiro Sionista 101
Planck, Max 91, 186, 91n
Plano de Quatro Anos 241, 242, 245, 308, 321
pogroms 160-161, 347-359
  Kristallnacht 50, 113, 213, 309, 334, 337, 347-359, 371, 375, 378, 379, 382, 384, 396, 420
  na Polônia 122n, 287
Pohl, Oswald 319
Polícia de Segurança (Sipo) 260
Polônia 50, 250, 285n, 344, 345, 358
  antissemitismo na 283, 284-288, 352n
  invasão nazista da 396, 419-420
Polkes, Feivel 267
Pollack, Isidor 315
Popitz, Johannes 197, 358
população:
  de campos de concentração 269
  de ciganos na Alemanha 271
  de judeus alemães 44, 46, 102, 119, 122n, 208, 332, 401, 402n, 403
  de judeus austríacos 313
  de judeus franceses 288, 289
  de judeus italianos 324
  de judeus poloneses 122n, 250, 286, 344, 345
  de *Mischlinge* 208, 209
"Povo Judeu Internacional" (Hagen) 399
Prêmio Nobel, laureados com o 87, 88, 89, 97, 186
Preussische Zeitung 96
Priestley, J. B. 421
Prinz, Arthur 162
Prinz, Hermann 181
Prinz, Joachim 45, 204
"Proposições sobre a Questão Ariana" (Niemöller) 81, 82n
protestantes, igrejas
  protestantes 158, 195, 277, 414
  antissemitismo e 51n, 54n, 77, 78, 79-84, 85, 99-100, 129, 254, 255

Leis de Nurembergue e 224, 225
Protocolos dos Sábios de Sião 143, 144, 247n, 285, 388
Psicanálise 74n, 258
Pugilismo, Associação Alemã de 70

Quarenta Dias de Musa Dagh, Os (Werfel) 40
"Questão Judaica", carta de Hitler sobre a 115, 145
"Questão Judaica como Tarefa da Pesquisa Histórica, A" (Grau) 255

Raabe, Peter 188
raça:
 judeus como 171-173, 210-214
 Cf. também antissemitismo, racial; negros
Raça, Manifesto da 324
Rachkovsky, Piotr 143
Rafelsberger, Walter 316, 319, 321
Randall, A. W. G. 383
Rapp, Alfred 220
Rassenschande (desonra, poluição racial) 215n, 220, 223, 329, 413-414
Rath, Ernst von 273, 309, 345, 349, 350, 351, 353, 356n, 358, 359, 373, 386
Rathenau, Walther 118, 120, 142-143, 161, 186
refugiados, judeus 321-323, 340-345, 382-390, 400
Reichsbank 55, 103, 401
Reichskulturkammer 191n, 192
Reichstag 39, 41, 43, 46, 47, 60, 113, 119, 150, 157, 158, 393
Reichsvereinigung 404
Reichswehr 205
Reinhardt, Max 40, 326
Renteln, Theodor Adrian von 49
Representação Nacional dos Judeus Alemães 101, 177
Representação Nacional dos Judeus na Alemanha 229
relação sexual, definição de 219
revisionistas 388
Ribbentrop, Joachim von 293, 342, 344, 360, 384, 385, 400, 401
Ritter, Gerhard 93, 380
Ritter, Robert 271, 272
ritual, assassinato 177, 178
RKK (Câmara de Cultura do Reich) 40, 65, 171, 187
Röhm, Ernst 167, 272
Romênia 283, 240
Roosevelt, Franklin D. 51, 243, 321, 382, 397
Rosenberg, Alfred 161, 187-188, 244, 245, 246, 247n, 257, 328, 330, 331
Rosenfeld, Arnold 77

Rosenfelder, Fritz 71
Rothenberg, Franz 315
Rothmund, Heinrich 341
Rothschild, arquivos 330
Rothschild, família 336
Rublee, George 322, 401, 402
Rumbold, Sir Horace 110
Rundschau 55, 56
Ruppin, Arthur 105, 106
rural, lei 66
Rússia, Imperial 122n,127, 141, 287
Russa, Revolução 29, 138, 142, 143
Rust, Bernhard 87, 96, 186, 326, 334, 365, 375, 381
Ruthen, Rudolf aus den 260, 261

SA (Tropas de Assalto, Sturmabteilung) 50, 96, 155n, 328, 335, 366, 367n
 assassinato de líderes da 167, 194, 205, 272, 273
 execução de membros da 163
 violência antijudaica cometida pela, 48, 49, 54, 77, 163, 194, 195, 315, 347, 352, 353, 356n, 357
Salzburgo, Festival de 326
Sarrault, Albert 240
Schacht, Hjalmar 55, 56, 57, 111, 112, 196, 187, 198, 204, 241, 294, 308, 369, 401
Schiff, Jacob 301
Schillings, Max von 39
Schlatter, Adolf 227, 228
Schlegelberger, Franz 61, 62n
Schleicher, Hugo 302, 303
Schleicher, Kurt von 163
Schloss Wetterstein (Wedekind) 160
Schlösser, Rainer 109, 190
Schmitt, Carl 93, 94, 257-258, 280
Schmitthenner, Paul 375
Schmitz, Oskar A. H. 80
Schnitzler, Arthur 128, 186
Scholder, Klaus 78, 85
Scholem, Gershom 37
Schröder, Kurt 263
Schüler, Winfried 136
Schuschnigg, Kurt von 311, 314
Schwarz, Ernst 57
Schwarze Korps, Das 175, 257, 258, 260, 272, 276, 373, 397, 398, 399
schweigsame Frau, Die (Strauss) 187, 188
Schweitzer, Hans 155
Schwörer, Victor 91
SD (Sicherheitsdienst) 31, 86, 104, 155n, 189, 197, 198, 229, 260, 305, 307, 329, 343, 348, 349, 356n, 373, 377, 388, 402, 403, 414
 organizações judaicas investigadas pelo 264, 265-268
 projeto de catalogação de 265

reorganização do 250-264, 265n
 Seção II 112 (seção judaica) do 191, 263-269, 277, 316, 317, 329, 339, 399
Se eu Fosse o Kaiser (H. Class, Wenn ich Kaiser wär) 67, 121
Segundo Reich. Cf. Alemanha Imperial
Selz, Otto 48
Senator, Werner 102
Senger, Valentin 410
Ser e Tempo (Heidegger) 92
Seraphim, Peter-Heinz 250, 251
Sereny, Gitta 378-379
Serkin, Rudolf 38
serviço militar, judeus no:
 banimento de 170, 194
 na Segunda Guerra Mundial 27, 44, 45, 61, 63, 98, 102, 117-120, 170, 375
Serviço Público, Lei do. Cf. Lei de Restauração do Serviço Público Profissional
Seton-Watson, R. W. 141
Sherrill, Charles 243
Shirer, William L. 232
Siedler, Wolf Jobst 378
Simon, Ernst 119, 231
Simon, Hans 379
Simon, Sir John 110
sindicados, abolição dos 47
Singer, Kurt 107, 193
Sínodo da Igreja Confessional Prussiana 225
sionistas, sionismo 45, 101-107, 124, 141, 172, 198, 210, 227, 230, 232, 263, 268, 286, 348, 388, 389
Sipo (Polícia de Segurança) 260
"Situação dos Judeus na Rússia da Revolução de Março de até o Presente, A" (Heller) 256
Six, Franz Albert 263, 265, 267, 330-331, 399
Slawoj-Skladkowski, Felician 287
Socialismo 141
Solmssen, Georg 66
Sommer, Walther 294
SOPADE, relatórios do 195, 196, 327, 328, 377, 386, 410
Spectator (londrino) 322
Speer, Albert 337, 378
Spinoza, Baruch 93, 331
Spitzemberg, baronesa Hildegard von 126
Spotts, Frederic 43
SS 31, 47, 121, 175, 179, 180, 194, 205, 228, 251, 257, 258, 268, 269, 271, 272, 274, 276, 316, 319, 358, 373, 374
Kristallnacht e a 351, 352, 353, 354, 355n
pureza racial na 260, 261, 262

índice remissivo

Serviço de Segurança da. *Cf.* SD
ss-Leitheft 262
St. Louis 383
Stabel, Oskar 96
Stahlecker, Franz 316, 317, 389
Stálin, Joseph 153, 154, 249, 282, 419
Starhemberg, príncipe Ernst Rüdiger 314
Stavisky, o caso 290, 291
Steed, Harry Wickham 126
Stern, Fritz 127
Stern, Hermann 77
Stern, Kurt 262
Stern, Susannah 347
Stöcker, Adolf 256
Strasser, Gregor 50
Strauss, Leo 93
Strauss, Richard 38, 108, 160, 187, 188
Stresemann, Gustav 158
Stuckart, Wilhelm 206, 207, 210, 211, 219, 294
Sturmabteilung. Cf. SA
Stürmer, Der 171, 177, 178, 179, 181, 183, 192
Suástica 48, 105, 200, 311, 314
Sudetos 282, 323, 331, 339, 341, 342, 344, 350, 360, 396,
Suicídio 40, 71, 78, 117, 166, 236, 293, 312, 355, 390, 404
Suprema Corte Alemã 219, 355
Suíça 37, 55, 57, 166, 244, 273, 308, 318, 340, 341, 343, 387
Szamuely, Tibor 141

Tchecoslováquia 240, 293, 311, 316, 318, 336, 342, 389, 395-396
Thannhäuser, Ludwig 170
Thule, Sociedade 140
Times, The (londrino) 126, 144, 154, 320, 384
Tívoli, programa 67
Toscanini, Arturo 38, 326, 327
trabalho forçado 406
trabalho forçado, campos de 317-320, 321

Tramer, Hans 44
Três Discursos sobre o Judaísmo (M. Buber, Drei Reden über das Judentum) 171
Tribunal de Honra dos Médicos 62
Tribunal Popular 50
Tropas de Assalto. Cf. SA
Tübingen, Universidade de 50, 218, 227, 271
Tuchler, Kurt 104
Tucholsky, Kurt 235, 236
Turquia 215n

Udet, Ernst 71
Ullstein, império editorial 55, 56, 125, 195
Ullstein, Leopold 106, 107
Umfried, Hermann 77, 100
União Estudantil Nacional-Socialista 41, 95, 96, 97, 98
União soviética 31, 248, 249, 340, 342, 419
antissemitismo na 154, 250, 282
Cf. também Rússia Imperial; Revolução Russa
universidades, judeus nas 63, 70, 87-100, 203, 204, 208, 217, 286, 287, 298, 299, 300n, 365, 375

Vallat, Xavíer 222
Vaticano:
Concordata assinada entre Hitler e o 84, 86, 111, 112
Cf. também Igreja Católica, católicos
Verschuer, Otmar von 65
Vichy, governo da França de 288, 291, 386
Viena 39, 40, 122n, 126, 145, 311, 312, 313, 315, 316, 317, 318, 330, 343
Völkischer Beobachter 53, 62, 198, 200, 320, 323, 349, 359

Wagener, Otto 50, 155n
Wagner, Adolf 197

Wagner, Cosima 136, 137
Wagner, Gerhard 50, 206, 207
Wagner, Richard 108, 134-137, 247n, 327
Wagner, Robert 88
Wagner, Winifred 43
Walter, Bruno 37, 38
Warburg, Max 57, 106, 118, 119, 233, 408
Warburg, Otto 89, 90, 213
Wassenann, Oskar 57, 78
Wassermann, Jakob 162, 186
Wasserstein, Bernard 380
Webster, Nesta 138
Wedekind, Frank 160
Wehrmacht 167, 170, 194, 212, 239, 308, 314, 342, 373, 389, 419
Weise, Georg 88
Weiss, Bernhard 155
Weissler, Friedrich 254
Weizmann, Chaim 233, 399
Weizsäcker, Ernst von 310, 402
Weltsch, Robert 185, 230n
Wenn ich der Kaiser wär (Class) 67
Werfel, Franz 39, 40
Westdeutscher Beobachter 175, 288
Wiedemann, Fritz 169, 201
Wiese, Benno von 94
Willstätter, Richard 95n
Wilson, Hugh R. 338, 382, 402
Winter, Karl 331, 332
Wise, Stephen 242-243, 285
Wisliceny, Dieter 263
Wohlthat, Helmut 401
World Revolution (N. H. Webster) 138
Wurm, Alois 79
Würzburg 156, 273

Yishuv 103-104, 103, 232

Zionist Rundschau 317
Zöberlein, Hans 176
Zschintsch, Werner 326
Zweig, Arnold 37, 106, 234, 235
Zweig, Stefan 128, 187

Este livro foi impresso em São Paulo,
nas oficinas da Markpress Brasil, em dezembro de 2012,
para a Editora Perspectiva.